V&R

Arbeiten zur Geschichte des Pietismus

Im Auftrag der Historischen Kommission
zur Erforschung des Pietismus

Herausgegeben von
Hans Schneider, Christian Bunners
und Hans-Jürgen Schrader

Band 55

Vandenhoeck & Ruprecht

Der radikale Pietismus

Perspektiven der Forschung

Herausgegeben von
Wolfgang Breul, Marcus Meier und Lothar Vogel

2., durchgesehene Auflage

Vandenhoeck & Ruprecht

Gedruckt mit freundlicher Unterstützung der Deutschen Forschungsgemeinschaft

Umschlagabbildung:
Kirchenkritik der Inspirierten.
Ubi devastaveritis devastabimini, o. O. (1714), Titelkupfer.
Nds. Staats- und Universitätsbibliothek Göttingen

Bibliografische Information der Deutschen Nationalbibliothek

Die Deutsche Nationalbibliothek verzeichnet diese Publikation in der Deutschen Nationalbibliografie; detaillierte bibliografische Daten sind im Internet über http://dnb.d-nb.de abrufbar.

ISBN 978-3-525-55839-3
ISBN 978-3-647-55839-4 (E-Book)

Gesamtherstellung: Hubert & Co, Göttingen

Gedruckt auf alterungsbeständigem Papier.

Vorwort

Der Begriff des »radikalen Pietismus« hat sich seit Albrecht Ritschl[1] in der Kirchengeschichtsschreibung eingebürgert. Freilich unterschieden schon zeitgenössische Gegner des Pietismus wie Valentin Ernst Löscher, aber auch einzelne seiner Vertreter, zwischen »groben« und »subtilen« Pietisten[2]. Löscher wies zudem bereits auf den inneren Zusammenhang und die vielfältigen Verbindungen zwischen den unterschiedlichen pietistischen Gruppierungen hin, die sich teils innerhalb der etablierten Kirchlichkeit bewegten, zum Teil aber auch dogmatische und institutionelle Grenzlinien überschritten. So war schon für die Zeitgenossen, ebenso wie für die nachfolgende Forschung, die Erfassung und Binnendifferenzierung des Pietismus, d. h. die Abgrenzung des »groben« bzw. »radikalen« Pietismus von weniger exponiert agierenden Frommen eine offene Frage – wenn auch aus unterschiedlichen Motiven.

In den vergangenen drei Jahrzehnten haben insbesondere die Arbeiten von Hans Schneider der Erforschung des radikalen Pietismus wichtige Impulse gegeben. Ein 1982/83 veröffentlichter umfassender Forschungsbericht, der Erträge und offene Stellen der Forschung präzise markierte, und eine von ihm mitorganisierte Wolfenbütteler Tagung (1988) schufen die Grundlage für zahlreiche Einzelstudien und kleinere Beiträge[3], die in den vergangenen Jahrzehnten erschienen sind. Im Handbuch »Geschichte des Pietismus« bot Hans Schneider 1993 und 1995 erstmals eine Gesamtdarstellung, die auf den neueren Ansätzen und Arbeiten gründete[4]. Darin konstatierte er:

---

[1] Vgl. Albrecht Ritschl: Geschichte des Pietismus, Bd. 2: Der Pietismus in der lutherischen Kirche des 17. und 18. Jahrhunderts, Bonn 1884 (Reprint Berlin 1966), 349.

[2] Vgl. Valentin Ernst Löscher: *Vollständiger Timotheus Verinus Oder Darlegung der Wahrheit und des Friedens in denen Bißherigen Pietistischen Streitigkeiten* [...], 2 Bde., Wittenberg 1718–1721; [Nikolaus Ludwig von Zinzendorf:] *Denk- und Dank-Lied des Hauses Ebersdorf* [...], Ebersdorf [1746], 23f; zitiert in Hans Schneider: Der radikale Pietismus im 17. Jahrhundert. In: Martin Brecht (Hg.): Geschichte des Pietismus. Bd. 1: Der Pietismus vom siebzehnten bis zum frühen achtzehnten Jahrhundert. Göttingen 1993, 391.

[3] Vgl hierzu den »Rückblick und Ausblick« von Hans Schneider in diesem Band.

[4] Der radikale Pietismus im 17. Jahrhundert. In: Martin Brecht (Hg.): Geschichte des Pietismus. Bd. 1: Der Pietismus vom siebzehnten bis frühen achtzehnten Jahrhundert, Göttingen 1993, 391–437, sowie Der radikale Pietismus im 18. Jahrhundert. Ebd., Bd. 2: Der Pietismus im achtzehnten Jahrhundert. Göttingen 1995, 107–197; Hans Schneider: *German radical Pietism*, Lanham 2007.

»In der neueren Forschung wächst die Einsicht, daß sich der Pietismus in seinen Erscheinungsformen gewiß recht vielgestaltig darstellt und eine Binnendifferenzierung sinnvoll erscheinen läßt, daß seine Flügel jedoch nur als Teile einer eng verflochtenen und zusammengehörigen Bewegung adäquat zu verstehen sind.«[5]

Vielgestaltigkeit und Differenzierung des radikalen Pietismus, Zusammengehörigkeit und Verflechtung mit dem »subtilen«, »kirchlichen Pietismus« sind dementsprechend die Themen dieses Tagungsbands. Er vereint die Beiträge einer internationalen und interdisziplinären Tagung »Radikaler Pietismus – eine Zwischenbilanz der Forschung«, die vom 28. bis 31. März 2007 in Marburg stattfand. Anlässlich der Emeritierung von Hans Schneider wurde der Versuch unternommen, einerseits den inzwischen nochmals erweiterten Forschungsstand durch Einzelstudien darzustellen und andererseits die erwähnten grundsätzlichen Fragen zu erörtern. Der inzwischen erreichten Breite der Forschung sollte mit der Berücksichtigung von Beiträgen aus Germanistik und Geschichtswissenschaften und von Nachwuchswissenschaftlern aus unterschiedlichen Ländern Rechnung getragen werden. Die Herausgeber hoffen, dass die Veröffentlichung der Tagungsbeiträge der Erforschung von »radikalem« und »kirchlichem« Pietismus und ihren Beziehungen und Hintergründen weitere Anregungen geben wird.

Es ist den Herausgebern ein Anliegen, all jenen zu danken, die sie auf diesem Wege unterstützt haben. Dies gilt in besonderer Weise für die Referentinnen und Referenten, die an der Tagung teilgenommen und ihre Beiträge für den Druck zur Verfügung gestellt haben. Die Deutsche Forschungsgemeinschaft sowie die Evangelischen Kirchen von Kurhessen-Waldeck und Hessen-Nassau haben ihre Durchführung mit namhaften Förderbeiträgen unterstützt. Der Fachbereich Evangelische Theologie der Philipps-Universität Marburg hat die Tagung nicht nur durch die Bereitstellung der Räumlichkeiten, sondern auch auf andere Weise vielfältig gefördert. Ein herzlicher Dank gilt auch allen, welche zur Drucklegung des Tagungsbands beigetragen haben. Die Deutsche Forschungsgemeinschaft ermöglichte das Erscheinen des Bandes mit einem namhaften Publikationszuschuss. Die Evangelische Theologische Fakultät der Johannes Gutenberg-Universität Mainz entlastete die Redaktionsarbeit angesichts eines Sekretariatsengpasses durch studentische Hilfskräfte. An den Redaktionsarbeiten beteiligten sich Dr. Kestutis Daugirdas, Stefan Eisenbach, Carl Cnyrim und Jutta Nennstiel (Mainz). Ihnen allen gilt ein besonderes Dankeschön. Herzlich dankbar sind wir schließlich auch dem Verlagshaus Vandenhoeck & Ruprecht, besonders Herrn Daniel Sander, sowie dem Herausgeberkreis der AGP für die Aufnahme des Bandes in diese Reihe.

Wolfgang Breul Marcus Meier Lothar Vogel

[5] Schneider: Der radikale Pietismus im 17. Jahrhundert (s. Anm. 4), 392.

Inhalt

Martin Brecht

Der radikale Pietismus – die Problematik einer historischen Kategorie

Ein Plakat

Es sollen im Folgenden nicht viele Worte gemacht werden. Die beiden verdienstlichen und hoch differenzierten Forschungsberichte Hans Schneiders[1], dazu seine Ausführungen über *Der radikale Pietismus im 17. Jahrhundert*[2], liegen vor. Ob damit allerdings die gesamte Problematik des radikalen Pietismus erfasst ist, kann man sich fragen. Mir ist es im Folgenden lediglich um eine Problemanzeige zu tun, die beim Jahrzehnte lang betriebenen Geschäft mit der Pietismusforschung sowie bei der einstigen Erarbeitung einer neuen Gesamtdarstellung und zumal bei einer Tagung über den *Radikalen Pietismus* nicht überflüssig zu sein scheint. Das richtet sich nicht gegen viele wertvolle und verdienstliche Entdeckungs- und Erschließungsarbeit, wie sie in den vergangenen Jahrzehnten geleistet worden ist, sondern will etwas zu deren wirklichem Stellenwert innerhalb der Geschichte des Pietismus beitragen. Obwohl ich mich an sich lieber mit der Feldforschung als mit der historischen Theorie und Begriffsbildung beschäftige, habe ich mich darum zu Wort gemeldet.

Warnende Vorbemerkung: Wo immer man es mit Phänomenen des radikalen Pietismus zu tun hat, nimmt man sie zumeist wahr in ihrer Differenz zu ihrer *kirchlichen Entsprechung*, sofern man es nicht gar bereits mit einem Gegenstand *sui generis* zu tun hat. Wieweit die Andersartigkeit jedenfalls geht, ist eher relativ. Darauf wird zurückzukommen sein.

Begründendes zum Thema: Das Problem der Bezeichnung einer der diversen Gruppen im bekanntlich vielgliedrigen Pietismus muss thematisiert werden, zumal es sich in diesem Fall um eine ganze Familie mit mehreren Untergliederungen handelt. Gewöhnlich werden die pietistischen Gruppierungen nach ihren führenden Exponenten (Spener), nach ihren Hauptorten (Halle) bzw. Regionen (Württemberg) oder nach einem religiösen Spezifi-

---

[1] Hans Schneider: Der radikale Pietismus in der neueren Forschung. In: PuN 8 (1982), 15–42, und PuN 9 (1983), 117–152.

[2] Hans Schneider: Der radikale Pietismus im 17. Jahrhundert. In: Martin Brecht (Hg.): Geschichte des Pietismus. Bd. 1: Der Pietismus vom siebzehnten bis frühen achtzehnten Jahrhundert. Göttingen 1993, 391–437. Hans Schneider: Der radikale Pietismus im 18. Jahrhundert. In: Martin Brecht (Hg.): Geschichte des Pietismus. Bd. 2: Der Pietismus im achtzehnten Jahrhundert. Göttingen 1995, 107–197.

kum (Inspirierte) bezeichnet und sind so wenigstens in einer Hinsicht auch identifizierbar.

Dagegen ist die Bezeichnung *radikaler Pietismus* oder gar *Radikalpietismus* in mehrerer Hinsicht *unscharf*, auch wenn man gewöhnlich der Meinung ist, so ungefähr zu wissen, was es damit auf sich hat. Aber das heißt zugleich, dass man mit der Verwendung alsbald ins Schwimmen kommt. Man sollte sich jedoch nicht zu sicher bei der Eingeführtheit der Klassifikation *radikal* beruhigen, sondern sich warnen lassen vor einer in Kauf genommenen Unschärfe. Das Adjektiv *radikal* ist nämlich, wie schon eine einfache Überlegung ergibt, im Gebrauch mehrdeutig. Es kann tief wurzelnd und damit Ursprünglichkeit, Genuinität, Vollgehalt meinen. Oder es kann eine Verhaltensweise von extrem und unvermittelt bis gewaltsam ausdrücken. Die Bedeutung vom Wortsinn her kommt schwerlich allein dem zu, was man gängig unter radikalem Pietismus zusammenfasst, und entbehrt damit der Bedeutungsschärfe. Beim Gebrauch im Sinne der Verhaltensweise ist dringend zu fragen, wer die Lokalisierung vornimmt. Ist es eine Selbst- oder, wie die Bezeichnung Pietismus selbst, eine Fremdbezeichnung, deren Angemessenheit dann erst zu bestimmen wäre? Etikettiert eine Mehrheit eine Minderheit, und dies wahrscheinlich sogar pejorativ? Dann führt man in der Bezeichnung ein Vorurteil mit, das freilich nachträglich auch wieder Sympathien auf sich gezogen haben kann, die mit anderweitigen Aversionen verbunden sind. Ein vielleicht an sich noch naheliegendes politisches Verständnis von *radikal*, das Ablehnungen an politischer Partizipation oder Verweigerungen meinen würde, kann es doch auch nicht sein. Derartiges ist zwar vorgekommen, aber es betrifft allenfalls einen Sektor. Hier sind also Klarstellungen fällig oder notfalls auch terminologische Bereinigungen. Wer es besser zu verstehen meint, lege seine Einsichten vor.

Die Bezeichnung *Radikalpietismus* ist vollends ungenau. Sie partizipiert an allen Unschärfen des Adjektivs, präsentiert sich überdies als scheinbar feste Größe, von der freilich adaptiert das Diktum gilt: *Den* Radikalpietismus hat es nie gegeben. Keine Gruppe für sich hat je programmatisch alle vorstellbaren Radikalismen vertreten und verkörpert. Denkbar wäre, dass man so einzelne oder mehrere außerordentliche, anstößige oder ungewöhnliche Phänomene oder Vorstellungen erfassen will, aber dafür leistet der Begriff vergleichsweise wenig. Eine Radikalisierung der Frömmigkeit selbst als konsequenter christlicher Existenzentwurf kommt aus theologischen Gründen schwerlich in Frage, da dies nicht allein in der Hand des Menschen steht und wenn, dann nur unzulässig gesetzlich ausfallen könnte. Meinem Eindruck nach dürfte allerhand dafür sprechen, das Substantiv *Radikalpietismus* nicht mehr zu gebrauchen. Meines Wissens ist es von keiner Gruppe je direkt in Anspruch genommen worden, und es wäre jedenfalls nebulös, was damit gemeint sein soll. Es eignet sich auch nicht zu präziser Beschreibung. Es ist aber sehr wohl geeignet, Missverständnisse hervorzurufen.

Noch problematischer dürfte die gelegentlich gebrauchte Personifizierung *Radikalpietist* sein. Unbefangen gehört wirkt sie erdrückend mit der Potenz ihrer Frömmigkeit. Ich empfinde es geradezu als ein *Unwort*. Zumindest dürfte gelten: Wenn man schon nicht so recht weiß, was *Radikalpietismus* bedeutet, so bleibt auch unklar, wen man in Gestalt eines veritablen *Radikalpietisten* vor sich hat. Das klingt lediglich volltönend.

Sozusagen als *Zwischenspiel* eine gelegentlich verwendete *terminologische Parallele*: In Württemberg war früher gelegentlich die Rede vom *gesunden Pietismus*, gemeint war die kirchliche und kirchlich integrierte Spielart gegenüber in die eine oder andere Richtung ausbrechenden und darum für ungesund gehaltenen Bewegungen. Dies mochte sich kirchlich gut anhören und einem Wunschbild entsprechen, historisch ist die Kategorie nicht brauchbar oder höchstens als Signal.

Auch der Pietismus gehört zumindest im weiteren Sinn zur *Kirchengeschichte* oder wenigstens zur Christentumsgeschichte. Damit ist gegeben, dass er sich zur sozialen Größe der *Kirche* oder der Christen verhalten muss. Die beiden wesentlichsten Bezugsgrößen sind dabei die Kirche als Institution, die im Kern Christusgemeinschaft ist, und das, was geglaubt wird, fixiert im Bekenntnis oder in bestimmten theologischen Auffassungen. Diese beiden übrigens nicht ohne weiteres identischen Bezugsgrößen haben den Vorzug, dass man die Übereinstimmung mit ihnen bzw. die Divergenz von ihnen deutlich feststellen und gewichten kann.

In Bezug auf die Kirche kann es hierbei zur Trennung oder zum *Separatismus* kommen, der (durch abweichende Ordnung) lediglich schismatisch oder aber (durch Lehrdifferenzen) auch häretisch sein kann. So gibt es auch besondere Gruppierungen als nebenkirchliche oder als partiell selbständige, wie beispielsweise die unterschiedlich verselbständigten *Evangelischen Gesellschaften* und *Gemeinschaften*. Nicht unwichtig ist, dass die Trennung sowohl von der Institution (Ausschluss, Entlassung) als auch von der Gruppe (Absonderung bis Emigration) vollzogen werden kann, was für die Qualifizierung der Scheidung von Bedeutung sein kann. Die Anlässe können Verhaltensweisen wie die Kirchenzucht betreffen oder das Verhalten der Amtsträger, der Umgang mit den Sakramenten, das Bedürfnis nach Unabhängigkeit sowie die Ablehnung von Fremdbestimmung oder die ethischen Standards. Es kann auch einfach der Faktor Mensch in Konkurrenzen oder Autoritätskonflikten eine mehr oder minder große Rolle spielen. Die Devianzen können neu entwickelt worden oder ebenso ein Festhalten am Hergebrachten, also konservativer und antimoderner Natur sein. Nicht selten haben die Absonderungen dann auch mit alternativen Lehrauffassungen zu tun oder entwickeln solche. An sich ist der *Separatismus* von der Großkirche ein klarer Sachverhalt, der in seiner Intensität auch quantifizierbar ist. Er ist freilich nicht die einzige Gestalt eines extremen, verselbständigten Pietismus, was terminologisch verkraftet werden muss. Ein geradezu klassisches

Beispiel für den separatistischen Pietismus, wenn auch m. E. keineswegs das erste, waren Johann Jakob Schütz und die Frankfurter Saalhofpietisten mit ihrer Absonderung vom Abendmahl der Frankfurter Kirchengemeinde wegen eines anderen Verständnisses von Gemeinde. Andere Differenzen wie die Hinneigung von Schütz zur Mystik spielten dabei hingegen keine Rolle.

Die andere wichtige Art von Differenzen bezieht sich auf die *Lehre*, also die Theologie im engeren Sinne oder die gängige Dogmatik oder auch auf das *Bekenntnis* als deren Norm. Die Abweichung vom wahren Glauben ist die *Heterodoxie* als Parallelphänomen zum Separatismus. Nicht jede Differenz ist fundamental und kann darum von den beteiligten Seiten auch ertragen und hingenommen werden. Andernfalls läuft sie als Missachtung der Norm, also gewöhnlich des Bekenntnisses, wiederum auf trennende Häresie hinaus. Verursacht kann dies sein durch behauptete neue *Offenbarung* oder auch *Inspiration*, womit die Autoritätsbasis verändert wird, oder durch Infragestellung der Norm des Bekenntnisses, sei es durch Kritik am Bestehenden oder durch eigene Interpretation. Ein möglicher Faktor kann dabei wiederum der eigensinnige Subjektivismus des Individualismus sein. Die theologische *Spekulation* und die Entwicklung neuer theologischer Vorstellungen und Deutungen können sich hier betätigen. Häufig erweisen sich auf irgendwelchen Wegen übermittelte ältere Traditionen als virulent, so die *Gnosis* mit ihrer Freude am Verstehen und spekulativen Erkennen bis in die Zusammenhänge der Systeme, die *Mystik* mit ihrer individuellen Versponnenheit und ihren Einigungserlebnissen oder die Forderungen nach Intensivierung der *Heiligung*, die die Ethik ganz oder teilweise nomistisch überformen können. Die Präformierung durch die Traditionen kann eine Typisierung der Phänomene und ihrer Verhaltensfolgen ermöglichen.

Die Problematik der lehrmäßigen Bindung des Pietismus wird noch dadurch kompliziert, dass es mit der *Bibel* eine vorgehende Autorität und Norm gibt, der das Bekenntnis und die gängige Dogmatik unterworfen sind. Eine Entscheidungsinstanz für die Auslegung gibt es nicht, vielmehr muss, wer auf die Bibel sich bezieht, mit seinem Verständnis seinen Adressaten überzeugen. Dabei haben im protestantischen Bereich die Theologen prinzipiell nichts vor den Laien voraus. Von daher werden gerade die Bemühungen des außerkirchlichen Pietismus um den Bibeltext und seine Auslegung verständlich (exemplarisch: die Berleburger Bibel). Für den Spielraum der Deutung ergab sich eine gewisse Lockerung, die eine Aburteilung als heterodox erschweren musste.

Vorläufige Zusammenfassung: Es lassen sich einigermaßen deutlich zwei extreme Positionen des Pietismus unterscheiden. Die separatistische grenzt sich von der Institution Kirche ab, die heterodoxe von deren Bekenntnis. Wie kaum anders zu erwarten, können auch Mischformen vorkommen, vor allem wenn das Kirchenverständnis lehrmäßige Konsequenzen hat oder wenn die Theologie die Kirchenauffassung berührt. Für beide Typen passt die schon in sich unscharfe Qualifizierung *radikal* nicht sonderlich. Weder ist per se besondere Prinzipialität noch einzigartige Extremität gesetzt, auch wenn entsprechende Annäherungen wie die Orientierung an der Urgemeinde oder exzeptionelle Heiligung intendiert sein können.

Eine vorstellbare Alternative sei immerhin ventiliert: Eine umgrenzte Gruppe kann sich selbst als die wahre Gemeinschaft oder ihre spezifische Lehre als die wahre Erkenntnis absolut setzen und dabei primär von der Verhältnisbestimmung nach außen absehen. Derartiges ist in der Tat gelegentlich vorgekommen. Radikal in diesem Sinne verwendet würde dann besonders konsequent meinen. Das wäre freilich begrifflich alles andere als strikt. Faktisch verwenden derartige *einzigartige* Gruppierungen zutreffendere inhaltliche Bezeichnungen. Die Breite des radikalen Pietismus lässt sich so jedoch nicht erfassen.

Als Überlegung zur bis jetzt gebrauchten *Terminologie* sei eingeräumt, dass auch die Verwendung anderer Begrifflichkeiten, beispielsweise sozialpsychologischer, vielleicht auch soziologischer denkbar ist. Sie kämen aber schwerlich an die religiösen Phänomene und die theologischen Sachverhalte so nahe heran, wie die eingeführte kirchengeschichtliche Terminologie. Mit dem Begriff *radikal* würde man wohl auch in solchen anderen Bezeichnungssystemen schwerlich viel ausrichten können.

Systemabweichungen auch im kirchlichen Pietismus. Mit einer präziseren Nomenklatur für den von der Großkirche unterschiedenen Pietismus wäre die Problematik jedoch noch nicht voll erfasst. Der Pietismus hat es so an sich, dass er selbst wesensmäßig sich von der gängigen Großkirche mehr oder minder unterscheidet, sonst brauchte es ihn ja auch gar nicht zu geben. Die *Collegia pietatis* sind eine *ecclesiola in ecclesia* und mithin etwas mehr oder minder Unterschiedenes. Es gab eigene Gesangbücher, eigene Bemühungen um die Theologenausbildung und im Personellen eigene Seilschaften.

Man braucht die Verhältnisse nur im irgendwann doch kirchlich akzeptierten württembergischen Pietismus zu durchmustern. Er hat zwar bereits von früh an eine Lobby in der Kirchenleitung, aber unter den Theologiestudenten, den Pfarrern und auch manchen Gemeinden fehlt es nicht an Unzufriedenen über die kirchliche Sittlichkeit. Ausschlüsse und Separationen sind die Folge innerhalb der Landeskirche. Ein Nebeneinander von heimlichen Konventikeln und Gemeinde wird bis in die Hauptstadt hingenommen (Hedinger). Ein Vorgehen gegen die Böhmeanhänger wird lange Zeit unterbunden. Dann scheinen sich die Zustände mit Bengel und seinen Schülern zu konsolidieren. Aber der Schein trügt. Bengels chronologisch-heilsgeschichtliches Verständnis der Bibel war theologisch immer hoch problematisch, wobei bekanntlich zumindest der Chiliasmus nicht bekenntniskonform war. Man half sich mit einer Berufung auf den höher normierten biblischen Chiliasmus. Den Bengel-Schüler Oetinger hat es fast lebenslang religiös herumgebeutelt von der böhmistischen Theosophie zu den Herrnhutern und zu Swedenborg. Dass es mit der Orthodoxie auch noch des Prälaten prekär bestellt war, war dem Konsistorium wohl bewusst. Der Oetinger-Schüler Philipp Matthäus Hahn zog sich wegen seiner unter Umgehung der Zensur gedruckten Schriften und seiner übergemeindlichen Betreuung von Konventikeln ein Lehrzuchtverfahren mit strenger Maßregelung zu. Einer denkbaren Entlassung entging freilich auch er, vielmehr machte er wie Oetinger wegen anderweitiger Qualitäten sogar noch Karriere. Der geistige Erbe der Vorgenannten und vor allem Böhmes, der Laie Michael Hahn, konnte sich und seine Anhänger, wenn auch zunächst von den kirchlichen Pietisten angefochten, mit seiner spekulativen Theosophie, aber weithin stillem Verhalten, dann doch in der Kirche halten und einen beträchtlichen praktischen und theoretischen Einfluss gewinnen. Man könnte die Linien ausziehen bis zur Gründung der nebenkirchlichen Gemeinde Korntal (1819). Den mit der Institutionskirche konformen Pietismus hat es freilich auch gegeben (Magnus Friedrich Roos), aber er erfreute sich unter Seinesgleichen nicht unbedingt hoher Achtung und das mit Gründen. Der Methodismus beginnt in Deutschland als pietistische Gemeinschaftsbewegung, in Württemberg innerhalb der Landeskirche und kann sich dort trotz intensiver Bestrebungen um die Heiligung Anerkennung verschaffen. Die Verselbständigung ist erst ein zweiter Schritt, als alternative (Abendmahls-) Gottesdienste gefeiert werden. Vorläufig bleibt festzuhalten: Dem Pietismus innerhalb der württembergischen Kirche eigneten immer auch separatistische und vor allem heterodoxe Elemente und zwar keineswegs lediglich marginal.

Was sich an Württemberg beobachten lässt, gilt auch für andere Territorien. Hinzuweisen ist bereits auf die Aufsplitterung der Anhänger J. Arndts, der schon selbst zwar in der Kirche Karriere machte bei allerdings höchst fragwürdiger theologischer Einstellung, die schwerlich mehr als orthodox zu qualifizieren war. Die Anhänger Arndts finden sich einerseits bis hin zu Joachim Betke in der Kirche und ihren Ämtern, andererseits werden sie daraus verdrängt wie Friedrich Breckling und seine Freunde oder sie stellen sich selbst ins Abseits wie Christian Hoburg. Vorher wäre noch der Fall des Underground-Theologen Valentin Weigel eigens zu reflektieren, an dem so recht die Alternative zwischen kirchlich-reformatorischer und spiritualistischen Traditionen sichtbar wird. Dass faktische erhebliche Distanz zur Kirche dann doch nicht immer auf eine Scheidung hinauslaufen muss, zeigt sich wohl exemplarisch an dem Mystiker G. Tersteegen und seiner Zurückgezogenheit, der auf diese Weise dann auch bleibend seine Wirkungsmöglichkeiten in die Kirche behält. Radikalismus wäre in seinem Falle wohl eine unangemessene Kategorie, auch wenn Gerhard Goeters ihn nicht innerhalb des kirchlichen Reformierten Pietismus einordnen wollte.

Von dem angeblichen Radikalismus des jungen August Hermann Francke ist bereits die Rede gewesen. Dass man später in Halle unterstützt vor allem durch Joachim Lange darauf ausging, sich als die neue Orthodoxie zu etablieren, steht damit nicht im Widerspruch. Hierbei wird vielmehr deutlich, dass über die rechtgläubige Zulässigkeit des vorgeblichen Radikalismus erst noch entschieden werden musste. Es gab theoretisch und vor allem praktisch nur zu gute Gründe auf den aus dem Glauben fließenden guten Werken stärker als bisher zu insistieren, und für das Ideal der Vollkommenheit ließ sich eine solide biblische Basis namhaft machen. Dies gilt übrigens auch für den bekenntniswidrigen, aber biblischen Chiliasmus, dessen dogmatische Fragwürdigkeit erst mit anderen Argumenten belegt werden musste. Hier wird also sichtbar, dass radikale Positionen zum einen gemeinpietistisch und zum andern echte Alternativen zur kirchlichen Orthodoxie sein konnten. Das macht sie generell bedeutsamer, lässt jedoch die Kategorie des Radikalismus für die Binnendifferenzierung des Pietismus einmal mehr als ungeeignet erscheinen. Dem Pietismus insgesamt seine kirchliche Radikalität abzusprechen, um sie lediglich bestimmten seiner Spielarten zuzuerkennen, würde für ein Gesamtverständnis doch einen hohen Preis fordern.

Dass Halle so manchem beispielsweise aus der württembergischen oder der Straßburger Kirche ausgeschlossenen Theologen eine Heimstatt oder auch eine Basis bot, sei noch angefügt. Für die ökumenischen und internationalen Zwecke Halles war der theologisch umstrittene Waldecker Anton Wilhelm Böhme als Agent unbedenklich.

Eine eigentümliche Bewandtnis hatte es mit dem Pietismus in manchen vor allem westdeutschen Grafschaften. Theologisch waren sie nicht mehr bekenntniskonform und insofern im Reich ein Problem für das *Corpus Evangelicorum*, an dessen Zensurgesetze sie sich vielfach auch nicht mehr hielten. Da Herrscherhaus und Regierung sich an den pietistischen Konzeptionen mit orientierten und beteiligten, war die Religionshoheit jedoch nicht unbedingt tangiert. Außerhalb der Residenz konnten die hergebrachten konfessionellen Verhältnisse unter Umständen sogar fortbestehen. Von Radikalismus lässt sich hierbei eigentlich nicht nach innen, sondern nur im Verhältnis zu einem politischen Außenraum sprechen. Die Kategorie verliert auf diese Weise an Schärfe und Präzision und läuft sogar Gefahr, Unklarheiten zu generieren.

Die Durchlässigkeit des kirchlichen Pietismus zum Separatismus und zur Heterodoxie gibt es auch in der entgegengesetzten Bewegung, wie die immer wieder Erstaunen auslösende Übernahme kirchlicher Ämter durch Gottfried Arnold zeigt. Auch bei aus der Kirche ausgescherten württembergischen Theologen ist das immer wieder vorgekommen. In der Gemeinschaftsbewegung ist bekanntlich dann doch eine bekenntnismäßige Kurskorrektur gegenüber extremen Vorstellungen von der Heiligung vorgenommen worden. Auch apokalyptisch orientierte Gruppierungen haben nachträglich doch wieder eine Heimstatt in der Großkirche gefunden und sind wieder in ihr aufgegangen. Der Typ des reflektierenden Grüblers, der sich seine Vorstellungen selbst zurecht legte, war in der Kirche in seiner Radikalität gemeinhin nur schwer zu fassen.

Fazit: Die Überlegungen haben zu einem abgestuften Ergebnis geführt. *Radikaler Pietismus* – der Begriff *Radikalpietismus* bleibt ohnedies außer Betracht – ist streng genommen schon in sich ein unscharfer Begriff, bei dem sich nicht sicher angeben lässt, was er eigentlich besagen soll. Auf die beiden Sachverhalte des *separatistischen Pietismus* und des *heterodoxen Pietismus* passt er schon deshalb nicht genau, weil offen bleibt, wer oder was die Differenzierung veranlasst hat, die Kirche oder die Betroffenen. Mit den beiden Bezeichnungen *separatistisch* und *heterodox* zu operieren, wäre zugegebenermaßen schwer. Diese Verlegenheit wird jedoch dadurch behoben, dass sich die Problematik der Kategorie *radikal* hinsichtlich des Pietismus noch weit grundsätzlicher stellt. Die prinzipielle Differenz besteht schon zwischen Pietismus an sich und der Kirche mit ihrem Bekenntnis. Hält man sich dies nicht bewusst, verstellt man sich den Blick auf das historische Phänomen. Die kirchlichen Pietisten haben fast alle eine heterodoxe oder separatistische Mitgift, auch wenn sie bei der Kirche verblieben oder von ihr geduldet worden sind. Wie die Kirche mit dieser Mitgift zurechtkommt, wie sie dadurch verändert oder auch bereichert wird, das ist bekanntlich eine reiche und nuancierte Geschichte. Verschenken wir also das Format des Vorgangs nicht dadurch, dass wir den *Radikalismus* des Pietismus parzellieren oder monopolisieren. Um das damit Gemeinte unter den grundsätzlichen Bedingungen auszudrücken, genügen die Begriffe *separatistisch* und *heterodox*, auch wenn sie aus dem kirchlichen Bezugsrahmen stammen. Selbstverständlich ist das Vorkommen eines vielfältigen *außerkirchlichen Pietismus*, um zumindest vorläufig eine Bezeichnung vorzuschlagen, nicht in Abrede zu stellen und insofern steht das Recht unserer hiesigen Tagung auch mit den hier gemachten Ausführungen nicht in Frage. Es wird neben den anderen Gruppierungen des Pietismus auch diese Sparte brauchen. Man könnte nunmehr auch versuchen sie nach Wurzeln wie Familien, Filiationen oder Typen zu ordnen. Dabei würde sich vermutlich herausstellen, dass man es nicht mit einem homogenen Phänomen zu tun hat, so dass man nicht daran vorbei kommt, mit kleinräumigen Unterscheidungen zu operieren. Aber gegenüber der verkleisternden Kategorie *radikal* wäre dies allemal ein Gewinn.

Johannes Wallmann

Kirchlicher und radikaler Pietismus

Zu einer kirchengeschichtlichen Grundunterscheidung

In der Kirchengeschichtswissenschaft ist es seit den sechziger Jahren des 20. Jahrhunderts üblich geworden, bei Darstellungen des Pietismus zwischen einem meist nicht als kirchlich bezeichneten, aber innerhalb des Kirchentums angesiedelten faktisch kirchlichen Pietismus und einem gesonderten »radikalen Pietismus« zu unterscheiden. Die Rede von einem »schwärmerischen Pietismus«, die man noch in Kurt-Dietrich Schmidts »Grundriß der Kirchengeschichte«, in der Theologiegeschichte von Emanuel Hirsch oder in der »Geschichte des Pietismus« von Erich Beyreuther findet, ist aufgegeben, wie man in der Reformationsgeschichte auch nicht mehr von den »Schwärmern« spricht, was noch Karl Holl in seinem berühmten Aufsatz »Luther und die Schwärmer« tat. Während der aus der nordamerikanischen Reformationsgeschichtsforschung stammende Begriff der »radikalen Reformation« von der Reformationsgeschichtsforschung nicht einhellig rezipiert worden ist, wofür wohl ausschlaggebend war, dass George Huntston Williams, der den Begriff prägte, das Wort »radikal« von seinem Wortsinn als wurzelhaft verstand, die radikale Reformation also als die genuine, konsequente Reformation ansah, und man lieber vom »Linken Flügel der Reformation« (Bernd Moeller) sprach oder »Außenseiter der Reformation« (Gottfried Seebaß) als übergeordneten Begriff wählte, hat sich der Begriff des »radikalen Pietismus« nicht nur in der Pietismusforschung, sondern in der Kirchengeschichtswissenschaft heute allgemein durchgesetzt.

Der Terminus »radikaler Pietismus«, der nach Hans Schneider wohl erstmals »in den 80er Jahren des 19. Jahrhunderts als Gegenbegriff gegen einen konservativen Pietismus«[1] begegnet, ist seit Albrecht Ritschls »Geschichte des Pietismus« neben anderen Bezeichnungen wie »separatistischer« oder »schwärmerischer« Pietismus häufig, z. B. in Karl Heussis »Kompendium der Kirchengeschichte«, gebraucht worden, hat sich aber als einhellig gebrauch-

[1] Hans Schneider: Der radikale Pietismus in der neueren Forschung. In: PuN 8, (1983), 15–42, hier 19 hat den frühesten Beleg für den Begriff »radikaler Pietismus« bei Wilhelm Bender: Johann Konrad Dippel. Der Freigeist aus dem Pietismus. Bonn 1882, gefunden. Anders, aber ohne Beleg, die sehr viel frühere Datierung von Martin Brecht: »Ende des 17. Jh. und durch das 18. Jh. hindurch bezeichnet man das entsprechende Phänomen (sc. die ›separatistische und heterodoxe Möglichkeit des Pietismus‹) als radikalen Pietismus.« Vgl. Martin Brecht: Art. »Pietismus«. In: TRE 26, 1996, 606–631, hier 616.

ter Epochenbegriff erst neuerdings durchgesetzt, zuerst wohl in Nordamerika. Peter C. Erb gebraucht ihn in dem Sammelwerk »Pietists. Selected Writings« als Dachbegriff, unter dem er Texte von Gottfried Arnold und Gerhard Tersteegen zusammenstellt.[2] F. Ernest Stoeffler redet in seinem ersten, dem Pietismus des 17. Jahrhundert gewidmeten Band noch nicht von einem radikalen Pietismus, sondern begnügt sich damit, den mit einem großen Kapitel bedachten Jean de Labadie den »father of separatistic Pietism on the Continent« zu nennen.[3] In seinem zweiten Band über den Pietismus des 18. Jahrhunderts gibt es nach den vier Kapiteln über A. H. Francke, den Spener-Hallischen Pietismus, den württembergischen Pietismus und Zinzendorfs Brüdergemeine ein fünftes Kapitel »Radical Pietism«. In ihm wird Pierre Poiret als »the spiritual ancestor of eighteenth century radical Pietism« dargestellt, danach werden als bedeutendere Vertreter Gottfried Arnold, Johann Konrad Dippel und Gerhard Tersteegen behandelt, nach diesen dreien als »other radicals« Ernst Christoph Hochmann von Hochenau, Henrich Horche, Johann Georg Rosenbach, Johann Henrich Reitz und einige andere, am Schluss die deutschen Philadelphier, unter ihnen kurz auch Johann Wilhelm Petersen.

In der deutschen Kirchengeschichtsschreibung ist die Rede von einem radikalen Pietismus heute einhellig und allenfalls mit erläuternden Präzisierungen rezipiert worden. Johannes Wallmann hat in seiner »Kirchengeschichte Deutschlands« anfangs noch, wechselweise von »separatistischem Pietismus« und »radikalem Pietismus« redend, den Terminus »separatistischer Pietismus« als Oberbegriff bevorzugt. In späteren Auflagen hat er, der Argumentation von Hans Schneider folgend, dass der Begriff »Separatismus« das Kennzeichen der Heterodoxie nicht abdeckt, sich für den Terminus »radikaler Pietismus« als Oberbegriff entschieden.[4] Wenn ein Überblick über den Pietismus gegeben werden soll, wird heute einhellig von radikalem Pietismus geredet. Das gilt für gesonderte Darstellungen des Pietismus. So sprechen Hans Schneider[5], Martin Brecht[6], Johannes Wallmann[7] und Peter Schicketanz[8] ne-

---

[2] Peter C. Erb: *Pietists. Selected writings.* (The Classics of Western Spirituality) New York, Ramsey, Toronto 1983, 217–252 (Radical Pietism. Gottfried Arnold 1666–1714 & Gerhard Tersteegen 1697–1729).

[3] F. Ernest Stoeffler: *The Rise of evangelical Pietism.* (Studies in the History of Religious Thought, 9) Leiden [2]1971, 169.

[4] Vgl. Johannes Wallmann: *Kirchengeschichte Deutschlands seit der Reformation* (unter dem Titel »Kirchengeschichte Deutschlands II. Von der Reformation bis zur Gegenwart« 1970 erschienen). Bis zur dritten Auflage 1988 ist in dem Kapitel über den Pietismus auf den Abschnitt »Philipp Jakob Spener und die Anfänge des Pietismus« vor dem hallischen und dem württembergischen Pietismus ein Abschnitt »Der separatistische Pietismus« eingefügt. Ohne Änderungen am Text vorzunehmen, ist ab der vierten Auflage 1993 die Überschrift in »Der radikale Pietismus« geändert. Dies ist die einzige Änderung einer Überschrift in den verschiedenen, im Text durchgesehenen Auflagen.

[5] Hans Schneider: Die evangelischen Kirchen, in: Raymund Kottje/Bernd Moeller: *Öku-*

ben dem Pietismus in seinen kirchlichen Formationen einhellig von einem »radikalen Pietismus«. Das gilt ebenfalls für kirchengeschichtliche Gesamtdarstellungen. Wolf-Dieter Hauschild, der in seinem »Lehrbuch der Kirchen- und Dogmengeschichte« skeptisch ist gegenüber der neuerdings vorgenommenen Erweiterung des Pietismusbegriffs und der zwischen Pietismus in einem weiten Sinn, der mit Johann Arndt beginnt, und einem engen, spezifischen Sinn, in dem Spener der Begründer des lutherischen Pietismus bleibt, unterscheidet, stellt neben den Spenerschen und den hallischen Pietismus ein gesondertes Kapitel »Der radikale Pietismus«.[9]

Die Frage, ob der Begriff »radikaler Pietismus« sachgemäß ist oder nicht eher durch einen anderen Begriff ersetzt werden sollte, möchte ich nicht aufrollen. Da er sich nun einmal eingebürgert hat, werde mich an dem beliebten Spiel, neue Begriffe vorzuschlagen, wodurch nur die babylonische Sprachverwirrung der Kirchengeschichtswissenschaft vermehrt wird, nicht beteiligen. Wichtiger scheint mir die Beantwortung einiger anderer Fragen, von denen ich drei herausgreifen möchte.

1. Gibt es besondere Defizite bei der Erforschung des »radikalen Pietismus« in der gegenwärtigen deutschen Forschung? Ich stelle die Frage konkret an die neue »Geschichte des Pietismus«, in der aus der Feder von Hans Schneider in Band 1 eine Gesamtdarstellung »Der radikale Pietismus des 17. Jahrhunderts« und in Band 2 eine Gesamtdarstellung »Der radikale Pietismus des 18. Jahrhunderts« vorgelegt worden ist.

2. Meine zweite Frage schließt sich an diese Gesamtdarstellung an. Welcher Pietismus ist der historisch ursprüngliche, der kirchliche oder der radikale Pietismus? Die Frage nach der Priorität von kirchlichem oder radikalem Pietismus scheint mir noch nicht hinreichend erörtert worden zu sein.

3. Meine dritte Frage: Ist prinzipiell und durchgängig zwischen kirchlichem und radikalem Pietismus zu unterscheiden? Ist es sinnvoll, bei einer Erweiterung des Pietismusbegriffs, wie sie neuerdings diskutiert wird, von einem radikalen Pietismus auch außerhalb des in der traditionellen Kirchengeschichtswissenschaft dem Pietismus zugewiesenen späten 17. und 18. Jahrhunderts zu reden?

---

menische Kirchengeschichte. Bd. 3: Neuzeit. Mainz [4]1989, 66–70. Ders.: Der radikale Pietismus im 17. Jahrhundert. In: Martin Brecht (Hg.): Geschichte des Pietismus. Bd. 1: Der Pietismus vom siebzehnten bis zum frühen achtzehnten Jahrhundert. Göttingen 1993, 391–437.

[6] Martin Brecht: Der radikale Pietismus. In: Ders.: Art. »Pietismus«. In: TRE 26, 1996, 606–631, hier 616–618.

[7] Johannes Wallmann: *Kirchengeschichte Deutschlands seit der Reformation*. Tübingen [6]2006, 129–134; Ders.: *Der Pietismus*. (KIG, 4,1). Göttingen 2005, 136–180.

[8] Peter Schicketanz: *Der Pietismus von 1675 bis 1800*. (Kirchengeschichte in Einzeldarstellungen, 3, 1) Leipzig 2001, 68–87.

[9] Wolf-Dieter Hauschild: *Lehrbuch der Kirchen- und Dogmengeschichte*. Bd. 2: Reformation und Neuzeit. Gütersloh 1999, 701–705.

1. Ich beginne mit der ersten Frage. Wird von dem Phänomen des radikalen Pietismus heute etwas übersehen, was stärker beachtet werden sollte? Wenn ich diese Frage stelle, rede ich nur vom Pietismus im engeren Sinn des Wortes, also vom Pietismus des 17. und 18. Jahrhunderts. Dass bei einem weiteren, bis zur Gegenwart reichenden Verständnis des Pietismus, wie ihn die »Geschichte des Pietismus« voraussetzt, wesentliche Bereiche übersehen worden sind, etwa die heute in der Welt das kirchliche Christentum zahlenmäßig übertreffende Pfingstbewegung, wird bei der dritten Frage zu erörtern sein. Auch beim Pietismus im engeren Sinn ist natürlich die Forschung inzwischen weitergegangen und es werden in Zukunft an vielen Stellen noch Lücken zu schließen sein, bisher wenig bekannte oder unbekannte radikale Pietisten näher untersucht oder entdeckt werden müssen. Ich frage, ob etwas Wesentliches am radikalen Pietismus, wie er in einer Gesamtschau in Band 1 und 2 der »Geschichte des Pietismus« dargestellt worden ist, übersehen wurde.

Die »Geschichte des Pietismus« hat in den ersten beiden Bänden eine schmerzliche Lücke, auf die hingewiesen werden muss, weil der jüngeren Generation die ältere Forschungsgeschichte des Pietismus kaum bekannt ist und sie ihre Kenntnis der Geschichte des Pietismus allermeist nur aus dem jetzt vorliegenden mehrbändigen Werk schöpft. Diese für einen Kenner der früheren Gesamtdarstellungen des Pietismus schwer verständliche Lücke ist das Fehlen eines Kapitels über Jean de Labadie und die Labadisten.

In früheren Gesamtdarstellungen des Pietismus ist Labadie und sind die Labadisten regelmäßig behandelt, manchmal vielleicht zu stark herausgestellt worden. In Max Goebels »Geschichte des christlichen Lebens in der rheinisch-westfälischen Kirche«, die vor wenigen Jahren wieder neugedruckt wurde und eine wegen des Materialreichtums noch immer lesenswerte Gesamtdarstellung des Pietismus weit über den im Titel genannten westdeutschen Raum enthält,[10] gibt es Pietismus nur in der lutherischen Kirche. Von Pietismus in der reformierten Konfession wird von Goebel expressis verbis nicht gesprochen. Was wir heute reformierter Pietismus nennen, wird von Goebel »Labadismus« genannt. Im dritten Buch des Bandes 2 »Der Labadismus« werden unter der Überschrift »Die Gründer des Labadismus« über 100 Seiten Leben und Wirken Labadies und einiger seiner Anhänger dargestellt. Unter der Überschrift »Der Labadismus am Niederrhein« werden Theodor Undereyck, Joachim Neander, Friedrich Adolph Lampe und an-

[10] Max Goebel: *Geschichte des christlichen Lebens in der rheinisch-westfälischen evangelischen Kirche.* Bd. I–III. Koblenz 1849–1860 (Ndr. Gießen/Basel 1992). Eingehende Würdigung dieses Werks und seiner für die Pietismusforschung nachhaltigen Wirkung bei Martin Schmidt: Epochen der Pietismusforschung. In: Ders.: Der Pietismus als theologische Erscheinung. Gesammelte Studien zu Geschichte des Pietismus. (AGP, 20) Göttingen 1984, 34–82, hier 42–44.

dere nicht als Pietisten, sondern als Labadisten vorgestellt.[11] Sie erfahren im Rahmen einer Darstellung, die wir heute als eine Geschichte des frühen reformierten Pietismus ansehen, eine ausführliche Behandlung.

Albrecht Ritschl hat seiner »Geschichte des Pietismus« den Begriff Labadismus in Abgang gebracht, weil er in Band I »Pietismus in der reformierten Kirche« weitgehend die Entwicklung der Niederlande des 17. Jahrhunderts einschließlich des Labadismus in die Entstehungsgeschichte des Pietismus einbezog. Dabei hat er Labadie, dem »Urheber des Separatismus in der reformierten Kirche«,[12] erhebliche Aufmerksamkeit geschenkt und ihm und seiner Gemeinde drei Kapitel seines Bandes über den reformierten Pietismus gewidmet.[13]

Nach Ritschl ist lange Zeit keine Gesamtdarstellung erschienen. Ein einzelnes Werk hat aber die Pietismusforschung seitdem wesentlich bestimmt, das wenige Jahre vor dem Ersten Weltkrieg erschien und in jüngster Zeit neu aufgelegt wurde: Wilhelm Goeters, »Die Vorbereitung des Pietismus in der reformierten Kirche der Niederlande«.[14] Goeters nahm die Rede vom niederländischen Pietismus auf und erklärte, wer den Begriff Pietismus auf das deutsch-lutherische Gebiet einschränke, habe von Pietismus keine Ahnung.[15] Zugleich war er seinerseits um eine schärfere Erfassung des Wesens des Pietismus bemüht. Während Ritschl in Jodocus van Lodensteyn den ersten Pietisten erblickte, widersprach dem Goeters. Er wies nach, dass Lodensteyn die Reform der Volkskirche im Blick hatte, nie an eine Sammlung der Frommen dachte und auch noch keine besonderen eschatologischen Erwartungen hegte. Lodensteyn bleibt nach Goeters in der Reihe der kirchlichen Reformpartei der niederländischen Volkskirche, der Nadere Reformatie. Erst mit der Hochschätzung der Konventikel und der Lossagung der labadistischen Hausgemeinde von der Großkirche sei innerhalb der Entwicklung der niederländischen Kirchengeschichte derjenige Typus erreicht, der als Pietismus anzusprechen ist.

Für den Fortgang der Pietismusforschung ist die Untersuchung von Goeters grundlegend geworden. Erst auf der Grundlage seiner Erkenntnis, dass der originäre Pietismus bei Labadie und im Labadismus entstanden sei, wer-

---

11 Max Goebel (s. Anm. 10). Bd. II: Das 17. Jahrhundert oder die herrschende Kirche und die Sekten, 181–435.

12 Albrecht Ritschl: *Geschichte des Pietismus.* Bd. I: Der Pietismus in der reformirten Kirche. Bonn 1880 (Ndr. Berlin 1966).

13 Albrecht Ritschl: *Geschichte des Pietismus* (s. Anm. 12): Bd. II. Der Pietismus in der reformirten Kirche der Niederlande, 11. Johann de Labadie, der Urheber des Separatismus in der reformirten Kirche (194–219). 12. Die Gemeinde Labadie's (220–245). 13. Die Grundsätze von Labadie und seinen Genossen (246–267).

14 Wilhelm Goeters: *Die Vorbereitung des Pietismus in der reformierten Kirche der Niederlande bis zur labadistischen Krisis 1670.* Leipzig 1911 (Ndr. Amsterdam 1974).

15 Goeters: Vorbereitung des Pietismus, Vorwort, III.

den die heute zu Recht vergessenen Streitigkeiten aus der Mitte des vorigen Jahrhunderts verständlich, ob Spener als Begründer des lutherischen Pietismus bei der Abfassung seiner Pia Desideria von Labadie abhängig gewesen sei oder nicht. Nur wer von dem Eindruck weiß, den das Buch von Goeters auf eine ganze Generation von Kirchenhistorikern machte, kann die Entdeckerfreude nachempfinden, die mich überkam, als ich bei den Vorbereitungen zu meinem Spenerbuch in der Universitätsbibliothek Basel unversehens auf die Briefe der Anna Maria van Schurman an Johann Jakob Schütz stieß und damit endlich den lange gesuchten Beleg für einen Einfluss des Labadismus auf den entstehenden Spenerschen Pietismus in der Hand zu halten meinte. Auch in der internationalen Forschung haben die Ergebnisse von Goeters Beachtung gefunden. Das gilt sogar für F. Ernest Stoeffler, der mit einem weiten, die erweckliche Richtung des englischen Puritanismus und die niederländische Nadere Reformatie einschließenden Pietismusbegriff ihm zwar einen erst späten Platz im Pietismus anwies, aber »Labadie and Labadism« ein ausführliches, die Arbeit von Goeters reichlich ausbeutendes Kapitel widmet.[16] Stoeffler würdigt Labadie zunächst als innerkirchlichen Reformer, nach seinem Ausschluss aus der reformierten Volkskirche als »father of separatistic Pietism on the Continent«.[17]

In neueren Darstellungen des Pietismus nimmt die Konzeption Goeters' eine zentrale Stellung ein. Hans Schneider, der für die vierte Auflage der »Ökumenischen Kirchengeschichte« eine den heutigen deutschen Forschungsstand wiedergebende Darstellung des Pietismus geschrieben hat, unterscheidet zwischen Pietismus im weiteren Sinn, der im Luthertum auf Johann Arndt, im reformierten Raum auf die niederländische »nadere reformatie« und noch weiter bis auf die erweckliche Richtung des englischen Puritanismus zurückgeht, und zwischen Pietismus in einem engeren Sinn, der in Deutschland um 1670 als soziale Erscheinung fassbar wird und in der reformierten Kirche mit Undereyck, im Luthertum mit Spener begann.[18] Für seine Darstellung des Pietismus orientiert sich Schneider am Begriff im engeren Sinn. Unausgesprochen schließt er sich Goeters an, wenn er zu Beginn urteilt: »Läßt sich die Frömmigkeit der niederländischen Reformbewegung nur als ›pietistisch‹ im weiteren Sinn bezeichnen, so kann man im engeren Sinn von einer pietistischen Bewegung erst seit dem Auftreten von Jean de Labadie (1610–1674) sprechen«.[19] Relativ ausführlich, auf breiterem Raum als jeder andere reformierte Pietist, werden dann Labadie und sein Einfluss auf die deutschen reformierten Kirchen und das Luthertum dargestellt.

---

[16] F. Ernest Stoeffler: *The Rise* (s. Anm. 3), 162–169.
[17] Stoeffler, The rise, 169.
[18] Hans Schneider: *Ökumenische Kirchengeschichte* (s. Anm. 5), 56.
[19] Schneider: Ökumenische Kirchengeschichte, 57.

Wallmann und Schicketanz geben in ihren monographischen Darstellungen des Pietismus dem radikalen Pietismus jeweils ein eigenes Kapitel, behandeln Labadie aber nicht hier, sondern im Zusammenhang des reformierten Pietismus. Wallmann[20] beschränkt sich entsprechend dem Handbuch, in dem seine Darstellung ursprünglich erschien und in dem der Pietismus in anderen Ländern anderen Autoren vorbehalten war, wesentlich auf den deutschen Pietismus und gibt auf den außerdeutschen Pietismus nur Ausblicke. Das Kapitel »Der reformierte Pietismus« beginnt er mit einem Ausblick auf die Niederlande, wobei er die niederländische Nadere Reformatie als Pietismus im weiteren Sinn von den Anfängen bei Jean Taffin und Cornelis Udemans, Willem Tellinck und Wilhelm Amesius bis hin zu Gisbert Voetius knapp darstellt. Dabei merkt er an, dass im reformierten Raum eine zentrale impulsgebende Gestalt wie im Luthertum Johann Arndt fehle. Dann wird, von den Niederlanden nach Deutschland übergehend, der Pietismus im engeren Sinn dargestellt, der mit Theodor Undereyck als Begründer des Pietismus in der deutschen reformierten Kirche beginnt. Ihm folgt ein Abschnitt »Jean de Labadie und der pietistische Separatismus«, in dem gleich anfangs darauf hingewiesen wird, dass mit der Übersiedlung der Gemeinde von Amsterdam ins westfälische Herford dem reformierten Pietismus als innerkirchliche Erneuerungsbewegung gleichzeitig ein radikaler, separatistischer Pietismus zur Seite geht. Deshalb erhält Labadie neben Undereyck und Gerhard Tersteegen einen eigenen Abschnitt in dem Kapitel »Der reformierte Pietismus«.

Schicketanz[21] unterscheidet nicht zwischen Pietismus im weiteren und im engeren Sinn, sondern arbeitet mit dem erweiterten Pietismusbegriff der Konzeption von Band 1 der »Geschichte des Pietismus«. Deshalb kann er undifferenziert die gesamte Nadere Reformatie zum Pietismus rechnen.[22] Weil sich seine Darstellung nicht auf Deutschland beschränkt, wird der »Nadere Reformatie« erheblicher Raum eingeräumt. Obwohl ihm innerhalb der Nadere Reformatie keine besondere Funktion zukommt, erhält, was bei keinem anderen niederländischen Theologen getan wird, Labadie einen besonderen Abschnitt. Sein Frömmigkeitsstreben und seine Separation von der niederländischen Volkskirche werden eingehend dargestellt. Nur bei der Zuordnung zu der Nadere Reformatie ist Schicketanz unsicher. Er gehöre »vielleicht eher zu den radikalen Pietisten«.[23] Festzuhalten bleibt, dass in den

---

[20] Johannes Wallmann: *Pietismus* (s. Anm. 7).

[21] Peter Schicketanz: *Pietismus* (s. Anm. 8).

[22] Es sei angemerkt, dass dies zwar der im Vorwort zu Bd. 1 der »Geschichte des Pietismus« angekündigten Konzeption, nicht aber dem Kapitel über »Die Frömmigkeitsbestrebungen in den Niederlanden« aus diesem Band entspricht. Johannes van den Berg spricht sich dort gegen die Anwendung des Pietismusbegriffs auf die Niederlande aus. Der Begriff Puritanismus wäre eher angebracht.

[23] Peter Schicketanz: *Pietismus* (s. Anm. 8), 27 Anm. 1.

sehr unterschiedlichen Pietismusdarstellungen von Schicketanz und Wallmann übereinstimmend Labadie ein besonderer Platz eingeräumt wird.

In der jüngsten kirchengeschichtlichen Gesamtdarstellung, in Hauschilds »Lehrbuch der Kirchen- und Dogmengeschichte«, erhält Labadie ebenfalls einen besonderen Platz. Hauschild ist skeptisch gegenüber der Vordatierung des Beginns des Pietismus auf Johann Arndt und will zwischen Pietismus in einem weiteren Sinn und Pietismus in einem engen und spezifischen Sinn unterscheiden.[24] Während er in Arndt den Impulsgeber einer in den Pietismus mündenden Frömmigkeitsbewegung erblickt, die noch nicht im spezifischen Sinn Pietismus ist, erblickt er in Spener den Begründer des lutherischen Pietismus. Seine Darstellung des Pietismus beginnt mit einem Kapitel »Der reformierte Pietismus und seine Vorgeschichte in den Niederlanden«.[25] Hier wird in einem ersten Abschnitt »Die ›Nadere Reformatie‹ und Gisbert Voetius« vorgestellt, in einem zweiten »Einfluß der Föderaltheologie auf den Pietismus«, schließlich in einem dritten »Jean de Labadie und der ›Labadismus‹«. Mit dem einleitenden Satz, dass die zum reformierten Pietismus führende Reform bei Labadie ihre Verwirklichung gefunden habe, wird dem Urteil von Goeters, dass nach der Vorbereitung des Pietismus in der Nadere Reformatie erst bei Labadie von Pietismus geredet werden kann, zugestimmt. Abschließend werden in einem vierten Abschnitt »Theodor Undereyck und der Pietismus in Deutschland« behandelt.

Diese etwas vordergründige Aufzählung der Behandlung Labadies in der neueren Literatur über den Pietismus ist notwendig, um das Erstaunen darüber verständlich zu machen, dass die vierbändige »Geschichte des Pietismus«, diese konkurrenzlos ausführlichste neuere Gesamtdarstellung des Pietismus, Labadie nahezu vollständig übergeht. Sie widmet ihm jedenfalls keinen eigenen Abschnitt. Der Titel des großen Werks von Trevor J. Saxby über Labadie und die Labadisten, das 1987 erschien, wird in Literaturangaben und Anmerkungen mehrmals genannt,[26] aber sein Ertrag für den reformierten und den lutherischen Pietismus kaum genutzt. In dem auf die Darstellung des englischen Puritanismus folgenden großen Kapitel »Die Frömmigkeitsbestrebungen in den Niederlanden« gibt es nur am Ende einen Abschnitt »Labadisten, Chiliasten, Mystiker«. Hier wird eine knappe biographische Skizze Labadies bis zu seiner Trennung von der niederländischen Volkskirche gegeben. Von der Übersiedlung der Labadisten von Amsterdam in das westfälische Herford wird nicht mehr gehandelt und über ihr Wirken in

---

[24] Wolf-Dieter Hauschild: *Kirchen- und Dogmengeschichte* (s. Anm. 9), 665.

[25] Hauschild: Kirchen- und Dogmengeschichte, 683–688.

[26] Martin Brecht (Hg.): Geschichte des Pietismus. Bd. 1: Der Pietismus vom siebzehnten bis zum frühen achtzehnten Jahrhundert. Göttingen 1993, 170. 569; Martin Brecht/Klaus Deppermann (Hg.): Geschichte des Pietismus. Bd. 2: Der Pietismus im achtzehnten Jahrhundert. Göttingen 1995, 100 und 272.

Deutschland während der Jahre des Exils in Altona und der Rückkehr nach Friesland fällt kein Wort. Die Begrenzung des Kapitels auf die (ausdrücklich nicht in den Pietismusbegriff aufgenommenen) »Frömmigkeitsbestrebungen der Niederlande« hat hier fatale Konsequenzen. Bei der Schilderung der Anfänge des reformierten Pietismus in Deutschland, die J. F. Gerhard Goeters gibt, wird an zahlreichen Stellen vom Einfluss Labadies auf die reformierte Kirche Deutschlands und auch auf die lutherische Kirche geredet. Es gibt sogar einen Abschnitt »Der Kampf gegen den Labadismus und die Konventikel am Niederrhein«. Aber es gibt keinen eigenen Abschnitt über Labadie, in dem man etwas über sein Wirken in Herford und Altona erfährt. Von Christian Peters wird in Band 2 vom »Pietismus in Westfalen« gehandelt, ohne das folgenreiche Exil der labadistischen Gemeinde nach Herford, in dem herkömmlich die Anfänge des Pietismus in Westfalen erblickt werden, nur mit einem Wort zu erwähnen. Vereinzelte briefliche Kontakte Speners nach Westfalen stehen hier am Anfang. In dem von Hans Schneider verfassten Kapitel über den radikalen Pietismus des 17. Jahrhunderts wird Labadie eigens nicht behandelt.[27] Es wird nur bei Undereyck am Rande vermerkt, dass es in seiner Mülheimer Gemeinde nach seinem Weggang unter labadistischem Einfluss zu einer separatistischen Krise kam und dass überhaupt im Rheinland die Anziehungskraft des Labadismus besonders groß war.[28] Gelegentlich wird bei einem radikalen Pietisten erwähnt, dass er von Labadies Gedanken beeinflusst war. In Band 2 der »Geschichte des Pietismus« ist das von A. Gregg Roeber geschriebene Kapitel über den Pietismus in Nordamerika im 18. Jahrhundert das einzige Kapitel, in dem es eine über die Nennung des Namens hinausgehende ausführlichere Darstellung des Labadismus gibt.[29] Wer sich anhand der »Geschichte des Pietismus« orientiert, wird unter Labadismus eine vor allem in Nordamerika verbreitete Bewegung verstehen müssen.

---

[27] In seinem Forschungsbericht zum radikalen Pietismus gibt Schneider an, er habe den Labadismus ausgeklammert, weil er schon in einem früheren Forschungsbericht behandelt worden sei (Der radikale Pietismus in der neueren Forschung. In: PuN 8, (1983), 29 Anm. 81). Faulenbachs Forschungsbericht »Die Anfänge des Pietismus bei den Reformierten in Deutschland« von 1977, auf den Schneider sich hier bezieht, hat zwar die ältere Literatur über Labadie angeführt, konnte aber die umfassende Arbeit von Trevor J. Saxby »The Quest for the New Jerusalem. Labadie and the Labadists«. Dordrecht 1987, noch nicht berücksichtigen. Auch Schneider konnte das in seinem Forschungsbericht noch nicht. In der »Geschichte des Pietismus« wird dieses Werk, durch das die Forschung über Labadie und den Labadismus auf solide Füße gestellt worden ist, anmerkungsweise und als Literaturangabe mehrmals genannt, bis auf eine gelegentliche Erwähnung in einer Anmerkung (Bd. 2, 170 Anm. 6) aber nicht herangezogen.

[28] Hans Schneider: Der radikale Pietismus im 17. Jahrhundert. In: Martin Brecht (Hg.): Geschichte des Pietismus. Bd. 1: Der Pietismus vom siebzehnten bis zum frühen achtzehnten Jahrhundert. Göttingen 1995, 673–676.

[29] Martin Brecht/Klaus Deppermann (Hg.): Geschichte des Pietismus (s. Anm. 28), 673–676.

Als Band 1 der »Geschichte des Pietismus« im Werden war, schickte mir im Sommer 1990 J. F. Gerhard Goeters das Manuskript seines Beitrags über die Anfänge des reformierten Pietismus mit der Bitte um Durchsicht und Verbesserungsvorschläge, die er in das computergeschriebene Manuskript leicht eintragen könne. Im Blick auf seine Schwierigkeiten mit der den Autoren vorgegebenen Konzeption, worüber wir uns schon früher ausgetauscht hatten, schrieb er mir: »Sie werden sehen, wie ich mich aus der Affäre gezogen habe. Ich gehe nach den Vorbemerkungen auf die niederländischen und die englischen Dinge nur dort ein, wo sie die deutschen Verhältnisse direkt berühren. So habe ich auch den Zug der labadistischen Gemeinde nach Herford und Altona und wieder nach Friesland beiseite gelassen.«[30] Auf meinen Einwand, ob bei der Behandlung der Anfänge des Pietismus Labadie und der Labadismus nicht notwendig in dieses Bild hineingehört, antwortete er mir, es sei ihm bei den Vorbesprechungen nicht klar gewesen, ob nicht ein Niederländer für ein Kapitel Labadie zuständig sein würde. Labadie und der Labadismus seien im Ganzen darzustellen. Er fügte hinzu, dass hierfür auch von der niederländischen Kirchengeschichtsschreibung noch manches zu tun wäre. »Was ja auch bei meinem Vater weithin fehlt, ist die breite kirchliche Resonanz auf Labadie in der niederländischen Kirche. Da gibt es noch sehr viel Material.« Von dem neuen Buch über Labadie und die Labadisten von Trevor J. Saxby habe er gehört, doch kenne er es nicht. Als ich nach dem Erscheinen von Band 1 darauf beharrte, dass das Fehlen von Labadie unverständlich sei, schrieb er mir: »Sie haben sehr Recht, man hätte Labadie und seine Gemeinde in Deutschland einbeziehen sollen.«[31]

Für mein Feststellen eines erheblichen Defizits in der »Geschichte des Pietismus« kann ich mich also auf die Zustimmung des fachlich am ehesten zuständigen Autors berufen. Dass man aus der »Geschichte des Pietismus« kaum etwas über Labadie und den Labadismus entnehmen kann, ist nicht etwa als Forschungslücke bedauerlich. Forschungslücken gibt es überall und man wird noch manchen anderen radikalen Pietisten finden, der in der »Geschichte des Pietismus« keine oder zu wenig Erwähnung gefunden hat. Beim Labadismus handelt es sich aber um das Scharnier, das zwischen dem niederländischen und dem deutschen Pietismus die Verbindung herstellt und insofern eine für die Entstehung des Pietismus ganz entscheidende kirchengeschichtliche Größe ist. Außerdem verschiebt sich durch das Fehlen eines Kapitels über Labadie in der Anfangszeit das Gewicht zwischen kirchlichem und radikalem Pietismus einseitig zugunsten des kirchlichen Pietismus. Wenn der Labadismus außer Betracht gelassen oder an den Rand

---

[30] Brief an den Verf., 2. 8. 1990.

[31] Brief an den Verf., 22. 8. 1990.

geschoben wird, so ist das ein Fehler, der das Gelingen des Ganzen dieser »Geschichte des Pietismus« in Frage stellt.

Eine zusätzliche Bemerkung scheint mir beim Feststellen dieses Defizits angebracht, da der radikale Pietismus neuerdings weit über die an der Kirchengeschichte interessierten Fachkreise hinaus in der Öffentlichkeit starke Beachtung findet. Im Historischen Museum der Stadt Frankfurt am Main gab es 1998 eine große Ausstellung »Maria Sibylla Merian. Künstlerin und Naturforscherin 1657–1717.« Vermutlich ist die Merian heute im allgemeinen Bewusstsein die bekannteste Gestalt aus der Geschichte des radikalen Pietismus, jedenfalls bekannter als Anna Maria van Schurman und Eleonore von Merlau, die spätere Frau von Johann Wilhelm Petersen. Über Maria Sibylla Merian gibt es eine reichhaltige Literatur.[32] Seit 1992 war ein Raupenbild von ihr auf dem 500-DM-Schein abgebildet. Eine Briefmarke der Bundespost war ihr gewidmet. Sogar ein ICE-Zug trägt ihren Namen. Dass die in Frankfurt als Tochter des bekannten Kupferstechers und Verlegers Matthäus Merian Geborene nach ihrer Trennung von dem Nürnberger Maler Graff zeitweilig sich den Labadisten anschloss und von Frankfurt am Main nach Schloß Waltha bei Wieuwerd in Friesland übersiedelte, gibt ihr neben dem ihr zukommenden Platz in der Kunstgeschichte daneben auch einen Platz in der Geschichte des radikalen Pietismus. Ihr Übergang zur pietistischen Sekte der Labadisten wird in der Literatur wie auch im gedruckten Katalog der Ausstellung erwähnt.[33] Die Ausstellung zeigte auch eine Zeichnung mit genauer Wiedergabe der labadistischen Siedlung bei Schloß Waltha in Friesland, die Graff bei dem vergeblichen Besuch, seine Frau zurückzuholen, gezeichnet hatte und die sich heute im Germanischen Nationalmuseum Nürnberg befindet.[34] Dass man in der Ausstellung ein Porträt von Spener zeigte, der, wie man der älteren Literatur entnommen hatte, seit seiner Genfer Zeit unter dem Einfluss Labadies stand und die Hinwendung der Merian zu den Labadisten beeinflusst haben sollte, will ich hier beiseite lassen. Eher hätte in die Ausstellung ein Bild von Johann Jakob Schütz gehört, dessen Nähe zur Familie Merian und enge Beziehung zu Maria Sibylla Merian inzwischen von Andreas Deppermann eingehend nachgewiesen worden ist.[35] Man muss es jedenfalls als schmerzlich empfinden, dass die

---

[32] S. die umfangreiche Bibliographie in dem Anm. 33 genannten Katalog, 271 f.

[33] Kurt Wettengl (Hg.): *Maria Sibylla Merian 1647–1717. Künstlerin und Naturforscherin. Katalog des Historischen Museums Frankfurt am Main.* Ostfildern 1997; Andreas Deppermann (s. Anm. 35) benutzte einen gleichnamigen Katalog des Germanischen Nationalmuseums Nürnberg von 1967.

[34] Der mit einer genauen Beschreibung der Siedlung versehene Plan von Schloß Waltha ist im Katalog abgebildet auf S. 27.

[35] Andreas Deppermann: *Johann Jakob Schütz und die Anfänge des Pietismus.* (BHTh, 119) Tübingen 2002, 144–150.

heute bekannteste Gestalt aus der Geschichte des radikalen Pietismus in der »Geschichte des Pietismus« mit keinem Wort erwähnt wird.

2. Die zweite Frage, die ich stellen möchte, ist die nach der Priorität von kirchlichem und radikalem Pietismus. Geht der kirchliche Pietismus zeitlich dem radikalen voraus und ist der radikale Pietismus eine Weiterführung oder Abspaltung von ihm? Oder ist der radikale Pietismus der frühere, gewissermaßen originale Pietismus, dem der kirchliche Pietismus als gemäßigte Verkirchlichung radikaler Bestrebungen zeitlich folgt? Dass hinter der Frage nach der Priorität von kirchlichem und radikalem Pietismus ein Problem steckt, wird deutlich, wenn man die zwei umfassendsten Gesamtdarstellungen, in denen der kirchliche und der radikale Pietismus nebeneinander dargestellt werden, miteinander vergleicht: Die Darstellung des Pietismus in Band 2 der Theologiegeschichte von Emanuel Hirsch und die Darstellung in der neuen »Geschichte des Pietismus«.

Von den vier Kapiteln über den Pietismus, mit denen Hirsch nahezu die Hälfte des zweiten Bandes seiner monumentalen Theologiegeschichte der Neuzeit füllt, sind zwei Kapitel dem kirchlichen Pietismus Speners und seiner Nachfolger gewidmet, zwei Kapitel dem schwärmerischen, auch radikal genannten Pietismus und seinen theologischen Leistungen. Während der kirchliche Pietismus mit Spener beginnt, erklärt Hirsch am Beginn seiner Darstellung des radikalen Pietismus, dass er an dieser Stelle einen Rückgriff vorzunehmen gezwungen sei. Bei jedem Versuch, eine im radikalen Pietismus wirksame Idee in ihrem geschichtlichen Werdegang zu erfassen, stoße man mit erstaunlicher Regelmäßigkeit auf Jakob Böhme. »Man darf ihn wohl als Höhe- und Endpunkt einer aus Luthers Reformation entsprungenen prophetisch-mystischen Seitenbewegung bezeichnen.«[36] Als Endpunkt einer Seitenbewegung der Reformation ist Böhme zugleich der Anfang einer neuen Bewegung, des radikalen oder schwärmerischen Pietismus. Kirchlicher und radikaler Pietismus werden somit als zwei bei aller wechselseitigen Beeinflussung und Beziehung grundsätzlich verschiedene Bewegungen dargestellt, die auch eine unterschiedliche Genealogie haben. So wie Spener der Vater und Begründer des kirchlichen Pietismus ist, ist Böhme nach Hirsch der »Vater des radikalen Pietismus«[37]. Der radikale Pietismus geht also dem kirchlichen Pietismus voraus, ist mindestens ein halbes Jahrhundert älter als der kirchliche Pietismus.

Kirchlicher und radikaler Pietismus werden bei Hirsch als zwei bei allen wechselseitigen »Einschlägen« grundsätzlich unterschiedene Bewegungen verstanden. Hirsch trägt der Verschiedenheit beider Bewegungen insofern Rechnung, als er vom schwärmerischen und radikalen Pietismus nur im

[36] Emanuel Hirsch: *Geschichte der neuern evangelischen Theologie*. Bd. II. Gütersloh 1951, 209.
[37] Hirsch: Geschichte der neuern evangelischen Theologie, 209.

Text spricht, aber in den Kapitelüberschriften den Pietismusbegriff aufgibt. Er spricht von den »Seitenbewegungen der pietistischen Zeit« (Kap. 22) bzw. von den »aus dem kirchlichen Rahmen heraustretenden Bewegungen der pietistischen Zeit« (Kap. 23). Der radikale Pietismus fällt also bei Hirsch streng genommen nicht unter den Pietismusbegriff. Aber dass dieser Seitenbewegung Priorität gegenüber dem kirchlichen Pietismus zukommt, das steht durch ihre Herleitung von Jakob Böhme für Hirsch eindeutig fest.

In der vierbändigen »Geschichte des Pietismus« ist von einer zeitlichen Priorität des radikalen Pietismus vor dem kirchlichen nicht die Rede. Mit der Vordatierung des Pietismus von Spener auf Johann Arndt wird der kirchliche Pietismus vom Ende auf den Beginn des 17. Jahrhunderts vordatiert. In diese Vordatierung wird aber der radikale Pietismus nicht einbezogen. Vom radikalen Pietismus wird erst mehrere Menschenalter nach dem Beginn des Pietismus in der zweiten Hälfte des 17. Jahrhunderts geredet. Dadurch wird die Annahme nahegelegt, es handele sich beim radikalen Pietismus um eine Abspaltung vom kirchlichen Pietismus. Mit der Vordatierung des Beginns des Pietismus auf Johann Arndt ist in der »Geschichte des Pietismus« die Rede von Spener als Begründer des Pietismus aufgegeben. Pietismus gab es schon vor ihm seit Johann Arndt. Vor Spener gab es aber keinen radikalen Pietismus, sondern nur mystischen Spiritualismus. Von radikalem Pietismus ist erst ab Spener die Rede. Der radikale Pietismus ist nach der Konzeption der »Geschichte des Pietismus« ein dem auf Arndt zurückgehenden Pietismus zeitlich mit einigem Abstand folgendes Phänomen. Auch in Band 2 wird bei der Darstellung des Pietismus in anderen Ländern regelmäßig der kirchliche Pietismus zuerst dargestellt, ehe in einem nachgeordneten Abschnitt vom radikalen Pietismus gehandelt wird. In den Kapiteln über den Pietismus in Norwegen, Schweden und der Schweiz geht das schon aus der Gliederung eindeutig hervor.

Dieses Prae des kirchlichen vor dem radikalen Pietismus gilt freilich nur, wenn man auf die Gesamtkonzeption und die ihr folgende Anordnung der einzelnen Kapitel achtet. Schneider steht mit seinem Kapitel über den radi kalen Pietismus zu diesem zeitlichen Prae des kirchlichen vor dem radikalen Kapitel in Spannung. Er stellt bewusst an den Anfang das Zinzendorfzitat von der Gleichzeitigkeit der beiden Richtungen im Pietismus: »daß der sogenannte Pietismus sich bald anfangs in 2 Branchen getheilet«.[38] Schneider folgt nicht dem der Konzeption der »Geschichte des Pietismus« zugrunde liegenden erweiterten Pietismusbegriff, sondern hält an der Unterscheidung zwischen Pietismus im weiteren Sinn und Pietismus im engeren Sinn, von der er in der Ökumenischen Kirchengeschichte ausgegangen war, auch bei seinem Beitrag in der »Geschichte des Pietismus« fest. Das merkt man an ei-

---

38 Hans Schneider: Der radikale Pietismus im 17. Jahrhundert (s. Anm. 5), 391.

nigen in Spannung zur Konzeption des erweiterten Pietismusbegriffs stehenden Sätzen. So hält Schneider an der Rede von Spener als Begründer des Pietismus fest, wenn er Speners engen Freund Johann Jakob Schütz einen »Mitbegründer des lutherischen Pietismus«[39] nennt. Mit dem anfangs gebrachten Zinzendorf-Zitat scheint Schneider also von der Gleichzeitigkeit der Entstehung von kirchlichem und radikalem Pietismus auszugehen. Aber auch, wenn man Spener und Schütz als die beiden Begründer des Pietismus ansieht, stellt sich die Frage nach dem Prae, denn beide fungieren ja als Begründer der verschiedenen Ausprägungen des Pietismus, nach deren Verhältnis wir fragen, des kirchlichen und des radikalen Pietismus.

Die Antwort auf die Frage nach dem Prae scheint, wenn man auf Spener und Schütz blickt, auf den ersten Blick eindeutig zu sein: Da Schütz in der Frühzeit Spener bei seinem kirchlichen Reformprogramm unterstützte und mit ihm zusammen als Wortführer im Collegium pietatis saß, wird man in der Trennung Schütz' vom Collegium pietatis eine Absage an den kirchlichen Pietismus und in der Separation von Schütz und seinen Freunden den Anfang des radikalen Pietismus als eine nachträgliche Abspaltung vom originären kirchlichen Pietismus zu erblicken haben. Weil er nicht mehr an die Reformierbarkeit der Kirche glaubte, wandte sich Schütz vom Programm eines kirchlichen Pietismus, wie Spener es in seinen Pia Desideria verkündigt hatte, ab und verfolgte die pietistischen Bestrebungen in einem sich von der Kirche separierenden radikalen Pietismus.

Doch von einem zeitlichen Prae des Spenerschen Collegium pietatis vor der sich vom Collegium pietatis absondernden radikal-pietistischen Bewegung um Johann Jakob Schütz zu reden, wird mir immer mehr fraglich. Nicht Spener allein, sondern Spener und Schütz habe ich auf den letzten Seiten meines Spenerbuchs als »die beiden Urheber« des Pietismus angesehen. Es sei »schwer festzustellen, welchem von beiden der größere Anteil zuzusprechen ist. Sicherlich hat nur Spener es vermocht, der Urheber einer die ganze evangelische Kirche erneuernden Bewegung zu werden. Nur er hatte, nicht zuletzt durch sein Lutherstudium, die Kraft, die lutherische Orthodoxie nicht nur zu kritisieren, sondern als Epoche zu antiquieren und zu überwinden ... Aber den Keim des Neuen, der den Pietismus von der Orthodoxie ablöst, der die Pia Desideria über das Reformschrifttum der lutherischen Orthodoxie hinaushebt und zur Programmschrift einer neuen Epoche im lutherischen Deutschland macht, den hat Spener wohl von Schütz empfangen: den Gedanken der Sammlung der Frommen in besonderen Versammlungen urchristlichen Musters und den Gedanken an ein den Frommen verheißenes herrliches Reich Christi auf Erden«.[40]

---

[39] Hans Schneider: Der radikale Pietismus im 17. Jahrhundert, 399.

[40] Johannes Wallmann: *Philipp Jakob Spener und die Anfänge des Pietismus.* (BHTh, 42) Tübingen 1970, 335.

Ich habe von diesen Sätzen, die ich vor mehr als einem Menschenalter geschrieben habe, nichts zurückzunehmen. Ist damit aber nicht ein Prae von Schütz bei der Entstehung des Pietismus ausgesagt? Schon bei der Gründung des Collegium pietatis, das er auf Begehren von Schütz und seinen Freunden einrichtete, machte Spener seine Anwesenheit zur Bedingung, um zu verhindern, dass die solche Zusammenkünfte verlangenden Freunde sich ohne ihn träfen. Die Gefahr der Separation taucht nicht erst im Laufe der weiteren Geschichte des Collegium pietatis auf, sondern war schon in den Anfängen latent. »Es ist nicht ausgeschlossen, dass der Keim der aus dem Frankfurter Kollegium hervorgegangenen separatistischen Bewegung bereits in der Entstehung des Kollegiums selbst liegt«, habe ich bei der Erforschung der Anfänge des Spenerschen Pietismus festgestellt.[41] War Schütz erst seit seiner Separation oder war er nicht von Anfang an ein radikaler Pietist? Hat Spener nicht mit seinem Versuch, den Bestrebungen von Schütz innerhalb der Kirche Raum zu geben, die pietistischen Bestrebungen von Schütz zu verkirchlichen gesucht?

Man hat mir den Vorwurf gemacht, mit der Rede von zwei Begründern des Pietismus die Bedeutung Speners als Begründer des Pietismus herabzusetzen und ihm seinen bisher zugewiesenen Platz als zentrale Figur in der Entstehungsgeschichte des Pietismus streitig zu machen (L. Gaßmann). Da ich mich in meinen weiteren Arbeiten vornehmlich mit Spener und dem kirchlichen Pietismus, nicht aber mit Schütz und dem radikalen Pietismus beschäftigt habe, ist schließlich auch der entgegengesetzte Vorwurf geäußert worden, ich würde eine spenerzentrierte Auffassung des Pietismus vertreten und seine Bedeutung für die Entstehung des Pietismus zu hoch bewerten (F. van Lieburg). In der Tat habe ich meinem Buch »Spener und die Anfänge des Pietismus« kein zweites Buch »Schütz und die Anfänge des Pietismus« zur Seite gestellt, was, wenn man von zwei Begründern des Pietismus redet, konsequenterweise eigentlich nötig gewesen wäre. Als ich von Hans Schneider auf den in der Senckenbergschen Bibliothek in Frankfurt liegenden Nachlass von Johann Jakob Schütz aufmerksam gemacht wurde und in ihn Einsicht nahm, stieß ich auf eine Fülle von Dokumenten, die mir das herkömmliche Bild von den Anfängen des Pietismus noch mehr zweifelhaft machten. Ich habe einige Zeit auch beabsichtigt, ein zweites Buch über Schütz zu schreiben, aber wegen der Fülle der Quellen nicht zustande gebracht.

Immerhin stellte ich fest, dass die Verbindung, die Schütz in der Frühzeit des Collegium pietatis und noch vor der Abfassung der Pia Desideria zu den außerhalb der lutherischen Kirche stehenden Labadisten suchte, nicht von anderen Außenbeziehungen isoliert werden darf. J. F. Gerhard Goeters ging

---

[41] Wallmann: Spener und die Anfänge, S. 263.

in der »Geschichte des Pietismus« bei der Darstellung des Pietismus in der reformierten Kirche noch davon aus, dass man, wie seit Albrecht Ritschl üblich, für das 17. Jahrhundert von getrennten Anfängen in der reformierten und in der lutherischen Kirche sprechen müsse und es nähere Beziehungen zwischen reformiertem und lutherischem Pietismus erst im 18. Jahrhundert gegeben habe. Gemäß dem Diktum Cornelius de Hases »Was Spener in der lutherischen Kirche ist, das ist Undereyck in der reformierten gewesen«, müsse man für das 17. Jahrhundert von reformiertem und lutherischem Pietismus reden und könne erst im 18. Jahrhundert von einem konfessionsübergreifenden Pietismus sprechen. Doch ich stieß auf Briefe, die Johann Jakob Schütz in der Frühzeit des Collegium pietatis mit Cornelius de Hase in Bremen gewechselt hatte und die auf einen engen Kontakt zwischen den Frankfurter Pietisten und den sich um Undereyck sammelnden Bremer Pietisten hinwiesen.[42] Auch mit radikalen Kirchenkritikern in Württemberg, wo Speners Pia Desideria gründlich studiert, aber für unzureichend befunden wurden, stand Schütz früh in Verbindung.[43] So wurde mir bei der Beschäftigung mit Schütz die Annahme, dass sich von dem von Spener begründeten, eine Reform der lutherischen Kirche erstrebenden Pietismus in Frankfurt nachträglich ein die kirchlichen Grenzen ignorierender überkonfessioneller radikaler Pietismus abgespalten habe, fraglich. Diejenigen Frankfurter Christen, die sich um Johann Jakob Schütz sammelten, suchten von Anfang an bewusst konfessionsübergreifend eine allein an der Bibel, aber nicht an kirchlichen Bekenntnissen orientierte Gemeinschaft wahrer Christen und nicht nur eine Reform der lutherischen Kirche.

Der Sisyphosarbeit, den in Frankfurt am Main liegenden großen Nachlass von Schütz zu untersuchen, der für die Anfänge des Pietismus reichhaltiges Material enthält, unterzog sich Andreas Deppermann. Er hat das Buch »Johann Jakob Schütz und die Anfänge des Pietismus« geschrieben, das neben meinem Buch über Spener erforderlich geworden war. Dabei kam er nicht nur zu neuen und wichtigen Erkenntnissen, die eine künftig zu schreibende Geschichte des Pietismus nicht wird ignorieren können, sondern auch zu neuen Fragestellungen.

Die Übereinstimmung im Titel zwischen meinem 1970 erschienenen Buch »Philipp Jakob Spener und die Anfänge des Pietismus« und dem 2002

---

[42] Johannes Wallmann: Lutherischer und reformierter Pietismus in ihren Anfängen. Zwei unbekannte Briefe von Johann Jakob Schütz an Cornelius de Hase in Bremen. In: Heiner Faulenbach (Hg.): Standfester Glaube. Festschrift für J. F. G. Goeters. (SVRKG, 100) Köln 1992, 181–190. Wiederabdruck: Ders.: Pietismus-Studien. Ges. Aufsätze II. Tübingen 2008, 146–154.

[43] Johannes Wallmann: Pietismus und Spiritualismus. Ludwig Brunnquells radikalpietistische Kritik an Speners Pia Desideria. In: Walter Homolka/Otto Ziegelmeier (Hg.): Von Wittenberg nach Memphis. Festschrift für Reinhard Schwarz. Göttingen 1989, 229–244. Wiederabdruck: Ders.: Pietismus-Studien. Ges. Aufsätze II. Tübingen 2008, 155–167.

erschienenen Buch von Andreas Deppermann »Johann Jakob Schütz und die Anfänge des Pietismus« wird zu der Frage führen, ob es sich in beiden Büchern um den Pietismus im selben Sinn oder bei dem zuerst genannten Buch um die Anfänge des kirchlichen Pietismus, im anderen um die Anfänge des radikalen Pietismus handelt. Doch kann man in der Frühzeit des Frankfurter Pietismus reinlich zwischen beiden unterscheiden? Deppermann hat festgestellt, dass einiges von dem, was ich das Neue genannt habe, womit Spener über die lutherische Orthodoxie hinausgeht, zuerst von Schütz vertreten und erst später mit teilweise erheblichem Abstand von Spener rezipiert wurde. So ist die Abkehr von der orthodoxen Naherwartung des Jüngsten Tages und die Hinwendung zu einer chiliastischen Hoffnung besserer Zeiten, die ich bei Spener auf das Jahr 1674 datieren konnte, bei Johann Jakob Schütz eindeutig zu einem Zeitpunkt einige Jahre früher belegt. Das gilt auch für die Neuentdeckung der Bibel und die Bedeutung des Bibellesens für jeden Christen, derzufolge man im Collegium pietatis nach einigen Jahren sich von religiösen Büchern abkehrte und nur noch die Bibel las. Auch hier kann Deppermann zeigen, dass die Hinwendung zur Schrift bei Schütz früher als bei Spener auftaucht. Deppermanns genaue Untersuchung der Anfänge des Frankfurter Pietismus und der Rolle, die Schütz in ihr gespielt hat, kommt zu dem Ergebnis, dass die »initia pietismi« eigentlich bei dem Radikalpietisten Schütz eher da waren als bei dem kirchlichen Pietisten Spener. Von einem *nachspenerischen* radikalen Pietismus lässt sich bei Schütz also nicht reden, eher von einem zeitlichen Prae, das bei wesentlichen Elementen der radikale Pietismus von Schütz vor Spener hat.

Die Frage nach den Anfängen des Pietismus, für die man bisher allein in der Jugend und Studienzeit Speners im lutherischen Elsass die Wurzeln untersuchte, führt bei Schütz nach Frankfurt und in die dortige reformierte Gemeinde. Das Aufregende an dem Buch über »Johann Jakob Schütz und die Anfänge des Pietismus« sind nicht die Nachweise, dass manches von dem, was man bei Spener als Neuerungen annahm, schon vor ihm bei Schütz begegnet. Das Aufregende ist das Anfangskapitel »Die Vorgeschichte des Pietismus in Frankfurt am Main«.[44] Die herkömmliche Anschauung, durch Speners an Johann Arndt orientierten Predigten sei in Frankfurt die Saat eines kirchlichen Pietismus gestreut worden, der dadurch angelegte Acker aber sei nachträglich vom Unkraut des radikalen Pietismus überwuchert worden, muss gründlich revidiert worden. Johann Arndt wurde bei den Frankfurter Lutheranern vor Speners Ankunft gering geschätzt, während er bei den Frankfurter Reformierten in hohem Ansehen stand. Durch den mystischen Spiritualismus des Schwenckfeld anhängenden Matthäus Merian d. Ä., der Johann Arndt hochschätzte und 1642 dessen Postille und andere

[44] Andreas Deppermann: *Johann Jakob Schütz* (s. Anm. 35), 7–30.

seiner Werke, auch die Schriften der zum linken Flügel der Arndtschule gehörenden Kirchenkritiker Joachim Betke und Christian Hoburg, druckte, war ein die konfessionellen Kirchengrenzen übersteigendes Konventikelchristentum längst vorbereitet. Dass sich der von Schütz geförderte Pietismus nicht nur unter den Lutheranern, sondern von Anfang an besonders unter den Reformierten ausbreitete, also kein innerkirchlicher Pietismus war, lässt sich nur aus dieser Vorbereitung in der reformierten Gemeinde, mit der Schütz in vielfacher Beziehung stand, verständlich machen. Schütz hatte schon einige Jahre mit Caspar Merian, dem zweitältesten Sohn von Matthäus Merian, enge Verbindung, ehe sich dieser 1677 nach Wieuwerd begab und den Labadisten anschloss. Konventikel und ein an Johann Arndt orientiertes überkonfessionelles Christentum gab es bereits in den Jahrzehnten vor Gründung des Spenerschen Collegium pietatis bei den Reformierten, die von der Stadt argwöhnisch beobachtet wurden. Von einem Prae des kirchlichen Pietismus kann man also nicht reden.

Ein besonders eklatanter Beweis, dass der radikale Frankfurter Pietismus sich nicht nachträglich vom lutherisch-kirchlichen Pietismus Speners abspaltete, ist der Besuch William Penns in Frankfurt 1677. Bezeichnenderweise fällt der Besuch William Penns bei den Pietisten in Frankfurt am Main in die Zeit vor der Separation, galt aber, da er vor Spener offensichtlich geheim gehalten wurde und nur zur Begegnung mit Schütz, Eleonore von Merlau und einer Gruppe reformierter Christen führte, einem sich im Saalhof sammelnden überkonfessionellen, radikalen Pietismus. Spener hat deshalb auch von dem Besuch nichts erfahren. Penn wurde vor der Stadt von dem mit Schütz eng befreundeten reformierten Kaufmann Jakob van de Walle abgeholt, bei dem er auch wohnte, und schreibt in sein Tagebuch über seinen Aufenthalt in Frankfurt: »The Persons that resorted thither were generally people of considerable note, both of Calvinists & Lutherans«.[45] Auch in der Frühzeit des noch nicht von der Separation erfassten Collegium pietatis ist der kirchliche Pietismus, den Spener erstrebt und mit Entschiedenheit vertritt, durch die Präsenz von Schütz und seinen Freunden somit zugleich ein radikaler Pietismus. Es bleibt nichts anderes übrig, als von einem Zugleich der Anfänge des kirchlichen und des radikalen Pietismus, wenn nicht von einem Prae des radikalen Pietismus zu reden.

Was sich in Frankfurt am Main beobachten lässt, die Präsenz des radikalen Pietismus schon in den Anfängen, lässt sich an vielen anderen Orten und in vielen anderen Ländern, in denen der Pietismus entsteht, beobachten. Häufig ist es sogar so, dass der radikale dem kirchlichen Pietismus vorangeht und in der frühen Zeit an Ausbreitung den kirchlichen übertrifft. Im reformier-

---

[45] William Penn: An Account of My Journey into Holland and Germany 22. July-12. October 1677. In: Mary Maples Dunn (Hg.): The Papers of William Penn. Bd. 1. Philadelphia 1981, 423–508, hier 447.

ten niederländischen Pietismus geht der Radikalpietismus Labadies voraus, folgt man für den Beginn des Pietismus der Datierung der gründlichen Arbeit des älteren Goeters. Zu den Anfängen des Pietismus am Niederrhein, mit denen Schütz in vielfältigen Beziehungen steht, ist kürzlich festgestellt worden, dass »für die Entstehungszeit noch längst kein klares Bild über das Verhältnis von kirchlichem und radikalem bzw. separatistischem Pietismus« besteht.[46] Vermutlich gibt es hier einen deutlichen Vorlauf des radikalen Pietismus Labadies. Für den Beginn des Pietismus in Westfalen muss man an erster Stelle die Einflüsse nennen, die von der labadistischen Gemeinde in Herford ausgingen, durch deren literarische Propaganda – sie hatte ja nach Herford ihre eigene Druckerei mitgebracht – auch die lutherischen Gemeinden erreicht wurden. In Württemberg ist, wenn man an die ersten Pietisten Ludwig Brunnquell, Johann Jakob Zimmermann und Eberhard Zeller denkt, die sich nach der Separation von der Kirche zeitweilig nach Frankfurt zu Schütz begeben, das zeitliche Prae des radikalen Pietismus nicht zu übersehen. Zum Pietismus in Bayern, von dem in Band 2 der »Geschichte des Pietismus« Horst Weigelt, sich auf den Pietismus im engeren Sinn beschränkend, ein detailliertes Bild gezeichnet hat, wird vermerkt, der radikale Pietismus habe in den Anfängen in Franken und Bayerisch-Schwaben »ungemein größere Bedeutung erlangt als der kirchliche Pietismus«[47]. Bei den Anfängen des Pietismus in der Schweiz, die Rudolf Dellsperger kundig in Band 2 der »Geschichte des Pietismus« dargestellt hat, legt die Vorordnung eines Abschnitts über den kirchlichen vor dem radikalen Pietismus nahe, an ein zeitliches Prae des kirchlichen Pietismus zu denken. Aber dass die vier Berner Theologen Samuel Güldin, Christoph Lutz, Samuel Schumacher und Samuel Dick, die sich 1689 auf eine Reise zu den Zentren des Pietismus begeben und in denen man die ersten Pietisten der Schweiz zu sehen hat, zuerst Johann Jakob Schütz in Frankfurt am Main, dessen Trennung von der Kirche seit Jahren bekannt ist, und danach die von der reformierten Kirche separierte labadistische Gemeinde im friesischen Wieuwerd besuchen, ehe sie zu Undereyck und Spener reisen, zeigt doch, dass der Radikalpietismus für die Anfänge des Pietismus eine entscheidende Rolle spielt. In der Frühzeit des Pietismus in Ungarn ist der dominierende Einfluss des radikalen Pietismus auffällig.[48] Die Anfänge des Pietismus in Dänemark und Norwegen führen zu Otto Glüsing, einem radikalpietistischen Schüler Gottfried Arnolds. Das lässt die »Geschichte des Pietismus« leicht übersehen, da am Ende

---

[46] Andreas Deppermann: *Johann Jakob Schütz* (s. Anm. 35), 256.

[47] Horst Weigelt: Der Pietismus in Bayern. In: Martin Brecht/Klaus Deppermann (Hg.): Geschichte des Pietismus (s. Anm. 26), 309.

[48] Zsuzsa Font: Radikale Orientierung unter den siebenbürgischen Sachsen. In: Udo Sträter u. a. (Hg.): Interdisziplinäre Pietismusforschungen. Beiträge zum Ersten Internationalen Kongress für Pietismusforschung 2001. (Hallesche Forschungen, 17,2) Tübingen 2005, 709–715.

des Kapitels über den Pietismus in Norwegen die Zusammenordnung »Radikaler Pietismus und Herrnhutertum« ein Spätphänomen nahelegt.[49] Beim Pietismus in Schweden und Finnland zeigt sich schon an der Gliederung der Kapitel, dass der Radikalpietismus nicht mit dem Herrnhutertum, sondern als ein zeitlich früheres Phänomen darzustellen ist. Ganz klar ist das in Finnland, wo kein kirchlicher Pietist, sondern der Radikalpietist Lars Ulstadius die zentrale Gestalt in den Anfängen ist. In Schweden spielt der Aufenthalt Johann Konrad Dippels, der zwar zeitlich etwas später liegt, vor dessen Ankunft aber radikalpietistische Ideen bereits von Finnland her in Schweden verbreitet waren,[50] eine bedeutende Rolle für den Beginn des Pietismus. Auch bei den pietistischen Anfängen in Nordamerika ist das der Fall, wenn man an die Bedeutung des Labadismus für den dort entstehenden reformierten Pietismus denkt oder an die von der Frankfurter Kompanie, zu der Johann Jakob Schütz gehörte, ausgehenden Wirkungen in Germantown/Pennsylvania.

Um die Frage nach dem Verhältnis von kirchlichem und radikalem Pietismus nicht nur von der lokalen Ausbreitung der pietistischen Bewegung her zu betrachten: Bei der Entstehung der pietistischen Gesangbücher lässt sich feststellen, dass den einflussreichsten Gesangbüchern des kirchlichen Pietismus, dem Halleschen von Freylinghausen 1704/1714 und dem Berlinischen von Porst 1709, bereits radikalpietistische Gesangbücher vorausgegangen sind. Das trifft zu für das sogenannte »Pietisten-Gesangbuch« von Andreas Luppius »Andächtig singender Christenmund« von 1692, in dem erstmals die Lieder von Johann Wilhelm Petersen gedruckt wurden und das wohl die älteste pietistische Liedsammlung ist, oder die vermutlich in Erfurt erschienenen »Geistlichen Lieder und Lobgesänge« von 1695.[51] Es muss wohl stärker als bisher, wenn schon nicht von einem zeitlichen Prae, so doch zumindest von einer Gleichzeitigkeit von radikalem und kirchlichem Pietismus in den Anfängen geredet werden. Bei näherer Betrachtung ist man fast geneigt, das Wort »radikal« im Begriff »radikaler Pietismus« im wörtlichen Sinn als wurzelhafter, genuiner Pietismus zu verstehen.

3. Ich komme zu meiner dritten Frage. In der herkömmlichen Pietismusforschung, die unter Pietismus eine von Labadie bzw. Theodor Undereyck im reformierten Bereich, von Philipp Jakob Spener im lutherischen Bereich begründete Bewegung des späten 17. und des 18. Jahrhunderts versteht, wird von Beginn und durch den ganzen Verlauf der Bewegung zwischen kirchlichem Pietismus und radikalem Pietismus unterschieden. Die Unterschei-

---

[49] Ingun Montgomery: Der Pietismus in Schweden im 18. Jahrhundert. In: Martin Brecht/Klaus Deppermann (Hg.): Geschichte des Pietismus (s. Anm. 26), 484.

[50] Brecht/Deppermann (Hg.): Geschichte des Pietismus, 484.

[51] Vgl. den Abschnitt Radikalpietistische Gesangbücher in dem Beitrag von Christian Bunners: Gesangbuch. In: Hartmut Lehmann (Hg.): Geschichte des Pietismus. Bd. 4: Glaubenswelten und Lebenswelten. Göttingen 2004, 132f.

dung ist also eine prinzipielle und nicht auf eine Phase in der Geschichte des Pietismus beschränkt. Wenn man den Pietismusbegriff erweitert auf eine im frühen 17. Jahrhundert beginnende und nach dem 18. Jahrhundert durch das ganze 19. und 20. Jahrhundert bis zur Gegenwart reichende Bewegung, wie es in der die Konzeption vorstellenden Einleitung zu Band 1 der »Geschichte des Pietismus« geschehen ist, stellt sich die Frage, ob diese Unterscheidung zwischen kirchlichem und radikalem Pietismus auch für den erweiterten Pietismusbegriff gilt. Die Frage stellt sich in doppelter Weise. Gibt es einen radikalen Pietismus in der Frühphase des Pietismus zwischen Arndt und Spener? Und gibt es einen radikalen Pietismus auch im 19. und im 20. Jahrhundert?

In Band 1 der »Geschichte des Pietismus« wird trotz des bis auf das frühe 17. Jahrhundert erweiterten Pietismusbegriffs von einem radikalen Pietismus erst ab dem späten 17. Jahrhundert geredet. In der Zeit von Arndt bis Spener[52] gibt es demnach keinen radikalen Pietismus, sondern nur einen mystischen Spiritualismus. In meiner Besprechung der »Geschichte des Pietismus« habe ich das auf mangelnde Konsequenz bei der Durchführung der Konzeption des erweiterten Pietismusbegriffs zurückgeführt.[53] Wenn man den Pietismus nicht mehr im letzten Drittel des 17. Jahrhunderts mit Spener, sondern im frühen 17. Jahrhundert mit Johann Arndt beginnen lasse, dann müsse man für die ersten beiden Drittel des 17. Jahrhunderts die Rede vom mystischen Spiritualismus aufgeben und den linken Flügel der Arndtschule (Joachim Betke, Christian Hoburg, Friedrich Breckling) in den Pietismusbegriff aufnehmen und die Anfänge des radikalen Pietismus auf das frühe 17. Jahrhundert vordatieren. Hans Schneider dagegen erblickt die Anfänge des radikalen Pietismus ganz traditionell erst in dem von Spener begründeten Pietismus des späten 17. Jahrhunderts. Er verschließt sich also der Konzeption, die der »Geschichte des Pietismus« zugrunde gelegt werden soll, wie das übrigens auch andere Bearbeiter des Bandes 1 der »Geschichte des Pietismus« tun.[54] Von einer Erweiterung des Begriffs »radikaler Pietismus« auf das frühe 17. Jahrhundert braucht also, da sie in der »Geschichte des Pietismus« gar nicht vorgenommen wird, nicht weiter geredet zu werden.

Anders verhält es sich mit der Erweiterung des Pietismusbegriff auf das 19. und 20. Jahrhundert in Band 3 der »Geschichte des Pietismus«. Konkret stellt sich die Frage vor allem an Hartmut Lehmann, der den erweiterten Pietis-

---

52 Dass die Zeit zwischen Arndt und Spener von der neueren Pietismusforschung nicht bearbeitet wird, beklagt Hartmut Lehmann: Aufgaben der Pietismusforschung (wie Anm. 56), 10. Inzwischen liegen zahlreiche Arbeiten über Friedrich Breckling vor, in denen er aber nicht zum Pietismus gerechnet wird.

53 Johannes Wallmann: Fehlstart. Zur Konzeption von Band 1 der neuen ›Geschichte des Pietismus‹. In: PuN 20, (1995), 218–235.

54 Das habe ich in meiner Entgegnung auf Band 1 der »Geschichte des Pietismus« gezeigt. Wallmann: Fehlstart (s. Anm. 53).

musbegriff im Eingangskapitel zu Band 3 der »Geschichte des Pietismus« am entschiedensten propagiert, wogegen die meisten der an diesem Band beteiligten Autoren diese Erweiterung gar nicht vornehmen, ihr teilweise sogar widersprechen.[55] Während in Band 2 für das 18. Jahrhundert durchgehend von einem radikalen neben dem kirchlichen Pietismus gehandelt wird, so dass man für das 18. Jahrhundert von einer prinzipiellen Unterscheidung von kirchlichem und radikalem Pietismus reden kann, wird in Band 3, der nach Hartmut Lehmann von besonderer Bedeutung für die künftige Pietismusforschung sein soll,[56] nicht mehr von einem radikalen Pietismus gehandelt. Dargestellt wird für das 19. Jahrhundert die Erweckungsbewegung in den von ihr erfassten deutschen Landeskirchen und in den anderen europäischen Ländern, weiter die aus der Erweckungsbewegung hervorgehende Äußere Mission, der Evangelikalismus und die Heiligungsbewegung, die Gemeinschaftsbewegung und der Fundamentalismus in Nordamerika. Alle diese Bewegungen sollen in den Pietismusbegriff integriert werden. Zwar stößt man auch in Band 3 gelegentlich auf das Phänomen der Separation und separatistischer Gemeindebildung, zum Beispiel beim französischen Réveil.[57] Auch das Phänomen der Heterodoxie begegnet natürlich im 19. Jahrhundert, etwa bei den Belowianern in der frühen pommerschen Erweckungsbewegung. Im württembergischen Pietismus, bei dem im 19. Jahrhundert unproblematisch von einem fortlebenden Pietismus geredet werden kann, gibt es fraglos auch radikale Bewegungen. Die nach der Separation von der Landeskirche ausgewanderten Württemberger, die unter Georg Rapp in den USA die Siedlung New Harmony, die erste kommunistische Gemeinschaft, gründeten, die an das Schwarze Meer und in den Kaukasus Ausgewanderten, schließlich die unter Christoph Hoffmann nach Palästina ausgewanderten Templer werden aber in dem Kapitel »Die Erweckung innerhalb der deutschen Landeskirchen« aufgeführt, ohne einem neben dem kirchlichen Pietismus weiterwirkenden radikalen Pietismus zugerechnet oder als radikale Pietisten bezeichnet zu werden.

Bei der Erweiterung des Pietismusbegriffs auf das 19. und 20. Jahrhundert handelt es sich also in Band 3 der »Geschichte des Pietismus« nur um eine Erweiterung des Begriffs des »kirchlichen« Pietismus. Der Blick wird, ohne meist den Pietismusbegriff zu gebrauchen, auf innerkirchliche Bewegungen verengt, was besonders auffällig für die Zeit nach 1945 der Fall ist, wo der

[55] Vgl. die Rezension dieses Bandes bei: Johannes Wallmann: ›Pietismus‹ – in Gänsefüßchen. In: ThR 66, 2001, 462–480.

[56] Hartmut Lehmann: Aufgaben der Pietismusforschung im 21. Jahrhundert. In: Udo Sträter u. a. (Hg.): Interdisziplinäre Pietismusforschungen. Beiträge zum Ersten Internationalen Kongress für Pietismusforschung 2001. (Hallesche Forschungen, 17,1) Tübingen 2005, 3–18, hier 6.

[57] Z. B. Ulrich Gäbler: Theologische, religiöse und kirchengeschichtliche Aspekte, A. Geschichte, Gegenwart, Zukunft. In: Ders. (Hg.): Geschichte des Pietismus. Bd. 3: Der Pietismus im neunzehnten und zwanzigsten Jahrhundert. Göttingen 2000, 44 f.

für das 19. Jahrhundert überwiegend fallengelassene Pietismusbegriff als Oberbegriff wieder aufgenommen wird und unter der Überschrift »Der Pietismus in Deutschland seit 1945« auf die Gemeinschaftsbewegung und die Bekenntnisbewegung bezogen wird.

Dass der Pietismus, eine in der Frühen Neuzeit den gesamten Protestantismus durchdringende Bewegung universalen Ausmaßes, die den englischen Puritanismus und die Frömmigkeitsbestrebungen der Niederlande erfasst und in Deutschland das Leben im reformierten wie lutherischen Konfessionsgebiet, schließlich auch den Protestantismus in Skandinavien erneuert, wie es in Band 1 und 2 dargestellt wurde, in Band 3 der »Geschichte des Pietismus« so kümmerlich in der Gnadauer Gemeinschaftsbewegung und in der Bekenntnisbewegung »Kein anderes Evangelium« endet, ist schon häufig aufgefallen. Wolfgang Reinhardt unterzieht deshalb den dritten Band der »Geschichte des Pietismus« scharfer Kritik. Er begrüßt, dass Hartmut Lehmann durchgängig und Martin Brecht in der Einleitung zu Band 1 den Pietismusbegriff nicht mehr auf eine Bewegung des 17. und 18. Jahrhundert beziehen, sondern ihn auf eine bis zur Gegenwart reichende Bewegung erweitern, verurteilt aber die in der »Geschichte des Pietismus« vorgenommene Verengung. Weil die außerdeutschen und außereuropäischen Erweckungsbewegungen nicht behandelt werden, nennt er den Band »völlig unzureichend«.[58] Mit schlüssigen Argumenten hält er es für erforderlich, die Geschichte des Pietismus um einen Band über die erwecklichen Bewegungen zu ergänzen, die in gleicher universaler Breite dargestellt werden müssten, wie der Pietismus in Band 1 der *Geschichte des Pietismus* dargestellt wurde. Deshalb erhebt er die Forderung: »Die neue *Geschichte des Pietismus* sollte um einen zusätzlichen Band über den weltweiten Pietismus erweitert werden, der dann auch die großen Erweckungsbewegungen in Asien, Africa und Amerika einschließen müßte.«[59]

Wenn man mit Lehmanns erweitertem Pietismusbegriff argumentiert, wird man dieser Argumentation nichts entgegenhalten können. In der Verengung, in der der Band 3 der »Geschichte des Pietismus« endet, zeigt sich deutlich das Dilemma, in das man mit dem erweiterten Pietismusbegriff gekommen ist. Es ist das Dilemma, wenn die Pietismusforschung innerhalb einer Historischen Kommission betrieben wird, die von den Landes- und einigen Freikirchen getragen wird, die vornehmlich an der Aufhellung ihrer eigenen Geschichte interessiert sind.

Durch die Einbeziehung der Erweckungsbewegungen in den erweiterten Pietismusbegriff würde der Pietismusbegriff aber um eine Größe bereichert,

58 Wolfgang Reinhardt: Die Erforschung der Erweckungsbewegungen des 20. Jahrhunderts als Desiderat der Internationalen Pietismusforschung. In: Udo Sträter u.a. (Hg.): Interdisziplinäre Pietismusforschungen (s. Anm. 56), 813–823, hier 814.

59 Reinhardt: Erforschung der Erweckungsbewegung, 814.

für die die Unterscheidung zwischen kirchlichem und radikalem Pietismus keine Rolle spielt. Jedenfalls können die Erweckungsbewegungen des 20. Jahrhunderts nicht einem kirchlichen Pietismus, sie müssten vermutlich größtenteils einem radikalen Pietismus zugeordnet werden. Außerdem ist ein fortlebender Pietismus keineswegs nur dort zu sehen, wo es im 19. und 20. Jahrhundert Erweckungsbewegungen gibt. In der charismatischen Bewegung und im Millenarismus vieler Freikirchen sind Anstöße lebendig, die auf den Pietismus zurückgehen. Hartmut Lehmann, der eifrigste Verfechter eines erweiterten Pietismusbegriffs, sieht das durchaus. Ähnliche Kreise wie die, die sich im 17. und 18. Jahrhundert dem Pietismus angeschlossen hatten, »engagierten sich im 19. und im 20. Jahrhundert in den Gemeinden der Adventisten, der Baptisten und der Methodisten sowie auch in den Neuapostolischen Gemeinden und bei den Zeugen Jehovas«.[60] Es deute vieles darauf hin, dass in den Freikirchen ein Teil der Ideen und des Erbes des älteren Pietismus weiterlebte. Als ich in einer Besprechung von Band 3 der »Geschichte des Pietismus« auf die in den meisten Freikirchen lebendigen Zukunftserwartungen (Millenarismus) hingewiesen und gefragt habe, warum denn die charismatische Bewegung und die Pfingstbewegung, die ihre historischen Wurzeln eindeutig im älteren Pietismus haben, in der »Geschichte des Pietismus« nicht dargestellt werden, hat Hartmut Lehmann erwidert, es wäre dringend geboten gewesen, im dritten Band der Pfingstbewegung ein Kapitel zu widmen.[61]

Hier zeigt sich, wohin der den Band 3 der »Geschichte des Pietismus« bestimmende erweiterte Pietismusbegriff führt. Ulrich Gäbler, der Herausgeber des Bandes 3, der die Erweiterung des Pietismusbegriffs auf die Bewegungen des 19. Jahrhunderts problematisiert, indem er ihn nur in Gänsefüßchen gebraucht, hat gegenüber einer Erweiterung des Begriffs der Erweckungsbewegung auf das 18. Jahrhundert geurteilt: der Anwendungsbereich werde »so breit, daß er als historischer Begriff nicht mehr tauglich ist«.[62] Das Gleiche muss gegenüber einer Erweiterung des Pietismusbegriffs auf die kirchlichen und außerkirchlichen Bewegungen des 19. und 20. Jahrhunderts, die ihre Wurzeln im Pietismus haben, gesagt werden. Als historischer Begriff ist der erweiterte Pietismusbegriff nicht mehr tauglich. Es genügt, auf das Aufkommen der Pfingstbewegung und der charismatischen Bewegung im 20. Jahrhundert zu verweisen, um die Rede von einem bis in die Gegenwart rei-

---

60 Ulrich Gäbler (Hg.): Geschichte des Pietismus (s. Anm. 57), 4.

61 Hartmut Lehmann: Erledigte und nicht erledigte Aufgaben der Pietismusforschung. Eine nochmalige Antwort an Johannes Wallmann. In: PuN 31 (2005), 13–20, hier 16: »In jedem Fall stimme ich der Bemerkung Wallmanns zu, es wäre, wenn man den im ersten und im zweiten Band der ›Geschichte des Pietismus‹ zugrunde gelegten Pietismusbegriff ernst nimmt, dringend geboten gewesen, im dritten Band der Pfingstbewegung ein Kapitel zu widmen.«

62 Ulrich Gäbler: Erweckung im europäischen und amerikanischen Protestantismus. In: PuN 15, 1989, 24 Anm. 3.

chenden Pietismus ad absurdum zu führen. In der Aufklärungsforschung ist es längst üblich geworden, zwischen einem engeren Begriff von Aufklärung, worunter man eine in Deutschland vornehmlich in das 18. Jahrhundert zu datierende Bewegung versteht, und einem weiteren bis zur Gegenwart reichenden Begriff zu unterscheiden. Niemand fällt es ein, die Unterscheidung zwischen einem engen und weiten Sinn des Begriffs Aufklärung zugunsten der Erweiterung des Begriffs aufzugeben. Ähnlich müssen wir in der kirchlichen und profanen Geschichtswissenschaft auf dem präzisen Begriff von Pietismus beharren und der gegenwärtig zu beobachtenden Überlagerung des historischen Pietismusbegriffs durch den kirchlichen Sprachgebrauch[63] widerstehen. Das heißt aber: Bei einer Erweiterung des Pietismusbegriffs auf eine bis zu Gegenwart reichende Bewegung wird die Rede von einem radikalen Pietismus unbrauchbar. Die Rede von kirchlichem und radikalem Pietismus bleibt eine Grundunterscheidung bei der Beschäftigung mit dem Pietismus des 17. und 18. Jahrhunderts.

---

[63] Außer Hartmut Lehmann hat sich für den erweiterten Begriff der Konzeption der »Geschichte des Pietismus« dediziert ausgesprochen Peter Schicketanz: *Pietismus* (s. Anm. 8). Nach Schicketanz »ist zu beachten, dass der Begriff Pietismus nicht nur als historische Epochenbeschreibung benutzt wird, sondern auch gegenwärtige Frömmigkeit in den Kirchen meint. Der aktuelle Gebrauch überlagert die historischen Einordnungsversuche« (ebd., 20).

Hartmut Lehmann

Die langfristigen Folgen der kirchlichen Ausgrenzung des radikalen Pietismus

Der Ausgangspunkt meiner Überlegungen liegt in der jüngsten Vergangenheit. Ich gehe aus von der durch viele Erhebungen und Befragungen erhärteten Tatsache, dass seit geraumer Zeit in Deutschland ebenso wie in vielen anderen Ländern Europas die Zahl der Menschen sukzessive abgenommen hat, die noch eine enge Bindung an die Kirche haben und für die die Religion in ihrem Leben etwas bedeutet, während in den USA im gleichen Zeitraum das Interesse an Religion ebenso zugenommen hat wie die Bereitschaft, sich in einer bestimmten Kirche zu engagieren. Dabei sind die Rahmenbedingungen auf beiden Seiten des Atlantiks durchaus vergleichbar: Diese werden bestimmt durch Industrialisierung und Urbanisierung, durch den Siegeszug moderner Technik und Medizin, durch neue Medien der Massenkommunikation sowie durch neue Möglichkeiten der Mobilität und des Konsums. Ein gravierender Unterschied fällt in diesem Zusammenhang jedoch sofort in die Augen: Die USA waren seit ihrer Gründung und schon vorher ein Einwanderungsland, Deutschland dagegen bis vor wenigen Jahrzehnten ein Auswanderungsland.[1]

In den vergangenen Jahren wurden mehrere Versuche unternommen, um die erstaunlichen Differenzen auf dem Gebiet der Religion zwischen den USA und Ländern wie Deutschland zu erklären. Die vielleicht einflussreichste einschlägige Theorie lautet: In den USA hätte sich seit dem frühen 19. Jahrhundert ein immer effizienterer religiöser Markt entwickelt, auf dem verschiedene Anbieter sich um neue Mitglieder und Anhänger bemühten. Das habe, so die These, den Gesetzen des Marktes entsprechend zu hohem kirchlichem Engagement geführt. In Ländern wie Deutschland habe man es dagegen mit den Auswirkungen von staatskirchlichen Monopolen zu tun, und wer ein Monopol besitze, brauche sich nicht besonders anzustrengen, um neue Kunden zu gewinnen. Mit den Folgen hätten die evangelischen Kirchen heute zu kämpfen.

Es ist hier nicht der Ort, diese von den Religionssoziologen Roger Finke und Rodney Stark Anfang der 1990er Jahre publizierte These im Einzelnen

---

1 Siehe dazu Hartmut Lehmann (Hg.): Transatlantische Religionsgeschichte. 18. – 20. Jahrhundert. (Bausteine zu einer Europäischen Religionsgeschichte im Zeitalter der Säkularisierung, 9) Göttingen 2006; Tobias Mörschel (Hg.): Macht Glaube Politik? Religion und Politik in Europa und Amerika. Göttingen 2006.

zu diskutieren.[2] Festzuhalten ist in unserem Zusammenhang aber der Gegensatz zwischen einem System des religiösen Pluralismus auf der einen Seite, in dem ganz offensichtlich Religion gedeiht, und den Resten von staatskirchlichen Systemen auf der anderen Seite, in denen die organisierte Religion immer mehr verkümmert. Ergänzend ist an dieser Stelle anzufügen, dass in Deutschland, auch wenn in der Weimarer Verfassung Staat und Kirche offiziell getrennt wurden, weit über 1919 hinaus und im Grunde bis in die Gegenwart enge Beziehungen zwischen Staat und Kirche erhalten blieben, und zwar faktisch (erinnert sei an den kirchlichen Religionsunterricht in staatlichen Schulen sowie an die Einziehung der Kirchensteuer durch den Staat) wie auch in den Köpfen der Menschen, vor allem jener Menschen, die sich eine stärkere Distanzierung der Kirche vom Staat wünschen.

Damit komme ich zum Kern dessen, was ich in diesem Beitrag erörtern möchte: Warum, so will ich fragen, entstand in Deutschland im Zuge der Modernisierung von Staat und Gesellschaft kein funktionierender, anerkannter religiöser Pluralismus? Und damit hängt eine weitere Frage eng zusammen: Entwickelte sich in Deutschland kein religiöser Pluralismus, weil seit dem ausgehenden 17. Jahrhundert religiöse Nonkonformisten nicht toleriert, sondern ausgegrenzt und diffamiert, diskriminiert und schließlich verfolgt und vertrieben wurden?

Die Antwort auf die erste dieser Fragen ist ohne Zweifel schwierig. Und auch die zweite dieser Fragen lässt sich nicht ohne weiteres eindeutig beantworten. Zu untersuchen ist vielmehr, ob in bestimmten historischen Perioden und in bestimmten politischen und kirchenpolitischen Konstellationen die Möglichkeit bestanden hätte, die Vorbehalte und Vorurteile gegenüber religiösen Nonkonformisten zu überwinden, so dass diese die Möglichkeit gehabt hätten, sich in unabhängigen religiösen Gemeinschaften einzurichten und ihre Lehren und Lebensweisen zu tradieren. Anders formuliert: Warum bestand unter den evangelischen Christen in Deutschland in den Jahrhunderten seit der Reformation so wenig geschwisterliche Liebe, warum so wenig Toleranz, warum so wenig Respekt vor anderen Meinungen und vor anderen Formen des christlichen Lebens? Wie mir scheint, ist die Antwort auf diese Frage im Bereich von äußerst zählebigen Vorurteilen zu suchen.

Diese Vorurteile lassen sich auch im 20. Jahrhundert noch leicht nachweisen. Nehmen wir zum Beispiel das Kompendium der Kirchengeschichte von Karl Heussi, das seit 1908 in vielen Auflagen gedruckt wurde und Generationen von Kirchenhistorikern bei der Examensvorbereitung eine unentbehrliche Hilfe war. Im Kapitel über den Pietismus bringt Heussi einen

---

[2] Roger Finke/Rodney Stark: *The Churching of America, 1776–1990. Winners and Losers in Our Religious Economy*. New Brunswick, NY 1992.

eigenen Paragraphen über den »radikalen Pietismus«. Dieser sei, wie er es formuliert, erstens »meist mystisch-enthusiastischer Art«, er sei zweitens »auf separatistische Abwege« geraten und drittens »mit allerlei sektiererischen Strömungen« zusammengeflossen.[3] Das sind, in knappster Form, die drei gängigsten Vorurteile gegenüber jenen Pietisten, die seit über 100 Jahren, seit Albrecht Ritschls *Geschichte des Pietismus*, nicht etwa als konsequente Pietisten und entschiedene Christen, sondern als die Radikalen bezeichnet werden.

Auf Ritschl geht, wie Hans Schneider gezeigt hat, die Bezeichnung der kirchenkritischen Pietisten als die »radikalen Pietisten« zurück sowie die Unterscheidung zwischen jenen, die wie Spener auf dem Boden der reformatorischen Lehre standen und die Kirche ihrer Zeit reformieren wollten, und jenen anderen, die sich, so Ritschl, an den schwärmerischen Lehren des 16. und 17. Jahrhunderts sowie auch an mystischen Traditionen des Spätmittelalters orientierten und die sich, so wiederum Ritschl, mutwillig von der Mutter Kirche separierten. Zu Recht hat Hans Schneider deshalb schon vor 25 Jahren außerdem betont, es gelte stärker, als das bisher geschehen sei, auf die engen theologischen und persönlichen Verbindungen zwischen kirchentreuen und kirchenkritischen Pietisten zu achten. Spener und Francke hätten durchaus enge Kontakte zu einer Reihe von jenen Personen gehalten, die seit Ritschl unter die Rubrik des radikalen Pietismus gestellt werden. Zu beachten sei dabei, dass erst seit Ritschls Zeit der Begriff »radikal« seinen heute noch gültigen pejorativen Sinn bekommen habe.[4]

Blicken wir, um die Entwicklungen im deutschen Protestantismus besser einordnen zu können, für einen Moment auf die Verhältnisse in Großbritannien sowie in den britischen Kolonien in Nordamerika und den USA. In Großbritannien konnten sich nach der Glorious Revolution von 1688/89 unter dem breiten Dach der anglikanischen Kirche nonkonformistische religiöse Bewegungen entfalten und konsolidieren. So konnte sich im zweiten Drittel des 18. Jahrhunderts der Methodismus aus der Mitte der anglikanischen Kirche heraus entwickeln und dann als eigenständige Bewegung etablieren. Auch kleinere religiöse Gruppierungen wie die Quäker, die in aristokratischen Zirkeln ebenso wie bei sehr einfachen Leuten Anhänger fanden, wurden toleriert. Anders war die Lage in den britischen Kolonien in Nordamerika. Bis zum Ausbruch der Revolution hatte jede Kolonie ihr eigenes kirchenpolitisches Gesicht. In Virginia dominierte beispielsweise die anglikanische Kirche, in Massachusetts der strikte Puritanismus, in Pennsyl-

---

[3] Karl Heussi: *Kompendium der Kirchengeschichte*. 1. Aufl. Tübingen 1908, 4. verb. Aufl. 1919. Hier benützt 8. verb. Aufl. Tübingen 1933, hier 7. Teil »Das Zeitalter der Aufklärung«, § 106: »Der Pietismus«, 366 f. »Der radikale Pietismus«.

[4] Hans Schneider: Der radikale Pietismus in der neueren Forschung. In: PuN 8 (1983), 15–42 und PuN 9 (1984), 117–151.

vania koexistierten unterschiedliche religiöse Kleingruppen. Nach Erreichen der Unabhängigkeit und der verfassungsrechtlich verfügten Trennung von Kirche und Staat entstand dann aber eine völlig neue Lage. Nun besaß die religiöse Freiheit der einzelnen Bürger oberste Priorität und damit auch deren Recht auf Freizügigkeit innerhalb aller Staaten, die der neuen Union angehörten. Binnen weniger Jahre konnten sich die verschiedenen Religionsgemeinschaften in den dreizehn ursprünglichen Gliedern der Union etablieren sowie in der Folge auch in allen Staaten, die in diese Union aufgenommen wurden. Vorurteile bestanden auf Jahre hinaus allein gegenüber den Katholiken, obwohl diese schon seit dem 17. Jahrhundert im Staat Maryland gesiedelt hatten.[5] Bereits um die Mitte des 19. Jahrhunderts hatte sich in den USA aber ein System des religiösen Pluralismus durchgesetzt, das, so führende amerikanische Religionssoziologen, dazu führte, dass sich im Laufe der Jahrzehnte deutlich mehr Menschen für Religion interessierten und Kirchen anschlossen als in einem Land wie Deutschland.

In Großbritannien brachten die Jahrzehnte um 1700 den Durchbruch zu mehr Toleranz in Religionsdingen, in den USA die Jahrzehnte um 1800. In Großbritannien setzte sich eine modifizierte Form des religiösen Pluralismus durch, in den USA, vorangetrieben auch durch das Second Great Awakening, ein offener religiöser Markt mit vielen Anbietern. Wenn wir eine Antwort auf die Frage suchen, warum sich in Deutschland kein funktionierender religiöser Pluralismus herausbildete, sind, so scheint mir, auch die Jahrzehnte um 1700 sowie dann ebenso die Jahrzehnte um 1800 von besonderem Interesse. Ergänzend will ich auch noch einen Blick auf die Jahrzehnte um 1900 werfen, in denen in Frankreich der Schritt zur konsequenten Trennung von Kirche und Staat vollzogen wurde.

Was wäre geschehen, wenn in den protestantischen Territorien des Alten Reichs in den Jahrzehnten um 1700 keine Reskripte gegen religiöse Privatversammlungen erlassen worden wären? Man könnte annehmen, dass dann so etwas wie eine innere Differenzierung des religiösen Lebens in den evangelischen Kirchen entstanden wäre, eine Vorstufe zu einem religiösen Pluralismus mit der Folge, dass alle jene, die sich ernsthaft und mit großer Konsequenz um Christi Nachfolge bemühten, auch die Chance gehabt hätten, ihre Lehren zu verkünden und Anhänger um sich zu scharen, wobei einige dieser religiösen Gruppierungen möglicherweise nach einiger Zeit wieder verschwunden wären, andere sich aber dauerhaft etabliert hätten.

Wie wir wissen, bestand zu einer solchen Entwicklung aus verschiedenen Gründen in den Jahrzehnten um 1700 in keinem Territorium des Alten Reichs eine Chance. Der Wiederaufbau der evangelischen Landeskirchen

[5] Massive Vorurteile bestanden das ganze 19. Jahrhundert hindurch gegenüber den Anhängern von Joseph Smith, den Heiligen der letzten Tage, den Mormonen.

nach dem Dreißigjährigen Krieg hatte dazu geführt, dass kirchliche und staatliche Verwaltungen noch effizienter als vorher kooperierten. Das galt für jene Territorien, in denen die Stände sich noch eine gewisse Zeit halten konnten, ebenso für jene, in denen die Fürsten die ständische Mitsprache ausschalteten und als absolute Herrscher regierten. Die machtpolitische Konkurrenz mit den katholischen Territorien des Reichs trug außerdem dazu bei, dass in evangelischen Territorien geistliche und weltliche Herrschaft immer enger verklammert wurden. Zur Disziplinierung der Untertanen gehörte deren konfessionelle Indoktrination. Religiöse Nonkonformisten konnten in dieser Situation ohne weiteres als Feinde des Staates diffamiert werden.[6]

Dass in vielen evangelischen Kirchen auch nach 1648 die Dinge nicht zum Besten standen und Reformen dringend notwendig waren, erkannten die Kirchenleitungen durchaus. Als Spener sein Kirchenreformprogramm publizierte, stieß er deshalb vielerorts auf großes Interesse. Die Grenze aller Reformbemühungen wurde jedoch dort gezogen, wo diese die staatliche Autorität berührten. All jene Anhänger Speners, die sich für kirchliche Reformen einsetzten, wurden deshalb vor eine sehr einfache und klare Alternative gestellt: Wollten sie an ihren religiösen Vorstellungen festhalten, auch wenn diese von kirchlicher und staatlicher Seite abgelehnt wurden, oder waren sie bereit, Kompromisse einzugehen? Für beide Entscheidungen gab es gute Gründe.

Schon in den 1670er Jahren führte außerdem heftiger publizistischer Streit um die Anliegen der Pietisten dazu, dass alle Versuche, Brücken zwischen den entschiedenen und den kompromissbereiten Reformern zu finden, erschwert, wenn nicht gar unmöglich wurden. Orthodoxe Lutheraner gossen ebenso Öl ins Feuer wie all jene, die überzeugt waren, das Ende der gegenwärtigen Weltordnung und die Wiederkehr Christi stünden unmittelbar bevor. Den einen ging es um die Erhaltung der guten Ordnung in der Kirche Martin Luthers, den anderen um ihr ewiges Heil in der Phase der finalen Zuspitzung der Auseinandersetzung zwischen Gott und Teufel. Nicht dass die Pastoren der Landeskirchen den ihnen anvertrauten Gläubigen nicht auch das ewige Heil versprochen hätten. Für die von der Endzeitstimmung erfassten Frommen wurde die wahre Lehre in den Gemeinden aber nicht entschieden genug verkündet, wurden Gottes Lehren im tagtäglichen Leben

[6] Viele der Probleme, die in diesem Zusammenhang zu erörtern sind, entstanden bereits im zweiten Drittel des 16. Jahrhunderts. Luther und seinen Anhängern war es nur mithilfe starker Territorialfürsten gelungen, wenigstens einen Teil ihrer Reformvorstellungen durchzusetzen. Schon im 16. Jahrhundert forderte die Politik ihren Tribut: Politischer und kirchenpolitischer Disziplin wurde in den Kirchenordnungen eine höhere Priorität eingeräumt als der Vorstellung einer weiter zu entwickelnden evangelischen Freiheit.

nicht konsequent genug umgesetzt. Und da es um ihr Seelenheil ging, scheuten sie keine Konflikte.

Die Folgen sind bekannt. Entschiedene Pietisten wurden ab den 1680er Jahren nur auf den Gebieten von einigen kleineren Herrschaften des Alten Reichs geduldet. Viele waren gezwungen, von Territorium zu Territorium auf der Suche nach einem Zufluchtsort zu ziehen. Manche, nicht wenige, entschlossen sich zu emigrieren.[7] Wie viele tatkräftige und fromme Protestanten im Zuge dieser Auseinandersetzungen zu Kompromissen gezwungen wurden, die sie im Grunde ihres Herzens gar nicht wollten, wie viele von der Härte der Kirchenleitungen bitter enttäuscht waren und sich in der Folge weitgehend vom kirchlichen Leben zurückzogen, wie viele schließlich emigrierten, dies kann man nicht einmal andeutungsweise ahnen. Sicher scheint mir jedoch, dass gerade für viele jener protestantischen Christen, die das schwere Los der Emigration auf sich nahmen, Glaubensfragen höchste Priorität besaßen. Ihre Entschiedenheit, ihr Engagement und ihre Konsequenz sollten in den kommenden Jahrzehnten den Gemeinden in den britischen Kolonien in Nordamerika, denen sie sich anschlossen, zugutekommen.

Bevor ich auf die Jahrzehnte um 1800 zu sprechen komme, ein kurzer Blick auf die von politischen und vor allem von ökonomischen Erwägungen bestimmte Berliner Religionspolitik. Diese war ohne Zweifel im Rahmen der damaligen Zeit außergewöhnlich, garantierte jedoch keine auf persönliche Gewissensfreiheit gegründete Religionsfreiheit. Gewiss, die Berliner Herrscher gewährten den Pietisten in Halle einen gewissen Freiraum. Unter dem Dach des königlichen Territorialismus, der mit speziellen Privilegien für bestimmte Gruppen operierte, entwickelte sich in Brandenburg-Preußen jedoch nicht eigentlich eine kirchenpolitische Situation, die mit dem Begriff des religiösen Pluralismus angemessen beschrieben werden könnte. Zwischen Pietisten und orthodoxen Lutheranern gab es heftige Spannungen. Kleinere religiöse Gruppen wie die von Berlin ins Land geholten Mennoniten und Juden lebten weitestgehend isoliert. Die Reformierten genossen den Schutz des Herrscherhauses. Und über allem lag die schwere Hand der Könige, die sich auf dem Weg zu uneingeschränkter Herrschaft nicht aufhalten ließen. Als 1740 in Berlin ein den Ideen der Aufklärung verpflichteter König an die Macht kam, schwanden selbst in Halle rasch die Kräfte der Pietisten.

---

[7] Dazu Hartmut Lehmann: Religionskonflikt, Gewaltanwendung, Auswanderung: Beobachtungen zu einem Grundmuster der neueren deutschen Geschichte. In: Jörg Nagler (Hg.): Nationale und internationale Perspektiven amerikanischer Geschichte. Festschrift für Peter Schäfer zum 70. Geburtstag. Frankfurt/Main 2002, 79–89. Siehe auch die Beiträge in Hartmut Lehmann/Hermann Wellenreuther/Renate Wilson (Hg.): In Search of Peace and Prosperity. New German Settlements in Eighteenth-Century Europe and America. University Park, PA, 2000.

Auch in den Jahrzehnten um 1800 wurde in den deutschen protestantischen Territorien die enge Verbindung zwischen Staat und Kirche nicht gelöst. Sie wurde nicht einmal gelockert. Mehr noch: Für diejenigen Protestanten, die sich entschieden, in ihrem Leben dem christlichen Glauben in allen seinen Teilen und mit allen seinen Versprechungen zu folgen, verschlechterte sich die Lage noch einmal sehr deutlich. Denn die Aufklärer – man müsste im Rahmen dieses Bandes eigentlich sagen: die »radikalen Aufklärer« –, die in vielen Konsistorien und Kirchenbehörden den Ton angaben, blickten auf die Pietisten mit Verachtung herab. Pietisten waren für sie die Ewiggestrigen, Enthusiasten, Schwärmer. Es galt sie zu disziplinieren und auf die Höhe der Einsichten aufgeklärter Denkweise zu heben oder, falls sie sich verweigerten, zu bestrafen. Neue Gesangbücher wurden produziert, auch neue Agenden. An einigen Orten wurde Militär eingesetzt, um diesen Büchern Geltung zu verschaffen.[8]

Gewiss: Nicht alle dezidiert Frommen landeten damals im Gefängnis oder wurden in die Emigration getrieben, obwohl es für beides durchaus Beispiele gibt. Außerdem suchten viele der Frommen, die von den Zeitereignissen aufgewühlt und zutiefst verängstigt waren, auch nach neuen Wegen der religiösen Selbstverwirklichung. Manche, insbesondere Männer und Frauen aus dem Bürgertum, schufen sich in den ersten Jahrzehnten des 19. Jahrhunderts mit der Äußeren Mission und mit den Bibel- und Traktatgesellschaften nämlich eigene Handlungsfelder neben den kirchlichen Strukturen, Handlungsfelder, die ihrem Wunsch nach Praxis Pietatis ebenso entsprachen wie ihrer Endzeiterwartung. Man kann deshalb argumentieren, mit diesen neuen Initiativen seien im protestantischen Mitteleuropa erste Ansätze zu einem effizient funktionierenden religiösen Pluralismus entstanden. Wer wollte, konnte sich in der Äußeren Mission, in der Bibel- und Traktatarbeit oder auch in Rettungsanstalten engagieren, während alle diejenigen, die diesen Initiativen skeptisch gegenüberstanden, in den traditionellen Gemeinden unter der Obhut der Pastorenschaft verblieben. Festzuhalten ist jedoch, dass sich diese beiden Wege nicht trennten. Im Gegenteil: Viele Pastoren waren in den folgenden Jahrzehnten bemüht, die neuen Ideen in ihre Gemeinden hineinzutragen und diese für die Äußere Mission und die anderen genannten Initiativen zu begeistern.[9]

---

[8] Diesen Aspekt habe ich zum ersten Mal vor 40 Jahren erörtert. Siehe Hartmut Lehmann: Der politische Widerstand gegen die Einführung des neuen Gesangbuchs von 1791 in Württemberg. Ein Beitrag zum Verhältnis von Kirchen- und Sozialgeschichte. In: BWKG 66/67 (1966/67), 247–263. Auch in Hartmut Lehmann: *Protestantische Weltsichten. Transformationen seit dem 17. Jahrhundert*. Göttingen 1998, 49–68.

[9] Je weniger die Vertreter der evangelischen Kirchen im Laufe des 19. Jahrhunderts in der Lage waren, die sozialen Probleme zu lösen, desto größer war die Versuchung, die Erfolge an der »Heidenfront« als die eigentlich wichtigen Fortschritte auf dem Weg zur Verwirklichung von Gottes Reich zu preisen.

Auch in dieser Phase war Preußen ein Sonderfall. Die nach dem Ende der Napoleonischen Kriege von oben verfügte Verbindung der lutherischen und reformierten Kirchen zu einer Kirche der Union konnte jahrzehntelang nicht durchgesetzt werden. Im Gegenteil: Je stärker die Berliner Regierung versuchte, diesem Projekt auf Gemeindeebene Geltung zu verschaffen, desto stärker wurde der Widerstand. Von königlicher Seite war Toleranz nicht zu erwarten. Die Geschichte Preußens in den 1830er und 1840er Jahren wird deshalb durch staatliche Repression bestimmt, durch Gewalt, die auch vor glaubenstreuen Pastoren nicht Halt machte, schließlich durch die Emigration von Tausenden von Männern und Frauen und in einigen Fällen von ganzen Gemeinden. Es ist, wenn man unter Protestantismus auch die Freiheit des Glaubens versteht, eine durch und durch traurige Geschichte. Als Friedrich Wilhelm IV. 1840 an die Macht kam und eine neue preußische Kirchenpolitik initiierte, war der kirchenpolitische Flurschaden nicht mehr zu beheben. Erneut stellt sich die Frage, ob diese Geschichte tatsächlich so verlaufen musste. Warum war es nicht möglich, den Altlutheranern schon in den 1830er Jahren die Bildung eigener Gemeinden zu gestatten? Warum wurden deren Glaubens- und Gewissensnöte nicht respektiert? Warum konnte sich die Vision nicht durchsetzen, dass der evangelische Glaube am besten gedeihen würde, wenn die Gläubigen nicht bevormundet werden, sondern, wenn sie es denn wünschten, auch eigene Wege zum ewigen Heil suchen können?

Ein besonderes Kapitel ist in diesem Zusammenhang die Geschichte der Freikirchen in Deutschland im 19. Jahrhundert. Aus der großen Darstellung dieses Themas, die wir Karl Heinz Voigt verdanken,[10] geht überaus deutlich hervor, wie schwer Freikirchen es hatten, in Deutschland Fuß zu fassen. Sie standen vor einer doppelten Schwierigkeit: Zum einen galten sie als »Sekten«, auf die in einigen Territorien noch die Pietistenreskripte des späten 17. und 18. Jahrhunderts angewendet wurden. Zum anderen wurden sie als englische und amerikanische Importe diffamiert, kurzum als »undeutsche« Formen religiösen Lebens, die im Lande Luthers nichts zu suchen hätten. Alte staatskirchliche Traditionen wurden in dieser Frage durch den neu erwachten Nationalismus bestärkt. So ist es kein Einzelfall, dass just die Personen, die sich einer Freikirche anschlossen, oft nach wenigen Jahren resignierend den Entschluss fassten, in die USA auszuwandern, weil sie dort in Glaubensdingen nicht drangsaliert wurden.

Auch in den Jahrzehnten um 1900 lässt sich somit nicht eigentlich von einem Durchbruch zu einem religiösen Pluralismus beobachten, der es möglich machte, dass in einem weit gefächerten System verschiedener protestantischer Richtungen die religiösen Wünsche unterschiedlicher Personen und

---

[10] Karl Heinz Voigt: *Freikirchen in Deutschland (19. und 20. Jahrhundert).* Leipzig 2004.

Gruppen verwirklicht wurden. Zwar hatte sich auf der Grundlage der Vereinsfreiheit im Deutschen Reich inzwischen eine ganze Reihe von evangelischen Freikirchen etabliert. Diese wurden in der Regel aus den USA unterstützt und verstanden sich als Glieder von weltweit operierenden Kirchen. In Deutschland fühlten sie sich aber nach wie vor als Christen zweiter Klasse. Landeskirchliche Pastoren hielten zu ihnen Distanz. Von ökumenischer Freundschaft konnte keine Rede sein. Nach wie vor wurden sie mit dem nach allgemeinem Verständnis pejorativen Begriff »Sekten« bezeichnet. Sie wurden in theologischer Hinsicht als unzuverlässig eingestuft und galten überdies als gefährlich, weil sie im Verdacht standen, aus den anderen Kirchen Mitglieder abzuwerben.

Auch die Gruppierungen, die sich in den späten 1880er Jahren im Gnadauer Verband zusammengeschlossen hatten, waren nicht bereit, eine Öffnung hin zu mehr religiösem Pluralismus tatkräftig zu fördern. Zwar waren sie auf der einen Seite bestrebt, die älteren pietistischen Traditionen zu erneuern und rezipierten in diesem Zusammenhang viele Anregungen aus religiösen Erneuerungsbewegungen in den USA, bis hin zur Gründung von neuen Vereinen wie dem Jugendbund für entschiedenes Christentum. Auf der anderen Seite achtete die Führung des Gnadauer Verbands aber streng darauf, dass die Verbindungen zu konservativen kirchlichen und politischen Kreisen nicht abrissen.[11] So agierte auch der Gnadauer Verband in vielerlei Hinsicht als wirkungsvoller Gegner der Freikirchen.

Nach wie vor fehlen detaillierte kirchen- und gruppensoziologische Studien, die genau belegen, welche Personen sich im ausgehenden 19. und im frühen 20. Jahrhundert tatsächlich in Freikirchen versammelten. Drei Möglichkeiten wären dabei besonders zu beachten. Erstens: Kamen diese Personen aus landeskirchlichen Gemeinschaften und hatten zu irgendeinem Zeitpunkt aus irgendwelchem Anlass den Entschluss gefasst, sich endgültig von den Landeskirchen zu verabschieden? Oder waren es zweitens Personen, die engere familiäre oder persönliche Kontakte zu Christen in den USA hatten, die beispielsweise in den Kirchen der Methodisten, der Baptisten oder der Adventisten aktiv waren? Oder handelte es sich drittens um Personen, die sich schon lange Zeit von allem kirchlichen Leben entfremdet hatten, die von Freikirchenangehörigen geworben wurden und dort dann eine neue kirchliche Heimat fanden. Wie auch immer: Viele waren es, aufs Ganze gesehen, um 1900 nicht. Die Freikirchen fristeten in den letzten Jahrzehnten des Deutschen Kaiserreichs ein Randdasein.

Eine markante Episode ist für die Zeit vor 1914 noch nachzutragen, nämlich die Entstehung der Pfingstbewegung. Angestoßen durch eine interna-

---

[11] Dazu Jörg Ohlemacher: *Das Reich Gottes in Deutschland bauen. Ein Beitrag zur Vorgeschichte und Theologie der deutschen Gemeinschaftsbewegung*. Göttingen 1986.

tionale Erweckung, die von Los Angeles bis Wales reichte, sammelten sich auch in Deutschland seit 1907 charismatisch bewegte Protestanten in einer eigenen Organisation. Erst im Rückblick wird vollends deutlich, welche dynamische und erfolgreiche Entwicklung damit eingeleitet wurde.

Damit kann ich zusammenfassen. Dass ich den Begriff des »radikalen Pietismus« nicht für besonders glücklich halte, dürfte klar geworden sein. Dieser Begriff markiert Vorurteile, die zumindest aus meiner Sicht höchst problematisch sind. Wir leben nun einmal in sprachlichen Bezügen, und der Begriff »radikal« hat nach den Exzessen des 20. Jahrhunderts einen noch schlechteren Geruch als zu Ritschls Zeiten.[12] Mir wäre es lieber, wenn man von entschiedenen oder von konsequenten Protestanten reden würde. Wichtig ist in jedem Fall, wenn man denn bei dem Begriff des »radikalen Pietismus« bleiben will, die Bezeichnung »radikal« nicht im Sinn von »gefährlich« oder von »umstürzlerisch« zu verstehen. Denn alle jene Pietisten, die heute unter die Radikalen eingeordnet werden, wollten weder Staat noch Gesellschaft umstürzen. Im Zentrum ihres Denkens und Handelns stand vielmehr das Reich Gottes. Sie überlegten, was sie zu tun hätten, um Kinder in Gottes Reich zu werden und um das ewige Heil zu erlangen.

Die Vertreibung der als schwärmerisch und separatistisch verketzerten Gruppen in den Jahrzehnten um 1700 und dann auch in der Zeit um 1800 und in den folgenden Jahrzehnten muss, so meine ich, als schwerer Verlust für die Welt des mitteleuropäischen Protestantismus eingestuft werden. Diese Vertreibungen waren ein Aderlass mit nicht mehr wieder gutzumachenden Folgen. Die Auswanderung der besonders ernsten und von ihrem Glauben überzeugten Christen konnte von den Kirchenleitungen vielleicht kurzfristig als Erleichterung empfunden werden, weil diese in Glaubensfragen eigenwillig und, wie es scheinen musste, uneinsichtig waren. Mittelfristig schwächte dieser Exodus aber das protestantische Milieu erheblich. Man kann sogar argumentieren, dass diese Verluste langfristig dazu beitrugen, dass das protestantische Deutschland schon im 19. Jahrhundert für englische und amerikanische Erweckungsprediger zu einem Missionsland wurde.

Die aus Deutschland vertriebenen Gruppen siedelten zunächst fast ausschließlich in Pennsylvania, später aber auch in anderen Kolonien von Nordamerika und in der ersten Hälfte des 19. Jahrhunderts an vielen anderen Orten von Südrussland bis Südaustralien und vom Mittleren Westen der USA bis Lateinamerika. Nicht wenige dieser Gruppen schlossen sich im

---

[12] Gewiss ist es auch möglich, auf positive Bedeutungen des Adjektivs »radikal« zu verweisen, auf »radikal« im Sinn von prinzipiell, von den Wurzeln her denkend, usw. Diese positiven Bedeutungen spielen aber, so scheint mir, im heutigen Sprachgebrauch höchstens eine sekundäre Rolle. Ganz abgesehen davon, dass man Luthers theologische Vorstellungen durchaus als »radikal« verstehen kann, ist es deshalb auch nicht möglich, den amerikanischen Begriff der »Radical Reformation« mit »Radikale Reformation« ins Deutsche zu übertragen.

Laufe der Zeit überlokalen, auch überregionalen Netzwerken entschiedener Christen an. Gewiss: Auch viele der Zurückgebliebenen entwickelten im 19. Jahrhundert im Zuge der Arbeit für die Äußere Mission eine Vorstellung von der Notwendigkeit eines weltweiten Engagements für Gottes Reich.

Meine These: Die Vertreibung der Radikalen hatte zur Folge, dass in Deutschland bis ins 20. Jahrhundert kein offener religiöser Markt entstand. Die Freikirchen, die sich Schritt für Schritt in verschiedenen Teilen Deutschlands festsetzten, waren und blieben lange Zeit eine Art religiöse Parallelgesellschaft.[13] Erst nach 1945 gelang es den Freikirchen wenigstens zum Teil, jene freien religiösen Potenzen einzufangen, die von den Landeskirchen nicht mehr aufgenommen wurden.

Wie sich in Zukunft die religiösen Verhältnisse in einem vereinten Europa gestalten werden, kann derzeit nur vermutet, aber nicht mit Sicherheit vorhergesagt werden. Die garantierte Freizügigkeit dürfte dazu führen, dass in allen Teilen eines vereinten Europa in ein, zwei Generationen ein offener religiöser Markt entstehen wird. Welche religiösen Richtungen sich auf diesem Markt durchsetzen werden, ist dagegen nicht sicher, wie überhaupt unklar ist, ob die in jüngster Zeit von verschiedenen Seiten behauptete Wiederkehr der Religion tatsächlich mehr ist als ein frommer Wunsch oder eine wissenschaftlich verbrämte Spekulation.

Ob man meiner These zustimmt oder nicht: Es scheint mir notwendig, die Geschichte des radikalen Pietismus in langfristiger Perspektive zu sehen. Diese Geschichte beginnt beim linken Flügel der Reformation und reicht bis in die Gegenwart. Und was vielleicht ebenso wichtig ist: Sie verbindet die Geschichte des deutschen Protestantismus mit der Geschichte entschiedener Christen auf allen Kontinenten.

---

[13] Siehe dazu die Beiträge in Hartmut Lehmann (Hg.): Religiöser Pluralismus im vereinten Europa. Freikirchen und Sekten. (Bausteine zu einer Europäischen Religionsgeschichte im Zeitalter der Säkularisierung, 6) Göttingen 2005.

Veronika Albrecht-Birkner und Udo Sträter

Die radikale Phase des frühen August Hermann Francke

Am 10. Oktober 1691 schrieb Philipp Jakob Spener »in großer eil« seinen ersten uns überlieferten Brief an August Hermann Francke, »wolverdientem prediger des Evangelii an der Gemeinde zu Erffurt« – so heißt es in der Adresse[1]. Glücklicherweise kümmerte sich irgendeine gute Erfurter Seele um die Nachsendung des Schreibens nach Gotha, wo sich Francke nach seiner Amtsenthebung in Erfurt schon seit dem 27. September aufhielt.[2] Der Brief war nämlich von höchster Wichtigkeit, denn er enthielt das Angebot, die Pfarrstelle in Glaucha vor Halle zu übernehmen, und die Aussicht auf eine Hebräischprofessur an der in Halle in Gründung befindlichen Universität.[3] Das Angebot war glaubwürdig, denn es kam in Gestalt von Premierminister Eberhard Christoph Balthasar von Danckelmann von fast höchster brandenburgischer Regierungsstelle. Mögliche Bedenken gleich ausräumend, erläuterte Spener die Vorteile der angebotenen Stellen und bat den zweifach amtsenthobenen achtundzwanzigjährigen Francke, »ohne verzug hieher [nach Berlin, d. Vf.] zu kommen«[4].

Francke jedoch hatte es mit seiner Reise nach Berlin in keiner Weise eilig, obwohl es sich hier – wie er in seiner 1694 publizierten »Verantwortung gegen die so genandte Beschreibung des Unfugs der Pietisten« betont – bereits um die dritte Aufforderung, nach Berlin zu kommen, handelte.[5] Der Grund für sein Zögern lag in der Angst, sein »Gewissen in Gefahr [zu] setzen« – »daß ich meinem eignen Kopff mehr als dem Göttlichem Beruff gefolget« sei.[6] Ein unmittelbar positives Reagieren auf das Stellenangebot im Brandenburgischen hätte ihn – so meinte Francke – in den Verdacht gesetzt, bei der Suche nach einer neuen Stelle in irgendeiner Form selbst aktiv zu sein, anstatt »ohne alles mein suchen begehren/ und veranlassung« allein dem Willen

---

[1] Philipp Jakob Spener an August Hermann Francke, 10. 10. 1691. In: Philipp Jakob Spener: *Briefwechsel mit August Hermann Francke. 1689–1704*, hg. v. Johannes Wallmann und Udo Sträter in Zusammenarbeit mit Veronika Albrecht-Birkner. Tübingen 2006, 50–52, hier 52, Z. 44 f.

[2] Vgl. August Hermann Francke: *Verantwortung Gegen die so genandte Beschreibung des Unfugs der Pietisten/ und die darinnen enthaltene alte und neue Aufflagen. Dabey Zu mehrer Erbauung des Lesers angefueget ist Eine Betrachtung Von Gnade und Wahrheit*, Halle [1694]. In: Ders.: Streitschriften, hg. v. Erhard Peschke. (TGP, II/1) Berlin, New York 1981, 161–216, hier 198.

[3] Spener an Francke, 10. 10. 1691. In: *Spener-Francke-Briefwechsel* (s. Anm. 1), 50–52, hier 51, Z. 16–21.

[4] Spener an Francke, 10. 10. 1691. In: *Spener-Francke-Briefwechsel*, 50–52, hier 52, Z. 34.

[5] Francke: *Verantwortung* 1694 (s. Anm. 2), hier 198, Z. 36–39.

[6] Francke: *Verantwortung* 1694, hier 199, Z. 54–56.

Gottes zu folgen.[7] Sollte dieser Verdacht aber auch nach der dritten Aufforderung noch bestehen?

Das Problem lag offensichtlich tiefer. Es war nämlich gar nicht klar, ob wirklich der Berliner Ruf der göttliche sei oder nicht vielmehr ein ganz anderer, mit dem Francke »in [s]einem Hertzen sehr wohl zu frieden gewesen wäre« – wenn er nämlich »ausser oeffentlichen Amts-Bedienungen hätte bleiben«[8] und sich einfach dort aufhalten sollen, wo er den Willen Gottes zweifelsfrei am Werke sah. Zwar berichtete Francke in seiner »Verantwortung«, dass er nach Gotha zu seinen Verwandten gegangen war, »damit ich mich also in aller Stille und Ruhe hielte«[9], doch faktisch handelte es sich nicht nur um einen dreiwöchigen stillen Verwandtenbesuch (27. 9.–15. 10.), sondern um einen Aufenthalt bei Gleichgesinnten, mit denen gemeinsam sich Francke auf dem richtigen Weg wahren und lebendigen Glaubens sah.[10] Am 15. Oktober aber schien seine Entscheidung gefallen zu sein: Er machte sich auf den Weg nach Berlin – allerdings mit einem kleinen Umweg, der ihn über Quedlinburg und Halberstadt führte. Hier nun sah er sich »durch die liebe gedrungen«, »in dem werck des Herrn nicht meinem eigenen willen, sondern seiner [Gottes] heiligen führung zu folgen« und einige Tage da zu verweilen, wo er einen »Fortgang des Evangelii« sah wie sonst nirgends.[11] Spener, so meinte Francke, »werde wol merken, daß dieses eine Erquickung sey welche mir der Herr nach meinen verfolgungen gönnet [...] und werde also mein verweilen an gehörigem Orte und auff bedürffenden Fall bestens zu entschuldigen wissen«.[12]

Übergeht man, dass diese Formulierung durchaus den Eindruck einer der Situation wenig angemessenen Dreistigkeit weckt, bleibt jedenfalls klar, dass sich in Franckes Zögern, nach Berlin zu reisen, kein Schwanken zwischen zwei gleichwertigen Möglichkeiten ausdrückte, sondern dass sein »geistliches Herz« bei den Frommen von Gotha, Quedlinburg und Halberstadt schlug. Noch weitere zwei Wochen vergingen, bis Francke tatsächlich in Berlin eintraf (15. 11.). Trotzdem ging noch alles gut mit den Stellen in

---

[7] Francke: *Verantwortung* 1694, hier 198, Z. 51.

[8] Francke: *Verantwortung* 1694, hier 198 f, Z. 47–49.

[9] Francke: *Verantwortung* 1694, hier 198, Z. 24 f.

[10] Vgl. Ernst Koch: Generalsuperintendent Heinrich Fergen und die Anfänge des Pietismus in Gotha. In: Wolfgang Breul-Kunkel/Lothar Vogel (Hg.): Rezeption und Reform. Festschrift für Hans Schneider zu seinem 60. Geburtstag. (Quellen und Studien zur hessischen Kirchengeschichte, 5) Darmstadt 2001, 189–211. – Francke predigte in Gotha am Hof und in der Augustinerkirche; vgl. Gustav Kramer: *August Hermann Francke. Ein Lebensbild*. Bd. 1: Halle 1880, 100 f. Er hatte hier auch Stellenangebote als Adjunkt in Gotha und als Hofprediger und Prinzenerzieher in Weimar (vgl. Francke: *Verantwortung* 1694 [s. Anm. 2], hier 198), was zeigt, dass sich die Sympathien für ihn keinesfalls auf Pfarrer, Studenten und Bürger beschränkten.

[11] Francke an Spener, 2. 11. 1691. In: *Spener-Francke-Briefwechsel* (s. Anm. 1), 53–55, hier 53, Z. 5–7 und 55, Z. 34.

[12] Francke an Spener, 2. 11. 1691. In: *Spener-Francke-Briefwechsel*, 53–55, hier 55, Z. 32–36.

Glaucha und Halle, und Franckes Zögern, das brandenburgische Angebot anzunehmen, wurde zu einer Episode im Rahmen der Vorgeschichte des großen kirchenkonformen hallischen Pietismus – als sei Francke ein mehr oder weniger jugendlicher Ausrutscher unterlaufen, von dem aus keine Kontinuität zu seinem Lebenswerk besteht. Jenseits einer solchen Sicht, die im Grunde einer von Francke selbst vor allem in apologetischer Absicht geprägten immanenten Geschichtsschau verpflichtet bleibt, soll hier der Versuch unternommen werden, diese Episode in Franckes eigener Entwicklung zu kontextualisieren. Dabei ist danach zu fragen, was diese Orte für Francke eigentlich zur »geistlichen Oase« machte, und natürlich danach, was aus seinem Herz für die Frommen jenseits kirchlicher Strukturen auf dem Weg zum Gemeindepfarrer und Direktor der Schulstadt in Glaucha und des Professors für Theologie eigentlich geworden ist.

1. Perfektionismus und seine Folgen

Um zu verstehen, was Francke im Herbst 1691 am Leben ohne kirchliches Amt in Gotha, Quedlinburg oder Halberstadt wesentlich mehr faszinierte als die Stellenangebote in Glaucha und Halle, muss man sich so etwas wie seine geistliche Schwerpunktbildung vor Augen führen. Das klingt einfach – ist aber diffizil, weil gerade die Schwerpunkte der frühen Zeit nicht unbedingt explizit ausgesprochen sind. Sie lassen sich eher nachvollziehen anhand des Vorwurfsprofils anderer und vor allem anhand der Auffassungen und Entwicklung der frühen Anhänger vor allem aus der Leipziger Zeit. Hier wurden Samen gestreut, die Francke maßgeblich prägte, und die manchmal eher temporär, oft aber ganze Leben lang aufgingen und mehr oder weniger gediehen. Was wir darüber wissen, verdanken wir verschiedenen Forschungsarbeiten – insbesondere der Dissertation von Ryoko Mori[13] und der Edition des Spener-Francke-Briefwechsels[14]. Vor allem diese Ergebnisse sollen hier zusammengeschaut und – soweit das bisher möglich ist – systematisiert werden.

Eine deutliche Spur zu solchen von Francke gestreuten Samen findet sich in einem Brief Speners an Francke vom 11. April 1693. Spener schreibt:

»Es ist nun bald gegen ein jahr, daß ich auß Pommern berichtet wurde, wie viele verwirrung und unrichtigkeit in glaubenssachen under guten freunden vorgehe, welches

[13] Ryoko Mori: *Begeisterung und Ernüchterung in christlicher Vollkommenheit. Pietistische Selbst- und Weltwahrnehmungen im ausgehenden 17. Jahrhundert.* (Hallesche Forschungen, 14) Tübingen 2004.

[14] S. o. Anm. 1.

ein gefährliches ansehen gewinnen wolte: die aber davon meldeten, thaten es immer mit sehr wenigen, und wollten niemand nennen, ohne das Herr Care angedeutet wurde.«[15]

Andreas Care, Sohn eines Schneiders, stammte aus Belgard in Pommern. Er war 1687 in Leipzig immatrikuliert worden und gehörte offensichtlich zu den frühesten Anhängern Franckes. Er wohnte mit ihm bei dem Bäcker Martin Meinig[16], in dessen Haus Francke auch *Collegia philobiblica* hielt, und begleitete ihn 1689 auf Reisen nach Halle und Eisleben.[17]

Care war 1690 nach Pommern zurückgekehrt, ohne ein Amt angetreten zu haben. Spener deutet an, dass er von pommerschen Freunden um Rat gefragt worden war, wie mit Care umzugehen sei – aber er konnte »niemal recht antworten, weil mir die Sache niemal völlig u. wie sie war entdecket wurde, sondern ich solte auß den rätzeln rathen was die gute freunde meineten.«[18] Nun aber sah Spener klarer, denn es hatte ihn ein Schreiben von Care erreicht, das dieser wenige Wochen zuvor in einem Zustand schwerer geistlicher Anfechtungen verfasst hatte. Care spricht davon, dass er sich zuvor »durch teufflischen Irrthum und Hochmuth« seiner Seligkeit sicher gewesen sei.[19] Eines Nachts aber habe ihn

»Furcht und durch den gantzen Leib vom obersten des Hauptes durchs Hertz (welches unbeschreiblich den Zorn des gerechten Gottes seines Schöpfers empfunden) in untern Leib, in die Füße und letztlich mit grossem heissen Kriebbeln und Zittern in die Hände hinein mit erschrecken des gewißens und überzeugung des verstands, daß es von gäntzlichem wegnehmen des H. Geistes, und der Gnade des Vaters und des Sohnes herrühre« überfallen, »wobei mir viele gedancken von der ewigen finsternus, von der langen nacht eingefallen«.

Eindringlich bittet Care, für ihn zu beten, denn dieser Zustand halte an. Im Auftrag Cares sorgt Spener für die Weiterverbreitung des Berichts, in dem verschiedene Personen, denen gegenüber Care sich schuldig fühlte oder bei denen er eine ähnliche falsche Sicherheit, wie er sie gehabt hatte, vermutet, auch namentlich genannt werden. Francke bittet Spener, den Bericht weiterzugeben an Andreas Achilles, »der von seinem [Cares, d. Vf.] dogmate de perfectione gewußt«[20], an Johann Wilhelm Petersen und an Heinrich Lucht, der ebenfalls zu den frühen Anhängern Franckes gehört hatte. Er erwähnt weiterhin, dass Heinrich Westphal »in dieser art anfechtung ein betrübtes

---

[15] Spener an Francke, 11.4.1693. In: *Spener-Francke-Briefwechsel*, 291–296, hier 291 f, Z. 4–9.

[16] Mori (s. Anm. 13), 19.

[17] Vgl. Mori, 48 und *Spener-Francke-Briefwechsel*, 291 Anm. 3.

[18] Spener an Francke, 11.4.1693. In: *Spener-Francke-Briefwechsel*, 291–296, hier 292, Z. 10–12.

[19] A. Care, Bekenntnis, AFSt/H D 41: 56. Hier auch das folgende Zitat.

[20] Spener an Francke, 11.4.1693. In: *Spener-Francke-Briefwechsel*, 291–296, hier 292, Z. 31 f.

ende genommen«[21]. Westphal hatte zu den engsten Anhängern Franckes in Leipzig gehört: Er stammte wie Heinrich Julius Elers aus Bardowick bei Lüneburg, wo beide Francke 1688 kennen gelernt hatten und darauf hin nach Leipzig gegangen waren. Im Pauliner Kolleg hatten sich die drei ein Zimmer geteilt und waren gemeinsam zu Spener nach Dresden gefahren.[22] Cares Schreiben entnimmt Spener, dass mit (Friedrich Christoph?) Rabe ein weiterer Anhänger der frühen Leipziger Bewegung der Gefahr derartiger Anfechtungen ausgesetzt sei.

Angesichts dieser Beobachtungen formuliert Spener die

»sorge, weil diese die fast erste gewesen, so sich an gel[iebten] Bruder gehalten, ob derselbe sich etwa damal in solchen materien nicht deutlich gnug erklähret, oder sie denselben nicht recht gefaßt, oder doch selbs durch eigene irrige gedancken sich vergangen: daher hertzlich beten wolte, das nicht allein Herr Rab, sondern weßen sich gel[iebter] Bruder noch erinnerte, von dem er zusorgen hätte, das er in diesem grundarticul der alleingerechtmachenden gerechtigkeit Jesu Christi die wahrheit nicht gründlich erkant, oder nicht rein behalten hätte, von demselben beweglich vermahnet würden, sich von solcher wahrheit durch nichts abwenden zulaßen, ja immer fester drauff sich zugründen, alß auff welchem grund wir in allen anfechtungen bestehen können, und auch nichts anders als gleichmäßiges drauff bauen sollen da hingegen was unrechtes oder untüchtiges drauff gebauet wird, in der anfechtung und dero ernstlichem feuer, wie wir hier sehen, mit großer gefahr u. schmertzen verbrennet.«[23]

Im Blick auf die ihm bekannt gewordenen Fälle von Anfechtungen früher Anhänger Franckes aus Leipzig vermutet Spener also nichts weniger, als dass Francke einen Perfektionismus gelehrt habe, der mit dem Artikel von der Rechtfertigung allein aus Glauben nicht vereinbar sei. Die daraus entstehenden Gefahren entweder der »meinung der vollkommenheit, und einbildung eigner gerechtigkeit«[24] oder der Verzweiflung angesichts eigener Unvollkommenheit hält er für so virulent, dass er Francke bittet, ein schon früher aufgesetztes Manuskript »Gnade und Wahrheit« umgehend zum Druck zu befördern.[25] Sicher hatte Spener bei diesem Publikationswunsch zunächst und vor allem im Blick, dass die genannten und evtl. weitere frühere Anhänger Franckes von diesem selbst eine Korrektur der damals gefassten Ansich-

---

21 Spener an Francke, 11. 4. 1693. In: *Spener-Francke-Briefwechsel*, 291–296, hier 293, Z. 46f.

22 Zu Westphal vgl. Mori (s. Anm. 13), v. a. 45f, 88; *Spener-Francke-Briefwechsel*, 48 Anm. 24.

23 Spener an Francke, 11. 4. 1693. In: *Spener-Francke-Briefwechsel*, 291–296, hier 293f, Z. 49–62.

24 Spener an Francke, 11. 4. 1693. In: *Spener-Francke-Briefwechsel*, 291–296, hier 293, Z. 37f.

25 Spener an Francke, 11. 4. 1693. In: *Spener-Francke-Briefwechsel* 293, Z. 43–45. Das Manuskript (AFSt/H A 135: 17), das Francke Spener offenbar im Juli 1692 zugesandt hatte, hatte Spener nicht ohne Kritik gelassen: »Das scriptum von gnade u. wahrheit hat mich trefflich vergnügt, nur hätte gewünscht, die wahrheit selbs, worinen sie stehe, außtrücklicher beschrieben zu sehen«, Spener an Francke, 12. 7. 1692. In: *Spener-Francke-Briefwechsel*, 124–127, hier 127, Z. 61–63). Im Druck erschien die Schrift erst im Anhang zu Franckes *Verantwortung* 1694 (s. Anm. 2).

ten annehmen und so einer massiven persönlichen Gefährdung entgehen würden. Aber das war nicht alles. Es ging auch um die Korrektur eines Pietismusbildes von Pietismusgegnern, in dem der Perfektionismus längst zum Vorwurfsprofil gehörte.

Und dies betraf insbesondere Francke – in einem Maße, wie es Spener möglicherweise gar nicht wusste. So gehörte die Frage nach der Verbreitung perfektionistischer Lehren bereits zu den Artikeln der Leipziger Gerichtlichen Untersuchung von 1689.[26] Francke verneinte die entsprechenden Fragen zwar, aber seiner Apologie an den Kurfürsten[27] entnahm die Theologische Fakultät Leipzig, »daß Er die phrases de servatione Legis et de perfectione Christiana, de Sacerdotio Christianorum etc. nicht sensu orthodoxo et tolerabili, sondern si non heterodoxo, saltem periculoso et ad fanaticas opiniones proclivi verstanden und gebraucht habe«[28]. Diese Erläuterung sandte der Dekan auf Nachfrage des Diakons an der Kaufmannskirche Johann Balthasar Jacobi[29] nach Erfurt, nachdem in der offiziellen Stellungnahme der Fakultät vom 26. März 1690 gegenüber dem Erfurter Rat weniger deutliche Worte gestanden hatten – dafür aber der Hinweis, es lohne sich,

»was M. Francken's Person anbelanget, auß Hamburg genauere Erkundigung ein[zu]ziehen, weil er daselbst, wie verlauten will, auch eines und daß andere fürgenommen, welches bei dem Ministerio, wie auch bei andern fürnehmen und gelehrten Leuten sonderlich bei Hrn. Ezardi viel Auffsehen mag verursachet haben.«[30]

Diesen Hinweis griff Pfarrer Jacobi auf und richtete eine entsprechende Anfrage – Franckes Hamburger Aufenthalt von Februar bis Dezember 1688 be-

---

[26] Die entsprechende Frage an die Zeugen lautet: »Ob sie nicht gelehret/ daß ein Regenitus GOttes Gesetz vollkömmlich halten/ und ohne Sünde leben könne?« (*Gerichtliches Leipziger PROTOCOLL In Sachen die so genannten PIETISTEN betreffend* [...]. O.O. 1692. Abgedruckt in: Francke, Streitschriften (s. Anm. 2), 1–71, hier 41; zu den hierfür relevanten Antworten vgl. v.a. 28f). Francke selbst wurde zudem gefragt, »Ob er nicht gelehret / daß die guten Wercke gerecht und selig machen?« (60). Einer der befragten Zeugen wusste sogar zu berichten, »Ezardi in Hamburg hätte M. Francken als heterodox außgesetzet« (48).

[27] A.H. Francke: Apologia, Oder Defensions-Schrifft An Ihre Chur-Fuerstl. Durchl. zu Sachsen, 7.11.1689 (abgedruckt in: Francke, Streitschriften, 82–111).

[28] Die Theologische Fakultät Leipzig an M. Johann Balthasar Jacobi, Pfarrer in Erfurt, Frühjahr 1690, abgedruckt in: Gustav Kramer (Hg.): Beiträge zur Geschichte August Hermann Francke's enthaltend den Briefwechsel Francke's und Spener's. Halle 1861, 112.

[29] Vgl. *Pfarrerbuch der Kirchenprovinz Sachsen*, hg. v. Verein für Pfarrerinnen und Pfarrer der Evangelischen Kirche der Kirchenprovinz Sachsen e.V. in Zusammenarbeit mit dem Interdisziplinären Zentrum für Pietismusforschung der Martin-Luther-Universität Halle-Wittenberg in Verbindung mit den Franckeschen Stiftungen zu Halle (Saale) und der Evangelischen Kirche der Kirchenprovinz Sachsen. Bd. 4: Biogramme He-Kl. Leipzig 2006, 377f. – Jacobi war zuvor Sonnabendprediger an St. Nikolai in Leipzig gewesen.

[30] Die Theologische Fakultät Leipzig an den Erfurter Rat, 26.3.1690, abgedruckt in: Kramer: Beiträge (s. Anm. 28), 110f.

treffend – an Johann Friedrich Mayer. Dieser antwortete am 9. Mai 1690 ausführlich und berichtete, dass sich Francke im Hause Edzards gegenüber dem Hamburger Professor für orientalische Sprachen Eberhard Anckelmann (1641–1703) damals »expressè erkläret, daß er dem Perfectionismo zugethan«. Weiter habe Francke gemeint,

»man könte dem gesetz ein genügen leisten und ohne sünden leben: Paulus Rom. VII rede nicht alß ein Wiedergebohrener, Esaias LXIV, 6 rede nicht von seiner, sondern bloß von der scheinheiligen Juden Gerechtigkeit, Chemnitius, Gerhardus und andere Theologen solten beyseit gesetzet werden, und solte man die Bibel bloß für sich lesen. Als er ihn erinnert und ein anders auß Gottes Wort dargethan, M. Francke aber sich nicht wollen weisen lassen, habe ihn Hr. L. Anckelmann gebeten doch solche Meinungen geheim zu halten; respondisse M. Franccium, das könte er nicht thun, denn wenn ihn sein gewißen überführe, eine Meinung sey recht, so sei er verbunden, selbige außzubreiten. Weil denn Hr. Prof. Anckelmann solches nicht länger verschweigen können, habe er es dem Hrn. L. Ezardo geoffenbahret, der denn solche greuliche Irrthümer in seinen Collegiis und Examinibus gewaltig geahndet, worauff sich auch M. Francke wegbegeben.«[31]

Wenn jemand unter Berufung auf Spener behaupte, so Mayer weiter,

»gedachter Hr. M. Francke habe nun solches wiederruffen, so kan Hr. Spener abermahl betrogen worden seyn durch gleißnerische Reden, wie so vielfältig diese Leute ihn schändlich betrogen haben. Und wäre hoch zu wüntschen, daß der H.D. Spener erst die Geister recht prüfete, als daß durch Heucheley, blendende Scheinheiligkeit er sich laße verleiten und die arme Kirche (die über seine Leichtgläubigkeit hoch zu seuffzen hat) in große Unruhe setzt.«[32]

Der Empfänger solle selbst entscheiden,

»ob in einer evangelischen Kirche, welche umb und umb mit Papisten umgeben, ein Perfectionist und der auch sein Vertrauen auf seine guten Wercke in acto iustificationis setzet, alß ein Prediger zu beruffen sey. Wird dieser nicht ein proditor werden? Wo nicht endlich ein transfuga.«

Mayer differenziert also deutlich zwischen Spener und Francke, wobei Francke durch den von ihm vertretenen Perfektionismus quasi als Verräter an Speners Anliegen und letztlich auch an der lutherischen Kirche erscheint.

Aufgrund dieser aus Leipzig und Hamburg eingegangenen Berichte war auch in Erfurt schon vor Franckes Amtsantritt klar, dass die Auffassung von der möglichen Vollkommenheit der wiedergeborenen Christen für ihn eine keinesfalls marginale Rolle spielte. Zwar waren es Joachim Justus Breithaupt und der Rektor des Ratsgymnasiums, Zacharias Hogel, die 1690/91 einen

[31] Johann Friedrich Mayer an Johann Balthasar Jacobi, 09.05.1690, abgedruckt in: Kramer: Beiträge, 114f, hier 114.

[32] Kramer: Beiträge, 115. Hier auch das folgende Zitat.

heftigen und weit über Erfurt hinausgehende Wogen schlagenden Streit um die Möglichkeit der Vollkommenheit fochten – ausgetragen z. T. von Hogels Schüler und Breithaupts Famulus Johann Christian Ernst Machenhauer.[33] Doch die Frage nach Franckes Perfektionismuslehre rückte nicht aus dem Blickfeld des Interesses.[34] In einem Schreiben der Erfurter Geistlichen an Breithaupt vom 28. Juli 1691 heißt es, dass Francke bei allen Apologien doch nichts anderes getan habe, »denn den perfectionismum zu inculciren gesucht«.[35] Dieser Eindruck bestätigt sich auch, wenn man Franckes im Frühjahr 1691 entstandene 15 Sätze »Von der Christen Vollkommenheit« liest. Zwar setzt Francke hier mit einem klaren Plädoyer für die Rechtfertigung allein aus Glauben an Christus »ohne Verdienst und zuthun der Wercke« ein[36], doch hebt er bei der Erläuterung des Weges der Heiligung, auf dem der Gerechtfertigte »wächset [...] von Tage zu Tage im Glauben und in der Liebe« wie ein Kind zu einem Mann heranwächst, doch darauf ab, »daß ein Mensch immer vollkommener sey als der andere«.[37]

Auch auf dem Weg nach Halle war Francke der Ruf perfektionistische Lehren zu verbreiten, schon vorausgeeilt: Albrecht Christian Rotth formulierte ihn bereits in der 1691 anonym herausgegebenen »Imago Pietismi«[38]. In seinem »Eilfertigen Bedenken« von 1692[39] ging Rotth aber noch einen Schritt weiter und warf Francke vor, dass seine Lehre »Melancholisch mache«, weil er lehre, »daß Wiedergebohrene das Gesetz halten koennen [...]«[40]. Genauer eruiert er fünf Teilaspekte: 1. Er mache zur Sünde, was oft nicht Sünde ist; 2. Er betrachte alle Christen als *lapsos*, keine als *stantes*, weshalb er von allen eine Reue fordere, wie David sie nach seinem Fall getan habe; 3. Er sehe Zweifel und »halbe Verzagung«[41] als ein gutes Werk an; 4. Er lehre, man könne das Gesetz äußerlich und innerlich halten; 5. Er lehre, wenn der Mensch einige Male wider das Gewissen gesündigt habe, »habe er

[33] Vgl. Mori (s. Anm. 13), 72–79.

[34] Erhard Peschke weist darauf hin, dass Francke bei seinem Amtsantritt in Erfurt in einem Examen an diesem Punkt seine Rechtgläubigkeit nachweisen musste und dass der Vorwurf perfektionistischer Lehre gegen ihn auch im Kontext des Streits zwischen Breithaupt und Hogel erhoben wurde; vgl. Erhard Peschke (Hg.): A. H. Francke: *Werke in Auswahl*. Berlin 1969, 356.

[35] Das Erfurter Predigerministerium an J. J. Breithaupt, 28. 07. 1691, abgedruckt in: Kramer: Beiträge, 125–129, hier 127.

[36] Vgl. Francke: *Werke in Auswahl*, 357–359, hier 357.

[37] Francke: *Werke in Auswahl*, 358. Vgl. Mori, 77

[38] [A.Ch. Rotth]: *Imago Pietismi, hoc est, Brevis delineatio abusuum & errorum, qui Pietismum, barbarè quidem, sed fortassis jure sic dictum, constituere dicuntur* [...]. O. O. 1691.

[39] [A.Ch. Rotth]: *Eylfertiges Bedencken ueber M. August Hermann Franckens/ Pastoris zu Glauche vor Halle/ seine Schutz=Predigt/ Ob er durch dieselbe seinen Zweck/ den er auf dem Titul gedachter Predigt beruehret hat/ erlanget oder nicht? Auf Begehren gestellet von einem Diener Gottes in Halle/ An einem Seiner Beicht=Kinder*. Anno 1692. d. 25. Julii.

[40] Rotth: *Bedencken*, 52.

[41] Rotth: *Bedencken*, 43.

weiter keine Vergebung«[42]. Rotth hatte also nicht nur die theologische Debatte um die Vollkommenheit im Blick, sondern auch die in seinen Augen fatalen Auswirkungen perfektionistischer Lehren auf den Einzelnen. Keinen anderen Eindruck hatte Spener offensichtlich im Blick auf den erwähnten Bericht von Andreas Care und die anderen ihm bekannt gewordenen Fälle schwerer Anfechtungen gehabt.

Seit 1688 also lassen sich Äußerungen Franckes und seiner Gegner, aber auch biografische Spuren bei Franckes Anhängern finden, die unübersehbar darauf hindeuten, dass Francke spätestens seit diesem Zeitpunkt perfektionistische Lehren vertreten hat. Nicht nur ihm, sondern auch Spener hing dies seitdem als Vorwurf an – dies kann man jedenfalls aus der Tatsache schließen, dass Spener auch später noch darauf bedacht war, diesen Vorwurf durch entsprechende Publikationen aus der Welt zu schaffen. So versuchte Spener in seiner »Gründliche[n] Verteidigung seiner Unschuld und der unrecht beschuldigten so genannten Pietisten« 1696 nachzuweisen, dass ein Verständnis von Heiligung, das die Christen in verschiedene Klassen – je nach dem Stand ihrer Vollkommenheit im Christentum – unterteilt, ganz der lutherischen Tradition entspricht.[43] Und noch im Jahre 1700 legte er Francke im Kontext der zweiten Untersuchungskommission in Halle nahe, eine geplante Edition der »Confessio Augustana« und der »Apologie« den lutherischen Landständen zu widmen und in der Vorrede die »herlichen darinnen enthaltenen materien von der rechtfertigung und heiligung« zu empfehlen.[44]

2. »Umgekehrter Separatismus«

Der von Francke seit 1688 mehr oder weniger explizit gestreute Same perfektionistischer Lehren trieb seine Früchte aber nicht nur in den Anfechtungen Einzelner, sondern auch auf dem weiten Feld der Auffassung davon, wer oder was Kirche sei. Die Idee, dass der Wiedergeborene erkennbar vollkommener sein müsse als der Nichtwiedergeborene, musste dort, wo so geprägte Pfarrer tätig waren, ekklesiologische Konsequenzen haben.[45] Theo-

---

42 Rotth: *Bedencken*, 46.

43 Vgl. Spener an Francke, 23. 11. 1695. In: *Spener-Francke-Briefwechsel*, 413–417, hier 415f, Z. 27–38.

44 Spener an Francke, 13. 3. 1700. In: *Spener-Francke-Briefwechsel*, 699–703, hier 701, Z. 51–60, Zitat 56f.

45 Schon in Leipzig war Francke gefragt worden, »Ob er nicht über die Prediger der Evangel. Kirche geklaget/ daß sie ihr Ampt nicht recht verwalten/ weil sie nicht zu denen Leuten in die Häuser giengen/ und sie zu einem heiligen Leben anmahneten?« Leipziger Protokoll (s. Anm. 26), 62.

logen, die diese Auffassung mitbrachten, erwarteten von ihren Gemeindegliedern eine veränderte Lebensführung, die als Vervollkommnung im Sinne der Heiligung interpretiert werden konnte und auf eine tatsächlich erfolgte Wiedergeburt schließen ließ. Die dabei angesetzten Maßstäbe aber implizierten Forderungen, die den Gemeinden großenteils nicht einleuchteten, weil sie z. B. Bräuche für Sünde erklärten, die örtlichen Traditionen entsprachen und nicht als Sünde empfunden wurden.[46] Teils waren sie auch aus sozialen Gründen nicht erfüllbar, wenn es um die Forderung nach der Abschaffung von Erwerbsformen ging. Francke selbst hat hierauf schon in Erfurt[47] und nachhaltig dann ab 1692 in Glaucha mit der Exkommunikation zahlreicher Gemeindeglieder reagiert.[48] Zu erinnern ist aber daran, dass Spener durch diese Maßnahmen Franckes nicht nur »hertzlich erschrocken« war, sondern eine für seine Verhältnisse sehr deutliche theologische Kritik geäußert hat:

»Wanns an diesen knoten kommt wegen der admissionis indignorum, so bekenne ich, das in gegenwärtiger verfaßung unsrer kirchen an den meisten orten wenig hülffe weiß: Sondern wo wir uns nicht darmit, das wir mit den folgsamen endlich fast alles, was ihre erforderung fordert, thun dörffen, sodann bey den bösen offentlich und absonderlich mit vermahnen, warnen u. straffen anzuhalten gelaßen werden, nur aber der exclusion uns enthalten müßen, vergnügen laßen wollen, sondern auch vor diesen übrigen rest mit aller macht eyffern, so sind wenig ort, wo man unsern dinst mehr leiden wird, und möchte die kirche nur mit solchen vollends angefüllet werden, welche gar proditores des heiligthums werden. Daher wir wol vor Gott zuerwegen haben, da die prediger [...] keinen außtrücklichen befehl haben, die unwürdigen von der taffel des Herrn abzuweisen, obs rathsam und der kirchen verträglich seye, um so zureden dieses viertheils unsers amts, das uns gehemmet wird, das übrige darmit wir noch nutzen schaffen dörfften auch fahren zulaßen. In der welt sorge ich würde ein Herr seinem diener solches nicht zugeben, sondern lieber fordern, das der diener mit protestation gegen das jenige, was ihm verweigert werde, noch solang es müglich die übrigen jura deßelben übte und conservirte. Jedoch habe ich keines andern gewißen hierinen maaß zu geben oder zubefehlen, sondern, allein meine meinung zusagen, was mich der kirchen das verträglichste deuchte.«[49]

Was Spener nicht aussprach und Francke auch nicht, war die Tatsache, dass der Anspruch, den Glauben der Gemeindeglieder anhand ihrer Lebensfüh-

---

[46] S. u. S. 69, die Angaben zu Pfarrer Johann Christian Arnoldi. Vgl. auch Franckes Maßnahmen gegen das Fastnachtwesen zu Weihnachten und gegen Komödianten auf Jahrmärkten in Erfurt und Glaucha, Francke an Spener, 18. 12. 1690 (*Spener-Francke-Briefwechsel*, 34–39, hier 38, Z. 79–81) und 31. 12. 1692 (*Spener-Francke-Briefwechsel*, 258–262, hier 262, Z. 47–51).

[47] Vgl. Mori (s. Anm. 13), 64.

[48] Vgl. Veronika Albrecht-Birkner: *Francke in Glaucha. Kehrseiten eines Klischees (1692–1704).* (Hallesche Forschungen, 15) Tübingen 2004, v. a. 18–29, 36–46, 59–111.

[49] Spener an Francke, 9. 7. 1692. In: *Spener-Francke-Briefwechsel*, 117–119, hier 118 f, Z. 16–37.

rung einschätzen und als richtig oder falsch beurteilen zu können, nicht der lutherischen Tradition entsprach. Den entscheidenden theologischen Bruch formulierte einer der engsten Anhänger aus der frühen Zeit – nämlich Johann Hieronymus Wiegleb, seit 1692 Subkonrektor am Gothaer Gymnasium. In einem Brief an Francke vom 25. April 1700 schlägt er vor, »daß die distinction von der ecclesia visibili und invisibili untersuchet werde, ob Sie Grund habe in Gottes Wort, oder nicht«[50], und fährt fort:

»Ich kan nicht leügnen, daß mich diese distinction so eckele, daß ich fast nicht davon hören kan. Denn (a) meine ich, sie habe nicht grund in Gottes Wort, (b) halte dafür, daß /man/ durch die behauptung der ecclesia invisibilis, welches allein vera ecclesia und die gemeine der Heiligen, oder die gläubigen seyn sollen, /den/ glauben und das gantze Christenthum invisibel gemacht und dieses verursachet habe, daß alle ungläubige und insonderheit die unbekehrte Geistliche sich mit vorgebung, daß die ecclesia, vere sic dicta, invisibilis sey, der bekehrung erwehren und wieder das Zeügniß der warheit streiten«.

Wenn die wahre Kirche unsichtbar wäre, könne man nicht sicher sein, »daß die leüte nicht bekehrt weren und keinen glauben hetten«, und »ob nicht, da sie beichten, Buße in ihnen sey«. Deshalb forderten die Befürworter der ecclesia invisibilis auch, »daß man die leüte nicht so vom Beichtstuhl und Abendmahl abhalten könne, noch solle, wie der liebe Bruder [Francke, d. Vf.] thut«. Bereits zu Zeiten der Apostel sei die Kirche sichtbar gewesen – und eben dies sei der Maßstab, dass »die gläubigen visibel seyn sollen«. Die wahrhaft Glaubenden als Gemeinschaft der Heiligen seien »nicht ecclesia invisibilis, wie die theologi sagen, sondern visibilis. Daß aber unsere heütige Kirchen invisibel worden sind, ist leider zu beklagen«. Unsichtbare Kirchen seien »gar keine rechte Kirchen«, man könne sie deshalb auch »keine Kirche Christi nennen«. Dass Francke die hier formulierte Auffassung Wieglebs faktisch geteilt haben muss, lässt sich nicht anhand eines schriftlichen Zeugnisses beweisen – man hat auch sonst den Eindruck, dass Francke seit den 1690er Jahren weitgehend darauf geachtet hat, sich nicht definitiv als heterodox zu outen – wohl aber anhand der Tatsache, dass er Wiegleb im Folgejahr als Diakon in seine Glauchaer Gemeinde holte.

Entscheidend war natürlich, dass Francke – trotz heftiger Auseinandersetzungen um seine Theologie und Gemeindepraxis – seine Ämter in Glaucha und Halle nicht mehr verloren hat, und nicht nur Wiegleb, sondern mit Johann Anastasius Freylinghausen schon 1696 einen weiteren Anhänger aus der frühen Zeit im Glauchaer Pfarramt unterbringen konnte.[51] Dabei darf nicht übersehen werden, dass er beinahe gleich in seinem ersten Amtsjahr

---

50 Wiegleb an Francke, 25. 4. 1700, AFSt/H C 243: 69. Hier auch die folgenden Zitate.

51 Vgl. Albrecht-Birkner: *Glaucha* (s. Anm. 48), 30–35.

nach Calbe versetzt worden wäre. Noch am Silvestertag des Jahres 1692 hatte Spener geschrieben:

»Es wird deßen versetzung so ernstlich auß Halle alhier getrieben, das ich nicht weiß menschlicher weise, ob sich solche werde abwenden laßen: wird also nötig sein, zu dem Herrn soviel innbrünstiger zu flehen, das er nichts wider seine ehre verhengen, und seinen willen mit völliger gewißheit zu erkennen geben wolle.«[52]

Nicht wenigen seiner frühen Anhänger ist es anders ergangen – vor allem denen, die kein Amt im pietistenfreundlichen Brandenburg, sondern im benachbarten Sachsen bekleideten. Beigefügt ist eine Übersicht der Anhänger aus der Leipziger, Hamburger und Erfurter Zeit, von denen bisher massive Kirchenzuchtmaßnahmen und gegebenenfalls Spuren von Auseinandersetzungen um diese bekannt geworden sind.[53]

Überschaut man diese Liste, wird schnell deutlich, dass die meisten dieser Anhänger Franckes mehrfach – meist unter Druck und nicht aus freien Stücken – Amtswechsel vollzogen haben oder amtsenthoben wurden, weil sie in unlösbare Auseinandersetzungen mit ihren Gemeinden und Kollegen geraten waren. Als Beispiel können hier Äußerungen von Jakob Baumgarten in einem Brief an Francke vom 20. November 1701 angeführt werden:

»Das größte absurdum ist, daß sich die Leute noch sollen bekehren: das hat der junge Merck mit von Halle gebracht, daß sie ihn dort damit geplagt hätten, und als neulich der alte Herr M. Merck bey mir beichten wolte und ich etwas erinnern wolte, fing er endlich gar hönisch und trotzig an, er merckte wohl, wo ich hinaus wolte, ich hielte ihn gewiß noch vor unbekehrt, da ich das nun nicht so gar weit weg werfen konte, seufzete er, es gienge ihm, wie anderen rechtschaffenen Theologen mehr, sonderlich denen in Halle, da ein gantz ministerium dergleichen hätte dulden müßen [...]«.[54]

Heinrich Andreas Merck hatte in Halle studiert und sein Vater, Pfarrer Adolf Siegfried Merck, stand zu diesem Zeitpunkt in seinem 44. Amtsjahr.[55] Letzterer erklärte, dass er »nun so lange Jahr ein treuer Diener Gottes gewesen, ich solte ihn doch nicht kräncken, sondern das gute Vertrauen zu ihm haben, daß er bekehrt wäre«.[56] Baumgarten solle auch Mercks Familie nicht für unbekehrt halten, denn sie lese Johann Arndts Schriften und führe ihr Christentum danach »so viel möglich«.[57] Baumgarten klagt weiter:

---

[52] Spener an Francke, 31. 12. 1692. In: *Spener-Francke-Briefwechsel*, 258 f, hier 258, Z. 5–9.

[53] S. u. Tabelle 1.

[54] J. Baumgarten an Francke, 20. 11. 1701, AFSt/H F 14: 126 f, hier 126^{v}.

[55] Vgl. *Pfarrerbuch der Kirchenprovinz Sachsen* (s. Anm. 29). Bd. 6. Leipzig 2007, 59 f.

[56] J. Baumgarten an Francke, 20. 11. 1701, AFSt/H F 14: 126 f, hier 127^{r}. Hier auch die folgenden Zitate.

[57] Zur Argumentation mit der Lektüre Arndts zum Erweis eigener Frömmigkeit oder Orthodoxie vgl. Veronika Albrecht-Birkner: Zur Rezeption Johann Arndts in Sachsen-Gotha (1641/42) und in den Auseinandersetzungen um den Pietismus der 1690er Jahre. In: PuN 26 (2000 [2001]), 29–49.

»Und in solchem Glaubens-Trost, daß sie alle bekehrte Gläubige Kinder Gottes sind, stecket die gantze Gemeinde und wo ich daran nun rüttele und die offenbare böse Früchte rüge, so heist es immer, ja ja, das ist das Hallische absurdum, wir sind nicht bekehrt, sie und die es mit ihnen halten sind allein die bekehrten.« Zur Beichte kämen zu ihm maximal zehn Leute, zu Merck dagegen 40–60. Etliche aber von denen, die bei ihm gebeichtet hätten, hätten »nachmahlen mit der Welt wieder mitgemacht: da machen sich denn andere über sie her, ey ihr soltet ja heilig seyn, denn ihr beichtet ja bey dem«.[58]

Johann Christian Arnoldi war der einzige von den hier Angeführten, der tatsächlich in ein und derselben Pfarrstelle blieb – dabei hatte auch er so heftige Auseinandersetzungen mit seiner Gemeinde, dass über Francke die Bitte an Spener erging, sich beim Leipziger Oberhofrichter Gottfried Hermann von Beuchling für ihn zu verwenden. Wie aus einem Schreiben Arnoldis an das Leipziger Konsistorium vom 8.6.1699 hervorgeht, war er vom Henningslebener Gerichtsjunker Caspar Adam von Berlipsch und einigen Bauern verklagt worden, weil er Gemeindeglieder wegen »gantz üppigen Tanzens«, »Sontages Hasche Spielens«, »Kegel Schiebens«, Versäumnis des Katechismusexamens sowie »sehr ärgerlichen Gewäsches und ausspottung des Predigers unter der Predigt und öffentlichen Gottesdienst« von Beichte und Abendmahl ausgeschlossen hatte.[59] Dem Befehl des Konsistoriums, sein Amt künftig so zu führen, dass er mit seinen Pfarrkindern »könne hinkommen«, könne er nicht entsprechen, da Gott doch nachdrücklich »die absonderung von den bösen, Heiligen von den Unheiligen, erfordert [...]«.[60] Die Auseinandersetzungen sind bis 1703 nachweisbar.[61]

Das Problem, das wird hier deutlich, lag im Kern natürlich nicht bei den Gemeindegliedern, sondern beim Pfarrer, der sich versündigte, wenn er die »Bösen«, »Unheiligen« als Unwürdige zum Abendmahl zuließ. Alle Kirchenzuchtmaßnahmen waren also eine Reaktion der Pfarrer auf ihre eigene seelische Not im Umgang mit der Absolution, die – und das zeigte der Fall Schades – wie der Perfektionismusgedanke im wahrsten Sinne des Wortes auch tödlich sein konnte.[62] Nicht übersehen werden darf, dass auch Francke selbst in dieser Hinsicht von größter seelischer Not berichtet hat. Am 25. Oktober 1692 schrieb er an Spener:

»Ach! Wie schwer wird es mir doch in meinem amte wegen des beichtstuhls! Der Herr erbarme sich des großen Elendes! Ich weiß nicht ob ichs auff die länge werde außstehen können. Wie sol ich mich bereden, daß ich darinnen nicht wieder Gott

[58] J. Baumgarten an Francke, 20.11.1701, AFSt/H F 14: 126f, hier 127^{v}.

[59] AFSt/H D: 70: 1–2 [Abschrift], hier 1^{r}.

[60] AFSt/H D: 70: 1–2 [Abschrift], hier 1^{v}.

[61] Vgl. AFSt/H D 70: 3–295.

[62] Vgl. Claudia Drese: Der Berliner Beichtstuhlstreit oder Philipp Jakob Spener zwischen allen Stühlen? In: PuN 31 (2005), 60–97.

handele, darüber ich mehr Unruhe in meinem hertzen au[ß]stehen muß, als über alles andere, so ich wol offenbar für sündlich erkenne.«[63]

Und noch im September 1696 schrieb er: »Ach wie gern wä[re] ich des Beichtsthuls [!] gar loß, der mir gewiß mein Leben noch verkürtzet, so ich doch nicht achte, so nur mein armes Gewißen dabey unverletzet bleiben könte. Herr hilff uns!«[64]

Doch das bewog ihn nicht, auf Schades im November 1696 geäußerte Bitte um Hilfe positiv zu reagieren. Vielmehr antwortete Francke: »Ihr habt dort euren Kampff, u. wir hier unsren [...]. Wollet ihr von uns Hülffe haben, wer hilfft uns denn?«[65]

Offenbar war es Francke lästig, sich mit den Gewissensnöten Schades, seines ersten und engsten Gesinnungsgenossen aus der Leipziger Zeit, zu beschäftigen. Immerhin hatte er unterdessen eine andere Perspektive vor Augen: Mit Franckes Schulstadt war eine Einrichtung im Entstehen, von der er sich erhoffen konnte, Menschen direkter und vor allem unangefochtener zu wahren Christen zu erziehen, als dies in der Gemeinde möglich war. Dass auch zwei seiner Leipziger Anhänger – Eberhard Philipp Zühl in Darmstadt und Johann Wilhelm Zierold in Stargard – zeitlich parallel Waisenhäuser gründeten, lässt sich möglicherweise ähnlich interpretieren.[66] Zu beachten ist, dass Glaucha mit den Franckeschen Einrichtungen damit zu einem gewissermaßen geschützten Ort wurde, an dem frühere Anhänger Franckes unterkommen konnten, wenn es keinen anderen Weg mehr gab. Dies betraf Andreas Achilles, der offensichtlich arbeitsunfähig im Waisenhaus einfach versorgt wurde, zudem Justinus Töllner und Heinrich Julius Elers, der zuvor noch gar kein Pfarramt bekleidet hatte, sondern als Informator erst in Arnstadt und dann in Muskau in der Lausitz ausgewiesen worden war, und vorübergehend auch Johannes Crasselius. Freylinghausen und Wiegleb als Mitarbeiter im Glauchaer Pfarramt waren schon erwähnt worden. Hinzu kamen als Professoren an der Theologischen Fakultät Paul Anton und Joachim Lange, die ebenfalls zu den engsten Anhängern Franckes in Leipzig gehört hatten. Ein anderer Ort des Unterkommens und damit des Exports früher Leipziger Ideen wurde Hessen-Darmstadt (Zühl, Bielefeld). Und für manchen war eben schon der Wechsel von Sachsen nach Brandenburg – notfalls

---

[63] Francke an Spener, 25.10.1692. In: *Spener-Francke-Briefwechsel*, 210–215, hier 214f, Z. 100–105.

[64] Francke an Spener, 12.9.1696. In: *Spener-Francke-Briefwechsel*, 462–464, hier 463, Z. 21–23.

[65] Francke an Johann Caspar Schade, 16.11.1696, AFSt/H A 135: 58. Mitte März 1697 reiste er aber nach Berlin, um mit Schade zu sprechen; vgl. *Spener-Francke-Briefwechsel*, 498 Anm. 1.

[66] Vgl. Udo Sträter: Soziales. In: Hartmut Lehmann (Hg.): Geschichte des Pietismus. Bd. 4: Glaubenswelt und Lebenswelten. Göttingen 2003, 614–642.

bis in die Garnison – ein Schritt, der für konsequente Kirchenzuchtmaßnahmen wieder neue Perspektiven schaffte (Zießler, Seidel, Baumgarten).

Franckes mit dem Perfektionismus korrespondierende Ekklesiologie weist im Gegensatz zu Spener also eine Radikalität auf, die keine zeitlich begrenzte Phase betraf, sondern bei ihm und seinen Schülern nachhaltig war. Die Form dieser Radikalität war subtil, insofern Francke ja nicht zur Gründung separatistischer Gemeinden aufrief, sondern andersherum vorging und gewissermaßen einen »umgekehrten Separatismus« praktizierte: Er und einige seiner Schüler versuchten die Gemeindeglieder auszuschließen, die sie nicht für wahre Christen hielten. Das heißt, sie versuchten Gemeinden zu bilden, die tendenziell keine volkskirchlichen mehr waren. Hier spielten freilich auch calvinistische (bzw. puritanische) Züge eine Rolle, die aber ebenfalls eine separatistische Ekklesiologie implizierten: Hier wie dort wollte man definieren, wer ein wahrer Christ sei und wer nicht. Zu fragen wäre dann: Wo liegt die Schnittmenge von Puritanismus bzw. Calvinismus und radikalem Pietismus hinsichtlich der Ekklesiologie?

3. Separatismus

Nicht umsonst wurde Francke in Leipzig auch gefragt, »[W]as er von Labadie [...] halte«[67], und Wiegleb versäumte in seinem erwähnten Plädoyer für die »ecclesia visibilis« nicht, auch Labadies Ekklesiologie gegen den Vorwurf der Ketzerei zu verteidigen. Die Verwandtschaft der franckegeprägten Ekklesiologie mit der Labadies war wenigstens manchem also durchaus bewusst. Diese Verwandtschaft wird praktisch deutlich, wenn man sich vor Augen führt, wie viele der frühen Anhänger Franckes vorübergehend oder dauerhaft kein kirchliches oder schulisches Amt bekleideten, sondern separatistische Gemeindemodelle anstrebten und z. T. auch umsetzten. Schon in der Leipziger Untersuchung von 1689 war Francke auch gefragt worden, ob er »nicht das Ministerium der Evangelischen Kirche verachtet« und vorgegeben habe, »daß es besser sey/ die Leute privatim und in den Häusern zu informiren/ als daß es in der Kirchen-Versammlung geschehe«[68].

Überblickt man die beigefügte Liste[69], wird man zunächst deutlich unterscheiden müssen zwischen anfangs in Leipzig geprägten Anhängern Franckes und dem 1693/94 aus Halle ausgewiesenen Kreis um Hochmann,

[67] Leipziger Protokoll (s. Anm. 26), 69.
[68] Leipziger Protokoll, 61.
[69] S. u. Tabelle 2.

insofern Francke sich von letzterem deutlich distanziert hat[70]. Überhaupt hat keiner von denen, die sich als Anhänger der pietistischen Bewegung verstanden und für separatistische Lehren eintraten, eine Anstellung in Franckes Schulstadt bekommen – außer Elers, der allerdings nur vorübergehend separatistische Neigungen gezeigt hatte. Vielmehr – und das hat Mori deutlich gezeigt – fanden diese insbesondere in Hessen-Darmstadt eine Heimat (J.Chr. Lange, J.A. Schilling, Machenhauer, Hochmann) zusammen mit Leuten wie Eberhard Zeller, die von Johann Jakob Schütz geprägt waren. Der Same, Gemeinden der Heiligen außerhalb der Kirche zu bilden, war in Leipzig angelegt (dafür sprechen die offenbar unmittelbar auf Franckes Einfluss zurückgehenden Wege Leipziger Anhänger in die Separation) – aber Separatismus in diesem Sinne war nicht »Franckes Ding«. Hier ging es ihm ähnlich wie Spener, der angesichts der Nachrichten von Hochmann und Machenhauer am 11. April 1693 an Francke schrieb:

»So ligt mir auch fast mehr alß alles andre an dem punct wegen der privatcommunion, als ein solcher, der wo er éclattirte den völligen und unheilbaren riß machen würde. Ob geliebter Bruder einen auffsatz, welchen von solcher materie an Herrn D. Breithaupt gemacht, gelesen, weiß ich nicht: hoffe sonsten es solte dem gewißen darmit ein gnüge geschehen. Ich bekenne, das dergleichen dinge meine allerschwehrste anligen sind, gegen die ich allerley andre leiden oder gefahr geringer achte [...].«[71]

Der hier erwähnte sechzehnseitige Aufsatz unter dem Titel »Ob es recht und Christi ordnung gemäß seye, wo an einem ort, da eine Evangelische gemeinde und predigamt ist, ⟨daß⟩ sich einige Christen, so von dem predigamt nicht ausgeschloßen sind, unterstehen wollten, einer allein, oder etzliche unter sich, heimlich und ohne wißen oder billigung der übrigen gemeinde, und predigamts, das abendmahl des herrn zu halten?« findet sich im Archiv der Franckeschen Stiftungen[72] – zwar ohne Speners Namen, aber eindeutig von seiner Hand. Angesichts der Separation Langes, Johann Georg Schillings und Tostlebens in Böhlitz bei Leipzig im Jahre 1695 fühlte sich Spener an die Frankfurter Separation erinnert:

»Im übrigen höre mit betrübnus auß Leipzig von Herrn Langen und dem kauffmann Herrn Milich, das solche sich nun von Kirche und Communion separiret, auch vor das consistorium daselbs, sodann ein schmid vom dorff zu Mersburg auch vor das Consistorium daselbs, ex hoc capite, citiret worden. Worauß ich neues unheil besorge, und recht bedaure, das der guten sache fast von denen im übrigen Christlich gesinnten mehr als den offenbahr bösen hindernus gemachet wird: so ich leider vor dem

---

[70] Vgl. Francke an Spener, 16.5.1693. In: *Spener-Francke-Briefwechsel*, 301–305, hier 302f, Z.31–43.

[71] Spener an Francke, 11.4.1693. In: *Spener-Francke-Briefwechsel*, 291–296, hier 295f, Z.84–90.

[72] Vgl. AFSt/H A 143: 152, Bl. [1–4] Abschrift, Bl. [5–8].

in Franckfurt am Mayn auch erfahren, also das in wahrheit zu sagen kan, da eine zeitlang das werck des Herren mit großem segen daselbs fortgieng, das einiger bester seelen separatismus gleichsam als ein kaltes waßer in den Sud gegoßen, alles nidergeschlagen und in stecken gebracht hat: so mir ein betrübtes göttliches gericht zu sein vorkommt. Nach dem aber geliebter Bruder sonder zweiffel mit den personen bekannt sein wird, solle nicht durch deßen kräfftige zusprach etwas bey ihnen außgerichtet werden, sie in die ordnung zubringen? Der Herr sehe doch drein, und steure dem ärgernus sovielerley arten allenthalben.«[73]

Dass sich auch im Umfeld des franckeschen Pietismus unter zunehmender Distanzierung Franckes separatistische Entwicklungen vollzogen, verdankte sich einem »radikalfrommen« Potential bestimmter Orte und Familien nicht nur in Sachsen und Thüringen, das sich in Verbindung mit dem von Francke gestreuten Samen quasi verselbständigen konnte. Das heißt, dass man bestimmte Entwicklungen nicht einlinig auf Franckes Theologie und deren Rezeption durch Laien zurückführen kann, sondern auch danach fragen muss, was Laien und Theologen, v. a. Theologiestudenten, für Prägungen ihrer Frömmigkeit mitbrachten und wie sie aufgrund dieser Prägungen Franckes Theologie rezipierten und weiterentwickelten. Diesem Zusammenhang kann hier nicht im Einzelnen nachgegangen werden, aber es liegt auf der Hand, dass – um nur Beispiele zu nennen – der Schmied Christoph Tostleben aus Böhlitz bei Leipzig, der Theologiestudent Paul Blebel aus Belgard in Hinterpommern oder der Kreis der Kelbraer Pietisten die Begegnung mit Franckes Theologie und Frömmigkeit im Blick auf ihre Suche nach einem konsequenten Leben nach Gottes Willen nicht als unbeschriebene Blätter erfuhren, sondern eigene Prägungen einbrachten und Franckeanhänger selbst formten. In besonderer Weise gilt dies für Christoph Seebach, dessen Neigung zum Separatismus nur mit seiner Tennstädter Herkunft erklärt werden kann. Es muss zudem berücksichtigt werden, dass seit der Erfurter Zeit und gerade bei dem Kreis um Hochmann und Machenhauer engere Kontakte zu Breithaupt als zu Francke eine Rolle spielten, wobei wir über Breithaupt bisher zu wenig wissen, um hierzu genaueres sagen zu können. Auch hatten die meisten Anhänger Franckes, die zum Separatismus neigten, parallel z. T. intensive Kontakte zu den Petersens.

[73] Spener an Francke, 10. 12. 1695. In: *Spener-Francke-Briefwechsel*, 418–421, hier 419f, Z. 22–37. Vgl. auch Spener an Francke, 31. 12. 1695. In: *Spener-Francke-Briefwechsel*, 423–426, hier 424, Z. 18–29.

4. Extraordinäre Offenbarungen, Spiritualismus, Chiliasmus

Hans Schneider hat in seinem Beitrag zum Radikalpietismus im ersten Band der »Geschichte des Pietismus« die Vorgänge in Leipzig 1689/90 als »den Beginn einer neuen Etappe« in der Entwicklung des Pietismus charakterisiert, die deutlich »radikale Erscheinungen« aufwies, und konstatiert: »Eine enge zeitliche und sachliche Verbindung mit den Leipziger Ereignissen bestand bei den ekstatischen, prophetischen und visionären Erscheinungen in mittel- und norddeutschen Städten.«[74] Wie aber lässt sich diese Verbindung beschreiben? Der Vorwurf des Spiritualismus und Enthusiasmus gehörte schon in der Leipziger Untersuchung gegen Francke zum Spektrum des Verdachts. »Was er von denen Offenbarungen und innerlichen Erleuchtungen halte?« lautete die 19. Inquisitionsfrage, und die Studenten sollten befragt werden: »Ob er auch etwas von Offenbarungen vorbringe/ welche der Heilige Geist ihme gegeben?«[75] Die Antwort der Studenten wurde protokolliert als »Nesciunt omnes«.[76] Francke selbst antwortete auf die unterstellend zugespitzte Frage: »Ob er nicht von einer Offenbahrung/ so ihme der Heilige Geist eingegeben/ etwas vorgebracht?« mit einem schlichten »Nein«.[77]

An dieser Antwort auf eine arg plumpe Frage dürfte nicht zu zweifeln sein. Dies gilt auch für die folgenden Jahre. Francke hat sich weder auf Offenbarungen noch auf Visionen oder Auditionen berufen. Für die Offenbarungen Rosamunde Julianes von der Asseburg, die Vorgänge um die »begeisterten Mägde« in Erfurt, Halberstadt und Quedlinburg und für die ekstatischen Erscheinungen in Gotha, in Pommern und in Halle kommt Francke nicht die Rolle eines Initiators zu, obwohl er mit Akteuren, Partizipanten oder Protokollanten dieser Vorgänge vor Ort intensiv verbunden war. Dies wurde auch in der antipietistischen Polemik – unter Rückgriff auf die Leipziger Vorgänge – ausdrücklich herausgestellt. Durch seine führende Rolle in der Leipziger Bewegung und in den Erfurter Auseinandersetzungen, durch seinen zunehmend engen Briefkontakt mit Spener und die seit Anfang 1692 sich anbahnende Chance einer Etablierung des Pietismus in Brandenburg-Preußen geriet Francke neben Spener ins Rampenlicht der Kontroverse mit den Gegnern wie der Erwartungen der Freunde und damit in den Zugzwang theologischer Klärungen und Positionierungen – gerade und vor allem zu den ekstatischen und visionären Erscheinungen. Diese zu vollziehen, ist Francke keineswegs leicht gefallen.

---

[74] Hans Schneider: Der radikale Pietismus im 17. Jahrhundert. In: Martin Brecht (Hg.): Geschichte des Pietismus. Bd. 1: Der Pietismus vom siebzehnten bis zum frühen achtzehnten Jahrhundert. Göttingen 1993, 391–437, hier 400f.

[75] Leipziger Protokoll (s. Anm. 26), 15.

[76] Leipziger Protokoll, 17.

[77] Leipziger Protokoll, 43.

Auch für Spener war die Frage der extraordinären Bezeugungen zunächst noch offen. Im Februar 1692 bat er Francke: »Was ferner wegen der Ecstaticarum einlauffen wird, bitte mir ja zuweilen auch zu communiciren, in dem mir solches zu wißen so annehmlich alß nützlich ist«.[78] In demselben Brief sah er die Offenbarungen Rosamunde Julianes von der Asseburg sehr viel kritischer, insofern diese in Verbindung mit den chiliastischen Lehren Johann Wilhelm Petersens bereits zu einem »Fall« geworden waren, der zu Petersens Amtsenthebung führte. Francke schrieb unabhängig davon wohl am gleichen Datum, dass man in Halle in den vergangenen Wochen

»fast alle tage etwas ungewöhnliches erfahren [habe, d. Vf.] an einigen studiosis, deren einer nach dem andern in einen sonderlichen zustand gesetzet worden, einige mit ungemeiner und übernatürlicher Freude überschüttet, andere mit scharffer contrition und vielen thränen mit bezeugung daß ihnen ihr gantzes hertz gleichsam im Leibe zerschmoltzen wäre, oder daß es wäre als wolte ihnen das hertz aus dem Leibe springen, oder wenn etwas kräfftiges vom worte Gottes geredet worden, als führe es wie ein blitz durch alle Glieder, anderer Umstände zu geschweigen, die so kurtz nicht mögen berichtet werden.«[79]

Andere Umstände wollte Francke also in der Kürze nicht berichten – wir wüssten gerne, welche! Immerhin nennt er die Namen von sechs Betroffenen.[80] Ob die Studenten aber nun »mit ungemeiner und übernatürlicher Freude überschüttet« wurden oder »mit scharffer contrition und vielen thränen« betroffen waren: Die geistlichen Erlebnisse verbanden sich mit starken körperlich-emotionalen Reaktionen.

Die massive Versinnlichung und Verkörperlichung von im Grunde meditativen Techniken wird deutlich in Berichten über die prominenten Ekstatikerinnen, wie sie der Arzt Justus Vesti über die Verzückungen von Anna Maria Schuchart vorgelegt hat, die in ihrer Ekstase vernehmlich schmatzte, weil sie himmlische Speise zu sich nahm und danach sowohl Essen wie Getränk mit Ekel ablehnte, weil sie »vom Brunnen des lebendigen Wassers im Himmel getrunken«[81] habe und daher für menschliche Köstlichkeiten vorerst nicht empfänglich gewesen sei.

Francke berichtete Spener über den Zustand und die Entzückungen der Ekstatikerinnen, informierte ihn aber auch über weitere Erscheinungen: »Sonst sind noch unterschiedliche wunderbare Exempel in Quedlinburg und auch in Magdeburg mit einem Knäblein von 7 Jahren das bey [Tag] und

---

[78] Spener an Francke, [23.(?) 2.1692]. In: *Spener-Francke-Briefwechsel*, 79–84, hier 82, Z.42–44.

[79] Francke an Spener, [23.2.1692(?)]. In: *Spener-Francke-Briefwechsel*, 85–89, hier 86, Z.21–29.

[80] Stöphasius, Köhler, Ulrici, Sehliger, Kipsch und Schröder (s. u. Tabelle 3).

[81] Mori (s. Anm. 13), 124.

Nacht Gesichte siehet geschehen, so nicht wieder so, wie sie mir mündlich erzehlet sind, vorzubringen weiß.«[82] Spener bat um weitere Nachricht und wusste zu berichten, dass in Kolberg in Pommern »sich auch ein wunderbarer casus an einem mägdlein von 14 jahren begeben«, das vier Wochen lang weder gegessen noch getrunken habe: »Bezeuget große freudigkeit, und den Herrn Jesum zu sehen, der ihr eine krohn zeige.«[83] Immerhin war in diesem offenbar brisanten Fall eine Frau unter dem Verdacht der Hexerei verhaftet worden.

Im Oktober 1692 hielten sich bekanntlich Anna Maria Schuchart und Adelheid Sybille Schwarz aus Lübeck, die in enger Verbindung mit den Petersens stand, in Halle auf. Als Francke anlässlich der Abreise seiner »Debora« mit beiden Frauen und dem ebenfalls anwesenden Pastor Hoffmann betete, »fiel die Anna Maria in ihre ecstasin, und redete in solchem zustande viele liebliche verse, strophen weise, mit der ordentlichen scansion, und recht zierlicher action mit den händen«[84]. Dies war Franckes erstes unmittelbares Erleben einer solchen Ekstase, und er bekundete: »welches mich denn mehr beweget, als alles so ich bißhero davon gehöret.«[85] Zugleich berichtet er Spener über »noch wunderlichere dinge [...] als in Erffurt«, die nun mit Anna Maria Schuchart in Halle vorgehen: »Sie hat nun zu unterschiedenen mahlen hier in vieler zeugen gegenwart aus der Stirn und den händen blut geschwitzet, daß es von ihr gelauffen.«[86] Die eskalierenden ekstatischen Ereignisse in seiner unmittelbaren Nähe haben Francke eher fasziniert als zur Vorsicht gemahnt:

> »Sie hat auch gestern 2 Stunden nacheinander ein lied gesungen, dabey auch sonderliche dinge fürgegangen. Man redet davon, daß ein tumult deswegen wieder die pietisten in der Stadt entstehen werde. Wir wollen ja gern über uns nehmen, was Gott zulässet, die wir ohne dem uns versehen, daß des leidens nicht weniger, sondern mehr hinfüro seyn wird.«[87]

Nicht von Francke, sondern wohl aus anderer Quelle erfuhr Spener, dass Anna Maria Schuchart Anfang November auf kurfürstliche Anordnung im Rathaus festgesetzt worden war und ärztlich untersucht werden sollte. Er begrüßte dies ausdrücklich: »Dann dergleichen dinge je fleißiger sie under-

---

[82] Francke an Spener, 22. 3. 1692. In: *Spener-Francke-Briefwechsel*, 103–106, hier 105, Z. 54–57.

[83] Spener an Francke, 2. 4. 1692. In: *Spener-Francke-Briefwechsel*, 107–111, hier 109, Z. 57f, 62f).

[84] Francke an Spener, 25. 10. 1692. In: *Spener-Francke-Briefwechsel*, 210–215, hier 212, Z. 35–37.

[85] Francke an Spener, 25. 10. 1692. In: *Spener-Francke-Briefwechsel*, 212, Z. 37f.

[86] Francke an Spener, 25. 10. 1692. In: *Spener-Francke-Briefwechsel*, 212, Z. 53–55.

[87] Francke an Spener, 25. 10. 1692. In: *Spener-Francke-Briefwechsel*, 213, Z. 59–63.

suchet werden, soviel mehr mag hervorleuchten, was der Herr dabey hat. Wie dann die wahrheit das liecht nicht scheuet, sondern selbsten suchet.«[88]

Hier ist daran zu erinnern, dass gerade in jenen Wochen die erste, unter Veit Ludwig von Seckendorfs Leitung stehende Kommission ihre Arbeit aufnahm, die den Streit zwischen den Pietisten und der Halleschen Stadtgeistlichkeit untersuchen sollte, und in Berlin ernsthaft an eine Versetzung Franckes von Halle nach Calbe gedacht wurde. Es war – so sah es Spener deutlich – dringend angesagt, dass Francke sich insbesondere zu den ekstatischen Erscheinungen kritisch positionierte und von ihnen möglichst distanzierte. Doch während sich in Halle die ekstatischen Erscheinungen mehrten und Spener auf größere Klarheit hoffte, bekannte Francke im Dezember 1692 ohne Rückhalt: »Es mag solches dem Teuffel oder der bloßen Natur zuschreiben wer da wil, ich halte daß Gott auff solche weise anfange seine wunder kund zu thun, und noch immer herrlicher herfürbrechen werde.«[89]

Die Skepsis Speners dagegen nahm zu und verfestigte sich durch die Vorgänge um den Goldschmied Heinrich Kratzenstein in Quedlinburg und die Visionärin Anna Margaretha Jahn in Halberstadt.

»In langer zeit ist nichts vorgegangen, so mich mehr niderschläget, und auß dem nichts anders alß einen großen schaden der gantzen guten sache ansehen kan«, urteilte er über den Fall Jahn: »Solten die dinge, so extraordinar heißen sollen, nicht drein gekommen sein, so hätte vor das studium pietatis trefflichen u. ungehinderten fortgang gehofft. Aber diese sachen scheinen alles zu hemmen.«[90]

Francke konterte, er mache sich da wenig Sorgen:

»Es muß ja doch endlich alles den Kindern Gottes zum besten dienen; solten es auch einige in modo versehen haben, ja der Satanas selbst unkraut säen, so muß es dennoch zu mehrer verherrlichung des Namens Gottes und Christi selbst in seinen geliebten Gliedern dienen. Gott ist ja warhafftig einmahl auffgestanden, und wer will es ihm wehren, sein werck auszuführen.«[91]

Spener aber war dabei, sich von den ekstatischen Erscheinungen vollends abzuwenden. In seinem von Quedlinburg erbetenen Gutachten zu Kratzenstein widerlegte er dessen Anspruch auf göttliche Legitimation seiner Aussprüche; für einen Propheten könne man ihn nicht halten, ein Bösewicht sei er aber vielleicht auch nicht: »sondern ich zweiffle, ob er vollkommen seinen

[88] Spener an Francke, 8.11.1692. In: *Spener-Francke-Briefwechsel*, 219–222, hier 220, Z. 35–37.

[89] Francke an Spener, 10.12.1692. In: *Spener-Francke-Briefwechsel*, 233–236, hier 234f, Z. 32–35.

[90] Spener an Francke, 31.12.1692. In: *Spener-Francke-Briefwechsel*, 258f, hier 258, Z. 11–13 und 259, Z. 26–29.

[91] Francke an Spener, 14.1.1693. In: *Spener-Francke-Briefwechsel*, 270f, hier 270, Z. 6–11.

verstand gebrauchen könne.«[92] Damit wurden Spener auch die anderen Visionäre und Ekstatikerinnen zunehmend suspekt. Die Nachricht vom Auftreten der Studenten Hochmann von Hochenau und Machenhauer, die in Halle in ekstatischem Zustand auf den Straßen zur Buße gerufen hatten, beunruhigte ihn, und eine Information über Anna Maria Schuchart machte ihn »nicht allein an derselben sondern auch an andern exempeln noch mehr irre.«[93] Auch von den Ekstatikerinnen in Quedlinburg und Halberstadt sei zu hören, »das sich ihr Christenthum sehr schlecht bezeuge. Welches neue scrupel macht.«[94]

Im Blick auf die ekstatischen Erscheinungen ging es also um theologische Klarheit und Entscheidung. In noch stärkerem Maß als beim Problem latenter Separation muss man betonen, dass diese nicht von Francke ausgelöst wurden, sondern dass sich die Wellen ekstatischer Erscheinungen mit der von Leipzig ausgegangenen pietistischen Bewegung verbanden und diese auch veränderten. Francke ist es wesentlich schwerer als Spener gefallen, sich hiervon zu distanzieren – sprachen die göttlichen Offenbarungen doch dafür, dass in der pietistischen Bewegung Gott unmittelbar am Werk sei. Und es liegt nahe, dass Francke mit der Abfassung seines Bekehrungsberichts sich zumindest selbst vor Augen geführt hat, dass auch sein Lebensweg auf einem unmittelbaren göttlichen Eingreifen basierte. Als Folge des überwältigenden Evidenzerlebnisses der Gnade Gottes (»Denn wie man eine hand umwendet, so war alle mein zweiffel hinweg [...]«) beschrieb Francke den »Strom der Freuden«, der ihn überschüttet habe,[95] das Verlangen, Gott laut zu loben, und die »Ströme des lebendigen wassers«, die ihm »nun alzu lieblich worden« waren.[96] Diese Passage endet mit dem Zitat aus Psalm 36, 8–10, das in dem Vers kulminiert: »Sie werden truncken von den reichen gütern deines hauses, und du tränckest sie mit wollust als mit einem Strom.«[97] In einem noch unveröffentlichten Manuskript vermutet Friedrich de Boor, dass Francke »dieser Bibeltext als Belegstelle für außerordentliche geistliche ekstatische Erfahrungen« präsent gewesen sei.

So hat sich Francke erst im Mai 1693 im Zusammenhang mit dem Fall Hochmann von den ekstatischen Erscheinungen zu distanzieren begonnen, dann aber nachhaltig. Ehemalige Weggefährten wie Philipp Joachim Heybach oder Julius Franz Pfeiffer, die später noch über ihre Visionen berichteten, fanden bei Francke kein Gehör mehr. Dafür näherte er sich seit 1695 in

---

92 Spener an Francke, 4.2.1693. In: *Spener-Francke-Briefwechsel*, 277–280, hier 278, Z. 20f.

93 Spener an Francke, 11.4.1693. In: *Spener-Francke-Briefwechsel*, 291–296, hier 295, Z. 83f.

94 Spener an Francke, 6.5.1693. In: *Spener-Francke-Briefwechsel*, 297–300, hier 299, Z. 60f.

95 Markus Matthias (Hg.): *Lebensläufe August Hermann Franckes*. (KTP, 2) Leipzig 1999, 29, Z. 15, 19.

96 *Lebensläufe Franckes*, 30, Z. 19.

97 *Lebensläufe Franckes*, 30, Z. 24f.

einem Spener beunruhigenden Maß der Apokatastasis-Lehre Johann Wilhelm Petersens an. Er habe von diesem gehört, schrieb Spener am 19. Oktober 1695, dass Francke »von dem Chiliasmo nunmehr erkantnus habe«.[98] Im Dezember beschwor Spener Francke: »Was Herrn D. Petersen chiliasmum anlangt, will doch nicht glauben, das geliebter Bruder auch die reinigung der seelen und vergebung nach dem tode statuiren werde«.[99] Spener argumentierte theologisch gegen diese Lehre und warnte vor politischen Folgen, die den beginnenden Aufbau in Halle gefährden könnten. Als Francke im März 1696 antwortete, die Sache stehe bei ihm »immota«, und Spener der Ängstlichkeit und mangelnden Glaubensfreudigkeit zieh,[100] stand die Beziehung zwischen beiden auf der Kippe. Erst nach monatelangem Schweigen brach Spener das Eis, indem er Francke den Predigtband *Vier sonderbare Predigten/ Von erbaulichen Materien* mit einer Widmung dedizierte, in der er ihre Freundschaft beschwor (6. August 1696).[101] Die Diskussion um die Sache selbst ist zwischen beiden nicht weiter geführt worden.

5. Fazit

Versucht man nun eine Zusammenfassung, muss man wohl von drei Phasen in Franckes Leben reden, die in verschiedener Hinsicht ihre radikalen Seiten hatten.

1. Die Leipziger, Hamburger und Erfurter Zeit (1687–1691), in der Francke auf der Basis einer Gewissheitserfahrung, die er als unmittelbares göttliches Eingreifen in sein Leben interpretierte, und unter dem Einfluss nicht nur Speners, sondern seit 1688 auch des Schützschülers Eberhard Zeller in Hamburg und Johann Wilhelm Petersens[102] Studenten und Magister für die Suche nach lebendigem Glauben begeisterte. Wenn man das, was daraus entstand, als »88er Bewegung« bezeichnet, sind Konnotationen wie Jugendbewegung und Radikalität schon impliziert – und das scheint angemessen, wenn man

[98] Spener an Francke, 19.10.1695. In: *Spener-Francke-Briefwechsel*, 402–412, hier 408, Z. 107f.

[99] Spener an Francke, 31.12.1695. In: *Spener-Francke-Briefwechsel*, 423–426, hier 425, Z. 40 42.

[100] Francke an Spener, 7.3.1696. In: *Spener-Francke-Briefwechsel*, 433–440, hier 434, Z. 14 – 437, Z. 104.

[101] Vgl. Udo Sträter: Spener und August Hermann Francke. In: Dorothea Wendebourg (Hg.): Philipp Jakob Spener – Leben, Werk Bedeutung. Bilanz der Forschung nach 300 Jahren. (Hallesche Forschungen, 23) Tübingen 2007, 89–104, hier 89–91, 103f.

[102] Vgl. Markus Matthias: *Johann Wilhelm und Johanna Eleonora Petersen. Eine Biographie bis zur Amtsenthebung Petersens im Jahre 1692.* (AGP, 30) Göttingen 1993, 131.

sich vor Augen führt, welche Dynamik die *Collegia philobiblica* in Leipzig und darüber hinaus entfalteten, Grenzen des Standes und Geschlechts in einem bisher wohl kaum da gewesenen Maße überspringend. Dabei scheint Francke eine Identifikationsfigur von enormer Ausstrahlung gewesen zu sein, die den Weg zu einem erfüllten Leben nicht nur erklärte, sondern praktizierte. Was dieses Angebot reizvoll machte, war die Durchschaubarkeit des Zusammenhangs von göttlichem Wirken und eigener Lebensführung, die damit zwar hohen ethischen Ansprüchen unterlag, innerhalb dieser Schranken aber ganz neue Freiheiten ermöglichte.

2. Die Zeit des Weggangs aus Erfurt und der Etablierung in Halle, die mit der Welle ekstatischer Offenbarungen zusammenfällt (1691–1693) und in der Francke seinen Bekehrungsbericht verfasste. Das Aufkommen der Welle ekstatischer und visionärer Erscheinungen in Mitteldeutschland, sich ereignend in erbaulichen Versammlungen nach Leipziger Vorbild, begrüßte Francke (und anfangs auch Spener) als Bestätigung unmittelbaren göttlichen Wirkens. Er selbst machte solche ekstatischen Erfahrungen nicht. Schauplatz der Ereignisse waren zunächst Gotha, Erfurt, Halberstadt und Quedlinburg. Mit dem Auftreten ekstatischer Erscheinungen auch in Halle vollzog Francke von Februar 1692 bis Mai 1693 die endgültige Wendung von der Faszination zur nachhaltigen Ablehnung. Halle war nicht der Ort, an dem sich die weiteren, v.a. chiliastischen Offenbarungen ereigneten, sondern Gotha, der Harz, der Leipziger Raum und Merseburg – sie gingen, endgültig von Franckes Pietismus getrennt – gewissermaßen dahin, wo sie hergekommen waren.

3. Die Zeit ab 1693, in der Francke in Glaucha und Halle sich selbst und mit ihm Waisenhaus und Schulstadt etablierte. Auch in dieser Zeit kann man »radikale Positionen« Franckes konstatieren. Sie betreffen den Chiliasmus hinsichtlich des unmittelbaren Anschlusses an die Lehre der Petersens von der Apokatastasis panton und den Versuch, in der Glauchaer Gemeinde und dann in Waisenhaus und Schulen Gemeinschaften wahrer Christen zu formen. Kennzeichnendes Merkmal dieses Versuchs, den zeitgleich mehrere Schüler Franckes aus der Leipziger Zeit unternommen haben und den man vielleicht als »umgekehrten Separatismus« bezeichnen kann, sind Kirchenzuchtmaßnahmen, im Zuge derer zahlreiche Gemeindeglieder z.T. dauerhaft exkommuniziert wurden. In der Begegnung mit den Früchten dessen, was er in Leipzig gesät hatte in Gestalt der Begegnung mit Freunden aus dieser Zeit, differenzierte Francke erheblich: Seine Anstalten wurden zum Ort der Beschäftigung nicht weniger Leipziger und Erfurter Anhänger, vor allem solcher, die mit ihren Vorstellungen von einer vollkommenen Lebensführung in ihren Gemeinden gescheitert waren – vorausgesetzt, sie akzeptierten Franckes Direktorat über das »Hallische Jerusalem«. Von denen, die selbst Ekstasen gehabt hatten oder für Separation eingetreten waren, fand keiner den Weg in die Franckeschen Einrichtungen – obwohl es solche Versuche

gab, wie Mori sehr eindrücklich am Beispiel von Franz Julius Pfeiffer gezeigt hat. In Halle galt es, tatkräftig mitzuwirken an der Ausbreitung des Reiches Gottes – wer wie Pfeiffer dazu nicht mehr in der Lage war, hatte hier keinen Platz. Nur Andreas Achilles, der offensichtlich nicht mehr arbeitsfähig 1704 in Halle ankam, durfte die Zeit bis zu seinem Lebensende (1721) in einer Krankenstube des Waisenhauses verbringen.

Wie viel das alles mit radikalem Pietismus zu tun hat, werden wir diskutieren müssen – vielleicht gerade auf dem Hintergrund von Franckes sozusagen spezifischer Radikalität auch noch einmal danach fragen, wie wir radikalen Pietismus definieren wollen. Als Francke im Herbst 1691 in Gotha, Quedlinburg und Halberstadt den »Fortgang des Evangelii« für so einmalig hielt, dass er sich kaum durchringen konnte, das brandenburgische Stellenangebot einem Leben als freier Prediger und Seelsorger an diesen Orten vorzuziehen, konnte er ja selbst nicht ahnen, dass er schon wenige Jahre darauf offenbar zweifelsfrei eine von ihm geleitete Schulstadt für den Ort des Anbruchs des Reiches Gottes halten würde.

Tabelle 1

Anhänger Franckes aus der Leipziger, Hamburger und Erfurter Zeit, bei denen Auseinandersetzungen um die Beichtpraxis und/oder massive Kirchenzuchtmaßnahmen nachweisbar sind

- Justinus Toellner: 1682–1696 Pfr. in Panitzsch b. Leipzig, amtsenthoben, ab 1697 Inspektor des Waisenhauses in Halle.
- Paul Anton: 1689–1692 Superintendent in Rochlitz, dann Hofprediger in Eisenach, ab 1695 Prof. theol. in Halle.
- Eberhard Philipp Zühl: 1690–1694 Hofprediger in Gedern, 1695–1700 Pfr. in Darmstadt, 1700–1730 Pfr. u. Metropolitan in Groß-Gerau.
- Paul Otto Zießler: Anfang der 1690er Jahre Schulrektor in Tennstädt, 1696–1699 Pfr. bei Meißen, ab 1699 Pfr. in Brandenburg.
- Johann Caspar Schade: ab 1691 Diakon an St. Nikolai in Berlin, 1698 verstorben.
- Christoph Matthäus Seidel: 1691–1700 Pfr. in Wolkenburg b. Altenburg, 1700–1708 Pfr. in Schönberg/Altmark, 1708–1715 Superintendent in Tangermünde, 1715–1717 Superintendent in Brandenburg, 1717–1723 Adj. Propst an St. Nikolai in Berlin.
- Clemens Thieme: 1692–1695 Pfr. in Wurzen, ab 1695 Superintendent in Colditz.
- Johann Christoph Bielefeld: 1686 Superintendent in Delitzsch, ab 1692 Oberhofprediger, Superintendent und Konsistorialassessor in Darmstadt, ab 1693 zudem Prof. theol. und Superintendent in Gießen.
- Johann Christian Arnoldi: 1694–1728 Pfr. in Henningsleben.

- Nikolaus Lange: 1695–1705 Pfr. in Derenburg bei Magdeburg, ab 1705 Superintendent in Brandenburg.
- Andreas Achilles: 1695–1703 Pfr. in Dornum/Ostfriesland, auf eigenen Wunsch suspendiert, ab 1703 ohne Amt im Waisenhaus in Halle.
- Jacob Baumgarten: Adjunkt theol. Fak. Halle, 1701–1712 Pfr. in Wolmirstedt, 1712–1713 Pfr. in Berlin-Friedrichswerder, ab 1713 Garnisonsprediger.
- Johannes Crasselius: 1690–1698 Pfr. in Saara und Muckern, vom Altenburger Konsistorium abgesetzt, 1699 entlassen, 1700–1705 Informator am Waisenhaus in Halle, ab 1705 Pfr. in Stendal.

Tabelle 2

Frühe Anhänger Franckes mit vorübergehender oder dauerhafter Neigung zum Separatismus
- Paul Blebel: wechselte in Leipzig wegen des Priestertums aller Gläubigen vom Theologie- zum Medizinstudium; betonte in Leipzig, die Kirche im Herzen zu haben; schloss sich später den Mennoniten bei Danzig an.
- Christian Gaulicke: wechselte in Leipzig wegen des Priestertums aller Gläubigen vom Theologie- zum Medizinstudium; wandte sich gegen Sündenlehre, Abendmahl, Beichte und kirchliches Amt.
- Heinrich Julius Elers: nahm 1693 an Privatabendmahl im Hause Philipp Joachim Heybachs in Altenbergen teil, vertrat bis 1697 auch separatistische Lehren in Muskau; nach Ausweisung ab 1697 Leiter der Buchhandlung und der Druckerei des Waisenhauses in Halle.
- Andreas Friedel: führende Figur der Kelbraer Pietisten, die zu radikaler Glaubenspraxis nach urchristlichem Vorbild aufriefen; später auf Wanderschaft
- Daniel Falckner: ab 1694 in Amerika Leiter der chiliastischen Gruppe »Das Weib in der Wüste«.
- Johann Andreas Schilling: verbreitete separatistische Lehren in Leipzig, ab 1697 mit Gottfried Arnold in Gießen, stand später Zinzendorf nahe.
- Johann Georg Schilling: Hauslehrer Christoph Tostlebens in Böhlitz bei Leipzig, 1695 wegen separatistischer Lehren in Merseburg inhaftiert (Ablehnung von Kirche, Taufe, Abendmahl); 1696 Landesverweisung, 1705 auch aus Pernau verwiesen; zuletzt offenbar ohne Amt im Magdeburgischen (1708).
- Johann Christian Lange: 1695 in Leipzig Separation von Kirche und Abendmahl, ab 1697 mit Gottfried Arnold in Gießen.
- [Johann Gottfried] Seelig (Sehliger): nach Bekehrung 1692 in Halle Hauslehrer bei von Stammer in Quedlinburg, ab 1694 in Germantown, ab 1708 Leiter der Gemeinschaft der Rosenkreuzer am Wissahickon Creek.

- Johann Christian Ernst Machenhauer: in Halle Teilnahme an Privatabendmahl im Ringhammerschen Haus; Ausweisung aus Halle und Aufenthalt u.a. in Gotha und Quedlinburg, 1694 nach Gießen, Pfr. in Hessen-Darmstadt, später in Thüringen.
- Ernst Christoph Hochmann von Hochenau: in Halle Teilnahme an Privatabendmahl im Ringhammerschen Haus, Ablehnung der kirchlichen Sakramente; 1694 nach Inhaftierung Ausweisung, Aufenthalt im Umkreis von Petersen, Arnold und Dippel; Wanderprediger, Gründer der »Gemeinschaft der Christusgeweihten« in Schwarzenau.
- [Nikolaus] Limmer: 1692 in Halle von Kommission vernommen, weil Andreas Luppius bei ihm verbotene Bücher deponiert hatte, gehörte zum Kreis um Hochmann und Machenhauer, sorgte 1693 für Unruhe in Berlin; später als Pfr. in Potsdam amtsenthoben.
- Christian Sigismund Sultzberger: in Halle Teilnahme an Privatabendmahl im Ringhammerschen Haus, Ablehnung der kirchlichen Sakramente; Ausweisung aus Halle, lebte später in England, dann in Cleve.
- Johann David Sternbeck: in Halle Teilnahme an Privatabendmahl im Ringhammerschen Haus, 1693 aus Halle ausgewiesen; spätere Tätigkeit nicht nachweisbar.
- Christoph Seebach, aus Tennstädt (Sohn des Bürgermeisters Franziskus Seebach, der mit Spener und Francke in Kontakt stand): 1697 Informator am Pädagogium Regium; verbreitete ab 1701 separatistische Lehren, 1711 Pfr. in Tennstädt, dann in Schwarzenau, 1719 Ausweisung und Übersiedlung nach Berleburg.

Tabelle 3

Frühe Anhänger Franckes mit Erfahrungen, die als extraordinäre Offenbarungen gedeutet wurden, und deren Begleiter sowie Vertreter spiritualistischer Lehren

- Johann Conrad Keßler aus Gotha: hatte 1692 ekstatisches Erlebnis in Gotha.
- Agnes Gräffner aus Leipzig: hatte 1692/93 ekstatische Erlebnisse in Gotha, sagte 1693 den Untergang Quedlinburgs voraus.
- Philipp Joachim Heybach aus Mihla/Thüringen: hatte seit Frühjahr 1692 in Gotha ekstatische Erlebnisse und Visionen, u.a. von der Bekehrung der Juden.
- Johann Heinrich Schröder aus Springe a. Deister: hatte Febr. 1692 ekstatisches Bekehrungserlebnis in Halle.
- Martin Kipsch aus Niederröblingen/Pfalz: hatte Febr. 1692 ekstatisches Bekehrungserlebnis in Halle.
- Christian Köhler: hatte Febr. 1692 ekstatisches Bekehrungserlebnis in Halle.

- [Johann Gottfried] Seelig (Sehliger) aus Lemgo: hatte Febr. 1692 ekstatisches Bekehrungserlebnis in Halle.
- [Johann] Stöphasius, aus Wollin/Pommern: hatte Febr. 1692 ekstatisches Bekehrungserlebnis in Halle.
- Johann o. Zacharias Ulrici aus der Lausitz: hatte Febr. 1692 ekstatisches Bekehrungserlebnis in Halle.
- Gebhard Levin Semler aus Loburg bei Jerichow: 1691 Hauslehrer bei Adelheid Sybille Schwarz in Lübeck, aus der Stadt verwiesen; 1692 Protokollant der Visionen Anna Margaretha Jahns in Halberstadt, 1694 wegen eigener ekstatischer Zustände ärztlich untersucht und der Stadt verwiesen.
- Julius Franz Pfeiffer aus Lauenburg: hatte 1692 während Aufenthalt bei A. S. Schwarz in Lübeck Offenbarungen, 1693 ereigneten sich in einer von Pfeiffer geleiteten Versammlung in Merseburg Ekstasen; sagte 1695 die baldige Wiederkunft Christi voraus.
- Ernst Christoph Hochmann von Hochenau aus Lauenburg/Elbe: hatte 1693 in Halle ekstatisches Erlebnis auf offener Straße, verbreitete enthusiastische Lehren; aus Halle ausgewiesen.
- Johann Christian Ernst Machenhauer aus Ohrdruf: hatte 1693 in Halle ekstatisches Erlebnis auf offener Straße; aus Halle ausgewiesen.
- Christian Sigismund Sultzberger aus Panitzsch b. Leipzig: trat nach Bekehrungserlebnis im Kreis um Hochmann 1693 in Halle für ein spiritualistisches Christentum ein; der Stadt verwiesen.
- Andreas Achilles, aus Halberstadt: als Pfr. in Halberstadt 1694 wegen Befürwortung von Enthusiasmus entlassen und der Stadt verwiesen.
- Johann Georg Schilling aus Pößneck (?): hatte ekstatische Zustände im Hause Tostlebens in Böhlitz bei Leipzig, sagte 1695 den Untergang der Kirche voraus.
- Justinus Töllner aus Gera: Pfr. in Panitzsch bei Leipzig, vertrat Anfang der 1690er Jahre spiritualistische Lehren, 1696 amtsenthoben wegen verweigerter Absolutionen[103].
- Heinrich Julius Elers aus Bardowick bei Lüneburg: als Hauslehrer 1690–1694 in Arnstadt Verbreitung spiritualistischer Lehren, der Stadt verwiesen.
- Johann Hieronymus Wiegleb aus Pferdingsleben bei Gotha: leitete Anfang der 1690er Jahre in Gotha Versammlungen, in denen sich Ekstasen ereigneten; befragte Spener 1692 nach der Möglichkeit der Erleuchtung.

[103] S. Tabelle 1.

Jürgen Büchsel

Gottfried Arnolds Verteidigung der Unparteiischen Kirchen- und Ketzerhistorie

Dargestellt anhand seines Briefwechsels mit Hofrat Tobias Pfanner[1]

Der Briefwechsel zwischen Gottfried Arnold und Tobias Pfanner führt in die Jahre 1700 bis 1702, mitten in die Zeit der Auseinandersetzung um die »Ketzerhistorie«, die 1699 erschienen war.[2] Sie ist auch Anlass und wesentlicher Inhalt des Briefwechsels. Für Arnold ist es der schwierigste, von äußeren und inneren Kämpfen gezeichnete Lebensabschnitt gewesen.

Den Briefwechsel kann man nur auf dem Hintergrund der Konflikte verstehen, die Arnold in dieser Zeit zu bewältigen hatte. Der Streit um die »Ketzerhistorie« beanspruchte seine ganze Aufmerksamkeit und den Einsatz aller seiner Kräfte. Durch diesen Streit wurde auch der Separatismuskonflikt in Quedlinburg für ihn persönlich gefährlich. In unmittelbarem Zusammenhang hiermit stand ein Streit mit Johann Friedrich Corvinus, den er 1701 zusammen mit seinem Freund Johann Wilhelm Petersen austrug. Corvinus war Pfarrer im halberstädtischen Hornburg und hatte eine ausführliche Schrift gegen die »Ketzerhistorie« veröffentlicht. Im gleichen Jahr ergaben sich zusätzliche Probleme für Arnold anlässlich seiner Anstellung als Schlossprediger in Allstedt. Da er sich weigerte, den Eid auf die Bekenntnisschriften abzulegen, entwickelte sich daraus ein bis 1705 anhaltender Konflikt mit dem Herzog von Eisenach. Als Arnold dann am 5.9.1701 Anna Maria Sprögel heiratete, wurde dieser Schritt von Freunden und Feinden als Abkehr von seinen früheren radikalen Einstellungen und von der Sophienmystik verstanden und erregte großes Aufsehen. Diese äußeren Konflikte und Veränderungen gingen mit einer inneren Krise einher.

---

[1] Die Edition des Briefwechsels mit weiteren Dokumenten und einem ausführlichen Kommentar ist in Vorbereitung. - Einen ersten noch fragmentarischen Überblick über den Briefwechsel habe ich gegeben in: Jürgen Büchsel/Dietrich Blaufuß: Gottfried Arnolds Briefwechsel. In: Dietrich Meyer (Hg.): Pietismus, Herrnhutertum, Erweckungsbewegung, FS. für Erich Beyreuther. (SVRKG, 70) Köln 1982, 71–107, hier 90–94.

[2] *Gottfrid Arnolds Unparteyische Kirchen- und Ketzer-Historie, von Anfang des Neuen Testaments biß auff das Jahr CHristi 1688*. Frankfurt 1699; – Ders.: *Fortsetzung [...] Oder Dritter und Vierter Theil* [....]. Frankfurt 1700 (Abk.: KKH). Die folgende Ausgabe wurde vielfach herangezogen, weil in ihr viele Schriften aus dem Streit um die KKH mit abgedruckt wurden: *Unpartheyische Kirchen- und Ketzer-Historie [...] An vielen Orten, nach dem Sinn und Verlangen, Des sel. Auctoris Verbessert* [...]. Schaffhausen 1740–1742 (Abk.: KKH Schaffh.).

1. Tobias Pfanner und Gottfried Arnold als Briefpartner

Zunächst ist es notwendig, einen Blick auf die beiden Briefpartner zu werfen. Die Unterschiede in ihren Lebensumständen und im gesellschaftlichen Rang sind nicht unwichtig. So hat Arnold zwar den Briefwechsel begonnen. Die Thematik der Briefe aber hat Pfanner bestimmt. Er ist der kritische Partner, demgegenüber Arnold sich zu verantworten hat.

Tobias Pfanner (1641–1716), eine Generation älter als Arnold, war zu diesem Zeitpunkt 59 Jahre alt, seit 30 Jahren in Amt und Würden, seit fast 10 Jahren Hofrat in Gotha, ein ausgewiesener Jurist und Historiker. Er hatte bereits historische und kirchenhistorische Werke veröffentlicht[3]. Geprägt war er durch das Reformwerk von Ernst dem Frommen, Herzog zu Sachsen-Gotha und Altenburg (1601–1675). Er kam also aus der Reformorthodoxie und war dem Pietismus gegenüber aufgeschlossen. August Hermann Francke kannte er schon aus dessen Jugendzeit in Gotha. Er war theologisch gebildet und unterhielt eine weitläufige Korrespondenz. Seine Frömmigkeit wurde so beschrieben: Er »erwies sich in Abwartung des öffentlichen Gottesdienstes, Beicht- und Abendmahlgehen nicht gar zu emsig, war aber von Jugend auf vielfältig mit Melancholey und innerlichen Anfechtungen geplagt«.[4]

Gottfried Arnold (1666–1714) war zu Beginn des Briefwechsels 34 Jahre alt. Nach seinem Studium lebte er seit 1689 als Hauslehrer in Dresden und Quedlinburg. Sein Interesse galt der Geschichte der Alten Kirche. 1696 veröffentlichte er sein erstes großes Werk »Erste Liebe [...] das ist wahre Abbildung der ersten Christen«.[5] Auf Grund dieser Arbeit erhielt er 1697 eine Professur für Profangeschichte in Gießen, die er nach einem halben Jahr wieder aufgab. Diesen Schritt rechtfertigte er in seinem »Offenherzigen Be-

---

[3] Zu Pfanner vgl. Christian Gottfried Joecher: *Allgemeines Gelehrten Lexicon 3. Theil.* Leipzig 1751, 1485 f, (Abk.: Joecher); Friedrich Wilhelm Kantzenbach: Theologisch soziologische Motive im Widerstand gegen Gottfried Arnold. In: JHKGV 24 (1973), 33–51; Erich Seeberg: *Gottfried Arnold. Die Wissenschaft und die Mystik seiner Zeit. Studien zur Historiographie und zur Mystik.* Darmstadt 1964, 227 Anm. 1. - Joecher (1486) nennt für die kirchengeschichtlichen Forschungen Pfanners folgende Titel: »De charismatibus antiquae ecclesiae« (Diatribe, De Charismatibus Sive Donis miraculosis Antiquae Ecclesiae. Frankfurt und Gotha: August Boetius 1680), »Observationes ecclesiasticas« (Observationes Ecclesiasticae. 2 Teile. Jena: Johann Bielcke 1694–1695), »Klagen über die Verstockung« (Anzeige und Klage über die Verstockung derer Christen, so wohl jetziger als voriger Zeiten. O. O. 1707).

[4] Joecher, 1486; er erwähnt hier auch die Beerdigungstexte, die Pfanner selber ausgewählt hat und die Ausdruck seiner Frömmigkeit sind: Hebr. 12,7–11 (Wen der Herr liebt, den züchtigt er) und Jak. 1,2–12 (Selig der Mann, der die Anfechtung erduldet; denn nachdem er bewährt ist, wird er die Krone des Lebens empfangen, die Gott verheißen hat denen, die ihn lieben).

[5] Gottfried Arnold: *Die Erste Liebe Der Gemeinen JESU Christi, Das ist: Wahre Abbildung Der Ersten Christen Nach Jhren Lebendigen Glauben Und Heiligen Leben*[...]. Frankfurt 1696.

kenntnis« (1698), das in kurzer Zeit sechs Auflagen erlebte.[6] Durch die »Ketzerhistorie« (1699) wurde er einer breiten Öffentlichkeit bekannt. Um dieses Werk entstand ein vielfältiger literarischer Streit. Noch im Jahr 1700 war die wichtigste und schroffste Gegenschrift erschienen: Ernst Salomo Cyprians »Allgemeine Anmerckungen über Gottfried Arnolds Kirchen- und Ketzer-Historie« mit Vorwort vom 24. 3. 1700.[7]

Das Verhältnis zwischen Arnold und Pfanner schwankte in der Zeit der Korrespondenz zwischen Partnerschaft und Gegnerschaft und reichte auf Pfanners Seite bis zu offener Feindseligkeit. In den letzten Briefen schlug Pfanner dann wieder versöhnlichere Töne an, betonte die Freundschaft und lud Arnold zu einem Besuch ein.

2. Der Briefbestand und die Entstehungsgeschichte des Briefwechsels

Der Briefwechsel zwischen Arnold und Pfanner fand in dem Zeitraum zwischen dem 2. 8. 1700 und dem 7. 12. 1702 statt. Er umfasst 17 Briefe, neun von Arnold und acht von Pfanner.[8] Er ist vollständig erhalten. Pfanner hat Arnolds Briefe gesammelt und von seinen eigenen Briefen die Entwürfe aufbewahrt. Den Briefwechsel hat Pfanner mit weiteren Unterlagen zu dem Streit um Arnolds »Ketzerhistorie« offenbar Cyprian übergeben oder vermacht, der 1713 als Kirchenrat nach Gotha kam und bald auch Direktor der fürstlichen Bibliothek wurde. Pfanner und Cyprian kannten sich, seit sie im Zusammenhang mit dem Streit um die »Ketzerhistorie« miteinander korres-

[6] *Godfrid Arnolds Offenhertzige Bekandtnuß, Welche Bey unlängst geschehener Verlassung Seines Academischen Ampts abgeleget worden* [...]. o. O. 1699 (1. Aufl. 1698).

[7] *Ernesti Salomonis Cypriani Prof. Publ. Ord. Allgemeine Anmerckungen über Gottfried Arnolds Kirchen- und Ketzer-Historie* [...]. Helmstedt 1700. Zu Cyprian vgl. Ernst Koch/Johannes Wallmann (Hg.): *Ernst Salomon Cyprian (1673–1745) zwischen Orthodoxie, Pietismus und Frühaufklärung.* (Veröffentlichungen der Forschungs- und Landesbibliothek, 34) Gotha 1996. Vgl. hier besonders Hans Schneider, Cyprians Auseinandersetzung mit Gottfried Arnolds »Kirchen- und Ketzerhistorie«, 111–135. Vgl. auch Irmfried Martin: Der Kampf um Gottfried Arnolds Unpartheyische Kirchen- und Ketzerhistorie. vornehmlich auf Grund des dritten Bandes der Schaffhausener Ausgabe von 1740–42. Diss. theol. [masch.] Heidelberg 1973.

[8] Sie befinden sich in der Forschungsbibliothek Gotha (Abk.: Gotha) Chart A 420 Bl. 382 – 421 (pt) und haben einen Umfang von 55 handschriftlichen Seiten. Die Reihenfolge der Briefe geordnet nach Datum und Absender: 1. Arnold 2. 8. 1700; 2. Pfanner 8. 9. 1700; 3. Arnold 1. 11. 1700; 4. Pfanner 24. 11. 1700; 5. Arnold 2. 12. 1700; 6. Pfanner 9. 2. 1701; 7. Pfanner 9. 11. 1701; 8. Arnold 14. 11. 1701; 9. Arnold 21. 11. 1701; 10. Pfanner 31. 12. 1701; 11. Arnold 8. 2. 1702; 12. Pfanner 22. 3. 1702; 13. Arnold 26. 4. 1702; 14. Pfanner 3. 10. 1702; 15. Arnold 20. 10. 1702; 16. Pfanner 7. 11. 1702; 17. Arnold 7. 12. 1702.

pondiert hatten.[9] Drei Jahre lang bis zu Pfanners Tod 1716 lebten beide in Gotha.

Erstaunlicherweise ist es möglich, die Entstehungsgeschichte des Briefwechsels zu rekonstruieren. Denn Pfanner hat auch drei an ihn gerichtete Briefe von August Hermann Francke aufgehoben. Sie werden aufs schönste ergänzt durch einen Brief Arnolds an Francke, der sich in Halle befindet.[10]

Daraus ergibt sich folgendes Bild: Pfanner hatte wohl bald nach Erscheinen der »Ketzerhistorie« ebenfalls geplant, eine Gegenschrift zu verfassen. Da er einerseits dem Pietismus nahe stand und trotzdem an der »Ketzerhistorie« öffentlich Kritik üben wollte, hat er sich bei A. H. Francke für sein Vorhaben absichern wollen. Er kannte ihn persönlich[11] und legte ihm einen ersten Entwurf zur Beurteilung vor. Franckes Reaktion war verhalten. Wahrscheinlich hätte er die Schrift gerne verhindert. Darum schrieb er an Arnold und schlug ihm vor, er solle doch versuchen, Pfanner von seinem Vorhaben abzubringen.

Das war der Anlass für Arnolds ersten Brief vom 2. 8. 1700 an Pfanner. Er schrieb, er selber plane ein Werk zur Verbesserung der »Ketzerhistorie«. Dort würde er gerne Pfanners Material und seine Kritik mit oder ohne Nennung seines Namens veröffentlichen. Man könne auf diese Weise öffentlichen Streit vermeiden.[12] Auf diesen Vorschlag ging Pfanner nicht ein. Er sandte ihm aber das Manuskript seiner »Bedencken«[13] über Francke vor der Veröffentlichung zu. Weder Arnold noch Pfanner haben übrigens ihren Vermittler, August Hermann Francke, beim Namen genannt.

---

[9] Zwei Briefe Pfanners an Cyprian vom 31. 5. 1700 und vom 28. 2. 1702: Gotha Chart. A 423, Bl. 194v–197v. Zwei Briefe Cyprians an Pfanner vom 15. 6. 1700 und vom 20. 11. 1701: Gotha Chart. A 420, Bl. 319r–320v und 392r–393v.

[10] Drei Briefe Franckes an Pfanner: Gotha Chart A 420, Bl. 317r–318v (ohne Datum, aber vor dem 2. 8. 1700), Bl. 328r (vom 4. 10. 1700), Bl. 341r und v (vom 21. 2. 1701). Arnolds Brief an Francke: Archiv der Franckeschen Stiftungen Halle, F 10, 363r (vom 27. 8. 1700).

[11] Vgl. Franckes Brief an Pfanner (ohne Datum): Gotha Chart. A 420, Bl. 317: »Gleichwie ich mich der christlichen unterredung, so unter uns gepflogen, bißhero mit herzlichem Vergnügen erinnert«. Francke lebte in seiner Jugend in Gotha. Sein Vater war dort einige Jahre bis zu seinem Tod Hofrat. Seine Familie blieb auch danach in Gotha. Francke kam auch später immer wieder nach Gotha.

[12] Arnolds Brief vom 2. 8. 1700: Gotha Chart A 420, Bl. 323r–324v, hier 323r und v. - Auch nach der Veröffentlichung von Pfanners »Bedencken« hat Arnold ihn immer wieder um solches Material gebeten. Seine Bitte wurde am Ende nicht erfüllt.

[13] S. u. Anm. 30.

3. Der Verlauf des Briefwechsels

Der Briefwechsel zwischen Arnold und Pfanner gliedert sich von den inhaltlichen Schwerpunkten her in drei Abschnitte, wobei die Auseinandersetzung um die »Bedencken« mit drei gedruckten Schriften abgeschlossen wurde. Zum Verständnis der Briefe ist es darüber hinaus wichtig, Arnolds Lebenssituation mit zu bedenken, die sich in den Jahren 1700 bis 1702 grundlegend verändert hat.

3.1. Arnolds Weg in den Separatismus und seine Verteidigung der »Ketzerhistorie« (Briefe 1–6)

Um Arnolds innere Verfassung um 1700 zu verstehen, ist es notwendig, bis in das Jahr 1698 zurückzugehen, als er im »Offenherzigen Bekenntnis« seinen Rücktritt von der Professur in Gießen und seine Resignation begründet hat.[14] Das »Offenherzige Bekenntnis« ist ein sehr persönliches Dokument, eine confessio, Ausdruck einer innerlich bedrängten Seele. Arnold spricht mehrfach von seiner Herzensangst und von der Liebe Christi, die ihn »durch einen verborgenen liebes-zwang, bey ihr zu bleiben«[15] nötigte. Um ein von der Welt »unbeflecktes hertz« zu behalten, fordere der Herr »von den seinigen [...], außzugehen, [...] sich abzusondern und kein unreines anzurühren«.[16] Natürlich schloss das auch die Erkenntnis des allgemeinen Verfalls der Kirche mit ein.[17] Zum Pfarramt fühlte er sich untüchtig. Als Ausweg erschien ihm in dieser Situation die Arbeit an der Kirchengeschichte in einem abgeschiedenen Leben.[18] Dieses Bekenntnis ist also eher durch einen mystischen Individualismus als durch einen aktiven Separatismus gekennzeichnet.

Arnold ist in den folgenden Jahren seinem Vorsatz gefolgt und hat in Quedlinburg die »Ketzerhistorie« vollendet, während er bei Hofdiakon Sprögel Hauslehrer war. Er hat sich vermutlich nicht vorstellen können, welchen Sturm die »Ketzerhistorie« auslöste, als sie 1699 erschien. Arnold hat dieses Werk nicht aus einer kirchenpolitischen Absicht geschrieben. Aber es hatte natürlich solche Implikationen und Auswirkungen, mit denen Arnold in der Folge zu tun hatte. Die sehr früh erschienene scharfe Gegenschrift von E. S. Cyprian,[19] dem bedeutendsten Vertreter der Spätorthodoxie

---

14 S. o. Anm. 6.
15 Arnold: *Offenherzige Bekenntnis*, Abschnitt 13.
16 Arnold: *Offenherzige Bekenntnis*, Abschnitt 21.
17 Vgl. Arnold: *Offenherzige Bekenntnis*, Abschnitt 35 u. 38.
18 Vgl. Arnold: *Offenherzige Bekenntnis*, Abschnitte 39 f.
19 S. o. Anm. 7.

seiner Zeit, konfrontierte ihn und die Öffentlichkeit in aller Deutlichkeit mit diesen Konsequenzen. Cyprian schrieb gleich in seiner Vorbemerkung, um die »Ketzerhistorie« richtig einzuordnen sei es wichtig, dass man »zuvor die neigung des Autoris wohl verstehet«. Er bediene sich nicht »des heiligen Sacraments des altars«[20]. Daraus ergebe sich, »daß gegenwärtiger Zwist gantz nicht unter zwey Evangelischen sey. Denn Arnold ist von uns ausgegangen«[21].

Diese Anschuldigung war für Arnold äußerst gefährlich, weil sie ihn öffentlich zum Separatisten machte. In diesem Fall hätte er nicht mehr unter dem Schutz des Augsburger Religionsfriedens gestanden. Arnolds Antwort darauf war kühn und unerwartet. Statt sich zu verteidigen, sich zu entschuldigen oder zurückzuziehen, ging er in die Offensive mit seiner »Erklärung vom gemeinen Sektenwesen«.[22] In ihr verlies Arnold den Weg des Rückzuges in die Innerlichkeit und stürzte sich geradezu in den Streit. Er entkräftete Cyprians Anschuldigungen nicht, sondern bestätigte sie. Er habe sich von der Kirche getrennt, entgegnete er, er gehöre ihr nicht an, weil alle verfassten Kirchen Sekten seien: »ja in der that ist und heist eine secte nichts anders, als eine von Gott offenbarlich verbothene trennung von der wahren allgemeinen unsichtbaren Catholischen kirche«.[23] Er könne sich »so wenig vor einen Lutheraner im gemeinen verstand, als vor einen Türcken, Heyden und Barbaren bekennen«[24] und zitiert als die vier Hauptgötzen der Kirche »beichtstuhl, altar, tauffstein und kantzel«,[25] eine unter den radikalen Pietisten gängige Formulierung. Er sei aber Lutheraner im eigentlichen Sinne und bleibe »im Römischen Reich somit des Religions-friedens [...]fähig und theilhafftig«.[26] Doch dürfe er mit den Ungläubigen nicht an einem Joch ziehen. Ihm sei vielmehr geboten, »auszugehen, und sich abzusondern und kein unreines anzurühren«.[27] Hier wiederholte Arnold die Formulierung aus dem »Offenherzigen Bekenntnis«, gab ihr aber einen eindeutig separatistischen Klang.

In Quedlinburg wurde Arnolds »Erklärung« als theologische Begründung des radikalen Pietismus und Separatismus verstanden. Hierdurch wurde Arnold zum Anführer dieser Bewegung in Quedlinburg. Die Stiftstäbtissin,

---

[20] Cyprian: *Anmerckungen*, Vorwort § 2f (KKH Schaffh. Bd. 3,66).
[21] Cyprian: *Anmerckungen*, Vorwort § 4 (KKH Schaffh. Bd. 3,66).
[22] *Gottfried Arnolds Erklärung Vom gemeinen Secten-Wesen, Kirchen- und Abendmahl-gehen; Wie auch vom recht-Evangel. Lehr-Amt, und recht- Christl. Freyheit*: [...], Leipzig 1700; Vorrede vom 6.6.1700.
[23] Arnold: *Erklärung*, 1,6; S. 16.
[24] Arnold: *Erklärung*, 1,18; S. 21.
[25] Arnold: *Erklärung*, Vorr. 10; S. 9.
[26] Arnold: *Erklärung*, 1,18; S. 21.
[27] Arnold: *Erklärung*, 3,11; S. 37f.

geistliches Oberhaupt in der Stadt, erließ daraufhin am 31.7.1700 ein Separatistenedikt, das darauf abzielte, alle säumigen Christen zur Teilnahme an Gottesdienst und Abendmahl zu zwingen und bei anhaltender Weigerung aus der Stadt zu vertreiben. Als erster war Arnold davon betroffen. Bei Strafe von zehn bzw. zwanzig Talern wurde es Sprögel untersagt, ihn weiterhin in seinem Haus zu beherbergen.[28] Zu Arnolds Glück gehörte Quedlinburg seit kurzem nicht mehr zu Kursachsen. August der Starke hatte es an Brandenburg verkauft. Brandenburg nun war dem Pietismus gegenüber aufgeschlossen und hielt seine schützende Hand über Arnold. Es kam noch hinzu, dass der Vertreter Brandenburgs vor Ort der Stiftshauptmann von Stammer war, bei dem Arnold in den Jahren 1693–97 Hauslehrer gewesen war. Es wurde eine Kommission eingesetzt, die schließlich zu dem Ergebnis kam, dass die drei Hauptkontrahenten im Quedlinburger Streit, Meyer, Sprögel und Arnold die Stadt verlassen sollten.

In diese Situation gehören nun die ersten Briefe Arnolds an Pfanner. Arnold hatte zunächst auch zu anderen Gegnern der »Ketzerhistorie« persönliche Kontakte gesucht. So sind zwei Briefe an seinen Hauptgegner Cyprian erhalten. Den ersten Brief vom 16.5.1700 kann man trotz mancher scharfen Passage durchaus als eine ausgestreckte Hand interpretieren.[29] Es kam aber zu keiner Verständigung.

Im Gegensatz zu Cyprian hatte Pfanner Verständnis für den Pietismus. Er teilte Arnolds Vorstellung vom Verfall der Kirche, lehnte aber die polemische Zuspitzung ab. Seine Kritik an der »Ketzerhistorie« betraf sowohl theologische als auch historische Fragen. Sie können in der Kürze dieser Arbeit hier nicht entfaltet werden. Auch in der Frage der Unparteilichkeit stimmten sie grundsätzlich überein. In Hofrat Pfanner hatte Arnold einen renommierten Lutheraner zum Gesprächspartner gewonnen, der ihm seinerseits den Entwurf seiner »Bedencken« vor der Veröffentlichung zur Begutachtung zuschickte.[30] Darauf antwortete Arnold am 1.11.1700 mit einem zwölf Seiten langen Brief sehr ausführlich.

Auch wenn er sich in weiten Teile mit Pfanners »Bedencken« auseinandersetzt, ist er doch Arnolds persönlichster Brief.[31] Er gibt Auskunft über

---

[28] Über diesen Streit sind wir sehr genau unterrichtet durch die ausgezeichnete Arbeit von Martin Schulz: Johann Heinrich Sprögel und die pietistische Bewegung Quedlinburgs. Diss. theol. [masch.] Halle 1974.

[29] Brief vom 16.5.1700: Gotha Chart A 423, Bl. 186r–187v; es existiert ein zweiter Brief vom 16.11.1702: Gotha Chart A 297, S. 357–360.

[30] T. Pfanners, Fürstl. Sächs. gesampten Hoff-Raths, Unpartheyisches Bedencken, über Herrn Gottfried Arnolds Unpartheyische Kirchen- und Ketzer-Historie, Sampt dessen kurtzer Beantwortung, und darauf erstatteter Erläuterung. In: KKH Schaffh. Bd. 3, 1–36. Die Schrift erschien im Jan./Febr. 1701.

[31] Gotha Chart A 420, Bl. 329r–334v. Das folgende Zitat: Bl. 334v. Dieser Brief ist abgesehen vom Eingangs- und Schlussteil zuerst im Anhang zu Pfanners »Bedencken« gedruckt (KKH Schaffh. Bd. 3, 30–34), danach bei: Johann Christoph Coler: Historia Gothofredi Arnoldi qua

eine schwere innere Krise, in der er sich befand. Besonders deutlich wird das in dem bisher unveröffentlichten Schlussteil des Briefes:

»Meines Orths befinde mich ietzo durch innerliche Läuterung und schwerste Seelen-Kämpffe an Leib und gemüth so untüchtig, daß ich darauff, wenn es [das »Bedencken«, Anm. d. Verf.] publiciret werden sollte, nicht antworten würde und überhaubt wünsche, vor allen Disputen und Gegensätzen auff ewig frey, allein aber in der Gnade und Liebe Christi befestiget zu werden.«

Seine persönlichen Bemerkungen in diesem Brief atmen den Geist der Sophienmystik. Auf seine »Sophia« weist er ausdrücklich hin. Vernunft und Eigenliebe muss man zurücklassen zusammen mit menschlichen Traditionen und ein ›Kindlein‹ werden.[32] Und nun wolle er »die Hand auff den Mund legen und die Zeit erwarten«.[33] - Dieser Wunsch hat sich für ihn nicht erfüllt!

Arnold hat Pfanner nicht von der Veröffentlichung seiner »Bedencken« abhalten können. Dieser schlug statt dessen in seinem Antwortbrief vom 24. 11. 1700 vor, Arnolds Brief vom 1. 11. 1700 als Anhang zu seiner Schrift zu veröffentlichen. Dem hat Arnold seinerseits am 2. 12. 1700 unter einigen Bedingungen zugestimmt, die Pfanner auch berücksichtigt hat. Seinen eigenen Brief vom 24. 11. 1700 hat Pfanner ebenfalls angehängt. Diesen und seine »Bedencken« hatte er für den Druck erweitert, was Arnold wiederum zu seiner gedruckten Antwort veranlasst hat. Außerdem wurde ein Brief Arnolds an Philipp Jakob Spener mit abgedruckt, den Arnold Pfanner in Abschrift zur Verfügung gestellt hatte.[34]

In der Auseinandersetzung um die »Ketzerhistorie« ging es unter anderem um das Verständnis von ›unpartheyisch‹. Pfanner hat das Wort im Titel seiner Schrift polemisch verwendet. Beide haben etwas grundsätzlich anderes damit gemeint. Für Arnold ist jede verfasste Kirche ›Parthey‹ bzw. ›Secte‹, weil sie sich von der umfassenden unsichtbaren, heiligen Kirche getrennt hat. So heißt bei ihm unparteiisch: überkonfessionell, nicht an eine verfasste Kirche gebunden. Pfanner meint mit unparteiisch eher eine juristische Qualität: nicht parteilich sondern neutral zu sein, ohne Emotionen – also das Gegenteil von Arnolds Position, der keineswegs neutral urteilt. Diese Unvoreingenommenheit hat Pfanner durchgehend bei Arnold vermisst. Er begegne z. B. Weigel und Böhme mit heiliger Ehrfurcht, obwohl es da auch Einiges zu kritisieren gäbe. Andererseits kritisiere er die Orthodoxen, wo er nur könne und tue ihnen damit Unrecht.[35]

---

de vita scriptis actisque illius non copiose magisquam vere atque idonea fide exponitur [...]. Wittenberg 1718, 230–249.

[32] *Das Geheimniß Der Göttlichen Sophia oder Weißheit, Beschrieben und Besungen von Gottfried Arnold.* Leipzig 1700. »Kindlein«: Gotha Chart A 420, Bl. 330v.

[33] Gotha Chart A 420, Bl. 331v.

[34] KKH Schaffh. Bd. 3,35 f; Gotha Chart A 420, B 327r und v; auch bei Coler, 249–52.

[35] Vgl. Pfanners Brief vom 24. 11. 1700, Gotha, Chart A 420, Bl. 326r und v, 335r und v.

Arnold seinerseits bedauert den scharfen Stil und » das harte tractament wider die Orthodoxen«, das er »als eine vorige Schwachheit weder leugne noch entschuldige«, »nachdem ich weiß, daß auch die geringsten Excesse der Natur, ungeacht der sonst guten Intention, ihr gehörig Gerichte vor Gott und Menschen durchpassiren müßen«.[36] Im Stil und in Detailfragen ist er zu Korrekturen bereit, an der Grundidee der »Ketzerhistorie« hat er unbeirrt festgehalten.

In dem Streit in Quedlinburg war es inzwischen hoch hergegangen. Arnold hatte zeitweise aus der Stadt flüchten müssen: Am 2. 12. 1700 schrieb er entschuldigend an Pfanner, er habe den Brief vom 1. 11. »bey schlechter Leibes- und Gemüths-disposition, und dazu [...] außer meinem gewöhnlichen Logement und apparatu librorum *eiligst* aufgesetzet [...], (da ich nehmlich von dem hiesigen Consistorio erstlich hart verfolget, doch sogleich von Durchlaucht Zu Brandenburg in Gnädigsten Schutz genommen ward)«.[37] Es gab mehrere Ausweisungsbefehle gegen ihn. Pfanner hat den Konflikt in seinen Briefen aufgegriffen und Arnold beschuldigt, ihn weiter geschürt zu haben.

Die brandenburgische Untersuchungskommission konnte natürlich einen offenbaren Separatisten auch nicht schützen. Sie hat folgerichtig Arnold ersucht, schnellstens die Hauptvorwürfe gegen ihn zu entkräften, nämlich dass er nicht zum Gottesdienst und zum Abendmahl gehe. Das ist der Anlass für Arnolds kleine Schrift: »Der richtigste Weg durch Christum zu Gott«.[38] Der erste Teil enthält einen Brief vom 12. 11. 1700 an den Konsistorialpräsidenten von Fuchs. Hier erklärte Arnold seine Bereitschaft, bei einem Pfarrer seiner Wahl zum Abendmahl zu gehen, da er nun nicht mehr von der Obrigkeit dazu gezwungen würde. Der zweite Teil besteht aus drei Predigten mit genauen Orts- und Zeitangaben, die er im Jahr 1700 gehalten hatte. Sie sollten den Vorwurf widerlegen, dass er nicht in die Kirche gegangen sei. So konnte nun die Kommission davon ausgehen, dass der Separatismusvorwurf gegen Arnold entkräftet war.

Arnold hat sich übrigens noch in eine andere Richtung gegen den Separatismusverdacht abgesichert, nämlich durch den erwähnten Brief an Spener.[39]

Arnolds »Erklärung« als Antwort auf Cyprians Angriff und der Konflikt in Quedlinburg verdeutlichen die Dynamik eines gegenseitigen Ab-

---

[36] Gotha, Chart A 420, Bl. 331v und 329v (1. 11. 1700).

[37] Gotha, Chart A 420, Bl. 340r und v.

[38] *Der richtigste Weg Durch Christum zu Gott: Bey öffentlichen Versammlungen in dreyen Sermonen oder Predigten angewiesen, und auff Begehren ausgefertiget von Gottfried Arnold: Nebenst Einer näheren Erklärung von seinem Sinn und Verhalten in Kirchen-Sachen.* Frankfurt 1700.- Eine ausführlichere Verteidigungsschrift folgte unmittelbar danach: *Gottfried Arnolds Fernere Erläuterung seines sinnes und verhaltens beym Kirchen- und Abendmahlgehen, [...]: zusampt einer freundlichen Duplica an den Herrn Hof-Rath Pfanner.* Frankfurt 1701, (Vorwort vom 1. 3. 1701).

[39] S. o. Anm. 34.

stoßungsprozesses. Arnold hatte sich erst durch Cyprians Angriff genötigt gesehen, sich offen zum Separatismus zu bekennen.[40] Es ist ungewiss, wie Arnolds weiterer Weg verlaufen wäre, wenn Preußen ihn nicht in Schutz genommen hätte. Arnold machte hier eine Erfahrung, die ihn seine bisherige institutions-kritische Position überdenken und langfristig modifizieren ließ: Ausgerechnet der Landesherr und das Haupt des landesherrlichen Kirchenregiments, Kurfürst Friedrich III. von Brandenburg, der spätere König Friedrich I. von Preußen, hatte ihn in Schutz genommen.[41]

3.2. Arnolds »Duplica« als Reaktion auf Pfanners »Bedencken« und dessen Antwort in der »Erläuterung«, (Briefe 8 und 10)

Anfang des Jahres 1701 waren Pfanners »Bedencken« erschienen. Danach setzte der Briefwechsel für ein dreiviertel Jahr aus. Nun sah sich Arnold berechtigt und genötigt, ebenfalls öffentlich zu antworten mit der sogenannten »Duplica«. Er hatte sie an seine »Fernere Erläuterung« angehängt, die mit dem Briefwechsel sonst nichts zu tun hatte[42], vielmehr die Antwort auf eine Streitschrift einiger Pfarrer in Quedlinburg war. An dieser Stelle deutete Arnold zum ersten Mal die Möglichkeit an, ein kirchliches Amt zu übernehmen.[43]

Da Pfanner seine Hinzufügungen zu den »Bedencken« Arnold vor dem Druck nicht mehr vorgelegt hatte, hat Arnold seine »Duplica« auch nicht zuvor Pfanner zugeschickt, obwohl dieser in seinem Brief vom 9.2.1701 darum gebeten hatte.

In der »Duplica« setzte sich Arnold nicht mehr grundsätzlich mit Pfanners »Bedencken« auseinander, sondern bezog sich im wesentlichen auf Detailfragen. Allerdings hielt er daran fest, dass ihre Grundansichten »sehr different« seien. Trotz einiger Polemik versichert Arnold aber, »daß ich auch des Hn. Hoffraths wolmeinendes bedencken [...] gantz anders aestimire, als etwa die übrigen ketzermacherischen urtheile und sophistischen wiedersprüche«.[44]

Vordergründig als Antwort auf diese »Duplica«, aber wohl durch andere ungenannte Informationen und Beweggründe motiviert, veröffentlichte

---

[40] Pfanner hat m. W. den Vorwurf des Separatismus gegen Arnold nie erhoben.

[41] Arnold hat seine Verehrung und Dankbarkeit für Friedrich I. in einem Hymnus zum königlichen Namensfest am 5.3.1701 zum Ausdruck gebracht. Dieser Hymnus ist das einzige weltliche Lied, das Arnold gedichtet hat. Abgedruckt bei Franz Dibelius: *Gottfried Arnold, sein Leben und seine Bedeutung für Kirche und Theologie.* Berlin 1873, 143–146. Originaldruck im Landeshauptarchiv Sachsen-Anhalt, Magdeburg Rep. A 22, Nr. 156, Bl. 153r–154v.

[42] Arnold: *Fernere Erläuterung* (wie Anm. 38), 58–61 (Duplica): »Anhang einer freundlichen antwort an S. T. Herrn Hofrath Pfannern, Auff desselben erläuterung meines von ihm in den unpartheyischen bedencken pag 18. u. f. publicirten privat-Schreibens«.

[43] Arnold: *Fernere Erläuterung* 6,23; 63.

[44] Arnold: *Duplica* (s. Anm. 38), 58 und 60.

Pfanner im November 1701 eine weitere Schrift mit dem polemisch-ironischen Titel: »Durch Herrn Gottfried Arnoldens DUPLIC An Hof-Rath Pfannern Fernerweit veranlaßte Erläuterung Seines unpartheyischen Bedenckens Uber die Arnoldische Kirchen- und Ketzer-Historie«.[45] Entgegen seiner ursprünglichen Absicht, nur einen Brief zu schreiben, habe er sich von Freunden überzeugen lassen, diese Schrift drucken zu lassen. In ihr kam sein ganzer Unmut über Arnold zum Ausdruck: Er habe »vor der frechen und frevelmüthigen schreib-art [...] einen solchen eckel empfunden«.[46] Weiter äußert er »den durchgehenden verdacht einer scheinheiligkeit«. Seine Polemik gipfelt in dem Satz: »Wer seiner unschuldigen mutter einen schandflecken von freyen stücken anhängen will, ist ein Ertzbösewicht, der nicht werth ist, daß ihn der Erdboden trage«.[47] Die Schrift ist als ganze ein massiver Angriff auf Arnold.

Im Übrigen wolle Pfanner die »causa Arnoldina«, soviel an ihm sei, hiermit geschlossen haben.[48] - Natürlich war sie damit nicht beendet!

Arnolds Antwort auf diese Polemik in seinem Brief vom 14.11.1701 war ganz erstaunlich. Zunächst entschuldigte er sich dafür, dass er Pfanner die »Duplica« nicht vorher zugeschickt habe. Gleichwohl fände er, dass er eine so harte Antwort nicht verdient habe, und beklagt Pfanners »bedenckliche[n] expressionen«. Trotzdem ließe er sich nicht von der nötigen Liebe und Wertschätzung ihm gegenüber abbringen. Dann folgt der entscheidende Satz:

»Meines wenigen Orts bin ich mit allen meinen Sinn und Vorsatz dem lebendigen Gott offenbahr, und kan alßo leicht geschehen laßen, daß mich iemand nicht vor gut oder rechtschaffen hält, laße auch gerne alle Iudicia über das, was etwa schon vor 6 oder 7 jahren bey mancherley Versuchungen in der K[etzer-]Historie geschrieben worden, ergehen, wol wißende, daß Menschen-gedancken nicht Gottes Gedancken sind«, eine irenische Antwort, in der er »gerne das letzte wort nicht zu behalten verlange«.[49]

Bevor dieser Brief Pfanner erreichte, hatte dieser seinerseits bereits am 9.11. an Arnold geschrieben. Im Rückblick auf die eigene »Erläuterung« äußerte er sich ziemlich gewunden und vermutete, seine Schrift sei für Arnold »in vielen pässen gantz unanständig geweßen, ob ich gleich meos dolores, quantum poterat, modestissime expliciret«.[50]

---

[45] In: KKH Schaffh Bd. 3, 36–58. Auch hier hat Pfanner wieder den Titel von Arnolds Schrift »Fernere Erläuterung« ironisch abgewandelt.

[46] Pfanner: *Erläuterung*, § 4; KKH Schaffh Bd. 3, 38.

[47] Pfanner: *Erläuterung*, § 16; KKH Schaffh Bd. 3, 43, und § 23; KKH Schaffh Bd. 3, 45.

[48] Pfanner: *Erläuterung*, § 57; KKH Schaffh Bd. 3, 58.

[49] Gotha, Chart A 420, Bl. 390r–391r; hier 390v, 391r.

[50] Gotha, Chart A 420, Bl. 389r und v; hier 389r. Der Anlass zu diesem Brief war aber ein ganz anderer; darüber mehr im nächsten Abschnitt.

Erst Pfanners Brief vom 31.12.1701 war eine Antwort auf Arnolds Schreiben vom 14.11.1701. Sie fiel kühl aus. Er fände, dass seine Schrift zur Klärung beigetragen habe, leugnete die »bedencklichen expressionen« nicht und führte zu seinen Gunsten an, er habe noch schärfere Ausdrücke aus seinem Manuskript weggelassen.[51] Seine spürbare Distanz hängt mit dem nächsten Kapitel des Briefwechsels zusammen, das er bereits mit dem Brief vom 9.11.1701 eröffnet hatte.

3.3. Gottfried Arnolds Konflikt mit Johann Friedrich Corvinus (Briefe 7 und 9–13)[52]

Diese Auseinandersetzung unterscheidet sich in mehrfacher Hinsicht von den vorangegangenen Streitigkeiten: Johann Friedrich Corvinus hatte in seiner Schrift gegen die »Ketzerhistorie« nicht nur Arnold sondern auch Johann Wilhelm Petersen angegriffen und der Rebellion gegen den König beschuldigt.[53] Darum sind sie gemeinsam gegen Corvinus vorgegangen. So hat Johann Wilhelm Petersen[54] in aller Eile eine Klageschrift an den preußischen König verfasst, die auch Gottfried Arnold unterschrieb.[55] Beide haben außerdem bei Gericht eine Iniurienklage, eine Verleumdungsklage eingereicht, um Corvinus zum Schweigen zu bringen. Der König hatte sehr schnell unter dem Datum des 23.8.1701 geantwortet. Er verbot Corvinus

---

[51] Gotha Chart A 420, Bl. 407r–409r; hier 407r.

[52] Johann Friedrich Corvinus studierte in Königsberg Theologie, schlug 1680 die ihm dort angebotene Professur aus. Er war dann Oberprediger in Hornburg bei Halberstadt. Er starb 1724; vgl. Joecher Bd. 1, 1726 (wie Anm. 3), Sp. 2127. Der Vorname Andreas wird in KKH Schaffh. Bd. 3, 316 falsch angegeben. Der Streit mit ihm ist in der Arnoldliteratur noch nicht bearbeitet. Alle Schriften zu diesem Streit und die Korrespondenz zwischen Corvinus und Pfanner befinden sich in: Gotha Chart. A 420, Bl. 344r–412v (pt). Zu der inhaltlichen Auseinandersetzung zwischen beiden: Jörg Baur: Der traditionelle Widerspruch gegen Gottfried Arnolds Kirchen- und Ketzerhistorie im Werk von Johann Friedrich Corvinus (1701), PuN 24 (1998), 88–94.

[53] Nachdem Cyprian mit der Beschuldigung des Separatismus keinen Erfolg gehabt hatte, versuchte es Corvinus zusätzlich mit dem politischen Delikt der Rebellion.

[54] Zu Johann Wilhelm Petersen (1649–1727) vgl. Dietrich Blaufuß: Art. »Petersen, Johann Wilhelm und Johanna Eleonora«. In: TRE 26, 1996, 248–254, und Hans Schneider: Der radikale Pietismus im 17. Jahrhundert, 402–406; in: Martin Brecht (Hg.): Geschichte des Pietismus. Bd. 1: Der Pietismus vom siebzehnten bis zum frühen achtzehnten Jahrhundert. Göttingen 1993. - Seine Beziehung zu Arnold ist bisher kaum erforscht. Vgl. hierzu auch Büchsel/Blaufuß (wie Anm. 1), 84. - Petersen hat zwei Verteidigungsschriften für Arnold geschrieben: 1. »Untersuchung, ob Gottfried Arnold in der Kirchen- und Ketzer-Historie ein Falsum begangen«, 1701. In: KKH Schaffh. Bd. 3; 511–523. - 2. »Der gerettete Bruder Hr. Gottfried Arnold, Wieder Hrn D.Gottlieb Wernstorff [...]«, Gräitz 1718.

[55] Die Klageschrift trägt das Datum: Quedlinburg, d. 3. Aug. 1701. Sie findet sich: Gotha Chart A 420, Bl. 356r–364v.

ebenso wie Arnold und Petersen, weiter darüber öffentlich zu streiten. Einen Einspruch von Corvinus wies er am 10. 10. 1701 ab.
Corvinus hatte sich 1701 im Vorwort zu seinem Buch auf Pfanner bezogen.[56] Daraufhin hatte Pfanner am 12. 9. 1701 an Corvinus geschrieben[57], der ihm am 1. 10. 1701 geantwortet und seine Unterlagen zu dem Streit zugeschickt hat. Auf diese Weise war Pfanner direkt von Corvinus informiert. Als er Arnold in seinem Brief vom 9. 11. 1701 mit dem Streit konfrontierte, hatte der König die Sache bereits beendet. Aber der Streit zwischen Arnold und Corvinus war für ihn der Anlass, erneut an Arnold zu schreiben. Pfanner stellte sich auf die Seite von Corvinus und griff Arnold gleich in seinem ersten Brief zu diesem Thema heftig an. Er ging von Corvinus' Unschuld aus, war über die Iniurienklage empört und drohte damit, hierüber und zur »Ketzerhistorie« ein Gutachten von der theologischen Fakultät in Halle und von Spener einzuholen.[58] In seiner Antwort vom 21. 11. 1701 beklagte sich Arnold, dass Pfanner ihn nicht vorher zu dieser Sache gehört hätte. Er habe sich durch unwahre Informationen aufhetzen lassen. Andererseits ist ihm die Sache unangenehm und er distanziert sich von der in seiner Sicht übereilten Klage durch Petersen und von dessen angekündigter Verteidigungsschrift. Seine Unterschrift unter die Klageschrift sei unüberlegt gewesen. Seine eigene Darstellung des Konfliktes wich allerdings erheblich von der Pfanners ab. Er habe sich sogar persönlich für die Aufhebung des Schreibverbotes für Corvinus beim König eingesetzt, leider vergeblich.[59] Sein Urteil über Corvinus aber fiel sehr negativ aus: »ein in herschender Sünde lebender Mann«.[60] Er blieb also bei seinen Vorwürfen, die er in der »Endlichen Vorstellung Seiner Lehre und Bekäntniß« erhoben hatte.[61] Ein Gutachten aus Halle oder von Spener fürchte er nicht.[62]

---

[56] Johann Friedrich Corvinus: *Gründliche Untersuchung, Der so genannten Unpartheyischen Kirchen- und Ketzer-Historie Und einiger anderer Schrifften Gottfried Arnolds*. Frankfurt 1701. (Auszüge abgedruckt in: KKH Schaffh. Bd. 3, 316–344). Es ist der zweite Teil von Corvinus' Schrift: Corpus Doctrinae Oder Fürbildung der Lehre Von der wahren und Falschen Pietät…, Frankfurt 1701.

[57] Gotha Chart. A 420, Bl. 344 f.

[58] Gotha Chart A 420, Bl. 389r und v. - Diese Idee hatte er auch in dem Brief an Corvinus vom 1. 9. 1701 ausführlich erörtert. Darin sind bereits elf Fragen an die Fakultät und an Spener formuliert. Für den Fall, dass er keine Antwort erhielte, drohte er an, ihr Schweigen als Zustimmung zu interpretieren, vgl. Gotha Chart A 420, Bl. 344r–345r.

[59] Gotha Chart A 420, Bl. 337r–339v.

[60] Gotha Chart A 420, Bl. 337v.

[61] Gottfried Arnolds Endliche Vorstellung Seiner Lehre und Bekäntniß auf Hrn. D.Veiels, seines Censoris und M.Corvini Anklagen: Mit dem Entschluß, niemanden mehr zu antworten und Die Kirchen-Historie selbst zu emendiren, Frankfurt 1701.

[62] Pfanner hat diese Idee offenbar nicht weiter verfolgt. Sie taucht in den folgenden Briefen jedenfalls nicht mehr auf.

Wie Pfanner über Arnold in dieser Sache dachte, hat er in einem lateinischen Brief an Cyprian vom 28. 2. 1702 ausgesprochen.[63] Arnold hätte seine Urheberschaft für das Schreibverbot gegen Corvinus deswegen so vehement bestreiten müssen, weil ihm klar gewesen sei, dass ihn dieses Verhalten diskreditiert hätte. Denn dann hätte er ja genau das getan, was er seinen Gegnern in der Orthodoxie immer zum Vorwurf gemacht hätte, nämlich in religiösen Dingen den Staat zum Eingreifen aufzufordern.

Vermutlich aus diesen Gründen erhob Pfanner den Vorwurf der Scheinheiligkeit, und sein Misstrauen gegenüber Arnold nahm zu. Dies alles hat zu einer weiteren Distanzierung zwischen beiden geführt. Pfanner seinerseits hat nicht zur Kenntnis genommen, dass Corvinus den Vorwurf der Rebellion gegen Arnold erhoben hatte. Er ist bis zuletzt bei seiner Unschuldsvermutung im Blick auf Corvinus geblieben und hat sich über Arnolds Uneinsichtigkeit beschwert.[64]

Auf diesem Hintergrund ist es auch verständlich, dass Pfanner Arnolds wiederholte Bitte um Zusendung von Material zur Verbesserung der »Ketzerhistorie« in dem Brief vom 22. 3. 1702 endgültig ablehnte. Ihm fehle die Zeit, solches Material zusammenzustellen. Er mache sich auch Sorgen, wie sein Beitrag zu dieser Schrift wohl aufgenommen worden wäre.[65] Pfanner wollte vermutlich vermeiden, als Arnolds Mitarbeiter zu erscheinen!

Ganz überraschend hat er Arnold am Ende dieses Briefes zu einem Besuch und persönlichen Gespräch eingeladen. Er lebe doch jetzt in Allstedt und somit im gleichen Land wie er.

Arnold ist in seinem Brief vom 26. 4. 1702 nicht auf die Einladung eingegangen. Er betont noch einmal, er habe keinen Anlass zum Ärgernis geben wollen. Den Briefwechsel betrachte er als beendet.[66]

3.4. Arnolds Berufung als Schlossprediger nach Allstedt[67] und seine Eheschließung

Arnolds Heirat und seine Berufung zum Schlossprediger in Allstedt im Jahr 1701 fanden großes öffentliches Interesse und wurden als Zeichen seiner Ab-

[63] Gotha Chart. A 423, Bl. 194v–195v.

[64] Pfanners Brief an Arnold vom 22. 3. 1702; Gotha Chart A 420, Bl. 416r und v.

[65] Gotha Chart A 420, Bl. 416v. Arnold hatte in seinem Brief vom 21. 11. 1701 noch einmal seinen Entschluss bekräftigt, über die KKH nicht mehr öffentlich zu streiten, sondern sie selber zu verbessern: Gotha Chart A 420, Bl. 338v.

[66] Gotha Chart A 420, Bl. 414r–415v.

[67] Zu dem Konflikt um die Anstellung vgl. Dibelius (wie Anm. 41), 147–156 und 161–173. Die Korrespondenz zwischen König Friedrich I. in Preußen und Herzog Johann Wilhelm zu Eisenach ist abgedruckt: 141–146; ausführlich bei Coler (wie Anm. 31), 288–300. Rudolf Herrmann: Gottfried Arnold in Allstedt. In: Laudate Dominum. Achtzehn Beiträge zur Thüringischen Kirchengeschichte. Festgabe zum 70. Geburtstag von Landesbischof D. Ingo Braecklein (Thüringer Kirchliche Studien, 3, Berlin 1976), 145–150.

kehr vom Separatismus gedeutet. Darum ist es zunächst überraschend, dass beide Ereignisse in dem Briefwechsel keine Rolle spielen. Es war wohl Pfanners Entscheidung, die eigene Person in dem Briefwechsel zurückzustellen. Arnold hatte in seinen Brief vom 1.11.1700 von seiner inneren Krise berichtet. Aber Pfanner war nicht darauf eingegangen. Seine Einstellung hierzu hat er in einem Brief vom 12.9.1701 an Corvinus dargelegt. Dort schreibt er, er habe sich vorgenommen, sich »weiter nicht zu engagiren, als die mir ernstlich vorgesetzte Unpartheylichkeit zuläßt, und darbey nicht so sehr partes ipsos[?] als causam ipsam in obacht zu nehmen«.[68] Es geht ihm also nicht um Personen sondern um die Sache selbst. Diesem Grundsatz ist er auch in der Auseinandersetzung mit Arnold gefolgt. Insofern hatten persönliche Dinge, die mit dem sachlichen Streit nichts zu tun hatten, keinen Platz in der Korrespondenz. So erklärt es sich, dass er Arnolds Berufung nach Allstedt nur am Rand erwähnte und seine Heirat ganz überging. Die Eheschließung wurde weder von Arnold noch von Pfanner in den Briefen erwähnt.[69]

Wie über Arnolds Heirat war Pfanner auch über dessen Anstellung als Schlossprediger in Allstedt informiert. Schon in seinem Brief vom 9.11.1701 gratulierte er ihm hierzu.[70] Arnold antwortete am 8.2.1702 in seinem ersten Brief aus Allstedt, dass er »vorietzt an einem einsamen Ort gantz still und unverworren lebe«, und sich »hinführo... allein umb die wahre Emendation des Hertzens in mir und meinen anvertrauten Seelen bekümmern« wolle.[71] Auch über Arnolds Konflikt mit dem Herzog von Eisenach wusste Pfanner Bescheid. Er hat sich bei ihm sogar für Arnold eingesetzt.[72] Davon wusste Arnold aber nichts.

Durch die verfahrene Situation in Quedlinburg zu Beginn des Jahres 1701 war Arnold genötigt, sich nach einer neuen Aufgabe umzusehen. Bedingt durch das Separatisten-Edikt und den nachfolgenden Streit konnte Arnold nicht mehr in Quedlinburg bleiben. Ein normales Pfarramt wollte und konnte er zu diesem Zeitpunkt noch nicht annehmen. In dieser Situation hat wohl ein Mitglied der Untersuchungskommission, der Theologieprofessor Paul Anton aus Halle, der auch Beichtvater der Herzogenwitwe in Allstedt war, für Arnold den Kontakt nach Allstedt vermittelt.[73] Die Herzogin

68 Gotha Chart A 420, Bl. 344r.

69 Pfanner hatte davon durch einen Brief aus Leipzig vom 3.10.1701 erfahren: Gotha Chart A 420, Bl. 383r.

70 Gotha Chart A 420, Bl. 389v. Vgl. einen Brief an Pfanner aus Halberstadt; Gotha Chart A 420, Bl. 402 vom 20.12.1701: »Gleich den Augenblick kombt Herr Secretarius Latermann Von Quedlinburg zu mir, so mir berichtet, das Herr Arnold weg von Quedlinburg und nach Alstedt gezogen«. Somit kennen wir nun das genaue Datum seines Umzuges.

71 Gotha Chart A 420, Bl. 413v.

72 Es gibt einen Brief Pfanners vom Jan. 1702 an den Herzog in dieser Sache; Gotha Chart A 420, Bl. 405r–406v.

73 Zu Paul Anton als Kommissionsmitglied: Dibelius (wie Anm. 41), 147; zu Anton als

Sophie Charlotte lud Arnold zu einer Probepredigt auf ihr Schloss ein. Er reiste mit Anna Maria Sprögel, seiner späteren Frau, und deren Mutter dorthin. Die Herzogin berief ihn zu ihrem Seelsorger und Schlossprediger. So fand sich für Arnold ein Weg, Quedlinburg und die dortigen Konflikte zu verlassen. Die neue Stelle war kein normales Pfarramt, sondern eine Personalgemeinde, in der er nicht unterschiedslos Beichte abnehmen und Abendmahl austeilen musste, was ihm große innere Nöte bereitet hätte. An sein Kommen knüpfte er die Bedingung, keinen Eid auf die Bekenntnisschriften leisten zu müssen. Das wurde ihm auch zugesagt in der Hoffnung, dass Herzog Johann Wilhelm zu Eisenach dem zustimmen würde. Eine entsprechende Bitte wurde aber abschlägig beschieden. Da Arnold sich des Wohlwollens des preußischen Königs erfreute, kam man auf die Idee, diesen um Fürsprache bei seinem Vetter zu bitten. Zu diesem Zweck reiste Arnold persönlich im April 1701 nach Berlin.[74] Trotz der Fürsprache des Königs blieb der Herzog aber bei seiner Entscheidung. Auch die Ernennung Arnolds zum preußischen Hof-Historiographen am 27.1.1702 konnte daran nichts ändern.[75] So war Arnold in der Folgezeit immer wieder von der Ausweisung aus Allstedt bedroht, blieb aber mit Unterbrechungen bis 1705 dort. Dann endlich war er bereit, als Nachfolger seines Schwiegervaters ein »normales« Pfarramt in Werben in der Altmark zu übernehmen. Diese Veränderung hat Arnold in seiner Schrift »Die geistliche Gestalt Eines Evangelischen Lehrers« reflektiert. Hier hat er auch einen Brief vom 14.10.1699 an einen Prediger abdrucken lassen, in dem er diesen bestärkt, seinen Dienst in der Gemeinde nicht aufzugeben.[76] Somit konnte Arnold darauf verweisen, dass er schon lange für das Pfarramt eingetreten war. - Da Arnold nun wieder im liberaleren Preußen war, blieb ihm der Eid auf die Bekenntnisschriften erspart.

Mit der Aussicht auf eine feste Anstellung hatte Arnold an seinem 35. Geburtstag, am 5.9.1701, in Quedlinburg Anna Maria Sprögel geheiratet. Er

---

Beichtvater der Herzogenwitwe: Herrmann (wie Anm. 67), 146. Die Reise nach Allstedt war bekannt, da Gichtel sie in einem Brief vom 6.8.1701 kritisch erwähnte. Vgl. Johann Georg Gichtel: Theosophia practica [hg. v. J.W. Ueberfeld]. Leyden, 3. Aufl. 1722. Zu Arnold und Gichtel vgl. Jürgen Büchsel: *Gottfried Arnold. Sein Verständnis von Kirche und Wiedergeburt.* (AGP, 8) Witten 1970, 156–160.

[74] Dieses Datum hat Arnold selbst angegeben, als er in seiner Vorrede zur Edition des Thomas von Kempen (1712) im Rückblick sein Verhältnis zu Spener geschildert hat; vgl. Coler (wie Anm. 31), 262–271, hier 265.

[75] Zu diesem Vorgang sind die Briefe der Herzogenwitwe und Arnolds an den preußischen König erhalten; vgl. Dibelius (wie Anm. 41), 162f.

[76] Dass Arnold diesen Brief jetzt veröffentlichte, zeigt, dass er sich nun auf die Übernahme eines Pfarramtes vorbereitete. Er wollte dadurch die Kontinuität in seinen Ansichten betonen; in: Gottfried Arnold: *Die geistliche Gestalt Eines Evangelischen Lehrers Nach dem Sinn und Exempel Der Alten Auff vielfältiges Begehren Ans Licht gestellet.* Halle 1704, hier 579–615: »Antwort-Schreiben An einen Prediger in einer grossen Gemeine.«.

war seit seiner Rückkehr aus Gießen nach Quedlinburg im Mai 1698 Hauslehrer bei der Familie von Hofdiakon Sprögel gewesen und hatte dort dessen Kinder unterrichtet. Er kannte also Anna Maria schon seit vielen Jahren.

Ihre Hochzeit hatte alle, die Arnold kannten, überrascht und irritiert. Hatte er doch in seiner im November 1700 erschienenen Schrift »Das Geheimniß Der Göttlichen Sophia«[77] die Meinung vertreten, dass die innere Verbindung mit Gott eine Vermählung mit der göttlichen Weisheit sei und eine irdische Ehe ausschließe.

Über die Modifizierung seiner Mystik, die sich in dem Wandel von der mystischen Ehe mit Sophia zu einer irdischen Ehe manifestierte, hat Arnold in zwei Schriften Rechenschaft abgelegt, die er im November 1701 und im März 1702 veröffentlichte: »Das Eheliche und Unverehelichte Leben der ersten Christen« und die »Theologia Mystica«.[78] Im Vorwort der Schrift über die Ehe betonte er zwar, dass sie nicht als Rechtfertigung seiner Heirat verstanden werden dürfe: »Von anderen neben-absichten ist hierbey das gemüth durch die gnade frey [...], etwan einige führungen Gottes hiemit zu entschuldigen«.[79] Trotzdem werden in ihr sehr wohl die Gründe erkennbar, die ihn von der in der »Sophia« vertretenen Position abrücken ließen. Der neue Weg ist ein Mittelweg der Besonnenheit und ein Abschied von übersteigerten Gefühlen. Denn, so schreibt er, Gott werde die,

> »so der warheit gehorchen wollen, auff die gesegnete mittel-strasse, und die σωφροσυνην oder eine nüchterne temperantz der Göttlichen weißheit führen«.[80] Den Kernpunkt seines inneren Wandels berührt aber eine Stelle aus dem 1. Kapitel: »Von der wahren und falschen Keuschheit insgemein«. Da heißt es: »Allein die unvermerckteste und subtilste art der geistlichen unzucht ist wol diejenige, welche eine seele mit und in sich selbst begehen kan, nemlich durch eigen-liebe und selbst-geruch«, indem sie »in selbstgefälligkeit darüber sich kitzelt, und also mit ihren eigenen dingen buhlet und schmeichelt«.[81]

Hier werden alle wesentlichen Gründe für seinen Wandel angesprochen und man kann den Weg erkennen, den Arnold innerlich gegangen ist. Entscheidend war seine Erkenntnis, dass die Vereinigung der Seele mit Gott

---

[77] S. o. Anm. 32.

[78] Gottfried Arnold: *Das Eheliche und Unverehelichte Leben der ersten Christen, nach ihren eigenen zeugnissen und exempeln beschrieben*. Frankfurt 1702. (Vorwort vom 12. 11. 1701); Gottfried Arnold: *Historia et Descriptio Theologiae Mysticae Seu Theosophiae Arcanae et Reconditae, itemque veterum et novorum Mysticorum*. Frankfurt 1702. (Vorwort vom März 1702). Die deutsche Ausgabe erschien 1703.

[79] Arnold: *eheliches Leben* , Vorr. V.

[80] Arnold: *eheliches Leben*, Vorr. IIX.

[81] Arnold: *eheliches Leben*, 1, § 12; S. 13f. An anderer Stelle spricht er von der »erkänntniß der eigenen ohnmacht und verderbniß« (11, § 10; 265) und bemerkt weiter, dass Gott dem Menschen eine Gehilfin geschaffen habe und dabei »mehr auffs geistliche als auffs zeitliche leben gesehen habe« (11, § 14; 269).

eine höhere Form der Eigenliebe sein kann, mit seinen Worten: »geistliche Unzucht« und »Selbst-Geruch«. Wenn nun die Vereinigung der Seele mit Sophia nicht mehr der sichere Weg zur Vollkommenheit war, entfiel dadurch auch die Notwendigkeit, sich gänzlich von der Welt abzusondern. Auf dem neuen Weg wurde seine Frau für ihn eine geistliche Gehilfin. Beide Entscheidungen, die Übernahme eines Seelsorgeamtes und seine Heirat, führten Arnold schließlich aus der äußeren und inneren Separation zurück in die Gemeinschaft.

3.5. Arnolds »Theologia Mystica«, ein weiteres Ärgernis für Pfanner (Briefe 14–17)

Mit Arnolds Abschied aus Quedlinburg, seinem Umzug nach Allstedt und den versöhnlichen Briefen Pfanners vom 22.3.1702 und Arnolds vom 26.4.1702 hätte der Briefwechsel ein weiteres Mal beendet sein können.[82] Aber Pfanner hat ihn noch einmal aufgenommen, weil ihm inzwischen Arnolds »Theologia Mystica« in die Hände gekommen war. Er machte sie zum Thema seines Briefs vom 3.10.1702. Zunächst gestand er ironisch ein, er gehöre - aus Arnolds Sicht - wohl zu denen, die unfähig seien, über solche geheimen Dinge ein Urteil zu fällen.[83] Er vermutete, dass Arnold ihm die Kompetenz abspreche, mit ihm über mystische Theologie zu diskutieren.

Aus diesem Grund überging er die Grundsatzfragen und beschränkte die Auseinandersetzung auf einzelne Aspekte. So sprach er wieder einmal das Problem der Trinität an und versuchte, Arnold einen Widerspruch zu früheren Aussagen nachzuweisen. Hinter seiner Argumentation verbarg sich der Vorwurf, Arnold lehne die Trinitätslehre ab.

Arnold verwies in seiner Antwort vom 20.10.1702 zuerst auf seine im Druck befindlichen »Supplementa«. Dort habe er sich eindeutig zur ewigen Wahrheit der Trinität bekannt. Ihm war im Streit um die »Ketzerhistorie« immer wieder unterstellt worden, dass er mit dem Arianismus sympathisiere. Das bestreitet er auch hier wieder, stimmt den Arianern aber in so weit zu, dass die Trinitätslehre expressis verbis im NT nicht zu finden und daher neu sei. Er selber wolle mit Pfanner zusammen nun »die wahre Heilige Dreyeinigkeit glauben und ehren, und in dero allerheilgen Gegenwart auffrichtig zu leben trachten«.[84] Arnold hat hier einen feinen Unterschied gemacht zwischen der Trinitätslehre und dem Glauben an die Trinität.

---

[82] Pfanner, 22.3.1702: Gotha Chart A 420, Bl. 416r und v; Arnold, 26.4.1702: Bl. 414r–415r.

[83] Gotha Chart A 420, Bl. 417r und v. Man kann erkennen, dass Pfanner über den darin verborgenen Anspruch der Exklusivität verärgert war. Er kündigte an, seine Sicht der Mystik in einer eigenen Schrift darzulegen.

[84] Gotha Chart A 420, Bl. 418r–419r; hier 419r.

Mit zwei kurzen, unverbindlichen Briefen schließt der Briefwechsel am 7. 12. 1702 nun endgültig.[85]

4. Arnolds »Supplementa, Illustrationes und Emendationes Zur Verbesserung Der Kirchen-Historie«[86]

Mit dem Ende des Briefwechsels erschienen auch die »Supplementa« Anfang 1703. Die Idee hierzu hatte Arnold Pfanner schon in seinem ersten Brief vorgetragen. So hat sich nun der Kreis geschlossen.

Anfangs hatte Arnold sich mit den Gegnern der »Ketzerhistorie« persönlich auseinandersetzen wollen.[87] Bald musste er aber einsehen, dass dieses Vorhaben ihn überfordern und seine Gesundheit gefährden würde. So hatte er im Mai 1701 seine »Endliche Vorstellung« veröffentlicht »Mit dem Entschluß, niemanden mehr zu antworten und Die Kirchen-Historie selbst zu emendiren«.[88]

Bei den »Supplementa« handelt es sich nicht nur um Korrekturen zu einzelnen Daten, Fakten und Personen, die allerdings den meisten Raum einnehmen. Es ging Arnold auch um Klarstellungen und Verdeutlichungen. Und manches habe er auch »innerhalb dieser 7. biß 8. Jahre anders zu erkennen angefangen«.[89] Gegenüber manchen Gerüchten betonte er ausdrücklich: »Und also ist diese Verbesserung einiger Umstände, mit nichten eine Revocation des gantzen Wercks«.[90]

Arnold hat dieses Kapitel seines Lebens mit folgenden Worten beschlossen:

»Ich empfehle hie schließlich alle und jede Leser, absonderlich die mißvergnügten, der Erbarmung Gottes zur heilsamen Zucht und Regierung, und wünsche, daß wir al-

---

85 Pfanner, 7. 11. 1702: Gotha Chart A 420, Bl. 419v; Arnold, 7. 12. 1702: Bl. 420r–421r.

86 Gottfried Arnold: *Supplementa, Illustrationes Und Emendationes Zur Verbesserung Der Kirchen-Historie*. Frankfurt 1703. Sie umfassen in drei Teilen insgesamt 614 Seiten, davon aber nur ca. 200 Seiten Verbesserungen. In der KKH Schaffh Bd. 2, 1051–1067 ist nur der Abschnitt »An den geneigten Leser« (Teil I,2) abgedruckt.

87 Siehe S. 91 und Anm. 29.

88 Siehe Anm. 61. Es wäre interessant herauszufinden, ob und ab wann Arnold durchgängig von seiner *Kirchen-Historie* gesprochen hat und das Wort ›Ketzer‹ aus der Überschrift nicht mehr gebrauchte.

89 Arnold: *Supplementa*, An den geneigten Leser, § 9.

90 Arnold: *Supplementa*, An den geneigten Leser, § 2. An der »Ketzerhistorie« hat er bis zu seinem Tod festgehalten; nur ihre Schärfe hat er bedauert. Anders verhielt es sich mit der »Sophia«: »Kurtz vor seiner letzten Kranckheit sagte er zu einem vertrauten Freunde: Er wünschte, das Buch von der Sophia nicht geschrieben zu haben, ingleichen, daß die Ketzer-Historie mit mehrerer Vorsichtigkeit abgefasset wäre.« Joecher Bd. 1 (wie Anm. 4), 561.

le miteinander an statt vieles Historisches Wissens und des Streites darüber, das Wesen, Heil und Leben in Jesu Christo durch wahre Busse suchen und finden mögen!«[91]

Mit diesen Gedanken hat Arnold seinen Kampf um die »Ketzerhistorie« beendet und von der historischen Arbeit insgesamt Abschied genommen.

[91] Arnold: *Supplementa*, 312.

Dietrich Blaufuß

Rosina Dorothea Schilling-Ruckteschel

Eine Separatistin im Pietismus?

Dr. theol. Gerhard Philipp Wolf zum 11. 5. 2008

»Die Welt, die alte Sau/ frißt lauter Dreck und Zotten,
Jhr Süßigkeit heißt Stank; ihr Lust ist Narrethey;
Jhr Scherz heißt Laster=Wust; den Paulus hat verboten*,
Und ihre Labsal ist des Unflaths Schand=Gespey.
Sie hat sich ausgeschämt in allen ihren Sünden,
Und locket noch dabey auf ihrer Höllen=Spuhr,
Wie sie den Alberen mit ihrem Netz mög binden,
Recht grob und unverschämt wie eine Gassen=Hur.«[1]

Mit solch einem Text zur (Doppel-)Hochzeit von zwei Kindern ihrer Schwester[2] vor 1728 wird Rosina Dorothea Ruckteschel[3] nicht ungetrübte Freude hervorgerufen haben. Ob die Tante wieder einmal ihren Animositäten an falscher Stelle freien Lauf gelassen hat? Das mögen Bräutigam und Braut gedacht haben, von denen der eine, Georg Samuel Matthias Samstag, im Jahr 1774 als Pfarrer in Berneck stirbt, der andere in die Familie einheira-

---

* Schandbare Worte und Narrentheidung laßt ferne seyn etc. [Eph 5,4]

1 R. D. Ruckteschel. *Send-Schreiben* I/2, 14. Die Send-Schreiben der R. D. Ruckteschel werden nach Serie/Stück zitiert. Die Stücke sind z. T. über eine Serie hinaus durchgezählt. II/6.7 meint: zweite Serie, (insgesamt!) 6. und 7. Sendschreiben. Siehe Anhang. – Die »Welt, die alte Sau« wird sozusagen im Testament R. D. Ruckteschels noch einmal heftig angegriffen und ist dort weder Empfänger ihres Abschiedsgrußes noch ihrer Fürbitte. III/3 LP, 29f.

2 Die Schwester ist NN geb. Schilling, die 1695 den seit 1691 verwitweten Syndiakonus Mag. Johann Lorenz Samstag heiratete. Er wurde 1703 Nachfolger seines Schwiegervaters Georg Schilling (des Vaters der R. D. Schilling, verh. Ruckteschel) [Matthias Simon: *Bayreuthisches Pfarrerbuch. Die Evangelisch-Lutherische Geistlichkeit des Fürstentums Kulmbach-Bayreuth (1528/29–1810).* (EKGB, 12) München 1930, 477 und Nr. 2086]. Zu dieser NN geb. Schilling s. a. III/3 LP, 8–9. Es heirateten deren beide Kinder: der »Herr Adjunctus [seines Vaters, von 1724–1734 in Zell: Georg Samuel Matthias] Sambstag« (s. Simon: *Bayreuthisches Pfarrbuch* [s. o.], Nr. 2083; dort diese Hochzeit nicht vermerkt, nur oo 1746) und die »Edle Braut, Jungfer Johanna Sophia Sambstagin« (I/2, 16. 18). Der (die) jeweiligen Partner(in) sind unbekannt.

3 Die wechselnde Namensform (Rückteschel, Ruckdeschel, Ruckdäschel, Rucktäschel, auch jew. -schl) wird hier in der auf den Druckschriften vorherrschenden Variante gebraucht. – »Schilling«/»Ruckteschel« ist nach Möglichkeit jeweils unter Berücksichtigung des Heiratsdatums, Mai 1703, verwendet. Unsicherheit besteht bei zeitlich nicht zu bestimmenden Texten und Vorgängen.

tende Bräutigam, »Rector Lerchner«, uns noch unbekannt ist.[4] Indes: Das Gedicht scheint weitere Kreise gezogen zu haben. Der Brief der R.D. Ruckteschel an einen »Theuer=Geschätzte(n) Herrn[n] Professor, in Christo theuerste[n] Freund« braucht wohl nicht als literarische Erfindung gewertet zu werden. Demnach habe »der Fleisch=Teuffel in seinen Säu=Geistern« angekündigt, auf das nur noch »eine alte Sau« genannte Hochzeitsgedicht »über die Worte S. Pauli 1 Corinther am 7[.] Capitel, meiner Schwester Kinder, verfertiget, [...] eine hohe Borste [...] zu machen, und wird doch immer nichts draus; da mich doch sehr verlanget, diese Sau=Bürste zu sehen.«[5] Mehr als ein Paket mit anzüglichen Hochzeitsgedichten, unter anderem einem solchen auf eine Becker-Braut, habe sie aber nicht erhalten. »Darinnen war das ganze Becker=Handwerk unter und mit dem Ehstand leichtfertig verglichen. Da hat nun dieser Mist=Hämmel Wunder vermeinet, was er mir für einen Possen beweisen will.«[6]

Sprachlich immerhin bewegt sich Rosina Dorothea Ruckteschel, geborene Schilling, auf profiliert-markantem Niveau. Die dem Brief beigelegte Fassung des Hochzeit-Carmens wird durch lange Einschübe interpretiert, in denen auf Basilius d. Gr., Luther, Spener, Friedrich Ulrich Christian Köppen[7] und ihres Ehemanns Ehe-Veröffentlichung zurückgegriffen wird.[8]

1. Vita, Wertung, Werke

Rosina Dorothea Schilling-Ruckteschels Biographie umfasst das schmale Spektrum eines engen Raumes in Franken. Von Leupoldsgrün aus, wo sie

---

[4] I/2, 16 (Lerchner). – Es handelt sich nicht um Johann Christian Lerche, der zehn Jahre, 1713–1723, in Halle als Schüler und Praeceptor zugebracht hat, dort Nikolaus Ludwig Graf von Zinzendorf kennenlernte, ein angenommenes Rektor-Amt in Calbe wegen seines Studiums in Wittenberg verweigert bekam und 1733–1768 in kirchenleitender Stelle auch als »›Separatistenpatron‹« in Neustadt an der Aisch wirkte. Paul Schaudig: *Der Pietismus und Separatismus im Aischgrund*. Schwäbisch Gmünd 1925 [Lic.-Diss. Erlangen 1920], 110. Marianne Dörfel: Pietistische Erziehung. Johann Christian Lerches Memorandum zu Reformbestrebungen am Paedagogium Regii in Halle (1716/1722). In: PuN 20 (1994), 90–106, hier 90f zur *vita*. Lerche heiratete in seiner Wiener Zeit 1723/33 und nochmals als Witwer (seit 22.4.1763) am 11.3.1765 Catharina Elisabeth verw. Prinzing. Siehe *vita* in NAHE 10 (1770), 997–1006 (Autobiographie NAHE 10 (1770), 989–996), hier 1001, damit Simon: *Bayreuthisches Pfarrerbuch* (s. Anm. 2), Nr. 1427 ergänzend.

[5] I/2, 12. Auf 1Kor 7,29–31 ist abgehoben. – 1Kor 7,27 hat R.D. Schilling bei J.H. Hassel ausgelegt gehört. III/3 LP, 19.

[6] I/2, 13.

[7] F.U.C. Köppen hat im Jahr 1727 Spener gegen Erdmann Neumeister verteidigt. Paul Grünberg: *Philipp Jakob Spener*. Bd. 3. Göttingen 1906 [= Hildesheim 1988], 282, Nr. 519.

[8] I/2, 15, 17. Siehe unten S. 117 Anm. 67.

1670 das Licht der Welt erblickte, zog die Familie des Pfarrers Georg Schilling[9] im Jahr 1675 in die kulmbach-bayreuthischen Gemeinden Berneck und 1682 Zell, wo der Vater 65jährig im März 1703 verstarb. Im Mai dieses Jahres den Gichtel-Freund Johann Ruckteschel heiratend – dieser hatte ab 1702 in Zell dem alternden G. Schilling als Adjunkt ausgeholfen – hatte R. D. Ruckteschel weitere knapp 20 Jahre Pfarrhausleben, nun als Pfarrfrau und sieben Jahre an Mutter Statt für die Nichte Justina Theodora Reinel, in den ebenfalls landesherrlichen Pfarreien Burgbernheim und Stübach vor sich.[10] Ihr Lebensumfeld freilich war breit; es reichte vom Hof in Bayreuth, zu dem sie »wegen meines Vaters, der in sondern Gnaden bey dem Durchlauchtigsten Fürsten, Christian Ernst, gestanden, einen freyen Zutritt [...] hatte«,[11] bis hin zu über 20jährigem Witwendasein in einem – heute – nicht einmal 500-Seelen-Dorf, in dem 1731 bis 1763 Johann Heinrich Geiger amtierte.[12] Nach dem Urteil seines Superintendenten trat er »zu schroff« gegenüber Separatisten auf, die eben in Stübach in J. C. Lerche einen verlässlichen Fürsprecher fanden – so also auch R. D. Ruckteschel, »die sich allmählich zu einer Separatistin entwickelt hatte.«[13] In Stübach wurde sie Anfang Dezember 1744 »ohne Sang und Klang« begraben.[14] Das war von R. D. Ruckteschel selbst so gewollt.[15] Wunderliches wurde von ihr verbreitet. Ihren toten Mann habe sie seziert. Häufige nächtliche Besuche am Grab ihres

---

[9] Lebensdaten etc. von G. Schilling, dem Vater von R. D. Schilling-Ruckteschel s. Simon: *Bayreuthisches Pfarrerbuch* (s. Anm. 2), Nr. 2153.

[10] Lebensdaten etc. von J. Ruckteschel, dem Ehemann von R. D. Ruckteschel, s. Simon: *Bayreuthisches Pfarrerbuch*, Nr. 2042. Zu Justina Theodora Reinel siehe unten Anm. 52 Nr. 3.

[11] I/6.7, 53. Zum ebd. genannten mehrwöchigen Aufenthalt der »Churfürstin von Sachsen, (als die selig verstorbene Königin)« Christiane Eberhardine s. unten S. 115. Vgl. unten S. 119 mit Anm. 82. – In heftiger Auseinandersetzung mit Stephan Grüner (s. Anm. 44) nutzte sie es aus, »mit der Fürstin bekannt« zu sein. Schaudig: *Pietismus und Separatismus* (s. Anm. 4), 92.

[12] Lebensdaten etc. J. H. Geigers (1685–1763) s. Simon: *Bayreuthisches Pfarrerbuch* (s. Anm. 2), Nr. 695.

[13] Schaudig: *Pietismus und Separatismus* (s. Anm. 4), 109–113 (zur Separation in Stübach; Zitat »allmählich« Schaudig, 112), die eindrückliche Schilderung von Lerches Widerstand gegen die dann kaum noch mögliche Durchsetzung von Landesverweisungen für Separatisten (Fall Schuhmachermeister Johann Rosenberger in Stübach: 1734 bis 1741 mit schließlicher Regelung durch Wechsel des Beichtvaters). Der Vorwurf der Schroffheit wurde 1738 erhoben (Schaudig, 101). Der Vorwurf der Schroffheit kam von Sup. D. J. C. Lerche, beim Landesherrn als »Irrgeist« denunziert, von Schaudig als »Freund der Pietisten, der auch die Separatisten mit christlicher Geduld getragen wissen wollte«, charakterisiert. R. D. Ruckteschels »Gebahren« – wohl die gleich zu schildernden Sonderlichkeiten – billigte Lerche nicht (Schaudig, 102). Siehe auch unten S. 122 mit Anm. 103.

[14] Schaudig: *Pietismus und Separatismus* (s. Anm. 4), 113 (3. 12. 1744 Begräbnis?). Horst Weigelt: *Geschichte des Pietismus in Bayern. Anfänge – Entwicklung – Bedeutung.* (AGP, 40) Göttingen 2001, 165, mit Abbildung des Sterbematrikel-Eintrages, der auf den 3. Dezember als Sterbetag, auf den 6. des Monats als Begräbnistag schließen lässt.

[15] Siehe unten S. 121 f. mit Anm. 98 und 99.

Mannes[16] brachten ihr den Namen »Grabreiterin« ein – in so eng sozialkontrolliertem Zusammenhang leicht erklärlich. Eine Bethütte habe sie im Wald errichtet. Unter Vernachlässigung ihres Haushaltes sei sie um Brot bettelnd durchs Dorf gezogen, auch betrunken sei sie angetroffen worden... Als Schriftstellerin sich zu betätigen scheint ebenfalls Anstoß erregt zu haben.

Rosina Dorothea Schilling-Ruckteschel ist keine Neuentdeckung, schon gar keine »sensationelle« – was ausdrücklich klargestellt sei. Es ist dies nun nicht durch einen eigenen Forschungsbericht, jedoch durch ständige Bezugnahme auf einschlägige Literatur dargelegt: die Hinweise auf Fikenscher, Schaudig, Simon, Kantzenbach, Zaepernick, Weigelt, Gössmann, Koloch, Jung und Blaufuß dokumentieren hinlänglich bisherige Forschungen. Fragerichtungen und Problemhorizonte der Forschung zum radikalen Pietismus sind freilich durch Hans Schneiders weit über den Tag und ebenso weit über das Genre eines Forschungsberichts hinaus neu und auf lange Sicht gültig umrissen. Freilich, Hans Schneiders in seinem Marburger Schlusswort erklärter Wunsch (bei Qualifikationsarbeiten gar eine Forderung), neue Manuskripte bieten zu können, war nicht zu erfüllen. Der nicht geringe Ertrag einer Durchforschung der R. D. Schilling-Ruckteschel betreffenden handschriftlichen Überlieferung ist in ihrem Lebensraum 1925 vorgelegt worden.[17]

Den Weg in die Fachliteratur fand sie nur schwer. Die große vierbändige *Geschichte des Pietismus* kennt sie ebensowenig[18] wie das neue zweibändige *Handbuch der Geschichte der Evangelischen Kirche in Bayern*[19]. Auch gängige Lexika versagen ihr einen Platz. Johann Heinrich Feustkings Ketzerinnenlexikon von 1704 hätte – außer auf (noch) nicht greifbare Kasual-Gedicht-Drucke? – freilich nur auf R.[osina] D.[orothea] S.[chilling]s Schrift *Das*

---

[16] Die Deutung der »so offt« stattfindenden Grabbesuche s. III/3 LP, 28. Hier findet sich die Beschreibung ihres schon »ausgehauen[en]« Grabsteins (»Grab=Mal«) mit den demselben eingemeißelten Texten.

[17] Siehe Schaudig: *Pietismus und Separatismus* (s. Anm. 4), 113. – Den gleich genannten Forschungsbericht H. Schneiders s. PuN 8 und 9 (1983); grundsätzliche Passagen hieraus und seine Darstellung des Radikalen Pietismus in Geschichte des Pietismus 1 und 2 s. jetzt als Hans Schneider: *German Radical Pietism*. Translator: Gerald T. MacDonald. (Pietist and Wesleyan Studies, 22) Lanham 2007.

[18] Ruth Albrecht: Frauen. In: Hartmut Lehmann (Hg.): Geschichte des Pietismus. Bd. 4: Glaubenswelt und Lebenswelten. Göttingen 2004, 522–555, zum 17./18. Jahrhundert 522–534 mit 545–549. Albrecht reklamiert gerade auch für »Pietistinnen des 18. Jahrhunderts« (524 [bis 526 Spener!]-527 mit 547 f) »noch umfangreiche Studien zur pietistischen Frauenkultur des 18. Jahrhunderts« (534). Bei Andreas Gestrich: Ehe, Familie, Kinder im Pietismus. »Der gezähmte Teufel«. In: Geschichte des Pietismus. Bd. 4, 498–521, erwartete man des weiteren einschlägige Ausführungen.

[19] Hg. v. Gerhard Müller [u. a.], St. Ottilien 2000. Das Vorgängerwerk kannte sie noch: Matthias Simon: *Evangelische Kirchengeschichte Bayerns*. München 1942, 481 mit 731 Anm. 33; Nürnberg ^{2}1952 [ohne Nachweise der ersten Auflage!], 460.

Weib auch ein wahrer Mensch von 1697 hinweisen können. Die Frauenforschung gewährt R. D. Ruckteschel Raum in einer verdienstvollen Präsentation von zwei Quellen[20] (mit weniger überzeugender Interpretation[21]). Gertraud Zaepernick[22] hat vor Jahrzehnten den entscheidenden Tip auf die Briefverbindungen von Johann Ruckteschel und R. D. Schilling mit Gichtel gegeben.[23] Manche Verdienste werden R. D. Ruckteschel zugedacht. Sie habe Anteil an der aus christlichen Antriebskräften erwachsenen Emanzipationsbewegung der Frau.[24] Sie fordere entschlossen das Recht auf individuelle Glaubensüberzeugung und auf abweichendes religiöses Sozialverhalten innerhalb der Gesellschaft, auch das Recht auf Versammlungsfreiheit ein. Ihr Beitrag zur Tagebuchkultur sei nicht zu übersehen. In der »Entstehung der Moderne« habe sie mit alle dem ihren aktiven Platz.[25] Und wenn wirklich mit Rosina Dorothea Schilling-Ruckteschel »ein neues Kapitel in der Geschichte« der Auseinandersetzung um Frauenrechte etc. aufgeschlagen sei, weil die Schilling-Ruckteschel »bestehende Zustände ändern« wollte und »mit politischen Mitteln gegen frauenverachtende Tendenzen in der Gesellschaft anzugehen« suchte,[26] dann wäre es schon lange überfällig gewesen, ihr endlich den ihr gebührenden Platz in der – wohl nicht nur deutschen? – Geschichte der Frühen Neuzeit zuzubilligen; zumal, wenn ihre [Wieder]Entdeckung wirklich zurecht als »eine echte Sensation« zu bezeichnen wäre, mit strengen Forderungen an künftige Frauenforschung zum Pie-

---

20 Elisabeth Gössmann (Hg.): *Weisheit – eine schöne Rose auf dem Dornenstrauche.* (APTGF, 8) München 2004, 321–456. Einführung und Kommentar von S. Koloch (s. Anm. 26) bzw. E. Gössmann, 308–318, mit Gössmann (s. Anm. 38).

21 Ich wiederhole hier nicht meine früheren diesbezüglichen Ausführungen; Dietrich Blaufuß: Rez. Schilling, R. D.: Das Weib auch ein Mensch 1697 [mit] Dies. [als Ruckteschel, R. D.]: 7. Sendschreiben 1738. In: ZBKG 75 (2006), 321–325, hier 322f, zu den differierenden Deutungen E. Gössmanns und S. Kolochs.

22 Auf einer Tagung »Der radikale Pietismus« darf Gertraud Zaepernicks (10. November 1915 bis 17. Juli 2005) samt ihrer Forschungsleistung und ihres schweren Lebensweges mit Hochachtung gedacht werden.

23 Gertraud Zaepernick: Johann Georg Gichtels und seiner Nachfolger Briefwechsel mit den Hallischen Pietisten, besonders mit A.[nna] M.[agdalena] Francke. In: PuN 8 (1982 [erschienen 1983]), 74–118, hier 117 Nr. 60, 63 Einzelnachweis. – Mit Angabe der Daten s. das Verzeichnis der Briefe J. G. Gichtels an J. Ruckteschel und R. D. Schilling bei Weigelt: *Pietismus* (s. Anm. 14), 39 Anm. 170.

24 Friedrich Wilhelm Kantzenbach: Die Schriften der Pfarrfrau Rosina Dorothea Ruckteschel als Quelle für die Geschichte des Pietismus. In: Ders.: Theologie in Franken. Der Beitrag einer Region zur europäischen Theologiegeschichte, Saarbrücken 1988, 158–189, hier 158. [Erstveröffentlichung: Archiv für Geschichte von Oberfranken 57/58 (1978), 273–293. Zitiert wird nach dem Sammelband].

25 Weigelt: *Pietismus* (s. Anm. 14), 173f, 367f. – Weigelts Darstellung zu den beiden Ruckteschel ist die derzeit konzentrierteste. Von R. D. Ruckteschels Schriften werden hier I/5, III/1 und III/3 zitiert.

26 Sabine Koloch: Einführung zum Text [Das Weib auch ein wahrer Mensch]. In: Gössmann (Hg.): *Weisheit* (s. Anm. 20), 291–308, hier 302. Siehe unten Anm. 27.

tismus und dem Wunsch nach R. D. Ruckteschels »Rehabilitierung«.[27] Für einige Beobachtungen aus der Literatur gilt: je breiter die Quellenbasis[28], desto bescheidener die Einschätzung ihrer Bedeutung – und umgekehrt!

Das verweist strikt auf die Frage der Quellenevidenz. Es handelt sich um »sehr seltene« Quellen.[29] Ich habe die gedruckten Quellen in größerem Umfang als bisher ersichtlich eingesehen – und in einem Fall glücklicherweise einen bisher wohl unbekannten Druck schließlich in öffentlichen Besitz, der allgemeinen Verfügung vermitteln können.[30] Die Hauptprodukte der Ruckteschelin sind 16 Send-Schreiben, unter *Eröffnete Correspondenz* in drei Reihen zusammengefasst, meist ohne jede Angabe von Erscheinungsort, -jahr, Drucker/Verleger: unscheinbare, fast schmucklose Oktav-Drucke im Umfang von einem oder zwei Bogen, einmal von acht Bogen in Quart (64 Seiten umfassend), einmal mit fünf Bogen in Duodez (120 Seiten). Einzelangaben im Text lassen manchmal in etwa einen *terminus a quo* bzw. *ad quem* der Entstehung erschließen. Die Themen und Anlässe sind vielfältig, öfters unscheinbar: Mehrmals handelt es sich um Kasualgedichte, die vermutlich zunächst (ggf. natürlich ohne die Berichte über ihre Wirkung!) auch als Einzeldrucke verbreitet waren,[31] u. a. solche aus Anlass von Regierungswechseln in Bayreuth 1726 und 1735.[32] Das Verständnis Luthers und des Luthertums wird erörtert.[33] Die Frage des Schweigens der Frau in der Gemeinde erhält

---

[27] Martin H. Jung: Rezension »Weisheit – eine schöne Rose« (s. Anm. 20). In: PuN 32 (2006), 300–305, hier 304 f: an R. D. Ruckteschel »dürfte auf jeden Fall [!] ab sofort keine Darstellung über Frauen im Pietismus mehr vorbeikommen. Schilling-Ruckteschel ist neben [?] [Johanna Eleonore] Petersen, [Henriette Katharina] von Gersdorf, [Anna] Nitschmann und anderen Frauengestalten des Pietismus ein Beispiel dafür, dass im Pietismus und von Pietistinnen die Stellung des weiblichen Geschlechts in Kirche und Gesellschaft gestärkt und der Frauenemanzipation Vorschub geleistet wurde.« Dagegen ist eher auf eine Berücksichtigung R. D. Ruckteschels in einer Gesamt- und nicht nur Frauen-Geschichte des Pietismus zu achten. Der doch nicht zu übersehende Abstand gar von J. E. Petersen kann dabei zum Tragen kommen. Schließlich begegnet in dem von M. H. Jung besprochenen Band ja auch ein Verständnis der Texte R. D. Ruckteschels, das eine emanzipationsfördernde und sozialkritische Deutung hintanstellt. Das sollte nicht übergangen werden. Vgl. Blaufuß: Rez. Schilling, R. D. (s. Anm. 21), 322, 1. Spalte.

[28] Die handschriftliche Überlieferung hat am gründlichsten bearbeitet Schaudig: *Pietismus und Separatismus* (s. Anm. 4), XIII–XIV. Die dort angegebenen Fundorte sind z. T. veraltet. Im LkA Nürnberg sind heute einige der genannten Akten verwahrt.

[29] Kantzenbach: Schriften Ruckteschel (s. Anm. 24), 158.

[30] Neu in den Besitz der UB Erlangen gelangt ist die unten Anm. 84 genannte Schrift R. D. Ruckteschels, Signatur: H61/VAR 656. (Für Hilfen bei der Ermittlung und dem Erwerb der Schrift danke ich Ulrich Schäfer, M. A./Frankfurt a. M., dem Hamburger Antiquariat Keip und der UB Erlangen/Dir. Dr. Otto Keunecke).

[31] I/2; I/4; I/6.

[32] I/4; I/5; II/6. – Siehe unten Anm. 107, 108 und 112.

[33] I/1; I/3.

ihren Platz.[34] Eine Debatte um die Heiligung wird v.a. unter dem Stichwort der Vollkommenheit geführt.[35] Das Thema der Verfolgung wahrer Christen ist hinsichtlich verschiedener Unterdrückungsarten in geradezu systematisierender Weise angegangen.[36] Auf drei Quellen-Ebenen begegnen Ausführungen über ihren Lebensgang wie über ihre religiöse Prägung: Die selbstgeschriebene Leichenpredigt bearbeitet auf weite Strecken ihr Leben unter dem gewählten Leichentext: »Sie machen listige Anschläge wider dein Volck, und rathschlagen wider deine Verborgene« (Ps 83,4).[37] Die Selbstsicht des Problems ihrer Konfessionszugehörigkeit führt wohl am nähesten an unser Thema heran, wenngleich man sich nicht auf diesen Text beschränken wird. Vielleicht bedeutete auch die im reformierten Bekenntnis aufgewachsene Mutter eine auf die Tochter wirkende gewisse Offenheit in der Bekenntnisfrage.[38] Das – drittens – mich immer beschäftigende epistolographische Material von Pietisten war bei R.D. Ruckteschel überhaupt erst zu erheben, auch wenn aller Voraussicht nach eine kontinuierliche Korrespondenz nicht mehr wirklich zu rekonstruieren ist. Immerhin knapp 20 Briefe – großzügig definiert – waren zu ermitteln, dazu eine Fülle von Hinweisen auf ein Korrespondenzwerk, dessen physische Spuren leider verwischt sind, das aber bis nach den Niederlanden und bis ins Baltikum[39] reicht.

In vorliegender Studie ist das greifbare gedruckte Werk der R.D. Schilling-Ruckteschel nicht vollständig dargestellt. Die Frage nach ihrer separatistischen Prägung erforderte dies nicht, andererseits wäre an einigen Punkten durchaus weiterzufragen gewesen. Die konkrete (zunächst zeitliche) Verortung dürfte durch Hinweise auf Franz Budde (III/2, 2.4 u.ö.), auf einen »kürtzlich übersetzten *Aufweckungs=Tractat*« von Charles Drelincourt † und zwei ebenfalls »kürtzlich« ins Blickfeld geratene Traktate der Gräfin [Eleonora Sophia] von Lümburg zu präzisieren sein (vgl. Anhang, Anm. 111 zu III/2). Der Gott suchende Taufpate als Empfänger von III/6 ist vielleicht zu ermitteln. Gelegentlich genannte Schriften wie Johann Michael Langs (»Abt zu Prenzlo« [s.a. III/1, 20]) *Vom Priester=Eyd* helfen wohl weiter. Neue Druckschriften konnten nur in geringem Umfang – viel Kasualtexte – herangezogen werden. Das anhaltende dichterische Schaffen R.D. Ruck-

---

[34] II/7; III/2, 3. Teil (ab Seite 25); III/6, 15f. – III/8 [Sorau III] nimmt die Frage nicht mehr auf.

[35] III/2; III/6; III/8.

[36] III/1, 11–16. Konkreter zur Sache: III/3, 23–26.

[37] III/3 LP, 4.

[38] III/7 = Gössmann (Hg.): *Weisheit* (s. Anm. 20), 441–456 (Reprint) mit 319f (»Blick auf das 7. Sendschreiben«). Dietrich Blaufuß: Pietismus in Franken. In: Dieter J. Weiß (Hg.): Barock in Franken. (Bayreuther Historisches Kolloquium, 17) Dettingen 2004, 271–294, hier 288f und 291.

[39] II/6.7, 59 nennt einen Trostbrief von »Herr[n] Lotter, ietzige(m) Rector zu Riga« an R.D. Ruckteschel, nach dem Tod ihres Ehemannes Johann Ruckteschel (†9.6.1722).

teschels dürfte sich in der zu erforschenden Kasualliteratur breiter als bisher bekannt niedergeschlagen haben. Hier ist das Ende bibliographischer Nachforschungen noch nicht erreicht.

Weitere Nachforschungen zu R. D. Schilling-Ruckteschel, der Blick auf ihr möglichst umfassend recherchiertes Werk und dann dessen plausible Deutung und Einordnung in den Gesamtzusammenhang könnten die Publikation eines Heftes ausgewählter Texte dieser begabten Frau nahelegen – als kritische, kommentierte Edition.

2. Zwei gegenläufige Einflüsse

Die Kindheit und Jugend von R. D. Schilling waren alles andere als behütet. Ihren frühen Schwärmereien[40] standen der Vater, die mindestens vier Schwestern und der (später nicht immer vertrauenerweckende) Hauslehrer[41] mit wenig Verständnis gegenüber. Als Reaktion auf Rosina Dorotheas Gebete zu Gott an einer Heckenstaude (gedacht als Nachahmung Moses' am brennenden Dornbusch), auf die Weigerung, mit den Schwestern gemeinsam Gebete zu sprechen und auf die bei Gängen in den Wald entstandenen dichterischen Ergüsse der jungen Rosina Dorothea fiel dem Hauslehrer und auch dem Vater zunächst nichts anderes als Repression ein: bis hin zu Essensentzug und Eingesperrt-Werden. Ob die »zwar [...] scharffe/ jedoch gute und heilsame Kinder=Zucht« der Mutter (Tochter und Enkelin von Heidelberger Theologieprofessoren und leitenden Kirchenmännern[42]) dabei beteiligt war? Ihre (der Mutter) überdurchschnittlich sorgsame, »löbliche und vorsichtige Auferziehung« und gewiss dem entsprechende Begabung jedenfalls lassen einen Einfluss auf die ihrer Mutter u. U. nicht ganz unähnliche Tochter vermuten.[43] Aber erst ein glücklicher Zufall beendete jene Kur: Der

---

[40] Schaudig: *Pietismus und Separatismus* (s. Anm. 4), 72 zu Rosina Dorotheas Schillings früher schwärmerischer Entwicklung.

[41] Gottfried Ullmann (Uhlmann), 1647–1707. Simon: *Bayreuthisches Pfarrerbuch* (s. Anm. 2), Nr. 2581. Blaufuß: Rez. Schilling, R. D. (s. Anm. 21), 322/323 zu Details von Ullmanns Unzuverlässigkeit.

[42] *Großvater* mütterlicherseits von R. D. Schilling: Wilhelm-Christoph Heim, Churfl.-Pfälzischer Kirchenrat, Pastor Primarius, Prof. der Theologie Heidelberg (veröffentlicht als Pastor der niederländischen Gemeinde zu Hanau eine Schrift zum innerlichen und äußerlichen Gottesdienst, Hanau 1644; nach VD 17 vorhanden in StB Nürnberg). Verheiratet mit der Tochter Anna-Catharina Sohn des *Urgroßvaters* mütterlicherseits von R. D. Schilling: Georg Sohn, Prof. der Theologie in Heidelberg. Die von ihm präsidierte Diss. zur Antichrist-Frage von 1588 (VD 16: 6900) ist 1592 in englisch erschienen. Vgl. J. Ruckteschel: *Grab= und Denck=Mahl J. M. Schillingin* (s. Anm. 43), 4. Der Vater R. D. Schillings wird während seiner Studienzeit 1659 ff in Heidelberg seine Frau kennengelernt haben.

[43] Vgl. die bisher nicht ausgewertete Gedächtnisrede über die *Mutter* von R. D. Schilling aus

Vater belauschte einmal die Tochter bei einem Gebet, entließ daraufhin den Hauslehrer und übernahm die Unterweisung selbst. Dankbar hält R.D. Ruckteschel die Erinnerung an die entschiedene Hilfe ihrer später mit dem Pfarrer J.L. Samstag verheirateten Schwester fest.[44] Mit sanfter Gewalt musste der Vater Rosina Dorotheas die schon früh zu konsequentem Handeln neigende Tochter führen. In dem festen Willen, unverheiratet zu bleiben, hat sie wohl den Eintritt in ein nahegelegenes Kloster um 1685 (fast?) vollzogen. Der Vater hatte sie – »mit [...] Kosten und Mühseeligkeit«[45] – zurückzuholen. Aber die Vieles entscheidende Begegnung für R.D. Ruckteschel war diejenige mit Johann Heinrich Hassel (ca. 1640–1706), dem ehedem in Sulzbacher Milieu, jetzt in Bayreuth, dann in Coburg als Hofprediger wirkenden Geistlichen.[46] Man mag dies in aller Kürze mit der Ruckteschelin eigenen Worten markieren: »NB. Jch halte die Stunde, da ich mit Hassel bin bekannt worden, viel glückseliger als die Stunde meiner Geburt.«[47] Lektüre – »nebst der H[eiligen] Schrifft« – Arndts, Kempis', Taulers, »auch d(er) Mystischen Schrifften« hatten sie in tiefe Anfechtung gestürzt.[48] »[W]ider all meinen Willen mit Gewalt« – so der Rückblick in der eigenen Leichenpredigt – wurde sie von ihrer am Hof in Bayreuth lebenden Schwester, der »Cammer=Canzlistin Lauterbachin [...] auf die Chöise ge-

---

der Feder des Schwiegersohnes Johann Ruckteschel: *Grab= und Denck=Mahl* [...] *Johannä Mariä Schillingin / gebohrner Heimin* [...] *den 11. Martii dieses 1715. Jahrs* [...] *verschieden* [...], Ohne Ort, ohne Jahr, 3/4. Neben der an erster Stelle genannten Bibelkenntnis Johanna Maria Heims werden genannt: Sprachenkenntnisse (»theils perfect reden«), Malen, »reisen« [Zeichnen], Gold- und Silbersticken, »vortrefflichste[s] Blumen= und Schatten=Nähen/ u.d.g.«. Die Bewährung in ihrem Ehestand – bis hin zur physischen Verteidigung ihres Mannes gegen den Mordanschlag eines durch G. Schillings antipapistischen Elenchus wütend gewordenen »gewisse(n) von Adel/ in Francken«, in einem »Filial« des Geistlichen – wie die ebensolche Bewährung in ihrem Alter werden breit dargestellt. Ruckteschel: *Grab– und Denck–Mahl*, 5–8. Das lange Gedicht auf die Mutter aus der Feder »von Dero dritteren Tochter/ Rosina Dorothea Ruckteschlin«: *Betrachtung der Zeit* [...] *Bey Gelegenheit des Seel. Hintritts Frauen Johanna Maria Schillingin* [...]. Ohne Ort, ohne Jahr, geht in Strophen 21 bis 23 auf das Verhältnis der Mutter zu ihren Kindern ein. [Die beiden Kasualschriften liegen in der UB Leipzig. Ulrich Schäfer M.A./Frankfurt a.M. und Dr. Andres Strassberger/Leipzig danke ich für Hinweis und Hilfe bei der Besorgung der Texte].

44 III/3, 8–9. – Wütend reagiert im Jahr 1710 R.D. Ruckteschel auf den Vorwurf von Stephan Grüner (einem der drei Pfarrersöhne von J.G. Grüner; s. Simon: *Bayreuthisches Pfarrerbuch* [s. Anm. 2], 109 vor Nr. 831 und Nr. 839), ihr Vater habe bei ihrer Erziehung vieles versäumt: Sauf- und Tanzorgien mit allen traurigen Folgen jedenfalls habe sich ihr Vater nicht geleistet. Schaudig: *Pietismus und Separatismus* (s. Anm. 4), 93 (nach hsl. Quelle). – Siehe unten S. 117 f mit Anm. 71, 72.

45 III/3, 11.

46 Volker Wappmann: Pietismus und Politik. Zur Biographie von Johann Heinrich Hassel (1640–1706). In: ZBKG 67 (1998), 27–59. Es ist dies die bislang gründlichste Studie zu J.H. Hassel. Hinsichtlich seiner Bedeutung für R.D. Schiller-Ruckteschel und der Korrespondenz Hassel-Schiller führen vorliegende Ausführungen Wappmann weiter (vgl. 28 f).

47 II/6.7, 57.

48 III/3 LP, 12 f, auch zum folgenden.

nommen und [sc. nach Bayreuth] fortgeführt«; dort machte sie in den Abendversammlungen Hassels[49] die befreiende Erfahrung gelebter Religion. Ein knappes Jahrzehnt, ab ca. 1688/89, fand R. D. Schilling in Hassel so etwas wie einen Seelenführer, auch als dieser ab 1691 in Coburg wirkte. Für die zweite Hälfte der 1690er Jahre sind auch briefliche Kontakte zwischen Hassel und dem Vater Georg Schilling sowie dem späteren Ehemann Johann Ruckteschel belegt.[50] Aber jene Anlehnung an die Autorität Hassels ist wohl nicht als Schwärmerei der jungen R. D. Schilling für den etwa 30 Jahre älteren, seit 1679 im Witwenstand[51] lebenden Geistlichen abzutun. Nach Heirat war es nämlich der Pfarrerstochter aus Zell nicht zumute: Ihre Schwestern waren fast alle sehr jung verheiratet, drei mit Pfarrern[52] und die eben genannte Lauterbachin. Die Hasselschen Abendversammlungen waren Stadtgespräch in Bayreuth – *collegia pietatis* sehr eigener Art; mit vorausgehender Einladungsveranstaltung in einem Garten, in dem Hassel sich unter das Volk mischte und Fragen des kommenden Abends entgegennahm. R. D. Schilling war überwältigt davon, wie Hassel den ihm vorgetragenen Fall der drohenden Zwangsverheiratung einer Tochter Johann Christoph Steinhäusers[53] als

---

[49] Hassels Bayreuther Abendversammlungen waren solche *sui generis* und müssten eigens untersucht und dargestellt werden. Kurz dazu Wappmann: Hassel (s. Anm. 46), 43. Hier nur ein Hinweis R. D. Ruckteschels: »in der Nacht um sieben Uhr, da der seel. Mann allezeit in der Schloß=Capelle eine Versammlung hielte, und es die erste Passions=Rede war, ladede er mit den beweglichsten Vorstellungen alles ein: mit Christo Paßion zu halten.« – Es folgen Ausführungen zum Inhalt der scharfen Bußbetrachtungen und die hochinteressante Schilderung der ersten persönlichen Begegnung R. D. Schillings mit J. H. Hassel am folgenden Morgen (bei der sie auch ihres »Vatters Compliment abgeleget hatte«). III/3 LP, 13f.

[50] Weigelt: *Pietismus* (s. Anm. 14), 70 Anm. 149 und 152.

[51] Weigelt: *Pietismus*, 70 ist der Hinweis auf den »zeitlebens zölibatär leb(enden)« Hassel zu modifizieren: Am 5. 8. 1676 starb Hassels Ehefrau Maria, verw. Cnespel. Wappmann: *Hassel* (s. Anm. 46), 38.

[52] Das auch für die familiären Einzelheiten unentbehrliche Werk, Simon: *Bayreuthisches Pfarrerbuch* (s. Anm. 2) (daraus die gleich angegebenen Nr.) weist folgende vier Pfarrer mit drei Schwestern von R. D. Schilling als Ehefrauen nach:
1. Georg Christoph Meyer (1654–4. 1. 1693), oo Jan. 1690 Johanna Maria [jun.] Schilling (zweite Ehe mit 3.) (Nr. 1572).
2. Mag. Christoph Ulrich Althofer (1647–1714), oo 1691 Elisabeth Katharina Schilling (Nr. 21). Vgl. III/6.7, 60.
3. Mag. Johann Matthias Reinel (1662–1705), oo 21. 11. 1693 Johanna Maria [jun.] *Schilling, verw. Meyer (s. 1.) (Nr. 1936). Die wohl 1700 geborene einzige Tochter Justina Theodora lebte seit 1704 und starb am 21. 9. 1711 bei der Tante R. D. Ruckteschel in Burgbernheim; s. Rosina Dorothea Rucketeschel: *Die sich selbst untereinander Verurtheilende Gedancken Bey veranlassung des schmertzlichen Toden=Falls / [...] Justinen=Theodoren Reinelin [...]*. Gedruckt in diesem Jahr [1711],][2r/v (Sign. auf [)(1]v!). Vorhanden UB Leipzig. Ich danke Ulrich Schäfer, M. A. und Dr. Andres Strassberger für Hilfe bei der Beschaffung des Textes.
4. Mag. Johann Lorenz Samstag (1660–1734), oo (zweite Ehe) 1695 NN Schilling (Nr. 2086).

[53] Simon: *Bayreuthisches Pfarrerbuch* (s. Anm. 2), Nr. 2426. - R. D. Schilling war die »vertrauteste(.) Freundin« seiner Tochter (III/3, 16).

Hintergrund von Ausführungen zu Ehe und Ehelosigkeit, einschließlich der Frage des hier gebotenen Gehorsams gegenüber den Eltern, einfühlsam aufnehmend an zwei Abenden behandelte – unter großem Zulauf zu dieser eine Gewissensfrage aufnehmenden Veranstaltung.[54]

Hassel verschwand 1699 für vier Jahre im Gefängnis. R. D. Schilling hatte noch zwei Jahre vorher mit ihrer provokativen Schrift[55] *Das Weib auch ein wahrer Mensch gegen die unmenschlichen Lästerer Weibl. Geschlechts/* [...] 1697 in Bayreuth einen Skandal heraufbeschworen: Das von ihr – freilich gefälscht – Frauen schonend herangezogene Zitat[56] aus Friedrich Brecklings Schrift[57] *Regina Pecunia* von 1663 ließen »lauter Donner und Hagel in das Buch schlagen.«[58] Aber Markgraf Christian Ernsts zweite Frau Sophie Luise und deren Tochter (Ehefrau Augusts des Starken) Kurfürstin Christiane Eberhardine, beides Widmungsempfänger der Schrift, verhinderten Weiterungen aus dieser »meine[r] allererste[n] Schrifft«, gegen das am Hof unter den »Manns= Leute[n], besonders unter d(en) Cavalier« verbreitete *Läster=Büchlein: Daß die Weiber keine Menschen seyn sollen* gerichtet.[59] Ja, R. D. Schillings Buch wurde »auch gleich [...] in der ganzen Stadt ausgestreuet.« Jener allerhöchste Schutz – Christiane Eberhardine war möglicherweise zu der Zeit, wie öfters, gar persönlich in Bayreuth anwesend[60] – zwang auch die alten Feinde Hassels, »die Ketzermacher«, zum Schweigen, verhinderte freilich wohl auch

---

[54] III/3 LP, 15–20, bes. 15–17, unter Bezug u. a. auf Dtn 33,9; III/3 LP, 16.

[55] Gut zugänglich als Reprint in Gössmann (Hg.): *Weisheit* (s. Anm. 20), 321–440.

[56] Die beiden Zitate:

Schilling:	*Breckling:*
	»[...] Viel-
»[...]	*Tugendsame* Frauen *Säu*e/ und
von der welt Unflath stinckende	von der Welt Unflat und Titeln stinckende
Böck/ ich [d. i. R. D. Schilling] setze durzu [!]:	Bocke; huret und bubet [...].«
Jhr | von Lügen und Lästrung=	
Tugendsame Säu [...].«	

Schilling: *Weib Mensch* (s. Anm. 55), 360 | 361 (orig. 24 | 25). Friedrich Breckling: *Regina Pecunia* [...]. Freystadt | | 1663, 54; Freystadt 1663, 37.

[57] Die Kantzenbach: Schriften Ruckteschel (s. Anm. 24), 183 f geäußerten Vermutungen zu einem »1695 [!] einem Kapitel ihrer [R. D. Schillings] Bayreuther Schrift« vorangestellten »Titel von Breckling« (mit Nennung von drei Möglichkeiten) bestätigten sich nicht.

[58] II/6.7, 53.

[59] Handelt es sich um Franz Heinrich Höltich / Johann Caspar Waltz: *Qu.*[aeritur] *Foemina Non Est Homo, Vulgo Ob die Weiber Menschen seyn oder nicht?* [...] Wittenberg 1688? (Vorher 4 Drucke ab 1672; s. VD 17). J. C. Waltz wird »Hiltperhusio-Francus«, d. h. der aus Hilprechtshausen [Hildburghausen] stammende Franke genannt. Er hat 1668 in Coburg dissertiert. Die räumliche Nähe des am Thema Interessierten zu Bayreuth könnte die Bekanntheit eben dieser Schrift in Bayreuth wahrscheinlich machen. [TRE 11. 1983, 451,11: Höltsch].

[60] Franz Blanckmeister: Christiane Eberhardine, die letzte evangelische Kurfürstin von Sachsen, und die konfessionellen Kämpfe ihrer Tage. In: BSKG 6 (1890), 1–84, hier 30 zu Reisen C. E.s u. a. nach Bayreuth.

eine folgende Auseinandersetzung und damit ein Bekanntwerden und eine Wirkung der Schrift.[61] Die Frage freilich nach der Stellung der Frau – selbstredend »nicht allezeit hinter den Offen, bey dem Eßig=Krug«[62] –, die Frage der Ehelosigkeit wird für R. D. Schilling brennend.

Der zweieinhalb Jahre, 1699 bis 1701 währende Briefwechsel des 1702 als Adjunkt in das Schillingsche Pfarrhaus einziehenden Johann Ruckteschel mit Gichtel zeigt Gichtels verzweifelte Versuche, die beiden nicht dem Geist der Welt, sondern Christus zufallen zu sehen.[63] War R. D. Schilling auf der Linie Gichtels? Johann wie Rosina Dorothea Ruckteschel hatten – nach Aussage von letzterer – die feste Überzeugung, dass ihre über Jahre hin währende »Christliche(.) Bekanntschafft, [...] diese unsere Christliche Liebe [...] viel edler und zärter als eine gebundene Liebe (war), doch glaubte kein Mensch, mir [!] beyde selber nicht, das ein Ehestand aus dieser Bruder= und Schwesterlichen Freundschafft werden solte.« Aber ließ der Tod des Vaters im März 1703 den beiden keine Wahl? Es wurde geheiratet – zitiert wird immer wieder das bezeichnende Votum zu diesem Schritt als ein »der Welt [*erg. z. B.:* gegebenes?] blindes Geäff«. Und jener Schritt in die Ehe erfolgte, obwohl Johann Ruckteschel »noch weit mehr mit Gelübden der Einsamkeit in einen GOtt geopferten Wandel erfunden (war) als ich«. Es galt das »Aergerniß« des (weiterhin) Beisammenbleibens zu vermeiden. Die Warnungen aus den Niederlanden[64] verfingen jetzt nicht mehr.[65] Im Rückblick freilich

61 Schilling: *Weib Mensch* (s. o. mit Anm. 55), 322 f, 331–334 (in der auch sonst wichtigen, nicht zuletzt stilistisch beachtenswerten Widmung) und II/6.7, 53 (Zitate). Zur Gegnerschaft gegen Hassel und dessen Verteidigung s. Wappmann: *Hassel* (s. Anm. 46), 43 f; Weigelt: *Pietismus* (s. Anm. 14), 70 mit Anm. 153.

62 II/6.7, 58; »[k]indische Haasen=Eyer(.), und Heydnische Fabeln« müsse man solche Einstellung nennen (II/6.7, 58). Die Sache öfters, z. B. schon II/6.7, 59. Vgl. Kantzenbach: Schriften Ruckteschel (s. Anm. 24), 184. – Zur ›glücklichen‹ Wirkung der ›falschen‹ Lesart ›*feminis*‹ statt ›*seminis*‹ in Sir 1,14 f (Vulgata; Sir auch in Schilling: *Weib Mensch* [s. o. mit Anm. 55], 377 [orig. 41] verwendet) vgl. Elisabeth Gössmann: Gute Frauen, böse Frauen. Zur Polarisierung des weiblichen Geschlechts in Bibel und offiziell-christlichen Texten – einschließlich der Replik von Frauen. In: Florian Uhl/Artur R. Boelderl (Hg.): Das Geschlecht der Religion. (Schriften der Österreichischen Gesellschaft für Religionsphilosophie, 6) Berlin 2005, 67–88, hier 81–83.

63 Vgl. Anm. 23 den Briefe-Nachweis Gichtel an J. Ruckteschel und R. D. Schilling. Hieraus z. B. J. G. Gichtel an J. Ruckteschel, Amsterdam, 25. 8. 1699; Johann Georg Gichtel: *Theosophia practica IV.* Leiden ^{3}1722, 2710–2723 (Brief Nr. 51), hier 2717 f, Ziff. 3940. – 1. 9. 1699 [1700?]; Gichtel: *Theosophia practica IV*, 2754–2757 (Brief Nr. 56), hier 2756 Ziff. 9. – 30. 10. 1700; Gichtel: *Theosophia practica IV*, 2758–2762 (Brief Nr. 57), hier 2758 Ziff. 1: »sagt mir, wem ich zufallen und treu seyn sol? weil 2. gewaltige Machten um eure Seelen buhlen, heftig darnach hungern, und mit einander ums ober=Regiment ringen, Christus nemlich, und der Geist dieser Welt.«

64 Man ging den Weg in die Ehe, »wie sehr nachdrücklich uns die theuren Seelen in Holland dieses abgerathen, das wir uns in Versuchung stürtzen würden, ist nicht unangenehm, in dem vierten und fünfften Theil der Gichtilianischen Sendschreiben zu lesen; hier muß ich der Welt die an geistlichen Ubungen blind ist, ein Schloß von fernerer Erzehlung liegen lassen, wer eine Nachricht von einen solchen Ehestand haben will, der lese das zehende Capitel, in dem eh-

ist R. D. Ruckteschels Facit ein anderes: sie habe die Probe nicht bestanden. »[S]o Reuet es mich doch all mein Lebenlang, daß ich mich in eheliche Bande habe verstricken lassen, und müßrathe, allen die ihr Loß auf den Berg Zion unter der gekrönten Zahl suchen: daß sie sich keine solche Ehe vornehmen sollen«.[66] Sie wirft sich aber hinsichtlich ihres Verhaltens in der Ehe, auch gemessen an ihres Mannes in den *Unschuldigen Nachrichten* nicht übel rezensierten Ehebuches,[67] nichts vor. Sie beklagt aber das völlige Versagen ihres »selige[n] Engel[s] [!]« in den praktischen Amtsdingen. Das hat sie von »der [sic] so seeligen tieffen Einkehrungen, so ich in hohen Grad besessen, leider gesetzt, und [ich] in die äussere Sinnlichkeit fallen muste.«[68] Sie ist »in einem [sic] Schlummer und Trägheit des Nachjagens und Suchens des Kleinods gefallen«.[69]

3. Das Pfarramt von Johann Ruckteschel

Die Rückschau R. D. Ruckteschels lässt einiges von den konkreten Erlebnissen 20jährigen Pfarrfraudaseins durchscheinen. Es waren Jahre z. T. unerquicklicher Auseinandersetzungen am Ort und in der Superintendentur. Vorwürfe mannigfacher Art trafen auch die Ehefrau des Ortsgeistlichen, z. B. dass sie noch vor der Heirat sich in Amsterdam[70] oder Halle aufgehalten habe. Die Ernennung ihres Mannes auf die Pfarrstelle hatte heftigen Widerstand in der Gemeinde und in der Diözese gefunden. Die Amtseinführung wurde aktiv verzögert. Ganz offenbar war der Aufenthalt des neuen Pfarrers

lig und unehligen Leben der ersten Christen des Gottfried Arnold.« III/3 LP, 21. – Vgl. Ernst Christoph Hochmann von Hochenaus Ausführungen zur »[j]ungfräuliche[n] Ehe«. In: Heinz Renkewitz: Hochmann von Hochenau (1670–1721). Quellenstudien zur Geschichte des Pietismus. (AGP, 5) Witten ^{2}1969, 410,21–411,4, dazu 344–346 und 358f. Gestrich: Ehe (s. Anm. 18), 501 mit Anm. 17 (518).

65 Alles, auch Zitate, nach III/3 LP, 21. – Das »mir« für wir muss nicht Druckfehler, sondern kann (ober)fränkisch sein (auch III/3, 5 Zeile 3). »[I]ch kann nicht einmal *orthographice* schreiben.« So III/6, 15.

66 III/3 LP, 22. – Ebenda redet sie von »mein[em] einsamen [!] Ehestand«.

67 Johann Ruckteschel: *Der rechte Gebrauch und Mißbrauch im Ehestand/ in dreyen Predigten* [...]. O. O. 1704. Rezension in: Unschuldige Nachrichten 1709, 212–214. Darstellung bei Weigelt: *Pietismus* (s. Anm. 14), 163f.

68 III/2 LP, 22.

69 III/2 LP, 23.

70 Für die Zeit vor 1692 schreibt R. D. Schilling: »Jch habe Herrn Güchtel, so lang ich lebe, nicht gesehen, habe auch nicht gewust, daß ein Güchtel und Uberfeldt in der Welt ist, bis sie mir [nach 1690] zugeschrieben, (durch Veranlassung eines Hochzeit=Carmen, so ich meiner [1691 heiratenden] Schwester Althöfferin verfasset [...])«. II/6.7, 60; vgl. 57. Siehe oben Anmerkung 52/2. Einen Aufenthalt in Amsterdam und Halle vor ihrer Heirat bestreitet R. D. Ruckteschel heftig; II/6.7, 56. Siehe unten mit Anm. 76.

in den Niederlanden bekannt geworden. Unschöne Differenzen mit dem schon seit 1687 in Burgbernheim, seit 1699 als Erster Ortspfarrer wirkenden Johann Georg Grüner[71] schlugen sich in umfangreichen Akten nieder. Man ging bis zur gegenseitigen, 18 Monate währenden Abendmahlsenthaltung. Verhöre, Kommissionen, Erlasse jagten einander.[72] R. D. Ruckteschel blieb auch nicht abseits bei Auseinandersetzungen um verurteilte Separatisten in der Gegend und handelte sich dabei wenig schmeichelhafte Namen ein: »Pietistenadvokatin«, »pietistische *Courtisanin*«.[73] Auch dem Vorwurf zu großer Nähe zu Juden sah sie sich ausgesetzt.[74] Immerhin gilt ihre *Kurze Erklärung* vom 18. Dezember 1710 als eine »maßvoll[e]« Darstellung ihrer Lehre.[75] Die zwei Jahrzehnte im Pfarramt 1703–1722 jedenfalls waren nicht konfliktfrei, aber der Weg in die Separation war hier trotz ihres Eintretens für Pietisten und Separatisten wohl noch keine zu realisierende Option.

Das ist sicher auch eine Wirkung des Einflusses Hassels – in doppelter Weise. (1) Sehr früh, »in meiner Jugend« sagt R. D. Ruckteschel, hat Hassel gewarnt, den falschen Ankündigungen des Kommens Christi zu folgen (Mt 24,26). Das haben diejenigen nicht zu tun, die den Sohn Gottes lieben und sein Wort halten, bei denen der Vater Wohnung nimmt, schreibt Hassel, und fährt fort: »solche Auserwählte hätten nicht Ursach hinaus zu gehen, und | Christum von aussen zu suchen, weder in der Einöde zu Coburg, da meinende der theure Mann sich selber, oder in der Kammer zu Halle, oder in der Wüste des Präcklings [Brecklings], an welchem er noch dieses Menschliche ja Fleischliche finde.«[76] In einem weiteren Schreiben wird Abendmahlsenthaltung streng zurückgewiesen: Den so ganz »nach innen« Orientierten hält Hassel entgegen, er »weiß [. . .] einen, der Gal. 2. [Vers 20] saget: Er lebe nicht mehr, sondern Christus in ihm, der ist gewiß zu einer inwendigen Unterhaltung gekommen, und hat doch die Sacrament gebraucht etc. [. . .] Ob nun unsere Einsame weiter gekommen seyn, bedenke Sie selbst. NB. [. . .] | [. . .] endlich wird es aufs Tadeln und Reformiren der Schrifft

---

[71] Lebensdaten etc. des Burgbernheimer (1699–1727) Ersten Pfarrers J. G. Grüner s. Simon: *Bayreuthisches Pfarrerbuch* (s. Anm. 2), Nr. 835. Siehe auch oben S. 112 f mit Anm. 44.

[72] Vgl. die Darstellung zu den Schwierigkeiten und auch R. D. Ruckteschel involvierenden Auseinandersetzungen in Burgbernheim anhand der handschriftlichen Überlieferung bei Schaudig: *Pietismus und Separatismus* (s. Anm. 4), 72 (Anm. 1: Quellen!) bis 79. Zur Abendmahlsenthaltung und deren kirchenobrigkeitlich (!) verordneter Beendigung Schaudig, 74–75. 77 f: R. D. Ruckteschel enthält sich des Gottesdienstes und des Abendmahls bzw. der Beichte vor dem Abendmahlsempfang. Schaudig, 90–93 eine erneute Runde der Auseinandersetzungen unter Beteiligung R. D. Ruckteschels.

[73] Die beiden Schmähtitel bei Schaudig: *Pietismus und Separatismus* (s. Anm. 4), 77, 91.

[74] Schaudig, 91 f; 91 zitiert J. G. Grüner: die Ruckteschelin mit den Juden »wieder Gebühr schwesterliche Liebe heget, ißet und trinket und selbiger sich mehr als der Christen erbarmt«.

[75] Schaudig, 93.

[76] Hassel an R. D. Schilling, [Coburg (?)], o.D.; III/1, 3 f.

auslauffen.«[77] Diese Schrifttreue hat Ende Oktober 1700 Gichtel wohl an ebendiesem »Prediger H. [Hassel!]« getadelt und gut vier Monate später auch R. D. Schilling als vorgeschoben entgegengehalten ...[78]

(2) Ein zweites schärft Hassel seiner Briefpartnerin gleich zu Beginn der Pfarramtstätigkeit ihres Mannes in Burgbernheim ein. Wichen sie vor Leiden, Verfolgung zurück, sollten sie sich klar sein, »wie schimpflich dieses unserm König und grossen Vorgänger seyn würde«.[79] Das Buch ihres Mannes *Der rechte Gebrauch und Mißbrauch im Ehestand/ in dreyen Predigten* [...], in Gottfried Arnolds Bibliothekskatalog verzeichnet,[80] hatte nicht Ruhe einkehren lassen. Der Burgbernheimer Pfarrer weilte an seinem 31. Geburtstag, dem 10. April 1705, in eigenen Angelegenheiten[81] »schon etliche Wochen in Bareuth« – bei Markgraf Christian Ernst hat der Name Schilling(-Ruckteschel) noch einen Klang. Auf Kriegszügen galt gerade bei aktuellem Kampfgeschehen des Herrschers Wort: »Wann mein Pater Schilling bey mir ist, so ist der Engel des HErrn bey mir.«[82] Der Geburtstagsgruß R. D. Ruckteschels an ihren Mann, ein *Anbind=Carmen* zu Psalm 22,17 samt Auslegung[83] macht dem Ehemann Mut in der Verfolgung, verweist auf die Lehre von der neuen Kreatur als seiner entscheidenden Botschaft, erwartet nichts vom Eingreifen der Obrigkeit und stellt in Aussicht: »So wird sich dann auch das Reich der Finsterniß noch arm und nackigt an dir lügen/ daß zuletzt die Warheit sagen muß. Der Stein des Anstoßes den die Bauleute verworffen haben/ ist zum Eckstein worden. Dieses Wunder spielt GOtt noch in seinen Gliedern.«[84]

---

[77] Hassel an R.D. Schilling, Coburg, 27. November 1699; II/6.7, 61 f; eine auch in den ausgelassenen Partien wichtige Stelle zur Frage der Abendmahlsenthaltung!

[78] Gichtel IV, 2760f Ziff. 13 (s. Anm. 63). – Vgl. Gichtels verärgerter Hinweis an R.D. Schilling vom 5.3.1701: »[S]ie wil ja einen Mann haben, ruft immer [›]Wort, Wort[‹], und ermordet den Geist; so ists best, daß sie einen Mann nehme, damit sie was Haus=Creutz krige, und ihr Feuer ver*consumiere*.« Ebd., 2771 Ziff. 5.

[79] Hassel an R.D. Ruckteschel, Coburg 29. Dezember 1704; II/6.7, 54f, Zitat 55. Vgl. Kantzenbach: Schriften Ruckteschel (s. Anm. 24), 173f.

[80] *Catalogus Bibliothecae* [...] *Arnoldi*. In: Dietrich Blaufuß/Friedrich Niewöhner (Hg.): Gottfried Arnold (1666–1714). Mit einer Bibliographie der Arnold-Literatur ab 1714. (Wolfenbütteler Forschungen, 61) Wiesbaden 1995, (337) 339–410, hier 392 ([3] in 8°.315). – Vgl. Anm. 67.

[81] Schaudig: *Pietismus und Separatismus* (s. Anm. 4), 74 nennt einen Aufenthalt J. Ruckteschels in Bayreuth Februar 1705; sollten die »etliche[n] Wochen« bis zum April gewährt haben?

[82] II/6.7, 56. Es ist auf Georg Schillings Feld-, Hof- und Reisepredigerzeit 1673–1675 angespielt, speziell auf die Auseinandersetzungen, bei denen Generalfeldmarschall Turenne am 27. Juli 1675 vor der Schlacht bei Sasbach (Ortenau) ums Leben kam.

[83] Es ist dies der neu aufgetauchte Ruckteschel-Text; s. Anm. 31.

[84] R.D. Ruckteschel: *Von der Hindin/ die früh gejaget wird;* [...] *an Herrn Johann Ruckteschel* [...]. O. O., O.J.,)(4r (»sagen« ist korrekt wiedergegeben; Setzfehler für »siegen«?). – Siehe oben Anm. 30.

4. Pietistin? Separatistin?

22 Jahre noch lebt die Ruckteschelin im Witwenstand – u. U. ihren Alltag wunderlich gestaltend. Aber sie entfaltete in diesen Jahren doch einige publizistische Aktivität.[85] »Sehr viele Gedichte« nennt ein Lexikon.[86] Wir haben nur die Texte, wenn sie Kontroversen auslösten und von R. D. Ruckteschel nochmals abgedruckt wurden. Die 16 »Send=Schreiben« (von denen 14 vorliegen) bieten aber doch auch genügend Hinweise auf kirchliche Lehre überschreitende Ansichten bei der Ruckteschelin.

Auf Aspekte der Frauenforschung wird sich weiteres Nachfragen nicht einengen lassen, so erhellend das Thema Frauen/Pietismus schon seit langem angegangen ist. Sicher ist die handschriftliche Überlieferung für den Fall zu prüfen, dass irgendwo eine »monographische Darstellung« Schilling-Ruckteschels für nötig erachtet wird (so M.H. Jung). Auch oft nur angedeutete Verbindungen der Burgbernheimer, dann Stübacher Pfarrfrau wie solche nach Riga oder diejenigen nach Sorau müssen ebenso unter dem Aspekt möglicher neuer Handschriftenfunde wie mit dem Ziel verfolgt werden, den Ort dieser ja wohl vornehmlich theologischen Schriftstellerin im radikalen Pietismus präziser zu fassen und die von ihr selbst gestellte Frage, »ob sie sich [...] zu denen Separatisten oder Pietisten [...] (gewendet)«, noch schärfer in Blick zu nehmen (III/7, 1 [Titel]; s. u. Anhang z. St.). Gerade im Blick auf Sorau sollten die bekannten Spuren nochmals sehr genau verfolgt werden. Die drei ja auch untereinander verbundenen, nach Sorau weisenden Sendschreiben III/2, III/6 und III/8 verdienen eine besondere Behandlung.

R.D. Ruckteschels Weltverständnis ist von der Trias Teufel – Welt – Fleisch geprägt. Die Gelehrten mögen die Welt als ehrbar, inventiös, listig, spitzfindig, schalkhaft, epikureisch, viehisch schildern: Luther sagt, sie liegt im Teufel, »[s]ie ist des Teuffels Wirths=Hauß«[87]. Hochschätzung von Luthers Römerbrief-Vorrede[88] wechselt mit scharfer Kritik an der Berufung

---

[85] Schaudig: *Pietismus und Separatismus* (s. Anm. 4), 113.

[86] Georg Wolfgang Augustin Fikenscher: Art. »Schillingin, (Ruckteschlin) Rosina Dorothea«. In: Ders.: Gelehrtes Fürstenthum Baireut. Bd. 4. 1804, 53–54, hier 54. – Diesen Artikel verwendet und würdigt Koloch: Einführung (s. Anm. 26), 291–293; zu bemerken ist: R.D. Schilling ist am 1. April 1670 in Leupoldsgrün (nicht Berneck) geboren [als dritte Tochter] und am 3. April 1670 durch Nikolaus Pe(e)(t)z (ab 1665 Pfarrer in Helmbrechts) getauft [freundliche Auskunft aus den Kirchenbüchern durch Pfr. i. R. Eberhard Krauß/Nürnberg]; die Mutter Johanna Maria geb. Heim ist 1636 geboren; Hassels Geburtsjahr »1640« ist – auch ihm selbst! – unsicher; das aus Fikenscher übernommene Todesjahr J. Ruckteschels »1723« (294 mit Anm. 11) hat keinen Bestand gegenüber dem 9. 6. 1722. – Zur gleich angesprochenen Frauenforschung s. z. B. Rudolf Dellsperger: Frauenemanzipation im Pietismus. In: Sophia Bietenhard [u. a.] (Hg.): Zwischen Macht und Dienst. Beiträge zur Geschichte und Gegenwart von Frauen im kirchlichen Leben der Schweiz. Bern 1991, 131–152; Albrecht: Frauen (s. Anm. 18), 522f mit 545.

[87] III/3 LP, 29.

[88] Vgl. dazu Kantzenbach: Schriften Ruckteschel (s. Anm. 24), 180.

auf seine Tischreden. Natürlich entwirft R. D. Ruckteschel keine theologische Gesamtsicht. Den Verdacht, sich »vor ein gelehrt Frauenzimmer ausgegeben« zu haben, weist sie genau zurück.[89] Sie verteidige sich nur, wo es nötig ist – und das gelegentlich drastisch, wie sie einem Magister ihr Erschrecken über dessen »mit einer [...] MondsFisterniß befleckt[en]« hellen Verstand erklärt.[90] Anthropologisch verfolgt sie strikte ein sich in die *imago dei* entwickelndes Menschenbild. Mit dem Vorwurf, sie vertrete ein Vollkommenheitsideal gemäß Mt 5, setzt sie sich wiederholt und nicht ungeschickt auseinander.[91] Nach Sorau wendet sie sich wiederholt – z. Z. dort ausgetragener heftiger pietistisch-orthodoxer Auseinandersetzungen[92] – und vermag auch angesichts des paulinischen Schweigegebotes entschieden für die geistliche Würde der Frau einzutreten. Heftig ist ihre Kritik am geistlichen Stand – dabei wiederum verdeutlichend, dass sie nicht den Pfarrerstand insgesamt meint.[93]

R. D. Ruckteschel zeigt auch einiges an Kenntnis theologischer und aszetischer Literatur; auf Johann Arndt, Heinrich Müller,[94] Veit Ludwig von Seckendorf, Breckling,[95] Carl Hildebrand von Canstein, Gottfried Arnold[96] bezieht sie sich, z. T. deren Schriften nennend. Überdurchschnittlich schätzt sie Philipp Jacob Spener: bei einem verbohrten Katholiken, der ihr eine scharfe Kontroversschrift gesandt hatte, revanchiert sie sich mit Speners *Natur und Gnade* (nicht schlecht ausgewählt!) und verspricht, bei dessen fruchtbringender Lektüre dann Speners wichtige *Glaubens-Lehre* nachzureichen.

R. D. Ruckteschels erkennbare Äußerungen wie ihre Lebensweise erlauben es, sie als Pietistin lange am Rande der Kirche, in der Spätphase ihres Lebens aber jenseits der Kirche zu bezeichnen. Dabei überschätze ich nicht das Faktum der von ihr gewollten[97] und auch bis in die Äußerlichkeiten genau festgelegten Beerdigung[98] »ohne Sang und Klang«.[99] Es spricht aber auch

---

[89] III/6, 15.

[90] III/8, 3.

[91] III/8, 3–5.

[92] III/2. 6. 8. Es ist nicht ersichtlich, ob es sich um diejenigen z. Z. Erdmann Neumeisters, bis 1715, handelt. Vgl. Hans Petri: Der Pietismus in Sorau N.-L. In: JBrKG 9/10 (1913), 126–203.

[93] III/2, 19–25; hier 20, 21. die Kritik gelte nicht für ihren »Welt kündig frommen Vatter(.)«, ihren »GOtt gantz ergebenen Bruder(.) und Mann« sowie »treue Wächter«.

[94] Heinrich Müller ist genannt z. B. III/3 LP, 3.

[95] Zu Breckling s. o. S. 115 und 118 mit Anm. 76.

[96] In ihrem Todeskampf wünscht sich R. D. Ruckteschel auch ein Arnold-Lied gesungen. III/3 LP, 27. Siehe auch Anm. 64.

[97] Schon Kantzenbach: Schriften Ruckteschel (s. Anm. 24), 159 stellt dies fest, geht aber auch von »Kirchenstrafe für ihre Absonderung von Gottesdienst und hl. Abendmahl« aus.

[98] R. D. Ruckteschels Festlegungen ihrer Beerdigung belegen ihre Ablehnung eines kirchlichen Begräbnisses; siehe III/3 LP, 28 f: »Der Sarg, das Sterb=Kleid, das hat alles schon seine Richtigkeit, die Brüder so mir auch im Todt mit ihren geistlichen Gaben beystehen werden, die

nicht dagegen, dass von großen Konflikten in den Jahren ca. 1725–1744 nicht mehr zu berichten ist: Die Ruckteschelin »hatte sich allmählich zu einer Separatistin entwickelt«, wie schon 1925 in einer gut recherchierten Arbeit festgehalten wurde[100] und sich wohl aufgrund breiterer Quellenbasis gedruckter Werke bestätigt.

Dem »radikalen Pietismus« kann R. D. Schilling-Ruckteschel zugeordnet werden. Sie überschritt die Grenzen des Kirchentums. Ihre jeweils nicht von vornherein zu harmonisierenden Prägungen u. a. durch Arndt, Spener, v. a. Hassel haben sie davor nicht bewahrt. Anthropologisch wie amtstheologisch arbeitete sie sich an Themen ab, die auch andere über die Grenze der verfassten Kirche hinausführten: die Frage nach der Vollkommenheit des Christen sowie diejenige nach dem Pfarrerstand.

Der Pietist unter den Markgrafen, Georg Friedrich Carl, hatte 1726 die Regierung angetreten. Die leitende Geistlichkeit war ausdrücklich an einem »balancieren« gegenüber Separatisten interessiert.[101] Hartes Durchgreifen, kurzer Prozess wie Landesverweisung ging nicht mehr.[102] R. D. Ruckteschel profitierte davon. Wie sagte ein führender Theologe? Kurzer[103] Prozess gegenüber Separatisten, das »(verfahre) nicht *apostolice*, sondern *pistolice*«.[104]

---

sollen mich auch zu Grab tragen Abends mit Fackeln, der Herr Geistliche und Schul=Bediente sollen ihre Gebühren noch vor der Begräbnüß empfangen, ob sie gleich keine Verrich= | tung dabey thun, wie wohl es sonst nicht der Gebrauch ist, daß die Geistlichkeit etwas voneinander nimmt, so unterwerffe ich mich doch biß in das Grab allen Menschlichen Gesetzen, wie mein Heyland zu den Simon gesagt da er den Leib=Zoll geben muste [Mt 17,25 f].« Damit »mit reicher Auszahlung kein Gepräng an[ge]fangen« werde, »(soll man) ja nicht mehr Gebühr [...] geben als der ärmste Bauer oder Taglöhner giebet«; sie habe sich immer als »das Elendste im Volck Geachtet«. Die Gaben an die Armen sind schon »bestellt«.

99 Siehe das schöne Beispiel, wie der Neustädter Superintendent Christian Lerche das »ohne Sang und Klang« bei Beerdigungen von Separatisten, »irrenden Mitchristen« (!), für »schimpflich« erachtete und – freilich noch unter dem frommen Markgrafen Georg Friedrich Carl – eine einschlägige Konsistorialentschließung vom 17. März 1734 erreichte. Schaudig: *Pietismus und Separatismus* (s. Anm. 4), 99. Schaudig, 113 mit Anm. 2 hebt für R. D. Ruckteschels Beerdigung »ohne Sang und Klang« wohl unberechtigt auf eine diesbezügliche markgräfliche Verordnung ab. Auch insofern ist die vorweg selbstbestimmte Art ihrer Bestattung wohl noch nicht der »Anlass zur Rehabilitierung« (wie Jung: Rez. Weisheit [s. Anm. 27], 305 meint).

100 Schaudig: *Pietismus und Separatismus* (s. Anm. 4), 112.

101 Manfred Voigt: *Johann Christoph Silchmüller. Hofprediger und Superintendent in Bayreuth und Kulmbach. Ein lutherischer Pietist zur Zeit der Aufklärung.* (CHW-Monographien, 7) Lichtenfels 2005, 88, 2. Spalte (für 1732).

102 Das bestätigen einschlägige Quellen für 1726–1732. Helmut Baier: *Fromm ohne Kirche. »Pietisterey« im Markgraftum Bayreuth 1726–1732.* (AKGB, 84) Nürnberg 2008.

103 Schaudig: *Pietismus und Separatismus* (s. Anm. 4), 102.

104 Der führende Theologe ist D. Christian Lerche. Vgl. oben Anm. 13.

Anhang

Rosina Dorothea Ruckteschels *Eröffnete Correspondenz*

I/1 bis III/8

Die unter dem Sammeltitel *Eröffnete Correspondenz* wohl insgesamt 16 vorgelegten *Send=Schreiben* von R.D. (Schilling-)Ruckteschel werden hier in der Numerierung aufgelistet, nach der sie in obigem Text zitiert sind. Es handelt sich um drei Folgen, wobei die zweite Folge (*Erste Fortsetzung*) nicht mit Nummer 1 neu einsetzt, sondern mit der Doppelnummer 6/7 die fünf Sendschreiben der ersten Folge fortsetzt.

Die sieben (sechs) Send-Schreiben I/1 bis II/6.7 liegen nur als Sammelwerk (nicht erste Auflage!) vor.

Für I/1 bis 5 sind die Titel den Seiten 5, 11, 20, 28 und 38 entnommen, nicht dem wohl sekundären Haupt-Titel für alle 8 Sendschreiben.

II/6.7 bis 8 sind die Titel, wohl sekundär formuliert, dem Haupt-Titel für alle 8 Sendschreiben entnommen. – Es bestehen inhaltliche Differenzen zwischen der Haupt-Titelblatt-Formulierung für II/6.7 und den Texten Seite 49 bis 64 selbst.

Die nahezu vollständige Wiedergabe der Einzeltitel legt sich schon wegen der Seltenheit der Drucke nahe. Die mitunter sehr ausführlichen Titel sind aber zu Anlass, Inhalt und Absicht der Texte auf je ihre Weise aussagekräftig.

Zeitangaben in [ ] sind erschlossene Hinweise.

Fundort aller genannten Texte: UB Erlangen.

I/1–II/8	THL-XX 326 b[1
III/1–3	THL-XX 326 b[2,1/2,3
III/5–8	THL-XX 326 b[2,5/2,8

Folge/ Nr.	**Titel**	**Format**	**Seiten**
	[Erste Folge]		
I/1 [s. I/3]	An einen Religiosen, wegen des überschickten Buches Friß=Vogel;[105] worinnen der Autor des seligen Herrn D. Lutheri Tisch=Reden, als ob sie Glaubens=Artickel der Evangelischen Kirche wären, lästerlich beschrieben und angeführet hat. – [Nach 1722].	4°	5–11

[105] Johann Nikolaus Weislinger: *Friß Vogel oder stirb*, Straßburg 1723, ²1726 u. ö.

Folge/ Nr.	Titel	Format	Seiten
I/2	An einen theuer=geachteten Patron, wegen des Sambstagischen[106] Hochzeit=Carmen; welches die Spötter nur die alte Sau nennen, und drohen eine Borste darauf zu machen. – [Vor 1735].	4°	11–19
I/3 [s. I/1]	Abermals an den Religiosen, wegen verkehrter angeführter Stellen aus des seligen Lutheri Schrifften. – [Nach 1722].	4°	20–28
I/4 [s.II/6]	Nach Leiderdorp bey Amsterdam, wegen des Hoch=Fürstlichen Leichen=Textes: Vom verborgenen Manna; aus der Offenbahrung S. Johannis Cap.2.v.17. so der jetzt=regierende Durchlauchtigste Landes=Fürst Seinen verstorbenen Herrn Vettern,[107] als dem vor ihm gewesenen Durchlauchtigsten Landes=Regenten,[108] an die Herren Geistlichen zu erklären befohlen; und hierbey mit ausgedrucket ist. – [Vor 1728]	4°	28–38
I/5	Wegen des 101 Psalms, so sich der Durchlauchtigste Fürst und Herr, Herr Georg Friedrich Carl, bey Antritt Seiner Regierung zum Wahlspruch erwehlet. – [1726/27].[109]	4°	38–48
	Erste Fortsetzung derer Send=Schreiben		
II/6.7 [s.I/4]	[6] Verwunderung über eines Ketzermachers grossen Verstand, da er die Verfasserin der beyden Carmen,	4°	49–64

[106] Samstag, Johann Lorenz, oo NN Schilling.

[107] Zu verstehen als »seine*s* verstorbenen Herrn Vetter(.)«: d.i. der »entfernte(.) Vetter [Georg Wilhelms,] Georg Friedrich Karl« (Schaudig: *Pietismus und Separatismus* [s. Anm. 4], 83 und unten Anm. 108); Eltern: Christian Heinrich von Brandenburg-Bayreuth-Weferlingen (*19.7.1661, †26.3.1708) und (oo 14.8.1687) Sophie Christiane geb. von Wolfstein (*24.10.1667, † nach 1727).

[108] Georg Wilhelm, Markgraf von Bayreuth, *16.11.1678, reg. 1712, †18.12.1726. – Literatur bis ca. 1900 zu den vier in der Lebenszeit R.D. Ruckteschels regierenden Bayreuth(-Kulmbacher) Markgrafen (reg. 1655–1763) s. *Bibliothek-Katalog des Historischen Vereins für Geschichte und Altertumskunde von Oberfranken in Bayreuth I.* Bayreuth 1911, 40–44. Gut recherchiert zu Christian Ernst, Georg Wilhelm und Friedrich s. Rudolf Endres jew. sub verbo, in: Christoph Friederich (Hg.): Erlanger Stadtlexikon. Nürnberg 2002, 194–195, 289–290 und 306–307. Georg Friedrich Carl fehlt hier (*19.6.1688, reg. 22.12.1726, †17.5.1735; oo 17.4.1709 Sophie Dorothea von Holstein-Beck [*24.11.1711, †1760], o|o 3.12.1716); s. Anm. 110.

[109] Siehe Weigelt: *Pietismus* (s. Anm. 14), 226/227.

Folge/ Nr.	Titel	For- mat	Seiten
	so über den Hoch=Fürstlichen Einzug, und über das verborgene Manna, als den Hoch=Fürstlichen Leichen=Text,[110] zum Spinn=Rocken verwiesen, und beschuldiget sie, daß sie mit fremden Federn schreibe, und nicht die Autorin ihrer Arbeit sey. – [7] aus König Heinrichs Send=Schreiben an Seine Gemahlin; nachdrückliche Worte, bewiesene Umstände, daß dieses eine Ochsen=Stimme sey: Wann das Frauenzimmer, wie ein Thier an Krippen, also ohne Ubung der Sinnen an Spinn=Rocken und Koch=Löffel solte angebunden seyn. – [Nach 1721]		
II/8	den Proceß der Keuschheit.	-.-	-.-
	Jn der andern Fortsetzung/ der eröffneten CORRESPONDENZ, von der Rückteschlin, Einer gebohrnen Schillingin.		
III/1	Erstes Sendschreiben An einen vornehmen Bluts= Freund nach Heydelberg.	8°	32 S.
III/2 [s. III/ 6 u.	Anderes Sendschreiben,[111] nach Sorau. Welches handelt: 1. Von den hohen Ruff Christi zur Vollkommenheit. 2. Von den Unterscheid der	8°	32 S.

[110] Vgl. I.W. Holle: Georg Friedrich Karl, Markgraf zu Bayreuth 1726–1735. In: Archiv für Geschichte und Alterthumskunde von Oberfranken 6,1 (1855), 27–64, hier 35 zur Beisetzung Georg Wilhelms am 13.2.1727 und zu verordneten Leichenreden. Otto Veh. Markgraf Georg Friedrich Karl von Bayreuth (1726–1735). In: Archiv für Geschichte von Oberfranken 35,3 (1951), 86–108, hier 99; zur Religionspolitik 100–102.

[111] III/2, 30: »[...] kürtzlich in der Gottseligen Gräffin von Lümburg, zweyen Tractaten«. – Genannt sind: Eleonora Sophia von Limburg (1655–1722): *Geistliches Klee-Blat, Das ist Christliche, nutzlich- und höchst-nothwendige Betrachtung, Wie ein Christ recht glauben, Christlich leben und sich zum seeligen Sterben Christlich vorbereiten solle / Anfangs nur sich selbst und den Ihrigen zum Gebrauch oder Aufmunterung* [...] *verfertiget Und auf Begehren frommer Hertzen an den Tag gegeben.* Frankfurt/Main, Leipzig 1709 [vorhanden: 3, 24, 28]. Dies.: *Der Weisen Tugend-Leuchte.* Hall 1714 [vorhanden: 24]. 1686 (^{2}1692) war eine Sammlung geistlicher Gedichte S.E. von Limburgs erschienen [VD 17; vorhanden 12, 39]. Vgl. Georg Christian Lehms: *Teutschlands Galante Poetinnen.* Frankfurt/Main 1715 [= Darmstadt 1966, Leipzig 1973], 231–249, wichtig 236, 247. Dietrich Blaufuß: *Korrespondierender Pietismus* [...], hg. v. Wolfgang Sommer/Gerhard Philipp Wolf. Leipzig 2003, 213–214. – III/2, 5 ist genannt, »kürtzlich [von] ein[em] von GOtt ergriffene(n) und Christliche(n) Graff unweit der Tauber [...] übersetzet«, Charles Drelincourt: *Trost der glaubigen Seelen wider die Schröcken deß Todts. Samt nothwendiger Verfass- und Vorbereitung wol zu sterben. Erstlich in Frantzösischer Sprach beschriben* [1651]. *Auß dem Frantzösischen in das Hochteutsche übersetzt.* – 1710 [vorhanden: 3]. Siehe André Rayez: Art. »Drelincourt, Charles«. In: DSp 3, 1957, 1712–1713 [Prof. Dr. Hans Schneider/Marburg danke ich für hilfreiche Hinweise].

Folge/ Nr.	Titel	Format	Seiten
III/8].	rechtschaffenen Geistlichen und derer[,] die das thume Saltz genannt werden. 3. Von dem Verbot Pauli wegen Stillschweigen der Weiber. – [Nach 1721].		
III/3	Selbst gehaltene Leichen=Predigt. [4 Doppelzeilen Gedicht]. Als das dritte Stück in der andern Fortsetzung der eröffneten CORRESPONDENZ; VON Rosina Dorothea Ruckteschlin einer gebohrne [!] Schillingin, etc. Welche durch diesen ihren letzten Schwanen=Gesang verhindern will, daß nach ihrem Todt ihr keine Leichen=Predigt mehr dürffte gehalten werden, warum aber und aus was Absicht dieses ungewöhnliche vor und nach ihrem Todt geschehen müsse[,] wird die hier nachgesetzte Leichen=Sermon selbst zeigen. [2 Doppel-, 2 Einzelzeilen Gedicht]. Aus dem Original der Weiblichen Hand nachgedruckt, samt dem darzu gehörigen Send=Schreiben.	8°	32 S.
III/4	[Nicht gefunden].		
III/5	Aufruffung zu hertzlicher Liebe und Treu, welche ausbricht in Bitte und Gebet vor die Obrigkeit, so [...] geschehen soll bey Antritt [...] des Durchleuchtigsten Fürsten und Herrn, Herrn Friedrich regierenden Marggrafen zu Brandenburg etc. etc. Welcher jetzt [...] auf den Thron der Herrlichkeit und Regierung von GOtt erhaben ist,[112] Aber auch zugleich auf den höchsten Gipffel der Sorgfalt, Arbeit und grossen Gefahr gesetzet wird. Als das fünffte Sendschreiben in der andern Fortsetzung der eröffneten Correspondenz. von Rosina Dorothea Ruckteschlin, gebohrne Schillingin. – [1735].	8°	16 S.
III/6 [vgl. III/2 und III.8]	Das sechste Sendschreiben Jn der andern Fortsetzung der eröffneten Correspondentz von Rosina Dorothea Rucktäschlin, einer gebohren Schillingin. Als eine Betrachtung der Worte Christi Matth. XXIII. Capitel [Vers 13–14]: Wehe euch Schrifftgelehrten [...]. Nebst der dazu gehörigen Klage GOttes aus	8°	16 S.

[112] Friedrich, Markgraf von Bayreuth, *10. 5. 1711, reg. 1735, †26. 2. 1763; oo 20. 11. 1731 Wilhelmine von Brandenburg-Preußen, *1709, †1758. Lit. s. o. Anm. 108.

Folge/ Nr.	Titel	For-mat	Seiten
	dem XXIII. Capitel Jeremia [Vers 22]: Denn wo sie bey meinen Rath blieben [...]. Welche Waffen des Lichtes [...] jetzt darum zum Vorschein kommen müssen, dieweil das Sorauische Send=Schreiben [...] von dem hohen Ruff Christi zur Vollkommenheit [...] Matth. am V. [...]. Also ist angegriffen worden, als wäre es wider die Sätze der Kirchen=Vätter, ja gar wider einen gewissen Catechismum, welcher lehret, wir können die Gebote GOttes nicht halten, ob wir auch schon den H. Geist hätten, etc. etc. Als eine Antwort an einem [!] GOtt suchenden Tauff=Pathen[,] von dem sich viel Guts hoffen läst. [Strich] Aus dem Original der Weiblichen Hand nachgedruckt.		
III/7	Das Siebende Send=Schreiben in der anderen Fortsetzung der eröffneten Correspondence von Rosina Dorothea Ruckteschlin, einer gebohrnen Schillingin, Als eine Betrachtung deutlicher Sprüche der heiligen Schrifft, daß die Kirche GOttes in allen Religionen anzutreffen sey; nach Anleitung St. Petri Geschicht [= Act] Cap. 10,34.35. zu einer Antwort auf eine wichtige Frage: Ob die Autorin Lutherisch/ Calvinisch oder Catholisch sey? ob sie sich zu denen neuen Protestanten gewendet, oder zu denen Separatisten oder Pietisten etc. Auf welche [...] Frage die Autorin einen klugen [...] Doctor der heiligen Schrifft antworten lässet, [...] Martinus Lutherus/ Lehrer und Professor. Gedruckt zu Wittenberg durch Hans Krafft 1555. [Strich] Jm Jahr Christi 1738.	8°	16 S.
III/8 [vgl. III/2 und III/6]	Das Achte Send=Schreiben in der andern Fortsetzung der eröffneten Correspondence von Rosina Dorothea Ruckteschlin, einer gebohrnen Schillingin. Als die letzte Antwort auf die immer wiederholte Beschuldigung, daß es wieder die Symbolischen Bücher, ja wieder die Lehre Luthers selbst sey, was die Autorin vom hohen Ruff Christi Matth. am 5. geschrieben etc. etc., da es sich aber hier zeigen wird, daß die Worte Christi; Jhr sollt vollkommen seyn [...], ewig fest stehen, und mit allen Büchern Alten und Neuen Testamentes durch Lehre und Exempel begleitet werden, daß Christi Wort nicht verändert werden können. Auch daß die Autorin keine Feindin	8°	16 S.

Folge/ Nr.	Titel	Format	Seiten
	von allen Geistlichen ist [...]. Ach hüte dich vor der Menschen Gesatz hievon verdirbt der edle Schatz, das laß ich dir zu Letze. diesen Vers [EG 341,10c.d] setzet Martinus Lutherus, Doctor der H. Schrifft und Prof. zu Wittenberg.		

Marcus Meier

Eberhard Ludwig Grubers »Grundforschende Fragen«

Zur Binnendifferenzierung des radikalen Pietismus

Der Bücherkatalog des aus Straßburg stammenden Druckers und Verlegers Johann Jakob Haug, Herausgeber der »Historie der Wiedergebohrnen« und Mitarbeiter an der »Berleburger Bibel«, zeigt ein kleines Quartbändchen an: »Fragen, Grundforschende, von der Wassertaufe, 1713.«[1] Bezugnehmend auf diese Druckschrift schrieb der Idsteiner Superintendent Johann Daniel Herrnschmidt am 5. Februar 1714 an August Hermann Francke:

> »Es sein hier Gewissensfragen an die Täufer, die sich in den diesseitigen Grafschaften aufhalten und dann auch an Herrn Seebach, der gegen jene ex principiis aeque erreneis [!] geschrieben, gedruckt worden. Der Autor ist mir unbekannt, ich habe auch die Schrift nicht in der Zensur gehabt.«[2]

Bei dem Autor handelt es sich um den ehemaligen württembergischen Pfarrer und späteren geistlichen Leiter der ›wahren Inspirationsgemeinden‹ Eberhard Ludwig Gruber (1665–1728).[3] Der lange Zeit verschollen geglaubte Traktat, der – anders als die Forschung vermutete – nur 40 Fragen an die Neutäufer sowie 40 weitere an den radikalen Pietisten Christoph Seebach enthält, befindet sich in der Bayerischen Staatsbibliothek München.[4] Dieses Dokument vermittelt einen bemerkenswerten Einblick in den graduellen Ausdifferenzierungsprozess, der nach 1700 für den radikalen Pietismus kennzeichnend war.

---

1 *Catalogus, oder Verzeichniß derjenigen Bücher/ welche in der Berlenburgischen Buchhandlung bey Johann Jacob Haug in beygesetztem Preiß anjetzo zu haben seynd.* O. O. [Berleburg] 1729.

2 Zitiert nach Hans-Jürgen Schrader: *Literaturproduktion und Büchermarkt des radikalen Pietismus. Johann Henrich Reitz' »Historie Der Wiedergebohrnen« und ihr geschichtlicher Kontext.* (Palaestra, 283) Göttingen 1989, 166.

3 Zu Gruber vgl. Hans Schneider: Der radikale Pietismus im 18. Jahrhundert. In: Martin Brecht/Klaus Deppermann (Hg.): Geschichte des Pietismus. Bd. 2: Der Pietismus im achtzehnten Jahrhundert. Göttingen 1995, 105–197, hier 131–133.

4 Polem. 3358, 14m. [Eberhard Ludwig Gruber:] *Grundforschende Fragen: Welche eines theils denen neuen Täuffern in dem Wittgensteinischen insonderheit/ so die Wasser-Tauffe zur Seeligkeit absolut-nothwendig machen; andern theils ihrem besondern Gegner/ Hrn. Christoph Seebach/ Lehrer der noch Uebungs-begierigen Separatisten daselbsten/ der in seinem allgemeinen Sendbrieff/ die Wasser-Tauffe von Christo weder befohlen/ noch mit den geringsten Verheissung gesegnet zu seyn/ vorgiebet und daß Christus seine Jünger mit Wasser/ sondern mit dem Heil. Geist/ zu tauffen ausgesendet habe* [...] *vorgelegt worden ron* [!] *Einem Längst-Getaufften.* O. O. [Idstein] 1713.

I.

Der Vollzug von acht Erwachsenentaufen in Wittgenstein und die Gemeindebildung der Schwarzenauer Neutäufer[5] im Jahre 1708 führte zur Ausdifferenzierung theologischer Positionen des radikalpietistischen Lagers. Angestoßen wurde dieser Prozess Anfang August 1708 durch Alexander Mack, einen Müller aus Schriesheim, als dieser vier Männer und drei Frauen in der Eder bei Schwarzenau nach urchristlichem Brauch taufte. An der Wassertaufe schieden sich im radikalpietistischen Lager die Geister. Dabei war es nicht der außergewöhnliche Ritus der Eintauchtaufe, der zur Diskussion stand – hierin waren sich die Radikalen völlig einig –, als vielmehr die Frage, ob die Wassertaufe überhaupt noch für den wiedergeborenen Gläubigen relevant sei.

Im Verlauf dieser Kontroverse formierten sich drei Gruppierungen innerhalb des radikalen Pietismus, deren theologische Profile signifikant voneinander abwichen. Noch im Gründungsjahr richtete der geistliche Mentor der Neutäufer Ernst Christoph Hochmann von Hochenau (1670–1721) ein Schreiben an die zwei Wortführer Alexander Mack und Georg Grebe.[6] Darin lehnte er zwar die Heilsnotwendigkeit der Wassertaufe entschieden ab, billigte aber den Wunsch der Neutäufer, die Taufe, das Liebesmahl und die Fußwaschung nach urchristlicher Praxis zu üben.[7] Voraussetzung dafür sei aber die »Liebe Jesu im Herzen«.[8] Bei einer inneren aufrichtigen Haltung mag, so Hochmann, »das Aeußerliche nach dem Exempel der ersten christlichen und apostolischen Kirche wohl gehalten« werden.[9] Er unterschied zwischen Innerem und Äußerem und war darauf bedacht, das Innere dem Äußeren stets überzuordnen. Grundsätzliches Bedenken äußerte er nur im Hinblick auf die Einführung von starren Gemeindeordnungen, weil dadurch nach seiner Anschauung der Grundsatz der Glaubens- und Gewissensfreiheit eklatant verletzt werde.[10]

Als 1712 der ehemalige lutherische Pfarrer Christoph Seebach (1675–1745), der zu jener Zeit in Wittgenstein weilte, seinen »Send-Brief an alle Kinder des lebendigen Gottes/ die auß dem Wasser und Geist neu gebohren sind« publizierte,[11] meldete sich ein weiterer Vertreter des mystischen Spiri-

---

[5] Zu der Neutäufer-Bewegung vgl. Hans Schneider: Pietismus im 18. Jahrhundert (s. Anm. 3), 135–139; Marcus Meier: *Die Schwarzenauer Neutäufer. Genese einer Gemeindebildung zwischen Pietismus und Täufertum.* (AGP, 53) Göttingen 2008.

[6] Friedrich Augé: Acht Briefe Ernst Christoph Hochmanns von Hochenau. In: MRKG 19 (1925), 133–154.

[7] Ebd., 135 f.

[8] Ebd., 136.

[9] Ebd.

[10] Ebd.

[11] Christoph Seebach: *Send-Brieff an alle Kinder des lebendigen Gottes/ die auß dem Wasser und*

tualismus zu Wort. Die im Titel auftauchende Schriftstelle Joh 3,5 und der polemische Ton der Druckschrift machten rasch deutlich, dass hier ein dezidierter Kritiker der Wassertaufe zur Feder gegriffen hatte. Neben Polemik zeichnet sich sein Werk aber ebenso durch eine detaillierte inhaltliche Erörterung aus. Sein Ausgangspunkt war die Wassertaufe, die Jesus von Johannes dem Täufer empfing,[12] als er »noch im fleisch lebete/ und in einer armseligen knechts-gestalt/ unter dem schatten des gesetzes/ und unter den bildern der äusserlichen satzungen wandelte.«[13] Die Wassertaufe gehörte Seebach zufolge in den Alten Bund, dagegen war sie im Neuen Bund für die Gläubigen völlig bedeutungslos und deshalb von frühchristlichen Gemeinden nur noch gewohnheitsmäßig und aus freien Stücken geübt worden. Sein Geschichtsdenken war zutiefst von der Antithese Alter Bund – Neuer Bund geprägt, wobei er äußerst zurückhaltend gegenüber apokalyptisch-philadelphischen Spekulationen war. In seinem Druckwerk fehlt ferner der Rückgriff auf die Praxis der ersten Christen als normatives Leitbild. So kam er zu dem Schluss, dass die Wassertaufe dem Wesen des Christentums generell widerspreche, und betonte deshalb einzig die »Geistes-Tauffe« als entscheidenden, das christliche Leben begründenden Akt.[14]

Seebachs harsche Kritik an der neutäuferischen Auffassung offenbart den tiefen Riss, der im Jahre 1708 durch das radikalpietistische Lager ging und dasselbe in zwei Gruppen spaltete. Zu jener Zeit existierte innerhalb des radikalen Pietismus eine Richtung mit spezifisch täuferischen Strukturelementen, deren Mitglieder verbindlichen Gemeinderegeln folgten. Diese von den Neutäufern etablierten Gemeindestrukturen werteten einige radikale Pietisten als Gründung einer neuen »Secte« (Konfession) und opponierten deshalb gegen die Konstituierung der Gemeinde.

Seebachs heftige Polemik gegen die Taufauffassung der Neutäufer blieb nicht ohne Folgen. Schon 1713 publizierte Gruber seine »Grundforschenden Fragen« und übte darin scharfe Kritik an den Anschauungen beider Gruppen. Er begann mit einer Widerlegung der neutäuferischen Position, indem er auf die neue »Oeconomie [...] deß lauteren Geistes« abhob.[15] Dieser Ausdruck, der auch in Druckwerken Böhmes auftaucht, verweist auf eine Konzeption der Geschichte, die drei innerweltliche Epochen voneinander unterscheidet: Auf das Zeitalter des Vaters und des Sohnes folgt das des Heiligen Geistes. Die einzelnen Epochen repräsentierten Gruber zufolge

---

Geist neu gebohren sind/ zu dem Ende/ auff daß sie um der äussern Wasser-Tauffe willen/ die von dem Erstgebohrnen auß den Todten niemals weder befohlen/ noch mit der geringsten Verheissung gesegnet ist/ keine Mißhälligkeit unter sich seyn lassen. O. O. [Idstein] 1712.

12 Ebd., 5.

13 Ebd., 6.

14 Ebd., 50.

15 Gruber: *Grundforschende Fragen* (s. Anm. 4), 4.

jeweils unterschiedliche Stufen der kirchlichen Hierarchie, der Sakramente sowie der Wahrheitserkenntnis und der christlichen Existenzweise. So lehnte Gruber angesichts der kurz bevorstehenden endzeitlichen Geistausgießung die Wassertaufe dezidiert ab und hielt den Neutäufern die Frage entgegen, ob man die »so lang verfallene Tauff-Ceremonie in der letzten Zeit« wieder einführen dürfe.[16] Für deren Einführung forderte Gruber gemäß seiner Geschichtsdeutung eine unmittelbare Geistmitteilung als Legitimationsnachweis.

Ähnlich wie Seebach bezeichnet auch Gruber die Wassertaufe als »Ceremonie« des »alten Bund[es]«, die mit dem »geistlichen Wesen deß Christenthums« unvereinbar sei.[17] Die Ablehnung der Wassertaufe basierte auf einer mystisch-spiritualistischen Grundhaltung. Im Unterschied zu Seebach maß Gruber aber dem Gemeinschaftsideal einen besonders hohen Wert bei. So richtete er an die Neutäufer die Frage, ob die »wahre Bruderschafft« tatsächlich auf der Wassertaufe oder eher auf der Wiedergeburt beruhe.[18] Hier kündigt sich bereits der entscheidende, aber erst später wahrnehmbare ekklesiologische Differenzpunkt zwischen Gruber und Seebach an. Ferner bestanden grundlegende Unterschiede zwischen beiden radikalen Pietisten, die wir im zweiten Teil seiner »Grundforschenden Fragen« finden. Einleitend tadelt Gruber den spöttischen Ton, mit dem Seebach die Neutäufer attackiert habe. Obgleich Gruber selbst die Wassertaufe als »Ceremonie« bezeichnete, vertrat er keineswegs eine rein geistige Form des Christentums. Die Tatsache, dass die Neutäufer ihre Anschauung mit Schriftstellen und schwer widerlegbaren Vernunftgründen untermauerten hätten, fand bei ihm Anerkennung. Da die Praxis der Eintauchtaufe in den frühchristlichen Gemeinden üblich gewesen sei, zählte sie Gruber zu den »wichtigsten Pflichten deß Christenthums«. Damit wies er Seebachs Meinung zurück und hob hervor, dass dieser dem Ritus jeglichen »Nutzen und Segen« abgesprochen habe.[19] Gruber erkannte das äußere Schriftwort und die Praxis der ersten Christen als theologische Norm an, obgleich er die alttestamentliche Prophetie schätzte und das unmittelbare Gotteswort aufgrund seiner Geschichtskonzeption höher wertete.

In den »Grundforschenden Fragen« stand die freie Inspiration aber noch in einer gewissen Spannung zur bindenden Norm der urchristlichen Praxis. Diese teils konträren Aussagen in Grubers Darlegung beruhten auf der endzeitlichen Naherwartung, die bei Gruber zu einer Hochschätzung der freien Inspiration führte. Als aber die apokalyptische Hochspannung gegen Mitte des zweiten Jahrzehnts des 18. Jahrhunderts nach Grubers Sicht nachließ,

---

[16] Ebd.
[17] Ebd.
[18] Ebd., 7.
[19] Ebd., 12.

traten bei ihm die Praxis der ersten Christen und das Schriftwort stärker in den Vordergrund. Infolgedessen schuf er 1716 in der Wetterau für einen Teil der Inspirierten feste Gemeindestrukturen, indem er die Mitglieder auf »24 Regeln der Gottseligkeit« verpflichtete.[20] Damit gelang die Etablierung einer verbindlichen Gemeindezucht und gleichzeitig die Abgrenzung der ›wahren Inspirationsgemeinden‹ von den ›falschen‹ Inspirierten, die jegliche Gemeindeordnung verwarfen.

Somit existierte im Jahre 1716 eine *dritte* Gruppe innerhalb des radikalen Pietismus, deren Gemeindemodell sowohl den Auffassungen der Neutäufer als auch denen der extremen Spiritualisten Seebach und Dippel widersprach. In den »Grundforschenden Fragen« zeichnete sich diese allmähliche Aufsplitterung im Ansatz bereits ab. Die schärferen Konturen der einzelnen Gruppenidentitäten treten aber erst deutlicher hervor, wenn man einen Blick auf ihre differierenden Normensysteme wirft: Die Neutäufer erkannten die Berufung auf eine unmittelbare Offenbarung nicht an, sondern orientierten sich am Vorbild des Urchristentums und folgten dem äußeren Wortsinn der Schrift – sie waren also Vertreter eines biblizistischen Ansatzes. Grubers theologisches Denken wurde dagegen vom direkten Gotteswort als maßgeblicher Glaubensnorm in Verbindung mit einem philadelphischen Gemeindeideal bestimmt. Dieses Gemeindekonzept teilte er sowohl mit den Neutäufern als auch mit Herrnhutern. Seebach und Dippel beriefen sich hingegen auf das geistgewirkte Wort in der Seele des Menschen und traten als religiöse Einzelgänger auf. Deshalb misslang ihre Integration und Einbindung in festere Gemeindestrukturen.

Blickt man auf die Auseinandersetzung vor dem Hintergrund der religionssoziologischen Typenlehre Ernst Troeltschs, dann repräsentiert Seebach die ›Mystik‹, die Neutäufer stellen hingegen die ›Sekte‹ dar.[21] Zur erstgenannten Gruppe gehören Seebach und Dippel, die ihre Reformansätze im Rahmen eines extremen Spiritualismus zu verwirklichen suchten und deren konfessionell-lutherischer Hintergrund offenkundig ist. Im Gegensatz dazu waren von den acht Neutäufern sechs von Hause aus reformiert, die zwei weiteren Vertreter entstammten dem Luthertum aus Württemberg. Aufgrund dieser Beobachtung lässt sich ein auffallender Strukturunterschied zwischen Luthertum und Calvinismus ableiten: Die Gruppe der Lutheraner tendierte eher zum mystischen Spiritualismus, wohingegen die Reformierten stärker zum Täufertum neigten. Lutheraner betonten das innere Geistwirken und die verborgene Gemeinde der Heiligen, Reformierte beriefen sich hingegen auf das äußere Schriftwort und drängten auf verbindliche Gemeindesatzungen bzw. auf Verwirklichung der sichtbaren Gemeinde der

[20] Hans Schneider: Art. »Inspirationsgemeinden«. In: TRE 16, 1987, 203–206, hier 204.

[21] Ernst Troeltsch: *Die Soziallehren der christlichen Kirchen und Gruppen*. 2 Bde. Tübingen 1912 (ND Tübingen 1994), 863–868.

Heiligen in der Welt. Dementsprechend vertraten die Neutäufer eine strenge Gemeindezucht, deren Forderung sie bei ihrer Gemeindegründung als einen entscheidenden Impuls aufgriffen.

Troeltsch machte auf die Nähe des Calvinismus zur »Sekte« aufmerksam[22] und wies bereits auf einige Berührungspunkte zwischen Luthertum und Mystik hin.[23] Gruber nahm zwischen diesen beiden Extremen – Seebach auf der einen Seite und die Neutäufer auf der anderen – eine Mittelposition ein, die sich erst 1714 deutlicher abzeichnete, als im Ysenburgischen und in Wittgenstein feste Gebetsgemeinschaften entstanden, deren Entwicklung zwei Jahre später mit der Gründung der ›wahren Inspirationsgemeinden‹ in eine neue Phase trat. In der öffentlichen Verlesung ihrer Gemeinderegeln und in der Einführung von Ordnungs- und Kontrollmechanismen wird man sicher die konsequente Fortführung der Anschauungen Grubers sehen dürfen.

II.

Die Ursachen der Binnendifferenzierung im radikalen Pietismus waren einerseits die konfessionelle Herkunft von radikalen Pietisten und andererseits die schmerzliche Erfahrung der ausbleibenden Parusie bei gleichzeitig voranschreitender Etablierung der radikalpietistischen Bewegung in der Welt.

Schon in den 1680er Jahren hatte die Debatte um die kirchliche Abendmahlspraxis in Frankfurt am Main erhebliches Aufsehen erregt. Dagegen entzündete sich der Konflikt um das Taufsakrament erst um 1700. Im Vorfeld dieser Debatte spielte die Taufverweigerung Balthasar Christoph Klopfers (1659–1703), des Registrators der gräflichen Kanzlei zu Solms-Braunfels, eine bedeutsame Rolle.[24] Als dieser sich 1697 weigerte, seinen neugeborenen Sohn taufen zu lassen, nahmen ihn die Behörden in Greifenstein in Haft. Klopfer begründete seine Haltung mit unmittelbaren Offenbarungen, verwies auf die unmittelbare Nähe der apokalyptischen Zeitenwende und kündigte den baldigen Untergang aller Konfessionskirchen an. Trotz wiederholter Ermahnungen beharrte er auf seiner Meinung und musste des-

---

[22] Troeltsch: *Soziallehren* (s. Anm. 21), 627 f, 860.

[23] Siehe hierzu die instruktive Darstellung von Arie L. Molendijk: *Zwischen Theologie und Soziologie. Ernst Troeltschs Typen der christlichen Gemeinschaftsbildung: Kirche, Sekte, Mystik.* (Troeltsch-Studien, 9) Gütersloh 1996, 87–94.

[24] Zu Klopfer vgl. Heinz Renkewitz: *Hochmann von Hochenau (1670–1721). Quellenstudien zur Geschichte des Pietismus.* (AGP, 5) Witten ^{2}1969, 59 ff; Rudolf Mohr: Ein zu Unrecht vergessener Pietist: Johann Henrich Reitz (1655–1720). Korrekturen und Ergänzungen der Biographie. In: MEKGR 22 (1973), 46–109, hier 79–85.

halb das Land verlassen. Von Klopfers Haltung beeinflusst lehnte auch der reformierte Pfarrer Philipp Jakob Dilthey in Haigar die Taufe seines neugeborenen Kindes ab und wurde seines Amtes enthoben.

Der Professor an der Hohen Schule in Herborn Johann Henrich Horch, der von Klopfers Haltung ebenso tief beeindruckt war, legte 1698 wegen Verbreitung heterodoxer Lehren sein Amt nieder. In seiner 1702 erschienenen Druckschrift »Reinigung der Kinder Levi« führte er zahlreiche Gründe gegen die kirchliche Taufpraxis an.[25] Dies war aber keineswegs die erste radikalpietistische Stellungnahme zur Taufproblematik im radikalen Pietismus. Schon drei Jahre zuvor, 1699, hatte Philips Henrich Geyer, Informator in der Grafschaft Ysenburg-Büdingen, seinen »Gründlichen Bericht von der wahren Tauff« bei Bonaventura de Launoy in Offenbach herausgegeben.[26] Er wusste vom Landesverweis in der Grafschaft Solms-Braunfels und war über ähnliche Vorgänge in Hanau[27] und in der Schweiz[28] informiert. Diese Aufsehen erregenden Ereignisse sind vor dem Hintergrund einer gespannten Naherwartung der eschatologischen Zeitenwende zu sehen.[29]

Die scharfen Attacken gegen die verfassten Kirchen erreichten um die Jahrhundertwende ihren Höhepunkt. Die Wucht, mit der radikale Pietisten zu jener Zeit an den kirchlichen Fundamenten rüttelten, ist noch in Geyers Druckschrift deutlich zu spüren. Geyer ging in seinem »Gründlichen Bericht« ausschließlich der Frage nach, ob die kirchliche Taufpraxis gemäß der Schrift ausgeübt werde und somit rechtmäßig sei. Indem Geyer die Kindertaufe als das »Thor des geistlichen Babels« und die »Grund-Feste deß Antichristenthumbs« bezeichnete,[30] handelt es sich zweifellos um den schärfsten Angriff auf die kirchliche Taufpraxis an der Wende vom 17. zum 18. Jahrhundert. Sein Hauptargument entnahm er der 1696 in Frankfurt am Main

---

[25] Johann Henrich Horch: *Reinigung der Kinder Levi/ in einer Glaubens-Bekantnüß und Vermahnung an seine Brüder fürgestellet und dem Durchleuchtigsten Fürsten und Herrn/ HERRN Carln/ Land-Grafen zu Hessen* [...] *auff Gnädigsten Befehl unterthänigst überreichet.* Offenbach o.J. [1701].

[26] Philips Henrich Geyer: *Gründlicher Bericht von der wahren Tauff/ wie sie der HERR Jesus eingesetzt/ und befohlen hat; darneben auch/ von der falschen Tauff der falschen Christen; Aus Gottes Wort deutlich gezeiget.* O. O. [Offenbach] 1699.

[27] Hessisches Staatsarchiv Marburg, 81 A 78 Nr. 1.

[28] Geyer: *Bericht* (s. Anm. 26), F 5^r^. Zu den Vorgängen in der Schweiz vgl. Hans Schneider: Der radikale Pietismus im 17. Jahrhundert. In: Martin Brecht (Hg.): Geschichte des Pietismus. Bd. 1: Der Pietismus vom siebzehnten bis zum frühen achtzehnten Jahrhundert. Göttingen 1993, 391–437, hier 409. Vgl. auch Rudolf Dellsperger: *Die Anfänge des Pietismus in Bern. Quellenstudien.* (AGP, 22) Göttingen 1984.

[29] Hans Schneider: Die unerfüllte Zukunft. Apokalyptische Erwartungen im radikalen Pietismus um 1700. In: Manfred Jakubowski-Tiessen u. a. (Hg.): Jahrhundertwenden. Endzeit- und Zukunftsvorstellungen vom 15. bis zum 20. Jahrhundert. (VMPIG, 155) Göttingen 1999, 187–212.

[30] Geyer: *Bericht* (s. Anm. 26), F 4^{v}.

erschienenen »Ersten Liebe«[31] Gottfried Arnolds, der zeigte, dass die Kindertaufe in den frühchristlichen Gemeinden der ersten zwei Jahrhunderte nicht üblich gewesen sei.[32] Damit gab Arnold den Gegnern der Kindertaufe ein wichtiges historisches Argument an die Hand, das seine Wirkung nicht verfehlte.[33] Geyer nun, und hier unterscheidet er sich von radikalen Pietisten mit lutherischem Hintergrund, war kein überzeugter Gegner der Wassertaufe: Er widersprach sogar jenen, die die Wassertaufe einzig »um der Schwachen willen« aufrechterhalten wollten.[34] Von einer spiritualistisch motivierten Abwertung der äußeren Wassertaufe kann bei Geyer demzufolge keine Rede sein.

Im April 1700 wurde der reformierte Pfarrer Johann Daniel Appel zu Bönstadt von Zweifeln an der Rechtmäßigkeit der Kindertaufe gequält. Er wandte sich daraufhin an den Grafen Karl August und bat um Befreiung von der Sakramentspendung. Seinem Bittgesuch fügte er eine kurze handschriftliche Widerlegung der Kindertaufe bei.[35] An einer eiligst nach Marienborn einberufenen Zusammenkunft nahm auch Konrad Bröske teil, der aber vergeblich Appels Zweifel zu zerstreuen suchte. Aufgrund dieser Ereignisse verfasste Bröske eine noch im Jahre 1700 erscheinende Verteidigung der Kindertaufe, die in Offenbach unter dem Titel »Die wahre Christen-Tauffe« gedruckt wurde. Für den Offenbacher Hofprediger stand fest, dass die Taufe bloß ein »Lehr-Zeichen« sei, das den Täufling auf die Bekehrung und die Erneuerung des Menschen hinweise.[36] Gleichzeitig sei sie eine »Handleitung«, mit deren Hilfe der Gläubige später zu den Heilsgaben geführt werde.[37] Offensichtlich folgte Bröske der reformierten Taufauffassung und deren Betonung, die zeichenhafte Taufe von der tatsächlichen Sündenvergebung zu unterscheiden. Schon 1701 kam anonym eine umfassende Widerlegung der Druckschrift Bröskes unter dem Titel »Probierstein der wahren Tauffe« heraus. Der Autor Johann Daniel Appel verwarf darin die Kindertaufe, unterstrich aber ähnlich wie Geyer den hohen Wert der Wassertaufe und bezeichnete sie als »eine offene Thür« in das Reich Gottes oder als das

---

31 Gottfried Arnold: *Die Erste Liebe der Gemeinen JESU Christi/ Das ist/ Wahre Abbildung der ersten Christen nach ihrem lebendigen Glauben und heiligen Leben*. Frankfurt/Main 1696.

32 Ich benutze die im Jahre 1700 in Frankfurt erschienene Ausgabe Arnolds. Gottfried Arnold: *Erste Liebe*, 307.

33 Das historische Argument taucht in allen radikalpietistischen Taufschriften auf. Vgl. etwa Geyer: *Bericht* (s. Anm. 26), C 8^{v}.

34 Geyer: *Bericht* (s. Anm. 26), C 5^{v}.

35 Fürstlich Ysenburg-Büdingensches Archiv, Kulturwesen 30/6.

36 Konrad Bröske: *Die wahre Christen-Tauffe. Auß Gottes Worte beschrieben*. Offenbach o.J. [1700], 47f.

37 Ebd., 9.

Siegel der »Bundsgenossen«.[38] Appel, der Theologie in Bremen studiert hatte,[39] lehnte die Wassertaufe nicht grundsätzlich ab. Eine solche Haltung vertrat dagegen Dippel in seiner 1700 erschienenen »Wahren Wasser-Tauff der Christen«. Nachdem er Bröskes Taufschrift während eines Besuchs im Ysenburgischen kennengelernt hatte, verfasste er sogleich eine Gegendarstellung. Auch Dippel meinte, dass die Kindertaufe keine biblische Grundlage habe,[40] legte dabei aber den Fokus nicht auf den sogenannten Taufbefehl Mt 28,18–20, sondern auf die Erörterung der Taufe im sechsten Kapitel des Römerbriefes, dessen Zentrum die »Ersäuffung des alten Menschen« bildet.[41] Die Sakramente waren für ihn bloße materielle Zeichen, die für jene, die »das Wesen in Jesu Christo besitzen«, ohne jegliche Bedeutung seien.[42] Da Christus »lauterlich im Geist und der Wahrheit« gesucht werden müsse, seien äußere Formen prinzipiell zu meiden.[43] Ähnlich wie Seebach zählte auch Dippel den äußeren Buchstaben der Schrift, die Predigt und die Wassertaufe nicht zu den »wahren Schätze[n] des Evangelii in Christo«.[44] Während die beiden reformierten radikalen Pietisten Geyer und Appel alles Gewicht auf die bleibende Bedeutung der Wassertaufe legten, werteten die Lutheraner Dippel und Seebach die Taufe als »indifferente Sach« ab. Die Wassertaufe laufe gemäß ihrer Anschauung dem Wesen des Christentums »schnur strack zuwider«.[45] Besonders umstritten waren im radikalen Pietismus neben der Tauffrage das Schriftverständnis, die Kirchenzucht, die Ekklesiologie, die Apokatastasis-Vorstellung, die Frage nach der Verbindlichkeit urchristlicher Gemeindepraxis und das Eheverständnis. Es kann also festgehalten werden, dass nach 1700 die Vertreter des radikalpietistischen Lagers je nach ihrer konfessionellen Prägung auf theologische Streitfragen höchst unterschiedlich reagierten und konträre Auffassungen vertraten.[46]

Neben der konfessionellen Herkunft trug vor allem die nachlassende Endzeiterwartung wesentlich zur Ausdifferenzierung des radikalen Pietismus bei. Der Marburger Theologiestudent Jakob Ulrich berichtete über das erste Auftreten der Inspirierten in Deutschland:

---

[38] [Johann Daniel Appel:] *Probierstein der wahren Tauffe Neuen Testamentes/ enthalten/ in den Heil. Einsetzungs-Worten unsers Herrn Jesu Christi.* O. O. 1701.

[39] Thomas Otto Achelis und Adolf Börtzler (Hg.): *Die Matrikel des Gymnasium illustre zu Bremen 1610–1810. Zugleich Teil III der Geschichte der Hochschulen und Höheren Schulen Bremens seit 1528.* (Bremisches Jahrbuch, 2, 3) Bremen 1968, 239.

[40] Dippel: *Die wahre Wasser-Tauff der Christen aus Gottes Wort beschrieben.* O. O. 1700, 645.

[41] Ebd.

[42] Ebd., 646.

[43] Ebd., 646 f.

[44] Ebd., 637.

[45] Ebd.

[46] In diesem Zusammenhang vgl. Marcus Meier: Horch und Petersen. Die Hintergründe des Streits um die Apokatastasislehre im radikalen Pietismus. In: PuN 32 (2006), 157–174.

»Sie [=die Inspirierten] drangen dabey allezeit auf eine neue Erweckung/ aus dem Sünden-Schlaff auffzustehen; als worin alle und jede/ keinen ausgenommen/ bey dem Verzug des Bräutigams gefallen wären«[47].

Ulrich, der später selbst den Inspirierten zuneigte, sprach das Problem der Parusieverzögerung offen an. Die englische Apokalyptikerin Jane Leade hatte in zahlreichen Schriften das Kommen Christi (Apk 3,11; Apk 22,20) prophezeit und damit die Hoffnung auf eine endzeitliche Sammlung der wahren Christen zu einer überkonfessionellen Gemeinde genährt.[48] Ihre Druckwerke fanden besonders unter radikalen Pietisten in Deutschland und in der Schweiz weite Verbreitung. Seitdem konnte man den Ruf des Bräutigams auch in ihren Traktaten vernehmen. So lässt Hochmann sein äußerst kirchenkritisches »Send-Schreiben« mit den letzten Versen der Johannesapokalypse enden:

»Und der Geist und die Braut sprechen: Komm. Und wen dürstet/ der komme/ und wer da will/ der nehme das Wasser des Lebens umsonst. Es spricht/ der solches zeuget: Ja komme bald/ Amen. Ja komm Herr Jesu!« (Apk 22,20)[49]

In diesem Abschnitt der Bibel verdichtete sich für radikale Pietisten die Erwartung der baldigen Ankunft Jesu. Deshalb räumte auch Horch Apk 22,20 in seiner Schrift »Maranatha, oder Zukunfft des Herrn zum Gericht« einen besonderen Platz ein.[50] Er war schon im November 1699 fest davon überzeugt, dass das Reich Gottes »mit so grossen Sprüngen heran kommet«.[51]

An der Wende vom 17. zum 18. Jahrhundert hatte die Ankündigung des Tausendjährigen Reiches die divergenten Stimmen innerhalb des radikalpietistischen Lagers zunächst übertönt und konkurrierende Positionen überlagert. Aufgrund der sich allmählich durchsetzenden Erkenntnis des ausbleibenden Millenniums konnten nun aber Dissonanzen und Missklänge deutlicher vernommen werden. Jedenfalls war die anfängliche Aufbruchsstimmung unter den Radikalen bald verflogen und das angestrebte Vollkom-

---

47 [Christian Fende (Hg.):] *Unterschiedliche Erfahrungs-volle Zeugnisse/ welche einige in Gott verbundene Freunde von der so sehr verhassten und verschreyten INSPRIRATIONS-SACHE/ nach ihrem Gewissen* [...] *abgefasset*. O. O. 1715, 42.

48 Jane Leade: *Die Zeichen der Zeiten: Die vor dem Reiche Christi hergehen und klärlich Zeugen werden/ wenn es kommen und erscheinen wird*. Amsterdam 1699, 72. Jane Leade: *Propositiones, ausgezogen aus denen Ursachen/ wordurch wir zur Aufricht- und Beförderung einer Philadelphischen Societät bewogen worden: Welche bey der Ersten zusammenkunfft deroselben in Westmorlands-Hause in London gelesen worden*. O. O. 1698, 11 f.

49 [Ernst Christoph Hochmann von Hochenau:] *Send-Schreiben/ von dem falschen Anti-Christlichen in blosser äusserlicher Kinder-Tauffe/ Abendmahl und Kirchen-gehen bestehenden so genannten Gottesdienste/ und Ausgang aus demselben*. O. O. 1707, [A 8^v].

50 Johann Henrich Horch: *MARANATHA, oder Zukunfft des HERRN zum Gericht/ und seinem herrlichen Reiche/ welches ist die Hochzeit des Lammes*. O. O. 1700, [B 4^r].

51 Johann Henrich Horch: *Herrn D. Horchens Schreiben an seine Frau auß seinem jetzigen Arrest*. O.O 1699.

menheitsideal verlor seine prägende Kraft. In dieser kritischen Phase sahen einige radikale Pietisten die »Freygeisterey« gegenüber der Zugehörigkeit zu einer Konfessionspartei als »noch gefährlicher« an und kehrten deshalb zu den verfassten Kirchen zurück.[52] Auf dieses Problem ging Gruber in seinem Traktat von der »Wahren und falschen Absonderung« ausführlich ein und warnte vor einer Rückkehr zu den »Secten«.[53]

Die theologischen Differenzen sowie das offenkundige Fehlverhalten einiger Gesinnungsgenossen machten aber die Hoffnung auf die Sammlung einer philadelphischen Gemeinde nicht völlig zunichte. Angesichts der Auflösungstendenzen, mit denen sich das radikalpietistische Lager unerwartet konfrontiert sah, entschlossen sich die Neutäufer zur Gründung einer ›heiligen‹ Gemeinde nach philadelphischen Grundsätzen. Von der Notwendigkeit überzeugt, sich an diesseitige Gegebenheiten anzupassen, etablierten sie in Anlehnung an philadelphische Grundüberzeugungen eine Gemeinschaft nach dem Muster der urchristlichen Gemeindepraxis. Auch die Mitglieder der ›wahren Inspirationsgemeinden‹ wollten philadelphischen Anschauungen folgen, obgleich sie der geistgewirkten Rede einen höheren Stellenwert gegenüber den Neutäufern einräumten, aber ähnlich wie diese eine strenge Gemeindezucht übten. Eine dritte, von spiritualistischen Ideen bestimmte Gruppe, zu der ausnahmslos Lutheraner zählten – darunter Seebach, Dippel und Hochmann – verwarf angesichts der ausbleibenden Parusie noch konsequenter als zuvor jegliche Form der planmäßigen Gemeindeorganisation.

Die gespannte eschatologische Hochstimmung um die Jahrhundertwende war wenige Jahre später einer allgemeinen Ernüchterung gewichen. Deutete man noch um 1700 Traumgesichte und Visionen als Vorboten der endzeitlichen Geistausgießung, so stand nun nicht selten Prophetenwort gegen Prophetenwort. Dementsprechend bedurfte es eindeutiger Kriterien zur Unterscheidung von ›wahrer‹ und ›falscher‹ Inspiration. Deshalb verfasste 1716 Gruber sein »Nöthiges und Nutzliches Gespräch von der Wahren und Falschen Inspiration«.[54] Hingegen wandten sich nun Seebach, Dippel und Hochmann verstärkt dem unmittelbaren göttlichen Wort in der Seele des Menschen zu. Hochmanns Briefe aus dieser Zeit zeigen, dass seine Verkündigung kaum noch von apokalyptischen Motiven bestimmt war.[55] Einen anderen Weg gingen wiederum die Neutäufer, die allein das äußere buchstäbliche Schriftwort als zuverlässige Richtschnur gelten ließen. Damit ent-

---

[52] Alexander Mack jun.: Vorrede. In: *Kurze und einfältige Vorstellung der äussern, aber doch heiligen Rechten und Ordnungen des Hauses GOTTES. Wie es der wahre Haus=Vater Jesus Christus befohlen, und in seinem Testament schriftlich hinterlassen*. Germantown 1774, 5^v–[12^v], hier 7^v.

[53] Eberhard Ludwig Gruber: *Gespräch und Unterredung von der Wahren und Falschen Absonderung*. O. O. 1714, 19.

[54] Schneider: Pietismus im 18. Jahrhundert (s. Anm. 3), 150f.

[55] Augé: Briefe (s. Anm. 6), 147. Vgl. auch Seebach: *Send-Brieff* (s. Anm. 11), 70.

zogen sie sowohl der normativen Autorität unmittelbarer Offenbarungen als auch der Berufung auf innere Geistwirkungen endgültig den Boden.

III.

Bisher war bekannt, dass neben spätmittelalterlichen Traditionen vor allem spiritualistische, theosophisch-alchemistische und philadelphische Traditionen einen maßgeblichen Einfluss auf den radikalen Pietismus ausübten. Es fällt auf, dass die gängigen Gesamtkonzeptionen des Pietismus besonders den mystischen Spiritualismus als Vorläufer des radikalen Pietismus thematisieren,[56] ein Hinweis auf das Täufertum oder die Verbreitung täuferischer Druckwerke hingegen fehlt. Dementsprechend wurde das Täufertum in seiner Bedeutung für die Entstehung der radikalpietistischen Bewegung bisher kaum ins Auge gefasst. Dies dürfte auch darin begründet liegen, dass die Forschung zunächst einmal das Umfeld der einflussreichen radikalen Pietisten wie Johann Jakob Schütz, Gottfried Arnold, Ernst Christoph Hochmann von Hochenau, Johann Konrad Dippel, Johanna und Johann Petersen – allesamt Lutheraner – erhellte, den reformierten Vertretern wie Johann Henrich Horch, Alexander Mack, Johann Daniel Appel und Philips Henrich Geyer aber bislang kaum Aufmerksamkeit schenkte.

Als wichtige theologische Vorbereiter und Vorläufer der radikalpietistischen Bewegung werden oft Johannes Tauler, Johann Arndt, Jakob Böhme, Christian Hoburg, Jean de Labadie und die belgische Mystikerin Antoinette Bourignon genannt. Zum Beispiel ist der Einfluss Böhmes auf den radikalen Pietismus seit Emanuel Hirsch unumstritten. Dennoch stellt sich die Frage, welche Anschauungen tatsächlich das Denken von radikalen Pietisten nachhaltig prägten.[57] Auf die Diskussion um das Abendmahl in Frankfurt zwischen Johann Jakob Schütz und Philipp Jakob Spener übte Böhme jedenfalls nur geringen Einfluss aus[58] und auch die Taufdiskussion im radikalen Pietismus empfing von ihm keinerlei Impulse, vertrat doch Böhme die Kindertaufe.[59] Hier war es Gottfried Arnold, der den entscheidenden

---

[56] Martin Schmidt: Art. »Pietismus«. In: RGG³ 5, 1961, 370–381. Johannes Wallmann: Was ist Pietismus? In: PuN 20 (1994), 11–27. Zu den Pietismuskonzeptionen vgl. den grundlegenden Aufsatz von Hans Schneider: Der radikalen Pietismus in der neueren Forschung. In: PuN 8 (1982), 15–42, hier 21–31.

[57] Die böhmistische Engellehre und deren Wirkung auf die Geschlechter-Ordnung von Mann und Frau ist beispielsweise ein aufschlussreiches, aber immer noch vernachlässigtes Thema der Pietismusforschung. Vgl. dazu Marcus Meier: Der neue Mensch nach Jane Leade. Anthropologie zwischen Böhme und Frühaufklärung, [im Druck].

[58] Schneider: Pietismus im 17. Jahrhundert (s. Anm. 28), 394.

[59] Jakob Böhme: *Sämtliche Schriften. Faksimile-Neudruck der Ausgabe von 1730 in elf Bänden.*

Anstoß zur Debatte um die Rechtmäßigkeit der kirchlichen Taufpraxis gab. Seitdem er in seiner »Ersten Liebe« die Erwachsenentaufe als übliche Praxis in den ersten zwei Jahrhunderten dargestellt hatte, gehörte die Infragestellung der Kindertaufe zum festen Bestandteil radikalpietistischer Kirchenkritik. Arnolds historisches Argument scheint eine literarische Vorlage vorauszusetzen, obgleich er, sonst doch zumeist die benutzten Quellen recht zuverlässig verzeichnend, gerade hier seine Vorlage verschweigt. Das historische Argument gegen die Kindertaufe findet sich in täuferischen Publikationen des 17. Jahrhunderts.[60] Im berühmten 1660 erschienenen »Märtyrerspiegel« – eine zweite Auflage war bereits 1685 nötig geworden und erschien in Amsterdam – findet sich das von Arnold benutzte Zitat nämlich gleich zweimal wörtlich.[61] Das hier ebenso auftauchende Zitat aus Tertullians »De baptismo« folgt auch in Arnolds Darstellung unmittelbar auf die historische Begründung.[62] Dementsprechend wurde die Taufdiskussion im radikalen Pietismus von einem täuferischen Druckwerk des 17. Jahrhunderts initiiert.

Daneben hat Arnold das täuferische Werk auch für andere Passagen seiner Darstellung herangezogen. Schon im »Märtyrerspiegel« hatte Tileman Jan van Braght die Taufauffassungen der ersten Jahrhunderte ausführlich dargelegt und sich dabei auf zahlreiche Kirchenväterzitate gestützt, die er mit genauer Angabe der Fundstelle verzeichnete. So konnte Arnold die Zitate an je passender Stelle in seine Erörterung einfügen. Ferner machte der »Märtyterspiegel« Arnold im Zusammenhang der frühchristlichen Taufanschauungen auf wichtige Quellenschriften der Kirchenväter aufmerksam. Das täuferische Werk war dementsprechend für Arnold eine wahre Fundgrube, die er ausgiebig benutzte. Es ist höchst bemerkenswert, dass Arnold auf diese Art und Weise zentrale täuferische Anschauungen an den Pietismus vermittelte. Ferner hat Arnolds Rückgriff auf täuferische Literatur für die Frage nach den traditionsgeschichtlichen Wurzeln des Pietismus weit reichende Folgen, beschäftigten sich doch sowohl Spener als auch Francke intensiv mit der »Ersten Liebe«.[63]

War die Rezeption eines täuferischen Druckwerks durch Arnold ein Einzelfall oder handelt es sich hier um ein im radikalen Pietismus verbreitetes

---

Neu hg. von Will-Erich Peuckert. Stuttgart 1955–1961, Bd. 1: *Aurora, oder Morgenröthe im Aufgang*, 70.

[60] Menno Simons begründete die Ablehnung der kirchlichen Taufpraxis mit der Schrift und den Kirchenvätern. Die Taufe sei allzeit »verändert« worden, bis schließlich Papst Innozenz I. (402–417) die Kindertaufe durch ein Gesetz angeordnet habe. Menno Simons: *FVNDAMENTVM. Ein Fundament und klar Anweisung von der Seligmachenden Lehre unsers Herren Jesu Christi. Auß Gottes Wort kurtz begriffen*. O. O. 1575, 54.

[61] Tileman Jan van Braght: *Het Bloedig Tooneel, OF MARTELAERS SPIEGEL DER DOOPS-GESINDE OF Weereloose Christenen*. Amsterdam ^{2}1685 (ND Löwen 1984), 108, 70.

[62] Ebd., 108 f.

[63] Hans Schneider (Hg.): *Gottfried Arnold. Die Erste Liebe*. (KTP, 5) Leipzig 2002, 201.

Phänomen? Einige Indizien sprechen dafür, dass radikalen Pietisten täuferische Werke bekannt waren oder sie zu Taufgesinnten enge Kontakte pflegten. Entsprechend der These Troeltschs lassen vor allem reformierte Taufschriften eine auffallende Nähe zu täuferischen Positionen erkennen. Die Autoren dieser Druckwerke stimmen darin überein, dass die christliche Unterweisung der Wassertaufe vorangehen müsse – eine Argumentationsfigur, die häufig in täuferischer Literatur auftaucht und wieder bei Geyer, Appel, Horch[64] und radikalen Pietisten in Württemberg begegnet.[65] War diese Gruppe radikaler Pietisten etwa unter den Einfluss täuferischer Druckwerke geraten? Der radikale Pietist Geyer schätzte die Taufgesinnten nicht nur wegen ihres Lebenswandels, sondern war höchstwahrscheinlich auch mit täuferischen Publikationen bestens vertraut. Er schrieb:

»Sind auch im Gegentheil zu allen Zeiten fromme und von Gott gelehrte Männer gefunden/ die der Kinder-Tauff widersprochen/ und bey der Einsatzung Christi so steiff gehalten/ daß sie darüber ihr Haab und Gut/ Weiber und Kinder/ ja ihr Leben und alles dahin gegeben/ auch Schmach und Spott/ allerley grausame Verfolgungen außgestanden; dieselben aber ohnerachtet ihres standhafftigen Glaubensgrund heiligen Lebens/ sind von ihren Widersachern und Feinden der Wahrheit mit solchen schädlichen Nahmen beleget/ und so verketzert worden/ daß jederman sich gescheuet mit ihren umbzugehen/ oder ihre Schrifften zu lesen.«[66]

Für die Nähe radikaler Pietisten zur täuferischen Bewegung des 16. und 17. Jahrhunderts lassen sich weitere Beispiele anführen: Als die radikalpietistische Taufdiskussion in der Wetterau im Jahre 1702 ihren ersten Höhepunkt erreichte, sammelte ein unbekannter Kreis von Mennoniten alte täuferische Bekenntnisse des 16. Jahrhunderts und publizierte diese unter dem Titel »Güldene Aepffel in silbern Schalen«. Am Ende des ersten Registers erscheint ein Engel-Signet, das Hans Schneider dem Drucker Bonaventura de Launoy in Offenbach zuweisen konnte.[67] Schon dieser Publikationsort legt die engen Verbindungslinien zwischen Täufertum und radikalem Pietismus offen. Darüber hinaus steuerten sogar radikalpietistische Anschauungen den Auswahlprozess der täuferischen Textsammlung. Die Sammlung beginnt nämlich mit dem berühmten Bekenntnis Thomas von Imbroichs, das in weiten Teilen eine Widerlegung der Kindertaufe darstellt. Auf dieses Thema richtete sich zu jener Zeit das Interesse der radikalen Pietisten beson-

---

64 Horch: *Reinigung* (s. Anm. 25), 49.

65 Vgl. hierzu die Druckwerke von Sigmund Christian Gmehlin, Christian Gottfried Schmoller und Polycarp Jacob Bauer. Gottfried Mälzer: *Die Werke der württembergischen Pietisten des 17. und 18. Jahrhunderts. Verzeichnis der bis 1968 erschienenen Literatur.* (BGP, 1) Berlin, New York 1972, Nr. 845.

66 Geyer: *Bericht* (s. Anm. 26), E 4^r.

67 Schneider: Pietismus im 17. Jahrhundert (s. Anm. 28), 423 Anm. 35.

ders. Außerdem ist das Vorwort ein höchst bemerkenswertes Zeugnis für die enge Verwandtschaft beider Bewegungen, bezeugt es doch auf eindrucksvolle Weise die Abhängigkeit des radikalen Pietismus vom Täufertum:

»Daß unter allen Sprachen und Völkern man heut zu Tage von Leuten [Pietisten] höret, die Christi Reich mit Eyffer verkündigen; und von der Nachfolge Christi, und anderen schönen Wahrheiten, Vieles so schrifft= als mündlich vortragen; ja sogar unsere Brüderschafft, und deren erlittener Verfolgungen, nebst verschiedenen unsern Glaubens=Artikeln, rühmen und in Büchern vertaidigen; und also dem Liebes=Reich eine ziemlich Tür öffnen.«[68]

In den alten täuferischen Bekenntnistexten spiegelten sich folglich die Anliegen des radikalen Pietismus um 1700 wider. Erst dadurch erlangten die Texte besondere Aktualität. Nach dieser Literatur gab es angesichts der Aufbruchstimmung in radikalpietistischen Kreisen eine steigende Nachfrage. Wenn keine Neuausgaben vorlagen, waren ältere Publikationen im Gebrauch: Johann Kipping aus Oberstenfeld verweigerte 1706 die Taufe seiner neugeborenen Tochter und gestand den Behörden, dass er entscheidende Impulse zur Taufverweigerung aus einem alten täuferischen Buch empfangen habe. Dieses Druckwerk, auf das er in der Stube des Informators Polycarp Jacob Bauer[69] auf Schloss Schaubeck[70] gestoßen sei, habe ihn in seiner Taufverweigerung bestärkt.[71] Er gab damit den Behörden zwar eine wichtige Information preis, ließ aber die Identität des Autors bewusst im Dunkeln. Bei weiteren Recherchen stößt man zwangsläufig auf die Publikation, die Kipping gelesen hat. Seiner Taufverweigerung war eine intensive Beschäftigung mit dem berühmten »Fundamentum« des niederländischen Täuferführers Menno Simons vorausgegangen. Im Herzogtum Württemberg hatten radikale Pietisten höchstes Interesse an Druckschriften, deren Inhalte in einer Nähe zu täuferischen Anschauungen standen. Christian Gottfried Schmoller schrieb, dass sein Bedenken an der kirchlichen Taufpraxis von Appels »Probierstein« herrühre.[72] Auch Polycarp Jacob Bauer lehnte in seiner »Schrifftlichen Antwort« die Kindertaufe dezidiert ab, weil sie in den ers-

---

68 *Güldene Aepffel in silbern Schalen Oder: Schöne und nützliche WORTE und WARHEITEN zur Gottseligkeit.* O. O. [Offenbach] 1702, ^{2}1745 (ND Walnut Creek, Ohio 1995), Vorwort.

69 Heinrich Meissner: *Das Dorf Kleinbottwar in alter und neuer Zeit. Eine schwäbische Ortschronik.* Stuttgart 1896, 28.

70 Schloss Schaubeck war ein herrschaftliches Anwesen, sechs Kilometer südlich von Oberstenfeld, das am Anfang des 18. Jahrhunderts im Besitz des kaiserlichen Rates Johann Sebastian von Gaisberg war. Gaisberg sympathisierte mit der pietistischen Bewegung. Meissner: *Kleinbottwar* (s. Anm. 69), 6–15.

71 Hauptstaatsarchiv Stuttgart, A 213 Bü 7876.

72 Christian Gottfried Schmoller: *Verantwortung auf die vom Fürstl. Consistorio ihme vorgelegte Fragen.* O. O. 1708, 111.

ten zwei Jahrhunderten nicht üblich gewesen sei und der Taufe das öffentliche Bekenntnis vorangehen müsse.[73]

Neben literarischen Verbindungen bestanden auch enge persönliche Kontakte zwischen radikalen Pietisten und Täufern. Dazu einige signifikante Beispiele: Horch erklärte, dass Mennoniten an seinen Konventikeln in Neuwied teilgenommen hätten.[74] Im August 1706 flüchtete eine kleine Schar – darunter auch Hochmann – nach der gewaltsamen Auflösung des Konventikels in Schriesheim in das Dorf Zuzenhausen und fand dort Unterschlupf bei Hans Berchtoldt, einem Mennoniten, der sogar den Ausdruck »Pietist« als Selbstbezeichnung verwendete.[75] Schweizer Mennoniten hatten nach der ›Wiedertäuferkonzession‹ im Jahre 1664 zu Hunderten ihre Heimat verlassen und in der Pfalz eine neue Bleibe gefunden. Die Pfälzer Steuerlisten dokumentieren – wenn auch unvollständig – ihre jeweiligen Siedlungsgebiete.[76] Dass diese Gruppen den radikalen Pietismus nachhaltig beeinflussten, ist beispielsweise an der Pfalz erkennbar. Es ist höchst bemerkenswert, dass der radikale Pietismus an den Orten in der Pfalz aufbrach, wo es über Generationen hinweg feste Täuferstützpunkte gab. So kündigte 1702 der radikale Pietist Matthias Baumann im linksrheinischen Lambsheim das nahe Ende der Welt an, an jenem Ort also, der bereits im 16. Jahrhundert ein wichtiges Zentrum der Täuferbewegung in der Pfalz gebildet hatte.[77] Aber auch an der Wende vom 17. zum 18. Jahrhundert war Lambsheim ein beliebtes Siedlungsgebiet für Taufgesinnte. Die kirchenkritischen Anschauungen, die von diesen Gruppen propagiert wurden, bereiteten den Boden für das Aufkeimen radikalpietistischer Anschauungen.

Als weiteres Beispiel sei auf Kontakte zwischen radikalen Pietisten und Taufgesinnten in der Schweiz hingewiesen. Schon Anfang 1697 richteten die weltlichen Behörden ihr Augenmerk auf eine kleine Gruppe von Separatisten in Langenbruck, deren Teilnehmer täuferische Druckwerke besaßen und sogar nächtliche Täuferversammlungen besuchten.[78] Dies war kein Einzelfall. Der radikale Pietist Andreas Boni aus Frenkendorf bei Basel geriet durch seine aggressive Predigt gegen die Kindertaufe ins Visier der welt-

---

[73] Polykarp Bauer: *Schrifftliche Antwort auf die ihme vom Fürstl. Consistorio vorgelegte Fragen.* O. O. 1708, 139. Vgl. dazu Anm. 67.

[74] *Die Fragen/ welche Herrn D. Horchen/ sowol zu Herborn als zu Marburg/ seynd vorgehalten/ und die Antworten/ welche er darauf gegeben. Samt einem Vorschlage eines unpartheyischen Mittelmannes in der Herbornischen Sache/ die Zertrenneten zu vereinen.* O. O. 1701, 36.

[75] Renkewitz: *Hochmann* (s. Anm. 24), 22.

[76] Meier: *Neutäufer* (s. Anm. 5), 108 f.

[77] Martin Krebs: *Quellen zur Geschichte der Täufer.* Bd. 4: *Baden und Pfalz.* (QFRG, 22) Gütersloh 1951, Vorwort, XIII.

[78] Hanspeter Jecker: *Ketzer – Rebellen – Heilige. Das Basler Täufertum von 1580–1700.* (Quellen und Forschungen zur Geschichte und Landeskunde des Kantons Basel-Landschaft, 64) Liestal 1998, 543 f.

lichen Behörden. Der Mennonit Hans Müller aus Weißenburg im Elsass nutzte eine Reise nach Spiez dazu, um mit Boni Kontakt aufzunehmen.[79] Zu dieser Zeit war den Behörden bekannt, dass täuferische Bücher unter den Radikalen im Raum Basel kursierten. Fassen wir weitere Territorien ins Auge, so lassen sich enge Beziehungen zwischen radikalen Pietisten und Täufern in Württemberg, in der Pfalz, in hessischen Gebieten und am Niederrhein erkennen. Auf die Beeinflussung radikaler Kreise durch täuferische Gedanken reagierten zahlreiche Pietismusedikte, aber auch theologische Druckschriften, die auf Übereinstimmungen zwischen beiden Bewegungen hinwiesen oder täuferischen Anschauungen zu widerlegen suchten.[80]

Doch neben dem Täufertum lassen sich weitere religiöse Traditionen benennen, die auf radikalpietistische Anschauungen einwirkten. Gruber berichtete, dass Seebach in Schwarzenau als »gesalbter« Lehrer »der noch Uebungs-begierigen Separatisten« aufgetreten sei.[81] In seinen ›Übungsstunden‹ habe sich dieser auf ihm zuteil gewordene unmittelbare Mitteilungen des Heiligen Geistes berufen. Doch gerade dies wies Gruber entschieden zurück und nannte in seinen »Grundforschenden Fragen« eine andere Quelle der Anschauungen Seebachs:

> »sintemahlen denen Studirenden und andern sonsten gar nicht unbekannt/ daß die Quaker (um die ER [Seebach] auch in Hollstein eine zeitlang gewesen ist/) eben die Meynung von der Wasser-Tauffe führen/ und dieselbige mit eben dergleichen Gründen und Auslegungen der Schrifft-Stellen/ so von der Tauffe reden/ in gantzen Tractaten und Büchern vorstellen«.[82]

Diese bemerkenswerte biographische Notiz ist höchstwahrscheinlich zutreffend, denn Friedrich III. von Schleswig-Gottorf hatte bereits im Jahre 1642 Religionsverfolgten seine Landesgrenzen geöffnet. In den 1670er Jahren kam es dann in Friedrichstadt auf Anregung William Penns zur Errichtung eines eigenen Versammlungshauses, das später von Georg Fox besucht wurde. Ein Vergleich der »Apologie« Barclays mit Druckschriften Seebachs zeigt, dass quäkerische Auffassungen seiner Taufanschauung zugrunde liegen. Aber auch Dippels »Wahre Wasser-Tauff der Christen« zeigt eine Nähe zur quäkerischen Tradition. Daneben haben weitere Vertreter des luthe-

---

[79] Meier: *Neutäufer* (s. Anm. 5), 48–52.

[80] Ehre Gott Daniel Colberg: *Das Platonisch-Hermetisches* [!] *Christenthum/ begreiffend die Historische Erzehlung vom Ursprung und vielerley Secten der heutigen Fanatischen Theologie, unterm Namen der Paracelsisten/ Weigelianer/ Rosencreutzer/ Quäcker/ Böhmisten/ Wiedertäuffer/ Bourignonisten/ Labadisten und Quietisten*. Frankfurt/Main, Leipzig 1690; Johann Friedrich Corvinus: *Anabaptisticum et enthusiasticum Pantheon und geistliches Rüst-Hauß wider die alten Quaker*. O. O. u. J.; Samuel Schelwig: *Wigandiana, hoc est ANABAPTISMUS D. JOHANNIS WIGANDI, Pomesaniensis quondam Episcopi*. Danzig 1702.

[81] Vgl. das Titelblatt der »Grundforschenden Fragen«.

[82] Gruber: *Grundforschende Fragen*, 9.

rischen Pietismus Barclays »Apologie« benutzt.[83] Doch auch durch Arnolds Publikation wurden Pietisten von quäkerischen Anschauungen beeinflusst. In seiner »Ersten Liebe« begründete er die Verweigerung der Eidesleistung in den frühchristlichen Gemeinden mit Aussagen jener Kirchenväter, auf die bereits Barclay bei seiner Erörterung über die Verwerfung des Eides mit genauen Angaben der Fundstellen hingewiesen hatte.

Als im Jahre 1684 Barclays »Apologie« erstmals in deutscher Übersetzung erschien, tauchte sie schon ein Jahr später in einer Liste von Büchern auf, die bei Andreas Luppius in Frankfurt am Main, Duisburg, Wesel und Amsterdam zu erwerben waren. Bezeichnenderweise war diese Aufstellung dem 1685 erschienenen »Zweyten Abdruck eines Discurses« von Johann Jakob Schütz beigedruckt worden.[84] Auch wenn Barclays Einfluss auf den radikalen Pietismus noch kaum erforscht ist, kann festgehalten werden, dass die quäkerische Gedankenwelt für die Anschauungen von Seebach, Dippel, Hochmann und Arnold eine wichtige Grundlage bildeten. Jene Vertreter des radikalen Pietismus entstammten ausnahmslos dem lutherischen Milieu.

Damit ist deutlich geworden, dass die Binnendifferenzierung im radikalen Pietismus von zahlreichen Faktoren abhängig war: Neben der nachlassenden apokalyptischen Hochspannung war es vor allem die konfessionelle Prägung, die auf theologische Werturteile radikaler Pietisten Einfluss nahm und letztlich den kräftezehrenden Konflikten zugrunde lag. Aus dieser Beobachtung ergeben sich Konsequenzen für die Frage nach den traditionsgeschichtlichen Wurzeln der Bewegung, weil die konfessionelle Herkunft einzelner Vertreter des radikalen Pietismus ihr Rezeptionsverhalten steuerte.

---

[83] Renkewitz: *Hochmann* (s. Anm. 24), 359.

[84] [Johann Jakob Schütz:] *Zweyter Abdruck eines DISCURSES über die Frage: Ob die Außerwehlte verpflichtet seyen / sich nothwendig zu einer heutigen grossen Gemeinde und Religion inbesonderheit zu bekennen und zu halten? Item / von der sichtbaren Kirche und Liebe der Brüderschafft / oder brüderlichen Liebe.* Wesel, Duisburg, Frankfurt/Main ^{2}1685.

Dietrich Meyer

Die Herrnhuter Brüdergemeine als Brücke zwischen radikalem und kirchlichem Pietismus

Vielleicht hätte ich ein Fragezeichen hinter das Thema setzen sollen, denn ob die Brüdergemeine eine Brücke oder eine »Mittelstraße«, wie man in Halle sagte, zwischen radikalem und kirchlichem Pietismus gewesen ist und zu welchem Zeitpunkt dies gegolten hat, ist eine Frage, die eine genauere Untersuchung mit statistischen und prosopographischen Erhebungen erforderte. Ich muss mich auf einige wenige Aspekte beschränken.

Wenn man in unserem Thema ein Leitziel der Brüdergemeine erkennen will, wofür man bei Zinzendorf starke Anhaltspunkte findet, dann ist freilich hinzuzufügen, dass die philadelphischen, konfessionsübergreifenden Bestrebungen der Brüdergemeine erheblich weiter gingen und sich gleicherweise auf die böhmische, lutherische und reformierte Konfession bezogen, ja auf die anglikanische, katholische und sogar orthodoxe Kirche erstrecken konnten. Man darf unser Thema, die Beziehung der Brüder zum radikalen Pietismus, also keinesfalls als das zentrale oder spezielle Anliegen der Brüder ansehen. Es steht in dem größeren Zusammenhang ihres philadelphisch-ökumenischen Bestrebens überhaupt und kann nur von daher richtig eingeschätzt werden.

Ich gliedere in drei Teile und achte zunächst auf Zinzendorfs Auseinandersetzungen mit dem radikalen Pietismus, zweitens auf die Integration von radikalen Pietisten in die Brüdergemeine und drittens auf das theologische Selbstverständnis Zinzendorfs und Spangenbergs, um daraus einige Schlussfolgerungen zu ziehen.

I.

Hans Schneider hat in einem Referat anlässlich des Zinzendorf-Jubiläums im Jahr 2000 gezeigt, dass Zinzendorfs Kirchenverständnis im radikalen Pietismus wurzelt.[1] Wenn das richtig ist, dann ist es eine zentrale Aufgabe zu untersuchen, wie dieses Verständnis, eben Zinzendorfs philadelphischer Ge-

[1] Hans Schneider: »Philadelphische Brüder mit einem lutherischen Maul und mährischen Rock«. Zu Zinzendorfs Kirchenverständnis. In: Martin Brecht/Paul Peucker (Hg.): Neue Aspekte der Zinzendorf-Forschung. (AGP, 47). Göttingen 2006, 11–36.

meindebegriff und sein Versuch der Sammlung der Frommen, konkret unter den radikalpietistischen Gruppen angenommen und verwirklicht wurde. Ein kurzer, bei diesem Thema unverzichtbarer historischer Überblick über die Auseinandersetzungen der Brüder mit dem radikalen Pietismus lässt erkennen, wie spannungsreich solche oft hoffnungsvoll begonnenen Bemühungen waren und welch schmerzliche Verletzungen sie hinterließen, endeten sie doch häufig mit der Trennung und dem Scheitern des Annäherungsversuchs.

Zinzendorf wurde in Großhennersdorf bei seiner Großmutter Henriette Katharina von Gersdorf in einem Hause erzogen, das Vertretern des radikalen Pietismus bei aller Kritik aufgeschlossen gegenüberstand,[2] doch hatte er während seiner Ausbildung zunächst kaum ernsthaftere Berührungen mit ihnen. Erst in seinem pietistischen Hauskreis in Dresden seit 1721 hatte Zinzendorf intensiveren Kontakt mit Gichtelianern und anderen kirchenkritischen Christen, die sich diesem Kreis anschlossen.[3] Der Zuzug von radikalen Pietisten nach Herrnhut seit 1722 brachte dann die junge Kolonie an den Rand der Selbstauflösung und entfremdete durch Gestalten wie den schwärmerisch verstiegenen Rat Krüger auch mährische Brüder wie Christian David von der Gemeinde. Der 13. August 1727 hatte für Herrnhut deshalb eine so erhebliche Bedeutung, weil sich hier die unterschiedlich geprägten Gemeindeglieder in einem lutherischen Abendmahlsgottesdienst zu der in Christus vorgegebenen Einheit des Glaubens bekannten. Man bedenke, die geistliche Gründung Herrnhuts als einer konfessionsübergreifenden Gemeinde innerhalb der Landeskirche setzt zwar die philadelphischen Hoffnungen des Grafen voraus, gewinnt aber erst bei einer Abendmahlsfeier der zuständigen Landeskirche Realität und verschmilzt damit das philadelphische Ideal mit der Spenerschen ecclesiola-Vorstellung, die innerhalb der *ecclesia* ihre Berechtigung und Lebenswirklichkeit sucht.

Zinzendorfs Bereitschaft, die Schwenckfelder in Berthelsdorf 1727 aufzunehmen, war ein hohes Risiko, da sie bereits durch die Bekenntnisschriften als häretische Gruppe geächtet waren. Er konnte sie darum nicht vor der sächsischen kirchlichen und weltlichen Obrigkeit schützen und ihnen länger als fünf Jahre Unterschlupf gewähren, ja er musste erleben, dass man seine Bemühungen um sie auch von Seiten der Schwenckfelder ablehnte.[4] Und so

---

[2] Susanne Moos: Henriette Katharina von Gersdorf. In: Dietrich Meyer (Hg.): Lebensbilder aus der Brüdergemeine. (Beihefte der Unitas Fratrum, 15) Herrnhut 2007, 64–76; Robert Langer: Pallas und ihre Waffen. Wirkungskreise der Henriette Catharina von Gersdorff. Dresden 2008.

[3] Vgl. dazu Thilo Daniel: *Zinzendorfs Unionspläne 1716 bis 1723. Nikolaus Ludwig von Zinzendorfs theologische Entwicklung bis zur Gründung Herrnhuts. (Beiheft der Unitas Fratrum, 11).* Herrnhut 2004, 155–164, 241–264. Siehe auch das Referat von Thilo Daniel in diesem Band.

[4] Horst Weigelt: Zinzendorf und die Schwenckfelder. In: Martin Brecht/Paul Peucker (Hg.): Neue Aspekte der Zinzendorf-Forschung (AGP, 47). Göttingen 2006, 64–96.

sehr Spangenberg in Amerika ihnen nachging, sie entzogen sich einer Verbindung mit den Brüdern.[5]

Auf eine gern angenommene Einladung hin besuchte Zinzendorf 1730 die Grafschaften Wittgenstein -Berleburg und die dortigen philadelphischen Sozietäten sowie die von Hochmann von Hochenau geprägten Gemeinden der Neutäufer in Schwarzenau. Er redete in ihren Versammlungen und suchte in Berleburg und Schwarzenau durch die Verpflichtung auf christliche Grundregeln eine Verbindung mit Herrnhut zu bewerkstelligen, doch ließen sich die beiden unterschiedlichen Gruppen auf diese Grundsätze nicht festlegen. Es zeigte sich, dass sich gerade eine philadelphisch gesinnte Gemeinschaft nicht an das von Zinzendorf formulierte Konzept einer auf Wort, Sakrament und Erlösungstod Christi beruhenden Gemeinde binden lassen wollte.[6]

Hoffnungsvoller erschienen die Kontakte zu den Inspirierten in der Wetterau, die Zinzendorf mit großen Erwartungen besuchte, aber trotz anfänglicher Begeisterung für die Person von Rock und mancher Zugeständnisse an den Geist der Inspiration fand Zinzendorf seit dem Besuch Rocks in Herrnhut 1732 zu einer immer deutlicheren Ablehnung. Er konnte den göttlichen Ursprung der Inspiration nicht erkennen, weil sie über die heilige Schrift hinausging, und hielt die Ablehnung der Sakramente durch die Inspirierten für so gravierend, dass es zur völligen Ablehnung und dem Abbruch der Beziehungen kam.[7]

Auch der letzte große Versuch, mit den radikalpietistischen Gruppen Nordamerikas eine philadelphische Gemeinschaft des Geistes zu bilden und zu einer Form der gemeinsamen Arbeit zu kommen, scheiterte nach dem Experiment von sieben ökumenischen Konferenzen völlig. Und gerade hier, wo der Bildung einer philadelphischen Gemeinde des Geistes keine staatlichen Grundsätze und Verfassungen im Wege standen, zeigte sich, dass das Ideal einer philadelphischen Gemeinde nicht ausreichte, um Gemeinschaft unter ihren so unterschiedlichen Gruppen zu stiften. Die Folge der Konferenzen war vielmehr ein Erstarken des denominationellen Selbstbewusstseins

---

[5] John B. Frantz: Schwenkfelders and Moravians in America. In: Peter C. Erb (Hg.): Schwenkfelders in America. Papers Presented at the Colloquium on Schwenckfeld and the Schwenkfelders. Pennsburg, Pa., 1987, 101–111.

[6] Hans Schneider urteilt: »Den festen äußeren Ordnungen, die Zinzendorf als unabdingbar für eine apostolische Gemeinde ansah, war man mehr und mehr abgeneigt, man verspürte wenig Lust, sich von Herrnhuter Sendboten dirigieren zu lassen, kritisierte ›die unendliche Wirksamkeit‹ der Brüdergemeine und empfahl stattdessen die mystische ›via passiva‹. So versagte sich ein quietistisches Warten auf Philadelphia dem ›Streitertum‹ Herrnhuts.« (Hans Schneider: Nikolaus Ludwig von Zinzendorf als Gestalt der Kirchengeschichte. In: Graf ohne Grenzen. Leben und Werk von Nikolaus Ludwig Graf von Zinzendorf. [Ausstellungskatalog], Herrnhut 2000, 10–29, hier 20).

[7] Vgl. dazu Oskar Föller: *Pietismus und Enthusiasmus – Streit unter Verwandten*. Wuppertal 1998, 179–182.

und ein allgemeines Misstrauen gegenüber den Brüdern.[8] In Nordamerika entdeckte Zinzendorf den Wert der Konfessionskirchen Europas und entwickelte nach seiner Rückkehr die ›Tropenidee‹, um den Konfessionen auch innerhalb der Brüdergemeine ein relatives Recht einzuräumen.[9]

Schaut man den Artikel von Hans Schneider in der Geschichte des Pietismus über die Gestalten des radikalen Pietismus durch, so ist man beeindruckt davon, wie viele von ihnen Kontakt mit Zinzendorf hatten. Aber nur einer von ihnen ließ sich durch Zinzendorf für die Brüdergemeine gewinnen, Johann Georg Rosenbach, der in der Nacht nach seiner Aufnahme in die Brüdergemeinde in Ebersdorf 1747 starb.[10] Es blieb bei gelegentlichen Besuchen, Sympathiebekundungen und Schriftwechseln. Aber die Brüdergemeine blieb eine Gruppe für sich, die gerade in den Kreisen, in denen Zinzendorf es am ehesten für möglich hielt, die Sammlung der Frommen durch eine sichtbare Form der Zusammenarbeit von Christen zu gestalten, auf Ablehnung stieß. Zinzendorfs philadelphisches Gemeindeideal scheiterte gerade unter den radikalpietistischen Gruppen völlig.

Die Folge dieser Auseinandersetzungen war dennoch für Zinzendorf fruchtbar, und zwar in entgegengesetzter Richtung. Den Begegnungen mit Radikalpietisten ist Zinzendorfs zunehmende Wertschätzung der Konfessionskirchen und der Bedeutung von Schrift und Sakrament für die christliche Gemeinde zu verdanken. Das Misstrauen Herrnhuts gegen persönliche Offenbarungen oder Visionen, wie es sich z. B. im Schriftwechsel mit Jung-Stilling zeigt, hat hier seine Ursache.[11] Vor allem führte die Auseinandersetzung mit Dippel zu einer schärferen Erfassung der paulinischen Theologie und der Kreuzestheologie Luthers und damit zu dem spezifisch brüderischen Glaubensverständnis.[12]

---

[8] Vgl. dazu in jüngster Zeit Peter Vogt: Zinzendorf und die Pennsylvanischen Synoden 1742. In: Unitas Fratrum, Heft 36 (1994), 5–62. Vogt urteilt: »Die Ironie der pennsylvanischen Synoden liegt darin, daß sie im Grunde zu dieser Etablierung der denominationellen Vielfalt beitrugen, indem ihr Gemeinschaftsideal die verschiedenen Religionsgruppen dazu zwang, ihre jeweilige Identität stärker zu profilieren« (58).

[9] Eine kurze Beschreibung dieser Lehre findet man bei Theodor Wettach: *Kirche bei Zinzendorf.* Wuppertal 1971, 69–71. Ausführlich bei Sigurd Nielsen: *Der Toleranzgedanke bei Zinzendorf* [Bd. 2 und 3 u. d. Titel: Intoleranz und Toleranz bei Zinzendorf]. Bd. 1–3. Hamburg 1952–1960.

[10] Hans Schneider: Der radikale Pietismus im 18. Jahrhundert. In: Martin Brecht/Klaus Deppermann (Hg.): Geschichte des Pietismus. Bd. 2: Der Pietismus im achtzehnten Jahrhundert. Göttingen 1995, 107–197, hier 141 f.

[11] Vgl. dazu Dietrich Meyer: Jung-Stilling und die Herrnhuter Brüdergemeine. In: Zwischen Straßburg und Petersburg. Vorträge aus Anlass des 250. Geburtstages von J. H. Jung-Stilling. Siegen 1992, 97–120. Ferner Gerhard Schwinge: *Jung-Stilling als Erbauungsschriftsteller der Erweckung. Eine literatur- und frömmigkeitsgeschichtliche Untersuchung seiner periodischen Schriften 1795–1816 und ihres Umfelds.* Göttingen 1994.

[12] Vgl. dazu Dietrich Meyer: Zinzendorf und Herrnhut. In: Martin Brecht/Klaus Deppermann (Hg.): Geschichte des Pietismus (s. Anm. 10), 2–106, hier 33.

II.

Auch wenn kaum einer der bekannteren Radikalpietisten den Weg in die Brüdergemeine fand, so ist nun andrerseits doch erstaunlich, welche Anziehung die Brüdergemeine auf viele von ihnen ausübte, und so lassen sich aus den verschiedenen eben dargestellten Phasen Christen nennen, denen die Brüdergemeine zu einem kirchlich-pietistischen Glaubensverständnis verholfen hat. Zinzendorf zeigte sich dabei als ein geduldiger und einfühlender Seelsorger, der den Einzelnen und ihren Nöten Antworten geben konnte. Aus den Kontakten mit den Dresdener Gichtelianern nenne ich beispielhaft Catharina Elisabeth Hentschel (1710–1755), die Zinzendorf mit ihrer Schwester in den Haushalt seiner Frau in Berthelsdorf übernahm.[13] Sie heiratete den verdienstvollen Musiker und Sekretär Zinzendorfs, Tobias Friedrich, nach einer eineinhalbjährigen Verlobungszeit, was ausdrücklich betont wird. Das gichtelsche Ideal der Ehelosigkeit hat sie nie wirklich abgelegt und der Biograph schreibt über diese ihre erste Ehe: »Der Jünger, als damaliger Vorsteher schwizte und ängstigte sich über diesem ersten Ehe-Paar in der Gemeine bald todt, dass sie sich nicht lieb haben und doch lieb haben möchten.«[14] Und doch hat sie noch zweimal geheiratet.[15]

---

[13] Catharina Elisabeth Hentschel (auch Henschel, Heintschel oder Heintzschel) war die Tochter von Elisabeth Hentschel geb. Scherzer verheiratete Schindler (1686–1769), geb. am 5.12.1710 in Bischofswerda, ging mit ihrer verwitweten Mutter nach Dresden und »kam unter die Aufsicht des Licent. Ertels und seiner Schwester und wurde Gichtelianerin«, so heißt es im Lebenslauf. Gemeint sind Johann Gottfried Oertel und seine Schwester Christiane Sophie (s. dazu Daniel: Unionspläne [s. Anm. 3], 231–249). Der Lebenslauf fährt fort: »Ao 26 zog sie mit ihrer Mutter nach Berthelsdorf und wurde 1727 zu der Mama Bedienung genommen. In demselben Jahr d. 12. Aug. war sie die erste Person, die nebst der Schw. Ann. Fiedlerin, jezigen Böhnischin durch die Schw. Gutbierin von der Gemeine in Herrnhut confirmirt wurde, worauf sie bey dem Wunder-Abendmahl in Berthelsdorf die Überströmung des heiligen Geistes mit der ganzen Gemeine erfuhr.« Zinzendorf schrieb 1736 in »Kurtze General Idee Meiner Absichten und Handlungen« rückblickend: »15. Im privaten Umgang ging [ich] damit um, die Dresdnischen Gichtelianer, darunter sehr redliche Seelen waren, von den zwei grundstürzenden Irrtümern zu befreien: Daß der Weltgeist etliche Sachen in die Schrift gesetzt und daß sie sich für andere Seelen opfern könnten. Der Herr Jesus segnete meine Arbeit. Ehe vier Jahre um waren, glaubte kein einiges diese Sätze mehr. Sie besuchten die Versammlungen und endlich auch die Kirchen wieder.« Abgedruckt bei Dietrich Meyer (Hg.): Nikolaus Ludwig Graf von Zinzendorf. Er der Meister, wir die Brüder. Eine Auswahl seiner Reden, Briefe und Lieder. Gießen und Basel 2000, 21 f. Auch wenn dieses Urteil stark übertrieben ist und ein Mann wie Oertel nicht zur Kirche zurück fand, so trifft dies doch auf die Familie Hentschel zu.

[14] JHD 1755 Beilage 38 = UA Herrnhut GN.C.54.1755.7, 702. Ihre Schwester Sophia Elisabeth, geb. am 4.7.1713 in Bischofswerda, gest. am 19.6.1733 in Herrnhut, blieb unverheiratet. Zinzendorf berichtet von ihr: »Sie ward [nach dem Tod des Vaters 1719] nach Dresden zu der sog. Gichtelianischen Schwester gethan, welche sie mit vieler Liebe und Weisheit erzogen und sie zu einem äußerlichen Gehorsam und annehmlichen Art anführten (!); sie blieb aber im Geist ihres Gemüthes todt und bekam keine lebendige Erkentniß Jesu Christi.« (UA Herrnhut NB.I.R.4.291.c.2.541, 270–275). Ihrer Schwester dichtete sie zur Trauung ein Lied, das

Ein anderes Beispiel für Zinzendorfs nachgehende Seelsorge aus der Zeit seiner Kontaktsuche zu den Wetterauer Inspirierten ist Gottfried Neumann,[16] der Fruchtschreiber, der mit Rock 1732 Herrnhut besuchte. Der Theologiestudent Neumann, der sich nach einer Anstellung in den Franckeschen Anstalten den Separatisten und Neutäufern und 1717 den Inspirierten auf der Ronneburg angeschlossen hatte, wurde 1734 von diesen ausgeschlossen und fand den Weg nach Herrnhut, wo er 1738 in die Gemeine aufgenommen wurde und nach mancherlei Auseinandersetzungen 1779 als ihr Mitglied verstarb.[17] Nach Alexander Volcks Streitschrift gegen die Herrnhuter hat Zinzendorf selbst die Tochter Neumanns getauft.[18] Von ihm stammen vier Lieder aus dem Herrnhuter Gesangbuch von 1735, von denen im Gesangbuch von 1927 noch zwei zu finden sind.[19] Sein Sohn Johann Christian Beatus, der ein verdienter Lehrer und Gemeinhelfer der Brüdergemeine wurde, schrieb über seinen Vater:

»Von meiner ersten Kinderzeit ist mir noch in lieblichem Andenken, wie mein sel. Vater in seiner Einsamkeit in der Abenddämmerung seine Andacht verrichtet, und mit Gefühl gantze Stunden lang dem Herrn Liedverse angestimmt hat. Besonders erinnere mich noch, dass er bey dem Heimgang meiner sel. Mutter unter andern den Vers gesungen: Sein Blut hat ausgelöschet, was mit sich führt den Tod etc. Deswegen mir auch besagter Vers meine gantze Lebenszeit einer meiner liebsten geblieben ist.«[20]

Ein spätes Zeugnis für die brüderische Predigt des Versöhnungstodes Christi, die den Sohn Neumann offensichtlich in der Brüdergemeine festhielt.

Als drittes Beispiel wähle ich die Arbeit der Brüdergemeine in der Stadt Altona, die sich auf Grund ihrer wechselhaften Geschichte zu einem Zent-

---

noch durchaus von gichtelschem Geist geprägt ist: »Du gehest zu der Ehe hin, verhoffentlich in Christi Sinn; ich höre nur die Stimm der Wächter, die rufen meiner Seele zu: laß deinem Gange keine Ruh und eile hin zum Chor der Töchter.« (270f). Nach Zinzendorfs Bericht erlebte sie nach der Trauung ihrer Schwester eine Bekehrung.

[15] In zweiter Ehe heiratete sie Otto Wilhelm Barckhausen und in dritter Ehe Joachim Heinrich Rubusch. Sie starb am 22.7.1755 in Herrnhut.

[16] Gottfried Neumann, geb. 30.11.1685 in Hohenheida bei Leipzig, 1706 Theologiestudium in Leipzig, 1710(?)–1712 im Waisenhaus in Halle, ab ca. 1730 Gräflich Isenburg-Meerholzischer Fruchtschreiber in Marienborn, 1738 Aufnahme in die Brüdergemeine, 1779 in Meerholz/Wetterau gestorben.

[17] Über ihn s. Theodor Wotschke: Gottfried Neumann. Der Pietist, Separatist, Wiedertäufer, Inspirierte. In: MRKG 26 (1932), 48–57.

[18] Alexander Volck: *Das Entdeckte Geheimnis der Bosheit der Herrnhutischen Secte, zu Errettung vieler unschuldigen Seelen ... von Alethophilo und Timotheo Verino.* Frankfurt, Leipzig 1748, 3. Aufl. 1750. Vgl. dazu die Briefe Zinzendorfs, die in den Büdingischen Sammlungen abgedruckt wurden: BS II, 342ff, 481, 547, 688ff, III, 694 und 697.

[19] HG Nr. 1105, 1157, 1193, 1284; Gesangbuch der Brüdergemeine 1927 Nr. 265 und 1021.

[20] UA Herrnhut R.22.32.41.

rum radikalpietistischer Gruppen entwickelt hatte[21]. Die Brüdergemeine besaß hier seit 1763 einen konzessionierten Predigtplatz in der Immergenten-Kirche oder Blaufärber-Kirche, die von dem Mennoniten Jacob Denner, einem ehemaligen Blaufärber, errichtet worden war.[22] Dieser übte eine besondere Anziehung auf die verschiedenen christlichen Gruppen in Altona aus, so dass sowohl Lutheraner wie Separatisten und sogar Katholiken die Kirche besuchten. Nach Denners Tod boten die Erben die Kirche der Brüdergemeine als Predigtplatz an, die hier eine Diasporaarbeit innerhalb der lutherischen Kirche betrieb. Die Unitätsleitung entsandte 1763 den früheren lutherischen Prediger Georg Jacob Engelbach (1709–1763)[23], der Pfarrer in verschiedenen Elsässischen Gemeinden gewesen war. Er schloss sich 1750 der Brüdergemeine an und wurde Hofprediger des Wiedischen Fürsten in Neuwied. Die lutherische dänische Kirche verlangte von ihm das Bekenntnis zur Confessio Augustana invariata, veranstaltete eine Prüfung durch den zuständigen Konsistorialrat und erteilte ihm, der 1763 seinen Dienst in Altona begonnen hatte, erst am 7. Januar 1765 die königliche Genehmigung durch König Friedrich V. Aus seiner Seelsorge und Verkündigung entstand eine kleine Brüdersozietät von ca. 60 Personen mit dem Namen »Evangelisch-lutherische Brüdergemeine«. Die Bewilligung war an die Bedingung gebunden, dass sich die Mitglieder dieser Gemeinde zur lutherischen Hauptkirche der Stadt Altona rechneten und dem Propst von Altona unterstellten, der auch die Amtshandlungen versehen musste.

Wie eine solche Arbeit der Brüdergemeine innerhalb der lutherischen Landeskirche praktisch aussah, macht folgende Anfrage deutlich. Am 10. Oktober 1764, also noch vor der königlichen Bestätigung, ließ »einer der vornehmsten Separatisten« mit Namen Fromm bei Engelbach anfragen, ob er seine 17- bis 18-jährige Tochter zur Taufe vorbereiten könne. Er hatte regelmäßig die Predigten besucht, aber keinen näheren Kontakt mit den Brüdern gesucht. Engelbach antwortete ihm: Er »sey nicht hieher gesandt zu

---

[21] Über die religiösen Gruppen in Altona s. Johann Adrian Bolten: *Historische Kirchen=Nachrichten von der Stadt Altona und deren verschiedenen Religions=Partheyen, von der Herrschaft Pinneberg und von der Grafschaft Ranzau*. Bd. 2. Altona 1791.

[22] Die Geschichte der Brüdergemeine in Altona wurde von dem späteren dortigen Prediger H. J. Lonzer festgehalten: *Einige geschichtliche Notizen über die Brüder-Gemeine in Holstein, von 1735 bis 1855, aus archivarischen Quellen zusammengetragen*. O.O. und o.J., 15–23.

[23] Georg Jacob Engelbach, geb. am 24.10.1709 in Auenheim am Rhein, Sohn eines Predigers, besuchte das Gymnasium in Busweiler, studierte an den Universitäten in Straßburg, Jena und Wittenberg, wurde 1734 zweiter Pfarrer (Diakonus) in Jungweiler und Pfarrer in Rippertsweiler, ab 1735 in Cronweissenburg. 1741 lernte er die Brüdergemeine kennen und besuchte 1747 Herrnhaag. Er wurde 1751 Inspektor und Hofprediger in Creweiler, 1757 Hofprediger der Herrschaft in Neuwied. 1759 folgte er dem Jüngerhaus Zinzendorfs nach Holland und Herrnhut, predigte hier und in Berthelsdorf und wurde 1763 nach Altona berufen, wo er bis zu seinem Ruhestand Ende Juni 1768 tätig war. Er starb in Herrnhut am 12.11.1768 (UA Herrnhut R.22.49.14).

taufen, sondern das Evangelium zu predigen«. »Die Jungfer sollte fleisig Evangelium hören, würde selbe ein Leben in das Herz bekommen, dann würde der Heiland auch Gelegenheit zur Taufe verschaffen.«[24]

Es gelang der Brüdersozietät in Altona in den folgenden Jahren, eine Brücke zu den dortigen radikal-pietistischen Kreisen herzustellen, und ich möchte Prediger Johannes Hüffel[25] zitieren, der in der Passionszeit 1769 mit seinen Ansprachen »manche tausend Menschen« vor allem aus diesen erweckten Kreisen anzog.[26] Er berichtet:

»Die Zuhörer in unserer Kirche sind Lutheraner, Teutsche, Holländische, Französische, Reformirte, Catholiken, ordinaire Mennonisten, die auf das Haupt taufen, Immergenten, die untertauchen, verschiedene Arten von Separatisten, Gichtelianer, Zioniter, Leute, die aus den gemeinen Orten weggewiesen worden, oder selbst weggegangen, auch Deisten und Naturalisten.«

Hüffel ist beeindruckt von dieser Vielfältigkeit: »Das kan sich niemand vorstellen, wer es nicht erfahren, wie einem im Herzen bey einer solchen Materie ist, wenn man solche aufmerksame Zuhörer von allerley Religionen und Secten vor sich hat.« Was diese Menschen gerade in der Passionszeit anzog, war offensichtlich die Herrnhutische Wunden- und Gnadentheologie.[27] Der Lebenslauf von Hüffel selbst ist ein eindrückliches Zeugnis für die Anziehungskraft separatistischen Gedankenguts im 18. Jahrhundert und ihre Überwindung durch die Herrnhutische Erlösungsfreude in Christus. Hüffel wandte sich als Theologiestudent nach der Lektüre der Schriften Johann Konrad Dippels 1733 zum großen Ärger seiner Lehrer Johann Jakob Rambach (1693–1735) und Johann Philipp Fresenius (1705–1761) vom kirchlichen Pietismus ab, wurde »ein völliger Separatist« und blieb viele Jahre vom Abendmahl fern, bis er 1739 durch Kontakt mit den Brüdern eine Bekehrung erlebte und in die Brüdergemeine aufgenommen wurde.

Das gilt in ähnlicher Weise auch von dem damaligen Altonaer Diasporaarbeiter, dem einstigen Perückenmacher aus Ulm, Johann Leonhard Knoll.[28]

---

[24] UA Herrnhut R.19.E.22.a.5, 1 zum 10.10.1764.

[25] Johannes Hüffel, geb. am 3.8.1712 in Gießen, besuchte die dortige Lateinschule und das Pädagogium, studierte Theologie unter dem 1731 nach Gießen berufenen Hallenser Johann Jakob Rambach, wurde 1740 in die Brüdergemeine aufgenommen, zunächst vor allem als Diasporaprediger eingesetzt, 1765 Prediger in Moskau, 1768 in Altona, erblindete 1775 und starb in Herrnhut am 16.5.1792.

[26] In seinem Lebenslauf schreibt er zu seiner Arbeit in Altona: »Ich hatte allda manch 100 Predigten gehalten, wobey ich Zuhörer von wol zwanzigerley Religionspartheyen hatte«, und er sei doch mit allen ohne Streit ausgekommen (UA Herrnhut GN 1834.I.302ff, hier 327; vgl. R.22.46.23). Das folgende Zitat Hüffel findet sich in: GN.C.168, 1769, 6. S. 451.

[27] Bei der Beerdigung der Witwe Klas, einer alten Separatistin, heißt es, dass sie »in völligen Vertrauen auf die freye Gnade im Blute Jesu Christi« gestorben sei. »Alle ihre vermeynte Frömmigkeit fiel weg, und sie wollte nicht anders selig seyn als durch Jesu Blut allein.« (UA Herrnhut GN.C.168,1769,6, S. 452). Das obige Zitat von Hüffel steht ebd. S. 454 (zum 1.3.1769).

[28] Johann Leonhard Knoll, geb. am 2.1.1718 in Ulm, besuchte das dortige Gymnasium,

Dieser hatte seit 1738 drei Jahre zu einer Gruppe von Separatisten in Basel und Genf gehört und begegnete dann den Brüdern in Genf 1741, die sein Herz gewannen. Er schreibt:

»Bisher hatte ich für gewöhnlich entweder rohe Weltmenschen oder gesetzlich erweckte, finstere Gesichter gesehen; nun sah ich selige, vergnügte, lichte Menschen, und es war mir ausgemacht, daß ich glücklich sein würde, wenn ich unter ihnen wohnen könnte.«[29]

Er brachte alle seine Freunde mit zu den Brüdern, die sich ihnen anschließen wollten, doch außer Knoll bekamen nur zwei die Erlaubnis, mit den Brüdern zu reisen. Knoll arbeitete 1767 bis 1771 in Altona.

Wir haben am Beispiel von Altona einen ganz typischen Fall, wie sich die Brüdergemeine als Brücke zwischen den verschiedenen Gruppen verstand. Ja die gesamte Diasporaarbeit der Brüdergemeine war nichts anderes als Gemeinschaftspflege innerhalb der Landeskirche und nahm sich der Erweckten unterschiedlichster, auch kirchenkritischer Herkunft an, wenn sie den Kontakt mit den Brüdern suchten.

Was qualifizierte sie dazu? Ohne jetzt eine genauere Analyse vornehmen zu können, haben uns die wenigen Beispiele gezeigt, was die Herrnhuter von den Separatisten unterscheidet: ihre in Christi Erlösung gründende Glaubensfreude, ihre Hochschätzung der Sakramente, ihre Bejahung der Ehe, ihr Misstrauen gegen alle Selbstgerechtigkeit und alles Vollkommenheitsstreben, ihre Bejahung und Zusammenarbeit mit der Landeskirche. Was sie mit den Separatisten verband, war ihre kritische Einstellung gegenüber einem bloß äußerlichen, überkommenen Volkskirchentum, ihr intensives religiöses Leben, ihre überkonfessionelle philadelphische Einstellung.

III.

Fragten wir eingangs nach Zinzendorfs und Spangenbergs Beziehungen zum radikalen Pietismus, so müssen wir nun noch nach ihrer Beziehung zum kirchlichen Pietismus, und das heißt hier: zu den Landeskirchen fragen. Da kann es nun für Zinzendorf gar nicht zweifelhaft sein, dass er sich als Luthe-

---

lernte bei einem französischen Perückenmacher, ging auf Wanderschaft nach Lindau, St. Gallen, Konstanz, Schaffhausen, Basel, Genf, wurde 1741 in die Brüdergemeine aufgenommen und zur Unterstützung französischer Protestanten eingesetzt, musste 1753 nach Genf fliehen, arbeitete in seinem Handwerk in Herrnhut 1754–1757, 1758–1759 in Genf, 1761–1767 in Herrnhut, dann als Diasporaarbeiter in Altona, 1771 in Barby und Ulm, 1774 in Holland, 1778 in Barby, 1780 Großhennersdorf, gestorben am 16.10.1791 in Herrnhut.

[29] Lebenslauf von Knoll, abgedruckt in: UA Herrnhut GN 1846, 634–565, hier 647; auch in: Hans-Christoph Hahn und Hellmut Reichel (Hg.): Zinzendorf und die Herrnhuter Brüder. Quellen zur Geschichte der Brüder-Unität von 1722 bis 1760. Hamburg 1977, 126–129, hier 128.

raner verstand, der auf dem Boden des Bekenntnisses der Augsburger Konfession steht. Die Anerkennung der CA hat er den Mähren abgerungen, am deutlichsten auf dem Synodus von 1748, den er durch eine Auslegung der Confessio Augustana vor den Seminaristen in Marienborn vorbereitet hatte.[30] Aber freilich hat er dieses sein Luthertum nie exklusiv, sondern immer ökumenisch offen, die anderen evangelischen Bekenntnisse einbeziehend und dynamisch verstanden. Die Augsburger Konfession galt ihm als ein ökumenisches Bekenntnis.[31] Im Unterschied zu dem lutherischen Pfarrer und Liederdichter Paul Gerhardt im 17. Jahrhundert war es ihm daher unmöglich, den Eid auf die Konkordienformel abzulegen, und er machte die Verweigerung des Eids auf die Konkordienformel gerade zur Bedingung seiner Amtsübernahme in Dresden.

Ganz anders Spangenberg. Zwar aus einem lutherischen Pfarrhaus stammend, geriet er 1725 als Student der Theologie unter den Einfluss von Johann Otto Glüsing, der die Gichtelianer in Hamburg und Altona anführte. Diese separatistische Periode dauerte etwa zwei Jahre und prägte ihn tief, machte ihn kritisch gegen die Ehe und zögerlich, am Abendmahl der Kirche teilzunehmen.[32] In viel deutlicherer Weise als Zinzendorf weiß er sich jedem Konfessionalismus abhold und nur der einen universalen Kirche Christi verpflichtet. Während Zinzendorf in der Auseinandersetzung mit Dippel und den Separatisten der Wetterau das Recht des lutherischen Schriftverständnisses neu entdeckt, versucht Spangenberg den Schwenckfeldern und Separatisten in Pennsylvanien möglichst nahe zu sein. An Zinzendorf schreibt er: »Ich rate dir, nicht zu sehr zu lutheranisieren. Du bist kein Partikularist, sondern Universalist.« Und Zinzendorf antwortet ihm sehr scharf 1738:

> »Es ist keine absurdere Sekte unter der Sonnen als die Separatisten, das ist mir immer fester alle Tage ... gieb mich nur für keinen Separatisten, Schwenkfelder, Quäker aus in Pennsylvanien ... Ihr Ding steht auf so schlechten principiis, ... daß ich viel lieber lutherisch als fanatisch bin«.[33]

---

[30] Vgl. dazu Holger Bauer: *Nikolaus Ludwig von Zinzendorf und das lutherische Bekenntnis. Zinzendorf und die Augsburger Konfession von 1530.* (Beihefte der Unitas Fratrum, 12) Herrnhut 2004. Bauer schreibt: »Gegenüber den verschiedenen nichtlutherischen Tropen und dem hohen Anteil an ehemals separatistisch gesinnten Gemeindegliedern sollen der Wert und der Nutzen der CA veranschaulicht werden. Die ›Ein und zwanzig Discurse‹ dienen einem einmütigen Bekenntnis zur CA.« (71).

[31] Diese Tatsache wird schön in dem ursprünglichen Titel der Dissertation von Holger Bauer formuliert: »Die Confeßion vom Kirchlein Philadelphia – Nikolaus Ludwig von Zinzendorf und die Confessio Augustana« (Münster 2002).

[32] Siehe Aira Võsa: *Johann Georg Gichtel – teosoofilise idee kandja varauusaegses Euroopas*. Tartu 2006; dies.: Von der Tugend der Ehelosigkeit. Johann Georg Gichtels Einfluss auf August Gottlieb Spangenberg. In: Unitas Fratrum 61/62 (2009), 9–21.

[33] Gerhard Reichel: *August Gottlieb Spangenberg. Bischof der Brüderkirche.* Tübingen 1906, 108.

Spangenberg, der Philadelphier und Universalist, der um die Separatisten warb, näherte sich in einer schmerzvollen Selbstbesinnung dem Standpunkt Zinzendorfs an. 1746 konnte auch er sagen: »Sie [die Separatisten, d.Vf.] sind wohl die schlechtesten unter allen Religionen«, aber er konnte die Religionen nur aus dem Verfall der Gemeinden Jesu erklären und ihren Wert nicht so positiv wie Zinzendorf einschätzen.[34] Die Separatisten ächteten diese Veränderung, die sich nach außen am deutlichsten in Spangenbergs Verheiratung am 5. März 1740 zeigte, als die »Bekehrung durchs Weib«.[35] Aber er erklärte auch jetzt für seine Person, dass er am meisten »eine freie Gemeine« liebe.[36]

Nach Zinzendorfs Tod war es dann freilich Spangenberg, der die Verbindung der Brüdergemeine mit den Landeskirchen und Theologischen Fakultäten konsequent suchte und erlangte. Mit großer Energie beseitigte er alles Anstößige in Zinzendorfs Theologie. Spangenberg ist den Weg der Brüdergemeine in eine freie Gemeinde auf der Grundlage der Schrift bewusst gegangen und hat ihr mit seiner Glaubenslehre *Idea Fidei Fratrum* (Barby 1779), die eigentlich eher eine biblische Theologie ist, eine Lehrgrundlage gegeben, um sie vor dem Abgleiten in den Separatismus zu bewahren. Nun wurde die Gemeinschaftspflege der Brüder innerhalb der Landeskirche auf eine feste Grundlage gestellt und als Diasporaarbeit für die lebendigen Christen in allen Kirchen intensiv betrieben, wofür Altona ein Beispiel ist.

Wie ist diese Entwicklung in der Brüdergemeine zu beurteilen? Ich möchte die Entwicklung von Zinzendorf zu Spangenberg als die Änderung des Blickwinkels oder der Perspektive bezeichnen. Der philadelphische Gemeindebegriff Zinzendorfs wurde auch bei Spangenberg, dem Universalisten, beibehalten, aber während Zinzendorf den versprengten Gruppen der Separatisten und kirchenkritischen Pietisten, auch aufgeklärten Zweiflern und Kritikern, mit großer Liebe und Aufopferung nachging, blickte Spangenberg nach seiner Rückkehr aus Pennsylvanien 1762 zunehmend mehr auf die Landeskirchen, um das inzwischen beachtliche Werk brüderischer Diasporaseelsorge innerhalb der Kirchen abzusichern und zu befördern. Er beseitigte die Anstöße, die einer deutlicheren Integration der Brüdergemeine in die evangelische Kirche abträglich waren. Er betrieb den verfassungsmäßigen und theologischen Ausbau der Brüdergemeine als einer ökumenisch geprägten Freikirche, ohne die lutherischen Wurzeln Zinzendorfs preiszugeben. Die Frontstellung richtete sich jetzt gegen eine Verflachung durch eine rationalistische Theologie der Pfarrer und den im öffentlichen Leben vordringenden Geist der Aufklärung. Ich komme zum Schluss und halte fest:

---

[34] Reichel: *Spangenberg*, 120f.

[35] Reichel: *Spangenberg*, 126.

[36] JHD 22.6.1750 nach Reichel: *Spangenberg*, 120.

1. Zinzendorfs und Spangenbergs Bemühungen um die Gewinnung radikalpietistischer Gruppen für das philadelphische Anliegen der Brüdergemeine sind trotz zahlreicher persönlicher Kontakte völlig gescheitert, hatten aber für beide eine deutlichere Akzentuierung und Klärung ihrer theologischen Position zur Folge.

2. Trotz dieses Scheiterns behielt die Predigt der Brüder eine Attraktion, theologische Herausforderung und seelsorgerliche Antwort für Ratsuchende, die sich zeitweise oder ganz von der Kirche entfernt hatten oder die in den Einflussbereich radikalpietistischer Ansichten geraten waren.

3. Die Brüdergemeine hat auf dem Weg von Zinzendorf zu Spangenberg eine Entwicklung ihres philadelphischen Gemeindebegriffs insofern erfahren, als sich die anfängliche kritische Haltung gegenüber einer Veräußerlichung und Verflachung der Landeskirchen zunehmend in ein Bemühen um Kooperation mit den Landeskirchen gegen eine aufgeklärte Pfarrerschaft wandelte.

4. Die Brüdergemeine bildete eine Brücke zwischen kirchlichem und radikalem Pietismus, auch noch Jahrzehnte über Zinzendorfs Tod hinaus. Diese Ausstrahlung wurzelt in der Frömmigkeit Zinzendorfs, weil sich bei ihm das philadelphische Anliegen mit der lutherischen Kreuzestheologie zu einer vertiefenden Gemeinschaftspflege auf dem Boden eines biblisch-kirchlichen Christentums verband und er die Not der an der Kirche leidenden Kirchenfernen erspürte. Daran hielt auch Spangenberg fest.

Thilo Daniel

Schwestern unter Brüdern

Drei Lebensläufe aus dem Umfeld Nikolaus Ludwig von Zinzendorfs

Nikolaus Ludwig von Zinzendorfs Beziehungen zu den randkirchlichen und außerkirchlichen Gruppen haben schon zu seinen Lebzeiten fasziniert und polarisiert.[1] Anhand dreier exemplarischer Lebensläufe soll hier erneut die Frage gestellt werden: Welche Bedeutung hatten sie für Zinzendorf und die Anhänger jener Gruppen und Kreise, mit denen er in Kontakt trat? Drei Anhängerinnen Johann Wilhelm Überfelds und Johann Georg Gichtels sollen in das Blickfeld kommen. Damit stellt sich neben der Eingangsfrage noch eine weitere. Konkret möge sie lauten: Was sind eigentlich Gichtelianer oder »Engelsbrüder«, so die zeitgenössische Beschreibung?[2] Zedlers Universallexikon vermochte es noch zu differenzieren, wer Anhänger Böhmes und wer Anhänger Überfelds gewesen ist:

»... und von denselben fast höher, als Gichtel selbst gehalten wurde, indem sie seine Briefe und Anweisungen jederzeit als Göttlich angenommen, und in ihren Antworten, ihn als einen recht väterlichen, theuren Engels=Bruder als den Leydischen Engel verehret haben.«[3]

---

[1] Das Bibliographische Handbuch zur Zinzendorf-Forschung (BHZ), hg. v. Dietrich Meyer, Düsseldorf 1987, verzeichnet immerhin 386 Titel. Bereits August Spangenberg, Zinzendorfs erster Biograph musste sich apologetisch an diesem Thema abarbeiten (BHZ 720, 1773–1775).

[2] Schon die plakative Beschreibung der Gruppenzugehörigkeit bereitet im Übrigen einige Mühe. In der Kontroversliteratur des achtzehnten Jahrhunderts herrscht der Begriff »Engelsbrüder« vor. Vgl. Johann Heinrich Kindervater: *Die neue Engels=Brüderschafft als eine Veritable* Quäckerey, Jn der *Käyserl. Freyen Reichs Stadt Nordhausen entdecket.* Nordhausen 1719; Johann Balthasar Reinhard: *Schrifftmäßige Prüfunge des Geistes der neuen Engels=Brüderschafft, bestehend jn einer unpartheyischen Untersuchunge ihrer Lehren und Jrrthümer aus ihrer gerühmten Lehrer Jacob Böhmens und Joh. Georg Gichtels Schrifften.* Leipzig und Nordhausen 1720. Nach unserem heutigen Sprachgebrauch ist dies missverständlich, denn zur Anhängerschaft Gichtels und Überfelds gehörten nicht nur Männer. Zuschreibungen wie »Gichtelianerinnen« oder »Engelsschwestern« weisen zwar einen beträchtlichen Grad an Präzision auf, rufen dafür aber Kritik hervor, da es sich um begriffliche Neuschöpfungen handelt. In diesem Beitrag wird deshalb eine beschreibende Formulierung gewählt, die von Anhängerinnen Johann Georg Gichtels oder Johann Wilhelm Überfelds spricht. Dies ermöglicht zudem eine notwendige Binnendifferenzierung in der Anhängerschaft, die in den Darstellungen bislang kaum berücksichtigt worden ist, für die Anhängerschaft aber durchaus bedeutsam gewesen ist. Vgl. beispielhaft Hans Haupt: Der Altonaer Sektierer Johann Otto Glüsing und sein Prozeß von 1725/26. In: Schriften des Vereins für Schleswig-Holsteinische Kirchengeschichte. R. 2, 11 (1952), 136–163.

Das Bild, das von den Gichtelianern – männlich wie weiblich – bis heute vorherrscht, geht auf die Kontroversschriften des 18. Jahrhunderts zurück. Eine Revision erfolgte selten und nie eingehend. Immer wieder sind Zuschreibungen des 18. Jahrhunderts einfach übernommen worden. Dies geschah oft beiläufig. Andere Aspekte standen eigentlich im Vordergrund. Waren die Gichtelianer wirklich nach Reinhard Kindervater: Die neue | Engels=Brü= | derschafft | als eine | Veritable Quäckerey?

Der Zuschreibungen waren und sind viele. Deshalb sollen hier – anstatt eine weitere hinzuzufügen – drei Lebensläufe im Zentrum stehen. Die drei Lebensläufe bringen es mit sich, dass sich hieran die Frage anschließen wird: Was verband Nikolaus Ludwig von Zinzendorf mit den Anhängern Gichtels und Überfelds? Es sind dies Lebensläufe dreier sehr unterschiedlicher Frauen. Wenn im Folgenden von Anhängerinnen Johann Georg Gichtels und Johann Wilhelm Überfelds die Rede ist, dann einzig in Ermangelung einer adäquaten Bezeichnung für drei offenkundig miteinander verbundene Lebensläufe, wobei die drei Protagonistinnen selber in keiner mir bekannten Aussage Wert auf die Festlegung einer Gruppenzugehörigkeit gelegt hätten, außer, dass sie sich als »Schwestern« würden bezeichnet haben.

Lebensbilder: Christiane Sophie Oertel, Justina Regina Bonacker und Anna Magdalena Francke

An anderer Stelle ist bereits ausführlich auf die Anhängerschaft Gichtels und Überfelds in Dresden und ihre enge Verbindung zu Erdmuthe Dorothea und Nikolaus Ludwig von Zinzendorf hingewiesen worden.[4] Neben dem Arzt Johann Gottfried, dem Steuereinnehmer Augustin und dem Juristen Christoph Heinrich – allesamt stadtbekannte, notorische Engelsbrüder – ist da noch die Schwester Christiane Sophie Oertel zu nennen. Sie lebt – zeitweilig mit allen drei Brüdern – unter einem Dach in der heutigen Dresdner Altstadt und steht wie ihre Brüder in Briefkontakt mit Johann Wilhelm Überfeld in Leiden. Umfangreiche Briefabschriften der Gichtelianer, die sich im Linzer Archiv der Oberlausitzschen Bibliothek der Wissenschaften erhalten haben, belegen dies eindrücklich. Diese dort sogenannten »Parentalbriefe« Überfelds belegen eindrücklich, welch enge geistliche und geistige Verbindung zwischen den Schwestern und Brüdern herrschte.[5]

---

[3] O. Verf.: Art. »Uberfeld«. In: GVUL 46, 1745, 825.

[4] Thilo Daniel: *Zinzendorfs Unionspläne 1719–1723. Nikolaus Ludwig von Zinzendorfs Entwicklung bis zur Gründung Herrnhuts.* (UnFr.B, 11) Herrnhut 2004, 213–249.

[5] Das Linzer Jacob-Böhme-Archiv, das sich in der Oberlausitzschen Bibliothek der Wissenschaften Görlitz (LA) befindet, bewahrt eine Fülle an Quellen aus der Hand von Sympathi-

Auffällig ist, dass dem heutigen Leser kein Unterschied in der Behandlung der Schwestern und der Brüder ins Auge fällt. Die Briefe ähneln sich in Inhalt, Tonfall und der Anrede. Neben persönlichen Anliegen werden grundlegende theologische und philosophische Fragen behandelt. Bei der Frage, ob es pietistische Briefe sind, die sich dort vorfinden, sei auf das Eingangsbeispiel verwiesen. Christiane Sophie Oertel ist unbestreitbar in das Netzwerk der Anhänger Johann Georg Gichtels und Johann Wilhelm Überfelds eingebunden. Sie teilen gemeinsame Anschauungen zu Leben, Handel und Wandel und eine von der Theosophie Jacob Böhmes geprägte Sprache. Sie treffen sich zu Hausversammlungen, die gleichzeitig ein soziales Netzwerk darstellen. Sie teilen eine Vorliebe für ein eheloses Leben, wobei dieser – gemeinhin für typisch gehaltene – Wesenszug keineswegs ohne Ausnahme bleibt. Die Ehe scheint immer dann erlaubt, wenn nicht gar gewünscht zu sein, wenn sie der gemeinsamen Sache, den gemeinsamen Idealen förderlich ist. In anderem Zusammenhang eine »Streiterehe« genannt, ist diese Bezeichnung in den Görlitzer Briefen bislang nicht nachweisbar, doch überraschend wäre sie nicht.

Über die männlichen Mitglieder der Familie Oertel geben die Dresdner Stadtgerichtsakten Daten und Fakten die Fülle preis, die die äußeren Lebensumstände erhellen können. Bezeichnend ist es nun, dass für Christiane Sophie Oertel keine genauen Lebensdaten fassbar sind. Unter den Geschwistern in Dresden lebend, wird ihr Vergehen gegen die kirchlichen Ordnungen aktenkundig. Anders als bei ihren Brüdern aber findet sich kein Vermerk anlässlich ihres Todes.[6]

Ihre Spur verliert sich scheinbar. Neben den Görlitzer Quellen finden sich allerdings im Herrnhuter Archiv briefliche Zeugnisse, die belegen, dass sie Nikolaus Ludwig von Zinzendorf ebenso nahe gestanden hat wie ihre Brüder.

Doch ist sie offiziell nie Glied der Gemeine geworden. Dies ist umso auffälliger, als ihr Kontakt zur Gräfin Zinzendorf noch intensiver gewesen ist als zum Grafen. Christiane Sophie Oertel war für die Zinzendorfsche Haushaltung in der Dresdner Wohnung am Kohlmarkt zuständig. Der Briefwechsel bestätigt dies. Sie kauft Tischdecken, Tinte und anderen Hausrat in Dresden ein, um dies in die Oberlausitz weiterzusenden. In ihren Briefen sendet sie Grüße von Teilnehmern der Dresdner Hausversammlungen mit. Und sie

---

santen und der direkten Anhängerschaft Gichtels und Überfelds vom Beginn des achtzehnten Jahrhunderts und der folgenden Generationen bis weit ins neunzehnte Jahrhundert hinein auf. Die Abschriften der meist sogenannten »Parentalbriefe« – Lehrbriefe Gichtels und Überfelds – liegen in immer wieder kopierten Abschriften aus der ersten Hälfte des achtzehnten Jahrhunderts bis weit in das neunzehnte Jahrhundert vor. S. z. B. LA III 307. Vgl. grundsätzlich: Gertraud Zaepernick: Johann Georg Gichtels und seiner Nachfolger Briefwechsel mit den Hallischen Pietisten, besonders mit A. M. Francke. In: PuN 8 (1982), 74–118.

[6] Thilo Daniel: *Zinzendorfs Unionspläne* (s. Anm. 4), 246.

sendet Grüße an nahe Bekannte, die mit der Gräfin und dem Grafen in Berthelsdorf und Herrnhut ansässig geworden sind.

Offenkundig ist auch die Distanz, die Christiane Sophie Oertel wahrt. Sie bleibt in ihrem vertrauten Umfeld, der Gruppe in Dresden, in der ihre Autorität anerkannt ist und in der sie sozial abgesichert ist. Unter den weiblichen Mitgliedern der Gruppe hat sie eine Führungsrolle innegehabt. Wie sehr ihre Brüder Einfluss auf ihr Leben nahmen, lässt sich aus den Briefen schwer erschließen. Jedenfalls hat sie zeitlebens mit ihnen unter einem Dach gelebt. Es wäre anachronistisch zu vermuten, Christiane Sophie habe selbstbestimmt und unabhängig leben können. Zinzendorf agiert ihr gegenüber ganz seinem Stand gemäß und seiner Profession entsprechend. Er erscheint als juristischer Ratgeber und Schutzherr von Stand.[7] Eine Neigung, gerade die weiblichen Mitglieder der frommen kirchlichen und außerkirchlichen Gruppen, mit denen er in Kontakt stand, einzubinden, ist erkennbar. Genau das unterscheidet sein Verhalten von dem des Korrespondenzpartners Johann Wilhelm Überfeld, wie überhaupt vom Ton des Briefwechsels der Gichtelianer untereinander. Die Feststellung mag wie eine Binsenweisheit erscheinen. Die dahinter stehende Tatsache aber ist der Grund für die wachsende Distanz Christiane Sophie Oertels. In wesentliche Projekte wie den französischen Arndt[8], die Ebersdorfer Bibel[9] und vor allem den Dreßdnischen Socrates[10] ist sie involviert. In ihrer Hand liegen wesentliche organisatorische Aufgaben. Gleichwohl überschreitet sie nie die Grenzen der ihr zugedachten Rolle, für den Grafen Strümpfe und Schnallen, Siegellack und Damasttischdecken zu akquirieren. Geistliche Heimat behält sie in ihrer Gruppe. Zinzendorf behauptet, diese binnen vier Jahren wieder in den Hafen des Luthertums zurückgeführt zu haben.[11] Die Selbstzeugnisse und die Dresdner Ratsakten belegen das Gegenteil.

---

7 Franz Blanckmeister: Valentin Ernst Löscher. Der Prophet von Kursachsen. Ein Lebensbild. Dresden 1920, 176–184. Claus Petzoldt: Studien zu einer Biographie Valentin Ernst Löschers. Löschers Berufung nach Dresden 1709. Konventikelwesen in Dresden zwischen 1690 und 1750. Katalog der Manuskripte Löschers 1688–1749. Diss. [masch.] Leipzig 1971, 103–106; Thilo Daniel: *Zinzendorfs Unionspläne*, 249–271.

8 BHZ A 104.2.

9 BHZ A 110.

10 Thilo Daniel: Zum Dreßdnischen Socrates. Bemerkungen zu Zinzendorfs Dresdener Wochenschrift. In: UnFr 41 (1997), 53–74.

11 Gerhard Reichel: *Die Anfänge Herrnhuts. Ein Buch vom Werden der Brüdergemeine. Zur Erinnerung an die Gründung Herrnhuts am 17. Juni 1722 herausgegeben von der Direktion der Evangelischen Brüder Unität in Deutschland.* Herrnhut 1922; Thilo Daniel: Von der Heilung einer »gottverlobten Seele(n)«. Gesundheit und Krankheit in der Anschauung des jungen Nikolaus Ludwig von Zinzendorf und in seinem Umfeld. Halle. In: Udo Sträter u. a. (Hg.): Alter Adam und Neue Kreatur. Pietismus zum II. Internationalen Kongress für Pietismusforschung 2005. (Hallische Forschungen, 28) Tübingen, 809–820.

In Herrnhut fanden andere weibliche Mitglieder des Dresdner Kreises dauerhaftere Bindung – aber nicht die ersehnte Heimat, die Christiane Sophie Oertel sich bewahrte. In ihren Briefen richtet sie Grüße an die Weggefährtinnen, insbesondere: Justina Regina Bonacker.

Sie ist Teil der Anhängerschaft Johann Wilhelm Überfelds und Teil der Herrnhuter Gemeine geworden und lebt in nächster Nähe zu Gräfin und Graf Zinzendorf: Justina Regina Bonacker. Fragt man nach den Anfängen der Verbindung, so führt die Spur nach Ebersdorf. Schon vor der Heirat war sie Kammerzofe Erdmuthe Dorotheas.[12] Sie begleitet die frischvermählte Dienstherrin auf der »Hochzeitsreise«, die über Lichtenstein und Dresden in die Oberlausitz zum neuen Wohnort führte. In Lichtenstein trifft das junge Ehepaar einen gleichgesinnten Standesherrn, und die Kammerzofe Justina Regina Bonacker kehrt an den ehemaligen Dienstort ihres Vaters zurück. Gustav Bonacker, inzwischen Stadtrichter in Meißen, war vor dieser Tätigkeit in Schönburgischem Dienst. Zu den Schönburgischen Territorien gehörte auch Lichtenstein.

Der regierende Graf in Lichtenstein, Otto Wilhelm von Schönburg, war ein enger Vertrauter der Reußischen Grafenfamilien.[13] Nach Zinzendorfs Heirat beginnt ein reger brieflicher Austausch mit Otto Wilhelm von Schönburg, in dem auch heikle kirchenpolitische Themen verhandelt werden: Victor Christoph Tuchtfeld, der radikale Pietist, eine der schillerndsten Persönlichkeiten, die das beginnende achtzehnte Jahrhundert hervorgebracht hat[14], ist der Gegenstand gegenseitigen Interesses und beiderseitiger Sympathie gewesen.[15] Tuchtfeld wird von Zinzendorf im Briefwechsel mit

---

[12] Thilo Daniel: *Zinzendorfs Unionspläne* (s. Anm. 4), 190–192.

[13] Zu Otto Wilhelm Graf zu Schönburg vgl. Hans-Walter Erbe: *Zinzendorf und der fromme hohe Adel seiner Zeit*. Leipzig 1928 (Diss. phil.), 69, 73 und 151. Schloß Lichtenstein, in der Nähe der Solmser Herrschaft Wildenfels gelegen, stand in engem Kontakt zu den Reußischen Herrschaften. Otto Wilhelm war ein langjähriger Freund Heinrichs XXIII. zu Reuß-Lobenstein. Seine Nähe zum Pietismus hat ihn in Kursachsen des öfteren zum Gegenstand von Angriffen gemacht. Durch verwandtschaftliche Beziehungen verflochten, stand der Graf zu Schönburg in Verbindung zu den pietistischen Adelsfamilien in Köthen, Saalfeld, Ebersdorf, Greiz, Wildenfels, Baruth, Sorau, Oderberg, Branitz sowie Pölzig und Köstritz. Angelpunkt des Beziehungsgeflechtes war das Waisenhaus August Hermann Franckes in Halle. Vgl. Georg Alfred Naumann-Schönberg (Bearb.). In: Neue Sächsische Kirchengalerie. Die Ephorie Glauchau, Leipzig 1910, 635–661; hier 638–639; o. Verf., Art. »Schönburg«. In: Ernst Heinrich Kneschke (Hg.): Neues allgemeines Deutsches Adels-Lexicon 8, 1868, 293–299, hier 296–297.

[14] Zu Tuchtfeld s. Rainer Vinke: *Jung-Stilling und die Aufklärung. Die polemischen Schriften Johann Heinrich Jung-Stillings gegen Friedrich Nicolai (1775/76)*. (VIEG, 129) Stuttgart 1987, 32–39. Vgl.: o. Verf.: Art. »Tuchtfeld«. In: GVUL 45, 1745, 1451–1456 und Hans Schneider: Der radikale Pietismus im 18. Jahrhundert. In: Martin Brecht/Klaus Deppermann (Hg.): Geschichte des Pietismus. Bd. 2: Der Pietismus im achtzehnten Jahrhundert. Göttingen 1995, 107–197, hier 166–167.

[15] Zinzendorf hat selbst immer die guten Beziehungen zu Otto Wilhelm von Schönburg betont: So in der »Kurzen Relation«. In: ZBG 6 (1912), 64 und in der »Geschichte der verbun-

Otto Wilhelm von Schönburg »ein treuer Knecht des H[err]n«[16] genannt. Nicht nur brieflich, sondern auch persönlich war Zinzendorf mit Otto Wilhelm bekannt: Auf der Reise von der Trauung in Ebersdorf nach Dresden haben Erdmuthe Dorothea und Nikolaus Ludwig von Zinzendorf Station in Lichtenstein gemacht.[17]

In den Jahren 1725 und 1726 ist der dortige Hofprediger Johann Karl Oertel[18] Empfänger von Exemplaren des »Dreßdnischen Socrates«[19], der »Ebersdorfer Bibel«[20] und des »Berthelsdorfer Gesangbuches«[21] gewesen.

Einen weiteren Anknüpfungspunkt bietet die beiderseitige Verbindung nach Chemnitz. Bonackers zweite Ehefrau kam aus der Umgebung von Chemnitz; er selbst hat über Jahrzehnte in der näheren Umgebung juristische Tätigkeiten ausgeübt. Mit Zinzendorfs Amtsantritt in Dresden ist auch

---

denen vier Brüder«, in: ZBG 6 (1912), 77 und 106, wo Zinzendorf auf einen Besuch in Lichtenstein im Jahr 1726 hinweist. In dem für die Biographie Zinzendorfs wichtigen Brief an Liborius Zimmermann in Jena vom 19.5.1728, abgedruckt in: ZBG 6 (1912), 196–212 (erhalten in drei Abschriften: R 20 A 1. 18a und 18b, sowie R 20 A 16, 33) weist Zinzendorf auf einen Besuch in Lichtenstein im Jahr 1727 hin. Alle Selbstaussagen Zinzendorfs sprechen von der engen Glaubensverwandtschaft mit dem »Grafen von Lichtenstein«. S.a. den im »Kreuzreich« (BHZ A 173), 119–120 abgedruckten Brief an Otto Wilhelm von Schönburg, den »Fürsten von Lichtenstein«, abgefasst in Berthelsdorf am 17.3.1729, der sich mit der Inhaftierung Melchior Nitschmanns und Georg Schmidts befasst. Auch hier beschäftigt sich die Korrespondenz mit Auseinandersetzungen der Anhänger des Pietismus mit der Obrigkeit; vgl. BHZ 649. Ein weiterer Aufenthalt, den Zinzendorf in Lichtenstein abstattete, ist für die Zeit zwischen dem 16.8. und dem 7.10.1730 belegt; vgl. J.T. Müller: Das Ältestenamt Christi, 1–32; hier 11.

16 S. UA Herrnhut R. 20. A. 15. 118, Zinzendorf an Graf Otto Wilhelm von Schönburg vom 30.12.1722.

17 Vgl. Wilhelm Jannasch: *Erdmuthe Dorothea Gräfin von Zinzendorf geborene Gräfin Reuss zu Plauen. Ihr Leben als Beitrag zur Geschichte des Pietismus und der Brüdergemeine dargestellt* (=ZBG 8 (1914)), 85–86. Abhängig von der Darstellung Jannaschs ist die Schilderung bei Beyreuther, 2, 70–73.

18 S. UA Herrnhut R. 20. C. 15a. 35–55; Briefe des Hofpredigers Oertel/Lichtenstein an Zinzendorf; aus den Jahren 1725–1734. Der Briefwechsel zeigt, dass sowohl Zinzendorfs »Dreßdnische[r] Socrates« wie auch die Herrnhuter Gesangbuch- und Bibelausgaben nach Lichtenstein an den dortigen Hofprediger geliefert worden sind: S. UA Herrnhut R. 20. C. 15a. 35; 17.12.1725 Lichtenstein; R. 20. C. 15a. 37; 22.2.1726 und R. 20. C. 15a. 39; 24.8.1726; das Gesangbuch betreffend; R. 20. C. 15a. 38; 9.5.1726; die »Ebersdorfer Bibel« betreffend; R. 20. C. 15a. 39; 24.8.1726 Merseburg: 100 Gesangbücher erhalten. Auch im Briefwechsel mit dem Lichtensteiner Hofprediger spielte Victor Christoph Tuchtfeld eine Rolle; s. R. 20. C. 15a. 36; 11.2.1726 Lichtenstein: »und senden in gleicher Absicht hierbey die Copien von 2 Tuchtfeldischen Briefen.«; »Melde auch zum lobe Gs. [scil.: Gottes], daß sich der Hunger bey meiner Kleinen Heerde tägl. mehret, u. meine privat Versamlung so stark wird, daß gestern über 100 Seelen bey mir waren«. Der letzte Brief stammt vom 3.9.1734; s. R. 20. C. 15a. 55. Vgl. Georg Alfred Naumann-Schönberg (Bearb.). In: Neue Sächsische Kirchengalerie. Die Ephorie Glauchau, Leipzig 1910, 635–661; hier 638–639 und Reinhold Grünberg: *Sächsisches Pfarrerbuch.* Bd. 2. Freiberg 1940, 659.

19 S. BHZ A 109.

20 S. BHZ A 110.

21 S. BHZ A 500.

für ihn ein intensiver Kontakt nach Chemnitz nachweisbar. Es kann von daher kaum verwundern, dass auch Chemnitz eine Station der Reise des jungen Ehepaares von Ebersdorf nach Dresden gewesen ist.[22]

Beide Linien laufen nun in der Gestalt der »Jungfer Bonackerin«, Tochter des Meißener Stadtrichters Gustav Bonacker,[23] zusammen.

Über die Lebensdaten Justina Regina Bonackers ist nur wenig bekannt.[24] Nach Zinzendorfs Darstellung war die als Separatistin bekannte Justina Regina Bonacker immer wieder ein Stein des Anstoßes in der Brüdergemeine, indem sie sich in der Gemeine von der Gemeine separierte. Bereits im Jahr 1723 findet sich ein Hinweis von Zinzendorfs Hand, der Justina Regina Bonacker als »eine unter allerl. gesetzlichen termini stehende, aber treüe Jungfer der lammes separatistischen secte« bezeichnet.[25] Ob, wie von Gerhard Reichel vermutet,[26] Justina Regina Bonacker zu den Anhängern Gichtels und Überfelds gezählt werden kann, wie das für die Geschwister Oertel der Fall gewesen ist, kann aus den erhaltenen Selbstzeugnissen weder völlig bestätigt noch negiert werden. Die Äußerungen Dritter aber sind eindeutig. Zeitlebens sah sie sich selbst hierzu in apologetischer Position. Klar ist, dass sie als Separatistin betrachtet werden muss, die im Umfeld Herrnhuts ihre Heimat gefunden hat, wie sie zuvor in Ebersdorf eine Heimstatt hat finden können. Die Tatsache, dass sie unverheiratet geblieben ist, mag als Indiz für eine Affinität zu den Überzeugungen der »Engelsbrüder« gelten. Als Beweis

22 Jannasch: *Erdmuthe Dorothea*, 85–86.

23 Einziger Anhaltspunkt zur Lebensgeschichte ist bislang ein Testament der zweiten Frau Gustav Bonackers, Maria Sophia: S. Stadtarchiv Meißen. XXX. Stadt=Handels Buch der Stadt Meissen. 1721, fol. 293 r-293v, Testament Maria Sophia Bonackers vom 27. 1. 1723.

24 S. UA Herrnhut R. 20. B. 17. a. 56–91. Briefe Christiane Sophie Oertels an Erdmuthe Dorothea vom 11. 5. 1724 bis zum 19. 6. 1736. Z. B.: R 20. B. 17. a. 56 vom 11. 5. 1724: Absender sind »die lieben mittglieder« des Dresdener Kreises; der Brief schließt mit einem »P. S. ... gruß an die liebe Jungfer Bonackerin zu bitten.« Weitere Hinweise auf nicht mehr erhaltene Unterlagen bietet ein Findbuch des Unitätsarchivs aus dem 18. Jahrhundert: R. 4. E. 6.d: Briefwechsel mit Gichtelianern: Jungfer Bonackerin; 1723–1725. 1727. 1743–1744; Oertel; Joh Ernst Muller; junger Gichtelianer in Halle; 1728. 1729.

25 Diese Bemerkung Zinzendorfs ist durch eine Notiz (S. UA Herrnhut R. 20. A. 15. b. 154) erhalten geblieben, in der er von der Feier eines Abendmahls respektive »liebesmahls« anläßlich des 23. Geburtstags seiner Frau berichtet. Abgehalten wurde die Feier in Dresden, durchgeführt von Johann Andreas Rothe, dem engen Vertrauten. Zinzendorf listet hier die Teilnehmer auf. Insgesamt nahmen 24 Personen an der Feier teil, darunter auch die Kammerzofe der Gräfin Zinzendorf, Justina Regina Bonacker. Die Feier fand am 7. November 1723, dem 24. Sonntag nach Trinitatis statt. Die Notiz ist nicht nur für die Biographie der »Jungfer Bonackerin« bedeutsam. Zinzendorf nennt zwar nicht alle Namen der Beteiligten; doch ist allein die Tatsache bemerkenswert, dass in Dresden private Abendmahlsfeiern abgehalten worden sind. Vor der Feier wurden einzelne Teilnehmer, Zinzendorf selbst, Friedrich von Watteville, ein weiterer anwesender Theologe namens Reichmeister, Tobias Friedrich, Johanna von Zezschwitz und Justina Regina Bonacker von Rothe ermahnt und absolviert. Dem inneren Kreis der Teilnehmer wurde vor der Abendmahlsfeier die Beichte abgenommen.

26 S. Reichel: *Anfänge Herrnhuts* (s. Anm. 11), 207, 208 und 216.

kann ihre Ehelosigkeit allein jedoch nicht ausreichen. Dass abgesehen von diesen vordergründigen Zuordnungen eine Nähe der »Jungfer Bonackerin« zu den separatistischen Kreisen in Dresden um die Geschwister Oertel nachgewiesen werden kann, ist unzweifelhaft. Die regelmäßigen Grüße, die Christiane Sophie Oertel in ihrem Briefwechsel mit den Zinzendorfs an Justina Regina Bonacker mitsendet, zeugen von der Verbundenheit zwischen beiden. In Herrnhut wird sie als Anhängerin Gichtels und Überfelds gehandelt. Vorerst gilt es festzuhalten:

Justina Regina Bonacker ist Kammerzofe der Gräfin und Anhängerin Johann Wilhelm Überfelds gewesen. Der Kontakt zu ihr rührt keineswegs aus einer Dresdner Begegnung her. Sie war schon in Ebersdorf Kammerzofe der reußischen Grafentochter und als Anhängerin Gichtels und Überfelds bekannt. Wie nahe stand sie der Ebersdorfer Frömmigkeit, war sie mit ihrer Frömmigkeit dort lediglich im Exil oder gar ganz zu Hause? Eine Frage, die sich aufdrängen muss. Erdmuthe Dorothea hat Justina Regina Bonacker mit nach Herrnhut genommen, an ihrer Seite behalten. Dort jedoch ist sie nicht wirklich heimisch geworden.

Konflikte begleiten die Zeit in Herrnhut. Zeitweilig lebt sie im Hause Christian Davids, sehr zum Missfallen Zinzendorfs, der ihr vorwirft, sie habe Christian David aufgestachelt. Sie muss Herrnhut und die Gemeine aufgrund dieses Konfliktes verlassen. Zinzendorf hat ihr das eigenhändig und in aller Deutlichkeit mitgeteilt

»Jungfer Justinen Reginen Bonackerin einzuhändigen Zu Herrnhut in Mstr. Christian Davids wohnung.
Es hat die Jungfer Bonackerin vor gegeben, Sie dürffe nicht vor uns kommen: Das ist eine ungegründete Meynung. Wir haben erstl[ich] in aüserlichen Verrichtungen eine solche Regel, daß wir jederman liebreich zu begegnen schuldig sind. 2.) Muß ich zwar die Jungfer Bonackerin um des Evangelii willen vor eine Feindin halten, weil sie ein groß betrübnis in unserer Gemeinde und einen unverwindligen Schaden beym lehrer angerichtet. Alles hertzl[iche] bitten, flehen u[nd] demüthigen vor ihr, verachtet; eine andere lehre würckl[ich] nicht hat, sondern nur affectirt u[nd] also eine wahre Ketzerin ist; eine Secte ohne wahre Sinnesänderung auf Meynungen etablirt; wieder allen Sinn u[nd] Art der nicht stets sichtbaren, sondern unsichtbaren Gemeine JESU durch die ernste Züchtigung u[nd] Elend des armen H[errn] Krügers, der doch gegen ihr ein grünes holtz ist, nicht zur Erkenntnis und demütigung kommen, sondern in ihrem Geist Jesabels continuirt, 3) aber ist mein hertz deswegen so wenig als das hertz meiner Frauen ihr im Grunde feind, sondern wier (sic!) wünschen ihre Errettung, Überzeugung und die Milderung des ihr bevorstehenden Gerichtes, und 4) wird sie es nimmermehr dahin bringen, daß ich auf Verfolgung und aüserl[ichen] Wiederstand falle. Z.«[27]

[27] UA Herrnhut R.6.A.a.29.10. Briefe die Geschichte Herrnhuts betreffend. Die Quelle wird hier vollständig wiedergegeben.

Unterzeichnet ist das Schreiben mit »Z.«. Ganz gegen Herrnhuter Umgang und Gewohnheit. Über ihr weiteres Ergehen sind wir durch einen weiteren Brief im Herrnhuter Archiv informiert. 1737 begegnet ein Schreiben an Friedrich Christoph Steinhofer[28] von ihrer Hand. Sie ist unverheiratet geblieben und hofft, Aufnahme bei Steinhofer zu finden, sehnt sich nach den Ebersdorfer Jahren zurück.[29] Sie hat, so tut sie eingangs kund, seit dreiviertel Jahr keinen Brief mehr von ihm bekommen:

»Mit meinem Hertzen bin schon lange von D. gegen Westen zu. Aber mein Leib ist noch hier. Und habe nach dem äußern Menschen noch kein solch bedrängt Jahr gehabt, als diese 10te JAhr in D., da mich so langwierige Kranckheit, Beraubung und andere viele dinge betroffen haben, bis daher aber hat der Herr geholfen. Mein Sinn ist wohl beständig nach Ebersdorff. Ich habe aber hier niemand, der dorthin bekannt ist und mit dem ich von hertz zu hertz darüber communiciren kan. Was meinen Sie? Soll ich selbst an Gnädigste Frau Gräfin schreiben oder wollen si sich erkundigen, ob ich kommen darf und soll, und, ob Sie mich die noch übrige Zeit meines vielleicht noch kurtzen Lebens in Ruhe und Freude wollen bey sich wohnen laßen? Sie haben hiermit völlige Vollmacht, auch in meinem Namen zu schreiben.«[30]

Meißner Akten in Erbangelegenheiten aus der gleichen Zeit zeigen sie uns als unverheiratete Erbnehmerin, die unter der Vormundschaft ihres Bruders Gustav Friedrich steht, der Pfarrer in Leuben in der Lommatzscher Pflege nahe Meißen ist.[31]

Justina Regina Bonacker hat ihr Umfeld gewechselt, ja – mit ihrer Dienstherrin – wechseln müssen. Eine Heimat hat sie nicht gefunden. Wie nahe sie in späteren Jahren den Anhängerinnen und Anhängern Gichtels und Überfelds stand, bleibt unklar. In Herrnhut jedenfalls ist sie nicht heimisch geworden. Zinzendorfs Vorwürfe sind harsch. Ihr Verhalten wird theologisch wie moralisch als anstößig empfunden. Doch außerhalb des Schutzes, den Anstellung und Gemeine hätten bieten können, hat sie keine Erfüllung ihrer Lebensplanung finden können.

---

[28] Zu Maximilian Friedrich Christoph Steinhofer (1706–1761) vgl. Wilhelm Claus/Friedrich Buck: *Württembergische Väter 1*. Stuttgart 1887, 232–257; Wilhelm Jannasch: Art. »Steinhofer«. In: RGG^3 6, 1962, 350–351; Martin Brecht: Der württembergische Pietismus. In: Martin Brecht/Klaus Deppermann (Hg.): Geschichte des Pietismus. Bd. 2: Der Pietismus im 18. Jahrhundert. Göttingen 1995, 225–295, hier 265–266.

[29] R.21.A.170.k.1.A-M.3. Bonacker an Steinhofer, Neustadt, 28. 11. 1737: »U. ob mir manche Vorschläge gethan worden, so ist doch kein ort, wo gleichsam die Magnetnadel ruht, als wenn ich Ebersdorf erwähle«.

[30] Eine Abschrift dieses Briefes von Hark in: UA Herrnhut R. 21. A. 170. 1[=L].II.-III.205 (Es handelt sich um eine Kopie aus dem Ebersdorfer Gemein-Archiv).

[31] Er ist laut Eintrag im Kirchenbuch der Frauenkirche Meißen am 19. 12. 1735 verstorben. Vgl. zu den Ausführungen auch: Stadtarchiv Meißen Acta. Colligirte Raths und Cämmerey Sachen cum Indice. Vol. II. die Nachlassangelegenheiten der Familie Bonacker betreffend; sowie ebda.: »DAS. XXIV. STADT. BUCH. MEISSEN. ANNO. 1735«; Altes Archiv. R. 34. 1735–1740.; Bl. 384r -386v.

Es stellt sich die Frage, wie eng die Gruppe der Gichtelianer überhaupt institutionell verbunden war. Die Lebensläufe der Schwestern und Bonacker verlaufen unterschiedlich und dennoch sehen sie sich selbst als verbunden an und werden von außen, von ihren Zeitgenossen, ebenso eingeschätzt. Waren sie auch Pietistinnen? Wenn ja, was macht das Pietistische aus? Zu Zinzendorf haben sie beide Distanz gewahrt. Die Gründe hierfür scheinen unterschiedlich zu sein. In einem Fall selbst gewählt, im anderen durch Zinzendorfs Autorität bewirkt. Doch vermag gerade das die Frage nicht zu beantworten, wie nahe beide dem Pietismus standen. Vielmehr stellt es die Frage, was Zinzendorf an den Gichtelianern angezogen hat. Auffällig ist zweifellos die Fülle der Kontakte zwischen 1721 und 1737 – der ersten Ausweisung aus Sachsen.

In Dresden ist es die Funktion des Schutzpatrons, auf die Zinzendorfs Rolle zugespitzt werden kann. In Ebersdorf hat er eine Gruppe frommer Christen vorgefunden, zu denen mit Justina Regina Bonacker zumindest eine Anhängerin Johann Wilhelm Überfelds hinzugehörte und zu der Christiane Sophie Oertel Kontakt pflegte. Ein gemeinsames geistliches Band gab es. In der Ehefrage ist Zinzendorf skeptisch und trifft 1721 in Dresden Gleichgesinnte. Er sucht Rat bei Johanna Eleonora Petersen und erhält den ihres Mannes. Auch mit Benigna Marie, der Schwester seiner Braut, als Einsiedlerin lebend, stand er in der gleichen Frage in Kontakt. Er entwickelt eine Ehetheologie, die heute als für ihn prägend gesehen wird. Doch wie eigenständig entwickelt Zinzendorf sie? Sind Christiane Sophie Oertel und Justina Regina Bonacker nicht in gewisser Weise Vorbilder? Die Brüder Oertel standen Zinzendorf noch näher. Ihnen vertraut er sich selbst an und die seelsorgerlichen Fragen seiner neuen Gemeine. Es stellt sich die Frage: Waren die Gichtelianer Gleichgesinnte oder Gegenstand der Zinzendorfschen Überzeugungsarbeit? Die Beispiele Oertel und Bonacker scheinen zweifelsfrei zu zeigen, dass Zinzendorf nicht auf Dauer zu überzeugen vermochte. Die Wege, die sie eine Zeit lang gemeinsam gingen, trennen sich wieder. In einem Fall sogar schroff und abrupt. Eine Fülle von Fragen schließt sich an: Wäre Christiane Sophie Oertel ohne ihre Brüder und deren gesellschaftlichen Rang in der Lage gewesen, so zu leben, wie sie es getan hat: ehelos und getreu ihren Überzeugungen. Justina Regina Bonackers Lebenslauf zeigt: Sie, die diese Unterstützung nicht hatte, fand ungleich schwerer eine geistliche Heimat und vermochte es nicht, ihren Lebensentwurf gemäß den eigenen Vorstellungen zu verwirklichen. Dieses Dilemma scheint geeignet, die Anhängerinnen Gichtels und Überfelds zu beschreiben wie kaum ein anderes Merkmal. Ein christliches Leben in Ehelosigkeit, in einem Beruf, der das Gewissen nicht bindet, gleichwertig den Brüdern in der Gemeinschaft, bleibt für beide Lebensläufe das Ziel, dem die Lebensläufe unterschiedlich nahe kommen. Ein prominenter soll noch herangezogen werden, der für Zinzendorfs Biographie kaum Beachtung gefunden hat. Dabei belegt er, dass Zinzendorf schon lange vorher von den Engelsbrüdern und den Schwestern in diesen Gruppen gewusst haben kann und auch die Probleme kannte, die ihre Anschauungen ihnen machten.

1714/1715 war er am Ort des Geschehens eines Ehestreiks einer Anhängerin Johann Georg Gichtels, der prototypisch hier Vorgestelltes vorwegnimmt. Gertraud Zaepernicks inzwischen ein Vierteljahrhundert alter Aufsatz[32] ist bis heute derjenige, der am deutlichsten ausspricht: Anna Magdalena Francke ist eine der namhaften Anhängerinnen Johann Georg Gichtels und Johann Wilhelm Überfelds gewesen, deren Vorbehalte, sich dem Lebensentwurf ihres Mannes unterzuordnen, nicht einfach durch dessen Erfolg beseitigt sind.

Eine Liste in Görlitz, die verstorbene Schwestern auflistet, findet sich dort in mehrfacher Ausfertigung.[33] Jede beinhaltet den Namen Anna Magdalena Franckes.

Mehr noch: Vielfach ist über die Vorbehalte ihrer Brüder spekuliert worden. Mindestens einer ist Engelsbruder gewesen: Ernst Ludwig[34], in Aurich fast in unmittelbarer Nachbarschaft des von Knyphausenschen Stammsitzes lebend und wirkend.

Wie im Hause Oertel, so sind auch hier die Geschwister eines Sinnes. Bedenken gegen die Eheschließung der Schwester bedürfen keiner Spekulation über die Gründe.

Zinzendorf war zur Zeit des Ehestreikes im Hause Francke Schüler in Halle. Zinzendorf hat die konfliktträchtigen Lebensentwürfe der Engelsbrüder – insbesondere der Schwestern unter den Brüdern – wohl lange vor der Gründung Herrnhuts kennen gelernt. Es ist vielleicht nicht zu viel gesagt, wenn man ihren Eindruck auf den Hallenser Zögling für faszinierend und abschreckend zugleich halten muss. Die Frage läge nahe, ob ihm seine Standeszugehörigkeit wie sein Geschlecht, erst den Weg geebnet hat, so im Streit für den Heiland zu leben, wie sie es für richtig hielten.

Frappant sind nämlich die Konflikte, die sich insbesondere für die Frauen ergaben.

Anna Magdalena Francke, geborene von Wurm, wird Teil einer pietistischen Erfolgsgeschichte. Dort, wo sie sich dieser entziehen wollte, duldete das ihr bürgerliches Umfeld nicht. Und auch die Geschichtsschreibung ist bislang nicht besser mit ihr verfahren. Die Quellenlage scheint es jedenfalls nicht zu rechtfertigen, sie auf die Rolle der Ehefrau und »Hertzliebe[n] Mama« zu reduzieren. Ungleich schwerer hatten es die beiden zuvor geschilderten Frauen, deren Biographien anders verliefen, da sie nicht durch materielle Erfolge und durch Heirat abgesichert wurden.

---

32 S.o. Anm. 5.

33 LA II 106b (39–51).

34 O. Verf.: Art. »Wurm«. In: GVUL 60, 1749, 25–54, hier 35–36.

Die Namen adliger Frauen finden sich wie selbstverständlich auch auf dieser Liste. Sie scheinen unbehelligt von aller Kritik der Zeit geblieben zu sein. Die Mutter Erdmann Heinrichs Graf Henckel zu Donnersmarck zum Beispiel, Barbara Helene, geborene von Maltzahn, ebenso Julie Henriette Gräfin Solms-Baruth, geborene Freiin von Morawitzky (1705–1739), eine persönliche Bekannte Zinzendorfs, werden beide genannt. Beide werden gemeinhin dem frommen hohen Adel zugerechnet.[35]

Wer die Anhängerinnen Gichtels und Überfelds wirklich waren, lässt sich jedenfalls dann besser beantworten, wenn die bislang namenlosen Vertreterinnen in den Blick der Forschung kommen.

Dann wird sich die Frage neu stellen lassen, was es war, was die Pietisten unter ihren Zeitgenossen an ihnen abgeschreckt, und was sie angezogen hat. Auch das durchaus ambivalente Verhältnis zu Adligen wie Nikolaus Ludwig von Zinzendorf kann in neuem Licht gesehen werden. Nicht nur der Lebenslauf Nikolaus Ludwigs von Zinzendorf und dessen theologische Positionen werden dann ein wenig klarer hervortreten als zuvor. Die Engelsbrüder und die Frauen in ihrer Mitte, deren Bild in der Öffentlichkeit und ihre disparate Selbstsicht bieten noch genügend Material für die Revision, wie sie Richard Adelbert Lipsius bereits vor mehr als einem Jahrhundert in Ersch-Grubers Enzyklopädie eingefordert hat:

»Eine eingehendere Entwickelung der eigenthümlichen Lehren Gichtel's würde an dieser Stelle zu weit führen, obgleich sie in der That trotz der beigemischten kräftigen Jrrthümer eine unbefangenere, gerechtere Würdigung verdienen, als ihnen bisher zu Theil geworden ist. [...] Der Polemik des hallischen Pietismus wider Gichtel merkt man die Aengstlichkeit an, mit welcher dieser sich von jedem Verdachte eine Geistesgemeinschaft mit dem berüchtigten Schwärmer zu reinigen sucht.«[36]

---

[35] Vgl. Hans-Walter Erbe: *Zinzendorf und der fromme hohe Adel*. Leipzig 1928, 69–70.

[36] Richard Adelbert Lipsius: Art. »Gichtel und Gichtelianer«. In: AEWK, Sect. 1, Theil. 66, 1857, 437–457, hier 445, 456.

Rudolf Dellsperger

Der radikale Pietismus in der Schweiz und seine Beziehungen zu Deutschland

Ein fragmentarischer Überblick und ein Exempel vom Spätsommer 1699

Im Sommer 1978 verbrachte ich in der Burgerbibliothek Bern bei der Lektüre der *Acta pietistica* lange, schöne Wochen und Monate, bis mich Dr. Hans Haeberli, der damalige Leiter der Bibliothek, beiseite nahm und mir sagte, auch ein Dr. Schneider aus Göttingen interessiere sich für »meine« Quellen. Ich erschrak, liess mir die Adresse geben und schrieb an die Eisenacher Straße 13 einen Brief. Darin verriet der Satz, ich suche den Kontakt »nicht etwa aus der Befürchtung heraus, unsere Themenkreise könnten sich überschneiden«, exakt meine Sorge. Es vergingen keine zwei Wochen, bis Herr Schneider und ich uns in Hofgeismar gegenüber saßen. Wir lernten uns nicht als Konkurrenten, sondern als Kollegen kennen und begannen sogleich mit einem lebhaften Austausch von Quellen und Hinweisen. Dabei erlebte und erlebe ich mich mehr als Nehmenden denn als Gebenden, was mich Herr Schneider aber nie spüren ließ.

I.

Auch die Beziehungen zwischen dem radikalen Pietismus in der Schweiz und Deutschland waren ein Geben und Nehmen.[1] Soweit wir wissen, begann der Austausch 1689 mit dem Besuch zweier Radikaler, eines gewissen Wolters bzw. Walther aus Lüneburg und Johann Friedrich Speyer aus der Pfalz, in Zürich und Bern. Er förderte das Bestehen früher radikaler Zirkel in der deutschen Schweiz zutage.[2] Kurz danach brachen junge Berner Theo-

[1] Vgl. zum Folgenden Hans Schneider: Der radikale Pietismus im 17. Jahrhundert. In: Martin Brecht (Hg.): Geschichte des Pietismus. Bd. 1: Der Pietismus vom siebzehnten bis zum frühen achtzehnten Jahrhundert. Göttingen 1993, 391–437; ders.: Der radikale Pietismus im 18. Jahrhundert. In: Martin Brecht/Klaus Deppermann (Hg.): Geschichte des Pietismus. Bd. 2: Der Pietismus im achtzehnten Jahrhundert. Göttingen 1995, 105–197; Rudolf Dellsperger: Der Pietismus in der Schweiz. In: Brecht/Deppermann (Hg.): Geschichte des Pietismus. Bd. 2, 588–616. Weitere Hinweise auf Quellen und Literatur finden sich in diesen Beiträgen.

[2] Rudolf Dellsperger: *Die Anfänge des Pietismus in Bern. Quellenstudien.* (AGP, 22) Göttingen

logen zu längeren Studienreisen auf, die sie unter anderem nach Deutschland führten. Achtet man auf ihre Adressaten, zu denen beispielsweise Johann Jakob Schütz in Frankfurt gehörte, so fällt ihre Unvoreingenommenheit für den Pietismus radikaler Prägung auf.[3] Ende 1695, Anfang 1696 förderte in Bern ein nächster Besuch aus Deutschland, diesmal aus Leipzig, die Existenz einer pietistischen Bewegung zu Tage, die inzwischen gewachsen war und sich, nicht zuletzt dank der Verbreitung mystischer und spiritualistischer Autoren wie Valentin Weigel, Jakob Böhme, Johannes Tauler und Christian Hoburg,[4] weiter radikalisiert hatte. Dies lässt sich an den 19 theologischen Thesen ablesen, die der Rat nun ausarbeiten ließ. Sie enthalten einen umfangreichen Katalog heterodoxer, separatistischer Ansichten.[5] Rat und Konvent wurden in ihrer Abwehrhaltung bestärkt, als sie im Sommer 1698 vom Fall des reformierten Herborner Theologieprofessors Heinrich Horch erfuhren, der die Amtskirche als Babel und die Hohe Schule als Satansschule verwarf. Mit der Konsultation der Zürcher und der Berner Kirche durch die Herborner Schule in dieser Sache begann die Zusammenarbeit deutscher und schweizerischer Behörden im Kampf gegen den radikalen Pietismus.[6]

Der Konflikt ist in Bern im Prozess von 1699 mit besonderer Härte ausgetragen worden. Er endete mit dem Versuch, die Bewegung durch Repression zu ersticken, und mit dem erzwungenen oder freiwilligen Exil renitenter Männer und Frauen. Die meisten von ihnen gingen nach Deutschland, wo sie, wie in Magdeburg und Niederndodeleben, in kleinen Kolonien als »Stille im Lande« lebten oder, wie in den ysenburgischen und wittgensteinischen Grafschaften, mit Gleichgesinnten dem zur Jahrhundertwende erwarteten Anbruch des Tausendjährigen Reichs entgegenfieberten und dem philadelphischen Kirchenideal zum Durchbruch zu verhelfen suchten.[7] Der bekannteste Vertreter der letzteren Richtung ist Samuel König. Er spannte in Herborn mit Heinrich Horch und in Berleburg mit Johann Henrich

---

1984, 37f, und jetzt Isabelle Noth: *Ekstatischer Pietismus. Die Inspirationsgemeinden und ihre Prophetin Ursula Meyer (1682–1743).* (AGP, 46) Göttingen 2005, 61–63.

[3] Dellsperger: *Anfänge*, 38–44. Zu Schütz' Kontakten in die Schweiz, insbesondere zu Johann Heinrich von Schönau und Heinrich Locher in Zürich, vgl. Andreas Deppermann: *Johann Jakob Schütz und die Anfänge des Pietismus.* (BHTh, 119) Tübingen 2002, 319–321.

[4] In einer Zensurliste von 1695 figurieren auch die Namen von Thomas von Kempen, Giovanni Bona, Antoinette Bourignon und Pierre Poiret. Dellsperger: Anfänge, 78f; Noth: Ekstatischer Pietismus, 63f.

[5] 1984 war ich noch der Ansicht, die Thesen würden den frühen Berner Pietismus »nur in seinen extremsten und vereinzelt auftretenden Ausprägungen« treffen (*Anfänge*, 72–78, hier 77). Dabei ließ ich mich von den Positionen junger Theologen leiten, die als Multiplikatoren der pietistischen Bewegung eine wichtige Rolle gespielt haben, die aber, wie Noth: *Ekstatischer Pietismus*, 57–70, gezeigt hat, für deren heterogene Vielfalt nicht allein repräsentativ sind.

[6] Dellsperger: *Anfänge*, 117–121.

[7] Allein in der Wetterau um Frankfurt lebten anfangs des 18. Jahrhunderts rund 40 Schweizer Exulanten.

Reitz und Ernst Christoph Hochmann von Hochenau zusammen.[8] Prominente Deutsche, unter ihnen Zinzendorfs Großmutter Henriette Katharina von Gersdorf, setzten sich für die vertriebenen Schweizer ein,[9] deren Entwicklung in vielen Fällen nach einem Radikalisierungsschub in ruhigere Bahnen mündete.[10] König beispielsweise ist 1711 vom Grafen Ernst Casimir von Ysenburg-Büdingen zum Hofprediger, Ersten Pfarrer, Inspektor und Konsistorialrat berufen worden.

Zu den beiden Gemeindebildungen des radikalen Pietismus, den Schwarzenauer Neutäufern und den Wahren Inspirationsgemeinden, unterhielten Schweizer Radikale im Exil und in der Heimat vielfache Beziehungen.

Der spätere Erbauungsschriftsteller und Boehme-Herausgeber Nikolaus Tscheer wurde – wie auch von den Gichtelianern – vorübergehend von beiden Bewegungen angezogen, bis er sich von jeder Bindung löste.[11] Andreas Boni, der zusammen mit seiner Frau Johanna Nöthiger in Schwarzenau zu den acht Erstgetauften gehörte, stammte aus der Basler Landschaft. Er war in seiner Heidelberger Zeit vor allem durch Hochmann in radikalpietistischem Sinn geprägt worden und stand mit Alttäufern vermutlich amischer Richtung in Verbindung.[12] Missionare aus Schwarzenau gelangten bis Basel und Bern, während die Berner Separatisten Johann Heinrich Müslin, ein Freund von Tersteegen und Charles Hector de Marsay, und Nicolas Samuel de

---

[8] Rudolf Dellsperger: Samuel Königs »Weg des Friedens« (1699–1711). Ein Beitrag zur Geschichte des radikalen Pietismus in Deutschland. In: Ders.: Kirchengemeinschaft und Gewissensfreiheit. Studien zur Kirchen- und Theologiegeschichte der reformierten Schweiz: Ereignisse, Gestalten, Wirkungen. (BSHST, 71) Bern 2001, 96–132, hier 100–108, 113–121; Schneider: Der radikale Pietismus im 18. Jahrhundert (s. Anm. 1), 121–123; Marcus Meier: *Die Schwarzenauer Neutäufer. Genese einer Gemeindebildung zwischen Pietismus und Täufertum.* (AGP, 53) Göttingen 2008, 147–154.

[9] Heinz Renkewitz: *Hochmann von Hochenau (1670–1721). Quellenstudien zur Geschichte des Pietismus.* (AGP, 5) Göttingen ^{2}1969, 74–76.

[10] Anders verlief der Weg des Berners Carl Anton Püntiner, der bei den Berleburger Ereignissen von 1700 neben Hochmann von Hochenau und König eine zentrale Rolle spielte und sich dann der Sozietät der Mutter Eva anschloss, bevor er in Schwarzenau eine Bleibe fand. Zu ihm vgl. Dellsperger: Anfänge, 84f; Renkewitz: *Hochmann*, passim, bes. 100–102; Willi Temme: *Krise der Leiblichkeit. Die Sozietät der Mutter Eva (Buttlarsche Rotte) und der radikale Pietismus um 1700.* (AGP, 35) Göttingen 1998, passim, bes. 181–184. Meier: *Neutäufer*, 145.

[11] Dellsperger: *Anfänge*, 125–127; Michael Knierim/Johannes Burkart: *Die Gesellschaft der Kindheit Jesu-Genossen auf Schloß Hayn. Aus dem Nachlaß des von Fleischbein und Korrespondenzen von Lindenhofen und Tersteegen 1734 bis 1742. Ein Beitrag zur Geschichte des Radikalpietismus im Sieger- und Wittgensteiner Land*. Hannover 2000, 262f; Ulrich Bister: Nicolaus Tscheer – Briefe und andere Vermächtnisse. In: Reiner Braun/Wolf-Friedrich Schäufele (Hg.): Frömmigkeit unter den Bedingungen der Neuzeit. FS Gustav Adolf Benrath. (Quellen und Studien zur hessischen Kirchengeschichte, 6; Sonderveröffentlichungen des Vereins für Kirchengeschichte in der Ev. Landeskirche in Baden, 2) Darmstadt, Kassel 2001, 89–101, hier 97. Noth: *Ekstatischer Pietismus*, 14.

[12] Meier: *Neutäufer*, 37–53, 169–172.

Treytorrens, der Anwalt der geplagten Berner Alttäufer, sich für einige Zeit in Schwarzenau niederließen,[13] und Samuel König in Büdingen sich für einen toleranten Umgang mit den Neutäufern einsetzte.[14]

Die Thunerin Ursula Meyer gehörte als Prophetin zum innersten Kreis der Wahren Inspirationsgemeinden. Sie hatte zwischen 1715 und 1719 Aussprachen, von denen 156 gedruckt wurden. Johann Friedrich Rock und seine Gefährten verliehen in den zwanziger und dreißiger Jahren auf ihren Schweizer Reisen dem Separatismus trotz prominenter Gegner wie Samuel Lutz und Samuel König kräftig Auftrieb.[15] Von Johann Adam Gruber als Prophet hingegen nicht anerkannt wurde der Toggenburger Goldschmied und ehemalige Marburger Theologiestudent Hans Ulrich Giezendanner, als er auf der Ronneburg erschien. Er hatte, nachdem er wegen Predigtstörung aus Marburg weg gewiesen worden war, 1716 Bußrufe für die Eidgenossenschaft und den Stand Zürich ausgerichtet.[16]

Zum Abschluss dieser kleinen Umschau, die sich fortsetzen ließe und dennoch stets lückenhaft bliebe, seien zu den Themen Literaturaustausch und Asylgewährung noch zwei weitere Beispiele angefügt. 1701 erschien der Bekehrungsbericht des Berners Samuel Schumacher in Johann Henrich Reitz' »Historie der Wiedergebohrnen«. Dieses Erbauungsbuch wurde von Schaffhausen bis zum Genfersee nicht nur, aber auch in radikalpietistischen Kreisen fleißig gelesen, beispielsweise von François de Magny, der seinerseits autobiografische Schriften von Reitz und Johann Tennhardt ins Französische übersetzte.[17] Und ein Territorium, auf dem vertriebene Pietisten Asyl fanden, war das seit 1707 preußische Neuchâtel, wo unter dem Schutz des toleranten Landesherrn in Auvernier[18] und Colombier radikalpietistische Zellen bestanden. Von hier aus ließ Beat Ludwig von Muralt die »Lettres sur les Anglois et les François« drucken, und hier entstanden in den zwanziger und dreißiger Jahren seine späteren philosophischen und religiösen Schriften.[19]

---

[13] Zu Müslin: Rudolf Dellsperger: Art. »Müslin, Johann Heinrich«. In: HLS (im Erscheinen). Zu de Treytorrens: Ders.: Der Pietismus in der Schweiz (s. Anm. 1), 595f, und Hans Schneider: Der radikale Pietismus im 18. Jahrhundert (s. Anm. 1), 183 (Anm. 236).

[14] Schneider: Der radikale Pietismus im 18. Jahrhundert, 122.

[15] Zu Ursula Meyer vgl. Noth: *Ekstatischer Pietismus*; zu Rocks Missionsreisen Noth: *Ekstatischer Pietismus*, 275–286 und 292–296; und Hans-Jürgen Schrader: Inspirierte Schweizerreisen. In: Alfred Messerli/Roger Chartier: Lesen und Schreiben in Europa. Vergleichende Perspektiven. Basel 2000, 351–382, hier 357.

[16] Thomas Hanimann: *Zürcher Nonkonformisten im 18. Jahrhundert. Eine Untersuchung zur Geschichte der freien christlichen Gemeinde im Ancien Régime*. Zürich 1990, 43–49, 329–335.

[17] Hans-Jürgen Schrader: *Literaturproduktion und Büchermarkt des radikalen Pietismus. Johann Henrich Reitz' »Historie der Wiedergebohrnen« und ihr geschichtlicher Kontext*. (Palaestra, 283) Göttingen 1989, 283–286, 502f.

[18] Gabrielle Berthoud: Des piétistes à Auvernier au début du XVIIIe siècle. In: Musée Neuchâtelois, Troisième série 19 (1982), 143–153.

[19] Rudolf Dellsperger: Beat Ludwig von Muralts Emigration aus der Kirche. Hinweise zu

Hans Schneider hat im ersten seiner beiden grundlegenden Handbuchbeiträge zum radikalen Pietismus festgestellt, die deutschen Radikalen hätten »durch die aus der Schweiz nach dem Berner Pietistenprozess ausgewiesenen oder ausgewanderten pietistischen Gesinnungsfreunde [...] Verstärkung und Bestätigung« erfahren.[20] Hier sollte anhand einiger Beispiele gezeigt werden, dass und inwiefern dies auch umgekehrt gilt. Es handelte sich tatsächlich um ein gegenseitiges Geben und Nehmen. Ein gastliches Land, geschweige denn ein Asylland für radikale Pietisten, war die reformierte Schweiz in der ersten Hälfte des 18. Jahrhunderts freilich nicht. Das haben etwa Rock und seine Gefährten auf ihren Reisen zur Genüge erfahren müssen. Aber der schweizerische radikale Pietismus hat aus Deutschland auf dem Besuchsweg und über den Büchermarkt wertvollste Impulse erhalten. Das ließe sich auch anhand des so genannten »Libellierens« zeigen, der illegalen Einfuhr polemisch-apologetischer Traktate, durch die Exulanten auf die Entwicklung in ihrer alten Heimat Einfluss zu nehmen versuchten.[21] Hier soll jedoch ein Ereignis aus der Geschichte der Beziehungen zwischen schweizerischem radikalem Pietismus und Deutschland näher betrachtet werden, das auf den ersten Blick nach einer Episode aussieht. Hans Schneider hat darüber 1985 eine schöne Miszelle veröffentlicht.

---

seinem Weg zwischen Pietismus und Aufklärung. In. Ders.. Kirchengemeinschaft (s. Anm. 8), 66–84. Ders.: Le christianisme n'exige pas moins de nous que la vie entiere. Zu drei Briefen Beat Ludwig von Muralts aus dem Jahr 1702. In: Wolfgang Breul-Kunkel/Lothar Vogel (Hg.): Rezeption und Reform. FS für Hans Schneider zu seinem 60.Geburtstag. (Quellen und Studien zur hessischen Kirchengeschichte, 5) Darmstadt, Kassel 2001, 239–250. Ders.: Eine »missratene« Heirat. Beobachtungen zu zwei Briefen Beat Ludwig von Muralts vom März 1717. In: Martin Rose (Hg.): Histoire et Herméneutique. Mèlanges offerts à Gottfried Hammann. Genève 2002, 117–126. Ders.: Béat-Louis de Muralt au Pontet. In: Le Manoir du Pontet à Colombier, in: nouvelle revue neuchâteloise No 76 (Hiver 2002), 16–26 (deutsche Originalfassung 27–34). Ders.: Bruch oder Kontinuität? Zeitgenössische Stimmen und neue Quellen zu Beat Ludwig von Muralts Entwicklung. In: Udo Sträter u. a. (Hg.): Interdisziplinäre Pietismusforschungen. Beiträge zum Ersten Internationalen Kongress für Pietismusforschung 2001. Bd. 1 (Hallesche Forschungen, 17/1) Halle, Tübingen 2005, 201–211.

[20] Schneider: Der radikale Pietismus im 17. Jahrhundert (s. Anm. 1), 418.

[21] Vgl. Schrader: *Literaturproduktion*, 185, 202 (Samuel Güldin, Kurtze Apologie, Philadelphia [Berleburg] 1718), 152, 159 (Samuel König, Neue Klag Mosis, O. O. [Offenbach] 1701), 204 (Dasselbe, Berleburg 1723). Als Beat Ludwig von Muralts *Lettres sur les Anglois et les François* zusammen mit der *Lettres sur les Voiages*, die in den neunziger Jahren entstanden waren, 1725 in Genf erschienen, geschah auch dies in der Hoffnung, damit in Bern etwas bewegen zu können.

II.

Im August 1699 – der Prozess lag erst zwei Monate zurück – traf in Bern ein nächster Besuch aus Deutschland ein. Zwei der drei Reisenden waren Hochmann von Hochenau und George Henry Krafft. Der Dritte im Bunde war hingegen nicht, wie lange vermutet wurde, Gottfried Arnold – er weilte, wie Hans Schneider gezeigt hat, zur fraglichen Zeit in Quedlinburg – sondern ein junger Arnoldi aus Frankfurt, von wo die Gruppe in die Schweiz aufgebrochen war.[22] Samuel König hatte seine Freunde seinem Paten und Protektor Niklaus von Rodt, ehemals Landvogt von Interlaken,[23] empfohlen, der sie auf seinem Gut im Breitfeld vor den Toren der Stadt gastlich aufnahm und ihnen Berns Sehenswürdigkeiten – die Kirchen, das Zeughaus und die neu eingerichtete Bibliothek – zeigte, wie überhaupt die Reise auch ihre touristischen Seiten hatte. Offenbar sprach sich die Anwesenheit der Gäste herum. Jedenfalls fanden sich am Sonntag, dem 27. August, als man in Stadt und Land das Heilige Abendmahl feierte,[24] die Menschen wie bei früheren derartigen Gelegenheiten scharenweise auf dem Breitfeld ein, um die Freunde aus Deutschland zu sehen und zu hören. Dazu bekamen sie in Form von Bibellektüre und Auslegung reichlich Gelegenheit. Hochmann soll, das Gesicht zur Stadt gewendet, für diese gebetet haben. Anderntags führte von Rodt seine Gäste nach Spiez am Thunersee, wo mit den Pfarrern Samuel Güldin und Johannes Müller und den Patriziern Friedrich von Wattenwyl senior und Oberst Gabriel Frisching vier weitere Gesinnungsfreunde zu ihnen stießen. Die Gesellschaft, zu der auch von Rodts Tochter Maria gehörte, bestand nun aus wenigstens neun Personen. Man übernachtete im Pfarrhaus bei Samuel Dick, einem weiteren Pietisten der ersten Stunde. Anderntags ging's – wahrscheinlich auf dem Wasserweg – nach Interlaken, wo von Rodt Landvogt gewesen und wo er nach wie vor hoch angesehen war, und weiter nach Grindelwald, wo man den Gletscher besichtigte. Nun griff der Berner Rat ein. Er beorderte den Großweibel mit sechs Bewaffneten nach Unterseen, wo die Reisegesellschaft im Haus des Schultheiß die Nacht zubringen wollte. Als das Detachement eintraf, waren die Fremden, durch einen Eilboten aus Bern vorgewarnt, über Brienz und den Brünigpass bereits entkommen. Ihre Gastgeber wurden in Bern in Un-

---

22 Dellsperger: *Anfänge*, 167, 172. Hans Schneider: Gottfried Arnolds angeblicher Schweizbesuch im Jahre 1699. In: ThZ 41 (1985), 434–439, hat in der Frage nach dem dritten Reisenden definitiv Klarheit geschaffen. Er verzeichnet auch die ältere Literatur.

23 Zu Niklaus von Rodt, von dem sie einen wertvollen Brief ediert, vgl. Noth: *Ekstatischer Pietismus*, 79f, 323–330.

24 Das Abendmahl wurde in der Berner Kirche viermal jährlich (zu Weihnachten, Passion und Ostern, Pfingsten und anfangs des Herbstmonats) jeweils an zwei aufeinander folgenden Sonntagen gefeiert. Vgl. Kurt Guggisberg: *Bernische Kirchengeschichte*. Bern 1958, 277.

tersuchungshaft gesetzt und am 11. September vom Großen Rat bestraft. Von Rodt musste das Land wegen Beherbergung verdächtiger fremder Personen, Durchführung verbotener Versammlungen, Beihilfe zur Flucht der Fremden und Korrespondierens mit Ausgewiesenen binnen zwei Wochen verlassen und die Verfahrenskosten tragen.[25]

Diese Darstellung beruht neben dem Manual des Berner Rates auf zwei Quellen: zum einen auf einem Brief von Samuel Bachmann, Berns Oberstem Dekan, an Hans Jakob Ulrich[26] in Zürich vom 27. September 1699,[27] und zum andern auf einem Bericht mit dem Titel »H. Niclaus Rodts Vogts von Hinderlachen Historie«, den Johann Rudolf Gruner[28] in seine *Acta pietistica* aufgenommen hat.[29] Während Bachmann die Ereignisse aus nächster Nähe und mit unverhohlener Bitterkeit schildert, tut es der Verfasser der zweiten Quelle aus einiger Distanz und mit spürbarer Sympathie für seinen »Helden«. Seine Version ist ausführlicher, steht aber nicht im Widerspruch zu Bachmanns Bericht. Selbst wenn er schreibt, der Magistrat habe befürchtet, von Rodt könnte in seiner ehemaligen Landvogtei eine Rebellion anzetteln, so lässt sich das mit den *turbae* vereinbaren, von denen Bachmann gleich im ersten Satz spricht. Die beiden Quellen stimmen auch darin überein, dass in ihnen von dem, was die drei Fremden – wohl vor allem Hochmann und Krafft – an jenem Augustsonntag und an dessen Vorabend gesagt haben, mit keinem Wort die Rede ist. Die Gäste treten in Erscheinung, aber sie erhalten kein Profil. Heinz Renkewitz hat deshalb in seinem Hochmann-Buch die Episode zu Recht mit »*Auftakt* in der Schweiz« überschrieben.[30] Mehr war es im Blick auf Hochmanns Leben nicht. Anders stellen sich die Dinge dar, wenn man die eigentlichen *dramatis personae*, nämlich von Rodt, seine Freunde und den »Chor« der heilsbegierigen und gewiss oft auch neugierigen Bernerinnen und Berner ins Auge fasst, denen der Besuch aus Deutschland galt.

---

[25] StAB, AII 580 (29.8.1699), 374f, und AII 581 (11.9.1699), 44. Wortlaut des Urteils bei R. von Diesbach: Nikolaus Rodt (1650–1726). In: Sammlung Bernischer Biographien 3, Bern 1898, 8f.

[26] Ulrich (1636–1709) war seit 1681 Pfarrer an der Predigerkirche und Chorherr am Großmünsterstift.

[27] Vgl. den Anhang.

[28] Gruner (1680–1761) wurde 1725 Pfarrer in Burgdorf und 1744 Kapitelsdekan. Er trug neben Mineralien, Münzen, Medaillen und Antiken in 386 Bänden historische, topographische und genealogische Quellen zusammen, u.a. die für die Anfänge des Pietismus in Bern unentbehrlichen *Acta pietistica*. Rudolf Dellsperger: Art. »Gruner, Johann Rudolf«. In: HLS 5, 2006, 768.

[29] BBB, M.h.h. X 62, 549–553. Im Stammbuch der Familie von Rodt werden Johann Franz von Wattenwyl und Daniel Knopf als mögliche Verfasser dieses Berichts genannt. R. von Diesbach: Rodt, 6.

[30] Renkewitz: *Hochmann* (s. Anm. 9), 47 (Hervorhebung R.D.).

III.

Um beim Bild zu bleiben: der »Chor« tritt in den insgesamt 56 Briefen Bachmanns an Ulrich, die aus der Zeit zwischen Februar 1697 und September 1703 erhalten geblieben sind,[31] recht plastisch in Erscheinung. Doch bevor von ihm die Rede ist, soll der Absender der Briefe vorgestellt werden. Samuel Bachmann, der 1672 als Helfer ans Berner Münster kam, wünschte sich, als er 1696 Oberster Dekan wurde, »daß ich in dieser stelle mich so könne verhalten, daß mein getreuer H[er]r und Gott, dem ich diene, mich getreu in seinem Dienst erfinden könne [...]«.[32] Seine theologischen Gewährsleute waren mit Gwalther, Musculus und Calvin Vertreter der zweiten Reformatorengeneration. Ihre Kommentare schätzte er hoch, während er den Neuansatz der Vernünftigen Orthodoxie, den Jean-Frédéric Ostervald in seinem Katechismus vertrat, ablehnte. »Der Gott der Wahrheit«, schrieb er bei dieser Gelegenheit, »erhalte under unß seine himlische Wahrheit pur, lauter und unverfelscht, und gebe unß samtlich die Gnad, dass wir nach derselben Gott wohlgefellig wandlen.«[33] Mit Bachmann stand der Berner Kirche in der Zeit ihrer tiefsten Krise seit der Reformation ein überzeugter orthodoxer Theologe vor.[34]

Sein Bild des Pietismus war ein Feindbild. Während für ihn die Täufer die Kirche von außen bedrohten, taten es die Pietisten von innen. Die Gefahr, die von ihnen ausging, hielt er in jeder Hinsicht für groß. Er erlebte den Pietismus als radikal, separatistisch, heterodox und antiklerikal. Er sah, wie die Bewegung, die Stände und Geschlechter übergreifend, in der Stadt wie auf dem Land den kirchlichen und gesellschaftlichen Frieden gefährdete.[35] In ihr spielten ungewöhnlich viele Frauen, adlige und einfache, gänzlich neue, führende und unbotmässige Rollen.[36] Bachmann hielt Pietistinnen und

---

[31] ZB ZH, S 360, 132–236.

[32] Bachmann an Ulrich, 24.2.1697.

[33] Bachmann an Ulrich, 18.10.1702. 1702 ließ der Berner Magistrat vom Theologen Johann Rudolf Rudolf ein Gutachten über Ostervalds Katechismus, die *censura bernensis*, anfertigen. Vgl. Alexander Schweizer: *Die protestantischen Centraldogmen in ihrer Entwicklung innerhalb der reformierten Kirche*. Bd. 2: Das 17. und 18. Jahrhundert. Zürich 1856, 767–771. Rudolf Dellsperger: Johann Rudolf Rudolf oder: Theologie im Wandel der Zeiten. In: Argovia 103 (1991), 126–138, hier 132f.

[34] Sein gleichnamiger Sohn schloss sich in Zürich den Radikalen an und lehnte Kirchgang und Abendmahl ab, scheint aber den Weg zurück zur Amtskirche gefunden zu haben (Bachmann an Ulrich, 19.6.1700 und 22.2.1701). Von ihm ist ein Glaubensbekenntnis vom 17. Februar 1701 erhalten, in dem er wieder eine orthodoxe Position vertritt (ZB ZH, S 360, 243–245.).

[35] Bachmann an Ulrich, 8.7.1698.

[36] Bachmann an Ulrich, 9.9.1698; 11.11.1699; 9.3.1700. In der ZB ZH, S 360, 58–64, befindet sich ein anonymer, undatierter Brief einer Bernerin an einen Stadtpfarrer, in dem das

Pietisten für schlaue und verlogene,[37] freche und listige,[38] hochmütige Menschen.[39] Er wusste, dass sie in einer weit verzweigten, überkonfessionellen und internationalen Organisation namens Philadelphische Sozietät zusammengeschlossen waren und sich Sioniten nannten.[40] Diese Information stammt zwar aus einem Brief, der erst ein Jahr nach den Ereignissen vom Spätsommer 1699 geschrieben wurde, gibt aber Bachmanns Grundgefühl, es mit einem gut organisierten und zugleich schwer fassbaren Gegner zu tun zu haben, gut wieder.

Bringt man in Abzug, was bei Bachmann schlicht Ressentiment ist, dann kann man sich den »Chor« nun durchaus vorstellen: Es handelte sich um eine für damalige Verhältnisse große Schar von rund dreihundert Frauen und Männern aus der Stadt und deren Umgebung,[41] die der Kirche und ihren Pfarrern kritisch bis ablehnend gegenüberstanden und in separaten Zirkeln ihr eigenes religiöses Leben pflegten. Sie befanden selber darüber, ob das, was die Kirche ihnen vorsetzte, genügte. Denn sie wussten, was für sie gut war, und sie bestärkten sich darin gegenseitig. Kirche war nach ihnen entweder philadelphische Gemeinschaft der Wiedergeborenen, oder sie war nicht Kirche. Dies hatte für sie längst vor dem großen Pietistenprozess gegolten. Seither galt es erst recht. Die Kirche, deren Ansehen schon wegen der Verfolgung der Täufer schwer gelitten hatte, war nicht mehr glaubwürdig. »Exodus!«, lautete deshalb die Devise. Die Versammlung auf dem Breitfeld dürfte nicht bloß eine Erbauungsveranstaltung, sondern eine Protestdemonstration gewesen sein.

Ministerium, von wenigen löblichen Ausnahmen abgesehen, mit beißender Schärfe angegriffen wird.

[37] Bachmann an Ulrich, 10.8.1698.

[38] Bachmann an Ulrich, 22.10. und 30.11.1698; 15.4. und 15.7.1699; 9.3.1700.

[39] Bachmann an Ulrich, 13.1.1699.

[40] Bachmann an Ulrich, 19.6.1700: »Die Pietisten kennen einanderen specifice und haben einen Catalogum aller Philadelphischen Societet und aller Sioniten, wie sie sich selbst namßen. Der H[er]r sollte dießen Catalogum von ihm begehren, daraus wurde er ersechen die große anzahl der Pietisten by unß.« Es ist mir nicht bekannt, welchen Katalog Bachmann meint. Mit dem *Catalogus amicorum in Germania*, den Nils Thune: *The Behmenists and the Philadelphians. A Contribution to the Study of English Mysticism in the 17th and 18th Centuries*. Uppsala 1948, 125f, abdruckt, ist er jedenfalls nicht identisch, da dieser von 1703 stammt und keine Namen von Personen aus der Schweiz verzeichnet.

[41] Das Ratsmanual spricht von rund 300 Personen (StAB, AII 580 [29.8.1699], 374f), Bachmann an Ulrich, 27.9.1699, vom »haufenweiß herzulaufenden Volck« und Niclaus Rodts *Historie* (s. Anm. 29), 551, von einem »groß geleuff von den Pietisten«.

IV.

Der Bericht in den *Acta pietistica* erzählt von den engen Beziehungen, die von Rodt Vater und Tochter zu Samuel Güldin und Samuel König pflegten, und vom Einspruch, den von Rodt während des Pietistenprozesses am 10. Juni 1699 im Großen Rat erhob: Nachdem tags zuvor König ausgewiesen und Christoph Lutz und Güldin suspendiert worden waren, sollten fünf weitere Urteile gefällt werden. Da stand »H[err] Vogt Rodt vor R[ät] und Burger auff, und sagte: Ihr M[eine] Gn[ädigen] Herren wolt ihr abermahl handlen wie gestern, da es hargangen wie bey der verurtheilung Christi. Herodes und Pilatus waren zugegen und hat alles *Crucifige* geruffen etc.«[42] Von Rodt wurde wegen dieses Protests vermahnt.

Diese Überlieferung dürfte zuverlässig sein, findet sich doch die Anspielung auf den Prozess Jesu, nur zugespitzt auf die Rolle der Geistlichkeit, auch in von Rodts Brief an seinen Bruder Samuel vom Juli 1699, der ihn, auch in seiner Eigenschaft als bernischer Pfarrer, beschworen hatte, sich doch ja nicht an die Spitze der pietistischen Bewegung zu stellen. Aber von Rodt war zu keinen Kompromissen mehr bereit. Er unterschied – mit einem Seitenhieb auf Dekan Bachmann, der nicht habe sagen können, zu wem er gehöre – zwischen natürlichen Menschen und wiedergeborenen Christen. Er beklagte den Verfall der institutionellen Kirche, auch der Reformationskirchen, und verwies auf die »in disen lesten zeiten« gewährte Gelegenheit, statt auf den äußerlichen Gottesdienst allein auf Christus zu vertrauen. Und er verschloss sich der Bitte, »dass ich meinen bey jederman gehabten ruhm, ehr, ansehen und gunst nit so liederlich verscherzen wolle«, und dem obrigkeitlichen Ansinnen, die angeblich wahre durch Unterdrückung der wirklich wahren Religion zu stützen.[43]

Letzteres bedeutet, dass von Rodt nicht bereit war, sich durch den Assoziationseid vom Pietismus zu distanzieren. Als der Große Rat eine Deklaration, die er in dieser Sache einreichte, nicht gelten ließ und er die Bedenkfrist ungenutzt verstreichen ließ, wurde er aus dem Rat und allen seinen Kommissionen ausgeschlossen. In seinem Fall betraf dies unter anderem die Standes-, Burger-, Zoll- und Jägerkammer. Diese Entscheidung fiel am 23. August, also in jener Woche, als Rodt die deutschen Gäste bei sich logierte und durch die Stadt führte.[44] Damit verstieß er aber wissentlich gegen eine andere vom Rat nach dem Prozess erlassene Bestimmung, wonach Fremde mit »ungesunden Religionsmeinungen« – und das waren Freunde Samuel Königs zweifellos – scharf zu beobachten und gegebenenfalls anzuzeigen

---

[42] Niclaus Rodts *Historie*, 550.

[43] Die Edition des Briefwechsels zwischen Samuel Rodt und Niclaus Rodt findet sich bei Noth: *Ekstatischer Pietismus* (s. Anm. 2), 323–330.

[44] StAB, AII 580 (23. 8. 1699), 343.

seien.[45] Und als er am besagten Abendmahlsonntag die Versammlung auf seinem Grund und Boden nicht nur duldete, sondern offen förderte, handelte er – und mit ihm alle Anwesenden – gegen den Großratsbeschluss vom 15. Juni 1699, wonach »Conventiculieren und privat exercierende religions actus [...] under persohnen ungleichen alters, geschlächts und qualitet« in einem Land mit einer Religion, öffentlichem Gottesdienst und einer »wohl policierten« Obrigkeit unter Androhung schwerer Strafen verboten waren.[46]

Niklaus von Rodt war ein hoch angesehener Staatsmann mit einem glänzenden *cursus honorum*.[47] Dass er die Pietisten protegierte und sich selber zu ihnen zählte, war seit einigen Jahren stadtbekannt. Jetzt, nach dem Prozess, steuerte er an vorderster Front der Bewegung einen Konfliktkurs mit Kirche und Staat. Versteht man die Versammlung vom 27. August und die anschließende Reise ins Oberland vor diesem Hintergrund, dann versteht man auch, weshalb die Obrigkeit seiner habhaft und ihn loswerden wollte. Es sei nochmals festgehalten: Über den Inhalt von Hochmanns Gebet für die Stadt Bern ist nichts bekannt. Aber schon die Tatsache dieser Handlung durch einen fremden Pietisten war eine Provokation in einer ganzen Reihe von Provokationen.

V.

Niklaus von Rodt verließ Bern, nachdem er seine Angelegenheiten geregelt hatte,[48] am 18. September zusammen mit seiner Tochter Maria. Bachmann kennt seinen neuen Aufenthaltsort noch nicht. Dafür weiß er, dass die drei

45 StAB, AII 579 (16.6.1699), 435f.

46 StAB, AII 579 (15.6.1699), 423–426.

47 Sprossen seiner Karriere waren u.a.: 1673 Substitut der Staatskanzlei, 1676 Stubenmeister bei Kaufleuten, 1680 Mitglied des Großen Rates, 1682 Unterschreiber, 1683 einer von drei Sekretären des Generalstabs, 1684 Gerichtsschreiber, 1787 Landvogt von Interlaken, 1692 Obmann von Kaufleuten, 1694 Mitglied des Schulrates, zwischen 1688 und 1699 siebenmal Sechzehner von Kaufleuten. Vgl. R. von Diesbach: Rodt (s. Anm. 25), 5.

48 Den Armen der Landvogtei Interlaken vermachte er 2000 Pfund. Einen beträchtlichen Teil seines ansehnlichen Vermögens ließ er unter der Verwaltung seines Bruders Emanuel, des Stadtschreibers, in Bern zurück, und bezog davon jährlich die Zinsen. Er hat 1720 beim Zusammenbruch des Bankhauses Malacrida & Cie. 12562 Kronen verloren. Die Bank war von Verweigerern des Assoziationseides gegründet worden. Sie kaufte gutgläubig riskante und moralisch höchst fragwürdige Titel der englischen Bank Law und fallierte mit dieser zusammen. Verzeichnuß der Creditoren an H. Malacrida und Compagnie sambt dero habender Capitalien und Zinsen calculiert biß 1. X^{bris} 1720. Wie auch der Creditoren an Müller, Wattenweill und Compag^{e} in Engelland, wie sie A^{o} 1722 sich befunden. 1701. Handschrift im Sammelband H.XXII.117 der UB Bern. W.F. von Mülinen: Law und Malacrida. In: Neues Berner Taschenbuch 1897, Bern 1896, 137–162. Vgl. Nikolaus Linder: *Die Berner Bankenkrise von 1720 und das*

Fremden auf der Herreise mit Johann Jakob Dachs in Holderbank einen weiteren pietistischen Gesinnungsfreund aufgesucht hatten.[49] Dem Verfasser der *Historie* hingegen ist Niederndodeleben bei Magdeburg als von Rodts neues Domizil bekannt. Von dort – das weiß wiederum Bachmann zu berichten – habe er, *noster Pietista*, im Mai 1702 dem Vater von Samuel König Christian Hoburgs »Der unbekannte Christus« geschickt. Darin stimme Hoburg ein Lob auf David Joris an, der in Basel gestorben und begraben, dessen Leichnam aber später wieder exhumiert und unter dem Galgen verscharrt worden sei, »welches dan ein Zeugnus ist, was Hoburg seye«.[50] Bachmann überließ es Ulrich, den entsprechenden Rückschluss auf von Rodt zu ziehen.

Niklaus von Rodt hat in der Tat aus dem Exil verbotene beziehungsweise höhern Orts ungern gesehene Bücher nach Bern geschickt oder doch empfohlen. Das geht aus einem Brief hervor, den er am 16. Februar 1700 aus »Niedertoden Leben bey Magdeburg« nach Bern geschrieben hat.[51] Er bedankt sich darin beim Adressaten für die ihm und den Seinigen bis zuletzt erwiesene Liebe und Freundschaft und versichert ihn seiner treuen Fürbitte, damit ihm für das, was seinem ewigen Frieden diene, und für den elenden Zustand des »Bernischen Reformirten Christenthums« die Augen aufgingen.

Denn »ein wahrer und nicht ein dodter, ein that und nicht ein[52] Christ zu sein, erforderet nicht nur die Historie von Christi Gebuhrt, seinem Leiden, Sterben, Aufferstehung und Himmelfahrt in dem hirn zu wüßen und viel davon zu plauderen und zu

---

Recht. Eine Studie zur Rechts-, Banken- und Finanzgeschichte der Alten Schweiz. (Zürcher Studien zur Rechtsgeschichte, 53) Zürich 2004. – Emanuel von Rodt und der Vater von Samuel König stritten monatelang um die Herausgabe von Samuels Bibliothek, die sich offenbar noch im Hause von Rodt befand. Der Stadtschreiber weigerte sich, die Bücher herauszugeben, solange Vater König nicht den Fuhrlohn von 50 Thalern für diejenigen Bände bezahle, die der junge König »auß der frömbde [habe] abharferggen lassen«. StAB, AII 584 (27.4.1700), 22; AII 585 (15.8.1700), 362f; AII 586 (11.9.1700), 33; AII 586 (12.9.1700), 41–43.

[49] Johann Jakob Dachs (1667–1744) gehörte seit 1692 als Kandidat an der Oberen Spitalkirche und seit 1695 als Pfarrer in Holderbank zu den bernischen Pietisten. Im Prozess von 1699 wurde er wegen Verbreitung verbotener Literatur (u. a. von Christian Hoburg) und wegen seiner auswärtigen Kontakte verurteilt, aber im Amt belassen. Seine Karriere – er wurde 1714 Helfer, 1717 Pfarrer am Berner Münster und 1732 Oberster Dekan – illustriert die allmähliche kirchliche Integration des Pietismus. Rudolf Dellsperger: Art. »Dachs, Johann Jakob«. In: HLS 3, 2004, 562.

[50] Bachmann an Ulrich 18.10. und 1.12.1702. Der Leichnam des Täuferführers David Joris, der zwölf Jahre seines Lebens inkognito in Basel zugebracht hatte, wurde 1556 nach einem Gerichtsverfahren zusammen mit einem Teil seiner Bücher verbrannt.

[51] BBB, M.h.h. XIII 102, Nr. 19, unpaginiert. Es handelt sich um eine Abschrift. Groß- und Kleinschreibung sind schwankend. In Zweifelsfällen wird die Kleinschreibung bevorzugt. – Da der Anfang des Briefes fehlt, ist der Adressat unbekannt. Die Titulatur und andere Anspielungen lassen aber den Schluss zu, dass er Mitglied des Kleinen Rates und hochrangiger Offizier in bereits fortgeschrittenem Alter war.

[52] Ein Wort fehlt: maul, hirn?

disputiren zu können, sondern Christum mit allem seinem verdienst im Geist kennen, ja Christum selbsten im hertzen würklichen haben, und besitzen [...].«

Es folgt eine lange Reihe neutestamentlicher Gebote. Von ihnen würden die Pfarrer zwar behaupten, sie überstiegen menschliches Vermögen. In Wirklichkeit würden aber die Wiedergeborenen in der Nachfolge Christi sie nach Kräften befolgen, und sie könnten es auch. Von Rodt erinnert an

»das Leben der Ersten Christen, in was heyligkeit, verlaugnung ihrer selbsten sie mit eingewandlet sind. Deren Leben mit sonderbahrem fleiß beschrieben hat *Gotfrid Arnold* in einem Buch titulirt Wahre Abbildung der Ersten Christen im Glauben und Leben. Welches herliche buch M[ein] h[ochwohlgeborener] g[nädiger] H[err], wie ich von meinem freund berichtet bin,[53] haben wirdt. Derselbe wolle nur fleisig darinn lesen, so gewißlich nicht ohne frucht sein, und in disen zeiten demselben ein großes licht geben wirdt, sonderlich aber wolle M[ein] h[hochwohlgeborener] g[nädiger] H[err] wohl betrachten das achte buch, welches da von dem verfahl der lehrern handlet, und die so schöne gar deutlich[54] darinn abgebildet stehet [...]«.

Man dürfe nicht meinen, fährt von Rodt fort, mit der Reformation habe in der Geistlichkeit ein Sinneswandel stattgefunden. Zwar seien äußerliche Missstände in der Kirchenorganisation, in Lehre und Kult behoben worden,

»aber die subtilern Götzen und Bildern in dem Tempel unserer herzen sindt geblieben, alß da sindt: Sauffen, Fressen, Ehrsucht, Geltgeitz, Wohlüstigkeit, Hoffarth, Weltpracht, Stoltz, Unzucht &c. als welche noch täglich zu Bern sowohl von Geistlichen alß Weltlichen, Hochen als Niedern angebettet werdind, maßen in damahliger *Reformation* man nicht weiters gekommen, und hat man darbey mehr Politische als Geistliche Absichten gehabt.«

Diesen Lasterkatalog hat von Rodt zum größten Teil wörtlich aus dem achten Buch von Gottfried Arnolds Werk »Die erste Liebe« übernommen.[55] Wie dieser will er die Kirche und ihre Amtsträger aber nicht *nur* kritisieren. Er räumt ein, dass es Versuche zur Einführung der Reformation »auch in der Krafft eines Gottsehligen und Christlichen Lebens« immer wieder gegeben habe;

»Seindt aber alsbald von den so genanten *Orthodoxen*, weilen selbige Ihres Fleisch mit seinen lüsten und begierden und den alten Adam nicht gern kreuzigen, sonder lieber in den Gemächligkeiten der Welt leben wollten, verkäzeret, und verdamt worden gleichwie es heutigs tags auch geschiecht. Welches aber alles sehr verständig beschreiben thut gedeuter *Arnold* in seiner Kirchen- und Käzer Historie, welches buch ich

---

[53] Mit dem Freund könnte Samuel König gemeint sein.

[54] Vielleicht sollte es heißen: »schön und gar deutlich« (Lesefehler).

[55] Gottfried Arnold: *Die erste Liebe*, hg. v. Hans Schneider. (KTP, 5) Leipzig 2002, 13–15, 101–119. Mir lag zudem die vom Halberstädter Verleger Gensch in Frankfurt gedruckte 2. Auflage vor (Universitätsbibliothek Bern, Theol. fol.6). Hans Schneider: Nachwort. In: Arnold: *Erste Liebe*, 201 f (Anm. 47).

M[einem] h[ochwohlgeborenen] g[nädigen] H[errn] an recommandiren thue, darauß Er ohn zweifel großen nuzen ziehen wirdt.«

VI.

Da der Adressat dieses Briefes nicht bekannt ist, wissen wir auch nicht, ob er dieser Empfehlung gefolgt ist. Er scheint immerhin im Besitz der »Ersten Liebe« gewesen zu sein. Von Rodts Hochschätzung für dieses Buch illustriert Hans Schneiders Feststellung, wonach Gottfried Arnolds »Erste Liebe« in radikalpietistischen Kreisen »besonderen Anklang« gefunden habe: »Das von Arnold entworfene Idealbild der Urchristen und seine Schilderung des Abfalls von der ersten Liebe schien die eigene Kritik an den kirchlichen Zuständen der Gegenwart zu bestätigen und den kontradiktorischen Rückgriff auf die Ursprünge zu legitimieren.«[56] Und wenn Paul Wernle Arnolds noch 1739 von den Schaffhauser Pietisten neu aufgelegte »Kirchen- und Ketzerhistorie« als »das Standard-work der neuen [separatistischen] Richtung« in der Schweiz bezeichnete,[57] dann ist Niclaus von Rodt auch dafür ein frühes Beispiel, auch wenn er seinen Brief aus dem Exil nach Hause sandte.

Wir haben – zuerst in Form eines Überblicks und dann anhand eines Beispiels – nach dem radikalen Pietismus in der Schweiz und seinen Beziehungen zu Deutschland gefragt. Dabei haben wir die beiden Ebenen der Gastfreundschaft und des literarischen Austauschs unterschieden. Die Episode vom Spätsommer 1699 spielte auf beiden Ebenen. Der Bernbesuch Hochmanns und seiner Freunde provozierte eine pietistische Demonstration, die von der Obrigkeit als gefährlich eingestuft und entsprechend sanktioniert wurde. Gottfried Arnold hat diese Ereignisse nicht miterlebt. Aber wir haben allen Grund zur Annahme, dass seine Bücher im schweizerischen radikalen Pietismus schon damals gelesen wurden.[58]

---

[56] Schneider: Nachwort. In: Arnold: *Erste Liebe*, 203.

[57] Paul Wernle: *Der schweizerische Protestantismus im XVIII. Jahrhundert. Das reformierte Staatskirchentum und seine Ausläufer (Pietismus und vernünftige Orthodoxie).* Tübingen 1923, 140.

[58] R. von Diesbach: Rodt (s. Anm. 25), 9, und Guggisberg: *Kirchengeschichte* (s. Anm. 24), 392, berichten ohne Belege, Niklaus von Rodt sei nach Überfelds Tod von den Gichtelianern zum Vorsteher gewählt worden. Die Quelle ist möglicherweise eine Marginalie in *Copia Schreibens von H. Niclaus Tscheer an die Freund in dem Schweitzer-Land, von dem dißmahligen Zustand der Pietistischen Gemeinden in Teutschland.* Vgl. Bister: Tscheer (s. Anm. 11), 99. Ich habe den Wahrheitsgehalt dieser Aussage noch nicht überprüfen können.

Anhang

Samuel Bachmann an Jakob Ulrich, 27. September 1699[59]

Wohl=Ehrwürdiger, getreuer und vilgeliebter Hr und Bruder in Christo
Ich habe nit lenger verschweigen können die große *turbas*, die allhier erregt ein gewisser hiesiger Landtvogt (welcher sein leben lang unserem *ministerio* von hertzen abhold ware, und vil beschwerliches wider selbiges hat helfen außwirken, sonderlich den tax, darunder alle arme Predicanten seufzen).[60] Denselben und seine Tochter hat Köng[61] gäntzlich in den *Pietismum* verstrickt, so weit, daß er disem Landtvogt drey Teutsche Kerli (die auch Pietisten waren, welche ein gewißer Hirtzel[62] nach Zürich solle begleitet haben) zugeschickt und recommendiert. Die hat er logiert 8 Tag lang, selbige sind von unseren Pietisten, Güldin[63] und Anderen, besucht worden. Dieße Gsellen, nachdem es ruchbar worden, dass sie in diesers L[and]vogts matten seyen, sind am Sontag, den 27. Aug.[,] da man zu Statt und Land das Hl. Abendmal gehalten,[64] so frech worden, dass sie denselben gantzen Tag dem haufenweiß herzulaufenden Volck geprediget haben; Am Montag darauf ist dieser Landtvogt mit seiner Tochter und dießen dreyen Gsellen ins Oberland gereißet nach Spietz. Da sie der Güldin, Müller[65] und zween andere weltliche Pietisten[66] angetrofen, daselbst ubernachtet by einem Pfarrer, der ihnen nit ungünstig ware;[67] Morndrigen Tags reißeten weiters nach Grindelwald den Glätscher zu besechen p. In der Zuruckreiß kehrten sie ein bim Schultheiß zu Underseen;[68] Da sie ob dem Nachtessen waren, langete by ihnen an Hr

---

[59] ZB ZH, S 360, 170f.

[60] Seit 1694 waren die Pfarreien des deutschen Landesteils in drei Klassen mit abgestuftem Steuertarif eingeteilt. Vgl. Guggisberg: *Kirchengeschichte*, 494.

[61] Köng ist wie Küng eine andere Namensform für König.

[62] Es konnte noch nicht ermittelt werden, um wen es sich handelt.

[63] Samuel Güldin (1664–1745) wurde 1692 Pfarrer in Stettlen und 1696 Helfer am Berner Münster. Als Pietist im Prozess von 1699 suspendiert und 1702 ausgewiesen, wanderte er nach Aufenthalten in Hamburg und Magdeburg 1710 nach Pennsylvania aus. Rudolf Dellsperger: Kirchengemeinschaft und Gewissensfreiheit. Samuel Güldins Einspruch gegen Zinzendorfs Unionstätigkeit in Pennsylvania 1742. In: Ders.: Kirchengemeinschaft (s. Anm. 8), 182–205. Ders.: Art. »Güldin, Samuel«. In: HLS 5, 2006, 812.

[64] Vgl. Anm. 24.

[65] Johannes Müller war seit 1697 Vikar in der Gemeinde Belp. Er wirkte wie Güldin im Sinne des Pietismus, wurde mit diesem zusammen suspendiert und starb kurze Zeit nach dem Ende des Prozesses. Vgl. Dellsperger: *Anfänge* (s. Anm. 2), Register.

[66] Friedrich von Wattenwyl (1665–1741). Er verweigerte den Assoziationseid und war der Vater des gleichnamigen Zinzendorf-Freundes und -Mitarbeiters. Bei Gabriel Frisching, dem zweiten »weltlichen Pietisten«, handelt es sich wohl um Gabriel Frisching (1656–1735), der 1708 Mitglied des Kleinen Rates und 1715 Zeugherr wurde. HBLS 3, 1926, 341.

[67] Gemeint ist Samuel Dick (†1738), der zusammen mit Güldin, Christoph Lutz und Schumacher einen Kreis junger pietistischer Theologen bildete. Er wurde 1693 Pfarrer in Spiez und 1706 in Oberdiessbach.

[68] Schultheiß von Unterseen, einer an der Aare zwischen Brienzer- und Thunersee gelegenen Ortschaft mit Stadtrecht, war 1699 Anton Engel (1658–1711). HBLS 3, 1926, 37.

Großweibel von hier mit vier anderen begleitet,[69] vermeinende die 3 Frembde zu erhaschen, und selbige gefencklich nach Bern zu führen, selbige aber haben sich drey stund zuvor, ehe H[r] Großweibel angelangt, fortgemacht, alß die per einen expreßen sind verwarnet worden,[70] also dass sie entwüscht. Da hat H[r] Großweibel den arrest angelegt dem H[rn] Landtvogt selbsten, wie auch H[rn] Güldin und H[rn] Müller, die hat er am Freitag mit sich nacher Bern geführt und sind alle drey in das gefencknus gelegt[,] darin etlich Tag enthalten und von underschiedenlichen Sachen examiniert und H[r] Landtv[ogts] Fehler so groß befunden worden, dass er aller seiner ehren entsetzt und mit einem eyd des Landes verwießen worden. Welches er mit Gedult angenommen in der meinung, er leyde das um Christi willen, und ist den 18. diß von hier verreiset mit seiner Tochter, wohin aber, weiß man noch nicht. Güldin und Müller sind auch ledig gelassen worden, und bleiben Jhres *Characters* halben annoch eingestellt, und werden so lang bleiben in solchem stand, biß sie werden zum Creutz kriechen, welches aber sie schwär wird ankommen, als sie noch in der meinung sind, sie haben nit gefehlt, sonder sie leyden um X[i] willen.

Die *Academi[ci] Marpurg[enses]* haben uns geschrieben, und geklagt, unser Köng helfe mit Horcher[71], Klopper[72] und Reitz ihre Kirchen betrüeben, und begehren auß befelch Ihres Landgraffen in Hessen bericht, uß was ursach Köng des Landts verwießen, was seine *Errores* und sein thun und lassen by unß geweßen; worüber sie nach aller weitläufig[73] bericht empfangen; erwarten weiteres von dannen, wie es dem Köng ergehen werde.[74]

Gl[eich] wie eine hoche Oberkeit Räth und Burger den aufgesetzten *Associations* Eyd g[e]g[en] *Pietismum* und alle erneuerungen, und für die *Helvetische Confession* selbige zu handhaben,[75] geleistet, also werden in diser wochen alle Capitel in teutschen Landen zusammen berufen, ein Jedes an seinen Ohrt, dass auch alle Predicanten zu Statt und Land dießen Eyd solennisch præstieren;[76] der H[er]r wolle dießen Eyd mit seinem sägen begleiten, daß derselbe ein krefftigs band seye, unser aller hertzen in unserem Gott und seiner himlischen Lehre zu vereinbahren, uns unß eine erwünschte Ruh in unser Kirchen zu verschafen.

---

69 Im Jahr 1699 war David Salomon von Stürler (1661–1733) Großweibel. Der Bericht in den *Acta pietistica* spricht von sechs Begleitern.

70 Den Alarm ausgelöst hat Daniel Knopf (1668–1738), der sich für die Übersetzung und den Druck von Werken von Theodorus a Brakel und Jane Leade eingesetzt hatte und im Prozess mit 500 Pfund gebüßt worden war. Vgl. Dellsperger: *Anfänge*, Register.

71 Johann Heinrich Horch (1652–1722). Vgl. Schneider: Der radikale Pietismsus im 17. Jahrhundert (s. Anm. 1), 407–410. Ders.: Der radikale Pietismus im 18. Jahrhundert (s. Anm. 1), 119–121.

72 Balthasar Christoph Klopfer (1659–1703). Vgl. Renkewitz: *Hochmann* (s. Anm. 9), 59f und Register.

73 Ein Wort fehlt.

74 Die Anfrage der Universität Marburg konnte bislang nicht gefunden werden. Hingegen sind die Antwort aus Bern vom 16. 9. 1699 und die Rückantwort aus Marburg vom 17. 10. 1699 bekannt. Vgl. Dellsperger: Samuel Königs »Weg des Friedens«, 104.

75 Der Wortlaut des Assoziationseides vom 14. 6. 1699 bei Dellsperger: *Anfänge*, 143.

76 Die Vereidigungen der Kapitel deutschen Landes fanden zwischen 27. September und 10. Oktober 1699, diejenigen welschen Landes am 28. Dezember 1699 statt.

Mein Hoch=Ehrwürd[iger] H^{r} Doctor und Antistes Klingler[77] ist in einer Baden=Cur zu Schintznacht[78] geweßen (die der Gnädige Gott mit seinem himlischen sägen kreftig wolle seyn laßen, zu deßelben erwünschten gesundheit)[.] Da er außert zweifel auch in kundtschaft gerathen mit H^{r} Dachß,[79] Predicant zu Holderbanck,[80] by welchem die drey teutschen Gesellen auch eingekehrt. Verlangte H^{rn} Doctoris meinung zu vernemmen, was er von dießem halte, ist auch ein Pietist p.

Weiß dißmal nüt weiters, alß nechst empfehlung der Göttlichen Gnad Meinen Ehrwürdigen H^{rn} zu versichern, dass ich seye deßelben

dienstgeflißener
Bachmann

den 27. 7bris 1699

---

[77] Anton Klingler (1649–1713), von 1688 bis zu seinem Tod Antistes der Zürcher Kirche, war nach Wernle: *Protestantismus* (s. Anm. 57), 131 f, »ein Kirchenfürst, wie Zürich noch keinen besessen, so standesbewusst, so hochfahrend und dabei so borniert«.

[78] Schinznach im Aargau, beliebtes Kurbad und häufiger Treffpunkt von Städtern aus Basel, Zürich, Bern, Solothurn und Luzern.

[79] Zu Dachs vgl. Anm. 49.

[80] Holderbank liegt wenige Kilometer südlich von Schinznach Bad.

Markus Matthias

»Preußisches« Beamtentum mit radikalpietistischer »Privatreligion«: Dodo II. von Innhausen und Knyphausen (1641–1698)

Einleitung

»Es ist aber diese Wahrheit also bey uns aufgegangen. Es hatte uns der Ober=Cammer=Praesident, der Hr. von Knyphausen etwas von der Frau Jeana Leade aus Engeland, das noch in Msto war, geschicket, welches von der Wiederbringung aller Creaturen handelte, aber nicht aus der heil. Schrifft bewiesen war, sondern sich nur plat [= schlicht] auf die Offenbahrung gründete, die sie davon vom HERRN empfangen hatte«.[1]

Mit dieser aus der Autobiographie Johann Wilhelm Petersens bekannten Tat hat sich Dodo II. von Inn- und Knyphausen in die Geschichte des Pietismus eingeschrieben.[2] Wer war dieser Mann, der die Petersens dazu veranlasste, ihre Wiederbringungslehre (Apokatastasis panton) zu entwickeln? Ausgehend von dieser biographischen Notiz interessiert mich:

(1) Ist der Bericht Petersens historisch plausibel? (2) War Knyphausens Bitte um die Begutachtung einer Schrift nur eine Episode im Leben eines weltläufigen Staatsmannes oder gehört sie zu seinem lebensgeschichtlichen, religiösen Profil? (3) Schließlich, ist die biographische Verbindung von staatsmännischem Handeln und radikalpietistischem oder böhmistischem Gedankengut ein Einzelfall oder kohärent und in gewisser Hinsicht typisch?

Wir wissen heute viel über die Propagandisten radikalpietistischer Ideen, über die Theologen und Propheten, die Buchdrucker, Buchhändler und

---

[1] *Das Leben Jo. Wilhelmi Petersen*, [Hannover] 1717, 297; es heißt dann (298–300) weiter: »Als wir nun uns nach einem hertzlichen Gebeth darüber machen, und etwas dagegen aufsetzen, und solches darauf des Herrn von Knyphausens Excellence nach Berlin schicken wolten, siehe! da kommt in unsern Geist gleichsam ein Einhalt, und werden stille, [...] | Als wir nun unsere Antwort dem Hrn. von Knyphausen zusandten, und er sie nach Engelland sandte, sind sie in dieser Sache sehr gestärcket worden, als sie gesehen, daß | sie in der Heil. Schrifft auch gegründet, und daß es keine falsche Offenbahrung bey ihnen gewesen sey.«

[2] Hans Schneider: Der radikale Pietismus im 17. Jahrhundert. In: Martin Brecht/Klaus Deppermann (Hg.): Geschichte des Pietismus. Bd. 2: Der Pietismus im achtzehnten Jahrhundert. Göttingen 1995, 404, 429; Ulrike Witt: *Bekehrung, Bildung und Biographie. Frauen im Umkreis des Halleschen Pietismus*. (Hallesche Forschungen, 2) Tübingen 1996, 51 f, 66.

Verleger. Aber wie sah die Rezeption dieses Gedankengutes aus? In welchen Lebenswelten kam es zum Tragen?
Verschiedene Trägerschichten des Pietismus sind uns gut bekannt; das gilt wieder für die Theologen vor allem, aber auch für den Adel. Es gab aber offenbar auch eine ganze Reihe von hohen (mitunter adligen) Staatsbeamten, die sich im Umfeld radikalpietistischer, kabbalistischer, naturphilosophischer, böhmistischer und alchemistischer Ideen bewegten. Wie sah deren Affinität zu radikalpietistischen Ideen näherhin aus?

Für den landgräflichen Hof in Darmstadt lassen sich beispielsweise – um wenigstens eine Parallele zu nennen – am Ende des 17. Jahrhunderts Mitglieder eines Zirkels von Männern ausmachen, deren religiöses Weltverhältnis in eine ähnliche Richtung tendiert. Ich denke an den darmstädtischen Kammerrat Christoph Wilhelm Kriegsmann (1633–1679)[3], den Burgamtmann in Friedberg Hans Eitel Diede zu Fürstenstein (1624–1685)[4] und an Dr. Jochim Tacke (1617–1676), seit 1662 Leibmedikus des Landgrafen Ludwigs VI. von Hessen-Darmstadt[5].

Diese eher rezipierenden, jedenfalls kaum produktiven Anhänger des »Radikalpietismus« sind historisch nicht leicht zu erfassen. Das liegt einfach an mangelnden Quellen. Es sind daher nur »disiecta membra«, die ich hier im Folgenden vorstellen will. Sie sollen wenigstens ansatzweise zeigen, wie »radikalpietistische« Ideen in der Lebenswelt eines hohen »preußischen« Beamten Gestalt gefunden haben.

1. Der preußische Beamte (avant la lettre)

Die Person, um die es im folgenden gehen soll, ist keine unbekannte: Dodo von Knyphausen, geboren am 20./30. 3. 1641 in Farmsum (bei Delfzijl) in der Provinz Groningen, gestorben in Berlin am 3./13. 9. 1698, war seit 1683 Leiter der kurfürstlich-brandenburgischen Finanzen.

Am 31. 3. 1683 hatte ihm in Berlin Paul von Fuchs (1640–1704)[6] die Leitung des Finanzressorts (als wirklicher geheimer Rat und Kammerpräsident) angeboten.[7] Das Interesse der brandenburgischen Regierung an Knyphausen

---

3 Vgl. Ph. J. Spener: *Briefe aus der Frankfurter Zeit*, hg. v. Johannes Wallmann. Bd. 2. Tübingen 1996, Brief Nr. 118 Anm. 15.

4 Vgl. Spener: *Briefe aus der Frankfurter Zeit*, Brief Nr. 32 Anm. 1.

5 Vgl. Spener: *Briefe aus der Frankfurter Zeit*, Brief Nr. 50 Anm. 19.

6 Vgl. Ph.J. Spener: *Briefwechsel mit August Hermann Francke 1689–1704*, hg. v. Johannes Wallmann. Tübingen 2006, Brief Nr. 352 Anm. 4.

7 Ingeborg Nöldeke: *Einmal Emden - Berlin und zurück im Frühjahr 1683. Die Reise des Reichsfreiherrn Dodo II. zu Innhausen und Knyphausen auf Lütetsburg in Ostfriesland als Präsident der Ostfriesischen Landstände im Frühjahr 1683 nach Berlin an den Hof des Kurfürsten Friedrich Wilhelm von Bran-*

dürfte – abgesehen von persönlichen Verbindungen[8] – auf verschiedenen Überlegungen beruht haben.

Knyphausen hatte als Protagonist innerhalb der ostfriesischen Stände Brandenburg den Zugang zum Hafen in Emden geöffnet und zugleich die Brandenburgische Afrikakompagnie gefördert. Ferner besaß er gute Beziehungen zur niederländischen Kaufmannschaft und über seine römisch-katholische Frau, mit der er seit 1670 verheiratet war, gute Beziehungen zum Kaiserhof in Wien.[9] Schließlich verfügte er offenbar über ein einzigartiges Verwaltungsgeschick, das schon sehr bald Früchte trug. Immerhin hatte er in Leiden zwei Semester Recht und Staatswirtschaft (Cameralia) studiert und Erfahrungen auf seinen eigenen Gütern gesammelt.[10]

Knyphausen begab sich vom 22. August bis 15. November 1683 auf seine zweite Reise nach Berlin, wo er am 28. Oktober 1683 den Eid ablegte.[11] Im April 1684 siedelte die Familie nach Berlin über.

Knyphausen gehört zu den Männern in der brandenburgischen Regierung des ausgehenden 17. Jahrhunderts, die auf der Ebene der Verwaltung die Grundlagen für den Aufstieg Brandenburgs und die Entstehung des Königreichs Preußen gelegt haben. Dabei kam der Finanz- und insbesondere der Domänenverwaltung insofern eine Schlüsselstellung zu, als deren Effizienz über das Ausmaß der Eigenmittel der Hohenzollern entschied.

Über die Domänen, also die fürstlichen Besitzungen in der Kurmark, in Preußen und in den westlichen Landesteilen (Jülich, Berg), hatte zu der Zeit niemand einen Überblick, eine ordentliche Bilanz wurde nicht geführt. Die Domänenverwaltung wurde bis dahin nebenher von den Ministern Gott-

---

denburg, berichtet von einem ungenannten Begleiter. Aus dem Franz. übers. u. mit e. Komm. vers. (Schriften des Vereins für die Geschichte Berlins, 64). Berlin, Bonn 1989, 14 (nach dem Tagebuch Dodos von Knyphausen).

[8] Zu denken ist an den mit ihm befreundeten und ebenfalls aus Ostfriesland stammenden Eberhard von Danckelmann (1643–1722); vgl. Nöldeke, 15, und Spener: *Briefe aus der Frankfurter Zeit* (s. Anm. 3), Brief Nr. 13 Anm. 8.

[9] Die Brüder seiner Frau Hedwig Oriana (1646–1694) aus dem Reichsfreiherrngeschlecht von Frydag zu Gödens waren zwei Jesuiten (Iko Wilhelm [1648–1701], Johann Ernst [1649–1703]), der Großprior des Jesuitenordens Carl Philipp (1644–1698), der kaiserliche Kammerherr Haro Burchard (1640–1692) und der österreichische Gesandte in Berlin sowie Reichshofrat Franz Heinrich (1643–1694).

[10] Knyphausen war seit 1672 Mitglied, seit 1678 Vorsitzender des ostfriesischen Hofgerichts in Aurich und stand in Erbauseinandersetzungen mit seinem Vetter Haro Caspar Freiherrn zu Inn- und Knyphausen um die Herrlichkeit Lütetsburg. Als Herr der Lütetsburg (seit 1677) baute Dodo die alte Burg zu einem Schloss um und bemühte sich, das alte Begehren der Reformierten in der Stadt Norden zu erfüllen, auf dem Boden seiner Herrlichkeit eine Kirche zu errichten. Dieses Vorhaben widersprach der 1599 festgeschriebenen Verteilung der evangelischen Bekenntnisse in Ostfriesland und stieß darum auf den erbitterten Widerstand der Lutheraner in Norden. Erst 1684 konnte die Kirche gebaut werden, aber nur unter dem bewaffneten Schutz der mittlerweile in Ostfriesland stationierten brandenburgischen Soldaten.

[11] Nöldeke, 15 (nach dem Schreibkalender Dodos von Knyphausen).

fried von Jena (1624–1703)[12], Franz von Meinders (1630–1695)[13] und Joachim Ernst Grumbkow (1637–1690)[14] geführt.

Unter Knyphausen wurde die Hofkammer gegründet. Für das Jahr 1685/86 wurde zum ersten Mal ein Haushaltsplan mit Einnahmen und Ausgaben (sowie Schuldenstand) aufgestellt. Zu den weiteren rationalisierenden Maßnahmen gehörten folgende Neuerungen:
(a) Zunächst wurde die Domänenpacht von der Natural- auf die Geldabgabe umgestellt.
(b) Die Einführung einer Generalpacht verringerte ferner die Verwaltungskosten. Fähige Pächter bekamen für sechs Jahre größere Ländereien verpachtet. Das Interesse an den fürstlichen Domänen stieg in diesen Jahren, weil die Bevölkerungsverluste des großen Krieges wettgemacht waren und nun großer Getreidebedarf bestand. Tatsächlich verdoppelten sich die Einnahmen aus den kurmärkischen Domänen in dem Zeitraum von 1674 bis 1688, was eine jährliche Steigerung von 5 % bedeutete. Ab dem Jahr 1687 lief die Behörde offensichtlich reibungslos, und nun nahm Knyphausen auch den Titel eines Hofkammerpräsidenten an.
(c) Ein weiterer Schritt zu einer effektiven Finanzverwaltung war die 1689, nun schon unter Friedrich III. (dem späteren Friedrich I. König in Preußen) gegründete Geheime Hofkammer als zentrale Finanzbehörde für alle Landesteile mit einem jährlich ausgearbeiteten Etatplan. Im selben Jahr stellte Knyphausen einen Gesamtetat der Generaldomänenkasse auf. Auf diese Weise war er an den großen rationalisierenden Verwaltungsreformen beteiligt, die Brandenburg und später Preußen unter den Kurfürsten Friedrich Wilhelm I. und Friedrich III. (Friedrich I.) stark gemacht haben. Daher kann man wohl bei Knyphausen von einem »preußischen« Beamten avant la lettre sprechen.

Das Karriereende Knyphausens kam mit dem Sturz des Kabinetts Dankelmann Ende 1697/Anfang 1698.[15] Wegen angeblicher Unterschlagung hatte der Hofkammerpräsident 50.000 Reichstaler Schadensersatz zu leisten. Die eigentlichen Gründe lagen offenbar in einem Zerwürfnis mit dem Herrscherhaus, das unter der bürokratischen Entscheidung Knyphausens litt, den Haushalt des Hofes von demjenigen des Staatshaushaltes zu trennen.

Überhaupt waren diese letzten Jahre Unglücksjahre für Dodo von Knyphausen. 1694 starb seine Frau, 1695 starben zwei seiner Söhne.

---

12 Spener: *Briefwechsel* (s. Anm. 6), Brief Nr. 16 Anm. 11.
13 Spener: *Briefwechsel*, Brief Nr. 22 Anm. 26.
14 Spener: *Briefwechsel*, Brief Nr. 82 Anm. 5.
15 Deutsches Biographisches Archiv II, 726, 11 f.

2. Radikalpietistische »Privatreligion«

Ich spreche bewusst von »Privatreligion«, denn Knyphausen »bediente« durchaus auch die offizielle Religion. Er besuchte den Gottesdienst in der reformierten Hofkirche und war seit spätestens 1695 regelmäßiger Spender für Speners Berliner Armenbüchse.[16] Daneben gab es bei ihm aber die eklektische Rezeption nonkonformistischer und radikalpietistischer Religiosität »zum Privatgebrauch«[17]. Für deren Attraktivität darf man sicher schon seine interkonfessionelle Biographie in Rechnung ziehen. Schließlich war er mit einer römisch-katholischen Frau verheiratet, hatte seine Kinder zum Teil römisch-katholisch, zum Teil reformiert erziehen lassen[18] und lebte in Lütetsburg in einer lutherischen Umwelt. Darüber hinaus dürften diese nonkonformistischen Traditionen auch für eine Umorientierung von traditionellen christlichen Inhalten zu einem neue Entdeckungen versprechenden religiösen Wissen stehen.

2.1 Antoinette von Bourignon

Bekannt sind die Beziehungen Knyphausens zu der Visionärin Antoinette von Bourignon (1616–1680),[19] die am Ende ihres Wanderlebens von Flensburg über Hamburg nach Ostfriesland gekommen war. Der 1669 verstorbene Christian de Cort aus Amsterdam hatte Antoinette Bourignon seinen

---

[16] Wiederholt finden sich unter den Eintragungen seines Schreibkalenders (Niedersächsisches StA Aurich, III h 45) Notizen über die Auszahlung von entsprechenden Quartalbeträgen (in Reichstalern): 1695, Nr. 17: »d. 30.9. H[errn] Dr. Spenern das Michaelis=Quartal 5 - -«; 1695, Nr. 26: »30.12 in Dr. Speners Armenbüchse 5 - -« (Quartal Michaelis – Weihn.). 1696, Nr. 40: »d. 29.7. Zur Erbauung der Stadt Neuen Stettin auf Speners Wort 1 - -«.

[17] Zu dem Begriff bei Goethe vgl. Johann Wolfgang von Goethe: *Träume und Legenden meiner Jugend*, hg. v. Paul Raabe. (Kleine Texte des Pietismus, 3) Leipzig 2000, 149 (= WA I, 28, 306). – Zur Diskussion über den hermetischen Kontext des Begriffs vgl. Christian Soboth: Die Alchimie auf dem Abtritt. Johann Salomo Semler und die hermetische Kehrseite der Neologie. In: Nicola Kaminski (Hg.): *Hermetik. Literarische Figurationen zwischen Babylon und Cyberspace.* (Untersuchungen zur deutschen Literaturgeschichte, 113) Tübingen 2002, 67–99.

[18] Nach Nöldeke (s. Anm. 7), 9, wurden drei seiner Kinder reformiert, zwei römisch-katholisch erzogen: Franz Ferdinand (1.2.1673–20.2.1725, ref.), Carl Christian (2.2.1673?-10.4.1695, rk), Johanna Elisabeth (6.1.1675–13.2.1702, rk), Wilhelm (14.2.1676–8.7.1695, ref.), Friedrich Ernst (11.8.1678–4.4.1731, ref.).

[19] Friedrich Wilhelm Bautz: Art. »Antoinette Bourignon de la Porte«, BBKL 1, 1990, Sp. 721; Gerhard Philipp Wolf: Art. »Antoinette de Bourignon«, TRE 7, 1981, 93–97; Gustav Kawerau, Art. »Bourignon de la Porte, Antionette«, RE^3 3, 1897, 344–349; RE^3 23, 1913, 251; Ruth Albrecht: Art. »Antoinette Bourignon«, RGG^4 1, 1998, Sp. 1718; Anton van der Linde: *Antoinette Bourignon, das Licht der Welt.* Leiden 1895; Marthe van der Does: *Antoinette Bourignon 1616 – 1680. La vie et l'œuvre d'une mystique chrétienne précédée d'une bibliographie analytique des éditions de ses ouvrages et traductions.* Amsterdam 1974.

großen, aber verschuldeten Besitz auf Nordstrand, der Husum gegenüber gelagerten Insel, vermacht. Daraufhin begab sie sich 1671 nach Schleswig-Holstein, 1672 nach Husum (1673 kurzzeitig nach Flensburg), weil sie ihre Erbansprüche nicht geltend machen konnte. Bei Ausbruch des schwedisch-dänischen Krieges (1676) zog sie nach Hamburg, wo sie 15 Monate im Verborgenen lebte. Als sie entdeckt und der Irrlehre beschuldigt wurde, verließ sie am 26.7.1677 Hamburg und begab sich nach Lütetsburg, wo sie pro forma die Leitung des Hospitals übernahm. Als sie 1679 wegen Zauberei angeklagt wurde, entzog sie sich einer Verhaftung durch Flucht nach Franeker, wo sie am 30.10.1680 starb. Mit dem Testamentserben der Bourignon, Folkert von der Felde, hatte Knyphausen in den Folgejahren rechtliche Auseinandersetzungen um das Erbe der Bourignon.[20]

2.2. *Beziehung zum Pietismus*

Ich beginne mit Philipp Jakob Spener, bei dem Dodo von Knyphausen zum ersten Mal in den Kontext des Pietismus tritt[21].

In seinem Brief an Petersen vom 7.2.1689 aus Dresden geht Spener auf den Wunsch seines früheren *amanuensis* Daniel Kaspar Jacobi (Lebensdaten unbekannt)[22] ein, wieder in Deutschland in ein Pfarramt zu gelangen, kann ihm aber keine Hoffnung auf eine Stelle in Sachsen machen, sondern allein in (Ost-) Friesland und in Kurbrandenburg. Das mag mit Jacobis nicht ganz klarer konfessioneller Identität zusammenhängen, changierte er doch zwischen Luthertum und Reformiertentum (Pfarrstelle in Utrecht). Dann heißt es weiter in dem Brief Speners (übersetzt):

»Ich habe die Angelegenheit brieflich mit unserem Scheffer besprochen, der ihn [Jacobi] schätzt und gewiß mit einem Empfehlungsschreiben für den erlauchten Knyphausen, der in Friesland und am kurfürstlichen Hof größte Autorität genießt, helfen kann, daß er [Jacobi] das [die Bewerbung] durchführe. Dieser hat seine Hilfe versprochen, ach, wenn doch die Sache zum Erfolg führte.«[23]

---

[20] Niedersächsisches StA Aurich, III h 21 [1682. 1683–1684].

[21] Bereits am 10.8.1686 hat Spener Veit Ludwig von Seckendorff gegenüber Knyphausen als einen »vornehmen und klugen staatsmann« bezeichnet; vgl. Ph. J. Spener: *Briefe aus der Dresdner Zeit*. Bd. 1, hg. v. Johannes Wallmann. Tübingen 2003, Brief Nr. 14, Z. 62f.

[22] Ph. J. Spener: *Briefe aus der Frankfurter Zeit*, hg. v. Johannes Wallmann. Bd. 4. Tübingen 2005, Brief Nr. 144 Anm. 1. – Ein weiterer von Knyphausen unterstützter pietistischer Pfarrer ist beispielsweise Bernhard Karl; vgl. Ruth Albrecht: *Johanna Eleonora Petersen. Theologische Schriftstellerin des frühen Pietismus*. (AGP, 45) Göttingen 2005, 98.

[23] »Cum Scheffero nostro per literas contuli, qui eundem amat, et forte commendaticiis ad Illustrem Kniphusium, cui in Frisia et in aula Electorali autoritas maxima, iuvare potest, ut id faciat. Hic operam suam policitus est, utinam res succedat.«; vgl. Spener an Petersen, 7.2.1689 (Halle a. S., Archiv der Franckeschen Stiftungen, A 196, S. [412–424] 423).

Mit Johann Peter Scheffer (ca. 1655/60–1719)[24] tritt eine weitere, für extravagante Religiosität bekannte Person in das Beziehungsgeflecht. Johann Peter Scheffer aus Darmstadt hielt sich in der zweiten Hälfte der 70er Jahre u. a. in den Niederlanden (Amsterdam) auf und versuchte über Johann Jacob Schütz Schriften der Antoinette Bourignon zu verkaufen, die sich in dieser Zeit in Lütetsburg aufhielt. Die bei Spener vorausgesetzte Bekanntschaft zwischen Scheffer und Dodo von Knyphausen könnte aus dieser Zeit stammen. Zurückgekehrt nach Frankfurt, war Scheffer seit 1679 auch ein Sympathisant böhmistischer Theosophie.[25] Wenn sich Scheffer und Knyphausen über die Bourignon fanden, dann war Knyphausens Interesse an der Bourignon wohl nicht nur ökonomischer (Interesse an Bourignons Erbe Nordstrand), sondern auch religiöser Natur.

Drei Jahre nach dem o. g. Brief Speners trat Knyphausen als großzügiger Gönner des Ehepaares Petersen auf und beschaffte ihm nicht nur ein Quartier in Magdeburg, sondern sorgte auch für eine Pension von 700 Talern, die wohl zum Großteil aus dem kurfürstlichen oder brandenburgischen Staatshaushalt erfolgte. Welches sind die Hintergründe für diese großzügige Asylpolitik? Immerhin handelt es sich bei den 700 Talern um ungefähr das Doppelte Petersens Superintendentengehalt und um das 35 fache von dem, was Knyphausen jährlich in die Armenbüchse Speners tat.

Begründet ist dieses Interesse Knyphausens an den Petersens nicht, wie es naheliegt und für Danckelmann wahrscheinlich wäre, in der überkonfessionellen brandenburgischen Religionspolitik (insbesondere wegen des neu gewonnenen, lutherischen Herzogtums Magdeburg), sondern eher in seinem wirklichen Interesse an den Offenbarungen[26] der Rosamunde Juliane von der Asseburg, oder darin, »daß er aus der Species facti die Göttlichkeit der Asseburgischen Bezeugungen erkennete«.[27] Die Regierung in Berlin jedenfalls scheint Knyphausens Eintreten für Petersen nicht unterstützt zu haben. Spener berichtet am 19. 3. 1692 an Francke:

> »Hr. D. Petersen ist 8 tag auff Hrn. Von Kniphausens einladung hier gewesen. Man hats aber bey der regierung fast nicht gern gesehen, daher er sich auch mehr stille gehalten, und ist gestern wider zurück.«[28]

[24] Spener: *Briefe aus der Frankfurter Zeit*, hg. v. Johannes Wallmann. Bd. 3. Tübingen 2000, Brief Nr. 38 Anm. 60.

[25] Andreas Deppermann: *Johann Jacob Schütz und die Anfänge des Pietismus*. (BHTh, 119) Tübingen 2002, 273.

[26] S. u. Abschnitt 2.3.

[27] *Das Leben Jo. Wilhelmi Petersen* (s. Anm. 1), 219.

[28] Spener: *Briefwechsel mit Francke* (s. Anm. 6), Brief Nr. 23, Z. 76–78.

Vielleicht war die Aufnahme der Petersens in Brandenburg doch eher ein Alleingang Knyphausens, der auch später als (privater) Gönner Petersens auftritt.[29]

2.3 Alchemie und Spiritismus

Es erstaunt nicht, dass Knyphausen sich auch für Alchemie und das Goldmachen interessierte. Das war nicht nur ein Zug der Zeit, sondern bekanntlich im Blick auf den möglichen Nutzen des Goldmachens für den Fiskus geradezu notwendig. Der Kammerpräsident stand seit spätestens 1695 im Briefwechsel mit verschiedenen Alchemisten (Johann Anton Söldner[30], einem Simons aus Hamburg[31], einem Dr. Rösler[32] und einem Amtsrat von Schmettau[33]).

Näherhin sind die Beziehungen zu Gustav Mordion Oberst von Pfuhl (Pfuel) in den Jahren 1688–1698 belegt. Es handelt sich bei dieser Person um den Obersten aus Helffta, den Theodor Wotschke in seiner Quellendarstellung über den Pietismus in der Provinz Sachsen kurz erwähnt.[34] Mit zu diesem Kreis gehörte der Lübecker Arzt Johann Salomo (von) Hattenbach (1650–1699)[35], der ebenfalls mit Knyphausen in enger Verbindung stand und von ihm 1697 nach Berlin berufen worden ist[36], und Adelheid Sibylle Schwartz (†1703)[37], die im Sommer 1697 mit der ganzen Familie nach Berlin zog. Grundzüge dieser Gruppe sind das positive Interesse an Offenbarungen und Visionen, eigenwillige theologische Konzeptionen (wie die Inkar-

29 Zumindest ist eine (zusätzliche) großzügige Geldanweisung an Petersen für das Jahr 1696 belegt: »dem H[errn] Petersen auf seine Ex. assignation [Anweisung] 30 - -«, Niedersächsisches StA Aurich, III h 45: Schreibkalender 1696, Nr. 10: 20. 5. [1695].

30 [Johann Anton Söldner:] *Keren Happuch, Posaunen Eliæ des Künstlers, oder Teutsches Fegfeuer der Scheide-Kunst. Worinnen Nebst den Neugierigsten und grössesten Geheimnüssen für Augen gestellet Die wahren Besitzer der Kunst; Wie auch Die Ketzer, Betrieger, Pfuscher, Stümpler, Bönhasen und Herren Gern-Grosse.* Hamburg 1702; [Johann Anton Söldner:] *Fegefeuer der Chymisten, worinnen für Augen gestellt die wahren Besitzer der Kunst; wie auch die Ketzer, Betrieger, Sophisten und Herren gern-Grosse.* Amsterdam 1702. – Vgl. die Briefe mit Söldner »zum Theil zu Chymicis« vom 2. 3. 1695; 23. 1. 1698; 13. 12. 1697; 28. 6. 1697; 26. 8. 1697, Niedersächsisches StA Aurich, III h 33, 4. Bund.

31 S. u. Anm. 33.

32 Niedersächsisches StA Aurich, III h 33, 5. Bund: »Rechnungssachen und Handel mit Herrn Doktor Rösler etc. betr. chem. Operationen«.

33 Niedersächsisches StA Aurich, III h 33, 6. [8.] Bund; vgl. III h 25.

34 Niedersächsisches StA Aurich, III h 25: »Amt Helftwetz von Oberst Phuel erkauft«; III h 33, 2. Bund: »Gustav Mordion Oberst von Pfuhl betr. chemische Operationen und Offenbarungen 1697–1698«; III h 33, 3. Bund: »Goldmacherei, v. Pfuhl und Simons aus Hamburg«. – Vgl. Theodor Wotschke: Der Pietismus in Sachsen. In: ZVKGS 37/38 (1940), 39–84, bes. 81.

35 Spener: *Briefwechsel* (s. Anm. 6), Brief Nr. 163 Anm. 16.

36 Spener, Brief vom 22. 5. 1699 (Wotschke: Sachsen, 82).

37 Spener: *Briefwechsel* (s. Anm. 6), Brief Nr. 55 Anm. 16.

nation des Vaters), ein philadelphisches Kirchenideal, Beziehungen zu Jane Leade und eben alchemistische Experimente, immer auch unter der Erwartung einer Ausbeutung der Natur und eines möglichen wirtschaftlichen Erfolgs.[38]

Näherhin ergeben sich aus den vorhandenen Quellen folgende Beziehungen:

(1) Bereits im Jahr 1688 berichtet Gottfried Wilhelm Leibniz an Herzog Ernst August in Hannover[39], ihm sei glaubhaft erzählt worden,

»als ob der Obriste Pfuhl (deßen Schwester meines erinnerns des seel. Landdrosten zu Elß[40] Witbe) weis nicht was für ein Nüzlich chymisch werck im kupfer gefunden, und solches vermittels des H. Cammer Praesidenten von Kniphausen so sich Kunckels[41] darinn bedienet, an ChurFürstl. Durchl^t zu Brandenburg vor 30000 thl. verhandelt; und solten schon 10000 thl. außgezahlet worden seyn, und nun das werck ins große mit Nuz getrieben werden. Ich kan dergleichen ungewöhnliche dinge, alß sine exemplo kaum glauben, und habe noch nie mit grunde erfahren können, daß ein einig Alchymistisch Concept im großen zu stande kommen.«[42]

(2) Mit dem Obersten (»Graffen«) von Pfuhl hatte Knyphausen seit ca. 1691/92 eine Auseinandersetzung um die Übernahme des Gutes von Pfuhl als Pfand für Goldsummen, die er Pfuhl geliehen hatte.[43]

(3) In der von ihm offenbar für eine einzufordernde Stellungnahme aufgestellten Species facti berichtet Knyphausen, dass Pfuhl seit vier Jahren (1693) eine unverheiratete, arme Frau von ca. 40 Jahren bei sich habe. Diese fühle sich fast täglich gedrungen, ins Feld zu gehen oder sich in ihrem Zimmer zu verschließen, wo sie Erscheinungen von Geistern habe, die sich ihr

---

[38] Vgl. noch die Auszüge aus der Schrift: *Novum Lumen Chymicum: E Naturae Fonte Et Manuali Experientia depromptum, & in duodecim Tractatus divisum: Cui accessit, 1. Dialogus Mercurii, Alchymistae & naturae perquam utilis. 2. Tyrocinium Chymicum Ioan. Beguini, Christianiss. Regis Francor. Elemosyn*; zuerst Köln 1617, Genf 1673, deutsch Frankfurt und Leipzig 1682 von Michał Sedziwój (1566–1636), Niedersächsisches StA Aurich, III h 33, [0.] Bund.

[39] Brief vom [27. (?) 4. 1688] in: Gottfried Wilhelm Leibniz: *Schriften und Briefe. I. Reihe. Allgemeiner politischer und historischer Briefwechsel.* (Akademieausgabe). Bd. 5: 1687–1690. Berlin 1954, 114–129, bes. 123 (Nr. 49). Vgl. Christoph Daniel Findekeller an Leibniz am 18. 11. 1692 (ebd. Bd. 8: 1692. Berlin 1970, 545 f, bes. 546 [Nr. 335]), der von »Colonel Pfuel, ce grand Alchymiste« spricht.

[40] Friedrich Casimir Herr zu Eltz (1634–1682), Landdrost von Grubenhagen.

[41] Johann Kunckel (von Löwenstein) (1630–1703) aus Hüxen, Alchemist, stand in Diensten mehrerer deutscher Fürsten, zuletzt des schwedische Königs Karl XI.

[42] Weitere (geschäftliche) Beziehungen bestanden offenbar zu den Alchemisten (Chemikern) Marten Elers (1630–1694) aus Hamburg und Johann Schock(o)witz in Dresden und Berlin (vgl. Gottfried Wilhelm Leibniz: *Schriften und Briefe. III. Reihe. Mathematischer, naturwissenschaftlicher und technischer Briefwechsel.* (Akademieausgabe). Bd. 4: Juli 1683 - Dezember 1690. Berlin 1995, 246–250, bes. 246: Brief Nr. 119 vom 16. 12. 1685.

[43] Vgl. Knyphausens Bericht (Entwurf) vom 11. 9. 1697 und zwei Brieffragmente von Oberst Pfuhl, Niedersächsisches StA Aurich, III h 33, 2. Bund.

namhaft (u. a. als »Josua«) machten und vieles über die großen bevorstehenden Veränderungen mitteilten, aber auch Pfuhl den Rat geben, sich demütig zu Knyphausen zu begeben Dann werde sich alles [hinsichtlich des verpfändeten Gutes] schicken.

In der Tat liegt dem Bericht ein in der ersten Person und von anderer Hand geschriebener Bericht der Geisterseherin Anna Klapperodt vom 17. 12. 1697 bei.[44]

Sie sei etwa 45 Jahre alt und aus dem Städtchen Harzburg am Harz gebürtig und habe vor etwa neun oder zehn Jahren [1687/88] im Haus ihres Bruders in Harzburg gegen Osten (»gegen den Morgen«) mit offenen Augen eine weißgekleidete Frau (»weibsbild«) gesehen, die mit ihr über die Erlösung sprach, die durch den Schlüssel der Liebe der Weisheit Gottes geschehen solle, wodurch sie und andere erlöst werden sollten.

Diese Frau stellt sich als die von Gott gesandte Tochter Widukinds (Wittekinds) vor, des letzten bedeutenden Gegners Karls des Großen in den Sachsenkriegen (777 bis 785).

Anna Klapperodt habe diese Erscheinungen fünf Jahre für sich behalten, bis sie zu Gustav Mordion von Pfuhl kam, dem sie habe ankündigen müssen: »Er sey die Person, durch welche diese Erlösung geschehen sollte, und ich sollte nun nicht weiter fortgehen, weil ich nunmehro am rechten orth were.«

In Helffta erschien ihr dann auf freiem Feld Widukind selbst, »der letzte König der Deutschen«, samt seiner Gemahlin und bekräftigte die Zusage ihrer Tochter. Bei der Gelegenheit korrigierte der Geist Widukinds die gängige Darstellung über ihn und seinen Kampf gegen Karl den Großen. Er habe die Greuel und bösen Taten Karls des Großen gesehen, weshalb er die christliche Religion nicht habe annehmen können.

Es folgen noch etliche andere Visionen. Überhaupt habe sie so viel zu berichten, dass man es in einem ganzen Jahr nicht aufschreiben könne. Man solle jetzt auch nichts mehr von diesen Dingen aufzeichnen, denn der heilige Geist »wolle nun ein neues machen und die weisheit in uns auffschließen, welche anno 1696 den 14. November schon in der gläubigen hertz verborgenerweise geleget worden.«

Am Dienstag, den 14. Dezember 1697 habe sie gesagt: »Die Zeit ist nun aus, das Ende ist dar, da vorher offt ges[agt] worden; man sollte alle Tage, dann alle Stunden, dann alle minuten parat sein, nun aber heißt es: Es ist aus, das Ende ist da.«[45]

---

44 Knyphausens Bericht (s. Anm. 43), Bl. 176r–177v. – Die folgenden Zitate auf Bl. 176r u. 177r.

45 Knyphausens Bericht (s. Anm. 43), Bl. 176–177. – Die folgenden Zitate ebd. auf Bl. 143v, 144r, 144v–145r, 146r–v, 146r.

Bei seiner Begegnung mit Knyphausen in Berlin hat Pfuhl diesen offenbar für diese Offenbarungen interessieren können und ihm viele wunderliche, über die Klapperodt mitgeteilte »effata« der Geister berichtet, die Knyphausen aufschrieb und und seiner Species facti (unter Lit. A) beilegte. Er empfahl Pfuhl das Büchlein »Die Evangelische Bottschaft«[46] und die französischen »Entretiens«[47], in denen Pfuhl nach eigener Aussage ein großes Licht und »Schmackfreude« gefunden habe. Schließlich schlug er vor, die Aussprüche der Geister dieser Autorin vorzulegen,

> »welche sich in das tieffste Centrum der Gottheit bishero unbekannten großen Liebe versuncken, und dar aus derselben Haubt= und primordial Quelle viele offenbarungen u. ausspruche empfangen ... sonderlich weilen ich darin eine und anders befünde, so mit ihren Scriptis harmonisirte«, und weil man diese nicht beurteilen könne, »wo man nicht aus einem größeren Centro ... sie beurteile, dan ... alle andere Centra in dem universalissimo eingehen und successiv mit der Zeit verschlungen werden müßten, dannenhero man besser thäte ... der großen Quelle, als dem infallibilisten sich zu nähern«; insbesondere da die Gabe, die Geister zu unterscheiden, ein ganz besonderes »donum spiritus« sei.

Da Pfuhl mit der Autorin nicht bekannt war, erklärte sich Knyphausen bereit, ihr selbst die Geistersprüche vorzulegen.

Knyphausen schließt seine auf September 1697 in Berlin datierte Species facti mit der Bitte um Stellungnahme, »maßen ich mir einbilde, daß dieses alles nicht von ohngefehr ist also vorgeloffen u. passirt ist, wiewol ich in allem mein judicium suspendire, u. dem judicio rectius sententium unterwerffe«.

Beigelegt sind diesem Bericht mehrere, in dichter Abfolge ergangene Briefe Pfuhls an Knyphausen, Adelheid Sibylle Schwartz und Johann Salomo Hattenbach aus dem Zeitraum vom 11.9.1697 bis 22.12.1697 (meist aus Helffta, einer aus Leipzig).[48]

---

[46] Jane Leade: *Eine Offenbarung der Bottschafft des Ewigen Evangelii, welches gepredigt zu werden nimmer aufhören soll bis die Stunde des Ewigen Gerichts Christi kommen wird / durch Jane Leade ans Liecht gegeben*. Amsterdam 1697.

[47] Vielleicht: *Entretiens Sur La Restitution Generale De La Creation*. Cologne 1697.

[48] Knyphausens Bericht (s. Anm. 43), Briefe von Pfuhl an Knyphausen, Hattenbach und Schwartz: Leipzig 11.9.1697 (Bl. 148–149); Hülpeda [= Helffta], 14.9.1697 (Bl. 150–151); Helffta, 22.9.1697 (Bl. 152–153); Helffta, 28.9.1697 (Bl. 154–155); o. O. 20.10.1697 (Bl. 156–159); Helffta 13.11.1697 (Bl. 160–161); Helffta 23.11.1697 (Bl. 162–165); Helffta 23.11.1697 (Bl. 166–168); Helffta, 6.12.1697 (Bl. 169–171); Helffta, 6.12.1697 (Bl. 172–175); Helffta, 22.12.1697 (Bl. 180–181, an Schwartz); Helffta, 22.12.1697 (Bl. 182–183; an Hattenbach); Helffta, 22.12.1697 (Bl. 184–185).

2.4 Böhmismus und Jane Leade

Wie aus dem Eingangszitat ersichtlich,[49] war Knyphausen der Initiator für die Rezeption der religiösen Welt der Jane Leade seitens der Petersens. Wie stark war dieses Engagement Knyphausens für die englischen Böhmisten?

Unter den an Knyphausen gerichteten Briefen findet sich ein am 10./20. 6. 1698 von L[oth] F[ischer] unterzeichneter. Darin heißt es:

»Auf S. Excellenz Geehrtes vom 4./14. dieses erwiedere dienstlich, daß ... den Wechsel richtig erhalten, und die 100 R[eichs]T[aler] nach London übergemacht und mit denen übrigen 50 nach Deroselben Ordre zwar gethan und sie zu mir genommen; iedoch die zwey Quadember 1. Febr. & 1. May zu meiner Nothdurfft von deme genommen was bishero aus Exemplarien erlöst, so eben 2 Quadember ausgemacht und betragen hat, ... so daß nur die obige erwähnte 50 RT in Cassam gelegt. ... Sie sind sonsten weder der th[euren] L[eade] noch mir Nichts schuldig.«[50]

Diese Notiz ist aufschlussreich für das starke Engagement Knyphausens für Jane Leade. Denn er unterstützte sie finanziell in Form einer regelmässigen Pension.[51] Ferner bekam Loth Fischer quartalsweise von Knyphausen Geld, vermutlich für seine Tätigkeit als Übersetzer und Herausgeber der Leadschen Traktate. Und schließlich erscheint Knyphausen als der eigentliche Verleger der Leadeschen Werke, wenn ihm der Erlös aus den verkauften Werken zustand – wieder eine typische Verbindung religiösen und wirtschaftlichen Engagements. Die ersten Übersetzungen erschienen bekanntlich im Jahre 1694 und 1695[52], dann vor allem im Jahre 1696. Der Kontakt Knyphausens zu Jane Leade dürfte aber bis in die späten Achtziger Jahren zurückreichen. Denn eben das Buch der »Himmlischen Wolke«

---

49 S.o. Anm. 1.

50 Niedersächsisches StA Aurich, III h 33, 1. Bund.

51 Vgl. Theodor Wotschke: Der Philadelphier Johann Dithmar in Neuwied. In: MRKG 28 (1934), 33–57, bes. 38 (Loth Fischer an Johann Dithmar, 4.10. [1702]): »Zu wünschen wäre es, daß Gott wieder einen solchen freiwilligen erweckte, wie der sel. Baron von Kniphausen gewesen, der hierin sehr generös war und nicht fragte, ob man etwas nötig hätte. Denn jeder wohl schließen könne, daß der, so dem göttlichen Dienste recht obläge, an der Hüfte gelähmt, dem irdischen Brote nicht nachzulaufen vermöchte.«

52 J. Leade: Die Nun brechende und sich zertheilende Himmlische Wolcke: So wol auch des HERRN CHristi Auffarths=Leiter; Hernieder gelassen/ Den Weg zu zeigen und anzuweisen/ wie wir/ durch den Tod und Auferstehung/ zur Himmelfarth und Glorificirung gelangen mögen. Durch Jane Leade. Amsterdam: Heinrich Wetstein, 1694; J. Leade: Offenbahrung der Offenbahrungen; Vornemlich Als ein Muster und Probe zur Entsieglung/ Offenbahrung und Erklärung der Sieben Siegel/ sieben Donner/ und eigentlicher Beschaffenheit und Zustands des neuen Jerusalems: Welche biß auf den heutigen Tag so ferne noch nicht ans Liecht gebracht worden/ daß sie das grosse Mysterium zum Verstande zu bringen/ einiger Massen ein Genügen geben möchten/ (ausgenommen bey dem geistlichen Unterscheider) &c. / Im Jahr 1683. ... in Englischer Sprache geschrieben und außgefertigt durch Jane Leade. Amsterdam: Heinrich Wetstein, 1695.

(1681) war es wohl, das Knyphausen »erweckt« hatte, so dass er mit Leade in Kontakt trat und ihre Schriften in englischer Sprache und in den deutschen Übersetzungen förderte.[53]

Knyphausen erscheint damit als der eigentliche Promotor der englischen Böhmisten in Deutschland. Dabei hat er nicht nur das Leadesche Unternehmen entscheidend gefördert, sondern sich offenbar selbst darein vertieft. Unter seinen handschriftlichen Exzerpten finden sich z. B. (a) ein Vergleich der Termini der acht Welten bei Pordage einer- und Leade andererseits, (b) Extrakte aus verschiedenen Traktaten der Leade, (c) vier Blätter eines Manuskripts von der »Himmlischen Wolcke« und (d) ein »Außzugk aus J. L. Buch, genandt Offenbahrung undt Himlischen Wolcke«[54].

Wie aus seinem Nachlass hervorgeht, hat sich Knyphausen ferner mit einer ganzen Reihe anderer radikalpietistischer Konzepte beschäftigt, nämlich (a) mit dem »Himmlischen Jerusalem, dem Tabernakel und Lager der zwölf Stämme Israels«[55], (b) der »Series Apocalyptica«, also der Deutung der Apokalypse als einer Abfolge von historischen Zeiten, (c) mit dem kabbalistischen Globus »Archetypos« und (d) mit Pennsylvanien.[56] Das reicht bishin zum Okkulten. Seine verstorbene Frau soll ihm nach ihrem Tod noch einen Brief geschrieben haben, und ihr Leichnam sei lange unverwest geblieben.[57] Knyphausen selbst fährt kurz nach dem Tod seiner Frau nach Celle und Uelzen zu dem aus der Geschichte der Rosamunde Juliane von der Asseburg bekannten Arzt Dr. Robert Schott[58], einem »Experten«, wenn es darum ging, sich über religiöse und transzendente Fragen auf dem Wege von Offenbarungen Klarheit zu verschaffen.[59]

[53] C. W. H. Hochhuth: Geschichte und Entwicklung der philadelphischen Gemeinden. In: ZHTh 35 (= NF 29) (1865), 171–220, bes. 204, nach dem Apparatus ad historiam novam. Tomi III (Forschungsbibliothek Gotha). Vgl. Wotschke: Dithmar (s. Anm. 51), 33: »Schon 1680 zog Freiherr von Kniphausen, der spätere preußische Minister, nach einem Besuche Brecklings in Holland zur Prophetin nach Hoxdon bei London. Er hat ihr später ein Jahrgehalt von 400 Fl. ausgesetzt.«

[54] Niedersächsisches StA Aurich, III h 33, 9. Bund.

[55] Niedersächsisches StA Aurich, III h 33, 7. Bund.

[56] Niedersächsisches StA Aurich, III h 45, Schreibkalender 1695, Nr. 4: »d. 15 Nov. Vor das SendSchreiben aus Pennsylvanien - - - 6«.

[57] Niedersächsisches StA Aurich, III h 36.

[58] Am 3. 1. 1695 heißt es im Schreibkalender (Niedersächsisches StA Aurich, III h 45): »Le matin arrivé a Lunenburg, et passé outre jusques a Ultzen, où trouve le Dr. Schot ⟨le N. 3 Evanouiss.⟩«; vgl. Markus Matthias: *Johann Wilhelm und Johanna Eleonora Petersen. Eine Biographie bis zur Amtsenthebung Petersens im Jahre 1692.* (AGP, 30) Göttingen 1993, 281–285.

[59] Vgl. noch »Briefverkehr über Generalsuperintendent Fischer betr. Hatzeln« und »Notata & Excerpta auß HE ⟨Schmitburg undt⟩ Fischers Brieffen«; 4. 6. 1695; 11. 6. 1695; 6. 3. 1696, Niedersächsisches StA Aurich, III h 33, 6. Bund.

2.5 Die Beziehung zu einem Prediger in Mörfelden[60]

Eigenartig ist schließlich die Briefbeziehung mit dem Pfarrer Johann Jacob Weinich in Mörfelden. Von diesem sind nur wenige Daten bekannt. Geboren am 16.9.1649 als fünftes Kind des Pfarrers Johann Michael Weinich, studierte er in Tübingen (18.11.1665 u. 23.5.1671), war dann (seit 1675) Pfarrer in Massenbach, (seit 1678) in Sommersdorf, (seit 1687) in Frühstockheim und (seit 1689) in Billingshausen (Franken, Marktheidenfeld), bevor er 1697 Franken verließ und die Pfarrstelle in Mörfelden antrat. Er war seit dem 17.8.1675 mit Anna Maria Fritz aus Winnenden (geb. 26.2.1643) verheiratet.[61] Nach dem Kirchenbuch in Mörfelden[62] wurde Weinich am 8. Juni 1697 feierlich in sein Amt in Mörfelden eingeführt[63]. Er amtierte dort bis 1708, wurde damals emeritiert und starb am 12.9.1713.[64] Das Ehepaar Weinich hatte zumindest eine Tochter mit dem vielsagenden Namen Anna Sophia, die 1699 als ledige Tochter Pate stand (13.12.1699).

Wie es zu dem Kontakt zwischen Knyphausen und Weinich gekommen ist und was ihr eigentlicher Grund und Zweck war, ist unklar. Gefunden haben sich beide offenbar in der gemeinsamen Verehrung der Jane Leade und der böhmistischen Sophienspekulation, ja der Sophienschau. Von dieser Beziehung sind nur die Briefe des Pfarrers erhalten.

Der erste Brief ist noch datiert in Billingshausen, den 9.6.1696 (alten Stils) und ist unterzeichnet mit »Euer gantz unwürdiger doch getreuer Diener und Mit=Bruder«. Hier redet Weinich den Grafen – ob in seinem Namen oder (eher) im Namen der Jane Leade, ist nicht eindeutig[65] – wie folgt an: »Mein von dem Vatter der Liechter mir zugeordneter theurer Leit=Stern!« Seine Antwort sei zur rechten Zeit eingetroffen, nämlich »zu der Stunde, da meine Feinde an mich wolten mein Fleisch zu freßen«. Drei Stunden später, um sechs Uhr, habe er (sie) eine Vision bei hellem Sonnenschein gehabt, die er ausführlich schildert:

»Es eräugnete sich allgemählich um mich her eine himmel=blaue Wolcke, in derselben erschien die holdseelige Jungfrau Sophia mit einem schneeweißen Kleide und

---

[60] »Briefe von Weinreich [!], Predigern zu Mörfelden an den Freiherrn Dodo zu Innh. u. Cnyphausen über geistliche Materien«, Niedersächsisches StA Aurich, III h 33, Bund 1.

[61] *Baden-Württembergisches Pfarrerbuch. Bd. II. Württembergisch Franken. Teil 2: Die Kirchen- und Schuldiener.* Bearb. von Otto Haug unter Mitarbeit von Max-Adolf Cramer und Marlene Holtzmann. Stuttgart 1981, 488 (Nr. 2852).

[62] Gesamtregister 1628–1705 (Kirchengemeinde Mörfelden).

[63] Gesamtregister 1628–1705 (s. Anm. 62), Bl. 111r (1697).

[64] Wilhelm Diehl: *Hassia Sacra*. Bd. 1. Friedberg 1921, 175–177 (Nr. 43: Mörfelden); Wilhelm Diehl: *Hassia Sacra*. Bd. 2. Darmstadt 1925, 241 (ausländische Pfarrer), 245 (emeritierte Pfarrer).

[65] Am Ende des Briefes (Bl. [131r–v] 131v) heißt es: »Dieses ists, was Euch meine theuerste Leade vor dieses mal wißen laßen sollen und wollen.«

güldner Krone auf dem Haupt, in der rechten Hand aber ein scharffes blinckendes Meßer haltende, und stellte sich als wolte Sie mir die lincke Brust aufschneiden; ich aber rieff mit getroster Stimme: Ach! schneide ab! schneide ab alles, was dir misfällt an mir! Darauf umfing Sie mich mit beyden Armen, stach mich aber hinterwerts in den Rück=grat, daß ich als todt darnieder sanck und zu Boden fiel, empfand auch bey einer halben Viertel Stunde lang, im gantzen Leibe solche Schmertzen, deren Hefftigkeit ich mit Worten nicht austrucken kan. Es däuchte mich es steckten wol 1000 scharff=gespitzte Pfriemen und Nadeln in allen meinen Gliedmaßen und drüngen von außen hinein und von innen heraus. Endlich recolligirte ich mich wieder und rieff mit lauter aber kläglicher Stimme: Herr Jesu! Du wirst mich ja nicht verlaßen! Darauf erschallte dieser gar liebliche | und wol vernemliche Gegen=Hall: Ja! nicht verlaßen! Die Jungfrau aber ergriff mich bey der rechten Hand, richtete mich wieder auf die Knie (worauff ich zuvor im Gebeth gelegen) und verschwand. Von derselben Zeit an bis auf diese Stunde ist mein Gemüth überaus frölich in der GlaubensHoffnung und geduldig in Trübsalen«.

Der nächste Brief datiert vom 1.10.1697 und stammt bereits aus Mörfelden.[66] Darin dankt Weinich für Knyphausens »abermaliges ... Anerbieten ... wie sonst für die bereits genossene Woltat«. Dieses Anerbieten bestand offenbar darin, dass Weinich zu Knyphausen ziehen sollte. Denn eben diese Frage (»zu dem lieben Mann D. von K. zugehen«) legte Weinich in seiner Unsicherheit, ob es Gottes Willen sei, »unserem Immanuel« »dreien verschiedenen Malen flehentlich« vor. Erst beim dritten Male habe er eine Antwort erhalten:

Es »ward auß einer mich umgebenden Licht-weissen Wolken, gantz deutlich und lieblich zu mir gesagt: Der Mann ist lieb und wehrt, aber du sollt das angesicht seines Leibes noch nicht sehen! Lasst Euch an meiner Liebe genügen!«

Offenbar war diese (fast schon erotisch anmutende) Beziehung bislang nur schriftlich erfolgt. Wie war sie zustandegekommen? Woher kam der Wunsch Knyphausens, Weinich zu sehen?

Weinich wusste natürlich, was zu tun sei, nämlich sich dem Willen des Herrn zu unterwerfen, »in welchem ich nun viel Jahr hero in meiner vilfältigen trübsal, verfolgung, armut, hunger, und blösse, allezeit Trost, ruhe und vergnügung gefunden habe.« Und »daß unser Menschlicher Willens-Geist einsten in den Göttlichen Willen-Geist gantz eingewürkt (wie unsere teure Leade an einem orte redet ...) würde!«[67]

Im P.S. meldet Weinich u.a.[68]: »Herr Merian hat mir die 20 rthl durch seinen Diener zahlen lassen; dem ich auf sein fürwitziges fragen beredet, ich

[66] Weinich-Briefe (s. Anm. 60), Bl. 132r–133v.

[67] Genannt wird ferner ein Johann Bernhart Senfft zu Sachsenhausen, ein Büttner oder Faßbänder, an den die Briefe gerichtet werden sollen.

[68] Zunächst hatte Weinich den Erhalt von Knyphausens zuvor für verloren geglaubten Brief vom 21.9. bestätigt.

müste solch Geld weiterverschaffen, dann wie das auch wahr ist, dann gelt bei mir keine bleibende Statt hat«. Auch scheint Weinrich also von Knyphausen eine persönliche Unterstützung erhalten zu haben.[69]

Der dritte Brief datiert vom 29. Oktober 1697[70].

»α // ω
O wundergrosse und Ewigen Preises würdigste Güte
unseres Vaters in den himmeln in uns!

Als ich heute vor 8. tagen an bewussten Lieben Freund /ein büchlein/ spedirte, und, nach darvor bezahltem Porto, mehr nicht als 4. kreutzer übrig hatte, wollte der Geist der Vernunfft mit zuziehung viler anderer unglaubiger Geister eine Empörung in meinem Innwendigen anrichten; demselbigen widerstund aber ein gewaltiger Geist auß dem innersten Centro der Liebe hervorgehende, und sprach in mich das Wort, welches mich auch sonsten in dergleichen Bedrängnussen manchmalen understützet und wider jene Feinde beschützet hatte: Ich will Dich nicht verlassen noch versäumen! Dictum Factum! [Marginalnotiz:] Hebr 13,5.

Ehe 24. Stunde verflossen, kam Eu: Exc. Hochzuehrendes vom 12.ten huius mit reichem Segen beladenes alhier an. Was will und soll ich doch hierzu sagen? dieses: Ich bin zu gering aller Barmherzigkeit und Treue, die JEHOVAH an seinem armen Würmlein thut! Seine überschwengliche Gnade sei hochgerühmet immer und ewiglich! Amen! Hallelu-Jah! Ihme aber, mein treuester Wolthäter müsse Gutes und Barmhertzigkeit folgen alle tage seines Lebens, und Er müsse widerkehren in das Haus JEHOVAH, in die Länge der (Ewigen) tage! Amen! Ich aber bleibe Eu. Exc. wol hoch obligirt, und sollte deroselben vormaligem begehren zu gratificiren, mir gewisslich eine grosse Freude seyn; ich werde aber von einer höhern macht noch zur zeit an meinem orte gehalten. Quod autem differtur, non aufertur, wie dann E. Exc. die Sache als ad alia & maturiora tempora differirt wol eingesehen haben; underdessen werde nicht ermang- | len auch abwesend (wiewol im Geistes Euch gar nahe anwesend) mit meinem unablässigem Gebät dasjenige zuersetzen, was praesto nicht praestiren kan. Die Liebe GOTTes ergiesse sich je mehr und mehr in E. Exc. teurste Seele, durch den Heiligen Geist, auf dessen Verheissung und deren Erfüllung in uns, wir in Gedult und Glaubens-voller Hoffnung warten, und durch unaußsprechliche Seufzen des uns aufs beste vertrettenden Geistes in uns ruffen, und schreien: Ach! komm HERR JESU! Amen! Und es spricht (auch zu dieser Zeit durch vile Stimmen, Extata und Oracula) der solches ehmalen gezeuget hat und noch zeuget: ICH komme bald! Amen! Hallelu-Jah!

Mf. 29. 8br. 97 L.[oco] N.[ominis]

[P. S.] Meine blinde und Erbarmungswürdige Auditores beginnen bereits, sich wider mich, als einen Pietisten, Menisten p. aufzulehnen, mit klagen bei dem Landes=Fürsten p. Einige haben zu Fr[ank]f[u]rt die Absolution und Nachtmal geholt; dürffte also

---

[69] Dann wagt sich Weinich noch weiter hinaus: Er wolle künftig in seinen Briefen auf die Titulatur verzichten. Er beendet den Brief mit einer allgemeinen Christenkritik: »Bei Juden habe noch mehr redlichkeit gefunden, als bei denen, die sich Christen nennen. Gott bessere es!«

[70] Weinich-Briefe (s. Anm. 60), Bl. 134 f.

in kurzem das leiden, so mir schon zuvor gezeigt worden, angehen. Der HErr helfe hindurch! Amen!«

Der vierte Brief datiert vom 15. 3. 1698[71], mithin nach der Entlassung Knyphausens aus brandenburgischen Diensten:

»Auß dem süssen Brünnlein der holdseligen
Liebe JESU Trost, Krafft und Erquikkung in
aller Trübsal am Dienst deß HERRN bestän-
dig, getrost und frölich zubleiben, ritter=
lich wider alle Feinde zu ringen,
und durch tod und leben
in die Himmele einzu=
dringen! Amen!
Hallelu-Jah!

Außerwehlter GOTTes!

Auf dessen lezeres hätte ich ja längstens antworten sollen und wollen, es hat aber dem HERRN gefallen, über meinen äussern Leib eine schwehre Krankheit zuverhängen, von deren doch seine Barmherzigkeit mich widerum insofern errettet, daß, wiewol mit noch zitternder Hand, ein wenig schreiben kan. Wann ich aber indessen von E[ure] L[ieben] zustand, nicht ohne betrübnüs meines Geistes etwas vernommen, als kan nicht umhin, dieselbe mit wenigen Zeilen zubesuchen und zu trösten, wiewol nicht zweifele, sondern durch ein heimlich Wort, das zu mir kam, versichert bin, daß Dero teuerster Seele an Göttlichen Tröstungen und endlicher völliger Genesung nichts ermangelen werde; Es sind mir aber deß Feindes listige anläuffe und der Welt Boßheit, sammt des Fleisches Schwachheit, neben vielen andern schwehren Beprüfungen, Versuchungen und Anfechtungen, nicht allerdings unbekannt, darinnen mich doch die liebe unsers ImmanuEls nie ohne Trost und Hülfe gelassen. Also ist es nemmlich mit denen, die GOTT lieb sind; und also muß es mit ihnen seyn: Ohne Anfechtungen müssen sie nicht bleiben: alle die da gottselig leben wollen in Christo JESU, die müssen verfolgung leiden pp
Es kommt aber, wie ich berichtet werde, mit E. L. dißmaligen schwehresten leiden allein auf dero Feinde und Mißgönner Verleumdungen an, die zwar den natürlichen Menschen als spitzige Dornen, Schlangen- und Ottern-Gifft schwehrlich und gefährlich anzugreiffen; Aber was achtets der auß GOTT geborne? Er kan solch Hohn und Gifft, der keines ihm /an der Seele/ schaden mag, verlachen; dann er erbrennet hier under die all-regierende Vorsehung und Verhängnüs unsers Vaters im Himmel, der seine Kinder auch auf solche weise züchtiget und ihre Gedult probiret. Ach! wie un= und übermenschlich vil hat das allerheiligste Kind GOTTes, unser JESUS, hirinnen erlitten? Ist Er doch mit keiner qual mehr, als mit diser, und zwar biß in den Tod und ins Grab hinein, gequälet worden; Und ist niemalen zu lesen, daß Er ungedultig worden wäre | oder wider gescholten hätte; Verantwortet hat Ers wol je zuweilen, aber anderst nicht, als mit höchster Sanftmuht, uns zum fürbilde, daß wir sollen nachfolgen seinen Fußstapffen, und dergleichen Deifels-Stürme, in völliger Gelassenheit außste-

---

[71] Weinich-Briefe (s. Anm. 60), Bl. 136 f.

hen lernen, dabei aber sonderlich aufsehen auf JESUM, (der auch hierinnen versucht worden) seiner Person agiren, und solche ⟨Passa⟩ Passion in gedult spilen, alles dem heimstellende, der da recht richtet, und am besten weiß, wann es zeit ist, die Feinde und Läster-Mäuler auf den bakken zuschlagen und ihre Zähne zuzerschmettern. Ich höre, sprach Jeremia (der erhöhete des HErrn) wie mich viel schrökken und sagen: Hui! verklagt ihn! wir wollen Ihn übervortheilen und uns an ihm rächen. Aber der HErr ist bei mir, wie ein starker Held. HErr Zebaoth! du prüfest den Gerechten, laß mich deine Rach an ihnen sehen, dann ich habe dir meine Sache befohlen; Und das ist das liebe Gebät zu GOTT, der selbst seine Liebste eben mit diesem Creutz beleget, und den Grimm ihrer feinde auf sie richtet. Laxat DEUS linguas obtrectatorum, ut, si quid elationis in electis surrexerit, id lingua obtrectatoris eradat, sagt ein Lehrer. Er errettet sie aber auch wider auß ihrem Jammer, führet endlich ihr Sache auß, und schafft ihnen recht. Und das ists, was E. L. inniglich wünschet, und täglich mit Seufzen und Thränen von oben herab zu erbitten eiferigst geflissen ist, eine arme Seele, die ruhe gefunden In Jesu Wunden.
Mf. 15. Mart. 1698.
Salvô Titulô. Herrn Herrn Baron von Knyphausen etc. etc. etc.
In Berlin.
[Randnotiz:] Conferantur cum his, quae habet B[öhme] im Büchlein von der Busse[72] pag. m. 26. sq. et Joh. Arnd vom wahren Christentum[73] Lib. II. Cap. XVII. pag. m. 128. sqq.«

Deutlich wird aus diesen Briefen, die ja einem Brief*wechsel* entstammen, dass Knyphausen – gerade nach seiner Entlassung – in dieser religiösen Welt der (unbiblischen) Offenbarungen Zuspruch und Trost suchte. Der Grundgedanke dieser Welt ist nicht derjenige der Sündenvergebung und Rechtfertigung, sondern derjenige der individuellen Erwählung und providentiellen Gerechtigkeit.

3. Schluss

Soweit sich aus den »disiecta membra« ein Bild zeichnen lässt, war Dodo II. von Innhausen und Knyphausen nicht nur ein Anhänger einer radikalpietistischen, nämlich »böhmistischen« Religiosität, sondern deren großer (finanzieller) Förderer. Für ihn trifft in ausgezeichneter Weise die von Emanuel Hirsch vorgenommene Herleitung des Radikalpietismus aus dem Böhmis-

---

[72] Jakob Böhme: Der Weg zu Christo. In zweyen Büchlein/ Das erste. Von wahrer Busse/ wie sich der Mensch im Willen und Gemüte in sich selber erwecken müsse ... Das ander Von wahrer Gelassenheit/ Wie der Mensch in Göttlichem vertrawen wandelen solle. O. O. 1628.

[73] Johann Arndt: *Vier Bücher von wahrem Christenthumb*. Magdeburg 1610, Buch 2, 189–217 (Ndr. Hildesheim u. a. 2007): »XVII. Capittel. Wie wir durch Christum / und aller Heiligen Exempel die Verleumbdung böser Mäuler / und falscher Zungen vberwinden sollen«.

mus zu; eigentlich handelt es sich nicht um Pietismus, nämlich um eine pietistische Auslegung der traditionellen christlichen Glaubenslehre, sondern um eine naturphilosphische Aufschlüsselung der Welt, immer in einer eigenartigen Verbindung von Religion und Unternehmertum und der Erwartung, durch die religiös-naturphilosophische Entdeckung von Natur, Kosmos und Geisterwelt, diese auch zu eigenem Nutzen gebrauchen zu können. Die Themen der christlichen Heilslehre (Schuld-Gnade, Schöpfung-Erlösung etc.) sind nicht (mehr) relevant.

Im Blick auf die Geisterseherin Klapperodt ist auffällig, dass sich an diese naturphilosophische und damit »unbiblische« Religiosität offenbar untergründig bestehende, religiöse, z. T. antikirchliche (»deutsche«) Traditionen anhängen.

4. Literatur

4.1 Weitere Literatur

Allgemeine Deutsche Biographie, Bd. 16, München 1882 (1969), S. 339–341 ([Siegfried] Isaacsohn).

Alvensleben, Udo von: Die Lütetsburger Chronik. Geschichte eines friesischen Häuptlingsgeschlechts, o. O. [Dortmund] 1955, S. 133–152 (Portr.).

Biographisches Lexikon für Ostfriesland, Bd. 1–4, Aurich 1993–2007, Bd. 1, 1993, S. 199 f (Walter Deeters).

Breysig Kurt: Die Centralstellen der Kammerverwaltung, die Amtskammer, das Kassenwesen und die Domänen der Kurmark, Leipzig [u. a.] 1895 (Urkunden und Aktenstücke zur Geschichte der inneren Politik des Kurfürsten Friedrich Wilhelm von Brandenburg, Teil 1: Geschichte der brandenburgischen Finanzen in der Zeit von 1640 bis 1697, Bd. 1).

Deutsches Biographisches Archiv I 674, 62; II 726, 11–12; III 494, 421–422.

Martin Brecht u. a. (Hg.): Geschichte des Pietismus. Bd. 1–4. Göttingen 1993–2004.

Haustedt, Lorenz: Chronik von Bordelum und den Fürstlich Reußischen Högen. Bordelum 1899 (Ndr. 1979).

Heinrich, Gerd: Amtsträgerschaft und Geistlichkeit, in: Günter Franz (Hg.): Beamtentum und Pfarrerstand 1450–1800. (Büdinger Vorträge, 5). Limburg 1972, S. 179–238.

Hinrichs, Carl: Friedrich Wilhelm I. König in Preußen. Eine Biographie. Jugend und Aufstieg, Hamburg 1941, S. 111–129.

Hirsch, Ferdinand: Der große Kurfürst und Ostfriesland 1681–1688. Aurich 1914.

Isaacsohn, Siegfried: Geschichte des preussischen Beamtentums vom Anfang des 15. Jahrhunderts bis auf die Gegenwart. In 3 Bänden. Berlin 1874–1884 (Ndr. Aalen 1962), Bd. 2, 1878 (1962).

Jannsen, Frans A.: Böhme's Wercken (1682). Its editor, its publisher, its printer, in: Quaerendo 16. 2 (1986), S. 137–141.

Der Königl. Preußische und Churfürstl. Brandenburgische Wirkliche Geheime Staats=Rath an Seiner Zweihundertjährigen Stiftungstage den 5ten Januar 1805, Berlin 1805 [hg. von Christian August Ludwig Klaproth].

Koser, Reinhold: Kurfürstin Sophie Charlotte und Eberhard von Danckelmann, in: Märkische Forschungen 20 (1887), S. 225–233.

Matz, Klaus Jürgen: Das Kolonialexperiment des Großen Kurfürsten in der Geschichtsschreibung. In: Gerd Heinrich (Hg.): Ein sonderbares Licht in Teutschland. Berlin 1990, S. 191–202.

Neue Deutsche Biographie, Bd. 12, München 1980, S. 234–235 (Walter Deeters).

Ordemann, Walter: Herrlichkeiten. Historische Profile und Prozesse der Knyphausen. Oldenburg 1982.

Schmidt, Heinrich: Ostfriesische Konfessionskämpfe zur Zeit der Fürstin Christine Charlotte, in: Jahrbuch der Gesellschaft für bildende Kunst und vaterländische Altertümer zu Emden 40 (1960), S. 114–151.

Schmidt, Heinrich: Politische Geschichte Ostfrieslands. Leer 1975.

Steltzer, Hans Georg: »Mit herrlichen Häfen versehen«. Brandenburgische Seefahrt vor 300 Jahren. Frankfurt/Main u. a. 1981, S. 191 ff.

Stephan, Heinrich und Sautter, Karl: Geschichte der Preussischen Post / nach amtlichen Quellen bis 1858 bearb. von H. v. Stephan. Neubearb. und fortgef. bis 1868 von K. Sautter. Bd. 1–34. Berlin 1928.

Storch, Alfred: Der brandenburgisch-preußische Kammerstaat unter Leitung Dodos von Inn- und Knyphausen. Göttingen 1912.

Swart, Friedrich: Zur friesischen Agrargeschichte. Leipzig 1910.

Szymanski, Hans: Brandenburg-Preußen zur See 1605–1815. Leipzig 1919.

Treue, Wilhelm: Eine Frau, drei Männer und eine Kunstfigur. Barocke Lebensläufe. München 1992, S. 21–23; 64–68; 113–122; 165–169; 206–214; 250–258.

Wiarda, Diddo: Die geschichtliche Entwicklung der wirtschaftlichen Verhältnisse Ostfrieslands, Jena 1880.

4.2 Archivalische Quellen

Aurich, Niedersächsiches Hauptstaatsarchiv
Dep. 4, III h: Nachlaß

Berlin, Geheimes Staatsarchiv

I. HA Geheimer Rat, Rep. 8 Beziehungen zum hohen Adel im Reich, Nr. 90: Knyphausen.

I. HA Rep. 94 Kleine Erwerbungen, II C, Nr. 3:

Daniel Kluge: Verzeichnis der kurfürstl. brandenburgischen und kgl. preußischen Wirklichen Geheimen Etats- und Kriegs- auch preußischen Oberregimentsräte (...) von 1640-jetzt [ca. 1791].

VIII. HA Siegel, Wappen, Genealogie Sammlung Anton Balthasar König, Nr. 374 Teil 6:

Geschichte verschiedener Ämter und Behörden.

II. HA Generaldirektorium, Generaldepartement
Tit. 1, Nr. 1: Etablierung des Hofkammerkollegiums, 1678–1711 und (ad Nr. 1) Reorganisation der Kammerverwaltung, Denkschrift des Freiherrn v. Knyphausen, 13. Februar 1689.
Tit. 23, Nr. 1a: Denkschrift Knyphausens wegen der kurfürstl. Schulden und der veräußerten Domänden, 26. März 1689.
Tit. 23, Nr. 1b: Knyphausens Schreiben an die preußische Regierung wegen des Hanf-Handels mit der englischen Admiralität, 1692.
Tit. 41, Nr. 1: Vermehrung der Staatseinkünfte und Verwaltung der Domänen- und Kammerintraden, 1684–1695.

Hannover, Leibniz-Bibliothek
MS XIX, 1063A: Brief an [Falaisau?] o. O. o.J.
Aut. V, 20: Amtl. Schreiben an Unbekannt o.D.

Douglas H. Shantz

Radical Pietist Migrations and Dealings with the Ruling Authorities as seen in the Autobiographies of Johann Wilhelm Petersen and Johann Friedrich Rock

This study seeks to the geography of radical Pietism as revealed in the migratory experiences of Johann Wilhelm Petersen (1649–1727) and Johann Friedrich Rock (1678–1749). Hartmut Lehmann pointed to the need for detailed analyses of Pietist mobility, their travels to and from various centers, and their migrations to other territories.[1] Some work has already been done in these areas, notably by Ryoko Mori. She investigated the »second wave« of Pietism that came about with the dispersion of young Leipzig theology students after the Leipzig conventicle edict of March 1690.[2] In earlier studies I have examined the migratory experiences of Johann Heinrich Horch, Andreas Achilles and Friedrich Christoph Oetinger.[3]

The focus of the present study of Petersen and Rock is upon the extent and occasion of their wandering life style and their contrasting encounters with ruling authorities. It shows that Petersen's migrations were motivated by his desire to spread the truth of the *Wiederbringung aller Dinge*. He experienced the ruling authorities as benefactors and eager hosts who were often used of God to help spread the truth of the Eternal Gospel. Rock's migrations, on the other hand, were motivated by his sense of God's call in 1714 to serve as the prophet of God's coming judgment. For Rock the ruling authorities were spiritual enemies and »wild beasts«. The differing receptions that Petersen and Rock experienced from officials can be attributed to their contrasting messages and the difference in their social class.

---

[1] Hartmut Lehmann: Vorüberlegungen zu einer Sozialgeschichte des Pietismus im 17./18. Jahrhundert. In: PuN 21 (1995), 69, 74. In promoting God's kingdom »traditional notions of space were extended: it was obvious to Pietists that they would keep in contact with those of like-mind in other villages and cities, in other territories and countries.« See also Jonathan Strom: Problems and Promises of Pietism Research. In: ChH 71,3 (2002), 550.

[2] See Ryoko Mori: *Begeisterung und Ernüchterung in christlicher Vollkommenheit. Pietistische Selbst- und Weltwahrnehmungen im ausgehenden 17. Jahrhundert.* (Hallesche Forschungen, 14) Tübingen 2004, 25–91.

[3] Douglas H. Shantz: The Harvest of Pietist Theology: F. C. Oetinger's Quest for Truth as recounted in his »Selbstbiographie«. In: Michel Desjardins/Harold Remus (Hg.): Tradition and Formation: Claiming an Inheritance. Essays in Honour of Peter C. Erb. Kitchener 2008, 121-134; Douglas H. Shantz: Homeless Minds: the Migration of Radical Pietists, their Writings and Ideas in Early Modern Europe. In: Jonathan Strom/Hartmut Lehmann/James van Horn Melton (Hg.): Pietism in Germany and North America 1680 – 1820. Farnham u. a. 2009, 85–99.

Johann Wilhelm Petersen's Migrations and Sense of Calling

Scholars have pointed to the extensive travels of Johann Wilhelm Petersen and his wife Johanna Eleonora. Johannes Wallmann observed that Petersen's travels took him to »the courts of Pietist counts and to awakened circles« in cities such as Halberstadt, Halle a.S., Erfurt, Frankfurt a.M. as well as to Württemberg, Silesia and Bohemia.[4] Hans Schneider noted that the Petersens' journeys served to connect them with like-minded friends as far away as southern Germany.[5]

The key source for investigating the extent and occasion of Petersen's migrations and dealings with the authorities is Petersen's autobiographical account, *Das Leben Jo. Wilhelmi Petersen* (1717).[6] He wrote *Das Leben* in response to the many requests he received asking him to describe the course of his life and how he experienced the providence and leading of God.[7] Petersen devoted some fifty pages to detailing his travels.[8]

> »I must here recount some travels I made to places that called me and paid my travel costs, and were a real blessing to me. I received letters from a preacher asking me to come to him and then travel with him to Nürnberg and Altorff to visit the good souls who awaited me there«.[9]

Petersen's journeys naturally fall into three parts. First are his journeys to Altdorf, Nürnberg, Herolsberg and Württemberg (pp. 282–297, 297–307); then his trip to Silesia (pp. 308–322); and finally his visits to Carlsbad, Zeitz, Halle and Berlin (pp. 324–333). These travels speak to the extensive network of friends, acquaintances and readers that Petersen had developed by time of writing. Unfortunately, he paid little attention to matters of chronology and dating in the account.

A Pietist preacher and friend invited Petersen to accompany him to Altdorf and Nürnberg in order to visit »the good souls who awaited him« and to offer them encouragement. Petersen traveled by post wagon to Erlangen

---

4 Johannes Wallmann: *Der Pietismus*. (UTB, 2598) Göttingen 2005, 148.

5 Hans Schneider: Der radikale Pietismus im 18. Jahrhundert. In: Martin Brecht/Klaus Deppermann (Hg.): Geschichte des Pietismus. Bd. 2: Der Pietismus im achtzehnten Jahrhundert. Göttingen 1995, 115.

6 Johann Wilhelm Petersen: *Das Leben Jo. Wilhelmi Petersen, Der Heil. Schrifft Doctoris, Vormahls Professoris zu Rostock, nachgehends Predigers in Hannover an St. Egidii Kirche, darnach des Bischoffs in Lübeck, Superintendentis und Hof-Predigers, endlich Superintendentis in Lüneburg, Als Zeugens der Warheit Christi und seines Reiches, nach seiner grossen Oeconomie in der Wiederbringung aller Dinge.* O. O. 1717, 345, 346, 347.

7 Petersen: *Das Leben Jo. Wilhelmi Petersen*, 1 f.

8 Petersen: *Das Leben Jo. Wilhelmi Petersen*, 282–333, hier 324. »As I am now relating how and when I made some of my journeys, which [people in] other places constantly invite me to undertake«.

9 Petersen: *Das Leben Jo. Wilhelmi Petersen*, 282.

where he preached on Jubilate Sunday, with the Duke and Duchess in attendance. The Director of the new Gymnasium invited Petersen to stay and serve as Inspector of the school, but Petersen declined. Petersen then traveled to Altdorf where Michael Lange invited him to attend catechism in his home. Lange also invited Petersen to attend a public *Collegium* that he was holding devoted to Paul's Epistle to the Galatians. After Lange discussed the context of the passage and its proper interpretation, he invited Petersen to present his thoughts in the presence of other professors.[10] Petersen traveled next to Nürnberg in the company of Professor Rötenbeck and was lodged in an inn at the expense of some Nürnberger friends.[11] Herr Winckler invited Petersen to attend a *Collegium* devoted to the Sermon on the Mount. Petersen met over a meal with some preachers who were eager to discuss his views on the kingdom of Christ.[12]

Petersen went next to Herolsberg near Nürnberg[13] at the invitation of a local nobleman. He was introduced to some leading citizens-three of the city's clergymen and a physician by name of Thomasius. Petersen felt wonderfully renewed in body, soul and spirit, an experience he would never forget.[14] He was anxious to go on to Stuttgart »where I well knew that there are many pious hearts among whom I could strengthen myself in the Lord«. Accompanied on the trip by a Tübingen professor, Petersen took the opportunity to inquire about the customs and ways of the region and the court and to learn something about the university. He was impressed by the open hearts of the Württembergers, observing that »among [them] Christ could work freely«.[15] He then traveled to Tübingen and met with the Lutheran theologian Johann Wolfgang Jäger (1647–1720) who presented him with two expensive bottles of wine.[16] After visiting Heilbronn and Rothenburg ob der Tauber Petersen returned home, having been informed by his wife that he had guests from England waiting to speak with him.[17]

A second series of trips took Petersen to Silesia.

»I must tell of my trip to Silesia in which there are many souls who have had opportunity to read my writings, to receive the truth, and to become children of the truth.

---

[10] Petersen: *Das Leben Jo. Wilhelmi Petersen*, 282f.

[11] Petersen: *Das Leben Jo. Wilhelmi Petersen*, 286.

[12] Petersen: *Das Leben Jo. Wilhelmi Petersen*, 287f.

[13] Herolsberg (Heroldsberg) is located in the Sebald Reichswald near Nürnberg. In 1806 it became part of Bayern. See Gerhard Köbler: *Historisches Lexikon der deutschen Länder. Die deutschen Territorien vom Mittelalter bis zur Gegenwart*. 7, überarb. Aufl. München 2007, 250.

[14] Petersen: *Das Leben Jo. Wilhelmi Petersen*, 288.

[15] Petersen: *Das Leben Jo. Wilhelmi Petersen*, 288–290.

[16] Petersen: *Das Leben Jo. Wilhelmi Petersen*, 291. »Der Herr Primarius Professor Hr. D. Jäger...er mir zwey grosse Flaschen köstlichen Weins praesentirte, welches ich für ein Zeichen einer guten Geneigtheit aufnahm«.

[17] Petersen: *Das Leben Jo. Wilhelmi Petersen*, 293f.

[...] A Hofmeister there wrote to me and told me of the request, from people of both upper and lower station, that I come and speak with them, and of their willingness to gladly pay my travel costs.«[18]

This Hofmeister had visited the Petersens in Niederndodeleben as a young student. Petersen traveled on to Sorau[19] in the company of Baron von Löwenstein who offered the use of his coach. Petersen instructed neighbouring counts and countesses on the meaning of Paul's Epistle to the Romans, chapters 1–11. At their invitation he preached on Sunday from the gospel text, John 10:12–16.[20] Petersen went next to Breslau where he was received by a Baron and friends and addressed members of the leading families. He was well-loved and respected in Breslau for he had preached there previously and had held Beth-Stunden.[21] Petersen then traveled to Jordans-Mühle in the company of Baron von Löwenstein. There Petersen preached to the court at the invitation of the local count.[22] Finally, Petersen visited Lemberg where he conversed with some Schwenckfelders and »found much good in their souls«. He was convinced that they should be tolerated and not persecuted, for »on the last day there will be a completely different kind of judgment than what we think it will be«.[23] Petersen reflected on his experiences in Silesia:

»I traveled to Silesia because it was the very time when the children there had such an uncommon eagerness for prayer. In the churches of the preachers there I observed wonderful things, such zeal in their devotions and service that I could not watch without being profoundly moved.«[24]

He then returned home to Thymer.[25]

The final series of travels began with Petersen's trip to Karlsbad.[26]

»As I am now relating how and when I made some of my journeys, which [people in] other places constantly invite me to undertake, I must now explain what happened when my wife and I drove to Carlsbad.«[27]

---

[18] Petersen: *Das Leben Jo. Wilhelmi Petersen*, 308.

[19] Sorau is located in Niederlausitz, upper Silesia.

[20] Petersen: *Das Leben Jo. Wilhelmi Petersen*, 308–314.

[21] Petersen: *Das Leben Jo. Wilhelmi Petersen*, 314.

[22] Petersen: *Das Leben Jo. Wilhelmi Petersen*, 317–319.

[23] Petersen: *Das Leben Jo. Wilhelmi Petersen*, 320–322.

[24] Petersen: *Das Leben Jo. Wilhelmi Petersen*, 318f.

[25] Petersen said his reason for moving from Niederndodeleben to Thymer was that many of the people who came to visit him in the former residence came »in the name of Christ, yet did not have Christ in their heart.« The move was also prompted by the restless farmhands on the estate at Niederndodeleben. See Petersen: *Das Leben Jo. Wilhelmi Petersen*, 327.

[26] Karlsbad is now part of the Czech Republic.

[27] Petersen: *Das Leben Jo. Wilhelmi Petersen*, 324.

This was quite unlike Petersen's other trips. A postal coach driver on his way to Prague took the Petersens with him for about eight miles; he then let them off at an inn and continued on to his destination. There the Petersens conversed with the Jewish innkeepers who listened with great interest to their views on the Messiah. The hospitable owners successfully procured horses and coach so that the Petersens could continue on their way to Carlsbad.[28]

The Petersens next set out for Zeitz[29] at the invitation of a local preacher. He had written to say that the Duke, a learned and wise man, was eager to speak with them. Petersen also held conversations with the city preachers and Superintendent in Zeitz.[30] From there they traveled to Halle, at one time a frequent destination for them because of the blessing they experienced among the Halle Pietists. But after some Halle leaders spoke out against the teaching of the *Wiederbringung aller Dinge* the Petersens felt increasingly estranged from the city.

A couple of factors account for Johann Wilhelm Petersen's many travels. He made most of his trips at the invitation of people in various places who sought his presence, instruction and encouragement. Petersen visited these communities as an invited guest and was welcomed as a kind of celebrity. Many had read his books and heard of his reputation. He received gifts of wine, books and free lodging either in local inns or in castles and private homes. In Tübingen Petersen was presented with two expensive bottles of wine.[31]

Another factor was his desire to spread the eternal Gospel of the restoration of all things, the *Wiederbringung aller Dinge*. The Petersens were on a mission to spread this teaching as far and wide as possible.

»God the Lord has wonderfully revealed to my wife and me this truth of the eternal Gospel…and has given us the joy of publicly confessing it. Therefore my wife first wrote about it, and had it published in octavo; then I wrote to defend it in three volumes published in folio.[32]

In the middle of his travel narrative Petersen included a ten page »excursus« that describes how he and his wife first discovered this teaching. Herr von Knyphausen had received Jane Leade's book from England and asked the Petersens to read it and offer him their opinion. In the course of reading it the Spirit of God showed them that Leade was right. »We came to under-

28 Petersen: *Das Leben Jo. Wilhelmi Petersen*, 324.

29 Zeitz was at one time the seat of the Bishop of Naumburg. From 1653 to 1716 Zeitz became the seat of an alternate Saxon line, Sachsen-Zeitz. See Gerhard Köbler: *Historisches Lexikon* (s. Anm. 13), 745.

30 Petersen: *Das Leben Jo. Wilhelmi Petersen*, 325 f.

31 Petersen: *Das Leben Jo. Wilhelmi Petersen*, 291.

32 Petersen: *Das Leben Jo. Wilhelmi Petersen*, 297.

stand that God is essentially love and that his unending mercy would pour itself out on all his creation.«[33] Petersen credited this teaching with turning many from their atheism, from Papism and even from Reformed Calvinism and its doctrine of predestination.[34]

Petersen kept careful account of who accepted the teaching on the *Wiederbringung aller Dinge* and who did not. In Stuttgart, for example, he found a receptive audience for his teaching from the General Superintendent, Johann Andreas Hochstetter (1637–1720), as well as from some nobility and other leading citizens. The Inspirationist leader Eberhard Ludwig Gruber (1665–1728) was among those who accepted »the testimony to the truth«.[35] Paul von Fuchs, *Geheimer Rat* in Berlin, promoted Petersen's book on the subject. Petersen's benefactor Dodo von Innhausen und Knyphausen was also an enthusiastic supporter of the teaching.[36] A Halle court preacher, Johann Heinrich Hassel (1640–1706), spoke out in support of the coming restoration of all things despite opposition from the majority of Hallensers.[37] In addressing the Silesian counts and countesses, Petersen was pleased to find that »they were convinced« of the restoration teaching.[38]

Many, however, came out against the Petersens' doctrine. One was Johann Friedrich Corvinus who wrote against the *Wiederbringung aller Dinge* with »many bitter words«.[39] Petersen was disappointed to learn that Pietists in Halle had decided that »it would be best if they let it be known publicly that they were not in agreement with the teaching of the restoration of all things«.[40] Professor Johann Friedrich Mayer of Hamburg and Greifswald (1650–1712) was the chief opponent of the teaching, along with his supporter, Ferdinand Helfreich Lichtscheid (1661–1707), Propst and Konsistorialrat in Berlin, whom Petersen called »Licht-Scheuenden«.[41] Petersen continued to travel and speak, hoping for the day when others would realize the truth of the teaching and become his supporters rather than his enemies. »I hope a time will come when they [his enemies] come to realize these truths that I have discovered by God's grace and prefer me« rather than oppose.[42] Petersen took consolation from the fact that although Spener had not preached or written on behalf of the *Wiederbringung aller Dinge*, at least he had promised

---

33 Petersen: *Das Leben Jo. Wilhelmi Petersen*, 299.
34 Petersen: *Das Leben Jo. Wilhelmi Petersen*, 304–307.
35 Petersen: *Das Leben Jo. Wilhelmi Petersen*, 290, 292.
36 Petersen: *Das Leben Jo. Wilhelmi Petersen*, 296, 299.
37 Petersen: *Das Leben Jo. Wilhelmi Petersen*, 302.
38 Petersen: *Das Leben Jo. Wilhelmi Petersen*, 313.
39 Petersen: *Das Leben Jo. Wilhelmi Petersen*, 295.
40 Petersen: *Das Leben Jo. Wilhelmi Petersen*, 327.
41 Petersen: *Das Leben Jo. Wilhelmi Petersen*, 329.
42 Petersen: *Das Leben Jo. Wilhelmi Petersen*, 328, 301.

Petersen that he would not write against it. Spener said that he too hoped that in the end the whole world would be saved.[43]

Another factor motivating Petersen's many travels was the example of the French Inspired whom he took as a model for his own migrations. Petersen admired their work and their travels throughout German lands.

The French Inspired...have traveled far and wide to kingdoms and principalities and to various cities, and have proclaimed the judgment of God. They have awakened some in Germany, although they sometimes have mixed in things which they should not have done...I have seen some of them in Halberstadt and I credit two of the Inspired who visited me in Thymer as authentic witnesses of God. I warned them that they bear the treasure in earthen vessels and should not ruin it, but prove all things.[44]

Among the Inspired Petersen was especially impressed with Gruber and his 1714 tract on true and false inspiration.[45]

Petersen's Dealings with the Authorities

Petersen's account includes frequent mention of the invitations and hospitality that he received at the hands of church and city officials as well as from the nobility, including counts, dukes, barons and princes. In Stuttgart Petersen felt welcomed as though he were royalty himself. He was invited to a meeting of the provincial diet where he met with abbots and prelates. A princess invited him to her court.

»I obtained a gracious invitation to visit the court of an elderly princess when she was holding her prayer hour along with all her court...I have often spoken to her and other members of her retinue. She opened up her special chamber of rarities and showed me some amazing things, of which there were many. In sum, they showed me every honour that one could possibly show to a special person whom one loved.«[46]

Petersen also met some members of the *Geheime Rat* in Stuttgart and Johann Andreas Hochstetter. The senior pastor Ehrenreich Weißmann (1641–1717)

---

[43] Petersen: *Das Leben Jo. Wilhelmi Petersen*, 330.

[44] Petersen: *Das Leben Jo. Wilhelmi Petersen*, 333. »Die Frantzösische Inspirirte...sind weit und breit nach den Königreichen und Fürstenthümern, und nach andern Städten gereiset, und haben von den Gerichten Gottes verkündiget...Diese haben andere in Teutschland mit aufgewecket, davon ich aber gestehe daß sie bißweilen...einiges mit eingemischet, das nicht hätte seyn sollen.«

[45] Petersen: *Das Leben Jo. Wilhelmi Petersen*, 334. »Der Hr. Gruber, der auch dem Hrn. Professori in Halle geantwortet, einen eignen Tractat, unter dem Titul: *Nöthiges und nützliches Gespräch von der wahren und falschen Inspiration*, in Octavo hat herausgegeben, der wohl werth ist, daß er mit Aufmercksamkeit möge gelesen werden.«

[46] Petersen: *Das Leben Jo. Wilhelmi Petersen*, 290.

and his son much kindness to Petersen. The court's coach was made available to him for the journey to his next destination, Tübingen.

As noted above, Petersen traveled through Silesia in the company of the Baron von Löwenstein in the Baron's own chaise. They traveled together to Jordans-Mühle and to the court of the local count where Peter preached. This count accompanied Petersen back to Sorau where Petersen stayed overnight at the castle of the *Reichsgraf* von Sorau.[47] The Petersens set out for Zeitz in response to an invitation from the Ducal Court. The Duke was eager to speak with them and invited them to stay in his residence. Petersen held conversations with the city preachers and Superintendent in Zeitz.[48] In Halle Petersen was welcomed into the home of the *Geheimer Rat* Hazeln, a frequent Pietist gathering place. Petersen was a frequent visitor as well to the estates of Naumeister and von Goldstein.[49]

Petersen saw it as divine providence that he was able to win the favour of such powerful people and thereby smooth the way for his teaching despite his opponents' efforts to convince the authorities that his teachings were dangerous. In 1701 Corvinus accused Petersen of reviving the errors of Münster.[50] But God intervened. When Petersen was in Berlin with the Queen of Prussia and with Paul von Fuchs, Petersen had the opportunity to discuss his views on theological matters. When von Fuchs stated that he could not believe that God's condemnation of sinners would last forever, Petersen explained that this was precisely what he taught in his books. Von Fuchs said he would support Petersen's right to teach on these matters. Soon Petersen's work on the *Wiederbringung aller Dinge* was available in every bookstore in Berlin.[51]

To sum up: Petersen devoted a major section of his life story to recounting his many travels.[52] One reason for these trips was his zeal in spreading the eternal Gospel, the restoration of all things (*Wiederbringung aller Dinge*). »God the Lord has wonderfully revealed to my wife and me this truth of the eternal Gospel...and has given us the joy of publicly confessing it.«[53] Petersen also admired the example of the French Inspired and their many travels. Finally, he often undertook his journeys as an invited guest. He made frequent

---

[47] Petersen: *Das Leben Jo. Wilhelmi Petersen*, 317–320.

[48] Petersen: *Das Leben Jo. Wilhelmi Petersen*, 325 f.

[49] Petersen: *Das Leben Jo. Wilhelmi Petersen*, 327.

[50] Petersen: *Das Leben Jo. Wilhelmi Petersen*, 294–296.

[51] Petersen: *Das Leben Jo. Wilhelmi Petersen*, 296 f. Thanks to Herr geheimer Rat von Fuchs, Petersen's *Wiederbringung aller Dinge* was allowed to be sold in Berlin bookstores. »Worauf das Buch zu Berlin in allen Buch-Laden zu finden und zu bekommen gewesen, welches gewiß ein grosses Exempel der Providence Gottes ist, die da wohl weiß Bahn zu machen, daß seine Wahrheit, ob sie gleich von den Feinden untergedruckt wird, darauf desto herrlicher hervor komme.«

[52] Petersen: *Das Leben Jo. Wilhelmi Petersen*, 282–333 hier 324.

[53] Petersen: *Das Leben Jo. Wilhelmi Petersen*, 297.

mention of the welcome and hospitality that he received at the hands of church and city officials as well as from nobility. By the providence of God he was able to win the favour of powerful people and thereby smooth the way for his teaching.

Johann Friedrich Rock's Migrations and Prophetic Consciousness

Johann Friedrich Rock[54] was the migratory Pietist *par excellence*. Paul Krauß estimated that between 1715 and 1742 Rock made at least 94 journeys to establish new communities and to encourage members of the True Inspiration. Of these, 43 were short trips within the Wittgenstein region; 27 were to Württemberg to establish prayer communities in Calw, Stuttgart, Göppingen and Heilbronn; the rest were to Switzerland, the Pfalz, Thüringen and Saxony.[55] Rock and his fellow *Wanderpropheten* followed the example of the French prophets and their many mission travels from France to England and to the Netherlands, Germany, Poland, Sweden and even Asia Minor. These prophets were active in Berlin and Halle where they formed conventicles in the early 1700s.[56]

Rock's two main autobiographical accounts are the »Anfänge des Erniedrigungs-Lauffs eines Sünders auf Erden in- und durch Gnade« (1707) and »Zweyter Aufsatz des Erniedrigungs-Lauffs eines Sünders auf Erden« (1717), written when he was 29 and 39 years of age respectively.[57] In two short additional accounts, both entitled Kurtze Erzehlung (1715, 1726), Rock related the story of how he founded the Inspiration community.[58] He typically identified himself in his writings as I. F. R., which could be variously taken as »Jo-

---

54 For studies of Rock and the True Inspiration consult: Hans Schneider: Art. »Inspirationsgemeinden«. In: TRE 16, 1987, 203–206; Max Goebel/Theodor Link: *Geschichte des christlichen Lebens in der rheinisch-westfälischen evangelischen Kirche*. Bd. 3. Koblenz 1860, 126–165; and Isabelle Noth: *Ekstatischer Pietismus. Die Inspirationsgemeinden und ihre Prophetin Ursula Meyer (1682–1743)*. (AGP, 46) Göttingen 2005.

55 Paul Krauss: Johann Friedrich Rock. Separatist und Inspirierter. In: Max Miller (Hg.): Lebensbilder aus Schwaben und Franken. Bd. 15. Stuttgart 1983, 99. For an overview of Rock's travels, see the appendix to Ulf-Michael Schneider: *Propheten der Goethezeit. Sprache, Literatur und Wirkung der Inspirierten*. Göttingen 2005.

56 Schneider: Der radikale Pietismus im 18. Jahrhundert (s. Anm. 5), 147. It is estimated that in the early years there may have been over 300 members. In the 1730s Edelmann suggested the number was »scarcely fifty.« See Schneider: Der radikale Pietismus im 18. Jahrhundert, 151.

57 For an English translation see: Johann Friedrich Rock: The Humble Way. An Autobiographical Account of God's Guidance. transl. by Janet W. Zuber. Amana, 1999.

58 All of these autobiographical sources by Rock are available in a new critical edition. See Johann Friedrich Rock: *Wie ihn Gott geführet und auf die Wege der Inspiration gebracht habe. Autobiographische Schriften*, hg. v. Ulf-Michael Schneider. (Kleine Texte des Pietismus, 1) Leipzig 1999.

hann Friedrich Rock«, or »In Fort-währendem Reisen«, or »In Fried und Ruh«.[59]

Rock structured the *Anfänge des Erniedrigungs-Lauffs* geographically, by the cities where he resided over the course of his life. He was born in a village in Ober-Welden, Württemberg, near Göppingen, where his father Johann Heinrich Rock (1641–1693) served as a Protestant preacher. Here Johann Friedrich learned the trade of harness-maker (»Sattler-Handwerck«). As a young man his work took him to the Catholic city of Rastatt. Here he experienced his »first awakening« and sorrow for sin while reading a devotional book. He moved to Halle in Saxony where he began attending church and was brought to a second awakening and repentance for his sins and vices. In Berlin he was able to find work but did not intend to remain long. A period of illness here resulted in his determination to avoid bad company and to join a group known as »Pietists«. Rock was impressed by their single-minded devotion to God. The time-frame for this period of his life is 1696 to 1702.[60] At his mother's urging Rock returned home to Stuttgart in 1703. She and his brother soon came to share his faith.[61]

The occasion for these early travels seems to be Rock's youthful yearning for adventure. Rock simply stated: »I set out on my travels« (»Als ich mich auf die Wanderschafft begeben«). His concluded the narrative with some hymns that incorporate the imagery of journey and migration. Rock saw these travels as part of a spiritual pilgrimage that would eventually lead him to eternal rest with God. »I will follow your Word until you bring me to the heavenly gate...« »I will not stop on my short pilgrim way until I am singing your faithfulness in eternity.« »I will continue! I will forever praise you, till I arrive there in that new city of God; transfigured I will behold you, three in one.«[62]

The second account (1717) continues the story of Rock's journey of humiliation and degradation [*Erniedrigungs-Lauff*]. He describes his »awakening, and manifold battle, conflict and victory, especially in the first three years of his leadership of the Inspiration«, from 1715–1717.[63] It is likewise structured geographically and repeats some events noted in the earlier account. At the time of his father's death in 1693 Johann Friedrich was 15 years old and an apprentice in a harness shop. Two years into his traveling and work as an apprentice he arrived in Rastatt. While reading a devotional book his heart be-

[59] See Hans-Jürgen Schrader: Inspirierte Schweizerreisen. In: Alfred Messerli und Roger Chartier (Hg.): Lesen und Schreiben in Europa 1500–1900. Basel 2000, 351–382, hier 363.

[60] Krauss: Johann Friedrich Rock, 86.

[61] Johann Friedrich Rock: Anfänge Des Erniedrigungs-Lauffs Eines Sünders auf Erden. In: Rock: *Wie ihn Gott geführet* (s. Anm. 58), 14, 15, 16.

[62] Rock: Anfänge Des Erniedrigungs-Lauffs, 14, 17.

[63] Johann Friedrich Rock: Zweyter Aufsatz Des Erniedrigungs-Lauffs Eines Sünders auf Erden. In: Rock: *Wie ihn Gott geführet* (s. Anm. 58), 19.

gan to change. He was less than a year in Halle and made some further progress. During his two years in Berlin Rock took seriously ill, and in 1701 promised God that he would forsake his life of sin if God would make him well.

After some six years away (1696–1702) Rock returned home to Württemberg to see his mother. He stayed for four years, from 1703 to 1707, working in a harness shop in Stuttgart. During this time Rock began to associate with a separatist group, attracting antagonism and persecution from both the preachers and the ruling authorities (»Obrigkeit«). In summer 1707 the magistrate imprisoned Rock for 18 days, and released him with a warning that he must either attend the parish church or be banished from the region. Rock reported, »We chose the latter«.[64]

Rock and his mother traveled to Isenburg where they lived from 1707 to 1715.[65] Here Rock experienced many distractions and temptations, especially in winter 1709 when he found little work. His instinct was to run away but he stayed for the sake of his elderly mother. The Inspired arrived in Isenburg under the leadership of Eberhard Ludwig Gruber. For two years Rock engaged in discussion and debate with Gruber and had his first encounters with prophetic speaking. In November 1714, at age 36, Rock decided to join with Gruber. This marked the beginning of his itinerant career and speaking in God's name. »And so the Lord drew me to this work with the cords of his love; otherwise, I would never have been set aside for this, much less employed in traveling and speaking in the name of my God.«[66] At this point Rock's own prophetic gift enters the account. He experienced the overpowering love, grace and peace of God, shaking in his body and breaking out in shouts of joy, laughter and praise. By 1715 God had assured the other members of the group that in his grace and mercy he had entrusted his word to Rock, revealing his truth to Rock in his heart.[67]

These experiences, recounted in the first 20 pages of the *Zweyter Aufsatz*, serve as background to the main body of Rock's autobiography. This con-

---

64 Rock: Zweyter Aufsatz, 26f. »so machte sich dennoch der Feind auf, sonderheitlich in denen Predigern, daß sie gegen Uns angiengen, worauf dann die Absonderung und die Verfolgung anfieng, und wurde der Haß der Priester immer grösser, so daß auch die Obrigkeit gegen uns war, und der Vogt mich 18. Tag aufs Rathhauß setzen ließ.«

65 Krauss: Johann Friedrich Rock (s. Anm. 55), 90.

66 Rock: Zweyter Aufsatz, 32. »Und so zog mich der Herr mit den Seilen seiner Liebe zu diesem Werck, sonst wär ich nicht gefangen worden, noch viel weniger hätte ich mich gebrauchen lassen: *Im Nahmen meines Gottes* zu reysen und zu sprechen.« Of some twelve women and men in the community who received the gift of prophecy, only Rock exercised the gift throughout his whole life, for over thirty years. See Krauss: Johann Friedrich, 101; and Ulf Lückel: Die Inspirierten in Wittgenstein und das prophetische Werkzeug Johann Friedrich Rock. In: Wittgenstein. Blätter des Wittgensteiner Heimatvereins 61 (1997), 147–157, hier 149f.

67 Rock: Zweyter Aufsatz, 34, 36. See Krauss: Johann Friedrich Rock, 99.

sists of a 25 page account of his prophetic journeys on behalf of the Inspired from 1715 to 1717. The account divides Rock's travels into shorter and longer journeys. At first Rock made small trips of just a few hours to Büdingen, the Ronneburg, Gedern, Frankfurt, Himbach, Eschborn, Frankfurt again, Keltersbach and Itzstein.[68] These early trips were difficult because the Inspirationists were still distrustful of Rock; they remembered a time when he had often opposed them. Also, Rock was initially hesitant to admit God's call to speak in his name. He was reluctant to assume the mantle of »prophet« and later insisted that it was something he did not seek. He gradually came to see that »When God's gracious urging came, then I had to follow« or risk losing God's grace and favour.[69] God assured him that it was a gift given to him for the benefit of his neighbour.[70]

Rock journeyed »always in fears...and frequently exhausted by various testings, battles and temptations (*Anfechtungen*), from within and without; but the Lord always provided just what I needed.«[71] God continued to direct him to speak his word, either to a specific person or in a specific town or city. Rock went to Eschborn with Schwanfelder and Hagin. He avoided going with Ursula Mayer because he was generally anxious about traveling with women. He then went in the company of two brothers to Birstein and Büdingen. Further travels took him to Vogelsberg, Frankfurt, Laubach, Göppingen, Düdelsheim, Stuttgart, Laubach, Oehringen, and Lindheim. Rock believed he was called to each of these places in order to meet someone and deliver to them a message from God. In Vogelsberg it was to convert the pregnant wife of a believing miller; in Laubach God used Rock to deliver Brother Becken from an illness due to his pride. In Düdelsheim he visited a brother who was seriously ill in order to speak a word of God's grace to him. A short time later the man's widow said he was eating and feeling much better. In Laubach Rock revealed to a Mr. Reich his sin of unbelief, whereupon he converted. In Oehringen and Lindheim Rock warned two preachers not to teach falsehood anymore; the Lindheim preacher died ten days later.[72]

Rock next described his longer journeys, beginning with Ulm,[73] »a dark and gloomy region,« concerning which his brothers warned him: »it will go

---

[68] Rock: Zweyter Aufsatz, 43.

[69] Rock: Zweyter Aufsatz, 38 f. »obgleich sich der Herr zu der Zeit sonderlich freundlich zu meinem Hertzen nahete, so konte und wolte ich doch nicht glauben, daß ich in Gottes Nahmen sprechen solte. Indessen wann der Gnaden-Trieb kam, so muste ich folgen, wolte ich anders die Huld meines Gottes nicht verschertzen.«

[70] Rock: Zweyter Aufsatz, 39 f.

[71] Rock: Zweyter Aufsatz, 43.

[72] Rock: Zweyter Aufsatz, 48–51, 55 f.

[73] Gerhard Köbler notes that in the twelfth century Kaiser Friedrich I. Barbarossa granted city rights (Stadtrecht) to Ulm, along with such other cities as Memmingen, Biberach, Lange-

badly for you there«. Upon his arrival he found that the few people there who had some knowledge of God were in a miserable condition, living in fear of the severity of the Ulm preachers and ruling authorities.[74] Rock next traveled in rain and snow to Weißenburg am Sand, to Regensburg,[75] to Schwäbisch Hall, and reluctantly back to Ulm. For six weeks, in terrible weather, Rock and his companions went from inn to inn, spending only one night with friends. In Ulm they encountered the enmity and threats of the city council, soldiers and territorial Lord, and were condemned to eight days in prison.[76]

With some trepidation, Rock set out for Augsburg and Memmingen.[77] Rock explained how God directed him to stay overnight in the Black Eagle Inn in Memmingen where he converted a dyer and his wife.[78] After a time back in Schwartzenau, Rock set out again for Memmingen, a trip of some 40 to 50 miles. He and his companions hoped to make at least four miles per day. In Lindau[79] they again encountered trouble with the authorities.[80]

The occasion for these many travels was Rock's sense of God's leading. One day, for example, he awoke feeling sick, with severe headaches. While sitting at the table and singing a hymn with his mother, Rock felt God's urging to make a trip. »I received the word, ›You must go to Eschborn.‹« When he told his mother, she immediately protested: »You are sick and the weather is bad.« This was a few weeks before Easter, Rock explained. But he set out anyway and in a few hours felt well again. He was only in Eschborn for a day when God told him, »You must go to Frankfurt.« The message was confirmed to Rock by a brother among the Inspired in Eschborn. And so it went with Rock's migratory life. Rock described his experience of God's presence as lying in a sleep, in the castle of his heart, and feeling his

---

nau, and Schwäbisch Gmünd. In the 17th century Ulm became the Tagungsort of the Swabian Reichskreis. It now belongs to Baden-Württemberg. See Köbler: *Historisches Lexikon* (s. Anm. 13), 667.

74 Rock: Zweyter Aufsatz, 56. »Ich gedencke jetzt an die erste Ulmer-Reyß, da ich mit Br. Niklas und Br. Heinrich Gleim in das finstere Land und Stadt musten, und die meiste auch von den Brüdern diesen Trost gaben: es wird euch übel gehen: Wir fanden auch die Wenige, so darin Erkanntniß hatten, in solchem Elend, Kälte, Menschen-Forcht und dergleichen, wegen der Strenge der Ulmer Pfarrer und Obrigkeit«.

75 Köbler notes that in 1492 Regensburg passed to Bayern, and became a free imperial city under Maximilian I, and Tagungsort of the Reichstag. Köbler: *Historisches Lexikon*, 512. Rock's travels thus took him into Bayern-something Krauss did not mention.

76 Rock: Zweyter Aufsatz, 59.

77 Köbler notes that since 1522 Memmingen had belonged to the Swabian Reichskreis. Köbler: *Historisches Lexikon*, 391.

78 Rock: Zweyter Aufsatz, 61.

79 Köbler notes that since the 16th century Lindau had belonged to the Swabian Reichskreis. Köbler: *Historisches Lexikon*, 352.

80 Rock: Zweyter Aufsatz, 62f.

heart warmed by God's love and made quiet, still and peaceful. Such a peace could last for hours. He described his experience of God's leading as the soft movements »such as a child might feel in its mother's womb before it is born.«[81]

When the preachers challenged Rock to prove his calling, he wished he could perform miracles, signs and wonders like the apostles and prophets of old. But Rock had to be satisfied with God's »small droplets of grace« and not crave great things.[82] When the Stuttgart physician, Dr. Kayser, expressed doubts about Rock's prophetic gift, Rock's reply was emphatic: »Howl or write, scold or torment me, By grace I am the child of God. Let the high priest think what he will. I bear in me the Word of God.«[83] Near the end of his life Rock reflected: »The Spirit, who proceeds from the Father and the Son, has been poured out in my heart; it is he who has driven me to testify. I have followed him now for 24 years, and he has become my seal and guarantee.«[84]

Rock's Dealings with the Authorities

Looking back some 25 years after he wrote the *Zweyter Aufsatz*, Rock referred to being »often persecuted and hunted up and down the country« by his enemies. His life was full of many troubles, taking him through the valley of misery.[85] Rock's frequent encounters and dealings with church and civic authorities form a regular refrain in his account. For Rock these authorities represent the devil and his spiritual enemies because they opposed his prophetic words. Two of Rock's great triumphs were in Keltersbach and Birstein. In the first he was able to convert the son of the »Schultheiss«.

»I felt moved to address a room full of all kinds of people as brands from hell and children of the devil. When they began to murmur among themselves and threaten to attack me, I had to go with my arms extended out against them. They intended to beat me, but no one could do anything because God protected me. Then the son of the

---

81 Rock: Zweyter Aufsatz, 42–44.

82 Rock: Zweyter Aufsatz, 40f.

83 Krauss: Johann Friedrich Rock (s. Anm. 55), 103. »Schrei' oder schreib', schilt' oder schind'! Ich bin aus Gnaden Gottes Kind. Rat' wie der hohe Priester dort. Ich trage in mir Gottes Wort.«

84 Krauss: Johann Friedrich Rock, 112. »Der Geist, der vom Vater und Sohn ausgehet, der ist in mein Herz ausgegossen; der hat mich getrieben, zu zeugen. Dem habe ich nun 24 Jahre gefolget, der ist mir auch zum Pfand und Siegel.«

85 »Man hat mich offt und viel gedrungen, Verfolgt und hin und her gejagt.« »Gehts schon durch mancherley Beschwerden, Zu fliehen alle Eitelkeit, Und nachzueilen deren Zahl, Die gehen durch das Jammerthal.« Rock: Zweyter Aufsatz, 20.

Schultheiss was awakened and turned from his sins to God, and immediately began to experience the hatred of this world.«[86]

In Birstein Rock recounted a meeting with the Rector who had a knowledge of the truth. He also met the Count who was likewise sympathetic and a witness to God's grace.[87] But these were unusual cases.

Rock met the greatest opposition from ruling authorities in Ulm, Lindau and Kassel. Fearful but determined, Rock returned to Ulm to support his brothers who suffered under persecution. Soon after Rock and his companions arrived at the inn they were arrested by five soldiers, taken to the Rathaus, and thrown into prison. Here they remained for eight days. Rock wrote that he never slept better in his life than he did in that prison. God made his heart a home of joy and love.[88] In Lindau God revealed to Rock that he should issue a testimony to the priests, the ruling authorities and the whole city. Under the leading of God, Rock and his brother attended the Tuesday church service and spoke a word of prophecy in the hearing of all. Soon after they were visited in the inn by two soldiers, arrested and thrown into prison. Rock interpreted the events in Paul's words: »we battled with wild beasts.« When they were interrogated by a council member, Rock's loving disposition won over the council member and he became their friend.[89] Rock and his companions spent three and a half days in a terrible, stinking prison in Kassel. Then they were driven out into the cold by three to five soldiers who beat them with rods. When they arrived in Marburg they were placed in the main prison where they suffered not only cursing and mockery but also severe beatings. Rock said it was the worst treatment that he had ever received in all his travels.[90]

To sum up, Rock's 1717 *Erniedrigungs-Lauff* recounts his awakening and manifold battle, conflict and victory over the first three years of his leadership of the Inspiration,« from 1715–1717.[91] Rock included a 25 page account of his various prophetic journeys on behalf of the communities of the Inspired, dividing the account into shorter and longer journeys. The occasion for these many travels was Rock's sense of God's leading and prophetic calling. Rock felt called of God in 1714 to be a traveling prophet on behalf of the Inspired communities. »And so the Lord drew me to this work with the cords

---

86 Rock: Zweyter Aufsatz, 43. The »Schultheiss« was President of the city council.

87 Rock: Zweyter Aufsatz, 47.

88 Rock: Zweyter Aufsatz, 59. »Ich ruhete auch des Nachts so wohl, als niemahlen geschehen«.

89 Rock: Zweyter Aufsatz, 63 f.

90 Rock: Zweyter Aufsatz, 65. Hans Schneider observed that in Ysenburg in the early years the Inspired came into conflict with the authorities. When some of the Inspired attacked the ruling elites, they were threatened with exile and, in some cases, it was carried out. Schneider: Der radikale Pietismus im 18. Jahrhundert (s. Anm. 5), 151.

91 Rock: Zweyter Aufsatz, 19.

of his love; otherwise, I would never have been set aside for this, much less employed in traveling and speaking in the name of my God.«[92] Rock's dealings with church and civic authorities form a consistent thread in his accounts. For Rock, these authorities represented the devil and spiritual opposition because they opposed his prophetic words.

Conclusion

There are some similarities in the migratory careers of Rock and Petersen. Both experienced the opposition of the ruling authorities, although in varying degrees. Rock was dismissed from Stuttgart in 1707 and the Petersens from Lüneburg in 1692. Both found refuge in tolerant parts of the German empire, Rock in Isenburg and the Petersens in Brandenburg. Both Rock and Petersen were influenced by the French Inspirationists, and both were deeply impressed and influenced by Eberhard Ludwig Gruber. Petersen acknowledged that Gruber »has brought much blessing in his prophetic utterances.«[93] Rock traveled in order to offer encouragement to his brothers in the community of the True Inspiration; Petersen visited the community of his readers who shared his Philadelphian hopes for the soon-coming millennium. Both men visited many of the same regions and cities: Halberstadt, Halle, Erfurt, Frankfurt a. M., Nürnberg, Altdorf, Heilbronn, Stuttgart and Tübingen.[94] Both published *Lebensläufe* in 1717.

But the two men experienced dramatically different receptions in their dealings with civic and church authorities, even in the same place. While Petersen was welcomed as a celebrity, Rock referred to being »often persecuted and hunted up and down the country.« He was imprisoned in at least four different towns. One reason for this difference surely lies in their social station. Petersen was a doctor of theology, a former Pastor and Superintendent, and prolific author; Rock was a *Sattler.* Another factor doubtless relates to the way they acted out their calling. Petersen was the edifying teacher and celebrity and proclaimed the good news of universal salvation. Rock was the prophet of the community of the Inspired and a vigorous critic of those without the truth, proclaiming the bad news of God's soon-coming judg-

[92] Rock: Zweyter Aufsatz, 32. »Und so zog mich der Herr mit den Seilen seiner Liebe zu diesem Werck, sonst wär ich nicht gefangen worden, noch viel weniger hätte ich mich gebrauchen lassen: *Im Nahmen meines Gottes* zu reysen und zu sprechen.«

[93] Petersen: *Das Leben Jo. Wilhelmi Petersen* (s. Anm. 6), 292, 332. »Der Herr M. Gruber, der viel Seegen in seiner Ausstossung gehabt«.

[94] Schneider: Der radikale Pietismus im 18. Jahrhundert, 115. See also Wallmann: *Der Pietismus* (s. Anm. 4), 148.

ment.[95] Given the climate of religious intolerance that still prevailed in German lands, it is not surprising that Petersen's moderated radicalism was more typical among those seeking to bring renewal to confessional churches in the early eighteenth century.

---

[95] Hartmut Lehmann: Absonderung und neue Gemeinschaft. In: Ders. (Hg.): Geschichte des Pietismus. Bd. 4: Glaubenswelt und Lebenswelten. Göttingen 2004, 495. Hartmut Lehmann argues that Rock and other leaders of radical Pietist groups are rightly characterized with the term »Prophet«. Pietists who offered spiritual direction (führende Pietisten) such as Spener, Francke and Zinzendorf are better described as Pietist »Patriarchs«.

Jeff Bach

Der Pazifismus und die Schwarzenauer Neutäufer

Die Neutäufer, die sich Anfang August 1708 in Schwarzenau formierten, gehören heute neben den Mennoniten und Quäkern zu den historischen Friedenskirchen. Im siebzehnten und frühen achtzehnten Jahrhundert zählten sie zu einer Gruppe von religiösen Gemeinschaften, die bewusst pazifistische Grundsätze propagierten, wie etwa die wahren Inspirationsgemeinden und die Herrnhuter Brüdergemeine. In Ablehnung jeglicher Gewalt und des Kriegsdienstes trat der Pazifismus der Schwarzenauer Neutäufer als ein unverwechselbares Kennzeichen der Gruppe klar hervor. Ihre pazifistische Grundhaltung beruhte nicht auf einer politischen Theorie, sondern es waren vielmehr theologische Überzeugungen, die im Hintergrund ihrer Anschauungen standen und von den Großkirchen jener Zeit abgelehnt wurden.

Die Schwarzenauer Neutäufer sind ein anschauliches Beispiel dafür, wie bestimmte kirchenkritische Ansichten einiger radikaler Pietisten zur Herausbildung einer Friedenskirche führten. Sodann lässt sich anhand dieser Gruppenbildung anschaulich zeigen, inwiefern das Täufertum nachhaltig auf die Bewegung des radikalen Pietismus einwirkte. Im Folgenden geht es um den Versuch, die ideengeschichtliche Verwurzelung des neutäuferischen Pazifismus zu klären.

I.

Anfang August 1708 nahm Andreas Boni an den ersten Taufen in der Eder teil, die den Anfang der Neutäuferbewegung markieren. Boni stammte aus Frenkendorf in der Nähe von Basel und lebte zwischen 1702 und 1705 in Heidelberg, wo er als Leinenwebergeselle arbeitete. Als er 1705 nach dem Tod seiner Frau nach Frenkendorf zurückkehrte, äußerte der ortsansässige Pfarrer Meyer schon bald den Verdacht, dass Boni dem Täufertum nahestehe. Anlass dazu gab seine auffällige Verhaltensweise, trug er doch weder die allgemein üblichen Waffen, noch legte er den alljährlich von den Behörden geforderten Eid ab. Außerdem blieb er dem heiligen Abendmahl fern. Im Juni 1705 wurde er deshalb vor den Kleinen Rat in Basel zitiert und erklärte, dass er keinen Kriegsdienst leisten könne, weil das Waffentragen gegen die Lehren des Neuen Testaments verstoße.[1] Schon bald nach seinem Verhör reiste Boni nach Heidelberg.

Im Herbst 1706 hielt sich der Leinenweber abermals in Frenkendorf auf und musste im November wegen »täuferischer Irrtümer« erneut vor dem Basler Rat erscheinen. Während eines Gottesdienstes, an dem er ohne Seitengewehr teilnahm, kam es zum heftigen Streit mit dem Pfarrer. Die Auseinandersetzung entzündete sich an der Frage nach der Rechtmäßigkeit der Kindertaufe.[2] Daraufhin wurde Boni wiederum vor den Kleinen Rat in Basel geladen, nun aber zusammen mit seinem Bruder Martin. Der Kleine Rat bezeichnete Boni wegen dessen Kritik an der kirchlichen Taufpraxis als »Wiedertäufer«. Sein Bruder räumte zwar Kontakte zum elsässischen Taufgesinnten Hans Berchtold ein, doch sei dies noch kein hinreichender Grund dafür, als Täufer bezeichnet zu werden.[3] Hanspeter Jecker beobachtete, wie wichtig die Verbindungen zwischen den Boni-Brüdern und Berchtold für die Einflüsse des Täufertums auf den frühen Baseler Pietismus waren.[4]

Obgleich Andreas Boni im Dezember 1706 aufgrund eines obrigkeitlichen Befehls das Basler Land verlassen musste, weilte er dennoch im April 1707 noch immer in der Schweiz, dieses Mal in Oberdorf. Nach seiner Teilnahme an einem Konventikel in Bern wurde er verhaftet und im Spalentor zu Basel festgehalten. Von dort schrieb er einen Brief an die Ratsherren, um seine Anschauungen ausführlich darzulegen. Angesichts der Endzeit schicke Gott den Menschen Kriege und das Schwert als Strafe für die Sünde und den Ungehorsam. Doch seien die Menschen Gottes Wort gegenüber nachlässig, weil die Pfarrer es versäumten, sie aus der Schrift recht zu lehren und sie zur »wahren« Buße zu rufen. Nach seinem Landesverweis legte er das Versprechen ab, seine Heimat für immer zu verlassen. Im Laufe des Jahres 1707 tauchte er dann in Wittgenstein auf.

Fasst man Bonis Argumentation zusammen, so bildet das Neue Testament die Grundlage für seine prinzipielle Verweigerung des Kriegsdienstes und seine dezidierte Ablehnung, Waffen zu tragen, die jeder männliche Bürger

---

[1] Donald F. Durnbaugh: *Brethren Beginnings. The Origin of the Church of the Brethren in Early Eighteenth-Century Europe.* (Brethren Encyclopedia Monograph Series, 3) Philadelphia, 1992, 16, 68, Anm. 58. Durnbaugh stützt sich für seine Darstellung auf Ratsprotokolle vom 17. Juni und 24. Juni 1705.

[2] Donald F. Durnbaugh: *European Origins of the Brethren.* Elgin, Ill. 1958, 89–91. Durnbaugh zitiert einen Brief von Pfarrer Jacob Maximilian Meyer aus dem Staatsarchiv Basel-Stadt, Criminalia I B/b.

[3] Durnbaugh: *Origins* (s. Anm. 2), 95, 93; 422, Anm. 46 f.

[4] Hanspeter Jecker: *Ketzer, Rebellen, Heilige. Das Basler Täufertum von 1580–1700.* (Quellen und Forschungen zur Geschichte und Landeskunde des Kantons Basel-Landschaft, 64) Liestal 1998, 518, 576–583. Jecker gibt einen Überblick über die wichtigste Literatur und beschäftigt sich mit dem Problem des frühen Pietismus oder des alten Täufertums um die Wende des achtzehnten Jahrhunderts in Basel.

der Schweiz mit sich führen sollte. Da der heilige Lebenswandel von Pfarrern nicht gefördert werde, sei das Gericht Gottes nicht fern.

Obgleich die Quellen übereinstimmend davon sprechen, dass Boni ein Täufer sei, ist dieses Urteil zu prüfen. Er verwarf zwar die Praxis der Kindertaufe, weil diese im Neuen Testament keinen Anhalt habe, doch war er zu diesem Zeitpunkt noch kein Vertreter der Erwachsenentaufe. Dies hängt wohl damit zusammen, dass Boni mit Pietisten in Verbindung stand, die trotz ihrer separatistischen Gesinnung weder Mitglieder einer festen Gruppe außerhalb der Kirche waren noch die Absicht hegten, sich zu einer solchen zu formieren.[5] Auch bei der Frage des Pazifismus scheint Andreas Boni im Jahr 1707 eine vermittelnde Position zwischen radikalem Pietismus und Täufertum vertreten zu haben.

Die wenigen neutäuferischen Schriften sowie Akten und Briefwechsel lassen kaum Rückschlüsse auf ihre friedfertige Haltung zu. Da die Quellen bezüglich dieser Fragestellung nur spärlich fließen, ist Macks Umfeld genauer ins Auge zu fassen. Alexander Mack sen., der Müller aus Schriesheim, taufte 1708 die ersten sieben Mitglieder in der Eder, nachdem er selbst von einem der Anwesenden die Taufe empfangen hatte. Er stand unter dem Einfluss von Ernst Christoph Hochmann von Hochenau, der 1706 sogar in einer Versammlung in Macks Mühle predigte.[6] Die gewaltsame Auflösung dieses Konventikels von Seiten der Obrigkeit führte dazu, dass Mack Schriesheim verlassen musste und nach Schwarzenau zog. Bei den Anhängern Macks setzte sich zwischen 1706 und 1708 immer stärker die Überzeugung durch, dass die äußere Wassertaufe die innere geistliche Taufe begleiten müsse. Der lebendige Glaube brauche äußere Formen und Strukturen, also eine sichtbare Gemeinde, und zwar mit fester Gemeindeordnung und strenger Zuchtübung. In dieser Hinsicht unterschied sich Macks Anschauung deutlich von der Hochmanns und anderen radikalen Pietisten. Jedoch kritisierte Mack, wie auch Hochmann und Gottfried Arnold, die Kirche als Teil »Babels«. Neben radikalpietistischen Auffassungen wurde Mack zunehmend von täuferischen Ideen beeinflusst. Er benutzte etwa eine anonyme Sammlung täuferischer Briefe und Erzählungen, so etwa das täuferische Erbauungsbuch »Güldene Aepffel in Silbern Schalen« (1702),[7] das sowohl in Kreisen von

---

[5] Jecker: *Ketzer* (s. Anm. 4), 576–582.

[6] Heinz Renkewitz: *Hochmann von Hochenau (1670–1721).* (AGP, 5) Witten 1969, 221. Siehe auch Durnbaugh: *Brethren Beginnings* (s. Anm. 1), 10.

[7] Alexander Mack, Sr.: *Kurze und einfältige Vorstellung der äussern, aber doch heiligen Rechten und Ordnungen des Hauses Gottes.* 3. Aufl. Baltimore 1799, 31. Mack hat hier einen Abschnitt aus dem Glaubensbekenntnis von Thomas Imbroich zum Teil zitiert, obgleich er den Titel nicht nennt. Es handelt sich um ein Zitat Tertullians. Siehe »Güldene Aepffel« (ND Walnut Creek 1995), 74. Vgl. auch Donald F. Durnbaugh: The Genius of the Brethren. In: BLT 4 (1959), 27; Dale R. Stoffer: *The Background and Development of Brethren Doctrines 1650–1987.* (Brethren Encyclopedia Monograph Series, 2) Philadelphia 1989, 85f. Von Mack sind zwei Traktate, ein

niederländischen als auch von Schweizer Täufern kursierte. Ebenso kannte er den »Bloedig Tooneel«, auch »Märtyrerspiegel« genannt,[8] der unter den niederländischen Täufern weite Verbreitung fand. So grenzten sich Mack und die Neutäufer, durch die Praxis der ersten Christen angeregt, die Gottfried Arnold in seiner »Wahren Abbildung« beschrieben hatte, vom Separatismus ab. Die Gemeindebildung wurde also durch das Neue Testament und etliche täuferische Bücher angeregt.[9]

Mack geht in seinen Schriften auf das Thema Krieg und Frieden nur kurz ein. Eberhard Ludwig Gruber richtete an Mack die Frage, ob dieser im Blick auf die weitere Entwicklung seiner Gemeinde sichere Voraussagen machen könne, auch gerade angesichts der Geschichte der alten Täufer, die durch Degeneration und Verfall gekennzeichnet ist. Mack reagierte auf diese Anfrage, indem er zunächst darauf hinwies, dass Lutheraner, Reformierte und Katholiken oft in kriegerische Handlungen verwickelt gewesen seien. Im Gegensatz dazu lehnten Täufer jegliche Beteiligung an Kriegshandlungen ab und würden sich durch ihre friedfertige Haltung auszeichnen.[10] Diese Antwort ist freilich vor dem Hintergrund von Macks Biographie zu sehen, der bereits früh infolge des Pfälzischen Erbfolgekrieges kriegerische Auseinandersetzungen aus eigener Erfahrung kannte. Im Zuge dieses Krieges wurde auch Heidelberg mehrmals zerstört.[11] So ist es verständlich, dass Mack einem Pazifismus zuneigte, wie er im Spiritualismus und im Täufertum, aber auch im radikalen Pietismus begegnet.

Macks ehemaliger geistlicher Mentor Hochmann von Hochenau wurde selbst von pazifistischen Anschauungen beeinflusst. 1708 wies er die Pfarrer in Nürnberg auf den Spiritualisten Joachim Betke hin. Dieser betrachtete den Krieg als göttliche Zuchtrute und Strafe, welche vor allem den unbußfertigen Sündern galt. Hochmann forderte im Jahre 1711 in Leipzig die »wahre(n) Christen« zur Feindesliebe und zur Ablehnung des Kriegsdienstes auf.[12] Er kritisierte weiter Kriegshandlungen zwischen den Konfessionskirchen, insbesondere die anhaltenden Konflikte zwischen den Luthera-

---

Brief und ein Lied erhalten geblieben. Seine literarische Tätigkeit fand weiteren Niederschlag in einem Brief aus dem Jahre 1708 und in seiner Bibel, die er mit Marginalien versah. Siehe William R. Eberly (Hg.): Alexander Mack, Sr. The Complete Writings of Alexander Mack, Sr. Winona Lake 1991.

[8] Mack: *Rechte und Ordnungen* (s. Anm. 7), 29. Tieleman Jansz van Braght: *Het Bloedig Tooneel der Doops-gesinde en Weereloose Christenen*. Dordrecht 1660.

[9] Durnbaugh: Beginnings (s. Anm. 1), 64. Siehe auch Hans Schneider: Der radikale Pietismus im 18. Jahrhundert. In: Martin Brecht/Klaus Deppermann (Hg): Geschichte des Pietismus. Bd. 2: Der Pietismus im achtzehnten Jahrhundert. Göttingen 1995, 137.

[10] Alexander Mack, Sr.: *Eberhard Ludwig Grubers Grundforschende Fragen*. 3. Aufl. Baltimore 1799, 29–30.

[11] Durnbaugh: *Beginnings* (s. Anm. 1), 9–10. William G. Willoughby: *Counting the Cost. The Life of Alexander Mack 1679–1735*. Elgin 1979, 19–25.

[12] Renkewitz: *Hochmann* (s. Anm. 6), 335 f.

nern.[13] Hochmann stand hier der Kirchenkritik von Joachim Betke und Christian Hoburg nahe, die Kriege grundsätzlich ablehnten.[14]

Die pazifistischen Auffassungen von Betke und Hoburg wirkten auf Arnolds »Wahre Abbildung« ein, in welcher dieser die friedfertige Haltung der ersten Christen und die von ihnen vertretene Ablehnung des Krieges herausstellte.[15] Dieses Buch war wichtig für die Gemeindebildung der Schwarzenauer Neutäufer. Auch wenn sich Mack für seine Argumentation nicht ausdrücklich auf die »Wahre Abbildung« stützte, prägten Arnolds Ausführungen dennoch sein Denken. So haben die »Wahre Abbildung« und täuferische Anschauungen des 16. Jahrhunderts maßgeblich dazu beigetragen, dass Mack das Gebot des Gewaltverzichts für das politische Verhalten des Christen mit Nachdruck vertrat und die pazifistischen Ideen programmatisch und verbindlich als Glaubensnormen für die Gemeinschaft formulierte.

II.

In der Schrift des Neutäufers Johann Lobach findet man weitere grundlegende Charakteristika der neutäuferischen Friedensethik. Dieser wurde im Jahre 1717 aufgrund von praktizierten Erwachsenentaufen mit fünf anderen Brüdern in Solingen verhaftet. Nach behördlichen Befragungen wurden sie zu vier Jahren Zwangsarbeit in Jülich verurteilt. Aus seiner Gefangenschaft liegen mehrere Briefe von Lobach vor, die er an seine Mutter adressierte. Darin thematisierte er angesichts des erlittenen Unrechts die Feindesliebe und die Bereitschaft des Christen zur Vergebung. Er berief sich dabei auf das Gebot Jesu.[16]

In seiner Autobiographie kommt er dann auf den Lateinunterricht zu sprechen. Dieser Unterricht habe Lobach nicht nur wertvolle Kenntnisse vermittelt, sondern ebenso zu Eitelkeit und Hochmut angeregt. Dieser Hochmut habe sogar noch den der Universitätsstudenten übertroffen, die aus Eitelkeit Schwerter tragen, fechten und sogar Morde begehen würden. Allerdings werden nach Lobach die Schüler auch nicht zu einem bußfertigen Leben erzogen.[17] Diese Aussagen stimmen mit Hochmanns pazifistischer

---

13 Ebd., 336.

14 Martin Brecht: Die deutschen Spiritualisten des 17. Jahrhunderts. In: Martin Brecht / Klaus Deppermann (Hg.): Geschichte des Pietismus (s. Anm. 9), 218–228.

15 Gottfried Arnold: *Die erste Liebe der Gemeinen Jesu Christi / Das ist / Wahre Abbildung der ersten Christen / Nach Ihren Lebendigen Glauben und Heiligen Leben*. Frankfurt/Main 1696, 41–43.

16 Durnbaugh: *European Origins* (s. Anm. 2), 272. Der Brief datiert vom 20. April 1717.

17 Durnbaugh: *European Origins* (s. Anm. 2), 191. Durnbaugh zitiert Johann Lobachs Traktat »Neues Merckmahl der Göttlichen Liebes-Wunder dieser Zeit«. Dieser befand sich einst im Privatbesitz von J. F. G. Goeters.

Auffassung durchaus überein. Lobachs Forderung der Feindesliebe basiert nicht ausschließlich auf dem äußeren Gehorsam gegenüber dem Befehl Jesu, sondern ist als Frucht der inwendigen Gottesliebe zu betrachten, die jegliche Gewaltanwendung ablehnt.

Ein weiteres Beispiel des neutäuferischen Pazifismus findet sich in einigen Quellen, die aus der Frühphase der Bewegung stammen. In den amerikanischen Kolonien formulierte beispielsweise Michael Frantz (1687–1748) ein berühmtes Glaubensbekenntnis. Es handelt sich hierbei um eine wertvolle Quelle, weil die Neutäufer im Allgemeinen zögerten, verbindliche Glaubensanschauungen zu fixieren, galt doch unter ihnen das Neue Testament als höchste Autorität. Umso wertvoller ist dieses Glaubensbekenntnis, das Frantz als Prediger in Conestoga (Pennsylvania) vor seinem Tod verfasste, aber erst 1770 erschien.

Frantz stammte aus Basel und war dort Täufer. Im Jahre 1727 wanderte er dann nach Amerika aus. 1734 wurde er Mitglied der Conestoga Gemeinde und war als Prediger und Ältester tätig.[18] In zwei Textabschnitten geht er auf das Thema des Pazifismus ein. Der erste beschreibt die Rolle der Obrigkeit, der andere spricht von dem »geistlichen Kampf« gegen das Übel. Im 14. Abschnitt meint Frantz, dass »der Christen Führer und Regent Jesus und sein Testament« sei.[19] Die Gemeinde bedürfe der Obrigkeit nicht, doch sollten Christen den weltlichen Behörden untertan sein, es sei denn, dass die obrigkeitliche Gewalt etwas befehle, was gegen Christi Lehre stehe. Christen müssten »Gott gehorsam sein, ob man drum müst in Tod hinein.«[20]

Im 15. Abschnitt spricht Frantz über die Feindesliebe und die Ablehnung der Rache.[21] Frantz beschreibt schließlich im 17. Abschnitt den geistlichen

---

[18] Donald F. Durnbaugh: Art. »Frantz, Michael«. In: Brethren Encyclopedia 1, 1983, 508f.

[19] Michael Frantz: *Einfältige Lehr=Betrachtungen und kurtzgefaßtes Glaubens= Bekäntniß*. Germantown, PA 1770, 21. Es gibt keine komplette Übersetzung des Glaubensbekenntnisses. Einige Zeilen erschienen in Übersetzung bei Helen Harjes Muller: Schwarzenau. Bd. 2. 1941, 78–82.

[20] Frantz: *Einfältige Lehr=Betrachtungen* (s. Anm. 19), 21.

[21] Frantz: *Einfältige Lehr=Betrachtungen*, 23–25:

»Christus hat uns so gelehrt, wer Ohren hat, der hat gehört.
Wer Christi Wort nicht glauben kan, den geht Verfolgung gar nichts an. (324)
Für seinen Feind man bitten soll, ihn Speißen, tränken ebenwohl;
dass heißt geliebet seinen Feind, die feurig Kohlen angezündt. (326)
Darum so hat man nie gehört, daß Christus hat Welt=Krieg geführt;
Mit Krieges=Waffen und Gewehr, sein Reich von dieser Welt nicht war. (329)
Dem Christ kein äussers Schwerdt gehört, daß er damit die Menschen Tödt;
Wer sein Creutz trägt als wie ein Christ, auf Erden niemand schädlich ist. (331)
Wann Krieges Leut niemand thun G'walt, dann wird der Krieg aufhören bald;
Sie sollen niemand unrecht thun, daß sie vom Kriege sollen ruhn. (334)
Steck dein Schwerdt recht an sein Ort, so wird niemand damit ermord;
Schwerdt recht bleibt an seinem Ort, Schwerdts gnug hat man an Gottes Wort. (335)
Im sogenanten Christenthum, da bringt man seine Brüder um,
Mit Feuer, Dampf und blosem Schwerdt, verschonen nicht ihr grosse Heerd. (340)

Krieg, den die Gläubigen gegen den Teufel und die Lüste des Fleisches führen. Als Waffe diene ihnen das Schwert des Geistes, der Schild des Glaubens und das Wort Gottes, niemals aber »fleischliche Waffen«.[22]

Was die Frühphase der Neutäufergeschichte angeht, nimmt Frantz am ausführlichsten zum Thema Pazifismus Stellung. Sein persönliches Glaubensbekenntnis diente wohl zur Belehrung und katechetischen Unterweisung in der Gemeinde. Im Text sind beide Traditionen, der radikale Pietismus und das Täufertum, eng miteinander verwoben. Franz unterstreicht die Forderung der Feindesliebe, die sowohl im radikalen Pietismus als auch im Täufertum präsent ist, insbesondere im »Märtyrerspiegel«. Dass Christen keinen Kriegsdienst ableisten dürften, ist sowohl in den »Güldenen Aepffeln« als auch in der »Wahre Abbildung« zu finden. Das Thema des »geistlichen Kampfes« prägt auch die Darstellung in den »Güldenen Aepffeln«, wo es heißt: »unser Schwert ist Gottes Wort«.[23]

Frantzens Auffassung, der Christ müsse bereit sein, wegen seiner Gewaltlosigkeit zu leiden, lässt an den »Märtyrerspiegel« denken, in welchem dieses Thema ausführlich dargelegt wird. Doch hinter der Betonung der Leidensbereitschaft und der Aufforderung, das Kreuz Christi zu tragen, steht auch Arnolds Beschreibung der frühchristlichen Gemeindepraxis und der Ablehnung des Soldatenlebens. Arnolds Ansicht wiederum ist auf den Einfluss Christian Hoburgs zurückzuführen, und wohl auch auf den Joachim Betkes, der die Kirchen wegen des Kriegführens kritisierte. Allerdings prangerte Frantz weniger stark das Kirchensystem überhaupt an, wohl weil er als einstiger Angehöriger der Täufer schon in Europa außerhalb der Konfessionskirchen stand. In Pennsylvania herrschte ja Glaubensfreiheit und das europäische Kirchensystem spielte dort keine Rolle, obgleich es auch dort zwischen Lutheranern, Reformierten und anderen Gruppierungen zu einem Konkurrenzverhalten kam.

Trotz der wenigen schriftlichen Quellen ist die Friedensethik der Schwarzenauer Neutäufer ein instruktives Beispiel für eine pazifistische Grundhaltung, deren Wirkungen bis ins 20. Jahrhundert spürbar sind. Anfang des 18. Jahrhunderts war jedoch die Ablehnung von Gewalt mit einer gespannten Endzeiterwartung und harschen Kritik an den Konfessionskirchen sowie ihren Geistlichen verbunden. Dabei bilden die Forderung der Feindesliebe und das kompromisslose Eintreten für Gewaltlosigkeit den Schnittpunkt

---

Kurzum, wer ist recht friedlich fromm, vor Stadt und Land kriegt er nicht darum,
Er folgt allein dem Friedens=Furst, der nur nach Fried und Liebe dürst. (343)
Nun aber soll Christi Gemein, vom äussern Schwerdt ganz wehrloß seyn;
Sie haben hier kein weltlich Recht, zu kriegen drum, ist viel zu schlecht. (345).
Wehrloß, weltloß und Sünden loß, im Hertzen klein und gar nicht groß,
So will Gott haben ein Gemein, von Babels Fleck und Masern rein.« (350)

[22] Frantz: *Einfältige Lehr=Betrachtungen*, 25.
[23] Güldene Aepffel (s. Anm. 7), 45.

zwischen dem radikalem Pietismus und dem altem Täufertum. Der Entschluss, eine eigene Gemeinde zu gründen, darf als ein entschiedener Schritt in eine bestimmte Richtung gewertet werden, die wohl von Gottfried Arnolds »Wahren Abbildung« vorgegeben wurde. Die Praxis der ersten Christen war ja für die Pietisten nicht nur ein bestimmter Gegenstand frommer Betrachtung, sondern stellte eine verbindliche Glaubensnorm für die Einrichtung von festen Gemeindestrukturen dar.

Mit der Einführung der Kirchenzucht etwa, die eine Lebensführung gemäß der ersten christlichen Kirchen gewährleisten sollte, stützten sich die Neutäufer auf das Täufertum, insbesondere auf Anschauungen der Amischen, aber auch auf Ansichten von reformierten Pietisten wie etwa Undereyck oder Horch. So orientierten sie sich bei ihrer Gruppenbildung und der Ausübung der Kirchenzucht an radikal-pietistischem Gedankengut und den Anschauungen ihrer täuferischen Nachbarn. Darauf konnten sie sich berufen und die von radikalen Pietisten wie Hochmann propagierte Innerlichkeit und geistliche Kirche »im Herzen« abweisen. Die Anschauungen des Pietismus und des Täufertums bildeten folglich die Grundlage für ihre pazifistische Haltung. Es scheint also durchaus zutreffend, wenn man den Pazifismus der Schwarzenauer auf diese beiden Strömungen zurückführt.

Konstanze Grutschnig-Kieser

Radikaler Pietismus und staatliche Ordnung

Der Landgrafenhof in Hessen-Homburg und der radikale Pietismus zur Zeit Friedrich III. Jacob (1708–1746)

»Nach dieser Lustfarth zu Wasser, stelleten meine Brüder, die mich gerne mit mehrern bekannt machen wollten, auch eine zu Lande an, und zwar nach Homburg an der Höhe, welcher angenehme Ort nur drey Stunden von Frankfurth lag, und vielen Separatisten, unter er leutseligen Regirung des dasigen durchlauchtigsten Hrn. Landgrafen, zu einer sichern, und erwünschten Freystadt dienete.«[1]

Diese Zeilen entstammen einem Reisebericht, den Johann Christian Edelmann (1698–1767) in seiner Autobiographie veröffentlicht hat. Edelmann, der in Frankfurt Station gemacht hatte, fuhr mit den Frankfurter Separatisten Andreas Groß (1678–1757), Albert Adolf Diesterweg (geb. 1681) und Johann Christian Senckenberg (1707–1772) nach Homburg und besuchte den reformierten Hofprediger Jacob Hartmann Rexrath (1685–1750) sowie die Separatisten Johann Samuel von Ploennies (†1742) und Christoph Schütz (1689–1750). In seinem Bericht bezeichnet Edelmann Homburg als Wohnort religiöser Außenseiter und lobt insbesondere das tolerante Auftreten des reformierten Hofpredigers.

»Wir nahmen [...] zu meiner nicht geringen Verwunderung, unser Ablager, bey dem Reformirten Hof=Prediger Hrn. Regrad[2], und ich muß sagen, daß sich dieser wackere Greiß weit menschlicher und leutseliger gegen uns bezeigte als es seine feindselige Bibel haben wollte. Nach derselben hätte Er uns, in Befolg des Apostolischen Befehls 2. Joh. v. 10 die Thür weisen und nicht einmal grüßen sollen, weil keiner unter uns war, der die Lehre seiner Secte von der heilosen Gnaden=Wahl mitbrachte. Allein Er nahm uns mit aller Freundlichkeit auf, bewirtete uns wohl und ließ nicht ein verdriesslich Wort gegen die Separatisten fallen. Wie ich vernahm so nötigte Er auch niemanden von seiner Gemeine, zur Kirche und zum Abendmal zu gehen, sondern begegnete sowohl denen, die da wegblieben, als denen die kamen, mit gleicher Leutseeligkeit, und gewann dadurch ungleich mehr, als wenn Er sie beständig von der Canzel hätte werfen wollen.«[3]

---

[1] Joachim Christian Edelmann: *Selbstbiographie 1749–1752*. Faksimile-Neudr. d. Ausg. Berlin 1849 hg. von Walter Grossmann. (Johann Christian Edelmann: Sämtliche Schriften in Einzelausgaben, 12) Stuttgart-Bad Cannstadt 1976, 224.

[2] Gemeint ist Jacob Hartmann Rexrath.

[3] Edelmann: *Selbstbiographie*, 224 f.

Exkurs: Die Religionspolitik der Landgrafen in Hessen-Homburg

Bereits die Religionspolitik des Landgrafen Friedrichs II. (1680–1708) ist durch sein Selbstverständnis als Schutzherr und Mittler zwischen den Konfessionen geprägt. Er selbst wechselte zum reformierten Bekenntnis, während die Bevölkerung Homburgs lutherisch blieb.[4] Darüber hinaus förderte er aus wirtschaftlichen Gründen die Ansiedlung der Hugenotten und Waldenser sowie den Zuzug von Juden in die Landgrafschaft. Aber auch der bestehenden katholischen Gemeinde gewährte er Schutz. Sein Nachfolger, Landgraf Friedrich III. Jacob, setzte diese Politik nicht nur fort, sondern weitete die Toleranz auch auf religiöse Separatisten und die Inspirationsgemeinde aus. So wohnten in Homburg z. B. Maria Catharina Schütz (1687–1742), Christoph Schütz oder Johann Jakob Moser (1701–1785).

Die Anhänger der Homburger Inspirationsgemeinde waren Emigranten aus dem Herzogtum Pfalz-Zweibrücken.[5] 1736 kam der Leiter Johann Philipp Kämpf mit zwei anderen Familien nach Homburg. Der übrige Teil der Inspirationsgemeinde folgte 1738 unter der Führung von Dr. H. N. J. Schlaf (†1773). Da die Gemeinde in den folgenden Jahren auch Anhänger unter den Homburger Bürgern gewinnen konnte, wuchs sie bis zur Mitte des Jahrhunderts auf ca. 60 Mitglieder an.[6]

Die religiöse Atmosphäre am Landgrafenhof

Landgraf Friedrich III. Jacob tolerierte die Separatisten nicht nur als Einwohner in seiner Landgrafschaft, sondern stellte sie auch am Hof an, so praktizierten die beiden Leiter der Inspirationsgemeinde als Leibärzte. Auch der Frankfurter Johann Christian Senckenberg war 1739 für kurze Zeit als Leibarzt angestellt.[7] Bei der landgräflichen Regierung waren der Inspirierte

---

[4] Klaus Wetzel: Die reformierten Pfarrer und die reformierte Lehre in der Landgrafschaft Hessen-Homburg (1671–1866). In: JHKGV 30 (1979), 295–331.

[5] Walter Koch: Der Pietismus im Herzogtum Pfalz-Zweibrücken in der ersten Hälfte des 18. Jahrhunderts (Der Kampf um Gewissensfreiheit und Toleranz). In: BPfKG 34 (1967), 1–159, hier 131.

[6] Wilhelm Rüdiger: Johann Philipp Kaempf, seine Söhne Johann und Ludwig Wilhelm, sein Enkel Jakob Wilhelm. Beiträge zu einer Familiengeschichte. In: Annalen des Vereins für nassauische Altertumskunde und Geschichtsforschung 41 (1910), 84–94, hier 88.

[7] Barbara Dölemeyer: »Homburg vor der Höhe liegt drei kleine Stunden von Frankfurt«. Historische Beziehungen zweier Städte. In: Aus dem Stadtarchiv. Vorträge zur Bad Homburger Geschichte 1992/93, 29–55. Zur Biographie Senckenbergs vgl. Thomas Bauer: *Johann Christian Senckenberg. Eine Frankfurter Biographie 1707–1772*. Frankfurt/Main 2007.

Friedrich Carl Casimir von Creutz (1724–1770) und Johann Jakob Moser beschäftigt, Christoph Schütz wurde 1733 landgräflicher Kammerschreiber.

Indirekt in Verbindung mit dem Hof standen – ohne dass sie ein offizielles Hofamt bekleideten – Maria Catharina Schütz und Johann Samuel von Ploennies. Beide verfügten über ein gewisses Vermögen und lebten für ihre religiösen Interessen. Maria Catharina Schütz war die Tochter von Johann Jacob Schütz in Frankfurt und zog um 1736 nach Homburg.[8] Sie richtete eine Stiftung für die »armen und sonderlich bedrängten Glieder Christi« ein, mit der sie verfolgte Separatisten finanziell unterstützte, aber auch ledige Männer und Frauen in ihre Häuser aufnahm und für ihren Lebensunterhalt sorgte.[9]

Nach ihrer nicht standesgemäßen Heirat waren die Gräfin Wilhelmine Magdalene von Solms-Laubach und Johann Samuel von Ploennies nach Homburg gezogen.[10] In ihrem Haus in der Dorotheenstraße befanden sich ein alchimistisches Labor sowie eine umfangreiche Bibliothek mit alchimistischen und theosophischen Schriften. Verbunden durch das gemeinsame Interesse an Alchimie und alchimistischen Experimenten dürften zwischen Ploennies und dem Landgrafen enge persönliche Kontakte bestanden haben.

Die Motivation für Landgraf Friedrich III. Jacob, radikale Pietisten in seine Landgrafschaft aufzunehmen und am Hof anzustellen, beschränkte sich nicht nur auf das Interesse, Leute mit Vermögen oder bestimmten Qualifikationen nach Homburg zu holen. Für den Landgrafen und seine zweite Frau Christiane Charlotte lässt sich anhand ihrer Bibliothek ein deutliches Interesse an separatistischen und radikalpietistischen Vorstellungen nachweisen. Im »Catalogus über die Fürstl. Bibliothek zu Homburg v.d.H.« sind neben kirchlich-pietistischem Schrifttum auch Titel radikalpietistischer Autoren verzeichnet, z. B. Johann Tennhardt, Jean de Labadie und Pierre Yvon.[11]

Doch nicht nur das Herrscherpaar übte religiöse Toleranz, sondern auch ihr Hofprediger Rexrath. Er zwang seine Gemeindemitglieder nicht zum Gottesdienstbesuch oder Abendmahl und empfing auch – wie bereits im Reisebericht Edelmanns erwähnt – religiöse Separatisten. Rexrath hatte in Heidelberg reformierte Theologie studiert und war bereits in Alsheim und Eppstein als Pfarrer tätig gewesen, bevor er 1733 als Hofprediger nach Homburg berufen wurde.[12] Die gedruckt überlieferten Predigten belegen seine Hinwendung zum Pietismus. Bereits in seiner Ansprache zum Amtsantritt

---

[8] Dölemeyer: Homburg, 15 f.

[9] Babara Dölemeyer: Der Rechtsstreit um die Schützische Stiftung. In: Alt Homburg 3 (1988), H. 12, 11–13.

[10] Konstanze Grutschnig-Kieser: *Der »Geistliche Würtz- Kräuter- und Blumen-Garten« des Christoph Schütz. Ein radikalpietistisches »Universal-Gesang-Buch«.* (AGP, 49) Göttingen 2006, 107, Anm. 93.

[11] Schloß Bad Homburg: FS HG 4, Catalogus über die Fürstl. Bibliothek 1751.

[12] Wetzel: Reformierte Pfarrer (s. Anm. 4), 312–316.

behandelte er die Wiedergeburt; zur Eröffnung des Homburger Waisenhauses predigte er über die praktisch-diakonische Tätigkeit.[13] Darüber hinaus suchte er den Kontakt zu von Ploennies, Christoph und Maria Catharina Schütz. Durch seine Fürsprache durften diese drei – trotz ihrer offenen Ablehnung der Institution Kirche – auf dem reformierten Friedhof beerdigt werden.[14] Ein besonders vertrauensvolles Verhältnis bestand zwischen Rexrath und Maria Catharina Schütz. So unterstützte sie die reformierte Gemeinde mit Spenden und setzte Rexrath als einen Verwalter ihrer Stiftung ein.[15]

Christoph Schütz als geistlicher Seelenführer der Landgräfin

Wie bereits erwähnt war Christoph Schütz Kammerschreiber am landgräflichen Hof. Zuerst war er beim Landgrafen Friedrich III. Jacob, nach dessen Tod 1746 bei dessen Frau, der Landgräfin Christiane Charlotte angestellt. Darüber hinaus genoss Schütz am Hof ein hohes Ansehen als geistliche Autorität. In einem Reisebericht aus dem Jahr 1730 überliefert Nikolaus Ludwig von Zinzendorf, »er [Christoph Schütz] ist bei dem Hessen-Homburgischen Hofe als ein apostel angesehen«[16].

Auch in weiteren Dokumenten wird auf die Bedeutung Schützens am Hof und sein vertrauensvolles Verhältnis zur Landgräfin hingewiesen. In einem Brief betont Karl Sigismund Prueschenk von Lindenhofen, dass die Landgräfin ein großes Zutrauen zu Schütz hatte.[17] Dieses wurde auch nicht

---

[13] Jacob Hartmann Rexrath: *Der tieffe Grund und die vortreffliche Frucht Des Ohnerlöschlichen Adels [. . .]* Homburg 1734. Jacob Hartmann Rexrath: Der glückselige Waysen-Stand [. . .]. In: Die Durchgebrochene und sich täglich erneuende Macht und Gnade des Helffers der Armen und Waysen zum Preiß Gottes entdecket durch eine wahrhaffte und umständliche doch kurtze Nachricht von dem Waysen-Hause zu Homburg vor der Höhe. 1 (1742), 15–40. Vgl. dazu Wetzel: Reformierte Pfarrer, 315f.

[14] Barbara Dölemeyer: Die »reformierte Landeskirche« in der Landgrafschaft Hessen-Homburg – zur Rechtsgeschichte der französisch-reformierten Gemeinden. In: Mitteilungen des Vereins für Geschichte und Landeskunde zu Bad Homburg vor der Höhe 40 (1991), 5–51, hier 22.

[15] Gerta Walsh: *Bemerkenswerte Frauen in Homburg. Frauen prägen 300 Jahre Bad Homburger Geschichte*. Frankfurt/Main 1995, 113f.

[16] An dieser Stelle möchte ich mich bei Prof. Hans Schneider (Marburg) bedanken, der mich auf diese Quellen aufmerksam gemacht hat. Unitätsarchiv Herrnhut, Nikolaus Ludwig von Zinzendorf: Undatierter Bericht von seiner Reise durch die Wetterau für die Gemeine in Herrnhut (21.–29. September 1730), R 20 A. 16. 54a.

[17] Karl Sigismund Prueschenk von Lindenhofen an Johann Christian Senckenberg, Hayn, 7. April 1738. In: Michael Knieriem/Johannes Burkardt: Die Gesellschaft der Kindheit Jesu-Genossen auf Schloß Hayn. Aus dem Nachlass des von Fleischbein und Korrespondenzen von de Marsay, Prueschenk von Lindenhofen und Tersteegen 1734–1742. Ein Beitrag zur

durch die Auseinandersetzungen zwischen dem Inspirierten und Schütz beeinträchtigt. Da beide, Schütz und Kämpf, beim Landgrafen angestellt waren, wurde der gesamte Hof in diesen Konflikt mit einbezogen. In dem Brief heißt es dazu: »Ihre Durchl[aucht], die Fürstin, welche ein sehr weises Gemüt hat, wird dieses Gezänk und Gewäsch in eine ziemliche Konfusion setzen; doch kann es sie auch in ihrem Zutrauen gegen Schütz befestigen, da seine Unschuld offenbar bleibt«.[18] Ein weiterer Beleg findet sich im Katalog der landgräflichen Bibliothek, der alle Schriften von Christoph Schütz aufführt.[19]

Diese Hochschätzung, die dem Handwerker Schütz am Hof entgegengebracht wurde, sowie das Angebot, als Kammerschreiber nach Homburg zu kommen, legen die Vermutung nahe, dass Schütz schon vorher Kontakt zum Landgrafenpaar hatte. In der Briefsammlung, die unter dem Titel »Der Zug des Vatters zu dem Sohne« veröffentlicht wurde, befinden sich zwei Schreiben, die Schütz an eine weibliche »führnehme Standes=Person« richtet.[20] Dabei könnte es sich um Landgräfin Christiane Charlotte handeln. Aus dem Postskriptum zum zweiten Brief geht hervor, dass die ungenannte Adressatin eine verheiratete Regentin ist, die »über ihr Hauß und verschiedene Ort und Leute beruffen und gesetzt ist«.[21] Sie hatte sich an Schütz mit der Frage gewandt, was sie tun müsse, um »zu einem völligen Durchbruch aus dem Reich der Sünden und des Todes/ durch die Macht der Finsterniß/ in das Reich der Gnaden und des Lebens«[22] zu kommen. Nachdem Schütz in den Briefen allgemein darauf antwortet, geht er im Postskriptum des zweiten Briefs auf ihre persönliche Situation ein und erklärt, wie sie ihre weltliche Aufgabe mit einer frommen Lebensführung vereinbaren könne. Da Gott sie als Regentin eingesetzt habe, dürfe sie sich nicht aus der Welt zurückziehen. Auch er, Christoph Schütz, habe sich danach gesehnt, sich völlig von der Welt zu separieren und nach Pennsylvania auszuwandern, sei aber von Gott von diesem Vorhaben abgebracht worden.[23] Der Mensch solle seinen Beruf wahrnehmen und ein gottgefälliges Leben führen.[24] Darüber

Geschichte des Radikalpietismus im Sieger- und Wittgensteiner Land. Hannover 2002, Nr. 21, 175–177.

[18] Knieriem/Burkardt: 175.

[19] Schloß Bad Homburg, Catalogus (s. Anm. 11).

[20] Christoph Schütz an eine F[ürstin]. [Offenbach], im Juli 1730. In: Christoph Schütz: Der Zug des Vatters zu dem Sohne und das Kommen durch den Sohn zum Vatter/ Oder der kurtze und richtige Weg durch Christum zu Gott. Auf Begehren einer führnehmen Standes=Person geschrieben, und zum gemeinen Nutzen ans Licht gegeben. [Gießen: Lammers?] 1730, 7–19. Christoph Schütz an eine F[ürstin]. [Offenbach], im August 1730. In: Ebd., 20–64.

[21] Schütz: Zug, 60.

[22] Schütz: Zug, 7.

[23] Schütz: Zug, 55–57.

[24] Schütz: Zug, 57–63.

hinaus solle die Fürstin täglich eine halbe oder ganze Stunde für Andacht und Gebet reservieren und notfalls auf Schlaf verzichten. In Bezug auf das Essen und die Kleidung rät Schütz ihr, sich in ihr soziales Umfeld zu integrieren und weder durch eine besondere Askese noch durch Genusssucht aufzufallen. Ihre Untergebenen soll sie mit Liebe und Ernst regieren und durch ihren Lebenswandel ein Vorbild sein. Gegenüber Armen solle sie sich barmherzig zeigen, aber deren Bedürftigkeit prüfen und sich vor Betrügern schützen.

Sowohl die Briefe an die Fürstin als auch die an eine adlige Frau belegen, dass Schütz 1730 in Kontakt zu adligen Kreisen stand und bei diesen so angesehen war, dass man sich an ihn als Seelsorger oder geistlichen Ratgeber wandte.

Streitigkeiten am landgräflichen Hof

Trotz allen Interesses an (radikalpietistischen) Vorstellungen und einer gottesfürchtigen Lebensführung galten am Hof gewisse Regeln, deren Nichtbeachtung zu Konflikten führte. Durch die Empfehlung von Christoph Schütz erhielt der Frankfurter Johann Christian Senckenberg die Stellung eines Leibarztes beim Homburger Landgrafen während dessen Aufenthalt in Tournay.[25] Da sich Senckenberg nicht an das Hofleben anpassen konnte und es darüber hinaus zum Streit mit dem Hofprediger Rexrath kam, reiste er nach drei Monaten überstürzt nach Frankfurt zurück. In seinem Tagebuch schreibt er im Rückblick:

»Vom September bis in das End des Jahres [1739] war zu Tournay mit dem Fürsten von Homburg. Alß daselbst am Hoff frey lebte u[nd] d[ie] Wahrheit redete, war ich verhaßt. Vita sedentaria, pabulo et potu pinguis et calidus, Bier und Wein machten meine Humores dick und hitzig und ich ward daher etwas freyer alß der Hoff litte. H. Rexroth [Rexrath], dessen Pfaff etwas fürwachte, wurde meiner überdrüssig, predigte auf mich etc., wollte gern s[eine] und Schützen Ehre salviren, die mich recommandirt hatten.«[26]

[25] Dölemeyer: Homburg (s. Anm. 7), 47 f.

[26] Zitiert nach Dölemeyer: Homburg, 48.

Spuren der Separatisten

1734 erschien auf Initiative des Landgrafen das »Hessen=Homburgische Neu=vollständige Gesang=Buch« für die lutherische Bevölkerung. Er begründet dies mit der »Beförderung der Gottesfurcht und Frömmigkeit aus christ-fürstlicher landesväterliche[r] Fürsorge«.[27] Diese Formulierung verweist einerseits auf sein religionspolitisches Selbstverständnis als Mittler zwischen allen Konfessionen und christlichen Gruppen. Auf der anderen Seite ist das Gesangbuch als absolutistisches Territorialgesangbuch auch ein Zeichen der politischen Souveränität. Das wird durch die Nennung des Namens der Landgrafschaft im Titel und einer Städteansicht auf dem Frontispiz deutlich. Auch durch die offizielle Einführung des Gesangbuchs proklamierte Friedrich III. Jacob seine religionspolitische Selbstständigkeit. Diese Demonstration richtet sich besonders an die Landgrafschaft Hessen-Darmstadt, die seit der Konversion der Landgrafen verschiedene kirchliche Reservatrechte für Hessen-Homburg beanspruchte.

Während das Homburger Gesangbuch in Umfang, Anlage und Ausstattung mit anderen zeitgenössischen pietistischen Gesangbüchern vergleichbar ist, unterscheidet es sich durch die Aufnahme von Liedern separatistischer und radikalpietistischer Autoren. So war Gerhard Tersteegens »Gott ist gegenwärtig« bis dahin nur in einem offiziellen Kirchengesangbuch enthalten.[28] Auch mit den Liedern von Zinzendorf, den Inspirierten Eberhard Ludwig (1665–1728) und Johann Adam Gruber (1693–1763), Christoph Schütz und Johann Samuel von Ploennies gingen die Herausgeber über den Bereich der kirchennahen pietistischen Liedproduktion hinaus. Der Leser wird im Vorwort auf diese außergewöhnliche Auswahl hingewiesen und aufgefordert, die Texte der Lieder nach seinen eigenen Ansichten zu bewerten – gemäß dem Motto »Prüfet aber alles und das Gute behaltet«[29].

---

[27] Hessisches Hauptstaatsarchiv Wiesbaden, Dekret über das Gesangbuch vom 24. Februar 1735. Akten der landgräflichen Buchdruckerei, Abt. 310, XIV, e 1–2, 2, 105^{r}–[106^{v}].

[28] Im Berleburger Gesangbuch war bereits 1731 eine sechsstrophige Fassung des Liedes »Gott ist gegenwärtig« veröffentlicht worden. Diese Information verdanke ich Herrn Ulf Lückel (Marburg). Vgl. Ludwig Christof Schefer (Hg.): *Einige Psalmen Israels oder Geistliche liebliche Lieder und Lobgesänge / Die nach der Gnade des Herrn gedichtet, und zu seiner Ehren gesungen worden von einigen Erweckten Seelen unserer Zeiten* [...] Berleburg 1731, Nr. 522, 1033.

[29] 1Thess 5,21. Dieses Motto war auch ein Leitwort des radikalen Pietismus. Vgl. dazu die Belege bei Hans-Jürgen Schrader: *Literaturproduktion und Büchermarkt des radikalen Pietismus. Johann Henrich Reitz' »Historie Der Wiedergebohrnen« und ihr geschichtlicher Kontext.* (Palaestra, 283) Göttingen 1989, 385 f Anm. 82.

Die Schützische Stiftung

Während das Beispiel des Homburger Gesangbuchs zeigt, welchen Einfluss der Landgraf den Separatisten auf das religiöse Leben in Homburg zubilligte, belegt der Umgang der landgräflichen Regierung mit der Schützischen Stiftung, wie hier vor allem politische und wirtschaftliche Interessen verfolgt wurden.

Zu Lebzeiten hatte Maria Catharina verfügt, dass ihr gesamtes Vermögen, bestehend aus »Geld, Capitalien, Häusern und Gütern allhier und Dornholzhausen, Meubles und alles samt und sonders«, an Gott fallen solle und es den »armen und bedrängten Gliedern Christi« zugute kommen solle.[30] Zu Verwaltern ernannte sie Andreas Groß und Carl Friedrich Schott.[31] Durch die Wahl dieser Personen wird die Ausrichtung der Stiftung auf die Gruppe der radikalen Pietisten deutlich, die im Testament »Arme und bedrängte Glieder Christi« genannt werden.

Bereits kurz nach dem Tod der Stifterin gab es größere Auseinandersetzungen. Als fromme Stiftung konnte auch die Schützische Stiftung gewisse Privilegien wie z.B. Steuerfreiheit beanspruchen, doch dafür mussten die Rechnungen offengelegt werden. Daher konnte die Stiftung nie die völlige Unabhängigkeit von allen landgräflichen Behörden erlangen, wie es die Erblasserin verfügt hatte. Der Landgraf befahl, dass die Finanzen durch die Kanzlei kontrolliert werden. Darüber hinaus verfügte er, dass zuerst die Bedürftigen in Homburg bei der Aufnahme in die Häuser der Stiftung und bei der Verteilung der Gelder bedacht werden und die Neuanlage der Stiftungsgelder mit der Kanzlei abgesprochen werden sollten. Gewisse Unklarheiten über die Rechtslage führten zu einem umfangreichen Schriftverkehr zwischen den Verwaltern der Stiftung und der Hessen-Homburgischen Regierung. Insbesondere der Staatsrechtlehrer Johann Jakob Moser, der seit 1747 im Dienst des Landgrafen Friedrichs IV. Karl (1746–1751) stand, bemühte sich, die Administratoren zur Rechnungslegung zu veranlassen.

In dieser Situation versuchte auch die Landgrafschaft Hessen-Darmstadt, die Kontrolle über die Stiftung zu erlangen und ließ Schott festnehmen. Man warf dem Verwalter nicht nur die mangelhafte Administration des Stiftungsvermögens, sondern auch seinen anstößigen Lebenswandel vor. Danach soll er mit seiner Magd Unzucht getrieben und sie geschwängert ha-

---

[30] Maria Catharina Schütz: Letztes Testament und Stiftung (21. März 1742). Beilage 2 zu Johann Jakob Moser: Num. III. Factum in Sachen des Hoch-Fürstl. Hauses Hessen-Homburg contra das regierende Hochfürstl. Haus Hessen-Darmstatt, puncto der Schützischen Stiftung zu Homburg vor der Höhe. In: [Carl Friedrich von Moser]: Sammlung der neuesten und wichtigsten Deductionen in Teutschen Staats- und Rechts-Sachen. Bd. III. Frankfurt/Main, Leipzig 1752, 122–128.

[31] Zum folgenden Absatz vgl. das Gutachten von Moser: Factum (s. Anm. 30), 110–128.

ben. Durch die Verhaftung sollte der Verwalter Schott gezwungen werden, die Zahlungsbelege herauszugeben. Da das Schützische Vermögen auch »auswärtige Capitalien« umfasste und davon 14.000 Gulden in Hessen-Darmstadt angelegt waren, war das Intervenieren nicht nur politisch, sondern auch wirtschaftlich motiviert. Mit der Arrestierung des Verwalters Schott griff Hessen-Darmstadt in die Rechte des souveränen Hessen-Homburgs ein, wogegen Landgraf Friedrich VI. Karl Hessen-Darmstadt vor dem Reichskammergericht in Wetzlar klagte.

Die Vorwürfe gegen Schott waren nicht aus der Luft gegriffen. Auch in radikalpietistischen Kreisen war das Skandalon der Schützischen Stiftung Gesprächsthema. So berichtete der in Homburg lebende Arzt Johann Jakob Burkard 1778 in einem Brief, seit dem Tode der Maria Catharina Schütz »ist er [Carl Friedrich Schott] ganz von Gott abgewichen und hat sich auf eine erschreckliche Weise allen Sünden und Lastern ergeben«.[32] Schott habe seine Magd geschwängert und ihr gedroht, sie nicht mehr finanziell zu unterstützen, wenn sie ihn verklage. Als die Vorwürfe öffentlich gemacht wurden, leugnete die Magd zuerst ihre Schwangerschaft, flüchtete dann aber nach Hanau und gab einen anderen als Vater an. Burkard stellt Schott in seinem Brief als Heuchler und Betrüger dar. Obwohl Schott noch weitere uneheliche Kinder gehabt habe, rühmte er sich seiner unbefleckten Keuschheit. Darüber hinaus habe er sich persönlich aus den Mitteln der Stiftung bereichert.

In Homburg wurde Schott durch die landgräfliche Regierung geschützt. Nachdem die Magd einen anderen als Vater ihres Kindes angegeben hatte, galt Schott als unbescholtener Bürger. Auch vor dem Reichskammergericht in Wetzlar wurde die Streitsache nicht endgültig entschieden; Schott wurde jedenfalls freigelassen und blieb bis zu seinem Tode Verwalter der Stiftung.[33]

Trotz der rechtlichen Auseinandersetzungen und den Eskapaden ihres Verwalters hat die Stiftung vielen Armen helfen und im Sinn der Stifterin Gutes tun können. Nach den Bittbriefen, Quittungen und Dankschreiben haben u. a. die Salzburger Protestanten auf ihrer Durchreise in Homburg oder Mitglieder einer deutschen Gemeinde in Ephrata (Pennsylvania) Geld erhalten. 1832 wurde die Stiftungsverwaltung von der landgräflichen Amt-Armen-Kommission übernommen und die Häuser der Stiftung versteigert.

---

[32] Johann Jakob Burkard: Brief vom 24. Februar 1778. In: Horst Neeb (Hg.): Geistliches Blumenfeld. Briefe der Tersteegen-Freunde 1737–1789 in Abschriften von Wilhelm Weck. 9. Teil. (Schriften des Archivs der Evangelischen Kirche im Rheinland, 11) Düsseldorf 2000, 364–367.

[33] Dölemeyer: Stiftung, 13.

Anhang

Die »Fußabdrücke der Separatisten« sind am deutlichsten in den in Homburg gedruckten Büchern zu finden. Im Heiligen Römischen Reich Deutscher Nation waren seit dem Westfälischen Frieden drei Konfessionen zugelassen, d.h. den Anhängern der katholischen, lutherischen und reformierten Kirche wurde Glaubensfreiheit zugestanden.[34] Auf das religiöse Schrifttum bezogen waren damit alle Veröffentlichungen verboten, deren Lehre nicht mit einer der drei zugelassenen Konfessionen in Einklang standen. Danach hätten radikalpietistische Schriften weder gedruckt noch vertrieben werden dürfen. Einige Fürstentümer erlaubten die radikalpietistische Buchproduktion und machten damit die Verletzung reichsrechtlicher Normen zum Regelfall. Neben Offenbach am Main, Idstein und Berleburg gehörte auch Homburg zu den Zentren radikalpietistischer Buchproduktion.

1730 hatte Landgraf Friedrich III. Jacob die landgräfliche Hof- und Cantzley-Buchdruckerei einrichten lassen.[35] Allerdings war die Landgrafschaft zu klein, um mit dem Bedarf an Formularen, Geschäftsdrucken und Privatdrucken eine Druckerei ganzjährig auszulasten. Daher war die landgräfliche Regierung schon aus wirtschaftlichen Gründen daran interessiert, auch separatistische Schriften in der landgräflichen Druckerei herstellen zu lassen. So erschienen in Homburg die radikalpietistischen Schriften »Christlicher Unterricht von der Neuen oder Wiedergeburt aus Gott« (1733) von Tobias Eisler, »Le mystère de la criox« (1732) von Melchior Douzeaidans und die »Ewige Weisheit« (1735) von Christoph Schütz sowie alchemistische Schriften wie »Zufällige Gedanken von der animalischen, vegetabilischen und mineralischen artzney wie auch von der Universalmedicin« (1735) oder das »Opus mago-cabbalisticum et theosophicum« (1735) des Georg von Welling. Nachdem sich in Homburg eine Filialgemeinde der Inspirierten angesiedelt hatte, wurden hier auch die »Diarien« (1739–1743), ihr Gesangbuch, das »Davidische Psalter-Spiel der Kinder Zions« (1740) sowie einige Schriften ihrer Kritiker »Der durch den Geist der Wahrheit geprüffte Geist der Lügen« von Theodor Krahl oder »Ein Zeugnüs der Warheit wider die Leichtfertigen Lügen« (1733) von Christoph Schütz verlegt.

Eine Analyse des in Homburg veröffentlichten Schrifttums belegt, dass ein Hauptteil der Bücher in den radikalpietistischen Kontext gehört. Somit konnte die Druckerei die religiöse Toleranz in klingende Münze umsetzen.

Resümee: Die Ausweitung der religiösen Toleranz auch auf religiöse Separatisten und Radikalpietisten ist nicht nur aus dem persönlichen Interesse des

---

[34] Vgl. dazu Schrader: *Literaturproduktion* (s. Anm. 29), 108–130.

[35] Zur Geschichte der landgräflichen Druckerei und ihrer Vorgänger vgl. Grutschnig-Kieser: *Blumen-Garten* (s. Anm. 10), 230–249.

Landgrafenpaares an separatistischem und radikalpietistischem Ideengut zu erklären. Darüber hinaus haben handfeste wirtschaftliche und politische Erwägungen eine Rolle gespielt. So konnte man Personen mit Vermögen und Qualifikationen nach Homburg ziehen oder Aufträge für die landgräfliche Druckerei akquirieren. Durch die Anstellung an den Hof waren die religiösen Separatisten in die staatliche Ordnung eingebunden und haben die landgräfliche Herrschaft gestützt.

Jonathan Strom

Jacob Fabricius, Friedrich Breckling und die Debatte um Visionen und neue Offenbarungen

In einem Aufsatz aus dem Jahr 1980 wies Hans Schneider auf einen neu entdeckten Brief Ernst Christoph Hochmanns von Hochenau hin, der vieles über Hochmanns Stellung zu den Inspirierten verdeutlicht und entsprechend die Beurteilung von Renkewitz über Hochmanns Verständnis von Visionen in wichtigen Punkten modifizieren kann. In diesem Schreiben aus dem Jahr 1716 macht Hochmann selbst auf eine Abhandlung aufmerksam, die Jacob Fabricius, Superintendent in Stettin, mehr als 70 Jahre zuvor verfasst hatte. Es handelt sich um die »Probatio Visionum et Revelatione«, mit welcher der lutherische Superintendent Visionen und die Bedeutung neuer Offenbarungen verteidigte.[1] Fabricius wurde bezeichnenderweise im späteren 17. und im 18. Jahrhundert häufig von Befürwortern der Visionen herangezogen. So zitierte Johann Wilhelm Petersen den Traktat in seinem bekannten »Send-Schreiben«,[2] Comenius bezog sich oft darauf[3] und Heinrich Ammersbach berief sich 1675 in seiner anonymen Verteidigung des Ägidius Guttmanns auf Fabricius.[4] Auch Barthold Meyer, Superintendent in Wolfenbüttel, kon-

---

[1] Hans Schneider: Hochmann von Hochenau and Inspirationism. A Newly Discovered Letter. In: BLT 25 (1980), 199–222. Dieser war der früheste wissenschaftliche Aufsatz Schneiders auf Englisch. Damals waren Exemplare von dem Buch des Fabricius (»Probatio Visionum: Das ist: Christliches, in Gottes Wort ... wolgegründetes Bedencken Von Gesichtern, Deren etliche können Göttliche Offenbarungen, etliche aber Teufflische Verführungen seyn« Nürnberg 1642) nicht auffindbar. Exemplare sind heute in der UB Rostock, Herzog August Bibliothek Wolfenbüttel, Sächsische Landesbibliothek Dresden und Stadtbibliothek Nürnberg nachweisbar. Eine zweite Nürnberger Ausgabe von 1643 ist in der Thüringer Universitäts- und Landesbibliothek Jena vorhanden.

[2] Johann Wilhelm Petersen: *Send-Schreiben an einige Theologos und Gottes-Gelehrte/ betreffend die Frage ob Gott nach der Auffahrt Christi nicht mehr heutiges Tages durch göttliche Erscheinung den Menschenkindern sich offenbahren wolle und sich dessen gantz begeben habe? Sampt einer erzehlten specie facti von einem adelichen Fräulein/ was ihr vom siebenden Jahr ihres Alters biss hieher von Gott gegeben ist.* [o. O.] 1691, §35, [E 4r].

[3] Johann Amos Comenius: *Lux in tenebris*. Amsterdam 1657, [2v]. Siehe auch Wilhelmus Rood. *Comenius and the Low Countries. Some aspects of life and work of a Czech exile in the 17. century*. Amsterdam 1970, 30, 176. Nach einer Bemerkung von Christian Thomasius berichtete Benham, dass Comenius »Lux in tenebris« an Fabricius zur Beurteilung schickte, aber das ist unwahrscheinlich, denn Fabricius war schon 1654 gestorben. Daniel Benham: *Some Account of John Amos Comenius. In: The School of Infancy an Essay on the Education of Youth during their First Six Years*. London 1858, 146.

[4] Aegidius Gutmann: *Offenbahrung Göttlicher Majestat*. Amsterdam, Frankfurt/Main, 1675. Das darin abgedruckte anonyme Vorwort stammt von Heinrich Ammersbach.

sultierte das Werk in der herzoglichen Bibliothek, als er in eine Auseinandersetzung über Visionen verwickelt wurde.[5] So blieb Fabricius' relativ gemäßigte lutherische Auffassung von Visionen und neuen Offenbarungen lange Zeit nach der Publikation der »Probatio Visionum« maßgebend, wenn auch nicht unumstritten.[6] Merkwürdigerweise findet man bei Gottfried Arnold über die ursprünglichen Kontroversen, die vor und nach der Veröffentlichung der »Probatio Visionum« entstanden sind, außer einem kurzen Abschnitt sehr wenig.[7] So ist Fabricius hauptsächlich als Dichter des Liedes »Verzage nicht, du Häuflein klein« und Feldprediger sowie Beichtvater Gustav Adolfs in die Literatur eingegangen.[8]

Im Folgenden soll es um die Ursachen der Visions-Abhandlung gehen und die Frage, wie es zur Kontroverse mit den Geistlichen in Lübeck über Visionsschilderungen in den 1630er und 1640er Jahren kam. Die Tatsache, dass der Lutheraner Visionen befürwortete wirft ein erhellendes Schlaglicht auf die Kontroversen des späten 17. Jahrhunderts. Zudem liegt der Fokus der Untersuchung auf der Sicht des »radikalen« Friedrich Breckling, da dieser eine vermittelnde Rolle zwischen Spiritualismus und dem späteren Pietismus spielte. Trotz seiner Radikalität hinsichtlich bestimmter Fragestellungen gelangte er zu einer eher konservativen Haltung in Bezug auf Visionen und neuen Offenbarungen. Abschließend werde ich einige vorläufige Überlegungen zu Visionen im Umfeld des radikalem Pietismus formulieren.

1629 publizierte Jacob Fabricius den »Historischen Bericht«, in dem er Visionen und ekstatische Erfahrungen einer Frau aus Stettin beschrieb.[9] Benig-

---

[5] Mechthild Raabe: *Leser und Lektüre im 17. Jahrhundert. Die Ausleihbücher der Herzog August Bibliothek Wolfenbüttel 1664–1713.* München 1998, 205. Meyer verlor seine Stelle u.a. wegen seiner Befürwortung von Visionen. Martin Brecht: Philipp Jakob Spener, sein Programm und dessen Auswirkungen. In: ders. (Hg.): Geschichte des Pietismus. Bd. 1: Der Pietismus vom siebzehnten bis zum frühen achtzehnten Jahrhundert. Göttingen 1993, 279–389, hier 361.

[6] Fünfzig Jahre nach Veröffentlichung der »Probatio Visionum« hielt August Pfeiffer es immer noch für nötig, diese Schrift zu dementieren. August Pfeiffer: *Antienthusiasmus, Oder schrifftmässige Offenbarung, was von den Enthusiasten insgemein sowol auch von denen dieser Zeit in einem Send-Schreiben ausgesprengten Offenbarungen einer adel Person ... zu halten sey.* Lübeck 1692, Bl. [)(6v].

[7] Gottfried Arnold: *Unpartheyische Kirchen- und Ketzer-Historie, vom Anfang des Neuen Testaments bis auf das Jahr Christi 1688.* Frankfurt/Main, 1729, 204–205.

[8] Zu Fabricius, s. Friedrich Wagnitz: Jacob Fabricius (1593–1654) Herzoglicher und Königlicher Hofprediger im Dreißigjährigen Kriege. In: Persönlichkeiten aus der pommerschen Herzogszeit, Teil 2. Kiel 2003, 28–51; Berthold Kitzig: *Gustav Adolf, Jacobus Fabricius und Michael Altenburg. Die drei Urheber des Liedes Verzage nicht, du Häuflein klein!* Göttingen 1935. Der Artikel in der ADB verweist zwar auf die Kontroverse mit Stolterfoth, versäumt es aber, die ausführliche Stellungnahme des Fabricius darzulegen. ADB 6 (1877), 515.

[9] Jacob Fabricius: *Historischer Bericht oder Erzehlung der christlichen Sprüche und schrifftmeßigen Wort/ welche Benigna Königs/ ein gottsehliges Mägdlein/ im Fürstlichen Alten Stettinschen Frawen Zimmer/ bey ihren gehabten neun unterschiedlichen Entzückungen/ in Gegenwart vieler Personen/ mit gantz lauter Stimme/ geredet hat.* Alten Stettin, 1629.

na Königs Verzückungen hatte er am Hofe in Stettin selbst miterlebt. Die Flugschrift über ihre Visionen widmete er dem Herzog und der Herzogin von Pommern. Die späten 1620er Jahre, in denen sich die Offenbarungen ereigneten, waren geprägt von gespannten eschatologischen Erwartungen. Zudem bedrückten Inflation, Missernten und vor allem kriegerische Auseinandersetzungen die Menschen. Christian IV. von Dänemark war entscheidend durch Wallenstein und die kaiserlichen Truppen geschlagen worden, die deutschen protestantischen Fürsten waren unter sich zersplittert und die Katholiken schienen im Aufstieg begriffen zu sein. So war die Stimmung der Protestanten gedrückt und ihr Blick richtete sich pessimistisch in die Zukunft.[10]

Fabricius war deutlich von dem Phänomen ekstatischer Visionen eingenommen. Später im selben Jahr 1629 wurden die Visionen Benigna Königs zusammen mit denen von Christina Poniatovia, einer Pfarrerstochter aus Böhmen, deren Visionen Comenius mehrfach drucken ließ, und Margaretha Heidewetter aus Cottbus im »Göttlichen Wunderbuch«, das möglicherweise von Fabricius stammt, publiziert.[11] Der Herausgeber veröffentlichte sie nicht nur, um tröstliche Glaubensbeispiele mitten in der Trübsal des dreißigjährigen Krieges zu verbreiten, sondern, wie der Untertitel erklärt, auch um die ungläubigen und treulosen Protestanten zu ermahnen, damit sie sich von ihrer »abtrünnigen« Unbußfertigkeit abwenden und Buße tun.

Fabricius war aber kein religiöser Radikaler, wenigstens nicht im üblichen Sinne. Er war einer von vielen lutherischen Geistlichen, die ihre Bußrufe mitten im 30-jährigen Krieg intensivierten. Fabricius hatte in Rostock und Greifswald studiert. In Greifswald hat er auch promoviert. Ende der 1620er Jahre wurde er Hofprediger bei Herzog Bogislav XIV. in Stettin und gehörte damit zur Elite unter den lutherischen Geistlichen in Norddeutschland. Untypisch vielleicht für einen Theologen seines Ranges war seine explizite Billigung von Visionen und Gesichten, als er die Protestanten zur Buße aufforderte. Seine positive Haltung gegenüber Visionen, aber auch seine Anschauungen über Offenbarungen und die Exklusivität der Heiligen Schrift, lassen das breite Spektrum von Aussagen erahnen, die innerhalb des deutschen Luthertums vertreten wurden. Das Auftreten von Laien, die zukünftige Ereignisse voraussagten, ohne jedoch die konfessionellen Lehren

---

[10] Allgemein dazu Hartmut Lehmann: *Das Zeitalter des Absolutismus. Gottesgnadentum und Kriegsnot.* (Christentum und Gesellschaft, 9) Stuttgart 1980, 110ff, 124ff.

[11] *Göttliches Wunder-Buch. Darinnen auffgezeichnet und geschrieben stehen, I. Himlische Offenbahrungen und Gesichte, einer gottfürchtigen Jungfrawen auß Böhmen, vom Zustand der Christlichen Kirchen ... II. Propheceyungen, Klagreden, und ernstliche Bußvermahnungenm eines frommen Christlichen Mägdleins zu Cottbus in NiederLausitz. III. Christliche Sprüche, und schrifftmäßige geistreiche Reden / einer gottsehligen Jungfrawen im Fürstlichen Frawenzimmer zu Stettin in Pommern.* S.l. 1629. Eine zweite Ausgabe erschien 1630.

der Kirche in Frage zu stellen, war eine Herausforderung für die lutherischen Geistlichen im 17. Jahrhundert.

Fabricius war ein führender Kirchenmann in Norddeutschland, und als Gustav Adolf in Pommern 1630 landete, machte er Fabricius zum Superintendenten seiner Feldprediger und zu seinem Beichtvater. Nachdem Gustav Adolf bei der Schlacht von Lützen gefallen war, soll es, mehreren Berichten zufolge, Fabricius gewesen sein, der die zurückziehenden Reiter aufmunterte, um eine völlige Niederlage zu verhindern.[12] Fabricius ging 1632 zurück nach Stettin, wo er dann Superintendent wurde und weiter mit der Frage von Visionen und ekstatischen Erfahrungen gerungen hat.

In den 1620er und 1630er Jahren waren die Städte an der Ostsee und in Norddeutschland voll von Propheten und Laienpredigern. Einige von diesen waren relativ harmlos und bereiteten den kirchlichen Oberen keine große Sorgen. Jürgen Beyer hat z. B. die Visionen eines Laien in Lübeck beschrieben, der von einer Geisterscheinung erzählte, die ihn und die Stadt Lübeck dringend gewarnt habe, sich um einen vernachlässigten Friedhof wieder zu kümmern, was wenig Aufregung unter den Geistlichen verursachte, auch wenn sie sich skeptisch dazu äußerten.[13] Viele andere Propheten jedoch stellten größere Herausforderungen dar. Ludwig Friedrich Gifftheil stilisierte sich als Kriegerfürst nach Dan 12, proklamierte das kurz bevorstehende Gericht Gottes und rief die Deutschen zur Buße auf. Unaufhörlich kritisierte er die protestantischen Geistlichen und Fürsten für ihre Fehltritte und ihren mangelnden Glauben.[14] In Königsberg behauptete 1736 ein junger Mann namens Johann Adam Adelgreiff, Visionen von sieben Engeln zu haben, die ihm offenbarten, dass er in seiner Person Gott Vater auf Erden verkörpern soll. Trotz der Bemühungen der Geistlichen in Königsberg, ihn von seinem Wahn abzubringen, weigerte er sich, seine Äußerungen zu widerrufen, auch als er mit Folter und Hinrichtung bedroht wurde. Adelgreiff wurde dann wegen Blasphemie enthauptet und sein Körper verbrannt.[15]

Die Stadt Stettin, die eine strategisch wichtige Hafenstadt in Pommern war, wies in den 1630er Jahren eine große Anzahl an Propheten auf, und Jacob Fabricius, der jetzt General-Superintendent geworden war, bekundete ein lebhaftes Interesse an Visionen und übernatürlichen Erscheinungen. Seit 1635 fing er an, mit Johann Warner (auch Werner) zu korrespondieren.[16]

---

[12] Wagnitz: Fabricius (s. Anm. 8) erzählt diese Episode, 41.

[13] Jürgen Beyer: A Lübeck Prophet in Local and Lutheran Context. In: Bob Scribner/Trevor Johnson (Hg.): Popular Religion in Germany and Central Europe, 1400–1800. London 1996, 166–182. Für Beyer handelt es sich bei diesen Laienpropheten um ein lutherisches Phänomen.

[14] Zu Gifftheil s. F. Fritz: Friedrich Gifftheil. In: BWKG 40 (1940), 90–105, und Arnold: Unpartheyische Kirchen- und Ketzer-historie (s. Anm. 7), 100 ff.

[15] Zum Fall Adelgreiffs s. Arnold: *Unpartheyische Kirchen- und Ketzer-historie*, 50 f.

[16] Viele Akten aus dieser Kontroverse sind bei Starck zu finden. Caspar Heinrich Starck: *Lu-*

Warner war ein weit gereister Bauer aus Meißen mit prophetischem Bewusstsein. Bereits aus dem Jahre 1629 sind Prophezeiungen von ihm bekannt, in denen er andeutete, dass der schwedische König das protestantische Deutschland retten würde. Die meisten seiner Visionen konnte man nicht anders als eine scharfe Kritik an den Lutheranern verstehen, welche nach Warners Worten »nach ihren Wercken mit Babel huren«.[17] Seine kritischen Visionen und begleitenden Bußrufe intensivierte Warner nach dem Prager Frieden von 1635, da in seinen Augen zahlreiche lutherische Theologen die evangelischen Fürsten ermuntert hatten, die ungünstigen Bedingungen des Friedens zu akzeptieren und den kaiserlichen Forderungen nachzugeben. Warner war besonders populär unter den radikalsten Kritikern des Kaisers, vor allem unter den Schweden. Eine Zeit lang reiste Warner im Gefolge des schwedischen Feldmarschalls Banier.[18]

Seine Gegner warfen Fabricius vor, dass der Stettiner Superintendent Kontakt mit Warner aufgenommen habe, als dieser mit den schwedischen Truppen reiste. Er soll Warner mehrere Fragen über schwierige oder obskure Schriftpassagen gestellt haben.[19] Seine Kollegen waren darüber entsetzt, dass der Superintendent den visionären Erlebnissen eines Bauernpropheten Aufmerksamkeit schenkte, obgleich dies angesichts seiner Publikationen eigentlich keine Verwunderung hätte auslösen dürfen. Mit einer Empfehlung von Feldmarschall Banier in Stettin eingetroffen, wurde Warner warm von Fabricius empfangen und sogar in sein Haus aufgenommen. Der Superintendent war von Warner fasziniert. Fabricius hatte ihn auf seinen lutherischen Glauben hin examiniert und festgestellt, dass sein Verständnis von Rechtfertigung und Buße nicht in allen Teilen der lutherischen Lehre entsprach. Dennoch urteilte Fabricius milde und meinte, dass er »ein frommer Christ und bescheidener Mann« wäre, der »nichts mit den Weigelianern oder anderen Enthusiasten oder Irrgeistern« zu tun hätte.[20] Fabricius hat Warner sogar in den Kreis seiner Kollegen im Geistlichen Ministerium geladen, die aber ihr Misstrauen nicht völlig verbergen konnten.

Fabricius war Warner dabei behilflich, seine Visionen für die Drucklegung vorzubereiten, die in einer Flugschrift im Frühling 1638 erscheinen konnten. Dieser Druck dokumentierte die frühesten seiner Visionen aus dem

---

beca Lutherano-Evangelica, das ist, der Kayserlichen, Freyen und des Heil. Römischen Reichs Hanse- und Handel-Stadt Lübeck Kirchen-Historie. Hamburg 1724, 1015. Die Originale mit anderen Akten, die nicht bei Starck vorkommen, sind im Archiv der Hansestadt Lübeck (AHL) aufbewahrt. AHL, Geistliches Ministerium 6.0–1,Tomus IV, 732ff.

17 Arnold: *Unpartheyische Kirchen- und Ketzer-historie*, 234.

18 Johannes Micrälius: Des Johannes Micrälius eigenhändige Fortsetzung seiner Bücher vom alten Pommerlande, enthaltend die Geschichten des Jahres 1638. In: Baltische Studien 3 (1835), 147. Zu Warner s. Arnold: *Unpartheyische Kirchen- und Ketzer-historie*, 233ff.

19 Starck: *Lubeca Lutherano-Evangelica*, 1015.

20 Micrälius: Eigenhändige Fortsetzung, 147, 149f.

Jahre 1629 bis zu seinen jüngsten, und am Ende stand eine energische Verteidigung seiner lutherischen Orthodoxie und starke Ablehnung des Vorwurfs, dass er irgendwie ein Enthusiast wäre.[21] Die Visionen Warners und vor allem ihre Veröffentlichung initiierten eine Reihe von Kontroversen in der Stadt. Einige Geistliche bezichtigten ihn als Irrgeist und waren besonders irritiert, dass Fabricius ihm nicht nur beistand und ihn indirekt in einer Predigt verteidigte, sondern ihm sogar bei der Veröffentlichung der Flugschrift geholfen hatte.[22] Einige meinten sogar, dass Fabricius viel vom Text selber geschrieben hätte, denn sie zweifelten, dass ein Bauer die biblischen Kenntnisse besessen haben könne, so eine Schrift zu verfassen.[23]

Fabricius' Gegner – übrigens die Mehrzahl des Stettiner Ministeriums – konnten bei ihren Beschwerden mit keiner Unterstützung von den schwedischen Obrigkeiten in Pommern rechnen, die stillschweigend – oder vielleicht nicht so stillschweigend – Partei für Fabricius ergriffen. Feldmarschall Banier wies diejenigen Prediger zurecht, die die Kontroverse auf die Kanzel gebracht hatten.[24] Auf der Suche nach einem hinreichenden Grund für eine Rüge wandten sich die Geistlichen in Stettin an das Lübecker Geistliche Ministerium. Die Geistlichen in Lübeck standen an der Spitze der Kritiker von Spiritualisten und Propheten. Im Namen der Geistlichen Ministerien von Lüneburg, Hamburg und Lübeck hat Nicolaus Hunnius 1634 den »Ausführlichen Bericht von den Newen Propheten« verfasst, der sich vor allem gegen die Verbreitung von mystischer Literatur aussprach. Gleichzeitig wandte man sich gegen Spiritualisten wie Felgenhauer und Laienprediger wie Warner.[25] Außerdem schrieb im gleichen Jahr der Pastor der Lübecker Marienkirche, Jacob Stolterfoth, ein Büchlein, in dem er gegen übernatürliche Erscheinungen Stellung bezog. Vom Traktat »Consideratio Visionum, Oder Gründliches Bedencken/ Was von Gesichtern heutiges Tages zu halten sey« sind wenigstens drei Ausgaben bekannt, die in den 1630er Jahren erschienen.[26]

In der Hoffnung, sie würden Rückhalt bei den Lübeckern finden, appellierten die Stettiner Geistlichen außer Fabricius an das Ministerium in Lübeck, damit dieses ein Urteil über Warners Visionen und die »unverantwortlichen« Taten des Superintendenten fällen würde. In ihrem Brief hatten sie ausdrücklich Stolterfoths Buch erwähnt und deuteten an, dass ein Verbün-

---

[21] Johann Warner: *Beschreibung etlicher Visionen*, [o. O.] 1638.

[22] Micrälius: Eigenhändige Fortsetzung, 148.

[23] Starck: *Lubeca Lutherano-Evangelica*, 1015.

[24] Micrälius: Eigenhändige Fortsetzung, 151.

[25] Dazu Wolf-Dieter Hauschild: *Kirchengeschichte Lübecks. Christentum und Bürgertum in neun Jahrhunderten*. Lübeck 1981, 302 und Theodor Schulze: Das Ministerium Tripolitanum (1535–1712). In: Lübeckische Blätter (1896), 400f.

[26] Jacob Stolterfoth: *Consideratio Visionum, Oder Gründliches Bedencken/ Was von Gesichtern heutiges Tages zu halten sey*. Lübeck 1634.

deter von Fabricius – der Rektor der Stadtschule – eine Widerlegung von Stolterfoths Buch vorbereite. Um eine Verwarnung gegen Fabricius durch die Lübecker vorzubereiten, suchten die Stettiner Billigung beim Lübecker Ministerium und baten, offen gegen Laienprediger und ihre Visionen vorgehen zu dürften.[27]

Obgleich sie den Stettinern wohlgesinnt waren, gingen die Lübecker nicht so weit wie diese wollten. Das Lübecker Ministerium schrieb, dass der Stettiner Superintendent sich mit seinen Kollegen konsultieren solle. Die Lübecker waren offensichtlich gegenüber Warners Visionen skeptisch, konnten ihm aber keine groben Verstöße gegen die lutherische Lehre nachweisen und zögerten deshalb, ihn öffentlich zu verurteilen. Sie wollten die Geistlichen in Stettin vielmehr dazu bewegen, eine Übereinstimmung mit dem Superintendenten zu erzielen, ehe man ihre Differenzen an die Öffentlichkeit brächte.[28] Hunnius schrieb Fabricius einen Brief und ermahnte ihn, dass er achtsam mit solchen Visionen umgehen und »bey Gottes beschriebenem Worte, als einer unfehlbahren Richtschnur des gantzen Christenthums verbleiben« solle. Er schlug ihm vor, sich mit seinen Kollegen zu beraten, bevor Neues über Visionen veröffentlicht werde. Gleichzeitig trat er für einen Konsens ein, »um weitere Ärgernisse in der Christlichen Gemeine zu Stettin zu vermeiden.«[29]

Dieses Eingreifen in die Stettiner Kontroverse empörte Fabricius, der inkorrektes Verhalten kategorisch leugnete. Er unterstellte seinen Stettiner Kollegen, die Sachlage verdreht zu haben und seine Orthodoxie bewusst in Frage zu stellen. Fabricius verteidigte Warner, er sei »der fromme Bauer, welcher so wenig mit seinen Reden, als mit seine[m] Leben keinen einigen Menschen bißanher geärgert hat.« Er schickte Hunnius Akten zu, die zeigen sollten, dass er im Voraus Erkundigungen über die Auffassungen seiner Kollegen eingeholt hatte und lud diese sogar ein, an der Befragung Warners teilzunehmen.[30] In der Tat geriet Hunnius durch den einseitigen Bericht der Stettiner Geistlichen in eine schwierige Lage. Obgleich den Lübeckern Warners Visionen und deren Verteidigung durch Fabricius hoch verdächtig vorkamen, hat ihre erste Kritik die gewollte Wirkung verfehlt, denn Fabricius hatte doch korrekter gehandelt, als aus dem ersten Bericht zu entnehmen war. Auch wenn sie also Warner für keinen wahren Propheten hielten, weigerten sie sich, ausdrücklich zu sagen, dass die Visionen teuflischen Ursprungs wären, wie die Gegner von Fabricius auf Basis der früheren Kritiken aus Lübeck gegen Visionen gehofft hatten. Weiter mahnten jetzt die Lü-

[27] Starck: *Lubeca Lutherano-Evangelica*, 1017.
[28] Starck: *Lubeca Lutherano-Evangelica*, 1020.
[29] Starck: *Lubeca Lutherano-Evangelica*, 1022. Vgl. auch den Brief von Hunnius an Fabricius vom 4. Juni 1638.
[30] Starck: *Lubeca Lutherano-Evangelica*, 1025.

becker Geistlichen die Stettiner, einen Konsens mit dem Superintendenten anzustreben, um eine öffentliche Debatte zu vermeiden.[31]

Die Kontroverse in Stettin verhalf Fabricius offenbar zu einer gefestigten Position. Aber der Fall Warner war nicht das einzige Beispiel von Visionen und Visionären zu dieser Zeit. Ein weiteres Ereignis ist in diesem Zusammenhang für das Verständnis von Visionen und Visionären aufschlussreich.

Gottfried Friedeborn war Sohn einer prominenten Familie in Stettin und hatte eine universitäre Ausbildung genossen. Angestellt als Informator in Danzig, war er der Ansicht, dass er selber das in der Apk 12,5 genannte Knäblein sei, das die Heiden mit einer eisernen Rute weiden sollte.[32] Friedeborn meinte, er wäre ein noch größerer Prophet als Luther und ein besonderes Werkzeug Gottes angesichts des kommenden Strafgerichts. Der Danziger Rat setzte ihn gefangen. Durch den Einfluss seiner Familie – sein Onkel war Bürgermeister in Stettin – wurde er ohne großes Aufsehen wieder nach Stettin geschickt.[33]

Friedeborn verhielt sich aber in seiner Heimatstadt nicht ruhig, sondern trat nun sogar häufiger als vorher mit seinen Visionserlebnissen an die Öffentlichkeit. Seine Gegner argumentierten, dass Fabricius durch seine tolerante Haltung gegenüber Laienpredigern weitere Propheten ermuntert hätte, mit ihren Botschaften an die Öffentlichkeit zu treten. Friedeborn suchte sich anfänglich bei dem Superintendenten einzuschmeicheln und beschwerte sich bitter über die Geistlichen.[34] Aber es wurde bald klar, dass Fabricius und seine Verbündeten mit Friedeborn ganz anders umgehen würden als sie es mit Warner getan hatten.

Von Anfang an betrachteten sie die Visionen Friedeborns als heterodox und hielten ihn für stark beeinflusst durch die »Weigelianischen Bücher«.[35] Fabricius versuchte Friedeborn eines Besseren zu belehren, aber einem Bericht zufolge wandte sich Friedeborn jetzt gegen ihn und griff ihn »mit gar ehrenrührigen Worten« an.[36] Friedeborn wurde in Stettin inhaftiert und Fabricius und die Geistlichen bemühten sich, »ihn zu gewinnen«. Er wurde zeitweise entlassen, aber er reagiert wieder mit seinen gewaltsamen Prophezeiungen. In einem Brief an den Stadtsyndikus erklärte Friedeborn etwa, dass

[31] Starck: *Lubeca Lutherano-Evangelica*, 1032f.

[32] Vgl. Act 12,5 (nach der 1545er Lutherbibel): »Und sie gebar einen Sohn, ein Knäblein, der alle Heiden sollte weiden mit der eisernen Rute; und ihr Kind ward entrückt zu Gott und seinem Stuhl.«

[33] Johann Micrälius: Eigenhändige Fortsetzung (s. Anm. 18), 159–160. Das Jahr der Vorgänge in Danzig ist hier unklar, aber es muss spätestens 1637 gewesen sein, denn Paul Friedeborn ist am 14. November 1637 in Stettin gestorben. Zu Micrälius s. ADB 21, 700f.

[34] Siehe den Brief von Christian Gross an Hunnius vom 23. Mai 1638 in Starck: *Lubeca Lutherano-Evangelica*, 1018.

[35] Micrälius: Eigenhändige Fortsetzung, 159.

[36] Micrälius: Eigenhändige Fortsetzung, 160.

er einer der vier ewigen Söhne Gottes[37] sei und sich »Obererzhohenpriester, Statthalter des h[eiligen] göttlichen Reiches, König in der ganzen Welt, Friedefürst aller verdammten Kreaturen« nenne. Als Zeichen für die Wahrheit seiner Weissagungen prophezeite er ein großes Erdbeben an Himmelfahrt, das den Turm der Jakobikirche, Stettins größter Kirche, zum Einsturz bringen werde.

Im Gegensatz zu Adelgreiff in Königsberg, mit dem Friedeborn sich explizit identifizierte, ist er von Fabricius und den anderen Geistlichen nicht als Gotteslästerer oder als ein legitimer Laienprediger behandelt worden, sondern als ein junger Mann, dessen auffälliges Verhalten auf pathologische Ursachen zurückzuführen sei.[38] Nicht nur einmal haben Fabricius und andere in Stettin seiner Familie angeraten, Friedeborn nach Hamburg ins Zuchthaus zu schicken. Damit war die Hoffnung verbunden, in daselbst »ad sanam mentem« zu bringen.[39] Über mehrere Jahre blieb Friedeborn bei seinen Prophezeiungen und hat den Versuchen der Geistlichen widerstanden, darauf zu verzichten. Endlich jedoch hat er seine prophetischen Ambitionen aufgegeben und wurde Pastor in einer kleinen Pfarrei in Holstein.[40]

Fabricius hatte deutlich zwischen Propheten wie König oder Warner, die er als fromm und orthodox erachtete, und heterodoxen oder labilen Persönlichkeiten wie Friedeborn unterschieden. Inmitten der wachsenden Fragen zur Validität der Visionen Anfang der 1640er Jahre, verfasste er 1641 eine Abhandlung über Visionen und veröffentlichte diese im darauffolgenden Jahr. Die »Probatio Visionum: Das ist: Christliches, in Gottes Wort ... wolgegründetes Bedencken Von Gesichtern« ist bemerkenswert frei von Polemik und spiegelt seine Erfahrungen in Stettin mit Visionären wie Warner,

---

37 Der Brief ist nach der Kopie im Archiv der Franckeschen Stiftungen (D 121:68) bei Wotschke abgedruckt: Theodor Wotschke: Gottfried Friedeborn ein Glaubenszeuge? In: BKGP IX, (1932) 22–26. Die anderen Söhne wären Jesus Christus, Johannes Albertus Adelgreiff, und ein Immanuel, der »soll künftig offenbaret werden im Fleisch.« Johannes Albertus Adelgreiff wurde in Königsberg wegen ähnlicher Ansichten 1636 hingerichtet. Ebd., 23f; Arnold: *Unpartheyische Kirchen- und Ketzer-historie* (s. Anm. 7), II:3, 51.

38 In Stettin wurde seinen Freunden vorgeschlagen, dass Friedeborn nach Hamburg ins Zuchthaus geschickt werden sollte, »ob er daselbst könte ad sanam mentem gebracht werden.« Friedeborns Fall war jedoch den Stettinern rätselhaft. Micrälius bemerkte, dass Friedeborn nicht typisch psychisch krank war: »Er ist in Reden und geberden nicht anzusehen, alß wen Er ein Melancholicus und motae mentis were, redet von anderen Dingen verstendig, auch wen Er in seinem Dingen gefraget wird, weis Er wort genug zu machen, und wil Alles mit der Bibel belegen.« Micrälius: Eigenhändige Fortsetzung, 160.

39 Micrälius: Eigenhändige Fortsetzung, 160.

40 Über Friedeborn weiteren Werdegang s. Jonathan Strom: Gottfried Friedeborn: Prophezeihung und Kritik eines Geistlichen im 17. Jahrhundert. In: Manfred Jakubowski-Tiessen (Hg.): Geistliche Lebenswelten. Zur Sozial- und Mentalitätsgeschichte der Geistlichen in Spätmittelalter und Früher Neuzeit. (Studien zur Wirtschafts- und Sozialgeschichte Schleswig-Holsteins, 37) Neumünster 2005.

König und Friedeborn wider.[41] Fabricius warf hier das Problem auf, inwiefern man zwischen wahren Visionen und den Täuschungen und Verführungen des Teufels unterscheiden könne. Er zitiert eine Reihe von Bibelversen, vor allem Joel 2, dass »eure Söhne und Töchter sollen weissagen; eure Ältesten sollen Träume haben, und eure Jünglinge sollen Gesichte sehen« sowie 1Thess 5,20: »Prophetische Rede verachtet nicht. Prüft aber alles, und das Gute behaltet.« Fabricius berief sich sodann auf eine ganze Reihe christlicher Theologen wie Chrysostomos oder Luther und sammelte Argumente für die Möglichkeit visionärer Erfahrungen und neuer Offenbarungen in seiner Zeit. Vor allem war er kritisch gegenüber denen, die Visionen und Prophezeiungen pauschal als Teufelswerke oder Fantasien der Enthusiasten verwarfen.[42]

Fabricius beschrieb eine Reihe von Kennzeichen zur Beurteilung der Validität der Visionen. Das wichtigste dieser Kriterien war die Übereinstimmung der Vision oder Offenbarung mit der Heiligen Schrift und den symbolischen Büchern der lutherischen Kirche. Fabricius meinte, dass man die Frage nach neuen Offenbarungen ebenso behandeln solle, wie Theologen die Autorität der Kirchenväter nach der orthodoxen Lehre prüften.[43] Ein weiteres Kriterium für die Annahme einer zutreffenden Visionen war ihr jeweiliger Inhalt. Da Gott nicht lügen könne, müsse sich also die göttliche Offenbarung notwendigerweise erfüllen. Fabricius gestand den Laienpredigern durchaus auch übernatürliche Fähigkeiten wie Wundertaten zu, aber obschon diese zur Bestätigung der Validität der Offenbarung beitragen könnten, waren diese Fähigkeiten kein konstitutives Merkmal. Er betonte besonders Integrität und Frömmigkeit des Propheten, hob aber gleichzeitig hervor, dass der Stand einer Person in der Welt oder deren Bildung und Gelehrsamkeit mit der Wahrheit der Visionen nichts zu tun habe. Das Gegenteil sei eher der Fall. Nach 1Kor 1 erwähle Gott oft die Unedlen und Verachteten für seine Zwecke.[44] Demzufolge waren Frömmigkeit und Demut vor Gott und Menschen die entscheidenden Voraussetzungen für den glaubhaften Verkündiger.

Für Fabricius musste ein Prophet weder über umfangreiches theologisches Wissen verfügen noch sich durch präzise Kenntnisse einzelner theologischer Lehrgebäude ausweisen. Als weiteres Kriterium zur Beurteilung von Visionen führte er an, dass, obgleich diese anfangs Unbehagen oder Angst aus-

---

[41] Jacob Fabricius: *Probatio Visionum: Das ist: Christliches, in Gottes Wort ... wolgegründetes Bedencken Von Gesichtern, Deren etliche können Göttliche Offenbarungen, etliche aber Teufflische Verführungen seyn.* Nürnberg 1642.

[42] Fabricius: *Probatio*, B1r.

[43] Fabricius: *Probatio*, 29.

[44] Fabricius: *Probatio*, 50

lösen könnten, Trost und Erquickung des Herzens mit sich brächten.[45] Fabricius widmete sich mit besonderer Aufmerksamkeit dem geistigen Seelenleben des Propheten und betonte wiederholt, dass dieser bei vollem Verstand sein solle, und er hat diejenigen, wie beispielsweise Friedeborn, ausgenommen, deren Visionen höchstwahrscheinlich auf pathologische Ursachen beruhten.[46] Grundsätzlich legte Fabricius besondere Maßstäbe an, wenn es um die Rechtmäßigkeit von Visionen ging. Sie mussten insbesondere mit der Heiligen Schrift und den lutherischen Bekenntnissen übereinstimmen.

Nach Festlegung bestimmter Kriterien wandte er sich den Visionsträgern und der besonderen Beschaffenheit der Umstände zu, denn unmittelbare Offenbarungen können sich Fabricius zufolge auf unterschiedliche Weise ereignen. In einigen Fällen trat der Visionär als »Werkzeug Gottes« auf, wobei er entweder eine deutliche Stimme hörte oder mit den Augen ein göttliches Bild sah. Oft wurden beide Formen auch kombiniert. Gott könne sich aber auch im Inneren des Menschen offenbaren, indem der Heilige Geist direkt ins Herz spreche. Visionen ereigneten sich im Schlaf in Form von Träumen wie auch im Wachzustand, wobei stets entscheidend ist, dass die Sinne gegenüber der äußerlichen Welt verschlossen seien.[47] Inhaltlich handelt es sich zumeist um einfache Äußerungen göttlicher Geheimnisse, zu deren Verständnis keine bestimmten Bildungsvoraussetzungen vorhanden sein müssten. Ähnlichkeiten mit Gleichnissen seien bekannt, deren Bedeutung sich nicht immer unmittelbar erschließe. Visionsschilderungen könnten aber auch relativ konkrete Angaben von zukünftigen Ereignissen beinhalten.

Fabricius schuf folglich mit Hilfe von zahlreichen Visionsbeispielen aus der Geschichte des Christentums eine Morphologie, indem er sowohl die unterschiedlichen Formen von Visionen als auch deren Inhalt beschrieb. Er nahm dabei auch mittelalterliche Mystiker auf, wie Hildegard von Bingen, Mechthild von Magdeburg und Joachim von Fiore, die er, wie nicht anders zu erwarten, auch als Kritiker des Papsttums deutete. Sodann fügte er eine Liste von Theologen bei, die als Befürworter von göttlichen Visionen aufgetreten waren, und endete mit einigen Erwiderungen auf die geläufigen oder häufig verbreiteten Einwände gegenüber unmittelbaren Offenbarungen.

Die Publikation »Probatio Visionum« wurde zuerst 1642 in Nürnberg gedruckt, wo sie die Unterstützung von Johannes Saubert fand.[48] Die Popularität und die Billigung des Druckes in Nürnberg sind durch eine zweite

[45] Fabricius: *Probatio*, 60.

[46] Fabricius: *Probatio*, 65 f.

[47] Fabricius: *Probatio*, 91.

[48] Saubert schrieb für die »Probatio« ein lateinisches Epigramm. Fabricius: *Probatio* (s. Anm. 41). Unter den orthodoxen Lutheranern nahm Saubert überhaupt eine differenzierte Stellung zu den neuen religiösen Radikalen, wie z.B. Christian Hoburg, ein. Dazu Richard van Dülmen: Orthodoxie und Kirchenreform. Der Nürnberger Prediger Johannes Saubert (1592–1646). In: ZBLG 33 (1970), 636–786, hier 730–733.

Drucklegung im nächsten Jahr belegt.[49] An anderen Orten gestaltete sich die Rezeption durchaus schwieriger, besonders in Lübeck.[50] Obschon Stolterfoths »Consideratio Visionum« von 1634 bei Fabricius keine direkte Erwähnung findet, konnte die »Probatio Visionum« durchaus als eine Erwiderung dieser früheren Schrift betrachtet werden, auch wenn Fabricius nicht polemisch war. Das war umso mehr der Fall wegen der früheren Kontroverse und der expliziten Ablehnung des Fabricius und seiner Freunde, dass sie keineswegs vorhätten, eine Widerlegung von Stolterfoths früherem Buch zu verfassen.

Hunnius war 1643 gestorben und der alternde Stolterfoth übernahm die Führung bei der Erwiderung auf die Abhandlung von Fabricius. 1645 publizierte Stolterfoth seine »Consideratio Visionum Apologetica, Das ist Schrifftmässiges Bedencken, Was von Gesichtern heutiges Tages zu halten sey«.[51] Er druckte die Schrift von 1634 in toto neu und fügte eine umfangreiche »Apologia« hinzu, die nicht frei von Polemik war.

Stolterfoth bestritt das Hauptargument der »Probatio«, dass es überhaupt möglich sei, göttlich inspirierte Visionen von denen des Teufels zu unterscheiden. In Textpassagen, in denen Fabricius Ton relativ gemäßigt und angemessen blieb, war Stolterfoth aggressiv und scharfzüngig. Er hat Fabricius nicht namentlich erwähnt, aber es war absolut klar, wer Ziel seiner Polemik war. Bei einigen Stellen verdreht Stolterfoth absichtlich die Argumente von Fabricius. Er beschuldigte ihn, Visionäre anzuerkennen, die heterodox wären und die lutherische Lehre ablehnten, eine Ansicht, die Fabricius explizit von sich wies. Er meinte auch, Fabricius habe Prophezeiungen und Visionen zu wesentlichen Kennzeichen der wahren Kirche erhoben, indem er Visionen für notwendig erklärte.

Hier ist nicht der Platz, alle Beschuldigungen Stolterfoths zu besprechen, aber hinter den Übertreibungen und zum Teil absichtlichen Verdrehungen der Position von Fabricius gab es eine Reihe von grundlegenden Unterschieden, die die zwei trennten und über die zum Teil auch Lutheraner in der ersten Hälfte des 17. Jahrhunderts gestritten haben.

Erstens argumentierte Stolterfoth, dass die letzten Visionen und Prophezeiungen in die Apostelzeit fielen.[52] Stolterfoth widersprach der Deutung derjenigen Bibelstellen, die für Fabricius' Argumentation grundlegend

---

[49] Fabricius: *Probatio* (s. Anm. 41).

[50] Aus Wittenberg meldete sich die theologische Fakultät kritisch zu dem Buch von Fabricius in einem Gutachten vom 14. April 1645: *Consilia Theologica Witebergensia, Das ist, Wittenbergische Geistliche Rathschläge Deß theuren Mannes Gottes, D. Martini Lutheri, seiner Collegen, und treuen Nachfolger, von dem heiligen Reformations-Anfang, biß auff jetzige Zeit.* Frankfurt/Main 1664, 804–817.

[51] Jacob Stolterfoth: *Consideratio Visionum Apologetica, Das ist schrifftmässiges Bedencken, Was von Geischtern heutiges Tages zu halten sey*. Lübeck 1645.

[52] Stolterfoth: *Consideratio*, 26, 43.

waren. Joel 2,28, die wohl meistzitierte Bibelstelle zur Untermauerung der Bedeutsamkeit von Visionen, wurde von Stolterfoth so verstanden, dass sie schon zu Apostelzeit in Erfüllung gegangen sei.[53] Die Schlüsselstelle 1Thess 5,20 – »Prophetische Rede verachtet nicht. Prüft aber alles« – wurde von Stolterfoth dahingehend ausgelegt, dass die Passage einzig das Prüfen der kirchlichen Lehre beträfe. Es handele sich hier im Grunde um keine Befürwortung von Visionen.[54] Gegen dieses Verständnis berief sich Stolterfoth auf eine Reihe von Schriftstellen und unterstrich, dass man nicht wissen könne und solle, was zukünftig eintrete.[55] Stolterfoth bestritt zwar keineswegs die Visionsschilderungen oder Prophezeiungen in der Bibel, aber er betrachtete diese göttlichen Offenbarungen als ein Phänomen der Vergangenheit.

Zweitens sah Stolterfoth die kanonischen Schriften als so vollkommen an, dass sie überhaupt keiner zusätzlichen Präzisierung in Form von Visionen oder Prophezeiungen bedürften. Mit dem Abschluss des neutestamentlichen Kanons seien auch direkte Offenbarungen nicht mehr erfolgt, das übernatürliche Offenbarungsgeschehen falle demnach einzig in die Zeit des Neuen Testaments. Stolterfoth meinte, weil Gott in seinem geschrieben Wort keine weiteren Versprechen oder klare Hinweise auf weitere Visionen in diesen letzten Zeiten gegeben habe, seien sie unnötig. Er führte diese Gedankenlinie argumentativ folgendermaßen fort:

> »Und zwar müssen die sonderlichen Befehle, so den Menschen durch die Gesichter zukommen, mit Gottes Wort zustimmen, oder nicht. Geschiehet dieses, das sie mit Gottes Wort übereinkommen, so hat mans je zuvor in Gottes Wort, und darff da keiner newen Gesichter. Geschiehet jenes, dass sie mit Gottes Wort nicht zustimmen, so ists vergeblich.«[56]

Die Annahme von zeitgenössischen Visionen sei insofern bedenklich, weil man dadurch die Autorität der Schrift grundsätzlich in Frage stellte, ging doch Stolterfoth von der Zuverlässigkeit und Vollständigkeit der Schrift aus.[57] An diesem Punkt herrschte bei Stolterfoth und Fabricius doch Uneinigkeit.[58] In der Tat deuten die häufigen Zitate von Fabricius aus dem apokryphen Buch Sirach womöglich darauf hin, dass Fabricius' Schriftverständnis von dem Stolterfoths abwich.[59]

Ein dritter Streitpunkt betraf die Frage nach der Autorität von Laien und Geistlichen. Während Stolterfoth nicht der Ansicht war, dass der Sinn der

53 Ebd., 148.
54 Ebd., 267.
55 Ebd., 61.
56 Ebd., 59.
57 Ebd., 66.
58 Fabricius: *Probatio* (s. Anm. 41), 169.
59 Ebd., 2, 25.

Schrift sofort klar oder offensichtlich war, blieb es für ihn dennoch allein das Vorrecht der Geistlichen, die Schrift für die Öffentlichkeit auszulegen.

Visionen stellten vor allem eine Gefahr für die Autorität der Geistlichen dar. Stolterfoth wusste nur allzu gut, dass Laien mit ihren konkurrierenden Ansprüchen das Predigtamt in Verruf bringen konnten. Er betonte daher mehrmals, dass durch das Tolerieren der Visionäre »das ordentliche Ministerium und Predigtampt in Verachtung gebracht werde.«[60] Deshalb suchte Stolterfoth biblische Prophezeiungen so eng wie möglich an das Predigtamt zu binden, indem er wiederholt den ordinierten Prediger mit den alttestamentlichen Propheten identifizierte.[61] Stolterfoth meinte, dass die Kritik der Laien an der Autorität der Geistlichen nur dann möglich sei, wenn die Ordinierten ihr Amt nachlässig versehen würden.[62] Im Unterschied zu Stolterfoth wies Fabricius dem Visionär eine wichtige Kontrollfunktion für das Predigtamt zu.[63] Er erkannte zwar religiöse Erfahrungen als Autorität grundsätzlich an, welche der Schrift etwas hinzufügen dürften, solange sie den biblischen Grundaussagen nicht widersprächen.

Dadurch, dass er Visionen und Prophezeiungen eine wichtige Rolle zuwies, auch wenn sie keinesfalls für das Heil notwendig waren, vermochte Fabricius die religiöse Erfahrung, auch die der Laien, innerhalb der lutherischen Kirche anzuerkennen. Der Unterschied zu Stolterfoth wird dadurch deutlicher, dass es ihm nicht um ein göttliches Eingreifen in die Welt natürlicher Phänomene geht. Dass Stolterfoth keine Visionen, aber außerordentliche Naturphänomene wie Kometen oder himmlische Lichter als göttliche Zeichen – von den Geistlichen gedeutet – akzeptieren konnte, unterstreicht auf eindrucksvolle Weise sein Misstrauen gegenüber den religiösen Erfahrungen von Laien.

Die Veröffentlichung Stolterfoths polemischen Traktats löst eine Flut weiterer polemischer Schriften auf beiden Seiten aus. Dieser Streit hielt bis in die frühen 1650er Jahre an.[64] Die Auseinandersetzung konnte aber die

---

[60] Stolterfoth: *Consideratio*, 66, cf. auch 398.

[61] Ebd., 221.

[62] Ebd., 140.

[63] Fabricius: *Invicta Visionum* (s. Anm. 64), Qiiiv.

[64] Gegen Stolterfoth erwiderten Fabricius und ein weiterer Pfarrer aus Pommern im Druck: Jacob Fabricius: *Invicta Visionum Probatio: Das ist: Wollbefästigte Wiederlegung der nichtigen Scheingründe, mit welchen ein Streitsüchtiger Sophist mein hiebevor gedrucktes Büchlein von Prüfung der Gesichter ... mit nichten überwunden hat.* Stettin 1646 und Samuel Plasterus: *Kurtze Entdeckung und Hintertreibung des Irrthumbs, welchen M. JACOBUS STOLTERFOTH, Prediger zu Lübeck in seiner Consideratione Visionum Apologetica, hat ausgesprenget, In Drey Capittel abgetheilet und Christliebenden Hertzen zum guten Nachdencken für Augen gestellet*, Stettin 1646. Stolterfoth antwortete mit zwei Schriften: *Kurtze Antwordt auff die newlich außgesprengte Chartec, darinnen einer, der sich Samuelem Plasterum, Pastorem zu Wartenberg nennet, mich ... eines sonderlichen Irrthumbs überführen wollen*, Lübeck 1646, und: *Nothwendige höchstabgedrungene Warheit und Ehrenrettung wieder die sehr hefftige Schrifft, so D. Jacobus Fabricius ... unter folg. Titul: invicta visionum probatio, Das ist Wolbefästigte Wie-*

oben beschriebenen Grunddifferenzen nicht wirklich lösen. Die Debatte war häufig durch persönliche Angriffe gekennzeichnet. Außerdem waren die Fragen von Visionen und Prophezeiungen in den späten 1640er Jahren weniger akut, weil die Zahl der Visionäre am Ende des Krieges stark zurückging.[65]

An dieser Stelle möchte ich nun das Augenmerk auf Friedrich Breckling lenken. Brecklings Stellung zu Visionen und neuen Offenbarungen ist zunächst vielleicht nicht ganz das, was man erwartet, aber dennoch aufschlussreich. Dieser lutherische Dissident wurde oft als typischer Radikalspiritualist und Mystiker angesehen, als jemand, der eine Brücke zwischen dem Spiritualismus der ersten Hälfte des Jahrhunderts und dem Pietismus im letzten Viertel bildet.[66] Sicher sieht es so aus, wenn wir auf sein weit reichendes Korrespondenznetz schauen, das Personen wie Quirinius Kühlmann und Philipp Jakob Spener umfasste.[67]

In seiner frühen Karriere rechnete Breckling scheinbar mit der Möglichkeit von Visionen. In einem autobiographischen Fragment beschreibt er jedenfalls ein Ereignis, das nahezu einer Bekehrung gleichkam. Dies geschah, als er dem Spiritualisten Gifftheil 1656 in Amsterdam begegnete, den Breckling sogar als ein »Oraculum Gottes« bezeichnen konnte.[68] In seinen Frühwerken verteidigte Breckling Visionen und Visionäre als Fortführung der alttestamentlichen Prophetie. Zugleich kritisierte er diejenigen, die Visionsschilderungen von vornherein ablehnten: »unsere Phariseer [lutherischen Geistlichen] haben die Gesichter und Visiones nun gantz verworffen.«[69] Visionen seien vielmehr ein äußerst wirksames Mittel, wenn es darum ginge, Differenzpunkte gegenüber der kirchlichen Lehre deutlich zu artikulieren.

---

derlegung ... mit nichten überwunden hat: unlängst ans Liecht gegeben, darin er mein vor diesem heraus gegebens Schrifftmässiges Bedencken ... gantz und gar zu ruiniren ... vergeblich bemühet. Lübeck, 1647. Fabricius und Plasterus schrieben andere Schriften und ein weiterer Verteidiger stellt sich auch an die Seite von Fabricius: Joachim Brockwedel: *Abgedrungene Vertheidigung des Büchleins, genand Considerationis Stolterfothianae consideratio / Welche, zur Bestätigung desselbigen unwiedersprächlicher Warheit herfürgiebet, und dem unbefugten Wiedersprechen M. Jacobi Stolterfoths*, Alten Stettin 1650, dessen Schrift ist, soweit ich sehen kann, der letzte Traktat in dieser Auseinandersetzung.

65 Das Lübecker Ministerium hatte dieses schon in den 1630er Jahren vorausgesagt, indem es die Erscheinung dieser Propheten in Zusammenhang mit dem Krieg brachte. Brief des Lübecker Ministeriums an das Stettiner Ministerium, d. 4. Juni 1638, Starck: *Lubeca Lutherano-Evangelica* (s. Anm. 16), 1019.

66 Wotschke nennt ihn »Schwärmer und Mystiker«. Theodor Wotschke: Friedrich Brecklings niederrheinischer Freundeskreis. In: MRKG 21 (1927), 3.

67 Zur Biographie Brecklings und Hinweise zu seinen Korrespondenten s. Friedrich Breckling: *Autobiographie. Ein frühneuzeitliches Ego-Dokument im Spannungsfeld von Spiritualismus, radikalem Pietismus und Theosophie*, hg. v. Johann Anselm Steiger. (Frühe Neuzeit, 109) Tübingen 2005.

68 Forschungsbibliothek Gotha (FB Gotha), Chart A 306, 185.

69 Friedrich Breckling: *Religio libera Persecutio relegata, Tyrannis Exul & Justitia Redux*. O.O. [Amsterdam] 1663, 100.

Breckling führte zustimmend Benigna König und Margaretha Heidewetter an, die bereits Fabricius viele Jahre zuvor als Visionärinnen anerkannt hatte. Breckling urteilte ebenso positiv über die Schriften des Fabricius.[70] Selbst Brecklings zukünftige Frau hatte vor und offenbar auch nach ihrer Eheschließung Visionen und Auditionen.[71] Während seines Aufenthaltes in Zwolle in den 1660er Jahren stand Breckling in engem Kontakte mit dem alternden Gottfried Friedeborn, dem ehemaligen Stettiner Visionär. Breckling schrieb seinen Freunden, dass er »täglich aus seinem [Friedeborns] göttlichen Munde seine hohe und für alle Vernunft tief verborgene Glaubenslehre höre.«[72] Es ist aber zweifelhaft, ob er genau über dessen Vergangenheit als Visionär informiert war. Es ist bemerkenswert, dass in Brecklings verschiedenen Katalogen der Zeugen der Wahrheit und Gottesgelehrten Johannes Warner keine Erwähnung findet, obgleich hier zahlreiche andere obskure Figuren auftauchen.

In Brecklings Frühschriften finden sich aber dennoch Warnungen vor Laienpredigern und ihren Visionen. Sein Büchlein »Prüffung der heutigen Quacker, Collegianten, Socinianer, Zwickerschen, Felgenhaurischen und aller andern Geister, Ob sie aus Gott sind oder nicht«, das zuerst 1661 auf Holländisch und dann 1665 auf Deutsch erscheint, bringt seinen Vorbehalt gegenüber neuen Offenbarungen, besonders denen der Quäker, deutlich zum Ausdruck. Hier kritisierte er explizit die Quäker, deren Einfluss schon zu dieser Zeit in den Niederlanden und Norddeutschland zu spüren war. Während er Visionen oder die Möglichkeit neuer Offenbarungen nicht prinzipiell ablehnte, argumentierte er wie Fabricius, dass alle solche Visionen mit dem Wort Gottes und der Lehre Christi übereinstimmen müssten und dass irgendwelche andere »enthusiastische(n) Träume, Phantaseyen, Einbildungen, Rede und Schrifften« die über die Heilige Schrift hinausgehen, zu verwerfen seien.[73] Angesichts der Herausforderung durch die religiöse Bewegung der Quäker urteilte Breckling bemerkenswert orthodox über Schriftverständnis, Sakramente und den göttlichen Ursprung des ordinierten Predigtamtes, ein Amt, das er in der Praxis oft extrem scharf verurteilen konnte.

Trotz persönlicher Kontakte und seiner weit gespannten Korrespondenz mit vielen Visionären und Befürwortern der Visionäre, die er in den kommenden Jahrzehnten pflegte, blieb Breckling, soweit ich sehen kann, relativ

---

70 Arnold: *Unpartheyische Kirchen- und Ketzer-historie* (s. Anm. 7), 1110. Vgl. FB Gotha Chart A 306, 214.

71 Paul Estie: Die Entlassung Friedrich Brecklings als Pfarrer der Lutherischen Gemeinde zu Zwolle. 1667–1668. In: PuN 18 (1992), 11–13.

72 Theodor Wotschke: Der Streit in der lutherischen Gemeinde Cleve. In: MRKG 21 (1927), 361.

73 *Prüffung der heutigen Quacker/ Collegianten/ Socinianer/ Zwickerschen/ Felgenhaurischen und aller andern Geister/ Ob sie aus Gott sind oder nicht.* O. O. [Amsterdam] 1665, 10.

konsequent in diesem Punkt. Obwohl er etwa Johann Amos Comenius sehr schätzte und ihm für tatkräftige Unterstützung zu Dank verpflichtet war, urteilte Breckling, dass dieser seine beachtlichen Gaben vergeudet hätte, weil Visionsschilderungen und neue Prophezeiungen auf Comenius am Ende seines Lebens eine große Faszination ausübten.[74] Schon in den 1660er Jahren behauptete Breckling, dass viele, die suchten, Babel anzugreifen, schon, von Luzifer verführt, den »Creutz-Weg« verlassen hätten. Vor allem denunzierte er »schein-heilige Fladdergeister und Quaker.«[75] In einem Anhang zum Katalog der Wahrheitszeugen, den teilweise Arnold abdruckte, fügte Breckling einen weiteren Katalog der Ketzer (Catalogus Haereticorum) an, der sich bei Arnold nicht findet.

Darin setzte sich Breckling mit einer Reihe von Sektierern und anderen Personen auseinander, die nach ihrem Ausgang aus Babel ihrerseits wieder ein neues Babel aufrichteten. Dabei würden sie sich auf neue »unfehlbare« Autoritäten stützen und Gottes Wort vernachlässigen. Dazu zählte er sowohl die Labadisten als auch Antoinette Bourignon, über die er schrieb, dass sie »alle ihr Ding ohne Prüfung für Göttl[ich] wolte geglaubet u[nd] angenommen haben, auch als ein göttl[ich] Oraculum und lebendige Schrifft des Geistes wolte gefragt und gehöret seyn.«[76] Ähnlich beschrieb er auch Propheten und Visionäre wie Johannes Rothe und Quirinius Kühlmann, die enge, wenn auch nicht unproblematische Beziehungen zu Breckling hatten. Aber seine größte Verachtung galt der Philadelphischen Sozietät und ihren »eigne[n] Inspirationen, Sentimenten, Enthusiasmen, Visiones und Eingebungen.« Scharfe Kritik traf besonders Jane Leade, die als »ein göttl[ich] Oraculum in allen gehöret, gefragt gefolget w[u]rde, und also den Weiber-Regiment und Predigt auch öffentl[ich] in ihrer Gemeinte den [sic] Oberhand, wie unter den Quäker, ehe mahl, wider Gottes wort behielten.«[77]

Es ist möglich, dass Breckling in seinem Alter zunehmend gemäßigter dachte, wie schon bemerkt wurde.[78] Allerdings findet sich seine Ablehnung von Propheten und der Zurückweisung neuer Offenbarungen bereits in den frühen 1660er Jahren. Seine Warnung an Johann Henrich Reitz, Henrich Horch und Johann Konrad Bröske in einem Brief über die Gefahren der neuen Offenbarungen entspricht seiner früheren Stellungnahme und zeugt von keiner Meinungsänderung.[79] Obgleich Breckling weiterhin mit vielen

---

[74] FB Gotha, Chart A 306, 143f.

[75] Friedrich Breckling: *Mysterium Babylonis & Sionis, End-Urtheil über Babel, und Stimme vom Himmel*. O.O. [Amsterdam], 111.

[76] FB Gotha, Chart A 306, 227.

[77] FB Gotha, Chart A 306, 235.

[78] Blaufuß spricht von Brecklings »Rückkehr in den Schoß der lutherischen Kirche.« Dietrich Blaufuß: Beziehungen Friedrich Brecklings nach Süddeutschland. In: ZKG 87 (1976), 258f.

[79] Erhalten ist nur der Antwortbrief von Horch, Reitz, und Bröske an Breckling, vom 28.

Visionären enge Kontakte pflegte und eine ausgedehnte Korrespondenz unterhielt, ist dennoch seine Auffassung von den theologischen Überzeugungen seines Bekanntenkreises zu unterscheiden.

Fazit

Was können wir also dieser Debatte über Visionen und neue Offenbarungen entnehmen?

Erstens zeigen sich deutliche Differenzen im Luthertum, wenn es um die Fragen nach der Bedeutung von Visionen, Prophezeiungen und neuen Offenbarungen im konfessionellen Zeitalter geht. Nach allem, was wir über Fabricius wissen, war dieser kein radikaler Spiritualist vom Schlage Valentin Weigels oder Paul Felgenhauers, sondern ein eifriger Geistlicher, der weder von den lutherischen Bekenntnisschriften noch den theologischen Anschauungen Luthers abweichen wollte. So stand er auch konfessionellen Fragestellungen nicht gleichgültig gegenüber. Als nämlich nach dem Tod Gustav Adolfs das Gerücht verbreitet wurde, dieser sei dem Reformiertentum zugeneigt gewesen, verteidigte er in einer Publikation die orthodoxe Haltung des schwedischen Königs.[80] Obwohl viele Lutheraner scharfe Kritik an Visionen und neuen Offenbarungen übten, war dies nicht opinio communis und bis ins letzte Viertel des 17. Jahrhunderts wurde darüber kein Konsens erzielt.[81] Es liegt auch zu jener Zeit keine der reformierten Westminster Confession entsprechende Bekenntnisschrift vor, die zum Teil auf neue Propheten und Visionäre der 1640er Jahre in England reagierte. Dieses Bekenntnis schloss ausdrücklich die Möglichkeit weiterer, über den biblischen Kanon hinausgehender Offenbarungen oder Visionen aus, unterstrich damit die alleinige Autorität der Schrift und entwertete gleichzeitig die Apokryphen.[82]

Januar 1699, in dem sie Auskunft über den Inhalt seines früheren Briefs geben. FB Gotha, Chart. B 198, Bl. 236r–237r.

[80] Jacob Fabricius: *Gründliche Wiederlegung des falschen vorgebens, Damit Den ... Höchstseeligen König zu Schweden, Gustavum Adolphum, ... wegen der Calvinisterey verdächtig zu machen, Ein Calvinischer Prediger auß der Pfaltz, nahmens Johannes Cunradus Hopfius, sich bemühet hat.* Stettin, 1634.

[81] Zur Ambivalenz im 17. Jahrhundert s. Arnold: *Unpartheyische Kirchen- und Ketzer-historie* (s. Anm. 7), 205. Obwohl Calov nicht mit Fabricius übereinstimmte, hatte er solche Argumente in der »Probatio« nicht gleich verworfen. Abraham Calov: *Systema Locorum Theologicorum.* Wittenberg 1655, Teil 1, 350.

[82] S. das Westminster-Bekenntnis in John H. Leith: Creeds of the Churches. Garden City, Anchor 1963, 195, wo der göttliche Wert der Apokryphen verneint und die Möglichkeit neuer Offenbarungen verworfen wird.

Das Luthertum nahm gegenüber diesen Fragen eine weit offenere Position ein. Es gab keine genaue Liste kanonischer Bücher, wie sie etwa die Westminster Konfession bietet, und Lutheraner, darunter Fabricius, zitierten das Buch Jesus Sirach häufig.[83] Zwar verwarfen Lutheraner direkte Offenbarungen, Melanchthon konnte aber in seiner »Apologie der Augsburger Konfession« auf Johann Hilten verweisen, einen verfolgten Franziskaner im späten 15. Jahrhundert, der, Melanchthon zufolge, das Kommen von Luther im Jahre 1516 prophezeite und sich dabei auf eine Vision berief.[84]

Die Auseinandersetzung um die Rechtmäßigkeit von Visionen und unmittelbaren Offenbarungen, von Fabricius propagiert und von Stolterfoth stark angefochten, zeigt die Ambivalenz und die Vielfalt der Auffassungen über Offenbarung und biblische Autorität im 17. Jahrhundert. Diese Ambivalenz war ein Grund dafür, dass die neuen pietistischen Visionäre am Ende des Jahrhunderts ein Problem darstellten.

Zweitens blieb ein bedeutender Aspekt der Visionen und Visionäre umstritten. Eine Ursache nämlich, warum Visionen eine Herausforderung für die Geistlichen darstellten, war die implizite Betonung der Laienautorität in bestimmten religiösen Fragen. Durch eigene Erfahrungen konnten Laien eine gewisse Autorität erlangen. Sie schufen sich dadurch Gehör in der Kirche. Fabricius hingegen sah in diesen Laien-Visionen (natürlich nur im Rahmen von Bekenntnis und Schrift) einen Gewinn für die Kirche, denn diese unterstützten sein eigenes Anliegen. Er wollte durch Bußrufe die lutherische Geistlichkeit zur Rechenschaft ziehen. Doch sobald Visionsschilderungen diese gesetzte Grenze überschritten, konnte Fabricius diese rügen, wie z.B. im Fall Friedeborn.

Obwohl er den Visionen also enge Grenzen setzte, dienten sie doch als ein Keil, der den Erfahrungen von Laien und gleichgesinnten Geistlichen einen wichtigen Platz einräumte und dahingehend wirkte, gelegentlich an der Autorität der Geistlichen scharfe Kritik zu üben. Breckling dienten Visionen vor allem dazu, den Dissens gegenüber den Konfessionskirchen in Worte zu fassen, aber nur insofern, als sie dem Schriftsinn entsprachen. Stolterfoth fürchtete, dass jeglicher Zuwachs an Autorität, den die Laien für sich verbu-

[83] Daniel Cranmers »Treuester Biblischer Wegweiser« (Erstausgabe 1628) führt Verse aus Sirach ohne besondere Kennzeichnung neben anderen biblischen Büchern auf. Cranmer: *Treueste r Biblischer Wegweiser*. Strassburg 1680, 1088. Weber bemerkte, dass im Gegensatz zu dem reformierten Puritanismus »der lutherisch gebundene Charakter breiter Strömungen im deutschen Pietismus sich in der Vorliebe für Jesus Sirach zu äußern pflegte.« Er gab aber nur wenige Belege für diese Behauptung. Max Weber: *Die protestantische Ethik I. Eine Aufsatzsammlung*, hg. v. Johannes Winckelmann. Gütersloh 1991, 173. Dagegen nennt Johann Gerhard Jesus Sirach unkanonisch. Johann Gerhard: Loci Theologici, hg. v. E. Preuss. Berlin 1863, §1.216–221, 94–96.

[84] Apologie der Confession, XXVII:1–2. In: BSLK. Göttingen ^{4}1959, 377 f.

chen konnten, sich nachteilig auf das Ansehen der Geistlichkeit auswirken würde.

Drittens markiert genau diese Grenze, die beide, Fabricius und Breckling, zogen, den Übergang von einem gemäßigten zu einem radikalen Visionsverständnis. Fabricius war dabei dem Bekenntnisschriften mehr verpflichtet, beide argumentierten biblisch. Die Befürworter von Visionen der 1690er Jahre stützten sich zwar auf die Argumentation von Fabricius, doch die Inhalte der Visionen verselbständigten sich rasch und gingen über das hinaus, was Fabricius oder Breckling akzeptiert hätten.[85] Für beide waren Visionen vor allem Bußruf und Mittel, ihre Differenz gegenüber den Konfessionskirchen zu bekunden. Aber schließlich verstärkten die von Fabricius und Breckling befürworteten göttlichen Visionen und ihre sozialen Träger eine Identität, die schon vorgegeben war, auch wenn diese Identität ein Ausdruck des Dissens wäre. Dagegen scheint es mir, dass die Propheten der 1690er Jahre nicht nur Dissens anzeigen wollten, vielmehr wollten sie durch ihre Prophezeiungen sich darüber hinaus neu definieren und eine neue Subjektivität in ihrer religiösen Welt schaffen. Die Absicht, durch Visionen oder andere *Performances* eine neue Subjektivität zu schaffen, ist m. E. ein Kennzeichen für religiöse Radikalität.[86]

Trotz zahlreicher Kontroversen waren nicht alle Visionen an sich radikal, wie die Beispiele von Fabricius und Breckling zeigen. Religiöse Radikalität wird oft als Übertretung oder Verletzung von theologischen und sozialen Normen verstanden.[87] Da aber Normen im Laufe der Jahre nicht identisch bleiben oder geographisch stark variieren, ist ein Verständnis von Radikalität allein auf dieser Basis problematisch. Bedenkenswert ist sicher auch die Intention, die zu einer bewussten Verletzung der Normen führt. Fabricius und Breckling wollten eine bereits bestehende Identität stärken, nicht aber eine neue Subjektivität oder neue Sozialverhältnisse schaffen. Die radikalen Visionen, die in den 1690er Jahre im Pietismus einsetzten, waren in vielerlei Hinsicht kreativer und dynamischer als diejenigen, die Fabricius und Breck-

[85] Ausführlich dazu Ryoko Mori: *Begeisterung und Ernüchterung in christlicher Vollkommenheit. Pietistische Selbst- und Weltwahrnehmungen im ausgehenden 17. Jahrhundert.* (Hallesche Forschungen, 14) Tübingen 2004, 120 ff.

[86] Dieses ist z. T. aus dem Verständnis der religiösen Askese, das Richard Valantasis entwickelte, entlehnt. Richard Valantasis: »Constructions of Power in Asceticism«. In: JAAR 63 (1995), 775–821, hier 797. Dieses hätte für das Verständnis des radikalen Pietismus einige Bedeutung.

[87] Aaron Fogleman: *Jesus is Female. Moravians and the Challenge of Radical Religion in Early America.* Philadelphia 2007, 9. Zur Erörterung des Begriffs »radikal« im Bezug auf den Pietismus vgl. Hans Schneider: Der radikale Pietismus in der neueren Forschung. In: PuN 8 (1982), 19–21.

ling befürwortet hatten. Sie waren aber zugleich weniger konkret und ließen sich deshalb auch nicht leicht instrumentalisieren oder auf vorgegebene Themen festlegen. Zum Teil müssen wir doch Stolterfoth recht geben, der meinte, dass das Potential der freien Laienvisionen oft polarisierend und separatistisch wirken konnte.

Lothar Vogel

Beobachtungen zur Böhmerezeption in Gottfried Arnolds Sophienschrift

Während seines Aufenthalts in Quedlinburg 1698–1701, der zugleich seine radikalpietistisch-separatistische Phase markiert,[1] veröffentlichte Gottfried Arnold nicht nur seine berühmte »Kirchen- und Ketzerhistorie«[2], sondern auch ein Werk mit dem Titel »Das Geheimnis der göttlichen Sophia«[3]. Angehängt an den Traktat erschien eine Sammlung an Gedichten, die zu einem erheblichen Teil ebenfalls sophiologische Züge aufweisen.

Vom Inhalt her reiht sich Arnolds Traktat in die Strömung der Sophiologie ein, die antike Wurzeln besitzt und in der evangelischen Theologie und Frömmigkeit durch den Görlitzer Laientheologen Jakob Böhme Verbreitung fand. Die Weisheit wird hier – in Anlehnung an die biblische Weisheitsliteratur – als göttliche Wesenheit verstanden. Der von Gott geschaffene Urmensch sei ursprünglich mit ihr als seinem Geistleib vereint gewesen und habe dementsprechend androgyne Züge gehabt. Noch im Paradies jedoch habe sich Adam von der geistig-göttlichen Sophia ab- und der fleischlich-geschöpflichen Vielfalt zugewandt. Das sophiologische Modell Böhmes umfasst damit einen Ur-Sündenfall, in dessen Folge Sophia den Urmenschen verlassen habe. Gott habe darauf die männlichen und weiblichen Anteile des Urmenschen getrennt und auf diese Weise Eva geschaffen, als Helferin, als Gegenüber, das die Zuneigung des Urmenschen (jetzt Urmannes) auf sich ziehen sollte, um dessen völligen Abfall zu Lucifer, dem gestürzten Engel, zu verhindern. Erst im Anschluss daran kam es dann, so die Theosophen, zu jenem biblischen Sündenfall, der die Vertreibung aus dem Paradies zur Folge hatte. Exegetisch wird die Unterscheidung zwischen einem Ur-Sündenfall und dem in der Bibel beschriebenen Abfall der Menschen von Gott durch

---

[1] Zu dieser Phase in Arnolds Leben vgl. Hans Schneider: Der radikale Pietismus im 17. Jahrhundert. In: Martin Brecht (Hg.): Geschichte des Pietismus. Bd. 1: Der Pietismus vom siebzehnten bis zum frühen achtzehnten Jahrhundert. Göttingen 1993, 415f; Jürgen Büchsel: Vom Wort zur Tat. Die Wandlungen des radikalen Arnold. Ein Beispiel des radikalen Pietismus. In: Dietrich Blaufuß/Friedrich Niewöhner (Hg.): Gottfried Arnold (1666–1714). Mit einer Bibliographie der Arnold-Literatur ab 1714. (Wolfenbütteler Forschungen, 61) Wiesbaden 1995, 145–164.

[2] Gottfried Arnold: *Unpartheyische Kirchen- und Ketzer-Historie* [...]. Benutzt wurde der Faksimile-Nachdruck der Ausgabe Franfurt/Main: Thomas Fritschens Erben 1729, Hildesheim 1967. Die Erstausgabe erfolgte 1699/1700.

[3] Ders.: *Das Geheimniß Der Göttlichen Sophia oder Weißheit*. Leipzig: Thomas Fritsch 1700 (Faksimile-Neudruck Stuttgart-Bad Cannstatt 1963).

die Aufeinanderfolge der beiden Schöpfungsberichte in Gen 1–2 (zuerst ›der Mensch‹, dann das Urpaar) begründet. Die Erlösung, die Wiederbringung des Menschen zum Heil, ist dementsprechend gedacht als Wiedervereinigung mit der zu Beginn verlorengegangenen Weisheit: urbildhaft durch die Menschwerdung Jesu Christi in Maria, für den Gottessucher in visionärer Schau, am Ende der Zeiten durch die Vermählung mit ihr.[4]

Die Sophienschrift Arnolds hat schon seit langem die Aufmerksamkeit der Forschung auf sich gezogen. Bereits seit der Arnold-Monographie von Erich Seeberg aus dem Jahre 1923 ist beschrieben, dass Arnold nicht nur direkt von Böhme beeinflusst war, sondern darüber hinaus spezifische Züge der Böhme-Rezeption der englischen Philadelphier (Jane Leade, Thomas Bromley, John Pordage) sowie des Böhme-Herausgebers Johann Georg Gichtel übernommen hat.[5] Das von Seeberg entworfene Bild ist in der Folgezeit vor allem durch die Arbeiten von Jürgen Büchsel[6], Ruth Albrecht[7], Willi Temme[8] und Burkhard Dohm[9] verfeinert worden. Das Verdienst des Aufsatzes von Ernst Benz aus dem Jahre 1966[10] besteht darin, den breiteren traditionsgeschichtlichen Hintergrund der böhmistischen Vorstellungen in der spätmittelalterlichen Mystik und in der Alten Kirche zu erhellen. Zudem hat Peter C. Erb in seiner Monographie über den Einfluss der spätmittel-

---

[4] Zur frühneuzeitlichen Sophiologie vgl. Ernst Benz: Gottfried Arnolds »Geheimnis der göttlichen Sophia« und seine Stellung in der christlichen Sophienlehre. In: JHKGV 18 (1967), 51–82; Geneviève Javary: L'âme du monde chez les Kabbalistes chrétiens de la Renaissance: de la Chekhina a l'église. In: Sophie et l'âme du monde. (Cahiers de l'Hermetisme), Paris 1983, 127–144; vor allem als Quellensammlung nützlich ist Thomas Schipflinger: *Sophia – Maria. Eine ganzheitliche Vision der Schöpfung.* (Koinonia, 7) München/Zürich 1986. Zum Motiv der Androgynie vgl. ferner Ernst Benz: *Adam. Der Mythos vom Urmenschen.* München/Planegg 1955; Achim Aurnhammer: *Androgynie. Studien zu einem Motiv in der europäischen Literatur.* (Literatur und Leben, NF 30) Köln/Wien 1986.

[5] Erich Seeberg: *Gottfried Arnold, die Wissenschaft und die Mystik seiner Zeit. Studien zur Historiographie und zur Mystik.* Meerane 1923, 22–29.

[6] Jürgen Büchsel: *Gottfried Arnold. Sein Verständnis von Kirche und Wiedergeburt.* (AGP, 8) Witten 1970, 157.

[7] Ruth Albrecht: »Der einzige Weg zur Erkenntnis Gottes« – Die Sophia-Theologie Gottfried Arnolds und Jakob Böhmes. In: Verena Wodtke (Hg.): Auf den Spuren der Weisheit. Sophia – Wegweiserin für ein neues Gottesbild. Freiburg i.B./Basel/Wien 1991, 102–117. Auf diesem Beitrag baut auf Barbara Hoffmann: Libertäre Sophienmystik und keusche Ehe. Wandel und Kontinuität weiblicher spiritueller Vorbilder im radikalen Pietismus (17. und 18. Jahrhundert). In: Claudia Opitz/Hedwig Röckelein/Gabriela Signori/Guy P. Marchal (Hg.): Maria in der Welt. Marienverehrung im Kontext der Sozialgeschichte, 10.–18. Jahrhundert. (Clio Lucernensis, 2) Zürich 1993, 191–209.

[8] Willi Temme: *Krise der Leiblichkeit. Die Sozietät der Mutter Eva (Buttlarsche Rotte) und der radikale Pietismus um 1700.* (AGP, 35) Göttingen 1998, 311–323.

[9] Burkhard Dohm: *Poetische Alchimie. Öffnung zur Sinnlichkeit in der Hohelied- und Bibeldichtung von der protestantischen Barockmystik bis zum Pietismus.* (Studien zur deutschen Literatur, 154) Tübingen 2000, 187–280.

[10] S. o. Anm. 4.

alterlichen Mystik auf Arnold den orthodoxen *ordo salutis* als strukturierendes Prinzip der Sophienschrift herausgearbeitet.[11]

Das Ziel dieses Beitrags ist es, die Position der Arnoldschen Sophienmystik innerhalb der böhmistischen Strömung anhand einiger Beobachtungen genauer zu bestimmen und von da aus die Frage nach dem eigentlichen Skopus dieser Schrift zu stellen. Gleich eingangs sei zugestanden, dass ein solcher Zugang natürlich dem Selbstverständnis, das Arnold in dieser Schrift präsentiert, grundlegend zuwiderläuft. Arnold betont, mit der Erscheinung Sophiens über eine geistliche »erfahrung«[12] zu berichten, die er selbst in seinem »gemüth« gemacht und erst anschließend an der Heiligen Schrift (d. h. dem Motiv der Weisheit im Sprüchebuch, bei Jesus Sirach und in der Weisheit Salomos) und anhand der altkirchlichen Lehrer verifiziert habe.[13] Dem entspricht, dass Arnold diese Autoritäten innerhalb des Traktats ausführlich als Zeugen seiner Auffassungen heranzieht. Als einziger Vertreter des Böhmismus hingegen wird John Pordage ausdrücklich erwähnt.[14] Eine gewisse Spannung zwischen den angeführten biblischen und altkirchlichen Autoritäten und dem Niedergelegten wird dabei von Arnold zugleich zugestanden und spiritualistisch überspielt:

> »Und was ich in buchstaben nicht ausgedrucket sehen mochte / das ersetzte der H. Geist durch die vom Vater verheissene salbung gantz überflüßig / versiegelte auch alles andre durch Göttliche überredung und gewißheit zu allem seligen gebrauch und *effect* dieses hohen geheimnisses.«[15]

Der vorliegende »auffsatz« sei ihm dann »als ein erster abriß von der sache in die feder geflossen«.[16] Arnold beansprucht hier also, dass das Niedergelegte auf unmittelbare spirituelle Erfahrung zurückgehe und anhand theologischer Autoritäten lediglich nachträglich bestätigt worden sei. Das Motiv der direkten und persönlichen Inspiration stellt in den böhmistischen Kreisen einen festen literarischen Topos dar.[17] Zudem freilich drückt die zitierte Aussage

---

[11] Peter C. Erb: *Pietists, Protestants and Mysticism: The Use of Late Medieval Spiritual Texts in the Work of Gottfried Arnold (1666–1714).* (Pietist and Wesleyan Studies, 2) London 1989, 90–98.

[12] Zum Erfahrungsbegriff Arnolds vgl. Volker Keding: *Theologia experimentalis. Die Erfahrungstheologie beim späten Gottfried Arnold.* Münster i. W. u. a. 2001; Dietrich Meyer: Cognitio Dei experimentalis oder »Erfahrungstheologie« bei Gottfried Arnold, Gerhard Tersteegen und Nikolaus Ludwig von Zinzendorf. In: Ders./Udo Sträter (Hg.): Zur Rezeption mystischer Traditionen im Protestantismus des 16. bis 19. Jahrhunderts. Beiträge eines Symposiums zum Tersteegen-Jubiläum 1997. (SVRKG, 52) Köln 2002, 223–240.

[13] Arnold: *Geheimniß* (s. Anm. 3), Vorrede 2–7, f. 2r–3v.

[14] S. u. Anm. 78. Vgl. dazu Dohm: *Alchimie* (s. Anm. 9), 202.

[15] Arnold: *Geheimniß* (s. Anm. 3), Vorrede 7, f. 3v.

[16] Ebd. 8.

[17] Dies gilt nicht nur für Leade (s. u. Anm. 22), sondern beispielsweise auch für Pordage: J[ohn] P[ordage]: *THEOLOGIA MYSTICA: oder Geheime und verborgne göttliche Lehre von den*

auch das Zugeständnis aus, dass der veröffentlichte Text in gewisser Hinsicht mit Unzulänglichkeiten behaftet sein könne. Er wolle daher jedem Leser »seine freye gedancken«, d.h. Kritik, zugestehen, freilich nur, sofern diese »vor Gott und in seiner heil. ehr=furcht« geschehe. Hingegen gelte: »Die vernunfft möchte wohl allhier unzehlige gegensätze und fragen auffbringen können / worüber sie sich aber selbst und vor sich alleine qvälen / verzehren und zu schanden machen muß / biß ihre höhen und vestungen herunter und in staub fallen.«[18] Im Bewusstsein, dass dieser Bannstrahl wohl gerade gegen Überlegungen der hier vorzutragenden Art gerichtet ist, soll nun dennoch versucht werden, etwas zum historischen Verständnis dessen beizutragen, was Arnold mit einer bestimmten kommunikativen Absicht als seine religiöse Erfahrung präsentiert.

Arnolds Schrift gliedert sich in zwei Teile, die durch unterschiedliche Denkbewegungen geprägt sind. Die ersten sieben Kapitel unternehmen es, das Wesen der Sophia theologisch-ontologisch zu erfassen. Im zweiten, deutlich längeren, Teil der Schrift hingegen (Kap. 8–25) bietet Arnold dann einen vom Prinzip des *ordo salutis* geprägten Gedankengang, der vom mahnenden Ruf der Weisheit über die Buße zur Wiedergeburt führt und abschließend die Früchte der wiederhergestellten Einheit von menschlicher Seele und Sophia darzustellen sucht. Beide Abschnitte sollen gesondert behandelt und erst am Ende zueinander in Beziehung gesetzt werden. Dass die hier dargestellten Beobachtungen fragmentarisch und unvollständig bleiben, sei ebenfalls sogleich zugestanden. Ohne Frage würde die Sophienschrift eine präzisere Behandlung in anderem Rahmen verdienen.

1. Der ontologische Charakter der Weisheit (Kap. 1–7)

Die ersten sieben Kapitel setzen an bei dem Verhältnis zwischen der göttlichen Weisheit und dem trinitarischen Gott. Bereits bei Böhme stellte sich das Problem, dass seine Aussagen über die göttliche Weisheit im Sinne einer

Ewigen Unsichtbarkeiten. Amsterdam: Heinrich Wettstein 1698, Vorrede, 13f. Ebenso erklärte Antoinette Bourignon ausdrücklich, dass ihr böhmistisches Modell nicht auf die Lektüre von Texten des Görlitzer Schuhmachers, sondern direkt auf eine Vision zurückgehe: Marjolaine Chevallier: *Pierre Poiret 1646–1719. Du protestantisme à la mystique*. (Histoire et Société, 26) Genf 1994, 197; zu Bourignon vgl. nun auch Maria Petronella Adriana de Baar: *›Ik moet spreken‹: het spiritueel leiderschap van Antoinette Bourignon (1616–1680)*. Diss. theol. Groningen 2004 (http://dissertations.ub.rug.nl/faculties/theology/2004/m.p.a.de.baar/?FullItemRecord=ON), hier 205. Gleicher Anspruch gilt auch für die ›Entdeckung‹ der *apokatástasis pántōn* durch das Ehepaar Petersen, vgl. Schneider: Der radikale Pietismus (s. Anm. 1), 404. Ebd., 401 f und 404 zur damals drängenden theologischen Diskussion um die Vertrauenswürdigkeit von Visionen.

[18] Arnold: *Geheimniß* (s. Anm. 3), Vorrede 9, f. 3v.

vierten Wesenheit in Gott verstanden werden konnten und damit dem Geruch einer trinitätstheologischen Häresie ausgesetzt waren.[19] Pordage verteidigte die Orthodoxie Böhmes, indem er die Weisheit als rein empfangende und passive und damit den drei göttlichen Personen kategorial untergeordnete Dimension der Gottheit beschrieb.[20] Wie bei Böhme erscheint die Weisheit auch bei Pordage als Medium, in dem sich die Gottheit ihrer selbst gegenständlich wird, sowie als ihr Offenbarungsmedium – durch das der Urmensch nach seiner Erschaffung direkt an der Gottheit Anteil genoss.[21] Etwas anders stellt sich das Modell Jane Leades dar. Bei ihr wurde das Grübeln über das Problem der Wesenhaftigkeit Sophias nämlich zum Ausgangspunkt einer visionären Erfahrung. Die Ungewissheit über die Frage, ob die Weisheit »ein von der Gottheit unterschieden Wesen wäre / oder nicht«, führte in Leades Beschreibung direkt in eine mystische Schau hinein, welche die eigenständige Wesenhaftigkeit Sophias unterstrich.[22] Gichtel hingegen setzte insofern einen von Leade unterscheidbaren Akzent, als er – auf der Ebene der Wirksamkeit Gottes nach außen, d.h. der *opera ad extra* – Christus und Sophia geradezu miteinander identifizierte. So setzte er die Weisheit gleich mit dem *Fiat*, dem schöpferischen Gotteswort;[23] wiederholt formulierte er zudem »Sophia ist JEsus«, um zum Ausdruck zu bringen, dass der Gottessohn durch die Weisheit als »sein himmlisch Fleisch und Blut«, d.h. den Modus, in dem er sich ursprünglich gegenständlich geworden ist, zur menschlichen Seele in Beziehung tritt.[24] Die von Böhme vorgenommene Verhältnisbestimmung zwischen der trinitarischen Gottheit und der Weisheit wurde dadurch nicht angetastet.

Versucht man nun, Arnold in diese keineswegs einheitliche Landschaft einzuordnen, so fallen verschiedene Bezüge zu Gichtel und Leade ins Auge. Zum einen treten Christus und Sophia auch bei ihm – wie bei Gichtel – in so enge Beziehung, dass sie zuweilen austauschbar erscheinen,[25] zum anderen freilich stellt Arnold in seinem Traktat wiederholt durch die theologischen

[19] Vgl. dazu Emanuel Hirsch: *Geschichte der neuern evangelischen Theologie im Zusammenhang mit den allgemeinen Bewegungen des europäischen Denkens*. Bd. 2. Gütersloh 1951, 241f; Martin Brecht, Die deutschen Spiritualisten des 17. Jahrhunderts. In: Ders. (Hg.): Geschichte des Pietismus. Bd. 1 (s. Anm. 1), 210f.

[20] J[ohn] P[ordage]: *THEOLOGIA MYSTICA* (s. Anm. 17), 75; Ders.: *Göttliche und Wahre METAPHYSICA* […]. Bd. 3. Frankfurt/Leipzig: Joh. Martin Hagen 1715, 430–432.

[21] J[ohn] P[ordage]: *THEOLOGIA MYSTICA* (s. Anm. 17), 77.

[22] Jane Leade: *EIN GARTEN=BRUNN Gewässert durch die Ströhme der göttlichen Lustbarkeit* […]. Amsterdam: Heinrich Wetstein 1697, zitiert nach Benz: *Adam* (s. Anm. 4), 85. Vgl. auch das Auftreten der Weisheit »neben dem Lamme«, ebd., 90.

[23] Gichtel: *Theosophia practica* […], 6. Theil, S. 1562, nach Benz: *Adam* (s. Anm. 4), 116.

[24] Gichtel: *Theosophia practica* […], 6. Theil, S. 3252f; nach Benz: *Adam* (s. Anm. 4), 117; vgl. ferner Gichtel: *Theosophia practica* […], 2. Theil, S. 1304, nach Benz: *Adam* (s. Anm. 4), 115.

[25] Dazu Büchsel: *Arnold* (s. Anm. 6), 137 und 152, Anm. 45; Dohm: *Alchimie* (s. Anm. 9), 230.

Begriffe des *character* oder der *hypóstasis* die ontologische Eigenständigkeit der Weisheit heraus.[26] Seine Nähe zu Leade wird dadurch vertieft, dass er in seiner Weisheitsschrift eine Vision der Sophia zwar nicht ausdrücklich beschreibt, aber unzweideutig voraussetzt. Dies geht nicht nur aus seiner Berufung auf persönliche »erfahrung«, sondern ebenso aus den einleitenden Sätzen der Vorrede hervor. Gleich eingangs betont Arnold, dass ihm gegenüber die Weisheit »absonderlich«, d. h. neben der Offenbarung Gottes durch seinen Sohn Jesus Christus, »durch ihre geheime wirckungen [...] sich mächtig geäussert« habe.[27] Zu berücksichtigen ist ferner, dass die Sophienschrift gemeinsam mit einer Sammlung an Gedichten im Druck erschien, in der tatsächlich eine solche Schau lyrisch in Worte gefasst worden ist. Am ausführlichsten und individuellsten fasst Arnold seine Vision in dem bekannten Gedicht »Bereicht von einer nacht=begebenheit« in Worte.[28] Dieses Gedicht soll daher zur Interpretation der theologischen Aussagen im Traktat hinzugezogen werden. Grundsätzlich ist der Rekurs auf eine eigene Sophia-Vision als Grundmotiv des Böhmismus zu betrachten, ebenso die hier und in anderen Gedichten Arnolds erkennbare Verschmelzung der Sophia-Mystik mit Elementen der Brautmystik, d. h. dem Kuss oder der Vereinigung als dem Höhepunkt spiritueller Erfahrung.[29] Versucht man nun, in diesem Rahmen präzisere literarische Bezugspunkte für die »nacht=begebenheit« Arnolds zu finden, so wird man wieder in besonderem Maße bei Jane Leade fündig, diesmal allerdings in eher abgrenzender Weise. Dies sei anhand zweier Beobachtungen konkretisiert.

1.) Die Gründermutter der Philadelphier hatte die ihr erschienene Weisheit, wie schon Heinrich Seuse, als eine ausgesprochen prächtig geschmückte Gestalt beschrieben.[30] Arnold hingegen schreibt:

> »Da trat im augenblick vor meines Geistes augen /
> Die Weißheit / Gottes Braut / nicht zwar in hohem glantz /

---

[26] Arnold: *Geheimniß* (s. Anm. 3), Vorrede 5 und 12, f. 3r und 4r; 30f (Kap. 4/5–6): die Weisheit als »ein geistliches selbs=ständiges Göttliches und himmlisches wesen«, d. h. *hypóstasis*. Dazu vgl. Büchsel: *Arnold* (s. Anm. 6), 152, Anm. 45. Der Begriff *character* erscheint innerhalb des Traktats in diesem Sinne auch in einem Zitat des Eremiten Markus: Arnold: *Geheimniß* (s. Anm. 3), 94 (Kap. 14/16), vgl. MPG 65, 1040C.

[27] So Arnold: *Geheimniß* (s. Anm. 3), Vorrede 2, f. 2rv.

[28] Gottfried Arnold: *Neue Göttliche Liebes=Funcken* [...], Nr. CXXII, 293–296; zu diesem Gedicht vgl. Büchsel, *Arnold* (s. Anm. 6), 142f. Zur Struktur dieser im Anschluss an den Traktat gebotenen Gedichtsammlung vgl. Hans-Georg Kemper: *Deutsche Lyrik der frühen Neuzeit*. Bd. 5/ I: Aufklärung und Pietismus. Tübingen 1991, 122; Dohm: *Alchimie* (s. Anm. 9), 197f.

[29] Sophien- und Brautmystik sind schon verschmolzen bei Heinrich Seuse und Jakob Böhme, vgl. Benz, *Geheimnis* (s. Anm. 4), 69. Vgl. ferner Jacob Böhme: *Christosophia, oder Der Weg zu Christo* I, 45. In: Ders.: *Sämtliche Schriften. Faksimile-Neudruck der Ausgabe von 1730 in elf Bänden*. Will-Erich Peuckert (Hg.). Bd. 4. Stuttgart 1957, Nr. IX, 30.

[30] Benz: *Adam* (s. Anm. 4), 85f.

(den sie sonst offtermal bey manchen pflegt zu brauchen)
Doch größer als ein mensch / von schönheit funckelnd gantz.«[31]

Gerade in einem Gedicht, das den Anspruch erhebt, einer höchst persönlichen Vision Worte zu verleihen, setzt sich Arnold also durch negative Bestimmungen von anderen Erscheinungsberichten ab und erweist sich damit als im Gespräch mit anderen Positionen, wohl mit Seuse und Leade, befindlich.[32] Mit dieser Abgrenzung stellt er zugleich den individuellen und nicht einfach konventionellen Charakter seiner Vision heraus.

2.) Vergleicht man den Visionsbericht Leades weiter mit Arnolds Gedicht, so fällt ein weiterer Unterschied auf. Bei Leade führt die Schau zu einer geradezu programmatischen Selbstvorstellung der Weisheit als geistlicher Mutter, die die Seele zur Wiedergeburt führen werde. Bei Arnold hingegen erfolgt zuerst ein Demutsakt des Visionärs, der sich seiner Sündhaftigkeit bewusst ist. Die Entgegnung der Weisheit umfasst dann nur zwei Worte: »Zur antwort ward mir nichts / als dieses: sey zufrieden!«. Anschließend gewährt Sophia dem Visionär einen Kuss – das traditionelle brautmystische Symbol der *unio mystica.*

Fraglos kommt den zwei Worten »sey zufrieden!« gerade aufgrund ihrer Kürze einiges Gewicht für das Verständnis der Arnoldschen Sophiologie zu. Grundsätzlich stimmen beide angeführten Elemente darin überein, dass Arnold die Weisheit als betont schlicht und frei von irdisch anmutendem Prunk (in ›materieller‹ wie in geistiger Hinsicht) beschreibt. Jürgen Büchsel interpretierte das »sey zufrieden!« im Jahre 1970 als Beleg für den »Quietismus« Arnolds.[33] Es ist bekannt, dass Arnold gerade in seiner Quedlinburger Phase sich mit quietistischem Gedankengut beschäftigte und die »Guida spirituale« des Miguel de Molinos ins Deutsche übertrug.[34] Gemeinsam ist der Sophienschrift und den quietistischen Texten sicher die konsequente Ausrichtung an der individuellen Innerlichkeit, die bei Arnold zu einem völlig zurückgezogenen Lebensstil und zum Verzicht auf die engagiertere Teilnahme an endzeitlich inspirierten Gemeinschaftsprojekten führte.[35] Zugleich besteht zwischen seinem Anliegen in diesem Traktat und dem des Quietismus jedoch keine völlige Deckungsgleichheit. Deutlich wird dies schon da-

[31] S. o. Anm. 28.

[32] Die Abgrenzung von Seuse erkannte hier bereits Benz: *Geheimnis* (s. Anm. 4), 57. Arnold selbst reflektiert über die unterschiedlichen visionären Erscheinungsformen der Sophia in *Geheimniß* (s. Anm. 3), 74 (Kap. 11/24).

[33] Büchsel: *Arnold* (s. Anm. 6), 143.

[34] Dazu Schneider: Der radikale Pietismus (s. Anm. 1), 415; ders.: Art. »Quietismus«. In: RGG[4] 6, 2003, 1865–1868, hier 1867.

[35] Dazu vgl. neben der in Anm. 1 angegebenen Literatur auch Büchsel: *Arnold* (s. Anm. 6), 198; Hanspeter Marti: Die Verkündigung des irdischen Paradieses. Spiritualismus und Utopie bei Gottfried Arnold. In: Blaufuß/Niewöhner (Hg.): Arnold (s. Anm. 1), 187.

ran, dass Arnold quietistische Schlüsselbegriffe wie den »nackten Glauben« oder die »Passivität« meidet und ein Vokabular verwendet, das eher an der spätmittelalterlichen Mystik orientiert ist. So operiert er regelmäßig mit den Begriffen der Gelassenheit und der Abgeschiedenheit – all dies Elemente, die im Übrigen auch bei Jakob Böhme erscheinen.[36] Daneben kann freilich auch die »ruh« als paradiesischer Endzustand auftreten.[37] Man könnte daher von einer an den Kategorien der traditionellen Mystik orientierten Quietismus-Rezeption sprechen, und in diesem Sinne ist wohl auch das »sey zufrieden!« der »nacht=begebenheit« zu deuten. In Arnolds Konzeption von Gelassenheit und Ruhe tritt im Übrigen auch ein Erbstück reformatorischer Theologie hinzu, nämlich die explizite Zurückweisung von selbstausgedachten Übungen, »wodurch du diesen schatz [d. h. Sophia] dem lieben GOTT abverdienen und abnöthigen woltest«[38], d. h. von Versuchen der Selbstrechtfertigung vor Gott. Die Schlichtheit, mit der Arnold – in Abgrenzung von der üblichen Topik – seine Sophienvision schildert, ist damit theologisch fundiert.

Bemerkt sei freilich auch, dass sich Arnolds Ansatz von dem des zeitgenössischen Quietismus in einer Hinsicht deutlich unterscheidet. Das spirituelle Modell der Quietisten zielte auf die *annihilatio*, die Auflösung der menschlichen Individualität in Gott, und der Philadelphier John Pordage nahm diesen Zug in seine sophiologischen Schriften auf.[39] Bei Arnold hingegen tritt dieses Motiv nur am Rande auf.[40] Der Sophientraktat formuliert das Ideal einer vollkommenen Einheit und Harmonie zwischen der Weisheit und einer

---

[36] Beispielsweise Arnold: *Geheimniß* (s. Anm. 3), 99 (Kap. 15/13), 116 (Kap. 17/20: »Lässet sich denn der Mensch mit diesem gefundenen Schatz in ein ordentliches verbündnis ein / so hat er / was ihm in ewigkeit gemahls genug seyn mag / so daß er irdischer gehülffen von selbst vergessen wird.«), 140 (Kap. 19/17: »nur einfältige übergabe und gehorsam«). Ergänzend lässt sich auf Arnolds Dichtung verweisen: *Poetische Lob= und Liebes=Sprüche von der Ewigen Weißheit* [...], abgedruckt im Anschluss an Arnold: *Geheimniß* (s. Anm. 3), 8, Nr. 11. Zum Begriff der Gelassenheit bei Böhme vgl. Brecht: Spiritualisten (s. Anm. 19), 212 f.

[37] Arnold: *Poetische Lob= und Liebes=Sprüche* (s. Anm. 36), 80 f, Nr. 65; zu diesem Gedicht vgl. Dohm: *Alchimie* (s. Anm. 9), 199 f. Dasselbe Motiv erscheint auch bei Jane Leade, ebd., 157.

[38] Arnold: *Geheimniß* (s. Anm. 3), 67 (Kap. 10/15).

[39] Vgl. John Pordage: *SOPHIA: das ist / Die Holdseelige ewige Jungfrau der Göttlichen Weisheit* [...]. Amsterdam: ohne Verlagsangabe 1699, 2 (Gedanke der Auflösung im Sinne der *via unitiva*), 18 (Passivität). Dazu vgl. Dohm: *Alchimie* (s. Anm. 9), 137.

[40] Arnold: *Poetische Lob= und Liebes=Sprüche* (s. Anm. 36), 87, Nr. 69: »Wol dem / der alles läßt / was GOtt nicht selbst ist / fahren / | Und seine Selbheit selbst ins ew'ge nichts versenckt: | Der wird sein himmlisch=thun nicht nach den tod versparen, | Ihm ist gewiß mit GOTT der himmel hier geschenckt!«. Gerade dieses Zitat macht aber auch deutlich, dass das quietistische Motiv der Interesselosigkeit am eigenen Heil und am eigenen Ergehen von Arnold nicht rezipiert wird. Andere Beispiele der Annäherung Arnolds an den Gedanken einer Auflösung des Menschen in Gott bietet Dohm: *Alchimie* (s. Anm. 9), 275–277. Dennoch sehe ich anders als er einen inhaltlichen Unterschied zwischen Arnold und Quietisten wie Jeanne Marie Guyon (vgl. dazu auch ebd., 244 f).

geläuterten Menschenseele, ohne auf den Gedanken ihrer Auflösung hinauszugehen. Hierin erweist sich Arnold der konventionellen theologischen Anthropologie seiner Zeit näher als andere Vertreter radikalpietistischen Gedankenguts.

Die von Leade übernommene Betonung des Unterschieds zwischen dem Gottessohn und Sophia führt bei Arnold allerdings in ein theologisches Problem hinein. In Böhmes Modell, das die Schöpfung als eine Selbstentfaltung des trinitarischen Gottes beschreibt, hat die Weisheit eine spezifische Funktion. Sie ist – vor aller Zeit – der Spiegel, in dem sich Gott seiner selbst gegenständlich wird und zugleich das Medium, durch das hindurch Gott die Schöpfung vollbringt und sich den Menschen offenbart. Sie ist eine rein göttliche Entität, dabei aber dennoch den drei Personen der Trinität insofern untergeordnet, als sie keine aktiv handelnde Dimension besitzt, sondern passiv empfangend und vermittelnd ist.[41] Dementsprechend deutete der Böhmismus vor Arnold, Jane Leade eingeschlossen, die visionäre Begegnung mit Sophia als eine Art Vorstufe für den Eintritt in die paradiesische Gemeinschaft mit Gott selbst.[42] Arnold rezipiert einerseits die Konzeption der Sophia als Offenbarungsmittlerin,[43] dreht andererseits aber hinsichtlich des mystischen Erlebens die Reihenfolge um, indem er eine Art Zwei-Stufen-Mystik entwirft. Die erste Stufe könnte man dabei als die der Identität von Christus-Erfahrung und Sophia-Erfahrung bezeichnen:

»Da erfähret sie [d. h. die menschliche Seele] so dann bey langer übung und gemeinschafft mit Christo / daß in ihm auch wesendlich alle fülle wohne. Sie erkennet auch dabey / daß der Geist Jesu / und der Geist der Weißheit nicht zwey unterschiedene Geister seyn / sondern ein einiger Geist / und ein unzertrennliches wesen / welches sich in ihr durch Göttliche würckungen bey einfältigem gehorsam stätig offenbahre.«[44]

Soweit bewegt sich Arnold völlig im Rahmen des üblichen Böhmismus und auch der dezidierten Identifikation von Sophia und *lógos*, wie sie beispielsweise bei Gichtel zu finden ist. Dann jedoch erklärt Arnold, dass diese Erkenntnisstufe für die einfältigen Gemüter ausreiche, und ergänzt das be-

---

[41] Jacob Böhme: *De triplici vita hominis, oder vom Dreyfachen Leben des Menschen*. V, 39–41. In: Ders.: *Sämtliche Schriften* (s. Anm. 29). Bd. 3. Stuttgart 1960, Nr. III, 88 f (die Weisheit »ohne Wesen, sondern eine Gleichniß GOttes«); vgl. dazu Hirsch: *Geschichte* (s. Anm. 19), 214.

[42] Vgl. Leade: *GARTEN=BRUNN* (s. Anm. 22), 49: Die Weisheit eröffnet den Weg zur Vereinigung mit dem himmlischen Bräutigam. Dieselbe Struktur findet sich bei Pordage, vgl. Temme: *Krise* (s. Anm. 8), 317.

[43] Arnold: *Geheimniß* (s. Anm. 3), 31 (Kap. 4/7): »Die andern Gottesgelehrten nennen sie einen hellen strahl oder glantz GOttes / eine lautere und hell=leuchtende klarheit und krafft / die von dem auge seiner ewigkeit unmittelbar ausgehe«. Arnold nimmt in diesem Zusammenhang den neuplatonistisch-mystischen Gedanken der Emanation auf.

[44] Ebd., 35 (Kap. 5/3).

stehende Modell durch eine weitere Stufe noch höherer geistlicher Erkenntnis. Bei denen, die noch tiefer forschten, enthülle sich nämlich doch noch ein Unterschied zwischen Christus und Sophia:

»Da nun gleich die meisten seelen in ihrer einfalt bey diesem begriff bleiben: so äussert sich doch zuweilen bey denen / welche tieffer forschen / und in die geheimnisse eindringen / ein mercklicher unterscheid / und zwar umb desto bequemerer ordnung / und genauerer erkänntniß willen. Dann Gott suchet die seele durch einen neuen und gantz andern vorwurff und auffschluß zu grösserer auffmercksamkeit und liebe zu ermuntern / und zu einem weitern grad ihrer reinigung zu bringen / nachdem sie eine geraume zeit in der vereinigung / und dem umbgang mit dem HErrn JEsu treu gewesen.

[...] Alsdenn wird dem geist deß menschen die himmlische Weißheit näher / und mit deutlicherem unterscheid bekannt / als ein sonderbahres Göttliches wesen / welches zwar an sich selbst mit der ewigen Gottheit eins / auch ohne und ausser derselben nimmermehr nichts würcket oder schaffet / dennoch aber unter seinem eigenen Göttlichen *Character* sich kund machet.«[45]

Die Erfahrung der Weisheit überhöht demnach also die Erfahrung der Gemeinschaft mit Christus im Glauben. Arnold beansprucht hier, in eine besondere, über den böhmistischen Konsens, besonders auch über Gichtel hinausgehende Erkenntnisstufe einzuführen.[46] In gewisser Hinsicht war dieser Schritt durch Pordage vorbereitet, der eine Aufeinanderfolge der Epochen des Vaters, des Sohnes und der Sophia postulierte.[47] Klar ist aber auch, dass Arnold damit in eine Spannung zur Grundstruktur der böhmistischen Kosmologie geriet, in der die Weisheit dem trinitarischen Gott und damit auch dem Gottessohn untergeordnet ist. Einen Ansatz dazu bot ihm Jane Leade mit ihrer Betonung der Eigenständigkeit Sophias, ferner die traditionelle Struktur der Weisheits- wie Brautmystik, die insofern eine Zweistufigkeit kennt, als auf die Vereinigung mit (dem leidenden, gekreuzigten) Christus der Eintritt in die paradiesische Gegenwart Gottes erfolgt.[48] Bei Arnold aber begegnet nun ein Modell, wonach die Gemeinschaft mit Sophia als besonders elitäre Gestalt geistlicher Erfahrung selbst die Gemeinschaft mit Christus zu überhöhen vermag. Somit entsteht eine Spannung zwischen der ontologischen Bestimmung der Weisheit und der ihr zugeschriebenen Rolle im Frömmigkeitsleben. Ein Vorschlag zur Interpretation dieses Phänomens soll freilich erst nach einem Durchgang durch den zweiten Teil der Sophienschrift gemacht werden.

---

[45] Ebd. (Kap. 5/4–5).

[46] Erinnert sei daran, dass sich gerade Gichtel skeptisch über die von Arnold erreichte Erkenntnistiefe äußerte; vgl. Büchsel: *Arnold* (s. Anm. 6), 159.

[47] Pordage: *SOPHIA* (s. Anm. 39), 161.

[48] Vgl. Uta Störmer-Caysa: *Einführung in die mittelalterliche Mystik*. Stuttgart 2004, 153–158 (die Frage, ob die auf diesen Seiten vorgetragene Unterscheidung von männlicher und weiblicher Mystik tragfähig ist, kann hier nicht erörtert werden).

2. Die Wiederherstellung der Gemeinschaft zwischen Mensch und Weisheit (Kap. 8–24)

Erscheint die Weisheit im ersten Teil der Schrift als höchstes und letztes Ziel des Glaubenslebens, so steht sie im zweiten Teil ganz am Anfang des Weges. Sie ist, wie Arnold betont, einem jeden Menschen – nicht nur Christen, sondern auch Heiden – nahe und ruft nach ihnen, »weil sie sich nach dem fall wiederum bey allen menschen auff eine geheime geistliche art angibt / und wiederum ihr voriges leben in ihnen beginnen will.«[49] Im Sinne des *ordo salutis* befinden wir uns hier am theologischen *locus* der Berufung.[50] Im Ganzen der Schrift umgreift die Weisheit damit die beiden Randpunkte des soteriologischen Prozesses: den ersten Ansatz sowie – wie sich aus dem ersten Teil des Traktats ergeben hat – die Vollendung. Damit befindet sich Arnold in Übereinstimmung mit dem gesamten Böhmismus. Schon bei Böhme selbst heißt es – ausgehend von der These, dass sich die Weisheit dauernd im menschlichen Geist spiegle:

»Ihre Spigulierung mit Verlangen und viel Ruffen, Vermahnen und inbrünstigem Sehnen verbringet Sie die gantze Zeit, weil die Frau an ihrer statt lebet, aber dem Wiedergebornen erscheinet Sie in hoch triumphirender Gestalt im *Centro* des Gemüths.«[51]

Anhand der Reaktion auf den Ruf der Weisheit teilt sich die Menschheit in zwei Gruppen: diejenigen, die ihr widerstreben, und diejenigen, die ihrem Ruf mit »gehorsam« nachkommen. Für letztere folgt nun ein Prozess der Reinigung und Annäherung an Sophia, der auf die »herwiederbringung« des Menschen in seiner schöpfungsmäßigen Bestimmung, d.h. in der Einheit mit Sophia, zielt.[52] Mit dem gesamten Böhmismus setzt Arnold dabei voraus, dass die Annahme des göttlichen Rufs Aufgabe und Möglichkeit des Menschen sei.[53] Da die sich daran anschließende geistliche Wandlung des

---

[49] Arnold: *Geheimniß* (s. Anm. 3), 52 (Kap. 8/7).

[50] Vgl. ebd., 55 (Kap. 5/18): »Bey dieser ersten besuchung aber ist ihr vortrag alsdenn nicht anders / als ein Göttlicher beruff zu ihrem gehorsam.«

[51] Jacob Böhme: *De tribus principiis, oder Beschreibung der Drey Principien Göttliches Wesens* XIII, 10. In: Ders.: *Sämtliche Schriften* (s. Anm. 29). Bd. 2. Stuttgart 1960, Nr. II, 150.

[52] Arnold: *Geheimniß* (s. Anm. 3), 72 (Kap. 11/18).

[53] Ebd., 57 (Kap. 9/2): »Wer zu dieser letzteren [d.h. zur Gruppe der Gehorsamen] gehören will / [...]«. Zu beachten ist hier auch ein Gedicht; Arnold: *Poetische Lob= und Liebes=Sprüche* (s. Anm. 36), 80f, Nr. 65: »Kennst du noch nicht der weißheit helle blitzen/ | Die deinen duncklen ort Unmittelbar mit ihrem wort | So offt gesucht durch liebe zu erhitzen? | Ist diese nicht das licht / Das in den menschen stets vorbricht / | Wo sie nur nicht die kräffte unterdrücken? | Sie ists / die dich erfreuen | Und gantz vergöttern kan / Wo du sie nimmest an. | Ach laß dich ihren glantz doch wesendlich erneuen!« Der letzte Vers des Gedichts freilich bricht eine allzu einlinige Interpretation im Sinne der Willensfreiheit: »Wohl mir / daß ich mich kan zu deinem wort bequemen!«

Menschen als durch das göttliche Wort bewirkt beschrieben ist, ließ sich die hier bestehende strukturelle Spannung zum lutherischen oder auch reformierten Bekenntnis theologisch überbrücken.[54]

Aus Arnolds Sicht ist die Berufung freilich nur der allererste Schritt auf einem langwierigen Prozess der Läuterung und der Annäherung an Gott und seine Sophia. Der Weg vom Ruf der Weisheit bis zur Vereinigung mit ihr führt über den Gehorsam, die Erfahrung der Zucht und Bestrafung durch Sophia für erwiesenen Ungehorsam und dann – als letzte Vorstufe der *unio* – über die Vermittlung weisheitlicher Lehre.[55] Der gesamte Prozess ist als eine fortlaufende Reinigung der Seele beschrieben, wobei wiederholt auch alchemistische Begrifflichkeit begegnet. Zugleich lässt Arnold keinen Zweifel daran, dass seines Erachtens kein anderer Weg ins Paradies, zum Heil, führt.[56] *Ein* Element des erforderlichen Gehorsams der Weisheit gegenüber besteht dabei darin, die Gemeinschaft mit »Eva«, d.h. die Ehe, aufzugeben bzw. definitiv auf sie zu verzichten.[57] Sophia und Eva schließen sich nach Arnold gegenseitig aus. Seines Erachtens wohnt die Weisheit auf Dauer, d.h. über ihren gelegentlichen Ruf hinaus, nur in einer Seele, die »von aller befleckung nicht allein des fleisches / sondern auch des geistes sich würcklich immerdar enthält.«[58] Eine geschlechtlich geführte Ehe ist der damaligen Auffassung Arnolds zufolge also mit der Annäherung an Sophia – und folglich mit der christlichen Wiedergeburt – nicht vereinbar. Bekanntlich lag er hierin auf einer Linie mit Johann Georg Gichtel, der die Ehe ebenfalls scharf ablehnte und Arnold nach seinem 1701 erfolgten Eheschluss entsprechend attackierte.[59] Die Ablehnung der Ehe ist freilich kein durchgehendes Kennzeichen der böhmistischen Strömung. Böhme selbst hat seine Ehe nicht gelöst.[60] Eine

---

[54] Bei Arnold wird dies besonders deutlich in *Geheimniß* (s. Anm. 3), 58f (Kap. 9/8).

[55] Arnold: *Geheimniß* (s. Anm. 3), Kap. 11–14.

[56] Ebd., 143 (Kap. 20/8): »du wirst auch durch ihre anweisung den jenigen neuen lebendigen weg finden und betretten / der dich zu deinen ehemahls im paradis genossenen früchten des ewigen lebens führen / und mit allen ersinnlichen reichtum begnadigen wird.« Ebenso ebd., 103 (Kap. 15/26): »Ob nun wol eine seele durch der weißheit zucht und läuterung ziemlich mag gefegt und verändert worden seyn: so muß sie doch eben zu dem ende in den jungfräulichen leib ihrer mutter der weißheit wieder eingehen / und aus dem einen reinen *principio* oder element durch und in der neuen schöpffung mit der Weißheit Göttlicher natur / nemlich mit einer himmlischen geistlichen *substantz* oder neuen leiblichkeit angethan / und in solche persönliche krafft des obern Reiches einverleibet und versencket werden / will sie anders bestehen / vor dem zorn=feuer verwahret / und nicht hinaus geworffen seyn / wenn der König kommt / die gäste seiner hochzeit zu besehen.« Noch schärfer geht die Alternative zwischen Weltleben und Erreichen des Paradieses aus Arnolds Gedichten hervor, vgl. ders., *Poetische Lob= und Liebes=Sprüche* (s. Anm. 36), 56, Nr. 51, oder 60–62, Nr. 54. Auch hierin stimmte er mit Gichtel überein, vgl. Benz: *Geheimnis* (s. Anm. 4), 75.

[57] Arnold: *Geheimniß* (s. Anm. 3), Kap. 12.

[58] Ebd., 80 (Kap. 12/16–18).

[59] Dazu vgl. Büchsel: *Arnold* (s. Anm. 6), 153.

[60] Vgl. Fritz Tanner: *Die Ehe im Pietismus*. Zürich 1955, 17.

ehekritische Haltung hat allerdings auch Jane Leade eingenommen, die zum Zeitpunkt ihrer Visionen verwitwet war. Der Gedanke, nicht um der Sophia willen mit »deinem natürlichen Ehmanne« brechen zu dürfen, wurde bei ihr als widergöttlicher Einwurf des Menschengeistes qualifiziert.[61] Die Begegnung mit Sophia war ihres Erachtens also eine hinreichende Begründung, um eine Ehe – zumindest im Sinne einer sexuellen Beziehung – aufzuheben. Freilich wird sich noch zeigen, dass dieser Gedanke im Ganzen der Soteriologie bei Leade eine andere Relevanz hatte als bei Gichtel und Arnold.

Die Gegenüberstellung von Sophia und Eva führte – von Böhme an – zu misogynen Zügen in der sophiologischen Literatur der frühen Neuzeit. Gerade auch bei Gichtel, der das böhmistische Modell radikal auf die Einzelseele konzentrierte, zeigt sich dieses Phänomen.[62] Eine davon abweichende Einschätzung im Rahmen böhmistischer Vorstellungen nahm freilich von Antoinette Bourignon und Pierre Poiret ihren Ausgang. Auch sie sahen die Erschaffung Evas bereits als Folge eines Ur-Sündenfalls, erblickten darin aber zugleich einen »Versuch Gottes, den Menschen durch ein Gegenüber an seine ontologische Bestimmung zu erinnern«.[63] Die Gemeinschaft von Adam und Eva erscheint aus diesem Blickwinkel als eine bedingt gute Einrichtung Gottes unter den Bedingungen eines ersten Abfalls des Menschen von ihm. Auch nach John Pordage war die Erschaffung Evas nach der Ursünde Adams eine Maßnahme Gottes, um die Menschen durch natürliche Zuneigung in der »Pflicht der Liebe« zu erhalten. Seines Erachtens wäre ohne Frauen »alles noch viel ärger«.[64] So formuliert bedeutete dies eine gewisse geistliche Aufwertung der Gemeinschaft von Mann und Frau – die sexuelle Vereinigung stand freilich auch hier unter dem Verdikt des Abfalls an die Welt.[65] Ordnet man Arnold in diesen Kontext ein, dann kann schon um 1700 seine Position nicht einfach mit der Gichtels identifiziert werden. War er auch in der Ehefrage wie in der Individualisierung des böhmistischen Modells noch ganz gichtelianisch geprägt, so fehlten doch bereits zu diesem Zeitpunkt bei ihm, wie Willi Temme gezeigt hat, die misogynen Züge.[66] Man kann dies als einen ersten Ansatz zu seiner bald darauf erfolgten Um-

---

[61] Jane Leade: *Sechs Unschätzbare Durch Göttliche Offenbarung und Befehl ans Liecht gebrachte Mystische Tractätlein* [...]. Amsterdam: ohne Verlagsangabe 1696, 158f.

[62] Dazu Bernard Gorceix: *Johann Georg Gichtel. Théosophe d'Amsterdam*. Lausanne 1975, 101f; Temme: *Krise* (s. Anm. 8), 320f. Unpräzise ist hier Hoffmann: *Sophienmystik* (s. Anm. 7), 199f. Vgl. dazu vertiefend auch den Beitrag von Aira Võsa in diesem Band.

[63] So Gustav A. Krieg: Das marginale Ich. Religiöser Eklektizismus und religiöses Subjekt bei Pierre Poiret. In: Meyer/Sträter (Hg.): Rezeption (s. Anm. 12), 163. Vgl. ferner Chevallier: *Poiret* (s. Anm. 17), 198.

[64] John Pordage: *Göttliche und Wahre METAPHYSICA* [...]. Bd. 3. Frankfurt/Leipzig: Joh. Martin Hagen 1715, 529–531 (Zitat 531).

[65] Ebd., 531f.

[66] Temme: *Krise* (s. Anm. 8), 322.

orientierung interpretieren, die freilich zu einer Ehe auch im sexuellen Sinne führte und hierin auch den von Bourignon und den Philadelphiern gesetzten Rahmen überschritt.

Der ausführlich erläuterte Weg von Berufung, Gehorsam und Zucht führt in Arnolds Sophientraktat zur Vereinigung der Seele mit der Weisheit. Eine Beschreibung dieses Ereignisses selbst lehnt Arnold mit Verweis auf eine Art Arkandisziplin ab. Deutlich ist die Aufnahme brautmystischen Vokabulars in erotischer Färbung.[67] Ist die brautmystisch beschriebene Einheitserfahrung in vielen mystischen Traktaten Höhe- und Zielpunkt der Erörterung, so erscheint sie bei Arnold freilich als eine – fraglos wichtige – Etappe, an die sich jedoch weitere Wegstücke anschließen. Würde traditionelle lutherische Theologie an dieser Stelle darüber reflektieren, die im Inneren gemachte Erfahrung in der äußeren, körperlichen Welt umzusetzen, so folgt im Sophientraktat eine noch gründlichere Reinigung der Seele, des Inneren. Ging es zuvor darum, die Seele zum Empfang der Weisheit vorzubereiten, so ist der sich anschließende Prozess als eine »geburts=arbeit« der Weisheit im Inneren des Menschen beschrieben. Die Weisheit übernimmt nun also selbst das Regiment in der Seele:

»Sie kommet zu keinen andern ende in der seele hernieder / als alleine diese ihre geistliche geburts=arbeit in der jetzt=gedachter läuterung mit mächtigem ansatz zu beginnen / nach allen gehörigen pfleg= und nahrungs=mitteln fortzusetzen / und nicht abzulassen / biss dass Christus nach seiner reinen menschheit im hertzen gestaltet wird.«[68]

Es geht also zum einen um die Fortsetzung des bereits zuvor eingeleiteten Läuterungsprozesses, zum anderen aber ist dieser Prozess nun von grundsätzlich veränderten Rahmenbedingungen bestimmt. Gleichwie der mit der Sophia als Geistleib vereinte paradiesische Urmensch zu einem geistlichen Gebären ohne Verletzung der Jungfräulichkeit in der Lage gewesen wäre,[69] so geht es auch hier um die geistliche Neugeburt der Seele. Theologisch gesprochen befinden wir uns hier also am *locus* der Wiedergeburt – ein Begriff, den Arnold freilich zugleich für den gesamten Prozess der Heilsaneignung verwenden kann.[70] Das Ziel ist hier also, wie auch in der ersten mystischen

---

[67] Arnold: *Geheimniß* (s. Anm. 3), 95 (Kap. 15/1): »Da sie denn nach gnugsamer prüfung mit ihren suchern und liebhabern nicht mehr handelt / als mit fremdlingen / oder ihnen mißtrauend oder abgewandt erscheinet; sondern sie lässet die wohlgeläuterte Geister in ihr geheimes zimmer zu sich eingehen und mehr erfahren / als sie ausser demselben anderen entdecken können oder dürffen.« Zur fortschreitenden Erotisierung der Sprache in dieser Hinsicht bei Gichtel und Arnold – parallel zur völligen Konzentration auf das Verhältnis der Einzelseele zur Weisheit – vgl. Temme, *Krise* (s. Anm. 8), 320.

[68] Ebd., 98 (Kap. 15/11).

[69] Dazu Temme: *Krise* (s. Anm. 8), 313.

[70] Vgl. Arnold, *Geheimniß* (s. Anm. 3), 94 (Kap. 14/16f).

Stufe des ersten Teils der Sophienschrift, die Gemeinschaft, Gleichförmigkeit und Vereinigung mit Christus. Diese Stufe aber bietet, wie Arnold sogleich betont, lediglich einen »vorgeschmack« auf das höchste Ziel: »Den völligen hochzeitlichen Ehrentag aber / und die öffentliche vollziehung solcher vermählung versparet sie [d. h. Sophia] biß auf des menschen gäntzliche vollendung.«[71] Auf diese Weise gliedert sich der Heilsprozess im Anschluss an die Vereinigung mit Sophia in zwei voneinander unterscheidbare Stufen: zuerst die »geburts=arbeit«, in der Sophia bildhaft als Mutter der zu rettenden Seele erscheint, anschließend die Vermählung mit ihr, die auf der Bildebene den Wechsel von der Mutter zur Braut impliziert.[72]

Was nun die zweite Stufe der Vermählung mit der Weisheit und der Vollkommenheit betrifft, so spricht Arnold hier von den »besonderen läuterungs=wercken« der Weisheit – zu unterscheiden von der »erste[n] reinigung und fegung«, die »vor und in der neuen geburt offenbahr wird / als welche nur zur verklärung und zu dem amte JEsu Christi in der seelen bahn gemachet«.[73] Aus der Perspektive dieser vervollkommnenden Stufe schmilzt also alles Vorangegangene zu einer einzigen Vorphase zusammen. Die Wiedergeburt in Christus, die Rechtfertigung und Heiligung sind hier als geschehen vorausgesetzt.[74] Wie schon auf der zweiten Stufe des ersten Teils seines Traktats, so nimmt Arnold auch hier eine differenzierte Verhältnisbestimmung von Weisheit und Gottessohn vor: Es bestehe zwar ein göttlicher Geist, der sowohl Geist der Weisheit als auch Geist Christi sei; der Unterschied bestehe aber in ihrer Wirkung und Offenbarung: Der Vater salbe die mit seinem Sohn schon vereinten Seelen »eben durch diesen Geist der Weisheit«. Es sei der Ratschluss des Vaters, dass die in Christus wohnende Fülle durch den Geist der Weisheit (und nicht anders) den gläubig-gehorsamen Seelen zuteil werde.[75] In diesem Sinne bestehe auch die Möglichkeit, dass die Seele bereits in diesem Leben die Vollkommenheit und damit die definitive Vermählung mit Sophia erreiche. Den dazu erforderlichen neuerlichen Reinigungsprozess Sophias schildert Arnold als ausgesprochen harten und eingreifenden Vorgang:

»O schlage / brenne und schmeltze getrost in deinen dir jetzt auffgeopfferten Creaturen / verschone nicht / O liebe / und wenn wir schonen wolten / so mache uns so lange angst und bange / biß wir mit deinen gerechten urtheilen einstimmen und alles alte vergehe / damit alles neu werde in krafft der andern schöpffung und herwieder-

71 Ebd., 106 f (Kap. 16/5–7).

72 Vgl. die zusammenfassende Formulierung ebd., 111 (Kap. 17/3), ferner die anschließenden erotisch gefassten Ausführungen ebd., 112 f (Kap. 17/8–12). Zur Rede von der Weisheit als »Mutter« im Rahmen des Böhmismus vgl. Temme: *Krise* (s. Anm. 8), 318 f.

73 Arnold, *Geheimniß* (s. Anm. 3), 162 (Kap. 15/1).

74 Ebd. (Kap. 15/2).

75 Ebd., 163 (Kap. 23/4–5).

bringung aller dinge in uns / wornach gleichwol der unsterbliche geist in geheim sich sehnet!«[76]

Arnold selbst gesteht zu, dass er – entgegen seiner Gewohnheit – an dieser Stelle keine autoritativen Belege der altkirchlichen Väter anführen könne, und bietet dafür folgende Erläuterung:

»Es erhellet auß ihren schrifften und *actio*nen / daß die allerwenigsten unter ihnen zu diesem grad der neuen geburt gelanget gewesen: Angesehen sie meist in ihrer minderjährigkeit unter den hindernüssen der äusserlichen satzungen und pflichten stehen blieben. Die andern / so etwa in der einsamkeit dergleichen erfahren / haben doch nichts davon gemeldet / weil sie / zumal unterm verfall / keine fähige gemüther vor sich gesehen.«[77]

An die Stelle des Rekurses auf die üblichen Autoritäten tritt hier der bereits erwähnte Verweis auf die Schriften von John Pordage.[78] Die Stufe der Vervollkommnung erhält damit eine hohe Exklusivität – auch dies war bei der zweiten Stufe im ersten Teil des Traktats der Fall. Arnold präsentiert das Philadelphiertum (und sich selbst) als Verkörperung eines Christentums, das in seiner Vollkommenheit selbst über die altkirchlichen Väter – zumindest soweit ihr Denken und ihre Erfahrungen in Quellen fassbar sind – hinausragt. Selbst ausdrückliche Rückverweise auf die Bibel sucht man in diesem Kapitel vergebens – insofern ist impliziert, dass es sich um Offenbarungen handelt, die inhaltlich und qualitativ selbst über die Heilige Schrift hinausgehen. In dieser Hinsicht steht Arnolds Traktat auch in Beziehung zur gerade laufenden Debatte um den Offenbarungscharakter gegenwärtiger visionärer Erfahrungen.

Was die traditionsgeschichtliche Einordnung dieses Gedankengangs betrifft, so seien hier lediglich zwei Aspekte ausgewählt. Zum einen setzt Arnold die Möglichkeit der geistlichen Vollkommenheit schon in diesem Leben voraus. Diese Vorstellung, die vom orthodoxen Luthertum in konfessioneller Abgrenzung zum Katholizismus abgelehnt wurde,[79] ist im Böhmismus fest verankert. Wenn Böhme von der »Tingierung« des inneren Menschen spricht, dann bedeutet dies nichts anderes als die Zielsetzung der völligen Reinheit und Vollkommenheit – ausgedrückt in alchemistischem Vokabular.[80] In Arnolds Sprache lässt sich dieser Hintergrund ebenfalls noch

[76] Ebd., 169 (Kap. 23/24).
[77] Ebd., 167 (Kap. 23/18).
[78] Ebd. (Kap. 23/17).
[79] Dazu vgl. von lutherischer Seite AC XII, 142 (45): BSLK[10], 282; FC. Epitome II, 12: ebd., 779. Auf katholischer Seite ist besonders auf die *canones* des Trienter Rechtfertigungsdekrets zu verweisen: DH 1568, 1572 und 1575 (*canones* 18, 22, 25).
[80] Christa Habrich: Alchemie und Chemie in der pietistischen Tradition. In: Hans-Georg Kemper/Hans Schneider (Hg.): Goethe und der Pietismus. (Hallesche Forschungen, 6) Halle/ Tübingen 2001, 55; zu Arnold vgl. auch Maria Paola Scialdone: *Vorurteilskritik* e »Theophrastia

erahnen. Zugleich ist die geistliche Vollkommenheit auch ein zentrales Motiv Speners und der pietistischen Konventikelbewegung.[81] Im Hintergrund stand dabei stets auch die eschatologische ›Hoffnung besserer Zeiten‹[82], die in Arnolds streng individualistischer Konzeption so nicht auftaucht, freilich aber doch anklingt – durch den Anspruch auf ein Niveau geistlicher Offenbarung, das bisherige Autoritäten übersteigt. Das Motiv der Vollkommenheit lässt Arnold als ›Pietisten‹ erkennbar werden – in Abgrenzung zur konfessionell geprägten Universitätstheologie.

Als zweiter Aspekt ist das soteriologische Modell Arnolds als Ganzes zu bedenken. Arnold vertritt, wie schon Böhme, den Grundsatz der Willensfreiheit: Die gefallene Seele hat noch soviel ursprüngliche Potenz, dass sie dem Ruf der Weisheit folgen kann – oder eben nicht.[83] Spezifischer ist hingegen der ausgesprochen elitäre Charakter von Arnolds Soteriologie. Im zweiten Teil der Schrift gilt ihm die Gemeinschaft mit der Weisheit als Vorbedingung des »unvergänglich ewig leben«, d. h. als Voraussetzung des Heils im traditionellen Sinne.[84] Betont sei, dass Arnold damit – im Rahmen des zweiten Teils der Sophienschrift – keineswegs die finale Vollkommenheit als Kriterium ansetzt, wohl aber eine Vereinigung mit der Weisheit, die ihrerseits den Verzicht auf geschlechtliche Partnerschaft voraussetzt. Dieses sehr exklusive Modell entspricht der Auffassung Gichtels und steht in scharfem Gegensatz zur Tendenz der englischen Philadelphier um Jane Leade, eine Wiederbringung Aller im Sinne der Allversöhnung zu vertreten.[85] Nochmals erscheint Leade also als Bezugspunkt und Negativfolie zugleich. Man könnte also sagen, dass Arnold in seiner Sophienschrift die ontologischen Vorstellungen Leades mit der exklusiven Soteriologie Gichtels verbunden hat.

---

sancta«. La *›aufgeklärte‹ Rettung* di Paracelso nella *Unpartheyische Kirchen- und Ketzerhistorie* di Gottfried Arnold. In: Mauro Ponzi/Aldo Venturelli (Hg.): Aspetti dell'identità tedesca. Studi in onore di Paolo Chiarini. Rom 2003, 53–67.

[81] Dazu ausführlich Ryoko Mori: *Begeisterung und Ernüchterung in christlicher Vollkommenheit. Pietistische Selbst- und Weltwahrnehmungen im ausgehenden 17. Jahrhundert.* (Hallesche Forschungen, 14) Tübingen/Halle 2004. Zur Thematik der Vollkommenheit im Pietismus vgl. ferner Albrecht Peters in: Otto Hermann Pesch/Ders.: Einführung in die Lehre von der Gnade und Rechtfertigung. (Die Theologie) Darmstadt [3]1994, 232 und 240–244.

[82] *Locus classicus* für die Verbindung beider Motive ist Philipp Jakob Spener: *Pia Desideria.* Kurt Aland (Hg.). (Kleine Texte für Vorlesungen und Übungen, 170) Berlin [3]1964, 47 f.

[83] Vgl. Jacob Böhme: *Mysterium Magnum, oder Erklärung über Das Erste Buch Mosis* XXVI, 34–40. In: Ders.: *Sämtliche Schriften* (s. Anm. 29). Bd. 7. Stuttgart 1958, XVII, 195 f.

[84] Arnold: *Geheimniß* (s. Anm. 3), 170 (Kap. 24/2).

[85] Vgl. dazu Schneider: Der radikale Pietismus (s. Anm. 1), 404 f.

3. Die ›Wissenschaftslehre‹ des Schlusskapitels (Kap. 25)

In den letzten Kapiteln erscheinen geistliche Tugenden und Bewährungen als Werke der Weisheit in der Seele. Überraschenderweise ist aber auch damit der Abschluss der Schrift noch nicht erreicht. Vielmehr handelt das letzte Kapitel »Von der weißheit wirckungen im äusserlichen reich der creaturen«[86] und kehrt damit von der geistlichen in die materielle Sphäre zurück. Arnolds Ziel ist hier, »daß wir gar kürtzlich ihre außbrüche in dem bezirck der natur und creatur / wie auch in künsten und wissenschafften« behandeln, »als welche an sich selbst unendlich groß / und mir in ihren tieffen annoch fast unbekannt sind.«[87] Es geht nun also um die in der Gemeinschaft mit Sophia mögliche Welterkenntnis. Vom Ansatz her präsentiert auch Arnold damit eine sophiologische Universalwissenschaft. Jedes Handwerk und jede Erkenntnis beruht demnach – »ausser dem mißbrauch« – darauf, an dieser göttlichen Weisheit Anteil zu finden.[88] Diese allgemein vorhandenen Fähigkeiten und Kenntnisse werden durch die zuvor beschriebene Wiedergeburt der Seele nicht aufgehoben, sondern vielmehr ebenfalls einem Reinigungsprozess unterworfen (z. B. durch die Beseitigung des Eigenwillens), der dazu führt, dass der Mensch diese Fähigkeiten noch wirksamer und besser anzuwenden weiß. In diesem Sinne gibt ihm die Wiedergeburt die

> »macht / alle wunder Gottes in natur und creatur mit heiligen augen an= und einzuschauen. [...] Ja was noch mehr ist / es kan nur allein ein wiedergeborner erstlich die rechten schätze der weißheit finden und brauchen / weil der neue mensch alsdenn nach außtreibung der falschen bilder und götzen alle dinge in ihrem ersten wesen durch den spiegel der reinen natur beschauen / und in ihr innerstes hinnein dringen kan / die creaturen auch hinwiederum ihre gestalten und lieblichkeiten ihm offen darlegen / und in seinem gelassenen willen sich einergeben und bilden / über sie zu herrschen / wie Adam im Paradiß gethan hatte durch seine göttliche *Sophiam* und gehülffin. Also daß der neue mensch hiedurch die creatur zur gesundheit und erhaltung auch des äusseren leibes weißlich und bequemlich brauchen kan / und offt durch der weißheit anführung mehr findet / als alle natürlich=gelehrte *Doctores*.«[89]

Arnold spricht hier auch von der »allergeheimsten *Magia*«, die Gottes Schöpfungswerk durchziehe und die durch die in der Weisheit Wiedergeborenen »eingesehen« werden könne.[90] Konkreten Nutzen verspricht Arnold abschließend nicht nur – wie im gebotenen Zitat – im Bereich akademischer Erkenntnis und der Medizin, sondern besonders auch dort, wo Regierung

---

86 Arnold: *Geheimniß* (s. Anm. 3), 180 (Überschrift zu Kap. 25).
87 Ebd. (Kap. 25/1); der Satz enthält in der Druckfassung einen Anakoluth.
88 Ebd., 182 (Kap. 25/6–7).
89 Ebd., 185 f (Kap. 25/14 f).
90 Ebd., 186 (Kap. 25/16). Zu dieser Vorstellung von Magie vgl. Dohm: *Alchimie* (s. Anm. 9), 226; zu diesem Schlusskapitel ferner ebd., 236 f.

und Aufsicht auszuüben sind. In diesem Zusammenhang erwähnt er neben dem Königtum ausdrücklich das »geistliche[.] amt« des Pfarrers.[91] Arnolds Sophienschrift schließt also mit einem Plädoyer für den akademischen, (natur-)wissenschaftlichen und kybernetischen Nutzen der Weisheit – was fraglos zugleich der Weltzugewandtheit des biblischen Weisheitsbegriffs entspricht. Hier fällt auf, dass der angebliche Quietist Arnold gesellschaftlichen Funktionen wie politischer Herrschaft oder dem geistlichen Amt überhaupt eine so hohe Bedeutung zuschreibt.

Man könnte das Abschlusskapitel wie folgt zusammenfassen: Nur der in Sophia Wiedergeborene eignet sich als Wissenschaftler und Verantwortungsträger. Offenkundig richtet sich diese These aber nicht nur gegen Ansätze eines aufklärerischen Rationalismus, sondern mindestens ebenso sehr gegen ein konfessionell-kirchliches Christentum, das aus seiner Sicht – wie aus der Sicht des Pietismus insgesamt – geistlos und unfruchtbar erschien. Insgesamt drängt sich der Gedanke auf, dass diese abschließenden Ausführungen einen Reflex auf die von ihm im Rückblick ausgesprochen negativ beschriebene Lebensphase als Professor für Geschichte an der Universität Gießen darstellen.[92] In diese Richtung weist auch die Beobachtung, dass sich Arnold schon in der Vorrede der Sophienschrift nach einem kurzen Rückblick auf seine Gießener Tätigkeit mit einer langen Mahnrede an die akademische Jugend wendet und sie besonders einlädt, sich auf den Weg der geistlichen Weisheitssuche zu machen.[93]

Die Beziehungen zwischen der in der Sophienschrift entwickelten Konzeption und Arnolds akademischer Lehrtätigkeit werden zudem daran deutlich, dass er bereits in seiner Gießener Antrittsvorlesung *De corrupto historiarum studio* von 1697 emphatisch erklärte, die Wiedergeburt sei Voraussetzung für ein angemessenes Verständnis der Geschichte, die ja Ausdruck von Gottes Wirken sei.[94] Auch in der »Kirchen- und Ketzerhistorie« kehrt diese Auffas-

---

91 Arnold: *Geheimniß* (s. Anm. 3), 186f (Kap. 25/17–19).

92 Zur Gießener Phase vgl. Hans Schneider: Gottfried Arnold in Gießen. In: Heiner Faulenbach (Hg.): Standfester Glaube. Festgaben zum 65. Geburtstag von Johann Friedrich Gerhard Goeters. (SVRKG, 100) Köln 1991, 247–275; ders.: Der radikale Pietismus (s. Anm. 1), 412f.

93 Arnold: *Geheimniß* (s. Anm. 3), Vorrede 26f, f. [7]rv: »O ihr jungen munteren und edlen gemüther / die ihr in der blüthe eurer jahre und kräffte nach wissenschafft begierig seyd: Verzehret nicht ferner eure zeit / krafft und kosten bey denen krämern und kauffleuen der falschen weißheit / welche eure unsterbliche gemüther nicht befriedigen noch dero verborgenen hunger sättigen können! [...] Kommet demnach / o ihr unsterblichen gemüther / und werffet euch in eurem gemüthe zu den füssen der ewigen weißheit / und erfahret / wie gnädig und freundlich sie euch werde empfangen / wie klar sie euch werde erscheinen / und wie klüglich sie einem ieden nach allem bedürffniß werde zu recht weisen.«

94 Arnolds Antrittsrede ist ediert in Franz Dibelius: *Gottfried Arnold, sein Leben und seine Bedeutung für Kirche und Theologie*. Berlin 1873, 211–225; zur Drucküberlieferung vgl. Schneider: Gottfried Arnold (s. Anm. 92), 256, Anm. 60. Vgl. insbesondere einen Passus aus Kap. 5 dieser Rede: *Repetenda igitur omnis Historiae ratio a Deo est, cujus Spiritum neque virtus neque prona imper-*

sung wieder.[95] Praktisch umsetzen ließen sich diese Vorstellungen an der Universität freilich nicht, was zu Arnolds Amtsverzicht führte, den er in der Schrift »Offenhertzige Bekäntniß« begründete. Auch diese Schrift steht in inhaltlichem Zusammenhang mit dem Sophientraktat, da sie eine Art Visionsbericht enthält. Nach intensivem theologischem Studium, so Arnold, sei ihm Jesus als »Morgenstern selbst« erschienen.[96] Diese Erleuchtung habe es ihm unmöglich gemacht, ein Amt in der – als verfallen beurteilten – Kirche zu übernehmen. Auch an der Universität freilich, der er sich schließlich zuwandte, habe er seine geistliche »Freyheit« als permanent bedroht erlebt. Die Statuten hätten noch aus den »zanksüchtigen« konfessionalistischen Zeiten gestammt, und durch die Unerleuchtetheit der anderen Dozenten wurde seines Erachtens

> »nicht allein die einige Macht GOttes Doctores Theologiae zu machen / sondern auch alle gemeyne Freyheit der wahren erleuchteten Christen auffgehoben / und sie sampt denen Rechten und Pflichten ihres allgemeinen Priesterampts / an gewisse von Menschen offt widerrechtlich erklärte Lehrer und Meister gebunden«.[97]

Die universitären Statuten und Regeln gefährdeten also die geistliche Freiheit, die als in der Wiedergeburt gründend zu verstehen ist. Arnold treibt den Gegensatz zwischen Institution und Inspiration an dieser Stelle so weit, zu erklären, dass »[d]ie meisten wo nicht alle Gewohnheiten / Satzungen

---

tiendi voluntas destituit. Hujus ex lumine uti omnia sapientiae ac doctrinae instrumenta sumi debent, ita, constitutis per eum Historiae subsidiis commoda quaelibet inde sunt arcessenda. Parum tamen dixi, nisi addidero, illum demum Historicum geminum et ad mentem divinam formatum esse, qui revocatus a corrupto impioque naturae depravatae sensu de integro sit ex Deo genitus animoque prorsus immutatus, initiatus vero per fidem soli Christo et conjunctus. Zum Verständnis der Rede vgl. auch Hermann Dörries: *Geist und Geschichte bei Gottfried Arnold.* (AAWG.PH, 51) Göttingen 1963, 55f; Rudolf Mohr: Die Krise des Amtsverständnisses im Spiritualismus und Pietismus. In: Bernd Jaspert/Rudolf Mohr (Hg.): Traditio – Krisis – Renovatio aus theologischer Sicht. Festschrift Winfried Zeller zum 65. Geburtstag. Marburg 1976, 163.

[95] *Unparteyische Kirchen- und Ketzer-Historie* (s. Anm. 2), Vorrede 35: Da es um die wahrhaftige Darstellung von Konflikten um Gott gehe, »kan die Kirchenhistorie, wo sie just seyn soll, des lichts des H. Geistes und dessen wortes nimmermehr entbehren, weil ohne dieses solche dinge nimmermehr verstanden oder entschieden werden können«; vgl. Ingetraut Ludolphy: Gottfried Arnolds Prinzipien kirchengeschichtlicher Arbeit. In: Siegfried Herrmann/Oskar Söhngen (Hg.): Theologie in Geschichte und Kunst. Walter Elliger zum 65. Geburtstag. Witten 1968, 129. Ein – theologisch überbrückbarer – Unterschied besteht darin, dass Arnold 1697 von Wiedergeburt, in der ein Jahr später verfassten Vorrede hingegen von Erleuchtung spricht; zur Datierung dieser Vorrede vgl. Schneider: Gottfried Arnold (s. Anm. 92), 268f.

[96] [Gottfried Arnold:] *Offenhertzige Bekäntniß* [...]. 1699. Zitiert nach Mohr: Krise (s. Anm. 94), 163. Zu berücksichtigen ist hier die Bedeutung des Morgenstern-Motivs in der Sophienmystik.

[97] [Gottfried Arnold:] *Offenhertzige Bekäntniß* [...]. 1699. Zitiert nach Mohr: Krise (s. Anm. 94), 165. Der Freiheitsbegriff verbindet Arnold, wie Mohr herausstellt, sicher mit der zeitgenössischen Aufklärung. Zugleich aber ist hier auch der zutiefst lutherische Charakter seiner Terminologie zu berücksichtigen.

und Handlungen« antichristlich und widergöttlich seien[98] – und damit Erkenntnis verhinderten, anstatt sie zu fördern.

Liest man das Schlusskapitel der Sophienschrift vor diesem Hintergrund, kann man sagen, dass Arnold hier ein geistlich bestimmtes Programm der Welterkenntnis formuliert, das als Gegenentwurf zum bestehenden Universitätsbetrieb gedacht ist und – bis in die Medizin hinein (vgl. das obige Zitat)! – eine Verbesserung der Ergebnisse verspricht. Festzuhalten bleibt aber auch, dass dieses auf »erfahrung« gegründete Wissenschaftsprojekt dem im 17./18. Jahrhundert immer wichtigeren Prinzip der Empirie[99] diametral entgegengesetzt bleibt. Zielt letzteres gerade auf intersubjektiv aufweisbares Wissen, so ist Arnolds Ansatz radikal subjektivistisch und unempirisch. Selbst historische Erkenntnis hat seines Erachtens eine geistliche Erleuchtung zur Voraussetzung, die über die allgemein zugängliche Rationalität hinausgeht.

4. Arnolds kommunikative Absicht: Versuch einer Zusammenschau der beiden Hauptteile

Seinen eigenen Aussagen zufolge wandte sich Arnold mit seiner Schrift an die »gutwilligen und begierigen«[100], d.h. an diejenigen, die ernsthaft nach der Erkenntnis der Weisheit strebten, sie aber noch nicht erreicht hätten. Diese Bestimmung bedeutete eine Abgrenzung von zwei anderen möglichen Zielgruppen: zum einen von den Distanzierten, die seine Ausführungen rein rational aufnehmen und kritisieren würden,[101] zum andern von denjenigen, die bereits in bräutlicher und vollkommener Gemeinschaft mit der Weisheit lebten und daher einer solchen Wegweisung nicht mehr bedürften.[102] Weder das Gewinnen von reinen Weltmenschen noch die elitäre Kommunikation mit anderen Sophienvisionären erscheint damit als Motivation zur Abfassung der Schrift. Vielmehr geht es Arnold demnach darum, ernsthaft Suchenden eine Wegweisung zu geben. Die Schrift hat damit von den Eigenaussagen des Autors her im Kern ein pädagogisch-seelsorgerliches Interesse. Das Motiv religiöser Selbstmitteilung, das in den Schriften der

---

98 Ebd.

99 Dazu vgl. Lorenz Krüger/Bernhard Thöle: Art. »Empirismus«. In: TRE 9, 1982, 561–576, hier 562–565.

100 Arnold: *Geheimniß* (s. Anm. 3), 102 (Kap. 15/24).

101 So schon ebd., Vorrede 8, f. 3v, ferner ebd., 102 (Kap. 15/24).

102 Ebd., 111 (Kap. 17/1): »Jedoch genüget mir / daß ich nicht rede zu denen / die das wesen selbst schon besitzen / als welchen diese beschreibung [d.h. der Vermählung mit Sophia] gantz und gar unzulänglich und unwerth vorkommen würde / sondern zu gutwilligen und einfältigen seelen / ob sie etwa nachzueifern gereitzet werden möchten.«

Philadelphier und Gichtels ganz zentral ist, tritt demgegenüber eher in den Hintergrund, auch wenn Arnold in seiner Vorrede emphatisch bei seiner »erfahrung« und den Vorgängen in seinem eigenen »gemüth« angesetzt hat.[103] Vom Aufbau der Schrift her wird dies schon daran deutlich, dass die Erfahrung der Vereinigung mit Sophia hier lediglich Etappe auf einem Weg mit anderem Zielpunkt ist.

Diese Beobachtungen sollen nun abschließend mit der Struktur und inhaltlichen Eigenart der Schrift in Beziehung gesetzt werden. Vergleicht man die beiden Teile der Sophienschrift miteinander, so fällt ihre strukturelle Analogie ins Auge. In beiden Fällen, d.h. sowohl in der Ontologie als auch in der Frage der Aneignung der Weisheit, verwendet Arnold ein zweistufiges Modell, demzufolge die erste Stufe die fundamentale Identität von Christus und Weisheit herausstellt, die zweite Stufe hingegen jeweils eine Unterscheidung zwischen beiden zu etablieren sucht. Hinzu kommt, dass diese zweite Stufe in beiden Teilen des Traktats als ausgesprochen exklusiv und nur wenigen Eingeweihten bekannt charakterisiert ist. Es liegt somit nahe, die Stufenmodelle beider Teile in enge Beziehung zueinander zu setzen, auch wenn dadurch einige strukturelle Spannungen entstehen.[104] Die Erfahrung der Eigenständigkeit der Sophia im ersten Teil tritt damit in Beziehung zu jener Stufe der Vollkommenheit und des Vermähltseins mit ihr, die im zweiten Teil beschrieben ist. Arnold präsentiert somit der akademischen Jugend das elitäre Leitbild der sophiologisch eingeweihten und von ›Eva‹ definitiv geschiedenen Persönlichkeit als wissenschaftlicher Idealgestalt und als Gegenbild zur Realität des Universitätsbetriebs, die er in Gießen kennengelernt hat. Für die religiöse Selbstmitteilung hingegen zieht er die Form des Gedichtes vor.

---

[103] Arnold: *Geheimniß* (s. Anm. 3), Vorrede 2: »Seit dem ich auff mein eigen gemüth und auf das / was darinne vorgegangen / etwas bessere acht zu geben angefangen / [...]«. Der Aspekt der Selbstmitteilung war von der älteren Forschung bis hin zu Ernst Benz und Walter Nigg (Einführung in der benutzten Ausgabe, s. o. Anm. 3) ganz ins Zentrum gerückt worden.

[104] So hat z.B. die Vereinigung mit der Weisheit im zweiten Teil, auf welche die beiden Stufen ja erst aufbauen, kein Pendant im ersten Teil der Schrift.

Uwe Buß

Ein radikaler Schuster – Theodor Krahl

Die Wortführer des kirchlichen Pietismus waren meist Theologen, Akademiker oder Adlige mit höherer Bildung. Mit dem radikalen Pietismus meldeten sich vermehrt auch einfache Handwerker zu Wort, also Menschen ohne besondere schulische oder universitäre Bildung. Dieser Personenkreis wurde bis vor wenigen Jahren in der Forschung kaum berücksichtigt. Schuhmacher wie Maximilian Daut[1] aus Frankfurt und ein Sporergeselle wie Johann Georg Rosenbach[2] verfassten geistliche Schriften, in denen sie theologische Zeitanalysen darlegten, sich mit Geistlichen auseinandersetzten oder einfach ihre Überzeugung kundtaten. In letzter Zeit richtet sich das Interesse der Forschung vermehrt auf diesen Personenkreis. Ihre Schriften geben Einblick in das Handeln, die Denkweise und die Motivation von Menschen, die nicht die intellektuelle Auseinandersetzung suchten oder in fachwissenschaftlichen Kategorien dachten, sondern unmittelbar von ihrer persönlichen Überzeugung und Frömmigkeit sprachen.

Ein Vertreter dieser Personengruppe ist der Schuhmacher Theodor Krahl. Er blieb von der älteren Forschung nahezu unberücksichtigt. Die neuere Forschung nimmt ihn lediglich aufgrund eines Streitschriftenwechsels mit dem Frankfurter Pfarrer und Erbauungsschriftsteller Johann Friedrich Starck in den Blick.[3]

Seine Biographie und sein Weg vom lutherischen Pietisten mit kirchlicher Bindung zu einem radikalen Pietisten bzw. einem Separatisten wurden dabei kaum berücksichtigt.

I. Wer war Theodor Krahl? – Biographische Notizen

In einer seiner Schriften merkt Krahl an, dass er aus »CP in der Niederlausitz gelegen an der SP« stammt.[4] Dieses Kryptonym weist auf Cottbus hin. Die

[1] Uwe Buß: *Johann Friedrich Starck (1680–1756): Leben, Werk und Wirkung eines Pietisten der dritten Generation.* (QSHKG, 10) Darmstadt, Kassel 2004, 57.

[2] Hans Schneider: Der radikale Pietismus im 18. Jahrhundert. In: Martin Brecht/Klaus Deppermann (Hg.), Geschichte des Pietismus. Bd. 2: Der Pietismus im achtzehnten Jahrhundert. Göttingen 1995, 107–197, hier 141.

[3] Schneider: Pietismus, 156f; Buß: *Starck* (s. Anm. 1), 58ff. und 133–148.

[4] Theodor Krahl: *Wohlgemeynte Gegen=Rettung meiner Grund und Hoffnungs=Stimme.* O. O. 1732, 33f.

dortigen Kirchenbücher belegen, dass Theodor Krahl am 3. August 1688 als Sohn des Schuhmachermeisters David Krahl geboren wurde und am 5. August in der Oberkirche zu Cottbus die Taufe empfing.[5]

Krahl stammte aus sehr einfachen Verhältnissen. Er durfte zunächst zwar die Schule besuchen, musste sie aber aus finanziellen Gründen schon vor seinem zehnten Geburtstag verlassen.[6] Nach seiner Schuhmacherlehre war er 1706 nach Berlin zu seiner Schwester gezogen. Dort hatte er in den Gottesdiensten Propst Johann Porst (1668–1728), Pfarrer zu Berlin-Friedrichswerder, gehört, der durch die Lektüre von Speners Bußpredigten für den Pietismus gewonnen worden war.[7] Nach eigenen Angaben besuchte Krahl die Hausversammlungen bei Porst, die ihm sehr gut gefielen. Vor allem beeindruckte ihn, dass alle eingeladen waren, sich aktiv am Gespräch zu beteiligen, also auch die Handwerker.[8] In dieser Zeit ist Krahl für den Pietismus gewonnen worden. 1709 zog er nach Frankfurt am Main, wo er eine Anstellung fand. In seine Frankfurter Zeit fiel auch seine Heirat, von der wir lediglich durch seinen Bericht wissen, die aber leider in keinem Kirchenbuch nachgewiesen werden konnte.[9]

Da die freie Reichsstadt Frankfurt am Main nicht in kirchliche Parochien unterteilt war, sondern aus einer einzigen lutherischen Kirchengemeinde bestand, hatte jeder lutherische Einwohner die Möglichkeit, frei den eigenen Seelsorger auszuwählen. Krahl entschied sich für Johann Balthasar Starck, den Onkel des bekannten Erbauungsschriftstellers Johann Friedrich Starck.

Krahl berichtet in seinen Schriften von einem Ereignis aus dieser Zeit, das ihn dazu bewogen hatte, sich von der Kirche zu separieren.[10] Er sei durch die Predigten von Johann Georg Pritius, dem Senior des Frankfurter Predigerministeriums, zum Gebet ermutigt worden. Er habe dies vor allem laut in der Nacht getan. Bald darauf sei ein Bote des Predigerministeriums mit einer Vorladung für den Schuhmachermeister gekommen, bei dem Krahl wohnte.

---

[5] Ev. Taufbuch der Oberkirche zu Cottbus (1688), 22.

[6] Krahl: *Gegen=Rettung*, 47.

[7] Krahl erwähnt einen Herrn Porst, bei dem es sich nur um den Berliner Propst Johann Porst handeln kann. Krahl hat auf dem Friedrichs-Werder in Berlin gearbeitet, wo Porst zu dieser Zeit Pfarrer war. Theodor Krahl: *Zweytes Christliches Send=Schreiben An Hn. Joh. Friedrich Starcken*. O.O. 1734, 29f; Unschuldige Nachrichten von Alten und Neuen theologischen Sachen, Leipzig 1720–1750, hier 433ff; Horst Weigelt: *Der Pietismus in Bayern. Anfänge – Entwicklung – Bedeutung*. (AGP, 40) Göttingen 2001, 303.

[8] Krahl: *Zweites Sendschreiben*, 29f. Über seine Hausversammlungen hat Porst 1705 eine Schrift mit dem Titel »Gott wohlgefällige Versammlung der Gläubigen« herausgegeben. Die Angaben Krahls stimmen mit Porsts Beschreibung seiner Versammlungen überein. Vgl. Unschuldige Nachrichten 1708, 433,437.

[9] Es ist natürlich möglich, dass Krahl außerhalb von Frankfurt geheiratet hat. In Frage kommt womöglich der nicht genannte Heimatort seiner Frau.

[10] Theodor Krahl: *Antwort und Hoffnungs=Stimme eines armen Schäffleins*. O.O. 1731, 6f; Krahl: *Gegen=Rettung*, 32.

Die Nachbarschaft habe sich über das laute Gebet beschwert. Der Meister sei über die Vorladung empört gewesen, da direkt gegenüber in einer Gastwirtschaft die ganze Nacht über durch Tanzen und Spielen Krach gewesen sei. Das Predigerministerium habe ihm befohlen, sein Gebet zu mindern und einen Prediger angekündigt, der mit ihm ein klärendes Gespräch führen sollte. Dieser sei allerdings nie gekommen.

Für Krahl wurde diese Situation zum entscheidenden Wendepunkt in seinem Glaubensleben. Er meinte, bis dahin ein »hitziger und eifriger [...] Lutheraner gewesen« zu sein, »der bey seiner alten väterlichen Religion Leib und Leben gelassen hätte.«[11] Er habe sogar begonnen, Schriften gegen die Separatisten zu verfassen, da er ihren Weg »für einen Griff des listigen Teufels« hielt.[12] Er hatte sich ausdrücklich von radikalen Pietisten wie dem Schuhmacher Johann Maximilian Daut distanziert, der während eines Gottesdienstes in der Barfüßerkirche vor den Altar getreten war und zur Buße aufrief.[13] Als Beleg für seine Rechtgläubigkeit zitiert er sogar ein Attest, das ihm sein Beichtvater Johann Balthasar Starck kurz vor seiner Abreise aus Frankfurt am Main 1713 ausgestellt hatte[14] und ihm darin die regelmäßige Teilnahme am Gottesdienst und am Abendmahl bescheinigte.

Die Auseinandersetzung mit dem Predigerministerium in Bezug auf seine Gebetspraxis habe aber die Enttäuschung über die Frankfurter Prediger so groß werden lassen, dass er an diesen und der Kirche zu zweifeln begonnen habe und sich nicht mehr vorstellen konnte, in der Kirche etwas Gutes zu empfangen. Von dem Bedürfnis, seinem Glauben Ausdruck zu verleihen und darüber ins Gespräch zu kommen, ließ er sich nicht abbringen. So hatte er es in Berlin ja kennengelernt. In Frankfurt am Main aber gab es keine Hausversammlungen bzw. Erbauungsstunden oder ähnliches. Krahl fühlte sich in seiner Glaubenspraxis eingeschränkt und sah auch keine Hoffnung auf Änderung. 1713 erlebte er eine »Erleuchtung« und brach mit der verfassten Kirche. So wurde er, wie er selbst sagte, zu einem »unpartheyischen wahren Christen«.[15] Von der Geistlichkeit nahm er keine Ratschläge mehr an. Er fühlte sich alleine Gott und seinem Wort verpflichtet und ging dann so weit, dass er sich von nun an von Gott zum Predigen berufen fühlte.[16]

---

[11] Krahl: *Hoffnungs=Stimme*, 6f.

[12] Krahl: *Hoffnungs=Stimme*, 12.

[13] Krahl nannte ihn den »Schuhmacher Tund«, welcher in Krahls Frankfurter »Zeit sein Pfündlein in der Barfüsser=Kirch beytragen wollte«. Man habe ihm »aber das Maul zugehalten, und bey Androhung eines Staup=Besens [...] solches verboten«. Krahl: *Gegen=Rettung* (s. Anm. 4), 32.

[14] Krahl: *Gegen=Rettung*, 33f.

[15] Krahl: *Hoffnungs=Stimme*, 6f und 12. In seiner »Gegen=Rettung« schreibt Krahl: Ich »war gut Lutherisch, biß daß mich Gott erleuchtete.« Krahl: *Gegen=Rettung*, 34.

[16] Krahl: *Gegen=Rettung*, 25. »Er hat mich ohnmittelbar durch seinen Geist hiezu beruffen,

Die Verantwortung für seine Separation aber wies er ganz dem Frankfurter Predigerministerium zu.

Krahl zog 1713, nach seiner Erleuchtung, nach Büdingen, wo er unter der Herrschaft des toleranten Grafen Ernst Casimir I. von Ysenburg-Büdingen Zuflucht fand. Dort betrieb er eine gutgehende Schuhmacherwerkstatt, bekam mit seiner Frau zwei Söhne und verbrachte mit seiner Familie den Rest seines Lebens. Von Büdingen aus nahm er Kontakt zu vielen Gestalten aus dem Bereich des radikalen Pietismus auf. Er korrespondierte mit Victor Christoph Tuchtfeld, Andreas Groß, Johann Jakob Elsässer, Georg Lukas Künzel und vor allem mit dem Frankfurter Arzt und Naturforscher Johann Christian Senckenberg. Im Nachlass Senckenbergs befinden sich auch zahlreiche Briefe Krahls und seiner Söhne. Krahl verstarb am 12. Dezember 1736 nach langer Krankheit.

II. Krahl als radikaler Pietist

Seit der Zeit Speners war Frankfurt am Main ein Sammelbecken für verschiedene radikalpietistische Gruppen und Personen. Der Frankfurter Prediger Johann Friedrich Starck, der selbst dem kirchlichen Pietismus zuzuordnen ist, war bemüht, diese von der Kirche separierten Personen in die Kirchengemeinschaft zurückzuführen. Schon 1720 hatte er aus diesem Grunde eine Schrift veröffentlicht mit dem Titel »Hirten=Brief an ein Schäfflein/ Welches sich von der öffentlichen Kirchen=Versammlung und von dem Heiligen Abendmahl abgesondert hat«.

Als im Jahre 1730 die Separatisten nicht an den Festgottesdiensten anlässlich des 200-jährigen Jubiläums der »Confessio Augustana« teilnahmen, verfasste er die Schrift »Hirten=Ruf an die Schäfflein/ Welche sich von der öffentlichen Kirchen=Versammlung und von dem Heiligen Abendmahl absondern«. Sie wurde zum Auslöser für einen Streitschriftenwechsel, der sich bis 1734 hinzog und insgesamt 16 Titel umfasst, von denen sieben von Starck stammten, fünf von Theodor Krahl und jeweils zwei aus den Federn von Johann Jakob Elsässer und Andreas Groß, die Krahl in der Auseinandersetzung mit Starck unterstützten. Elsässer war ein wegen seiner pietistischen Einstellung aus dem württembergischen Kirchendienst entlassener Theologe, der in Frankfurt am Main lebte.[17] Groß, ein Buchhändler, der aus

daß ich ihm dienen soll: und so weit es allen Menschen vor Augen liegt, hat er mich erleuchtet, auch in des Geistes gaben in sofern geheiliget«.

[17] Schneider: Pietismus (s. Anm. 2), 157, 161, 191; Buß: *Starck* (s. Anm. 1), 57.

Straßburg stammte, gehörte zu den zentralen Persönlichkeiten des westdeutschen Separatismus.[18]

Abgesehen von den zahlreichen Verleumdungen, die beide Seiten gegen die jeweils andere Partei vorbrachten, bezog sich die Auseinandersetzung hauptsächlich auf die Themengebiete Ekklesiologie und Sakramentsverständnis.

Krahl wurde nicht müde zu betonen, dass er die Struktur der Kirche und die Form des Gottesdienstes nicht mit der Bibel für vereinbar hielt. So schrieb er in seinen nie veröffentlichen Lebensregeln, die er kurz vor seinem Tode für seine Söhne verfasste:

»In dem dienst Gottes lasset euch durch die von Menschen ausgedachten euseren Kirchen=Ceremonien nicht irre machen, sondern dienet ihm in dem Geist und in der lauteren Wahrheit. Eure Hertzen seyen sein Tempel, darinnen begegnet ihm, als geistliche Priester des einen Bruders.«[19]

Zwei Punkte waren ihm bei seiner Gottesdienstkritik besonders wichtig. Zum einen kritisierte er heftig die Geistlichen, die er größtenteils für Menschen hielt, die nicht den Heiligen Geist hätten, sondern nur von einem »Pfaffengeist« besessen seien. Er sprach ihnen die geistliche Autorität ab, das Wort Gottes verkündigen zu können. Denn, so unterstellte er ihnen, sie seien nur Prediger wegen ihres Gehalts, der menschlichen Ehre und aus Machtgelüsten. Unter solchen Predigern sei es für die »Kirchen-Christen« nicht möglich, »im Geist« und »an dem inwendigen Menschen« zuzunehmen.[20] Zum anderen kritisierte er, dass es in den Gottesdiensten ausschließlich den Predigern erlaubt sei, das Wort zu führen. Gemäß der christlichen Freiheit müsste jeder »sein Pfündlein zum gemeinen Nutzen beytragen« dürfen.[21]

Im Hinblick auf die kirchlichen Sakramente Taufe und Abendmahl werden die Unterschiede zwischen dem radikalen Pietisten Krahl und dem lutherischen Geistlichen noch deutlicher. Krahl argumentiert eindeutig gegen die Säuglingstaufe. Die biblische Taufe sei allein für die Menschen bestimmt, »die zu ihrem völligen Verstand« gekommen seien.[22]

Ebenfalls problematisch war für Krahl die kirchliche Feier des Heiligen Abendmahls, weil eben jeder daran teilnehmen konnte. Die »Würde des wahren Abendmahls« bestehe aber nicht in Brot und Wein, sondern darin, dass man gemeinsam im Geist Gemeinschaft mit Jesus habe. Wenn nun sün-

---

[18] Schneider: Pietismus, 159; Buß: *Starck*, 61.

[19] Theodor Krahl: *Lebens=Regeln*. Büdingen 1736, 5 (Senckenbergarchiv Frankfurt am Main, Mappe 85).

[20] Krahl: *Hoffnungs=Stimme* (s. Anm. 10), 25: »wollen nur Herren über anderer Seelen Glauben seyn.«

[21] Krahl: *Hoffnungs=Stimme*, 21.

[22] Krahl: *Gegen=Rettung* (s. Anm. 4), 64.

dige Menschen zum Abendmahl gingen, die nicht wirklich bekehrt seien (er nennt Hurer, Ehebrecher, Geizige und Götzendiener), habe er mit diesen eine geistliche Gemeinschaft und könne, befürchtete Krahl, mit diesen zusammen von Gott verworfen werden.[23]

Krahl vertrat also typische radikalpietistische Positionen. Aus seiner Korrespondenz und der weiten Verbreitung seiner Schriften geht hervor, dass er sich in den entsprechenden separatistischen Kreisen großer Zustimmung erfreute. Gleichwohl ist es für Krahl wie auch für viele andere bekannte Persönlichkeiten des radikalen Pietismus bezeichnend, dass er sich weder einer neuen Gruppierung außerhalb der Kirche anschloss, noch eine eigene gründete. Er hatte zwar vielfältige Kontakte, aber es kam zu keiner Gemeinschaftsbildung. Entsprechend wusste er sich auch von jedem abzugrenzen, mit dem er evtl. in Gemeinschaft hätte treten können. So zum Beispiel von den Inspirierten, die sich ebenfalls in der Wetterau angesiedelt hatten.

In einer Inspiration, die Johann Friedrich Rock[24] am 2. April 1733 in Büdingen hatte, reimte er eine Ermahnung an Krahl:

»Er hat den Starcken überwunden, seiner Meinung nach, der doch besser ist, als er; Wie so bald wird er in seinem Sinn mit euch fertig seyn! Krahl! höre auf, und nicht mehr Prall/ Sonst folgt zuletzt ein schwehrer Fall!«[25]

Am 12. April wurde diese Aussprache in Frankfurt an Krahl übergeben. Laut Bericht der Inspirierten hatte Krahl diese Aussprache Rocks über ihn noch angenommen, eine zweite aber nicht mehr. Er habe die Überbringer mit »Schelt- und Schmäh-Reden gegen den Geist der Inspiration« wieder gehen lassen und bestritten, dass die Aussprachen wirklich vom Heiligen Geist inspiriert seien.[26]

Auch über Nikolaus Ludwig von Zinzendorf, der für einige radikale Pietisten doch so etwas wie eine Brücke zum kirchlichen Pietismus darstellte, fand Krahl kein gutes Wort. Bei einer Begegnung hatte Zinzendorf ihm ein Buch überreicht, in dem er sein Glaubensbekenntnis darstellt.[27] Am 30. Juli 1736 schreibt Krahl dann an seinen Gönner und Freund, den Frankfurter

---

[23] Krahl: *Hoffnungs=Stimme*, 57: »Wann dann nun ein Hurer und Ehebrecher, und ein Geitziger, welcher ein Götzendiener ist etc. bey diesem geistlichen Essen mit beytritt, so komme ich ja mit ihm in Geist zur Gemeinschaft, weil die viele einen Leib ausmachen. Wird nun der Hurer, Geitzige und Ehebrecher verworffen, so bin ich ja mit ihm verworffen.«; ders.: *Gegen=Rettung*, 131–136.

[24] Zu Rock vgl. Schneider: Pietismus, 132, 151 f.

[25] *Auffrichtige Extracta aus dem allgemeinen Diario der wahren INSPIRATIONS-Gemeinden*, 1. Sammlung, 6.

[26] Ebd., 18.

[27] Nikolaus Ludwig von Zinzendorf: *Sendschreiben an Ihro Königl. Maj. von Schweden, von Grafen und Herren Ludewig von Zinzendorff, betreffende sein und seiner Gemeinde Glauben und Bekänntnüß*, O. O. 1735.

Arzt und Naturforscher Johann Christian Senckenberg, über diese Schrift Zinzendorfs: »Diese ist so eckelhaft, dass einige Freunde mich gebeten ihm deshalb eine Vorstellung zu thun. Ich fertigte ein Sendschreiben aus.« Dieses Sendschreiben ist vermutlich nicht mehr erhalten, aber Krahl berichtet, dass die Antwort Zinzendorfs sehr »kahl u. wankend ausgefallen« sei. Der Graf bedachte die armen Separatisten mit den Worten: »Wie jammern mich die guten Seelen, die keine Zucht und Abendmahl haben und doch denken daß sie Glieder einer Gemeinde Christi wehren.«

Diese Begebenheiten machen deutlich, dass Krahl sich nicht einer bestimmten religiösen Gruppierung zuordnen lässt. Er scheint ein ausgeprägter Individualist zu sein, der nur lose Kontakte zu Gleichgesinnten pflegte.
Darin stimmt er auffallend mit Senckenberg (1707–1772)[28] überein. Dieser hatte sich schon in jungen Jahren von der Kirche getrennt. Wie Theodor Krahl stand er mit verschiedensten radikalen Pietisten in Kontakt.[29] Bis ins hohe Alter blieb Senckenberg seiner kritischen Einstellung zur Kirche treu. Trotz aller Sympathie war er aber auch auf Abstand zu den radikalen Gruppen bedacht. Mit Kritik gegenüber den radikalen Pietisten hielt er sich nicht zurück. So sagte er 1735: »Pietisten sind meist Spitzbuben, die sich dafür als Heilige ausgeben; die guten unter ihnen sind recht gut, die bösen recht bös«.[30] Sein guter Kontakt zu Krahl bestand dagegen schon einige Jahre, wie ein 1729 verfasster Brief Krahls an ihn belegt.[31] Offensichtlich unterstützte er ihn in seinem Streitschriftenwechsel mit Starck und bezeichnete ihn an einer Stelle als den Arzt, den Gott Johann Friedrich Starck gesandt habe, um ihn von seinem »Pfaffen=Geist« zu befreien.[32]

Krahls Kontakte zu Senckenberg, aber auch zu radikalen Pietisten wie dem Buchhändler und Verleger Andreas Groß, verhalfen ihm zu einem ungewöhnlichen Bekanntheitsgrad. Sein Streitschriftenwechsel mit Johann Friedrich Starck fand in der zeitgenössischen wissenschaftlichen Literatur große Beachtung. Das mag zum einen an der schon damals großen Populari-

28 Zu Senckenberg vgl. Georg Ludwig Kriegk: *Die Brüder Senckenberg*. Frankfurt/Main 1869; Hermann Dechent: *Kirchengeschichte von Frankfurt am Main seit der Reformation*. Bd. 2. Leipzig, Frankfurt/Main 1921, 205f; Hans-Heinz Eulner: Johann Christan Senckenbergs Tagebücher als historische Quelle. In: Medizinhistorisches Journal 7 (1972), 233–243.

29 Dechent: *Kirchengeschichte*, 207. Kriegk schreibt, dass Senckenberg mit den wichtigsten Sektenmitgliedern wie Inspirierten, Pietisten, Herrnhutern und »Harmonisten« verkehrt habe. Neben den schon genannten Personengruppen nennt er namentlich Andreas Groß, den Zinzendorfanhänger Friedrich Biefer, Christian Fende, dessen Enkelin er 1747 heiratete, Victor Christoph Tuchtfeld, den Arzt Reich in Büdingen, Krahl, Plönnies in Homburg v.d.H., Immler, Johann Friedrich Rock, Johann Friedrich Haug, Salzmann in Berleburg, Mäußli in Bern, Bartmann in Eckhartshausen, Suchrecht, Pfr. Kohler, Korte, Johann Henrich Reitz und Johann Conrad Dippel. Kriegk: *Senckenberg*, 215, 221f.

30 Dechent: *Kirchengeschichte*, 207; Kriegk: *Senckenberg* (s. Anm. 28), 229.

31 Der Brief trägt das Datum Pfingstmontag 1729. Vgl. Senckenbergarchiv, Mappe 87b.

32 Senckenbergarchiv, Mappe 84.

tät Starcks gelegen haben und zum anderen natürlich an seiner radikalen Meinung. Es ist jedenfalls deutlich, dass sich an dieser Korrespondenz die theologischen Positionen der radikalen Pietisten einerseits und der kirchlichen Pietisten andererseits besonders markant abzeichnen.

In der »Fortgesetzten Sammlung von alten und neuen theologischen Sachen«, dem »Organ der Wittenberger Orthodoxie«[33], wurden alle Titel des Streitschriftenwechsels rezensiert.[34] Wie nicht anders zu erwarten, schneiden die Werke Krahls und seiner Gesinnungsgenossen schlecht ab. Der Rezensent bemühte sich zwar, den Inhalt wiederzugeben, konnte aber seine eigene, zumeist ablehnende Haltung gegenüber den radikalen Pietisten nicht verbergen.[35] Dagegen wurden die Werke Starcks zumeist positiv beurteilt. Johann Georg Walch beschäftigte sich ebenfalls in seiner »Historischen und Theologischen Einleitung in die Religionsstreitigkeiten der Evangelisch-Lutherischen Kirche« mit Starck und seinen Kontrahenten. Trotz der kurzen sachlichen Zusammenfassung des Konfliktes ist auch hier deutlich zu erkennen, dass Walch auf der Seite Starcks stand. Seine eigene Haltung wird besonders deutlich, wenn er schreibt: »Die Separatisten haben den Grund ihres Separatismi nicht ausser; sondern in sich selbsten und in ihrem verkehrten Sinn und Hertzen zu suchen.«[36]

Noch Jahre später fand der Streitschriftenwechsel Erwähnung. So z. B. im 1740 veröffentlichten Beitrag zu einem Lexikon der »jetz-lebenden Lutherisch- und Reformierten Theologen« Johann Jacob Mosers. Außerdem befaßt sich Johann Georg Heinsius 1754 in seiner »Unparteiischen Kirchen-Historie« mit dem Konflikt.[37]

Anhand von Krahls Person lassen sich einige Kennzeichen des radikalen Pietismus aufzeigen, allen voran die Individualisierung des Glaubens als eine Folge der Aufklärung und des Pietismus. Das wachsende Selbstbewusstsein der Laien ging oftmals mit der Hinterfragung kirchlicher Strukturen und der Kritik an der sozialen Kontrolle durch Pfarrer und Obrigkeit einher. Die enorme Verbreitung der Schriften Krahls und die bloße Tatsache, dass ein Handwerker wie Theodor Krahl literarisch produktiv werden konnte, spre-

---

[33] Schneider: Pietismus (s. Anm. 2), 110. Der ursprüngliche Titel der Zeitschrift lautet »Unschuldige Nachrichten von Alten und Neuen theologischen Sachen«. Ab 1720 erschien sie unter dem neuen Titel. Valentin Ernst Löscher berichtete darin regelmäßig über die radikalpietistische Literatur.

[34] Sammlung von alten und neuen theologischen Sachen 1732, 823; 1734, 100; 1735, 734–761.

[35] Z. B. Schmähreden und ismaelitische Spötterei. Sammlung von alten und neuen theologischen Sachen. 1735, 735, 739.

[36] Johann Georg Walch: *Historische und theologische Einleitung in die Religionsstreitigkeiten der evangelisch-lutherischen Kirche von der Reformation an bis auf jetzige Zeiten*. Bd. 5.2. Jena 1739, 1081.

[37] Johann Jacob Moser in ADB zu Johann Friedrich Starck, 37–40; Johann Georg Heinsius: *Unpartheyische Kirchen=Historie*. 3. Teil. Jena 1754, 148, 153, 273.

chen hier für sich. Und gerade anhand seiner persönlichen Ausführungen lässt sich zeigen, wie wenig bereit oder fähig die Geistlichkeit war, auf individuelle Frömmigkeitsstile einzugehen oder zumindest Toleranz gegenüber Andersdenkenden zu üben.

Rückblickend halten wir fest: Enttäuscht über die verfasste Kirche kehrte Theodor Krahl 1713 ihr den Rücken. Sein Streitschriftenwechsel mit Johann Friedrich Starck zwischen 1730 und 1734 markiert die Kluft, die seinen spiritualistischen Ansatz von einer landeskirchlichen Position trennte. Gleichzeitig war es ihm unmöglich, sich anderen Gruppen, wie den Inspirationsgemeinden oder den Herrnhutern anzuschließen. Letztlich war und blieb er ein Individualist ohne konfessionelles Bewusstsein. Dieses Schicksal teilte er mit nicht wenigen Zeitgenossen, von denen es bei Albrecht Ritschl im 2. Band seiner »Geschichte des Pietismus« heißt:

»Nicht nur enthielten sie sich der Taufe und des Abendmahls, sondern sie sperrten sich auch durch die engste Beschränkung auf Hausgottesdienst gegen einander ab. Wie sie jeder auf die Eigenheit seiner Meinung hielten, so beobachteten sie sich gegenseitig mit Zurückhaltung, Mißtrauen und Argwohn.«[38]

---

[38] Albrecht Ritschl: *Geschichte des Pietismus*. Bd. 2: Der Pietismus in der lutherischen Kirche des 17. und 18. Jahrhunderts. 1. Abteilung. Bonn 1884, 365.

Gustav Adolf Benrath

Tersteegens Begriff der Mystik und der mystischen Theologie

Man kann von Tersteegen den Eindruck gewinnen, als hätte er mit allem, was er war und tat, Geborgenheit und Ruhe ausgestrahlt. Albrecht Ritschl hat in seiner Geschichte des Pietismus im Kapitel über Tersteegen einen solchen, freilich subjektiven Eindruck folgendermaßen festgehalten:

»Tersteegen's Briefe, welche die directeste Erscheinung seiner Person bilden, muthen mich immer an wie ein kühles Zimmer mit gedämpftem Lichte, in welchem man sich von der Hitze und dem Kampfe der Arbeit und von der Blendung durch das grelle Tageslicht erholt. Es ist freilich nicht unsere Bestimmung, in solcher Einsiedelei der Ruhe zu pflegen; allein man behält den wohlthuenden Eindruck davon, auch wenn man wieder zur Arbeit und zum Kampfe des Lebens zurückgekehrt ist.«[1]

Tersteegen ein Einsiedler? – Tersteegen war zwar so etwas wie ein ruhender Pol, aber man muss diesen Eindruck objektivieren: In seiner Wahlheimat Mülheim an der Ruhr war er rings umgeben von den Bewegungen nicht nur des kirchlichen Pietismus in den lutherischen und den reformierten Gemeinden, bei den Freunden der Herrnhuter Brüdergemeine und bei den Mennoniten, sondern auch vom radikalen Pietismus der Neutäufer, der Inspirierten und der Ellerianer sowie von philadelphisch Gesinnten und separatistischen Einzelgängern unterschiedlicher Herkunft und oft gegensätzlicher Überzeugung.[2] Was sich in jenen Jahren und Jahrzehnten zwischen 1720 und 1770 im Siegerland, im Bergischen Land, am Niederrhein und in

---

[1] Albrecht Ritschl: *Geschichte des Pietismus*. Bd. 1: Der Pietismus in der reformirten Kirche. Bonn 1880 (ND 1966), 492.

[2] In seiner Schrift »Theobald oder die Schwärmer« (1785) hat Johann Heinrich Jung-Stilling in z. T. drastisch karikierender Ablehnung die zuletzt genannten Gruppierungen mit dem polemischen Begriff »Schwärmer« belegt, den man im 16. Jh. von reformatorischer Seite den Täufern und Spiritualisten entgegengeschleudert hat. In der neueren deutschen Reformationsgeschichtsschreibung wird der Begriff »Schwärmer« seit langem vermieden. Wohl in Analogie zur angelsächsischen Historiographie, die die Täufer und Spiritualisten als »Radical Reformers« zu bezeichnen pflegt, ist in der deutschen Pietismusforschung die Bezeichnung »radikale Pietisten« und »Radikaler Pietismus« oder »Radikalpietismus« in Gebrauch gekommen, vielleicht in der Absicht, den Begriff »Schwärmer«, den Jung-Stilling einst so unbedenklich ins 18. Jh. übertrug, zu vermeiden und zu ersetzen. Durchaus bedenkenswert bleiben indessen die Parallelen zwischen den »Schwärmern« zur Zeit der Reformation und zur Zeit Jung-Stillings: Es handelt sich dort wie hier um einen extremen Spiritualismus, der mit seinem einen Flügel aggressiv nach außen wirkte, auf dem anderen Flügel aber sich als sog. »mystischer« Spiritualismus nach innen zurückzog, – beide Flügel in Abweichung und Opposition gegen Verfassung, Lehre und Gottesdienst der Großkirche.

den Niederlanden zutrug, was immer hinter den sieben Bergen in Berleburg und Schwarzenau und auf Schloss Hayn, was in Elberfeld und Barmen, in Solingen und Ronsdorf, in Krefeld, Rheydt und Wesel die frommen Gemüter und ihre Gegner umtrieb und wie es mit christlicher Frömmigkeit und Kirche in Amsterdam, in Rotterdam und selbst in West- und Ostfriesland bestellt war, das alles hat auch Tersteegen stark bewegt und beschäftigt. Isoliert lebte er nicht. Man muss seine Gleichzeitigkeit und Nähe zur pietistischen Bewegung, seine aktive Beteiligung und seine Vorbehalte, aber auch seine entschiedene Gegnerschaft, etwa gegenüber Zinzendorf und den Inspirierten, mitbedenken, einmal ganz abgesehen von der prinzipiellen Gegnerschaft des Pietismus gegenüber der Aufklärung, die damals von Jahr zu Jahr in ganz Europa sieghaft an Boden gewann und an den deutschen evangelischen Universitäten, unter der Pfarrerschaft und in den Gemeinden Eingang fand.

Um die Gefahr einer Stilisierung und einseitigen Konzentration auf den frommen Liederdichter Tersteegen zu vermeiden, ist an weiteres zu erinnern. Gewiss, Tersteegen steht an erster Stelle (1) als Dichter seines »Geistlichen Blumengärtleins inniger Seelen«, aus dem seine Lieder allmählich und schließlich dann im späteren 19. Jahrhundert in die evangelischen Gesangbücher übergegangen und Kirchenlieder geworden sind, unverwechselbar da.[3] Er war aber in noch höherem Maße (2) als Schriftsteller religiöser Prosa und lebenslang als Übersetzer, Bearbeiter und Vermittler frommen christlichen Gedankenguts aus verschiedenen Zeiten und Richtungen vom Mittelalter bis in seine Gegenwart tätig.[4] Er war ferner (3), wie man aus seinen (im allgemeinen zu wenig beachteten) »Geistlichen Reden« schließen muss, ein wirkungsvoller erwecklicher Prediger, der in den nebenkirchlichen Versammlungen in Mülheim streng und eindringlich auf Bekehrung und Heiligung drängte.[5] Ihn in diesem Zusammenhang als »Laientheologen« und »Laienprediger« zu bezeichnen, wäre zu wenig, denn er hatte auf dem Gymnasium Adolfinum, der Gelehrtenschule seiner rheinischen Vaterstadt Moers, eine volle Ausbildung in den klassischen Sprachen einschließlich des Hebräischen erhalten und Grundkenntnisse der Logik und Rhetorik vermittelt bekommen, und ebenso gründlich wurde er dort jahrelang in den Lehrartikeln der

---

[3] Christian Bunners: Gerhard Tersteegens Lieder im Gesangbuch – ein rezeptionsgeschichtlicher Beitrag. In: Manfred Kock (Hg.): Gerhard Tersteegen – evangelische Mystik inmitten der Aufklärung. (SVRKG 126) Köln 1997, 77–100.

[4] Beispiele: [Jean de Labadie:] *Handbüchlein der wahren Gottseligkeit.* 1727; Jean de Bernières Louvigny: *Das verborgene Leben mit Christo in Gott.* 1728, 3. Aufl. 1747; Thomas von Kempen: *Nachfolge Christi.* 1730, 3. Aufl. 1767. – *Auserlesene Lebensbeschreibungen heiliger Seelen.* 3 Bde. 1733–1743, 2. Aufl. 1755.

[5] Vgl. hierzu: Tersteegens Predigten. In: Dietrich Meyer/Udo Sträter (Hg.): Zur Rezeption mystischer Traditionen im Protestantismus des 16. bis 19. Jahrhunderts. (SVRKG 152) Köln 2002, 283–303.

reformierten Theologie anhand des Heidelberger Katechismus unterwiesen.[6] Schließlich wurde er (4) zum gesuchten Seelsorger,[7] ja zum Seelenführer, auch wenn er diese Bezeichnung für sich selbst ausdrücklich abgelehnt hat. Man darf diese seine vierfache Lebensleistung nicht ohne weiteres als geschlossene Einheit betrachten,[8] denn ihre Motive und die Art und Weise ihrer Entfaltung waren – bei gleichartiger Zielrichtung – unterschiedlich. Man sollte daher die einzelnen Sparten auch getrennt voneinander in Augenschein nehmen. So viel gilt jedenfalls: Jene erregte, ja aufgewühlte geistige und geistliche Umgebung, in der Tersteegen lebte und wirkte, und diese seine vierfache Lebensleistung als Dichter, Schriftsteller, Prediger und Seelsorger inmitten dieser Umgebung müsste berücksichtigen, wer eine angemessene Lebensskizze des Liederdichters entwerfen wollte.

1.

1.1 Zur Erläuterung meines speziellen Themas empfiehlt es sich, nicht sogleich auf die Ausführungen Tersteegens in seinem sogenannten »Kurzen Bericht von der Mystik« (1768) zuzueilen. Es lohnt sich, zunächst die Quellen der »mystischen« Tradition in Betracht zu nehmen, die ihm bekannt waren und die er bald nach 1730 in bestimmter Auswahl zu einer »Anweisung und Beschreibung einiger geistlichen Bücher« zusammengestellt hat.[9] »Die Heilige Schrift allwege obenan gesetzet« und damit das Schriftprinzip betonend, empfahl er hier zur Lektüre 16 Titel erbaulicher Schriften verschiedenen Alters und unterschiedlicher Herkunft, die zu seiner Zeit in neueren Ausgaben im Buchhandel erhältlich waren. Es handelt sich um eine bibliographie raisonnée, in der er seinen Lesern solche Schriften ans Herz legte, »die aus göttlichem Licht und Erfahrung geschrieben und welche ein suchendes Gemüt gerade zu Gott und zum rechtschaffenen Wesen anweisen und führen.« Da er zu diesen 16 Titeln oft mehrere verschiedene Druckausgaben benannte und außerdem auch auf weitere Schriften aufmerksam machte, die ersatzweise herangezogen werden mochten, summierte sich seine Liste schließlich auf insgesamt 29 Titel und 39 Ausgaben, die er zum Teil wohl selbst studiert

6 Vgl. Gerhard Tersteegen. In: Kock, 7–22, hier 10.

7 Cornelis Pieter van Andel (Hg.): *Briefe in niederländischer Sprache*. Göttingen 1982; Gerhard Tersteegen: *Briefe* 1 und 2. (TGP Abt. V, 7/1 und 7/2) Gießen, Göttingen 2008.

8 So Rudolf Mohr: Gerhard Tersteegens Leben im Licht seines Werkes. In: MEKGR 20/21 (1971/1972), 197–244, hier 243f. – Bernd Jaspert: Gerhard Tersteegen als ökumenischer Theologe. In: MEKGR 39 (1990), 207–234, hier 218.

9 Text in: Dietrich Meyer (Hg.): *Gerhard Tersteegen. Ich bete an die Macht der Liebe*. Gießen, Basel 1997, 51–66. – Erläuterungen zur »Anweisung« finden sich bei Dieter Hoffmann: *Der Weg zur Reife. Eine religionspsychologische Untersuchung der religiösen Entwicklung Gerhard Tersteegens*. (SPRL, 3) Lund 1982, 145–157.

hatte oder aber wenigstens ihrer Disposition und ihrem Inhalt nach kannte. Er verriet damit einiges von der Auswahl und dem Ausmaß der geistlichen Lektüre, die er in dem Jahrzwölft zwischen 1719 und 1730 verarbeitet hat, als er »von der Vorsehung mit Schreiben und sonst genug zu tun bekam.« Es ist eine bunt gemischte Reihe von erbaulichen Titeln, die hier, ohne Rücksicht auf ihre jeweils besondere zeitliche, sprachliche und geistliche Prägung, der Wegleitung des Lesers ins »innere, inwendige Leben« dienen sollten.

Dieses »innere, inwendige« Leben wird von Tersteegen oft mit der neutestamentlichen Wendung (Kol 3,3) als das »verborgene Leben mit Christo in Gott« bezeichnet, zu dem man nur auf dem »Weg nach innen« gelangen kann, so wie es jener Mahnung Augustins entspricht: »*Noli foras ire, in te ipsum redi, in interiore homine habitat veritas.*«[10] Die Begriffe »inwendig« und »mystisch« gebraucht Tersteegen synonym, und »mystische Theologie« ist für ihn nichts anderes als die Anleitung und seelsorgerliche Begleitung auf diesem inneren Weg zum Heil, der mit dem lebenslangen Vollzug der Abkehr von den äußeren Dingen und mit der beständigen Hinkehr und immer tiefer reichenden Heiligung in der Gegenwart und Nähe Gottes[11] verbunden ist. Dieses im frommen Wandel vor Gott geheiligte, inwendige Leben bezeichnet Tersteegen als »Mystik«, und als »Mystiker« sind nach Tersteegen grundsätzlich und ununterschieden alle ernsthaften Christen sämtlicher Zeiten und Zonen anzusprechen, die sich auf eben diesem, dem inwendigen, »mystischen« Weg zu Gott bewährt haben und bewähren – keineswegs etwa nur jene »klassischen« Vertreter der christlichen Deutschen Mystik des 14. Jahrhunderts, an die der kirchengeschichtlich Gebildete heutzutage zunächst und vielleicht ausschließlich denken wird. Um dem hier naheliegenden Missverständnis zu entgehen, dem der von Tersteegen damals verallgemeinernd und umfassend gebrauchte Begriff von Mystik heute ausgesetzt ist, könnte man ihn in seinem Sinn am ehesten mit »Frömmigkeit des inwendigen Lebens« oder des »inneren Weges« umschreiben.[12] »Mystieken« (les mystiques,

---

[10] Augustinus: *De vera religione*, 72 (XXXIX).

[11] Ein früher (spätestens 1727 entstandener, 1729 erstmals gedruckter) Rückblick Tersteegens auf seine (allmähliche) Bekehrung und auf deren Inhalt, die Gewissheit von der Nähe Gottes, findet sich in: *Geistliches Blumengärtlein inniger Seelen* [fortan *GBG*] II, Nr. 60 (Kursive G. A. B.; Fettdruck im Original):
»So ist es eben mir, mein Heyland, auch ergangen;
Ich fragte nicht nach dir, ich nahm nichts Guts zur Hand:
Doch kamst du mir zuvor, und gabst mir ein Verlangen
Zu sterben der Natur, zu werden dir bekant.
Ich suchte doch noch nicht dich *innerlich im Hertzen*,
Ich scheuete das Volck das dich erwartet da;
Ich lieff in eigner Krafft , mit Mühe, Furcht und Schmertzen,
Bist du wurd'st offenbar und sprach'st: **Hier bin ich nah.**«

[12] Dass die Mystiker von ihren (aufgeklärten) Gegnern in völliger Verkennung der Sachlage, sei es spöttisch oder aus Argwohn, einer »Geheimlehre« bezichtigt wurden, während sie doch

Mystiker) nannte man in den Niederlanden die Anhänger einer in sich gekehrten, weltabgewandten, streng asketischen Frömmigkeit. Der zuerst in Halle im Luthertum aufgekommene polemische Begriff »Pietisten« und Pietismus scheint sich im Westen und am Niederrhein erst mit der Zeit eingebürgert zu haben. Er findet sich bei Tersteegen kaum.

Unter den »mystischen« Autoren des kirchlichen Altertums, die in Tersteegens »Anweisung« erscheinen, ist, durch Gottfried Arnolds »Denkmal des alten Christentums« (^{3}1716) vermittelt, einzig und allein Makarios zu finden, »in dessen Reden und Werklein«, trotz unterschiedlicher Begrifflichkeit, »die ganze sogenannte mystische Theologie gnugsam zu finden« sei.[13] Abgesehen von den frommen »Lebemeistern«, wie man sie im Unterschied zu den bloß intellektuellen »Lesemeistern« der Scholastik zu nennen pflegte, Tauler, Thomas von Kempen und Johannes vom Kreuz (gest. 1591), handelt es sich bei den übrigen »mystischen« Verfassern in der Mehrzahl um fromme Gestalten der katholischen Ordensreform und des Quietismus des 17. Jahrhunderts wie z. B. um den Marquis de Renty (gest. 1644), um Jean de Bernières Louvigny (gest. 1659), Madame Guyon (gest. 1717), Malaval (gest. 1719) und Wolf von Metternich (gest. 1731) – die ersten drei vermittelt durch Pierre Poiret (1646–1719) – , sowie um kritische Autoren des reformierten und des lutherischen Pietismus um 1700 wie Pierre Poiret und Gottfried Arnold (1666–1714) selbst. Die Reformatoren und evangelische Erbauungsschriften des 16. Jahrhunderts fehlen. Im übrigen wies Tersteegen, seinen Namen geschickt verbergend, in seiner Liste auch auf seine eigene gedruckte Bearbeitung des Bernières (Frankfurt und Leipzig 1728) und auf seine Edition der Nachfolge Christi des Thomas von Kempen (Düsseldorf 1730) hin, sowie, an besonders versteckter Stelle, auch auf die erste, noch schmale Ausgabe seines »Geistliche(n) Blumengärtlein(s) inniger Seelen« (Frankfurt und Leipzig 1729).[14]

---

mit ihrer mystischen Theologie gerade den richtigen, guten, alten Weg christlichen Lebens beschritten, bringt Tersteegen in *GBG* II, Nr. 67 zum Ausdruck (entstanden frühestens 1727, erstmals gedruckt 1735; Fettdruck im Original; *Anmerkung Tersteegens im Original: *Die Mystische Theologie*):

»Wie gut ist doch der alte Weg, **das Inn're** Christen-**Leben**,
Dem sich die Patriarchen schon von Anbegin ergeben!
Man wußt von Schein noch Meynungs-Streit, man sturb der Creatur,
Man lebte stets mit Gott gemein, durch Glaub und Liebe nur:
Diß nennt man die **geheime Lehr*** in diesen finstern Tagen,
Man fürchtet diesen guten Weg, man wil darnach nicht fragen.
Wol dem der diesen Weg geschaut! der schließ die Augen zu,
Und wand'le nur getrost drin fort zur wahren Seelen-Ruh.«

13 Meyer (s. Anm. 9), 57.

14 Meyer, 61; 54; 64. – Seine allererste Veröffentlichung, das von ihm hg. *Handbüchlein der wahren Gottseligkeit* [...] *von einem Protestantischen Prediger* [Jean de Labadie]. Frankfurt/Main, Leipzig 1727, erwähnte er hier nicht (ND Köln 1997). Es wurde von ihm später nicht wieder aufgelegt.

Tersteegen hat seine »Anweisung« in sechs Abschnitte gegliedert, innerhalb deren er in der Regel jeweils etwa drei Schriften namhaft machte. Dass seiner Einteilung irgendein System zu Grunde läge – etwa das bekannte Schema der drei Wege oder Stufen des mystischen Aufstiegs (*purgatio, illuminatio, unio*) – lässt sich nicht erkennen. Wohl aber kommen in den sechs Abschnitten wichtige gedankliche Elemente und Aspekte des inwendigen, mystischen Lebens, »des verborgenen Lebens mit Christo in Gott« (Kol 3,3), zur Geltung: (1) Hinneigung zu Gott und Selbstprüfung, (2) Vorbilder entschiedenen, ernsthaften Christenlebens, (3) Übung des immerwährenden inwendigen Gebets, (4) frommer Wandel in der Gegenwart Gottes, (5) Stände und Stufen, Erfahrungen und Führungen Gottes auf dem Weg des inwendigen Lebens, und schließlich (6) – hier sprach der Freund der Dichtung – erbauliche Lieder als Mittel zur Stärkung und Festigung des inwendigen Lebens.

Wo Tersteegen in seiner »Anweisung« – z. B. beim Hinweis auf Makarios – auf den schon seit langer Zeit vor ihm verbreiteten Begriff »mystische Theologie« zu sprechen kommt, zeigt er hier mit seiner Wortwahl »*sogenannte* mystische Theologie« zunächst einen Vorbehalt an. Dieser scheinbare Vorbehalt richtet sich aber nicht auf das Wort »mystisch« als solches, das er ebenso wenig vermeidet wie den Begriff »Mystik«, sondern bezieht sich vielmehr auf dessen Verklammerung mit dem Begriff »Theologie«. Denn das, was er mit dem inneren, mystischen Leben meinte, das er bei sich und anderen verwirklicht sehen wollte, stand zu den Gedankengebäuden der auf vernünftige Begriffe und Logik aufbauenden und auf Erkenntnis ausgerichteten rationalen Schultheologie in Spannung und Gegensatz. Tersteegen distanzierte sich aber nicht etwa von der Mystik, vielmehr verteidigte er sie und die Mystiker von Anfang an und zeit seines Lebens. Ohne negativen Unterton spricht er von »mystischen Scribenten«, und scharf kritisiert er in der »Anweisung« z. B. den lutherischen Pietisten Johann Daniel Herrnschmidt (1675–1723), der in der Vorrede zu seiner Tauler-Edition »die *Misticos*, die er gewißlich nicht gnug verstanden, ohne Ursach getadelt hat; das heißt: Bücher ins Dunkle werfen, nicht ans Licht bringen!«[15] Dass Tersteegen »den Begriff Mystik konsequent vermeidet«, lässt sich keinesfalls behaupten; ebenso wenig trifft das auf den Begriff »mystische Theologie« zu, und ob er selbst tatsächlich gar »nicht als Mysticus gelten« wollte,[16] muss zunächst eine offene Frage bleiben.

---

[15] »[*M*]*ystische Scribenten*«: Meyer (s. Anm. 9), 55; »Hern Schmidts« ist zu verbessern in »Herrnschmidts«, desgleichen »Peter Jurius« in »Pater Surius« (Le Père de Saint Jure), 57; »Simitae« in »Semitae«, 66.

[16] So Hansgünter Ludewig: Gerhard Tersteegen als evangelischer Mystiker. In: Meyer/Sträter (s. Anm. 5), 241–281, hier 243.

Nachdem Tersteegen in seiner »Anweisung« diese »gnugsame Haus Bibliothek« von ausgewählten »mystischen« Schriften vorgestellt hatte, kam er einige Jahre später (1735 und 1739) in zwei Briefen an verschiedene Korrespondenten und in einem wichtigen Gespräch mit Zinzendorf (1741) auf *das innere, mystische Leben* selbst, auf den mystischen Heilsweg der Seele und auf dessen Zusammenhang mit den biblischen Heilswahrheiten zu sprechen. In beiden Fällen äußerte er sich positiv und aus eigener Erfahrung über Mystik und mystische Theologie in dem unspezifischen, umfassenden Sinn, wie er die Begriffe verstand und gebrauchte.

1.2 Der Adressat des ersten Briefs[17], des (erst später so bezeichneten) »Handbriefleins von der wahren Mystik« (vom 9. 12. 1735), war der 29jährige Wilhelm Biefer aus Frankfurt am Main,[18] zeitweise Student der reformierten Theologie, dann tätig als Perückenmacher, später verheiratet und achtbares Mitglied der Herrnhuter Brüdergemeine in der Reichsstadt – ein geistlicher Bruder, den Tersteegen im Dezember 1735 persönlich zwar noch nicht kannte, den er aber spätestens im September 1737 als Reisebegleiter des Grafen Ludwig Christian von Castell-Remlingen auf dessen Reise ins Bergische Land kennengelernt hat. Tersteegen lobte den »Geschmack und Zug zur Einkehr und zum inneren Leben«, wie ihn Biefer in zwei vorangegangenen Briefen an ihn hatte erkennen lassen, und schildert ihm nun in bildhaften Wendungen seine eigene »Erfahrungserkenntnis« von *dem inneren, mystischen Leben*, dem einfältigen, sicheren, lieblichen und fruchtbaren »Herzen(s)leben«, wie er es nennt, durch das die Menschen zu eingekehrten, geistlichen Menschen werden können. Er betonte dabei, dass die Initiative zu dieser Veränderung einzig und allein von Gott selbst ausgehe, nicht von uns unwürdigen Menschen. Gott ist es, der uns zu seiner Liebesgemeinschaft einlädt; seine Gnade, Barmherzigkeit und überschwängliche Liebe treibt ihn dazu, in unserem Geist Wohnung nehmen zu wollen. Diesen seinen Ruf der Liebe mit Treue zu beantworten, ist das Einzige und zugleich alles, was uns daraufhin übrig bleibt: die vorbehaltlose Selbst- und Ganzhingabe unserer Herzen und die Abkehr, ja das Absterben von der Welt, verbunden mit unserer Gegenliebe zu Gott. Doch auch das Absterben von der Welt und das Leben in der Liebe wird nicht von uns selbst bewirkt, sondern vom Geist Jesu in uns, dessen Züge und Wirkungen wir zu beachten und zu befolgen haben. »*Ganz für Gott sein, ist das wahre Geheimnis des inwendigen, mystischen Lebens*«, so heißt es hier, »wovon sich die Leute so seltsame und fürchterliche Bilder machen.«[19]

---

[17] Text in: Tersteegen: *Briefe* 1 (s. Anm. 7), Nr. 154.

[18] Daten bei: Uwe Buß: *Johann Friedrich Starck (1680–1756). Leben, Werk und Wirkung eines Pietisten der dritten Generation.* (Quellen und Studien zur hessischen Kirchengeschichte, 10) Darmstadt, Kassel 2004, 164–169.

[19] Zitat: Tersteegen: *Briefe* 1, Nr. 154, 306.

Ist der bezeichnete innere Lebensprozess in Gang gekommen, dann flößt der Geist der Liebe Jesu der Seele den Sinn Jesu ein und bildet sie der Gestalt Jesu nach, fast ebenso unmerklich, wie ein Kind im Mutterleib herangebildet wird. Gott erzwingt diesen Vorgang nicht, und schon gar nicht etwa mit gesetzlicher Strenge, sondern er führt die Seele bis hin zu ihrer unbedingten Überlassung und verleiht ihr dazu »übernatürliche Central-Neigungen«[20], so dass sie ihren natürlichen Eigenwillen preisgibt und ihm gerne folgt. Dabei ist die besondere Übung des Inneren Gebets hilfreich; sie bewegt die Seele, ihrem »zarten Führer« zu folgen und ihm zu dienen. Eigene Anstrengung, »Selbst-machen«, so heißt es noch einmal, wäre dabei nur hinderlich: »Man muß ein formloser Ton sein in der Hand des Töpfers (Röm 9,1).« Seine Liebeshand formt, führt und lehrt den Menschen, seinen eigenen Absichten zu entsinken und in der Abgeschiedenheit von allem fremden und eigenen Leben bis dahin zu gelangen, dass »Gott der alleinige und ganze Schatz der Seele wird« und sich so in der Seele verklärt.

Tersteegen bekräftigt seine Darlegung mit einem Lobpreis derjenigen, die diesen inneren Heilsweg beschreiten, und endet mit der Aufforderung an seinen Korrespondenten, gemeinsam mit ihm dem Ruf Gottes auf diesem Weg zu folgen: »Ich bin gewiß, daß Gott durch diesen Weg will gesuchet und also im Geist und Wahrheit will bedienet werden.« Er ist davon überzeugt, dass *das wahre inwendige Leben* eben dasselbe ist wie *»der uralte und wahre Gottesdienst, das christliche Leben in seiner Schönheit und eigentlichen Gestalt.«* – »Würden alle diesen Weg gehen«, heißt es am Ende, dann würde »die Welt voller Mystiquen sein!« – für Tersteegen ein wünschenswerter Endzustand gewiss, über dessen Erreichbarkeit er hier jedoch nicht reflektiert.[21]

1.3 Vier Jahre nach der Abfassung seines »Handbriefleins« an Biefer erhielt Tersteegen eine Anfrage aus den Niederlanden.[22] Ein sonst nicht näher bekannter Korrespondent namens Pieter Vervelt erkundigte sich, ob es zutreffend sei, dass die Herrnhuter Brüdergemeine der mystischen Theologie ablehnend gegenüberstehe. Tersteegen antwortete ihm vorsichtig (1.12.1739): Es scheine zwar so zu sein, aber möglicherweise habe sie mit ihrer Ablehnung eine verkehrte Auffassung und missbräuchliche Verwirklichung von Mystik im Blick – gleichwohl verrate eine solche Ablehnung einen sehr großen Mangel an Bescheidenheit (!). Danach holte er zu einer umfassenden Klarstellung aus und definierte: »*De mystike Theologie is* [1] *niet anders*« als das Verhalten[23] einer gläubigen Seele zu Gott und das Verhalten

[20] Zu diesem Begriff vgl. August Langen: *Der Wortschatz des deutschen Pietismus*. Tübingen ²1968, 344.

[21] Zitate: Tersteegen: *Briefe* 1, Nr. 154, 309.

[22] Text in: Gerhard Tersteegen: *Briefe in niederländischer Sprache*, Nr. 92, 142–145; Zitate: 144.

[23] Ndl.: gedrag = Betragen, Benehmen, Verhalten. Gemeint ist die wechselseitige lebendige Beziehung zwischen Gott und Seele.

Gottes zu der gläubigen Seele; das Leben der Seele für und in Jesus und das Leben Jesu in der Seele. *Diese sogenannte Gottesgelehrtheit ist das Mark des Evangeliums und des wahren Christentums*, das – so der Fundamentalsatz des evangelischen Schriftprinzips [2] – »die anderen christlichen ⟨Heils-⟩Wahrheiten von der Versöhnung durch Christus, von der Bekehrung und, kurz gesagt, alles, was uns die Heilige Schrift zu glauben und auszuüben vorstellt, nicht etwa verwirft, sondern vielmehr als unbezweifelbares Fundament zur Voraussetzung hat, an dem es zu aller Zeit festhält und worauf es aufbaut.« In einer Erläuterung wird schließlich [3] anhand von zwei Beispielen die entscheidende dynamische Konsequenz der Heilswahrheiten für das innere, mystische Leben betont. Zum einen: Der Tod Jesu für uns ist allerdings eine große Wahrheit. Aber diese Wahrheit hat zur Folge, dass wir nicht mehr für uns selbst leben, sondern für Ihn (2Kor 5,15) und mit Ihm (1Thess 5,10)! Zum anderen: Gewiss ist Jesu Blut die Versöhnung für unsere Sünden. Aber wir gewinnen durch sie (nach Hebr 10,19) nichts Geringeres als den Eingang zum Heiligtum der innigen, ewigen Gemeinschaft mit Gott und zu seiner Anbetung im Geist und in der Wahrheit (Joh 4,22)! Indem er jene Definition [1] mit dem Fundamentalsatz des Schriftprinzips [2] und mit dieser Erläuterung [3] verband, erklärte Tersteegen wiederholend und summierend: »*dat is de mystike theologie.*« Kein gutwilliger Mensch, meinte er, könne die Wirklichkeit und Wirkung der (so verstandenen) mystischen Theologie bestreiten, es sei denn, er wollte sich der Geltung der Heiligen Schrift widersetzen! Die beste Methode, das inwendige Leben zu verteidigen, bestehe übrigens darin, es getreulich zu leben und den Gegnern, wie sie auch heißen mögen, die göttliche Erleuchtung und die Erfahrung (dieses Lebens) zu wünschen.

Tersteegen vermied es hier zwar, seine Überzeugung von der Wirklichkeit und Fülle des mystischen Lebens auf polemische Weise gegen die leere Lehre einer äußerlich deklamierenden orthodoxen Schul- und Kanzeltheologie in Stellung zu bringen.[24] Das innere, mystische Leben schwebt nach seiner festen Überzeugung aber nicht irgendwie frei daher; es baut vielmehr auf dem unbezweifelbaren und unangezweifelten Fundament der Lehre der in der Heiligen Schrift verbürgten christlichen Heilswahrheiten auf. Außer der Lehre vom Sühnetod Jesu am Kreuz, von der Versöhnung durch ihn und von der (notwendigen) Bekehrung des Menschen hat Tersteegen hier zwar keine weiteren Lehrartikel als Beispiele benannt. Aber hinter dieser Kürze darf man keine Vorbehalte vermuten. Er bejahte sämtliche schriftgemäßen christlichen Wahrheiten ausdrücklich. Er wollte nicht etwa nur

---

[24] Das unterscheidet ihn u.a. vom Ansatz des älteren kirchenkritischen Lutheraners Christian Hoburg (1607–1675). Vgl. Martin Schmidt: Christian Hoburgs Begriff der »mystischen Theologie«. In: Ders.: Wiedergeburt und neuer Mensch. (AGP, 2) Witten 1965, 51–90.

orthodox scheinen. Er hat sich im Sinn des evangelischen Schriftprinzips wiederholt für rechtgläubig erklärt, und er war es auch.

Ob Tersteegens Antwort an Pieter Vervelt im Kreis der übrigen niederländischen Freunde Verbreitung fand, ist unbekannt und eher zu bezweifeln. Tersteegens »Handbrieflein« an Biefer hingegen wurde bekannt. Im XXIX. Stück der Zeitschrift »Geistliche Fama« (1743) wurde es abgedruckt und damit der Leserschaft zugänglich gemacht. Durch die Aufnahme in seine Aufsatzsammlung »Weg der Wahrheit« (^{2}1750, ^{4}1768) hat ihm Tersteegen selbst den Charakter eines Lehrbriefs verliehen, der danach mehrfach nicht nur zu seinen Lebzeiten, sondern darüber hinaus bis in die Gegenwart hinein Beachtung gefunden hat.[25]

1.4 Mystik und mystische Theologie, wie Tersteegen sie verstand, lehrte und lebte, war schließlich auch das Gesprächsthema der etwa einstündigen denkwürdigen Unterredung, die bei einer eher zufälligen Begegnung zwischen Tersteegen und dem Grafen Zinzendorf im August 1741 in den Niederlanden zustandekam.[26] Tersteegen verteidigte die Mystiker auch diesmal. Mit klaren, unzweideutigen Worten setzte er sich erneut für *»die inwendige Seelen oder Mystiquen«* und ihre Grundsätze ein. In die Begriffe der Schultheologie und der konfessionellen Dogmatik gefasst, handelte es sich vor allem um die unterschiedliche, ja gegensätzliche Bewertung der Lehre von der Rechtfertigung und der Heiligung auf dem Weg des Menschen zum Heil. Tersteegen, der stets die Notwendigkeit der Heiligung zu betonen pflegte, stand bei Zinzendorf im Verdacht der Überschätzung der »eigenen« Gerechtigkeit, d. h. der Selbstgerechtigkeit, so als hätte er die Heiligung und das Ziel der Seligkeit aus eigenen Kräften erreichen wollen. Tersteegen seinerseits hielt dem Grafen vor, er verkenne den Wert der von Christus am Kreuz erworbenen und dem Glaubenden geschenkten »fremden« Gerechtigkeit, denn über die Heiligung, die erst im Verlauf des verborgenen Lebens mit Christus in Gott (Kol 3,3) und erst allmählich und nur annäherungsweise zu erreichen sei, eile er leichtfertig und sträflich hinweg. Tersteegen erklärte:

> »Wer die *Mystiquen* recht kännte, … würde müssen gestehen, daß eben die innere Führung und Läuterungs-Stände die einzige(n) Wege wären, wodurch man von allen Stützen auf sich selbst und der geheimsten eigenen Gerechtigkeit erlöset und Jesus immer gründlicher in uns verkläret werden könne.«

Als er, um seine Überzeugung biblisch zu begründen, entsprechende Schriftbeweise heranzog, lenkte Zinzendorf schließlich ein und meinte: »Ja,

---

[25] Zuletzt: Gerhard Tersteegen: *Weg der Wahrheit, der da ist nach der Gottseligkeit.* Stuttgart 1968.

[26] Tersteegen berichtete später (am 27. 10. 1741) von dieser Unterredung, siehe *Briefe* 1 (s. Anm. 7), Nr. 279, 502 f. Diesem Brieftext sind die folgenden Zitate entnommen.

das sind Erfahrungen« – ein Stichwort, das Tersteegen sofort aufgriff. Er nahm es als Bestätigung für sich und seine Sache und gab zurück: »Nun denn, wir verstehen unter *mystischer Theologie* nichts anderes als lauter Erfahrungs-Sachen.« Man trennte sich höflich und im Frieden. Aber die tiefere theologische Differenz der beiden Gesprächspartner im Blick auf die richtige Auffassung von Rechtfertigung und Heiligung war damit nicht überbrückt. Zu einer Annäherung oder gar Übereinstimmung ihrer beiderseitigen Standpunkte kam es auch späterhin nicht.

2.

2.1 Aus den Jahren 1751–1756 sind 31 Predigten und Ansprachen Tersteegens unter dem Titel »Geistliche Reden« im Druck überliefert.[27] Tersteegen hat sie sämtlich – mit einer Ausnahme – in Mülheim an der Ruhr in den nebenkirchlichen Versammlungen vor den ihm verbundenen geistlichen Freunden, Brüdern und Schwestern gehalten, die ihn kannten und die er seinerseits großenteils kannte. Diese Predigten besitzen als authentische Zeugnisse seiner Verkündigung hohen Wert. Hier wirkte er unmittelbar durch seine eindringliche Rede auf seine Hörer ein und nicht etwa, wie dort in der »Anweisung«, durch den bloßen Hinweis auf fremde fromme Schriften, die sie lesen sollten. Hier legte er ihnen mit seinen eigenen Worten die Heilige Schrift aus, um sie zur Einübung des inneren, mystischen Lebens anzuregen und anzuleiten. In seinen Predigten mussten sich daher nun auch die Elemente der echten Theologie (*genuina theologia*), der Theologie des inneren, mystischen Lebens, auffinden lassen, zu der er sich bekannte, zur »Theologie des einfachen, einfältigen Stils (im Dienst) der Abkehr von der Welt und der Bewahrung innerer Heiligkeit«, wie er sie früher einmal charakterisiert hatte (1731).[28]

Dass auch diese »echte«, die mystische Theologie, nicht anders als jene verkehrte, die deklamierende Schul- und Kanzeltheologie, von der gedanklichen Reflexion erfasst, in die Gefahr der Abstraktion und Schematisierung geraten und von da aus derselben Veräußerlichung und derselben Wirkungslosigkeit anheimfallen könne wie sie, war ihm bewusst: »In diesen Tagen, da der Geist Jesu wie vom Erdboden verbannt ist«, schrieb er an seinen ihm gleichgesinnten Freund Karl Sigismund von Prueschenck (28. 9. 1735), habe man »die gantze Theologie, *also auch die mystische, mit dem Verstand ausstudirt,*

---

27 Gerhard Tersteegen: *Geistliche Reden*. (TGP Abt. V, 1) Göttingen 1979. – Zur Charakteristik des Inhalts vgl. den in Anm. 5 genannten Aufsatz.

28 *Briefe* 1 (s. Anm. 7), Nr. 56, 167.

mit dem Hertzen aber bleibt man weit dahinten. Nicht also mit uns, lieber Bruder!«[29] Auf die Verwirklichung im inneren, mystischen Leben kam alles an!

Tersteegen erlag der hier lauernden Gefahr nicht. In seinen Predigten ließ er die »mit dem Verstand ausstudierte«, theoretische Seite der mystischen Theologie, wie sie ihm aus Pierre Poiret und Gottfried Arnold bekannt war, gänzlich beiseite, um sich auf die gepredigte Theologie der Anregung und Anleitung des inneren, mystischen Lebens zu beschränken und zu konzentrieren. Seine Predigten sind Schriftauslegungen, die sich auf die Schritte und Stadien des Heilsweges der Seele beziehen. Gnade, Bekehrung und Heiligung bilden ihren dreifachen Skopus. Da nach Gottes Willen ein jeder Mensch nach seiner Bekehrung auf seinem eigens für ihn bestimmten individuellen, kaum jemals einförmigen und nicht geradlinig ausersehenen Weg aus dem Elend dieser Welt und der Weltlichkeit heraus in die Reinigung und Heiligung geführt wird, lassen sich die Elemente und Phasen des Heilsweges zwar mit den biblischen Belegen, denen sie entsprechen, erläutern, sie lassen sich aber nicht verallgemeinern und in ein System bringen. Tersteegen gab seiner mystischen Theologie daher keine starre Form; er verzichtete auf eine abstrakte Gestaltung und orientierte sich stattdessen an der Heiligen Schrift, zumal am Neuen Testament und am Inbegriff der Heilsbotschaft, am »Evangelium«. Vergleichbar mit dem irdischen Lebensweg, der für alle Menschen mit der Geburt beginnt und mit dem Tode endet, führt der Heilsweg einer jeden erweckten und bekehrten Seele aus der irdischen Welt zur himmlischen Heimat. Der Anfang, die Bekehrung und die Ausrichtung auf das gemeinsame Ziel ist es, was die einzelnen Erweckten zur Gemeinschaft zusammenschließt. Sie sind die Pilgerschar, die, aus der irdischen Fremdlingschaft herausgerufen, ohne Aufenthalt der Ewigkeit zustreben.

Es fällt auf, dass die Autoren und Quellenschriften, die Tersteegen zwei Jahrzehnte zuvor in seiner »Anweisung« zur Lektüre empfohlen hatte, in seinen Predigten nirgends vorkommen. Weder Tauler noch Thomas von Kempen, weder Madame Guyon noch Pierre Poiret werden hier jemals genannt. Ihre Namen und Lehren spielen in seiner Verkündigung keine Rolle. Bemerkenswert ist es aber auch, dass selbst die Begriffe »mystisch«, »Mystik« und »mystische Theologie«, deren er sich sowohl in der Korrespondenz mit seinen Freunden als auch in der Auseinandersetzung mit seinen Gegnern, den Vertretern der reformierten Orthodoxie ebenso wie den Mitgliedern der Herrnhuter Brüdergemeine, selbstverständlich bediente, in den Predigten nirgends erscheinen. Vor seinen Hörern in Mülheim konnte er auf diese Begriffe verzichten, um ihnen die darin enthaltene Sache in einfachen Worten umso anschaulicher vor Augen zu führen und sie in das in-

[29] *Briefe* 1, Nr. 146, 295.

nere, mystische Leben, das er lebte und zu dem er sie aufrief, desto tiefer mithineinzuziehen:

(1) Die anbetenden Hirten der Weihnachtsgeschichte (Lk 2), die von Tersteegen als bekümmerte, fromme gottsuchende Herzen geschildert werden, sind erfreut über ihre Erlösung aus der Sünde, die in der Menschwerdung des »Gott-Kindes« verbürgt ist. Sie sind dankbar für die damit wiedergewonnene Möglichkeit, auf den Heilsweg zu gelangen und durch Bekehrung und Buße zur Heiligung fortzuschreiten. Als Hörer – der Prediger schließt sich mit ein – sind wir dazu aufgefordert, den Christtag nicht »äußerlich mit dem bloßen Gedächtnis einer ehemaligen Geschichte« zu feiern, sondern ihn uns zu Herzen zu nehmen: Die »Wiederaufrichtung des Reiches Gottes in unserm Herzen ist der eigentliche Zweck der Menschwerdung Christi und des ganzen Werks der Erlösung durch Christum.«[30]

(2) Zum Bericht vom Tod Jesu am Kreuz im Zeichen der Sonnenfinsternis (Mt 27,45), die als »Abbildung von dem, was innerlich bei Christo vorginge«, gedeutet wird, und angesichts seines Rufs aus der Verlassenheit (Mt 27,46) entfaltet Tersteegen die Bedeutung der Mittlerschaft Christi als des Stellvertreters der schuldigen Menschheit, als ihres Versöhners mit Gott und als ihres Bürgen im Endgericht: Christus führt uns zu Gott durch die Buße und durch die Heiligung; er steht uns bei im Gebet, in unserer Verlassenheit, in unserer Todesstunde und an jenem großen Gerichtstag über die ganze Welt.[31]

(3) Den Gang der Jünger von Jerusalem nach Emmaus (Lk 24) setzte Tersteegen mit der Pilgerreise der Erweckten in Parallele.[32] Den Reden und Erlebnissen der Jünger auf ihrem Weg entnahm er sieben Bedingungen und Regeln für das rechte Verhalten der Gläubigen auf ihrem Weg in die himmlische Heimat: anfängliche Bekümmernis und Verlangen nach Jesus, Absonderung von der Welt, Sich-Fügen in den schmalen »Kreuz-Weg« seines Leidens – »sie mußten die Gedanken von der irdischen Herrlichkeit fahren lassen« –, Beharren bei Jesus auch in »Dunkelheit, Dürre und allen schweren Gemütszuständen«, beständige gedankliche Zukehr zu Jesus (im Sinn des unausgesetzten Herzensgebets) auch unter »täglichen Geschäften, Handel und Wandel«, Hunger nach bleibender Gemeinschaft mit Ihm und ernstliche Bitte um Mitteilung des neuen Lebens im Herzen (nach Gal 2,20):

»Christus ist uns zu gut auferstanden, damit er uns gegenwärtig werden möchte auf eine heilsame und selige Weise, um uns Gesellschaft zu leisten durch die Wüste dieser Welt, um uns zu helfen, um uns sein Leben mitzuteilen, um unsere Herzen zu ver-

[30] *Geistliche Reden* (s. Anm. 27), Nr. 5, 76–93, Zitate: 88.
[31] *Geistliche Reden*, Nr. 25.
[32] *Geistliche Reden*, Nr. 31, 634–654; Zitate: 643, 645, 647, 652.

gnügen in der Zeit, um auch einmal in der Ewigkeit uns einzuführen in die Herrlichkeit.«

(4) Wie die übrigen Taten Jesu, so darf auch seine Himmelfahrt (Lk 24,46–53)[33] eine Sache bloßen historischen Glaubens (*fides historica*), einer nur äußerlichen, unbeteiligten Kenntnisnahme, nicht sein: »Tröstest du dich etwa nur mit der äußeren Geschichte? Dann bist du wirklich und in der Tat noch ohne Christo.« Tersteegen erinnert [1] an die gnädige Einladung Christi an alle Menschen zu einer seligen Himmelfahrt, d. i. zum Aufbruch auf den Heilsweg, der zur Buße und Sündenvergebung führt, [2] an die gnädige Verheißung des kommenden Heiligen Geistes und vor allem [3] an die »selige Übung einer täglichen Himmelfahrt«, die sich in Anbetung, Freude und im »Himmelfahrt halten in unserm Herzen« (1Kor 3,16; Lk 17,21) vollzieht. Der Weg nach oben, »wo unser Geist eigentlich zu Haus gehöret«, ist zugleich der Weg nach innen.

(5) Auf ähnliche Weise wird die Erzählung vom Pfingstereignis (Act 2)[34] ohne nähere Auslegung des Litteralsinns sogleich in die Botschaft für uns überführt: Es gilt, über Buße und Bekehrung hinaus in der Heiligung fort- und weiterzuschreiten, den Kindern Gottes sich anzuschließen, das Gebet zu pflegen und den Heiligen Geist wirksam zu empfangen. Wir sollen in das »Gnaden-Meer unseres Gottes« so tief wie nur möglich eintauchen, denn in Gott ist »ein unergründlich tiefer Strom des heiligen Geistes.«

Man kann Tersteegens Predigt als erweckliche Gnaden-, Bekehrungs- und Heiligungspredigt bezeichnen.[35] Will man zur Kennzeichnung seiner Schriftauslegung die Terminologie der spätmittelalterlichen Hermeneutik und ihre Theorie vom vierfachen Schriftsinn heranziehen, lässt sich bemerken, dass hier wie dort der Litteralsinn (*Littera gesta docet*) zwar vorausgesetzt und als gültig angenommen, zumeist aber rasch beiseite gesetzt und durch eine übertragene, spiritualisierende Auslegung ersetzt und überhöht wird. Die allegorische Auslegung (*allegoria docet: quid credas*) bezieht sich bei Tersteegen, dem Anhänger seiner reformierten »Erb-Religion« (= Erb-Konfession), zwar nicht auf alle Einzelheiten der *fides catholica*, entspricht aber – dem evangelischen Schriftprinzip gemäß – dem aus der Heiligen Schrift abgeleiteten orthodoxen Dogma in den wichtigsten Artikeln[36]: Nicht nur an der Trinitätslehre, an der Lehre vom Fall und von der völligen Erlösungsbedürftigkeit des Menschen, am stellvertretenden Sühneleiden Christi am Kreuz und am Dogma von der Gottmenschheit Christi, sondern auch an einigen Nebenlehren, wie z. B. an der Lehre von den Engeln, hält Tersteegen

---

[33] *Geistliche Reden*, Nr. 10, 187–212; Zitate: 191, 204, 206, 207.

[34] *Geistliche Reden*, Nr. 3, 28–54; Zitat: 39.

[35] Tersteegens Predigten (s. Anm. 5), 291, 296, 300.

[36] Römisch-katholische Lehren, wie z. B. die Mariologie oder die Lehre vom Papsttum, fehlen.

durchaus fest. Heterodoxe Sonderlehren kennt er nicht. Aber sein hauptsächliches Interesse gilt der tropologischen Auslegung der von ihm ausgewählten Schriftstellen (*sensus moralis: quid agas*). Auf sie gründet und mit ihrer Hilfe illustriert er die Stadien des Heilswegs und die Notwendigkeit des gelebten inneren, mystischen Lebens, dessen Voraussetzung auf der Einwohnung Gottes in der menschlichen Seele beruht. Selbst die endzeitliche Hoffnung Tersteegens (*sensus anagogicus: quid speres*) hat die universale Erfüllung und Enthüllung dieses einen Notwendigen (Lk 10,42) zum Inhalt:

»Ich bin gewiß, daß [...] in diesen letzten Tagen der HErr die Seelen [...] aus allen sogenannten Religionen. [...] auf die Sinnes-Änderung und Erneuerung zum Bilde GOttes, auf *das große Geheimniß* [...], *so da ist Christus in uns*, leiten und führen werde.«[37]

2.2 Von einer Theologie, die einem von anderswoher übernommenen oder einem eigenen, von ihm selbst ausgestalteten mystischen System zuzurechnen wäre, ist in der Verkündigung Tersteegens nichts zu entdecken. Bei seiner mystischen Theologie handelt es sich um die gepredigte Anregung und Anleitung zum »inneren, inwendigen mystischen« Leben, dem die Heilswahrheiten der Heiligen Schrift zu Grunde liegen. Ihre Begriffe stehen auch da, wo sie nicht unmittelbar und ausschließlich dem Neuen Testament entnommen sind, mit ihm in Einklang.[38]

Das Urteil, die mystische Theologie Tersteegens sei aus dem Neuplatonismus abgeleitet[39], ist mit den Aussagen Tersteegens sowohl in seinen Briefen als auch in seinen Predigten, nicht in Einklang zu bringen. Tersteegen kannte den nichtchristlichen Neuplatonismus als solchen nicht. Er ist neuplatonischem Gedankengut allenfalls bei Tauler, und zwar nur in adaptierter, orthodox christlicher Rezeption begegnet.[40] (1) Der für Tauler wichtige, letztlich gnostische Grundgedanke von der Gottesverwandtschaft der Seele findet sich bei Tersteegen nicht. Zwar kommt dem »Seelengrund« auch bei ihm große Bedeutung zu. Der Seelengrund ist ihm der Teil des Geistes, in welchem sich Gott der Seele offenbart. Aber er ist nicht, wie bei Tauler, das seinshafte Unterpfand für die letztendliche Rückkehr der Seele zu ihrem göttlichen Ursprung im ewigen Sein des All-Einen, dem sie entströmt war. (2) Die Theorie Taulers vom dreistufigen Aufstieg der Seele von der selbstbewirkten Reinigung über die Erleuchtung zur Vereinigung teilt Tersteegen ebenso wenig. Bei ihm ist der mystische Heilsweg kein vom Menschen in

---

[37] Zitat: *Geistliche Reden* (s. Anm. 27), Nr. 3, 42.

[38] Zur Terminologie, auch zu den quietistischen Besonderheiten, vgl. Langen (s. Anm. 20).

[39] So einst Heinrich Forsthoff: Tersteegens Mystik. In: MRKG 12 (1918/1), 129–191, bes. 162–165, sowie zuletzt Jürgen Moltmann: Grundzüge mystischer Theologie bei Gerhard Tersteegen. In: EvTh 16 (1956), 205–224, bes. 208–214.

[40] In der »Anweisung« (s. Anm. 9) zählt Tersteegen sowohl die »Medulla animae« als auch »Das arme Leben Christi« zu den Schriften Taulers!

Gang gesetzter seelischer Prozess. Er ist vielmehr das von Gottes Gnade angeregte und von seiner Nähe begleitete, innere, mystische Leben der Seele, das allerdings, ihrer individuellen Führung entsprechend, die allmähliche Reinigung, Erleuchtung und Heiligung mit sich bringen wird. (3) Der begehrte seltene Ausnahme- und Sonderzustand der Seele im blitzartigen, momentan beseligenden, flüchtigen Höhenflug der *unio mystica* kommt bei Tersteegen nicht vor; Tersteegen meidet diesen Begriff. Andere mystische Begriffe, die er gelegentlich gebraucht, gehören zu der auch in nichtmystischen orthodoxen Schriften schon seit langem rezipierten Terminologie, mit der er vertraut war. Sie können für eine unmittelbare Abhängigkeit von Tauler nicht in Anspruch genommen werden. Es besteht daher keine Veranlassung, Tersteegens gepredigte Anregung und Anleitung zum inneren, mystischen Leben, seine »mystische Theologie«, als unecht und unglaubwürdig anzuzweifeln, so als wäre sie aus der verheimlichten Entlehnung seiner Gedanken aus der heidnischen Mystik entstanden.

Anders als im Fall der angeblichen Abhängigkeit vom »heidnischen Neuplatonismus« verhält es sich mit der Beziehung Tersteegens zum Quietismus. Quietistische Gedanken und Überzeugungen waren Tersteegen nicht nur für sein eigenes inneres Leben, sondern auch für die Seelsorge an seinen geistlichen Freunden, Brüdern und Schwestern maßgebend. An erster Stelle (1) ist die Entdeckung der Nähe, Gegenwart und Einwohnung Gottes in der Seele zu nennen,[41] der der Mensch im immerwährenden Herzensgebet (*oraison interieure*) entsprechen kann und soll. Damit verbunden ist (2) der ausschließliche Gnadencharakter des Verhältnisses zwischen dem guten und frommen Gott und dem Menschen, der seine Aktivität preisgibt, sich in Selbsthingabe (*abandon*) Gott überlässt und sich von ihm führen lässt. Auch im Fall seiner Untreue und Verfehlung wird dem Menschen die Nähe Gottes nicht entzogen. Bei erneuter Überlassung und Rückbesinnung (*recueillement*) wird ihm vielmehr die Vergebung und die gnadenhafte Führung augenblicklich wieder gewährt. (3) Wie in die Heiligung, so führt der Weg Gottes den Menschen aber auch ins Kreuz und ins Leiden hinein. Leidensbereitschaft, Leiderfahrung und Trost sind wichtige quietistische Themen in den seelsorgerlichen Briefen Tersteegens. Die Art und das Ausmaß seiner Abhängigkeit vom Quietismus ist aber bisher noch nicht genau und im einzelnen untersucht.[42]

---

[41] Hierzu thematisch die beiden Hauptteile der Monographie von Hansgünter Ludewig: *Gebet und Gotteserfahrung bei Gerhard Tersteegen.* (AGP, 24) Göttingen 1986: das Gewahrwerden der Gegenwart Gottes; die Umschreibung der Gegenwart Gottes.

[42] Hinweise bei Hans-Jürgen Schrader: Madame Guyon, Pietismus und deutschsprachige Literatur. In: Hartmut Lehmann/Heinz Schilling/Hans-Jürgen Schrader (Hg.): Jansenismus, Quietismus, Pietismus. (AGP, 42) Göttingen 2002, 189–225.

3.

Der sogenannte »Kurze Bericht von der Mystik«, ein Brief, den Tersteegen im letzten Sommer seines Lebens an einen (nicht namentlich genannten) frommen Prediger richtete (vor dem 5.9.1768),[43] und sogleich auch zur Veröffentlichung an seinen Drucker weitergab, enthält abschließende, bekenntnishafte Aussagen zu seinem Begriff der Mystik und der mystischen Theologie – sein letztes Wort zum Thema. Tersteegen gedachte damit, den reformierten Pfarrer, mit dem er zwar bekannt war, von dessen Vorurteilen gegenüber der Mystik er jedoch erst kurz zuvor erfahren hatte, eines besseren zu belehren. Hier finden sich seine Äußerungen aus den früheren Jahren bestätigt, aber auch noch deutlicher ausgeführt.

Umfangreicher als das »Handbrieflein« von 1735, ist der Hauptteil des »Kurzen Berichts« von 1768 planvoll in drei Abschnitte disponiert, die von zwei Rahmenstücken, einer Hinführung und einem Schluss, eingefasst sind. Die in einen fiktiven Dialog mit seinem Korrespondenten gekleidete Hinführung leitet – ohne die eigene Beantwortung der Frage vorwegzunehmen – das Thema ein: »Was ist Mystik oder mystische Theologie?«; der Schluss beantwortet die Frage: »Warum und wozu mystische Theologie?«.

Der erste der drei Abschnitte des Hauptteils (1) umfasst eine Reihe von Negativdefinitionen, in denen Tersteegen *e contrario* abgrenzend erklärt, was ein Mystiker seiner Meinung nach *nicht* ist. Der zweite Abschnitt (2) enthält seine positive Definition auf der Grundlage des evangelischen Schriftprinzips, der dritte (3) umreißt in wenigen Sätzen die Vorgeschichte der mystischen Theologie, – eine Geschichtstheorie *in nuce*, wie seine gelehrten beiden Autoritäten Gottfried Arnold und Pierre Poiret sie sich dachten, die zwei »teuren Zeugen« für die Mystik und die mystische Theologie, denen er zu Anfang seine Reverenz erwiesen hatte,[44] – ohne ihnen dann zu folgen.

Bei aller Hochschätzung Arnolds und Poirets setzt Tersteegen gegenüber dem frommen Prediger gleichwohl zu einer von ihnen unabhängigen, eigenen Erklärung seines Begriffs von Mystik und mystischer Theologie an: »Sie wollen aber doch auch *meine Gedanken* wissen.«

Zunächst (1.1) vergleicht er die Mystiker seiner Zeit mit den Leviten des Alten Testaments. Wie damals die Leviten unter ihren Brüdern im ganzen gelobten Land verstreut lebten (Dtn 10,9), ohne eine eigene Gefolgschaft oder sichtbare Gemeinschaft zu bilden, so auch die Mystiker hin und her in den verschiedenen Kirchen und Konfessionen, deren Lehrunterschieden sie vorurteilslos gegenüberstehen. Daher sind Mystiker unter den Katholiken

[43] Text in: Tersteegen, *Briefe* 2 (s. Anm. 7), Nr. 739 und 740.

[44] William Frhr. von Schröder: Pierre Poirets Anteil an Gottfried Arnolds »Historie und Beschreibung der mystischen Theologie«. In: MRKG 16 (1922), 3–10, betont die Priorität Poirets gegenüber Arnold.

ebenso zu finden wie unter den Protestanten und in der griechischen Kirche. Denkbar ist es zwar auch, dass sich ein Mystiker womöglich von der Kirche gelöst hat und zum Separatisten geworden ist. Aber das wird nur selten oder gar nicht vorkommen. Ein Mystiker wird sich von der Kirche kaum trennen: »er hat wichtigere Sachen zu tun«[45] – er widmet sich ganz dem inneren, mystischen Leben.

(1.2) Mit außerordentlichen Phänomenen wie Visionen und Inspirationen und dergleichen hat ein Mystiker nichts zu schaffen; solche Dinge gehören nicht zum Wesen der Mystik; erfahrene Mystici warnen sogar davor, sich auf derlei Sachen einzulassen!

(1.3) Auf der anderen Seite sind Mystiker nicht mit »Theosophen« zu verwechseln – wobei Tersteegen allerdings, im Unterschied zum Sprachgebrauch seiner Zeit, als »Theosophen« ausschließlich allerhöchstbegnadete Menschen wie die Apostel gelten lassen will, denen es unter Gottes Führung vergönnt war, »die Tiefen der Gottheit zu erforschen« (1Kor 2,10).

Schließlich (1.4) haben echte Mystiker auch von großtuerischem, scheinbar geistlichem Gehabe nichts an sich, sie sind keine »hochtrabende(n) Schwätzer«.

Erst jetzt (1.5) werden einige einprägsame positive Kennzeichen von Mystikern benannt, die diesen Titel verdienen: Im Unterschied zu den »Schwätzern« drücken sie sich über ihre Erfahrungserkenntnis so aus, wie sie es mit Worten, die der Heilige Geist lehrt, – d.h. mit Worten der Heiligen Schrift – deutlich machen können. »Sie reden wenig, sie tun und sie leiden vieles; sie verleugnen alles; sie beten ohne Unterlaß. Der geheime Umgang mit Gott in Christo ist ihr ganzes Geheimnis.«

(2) Im folgenden zweiten Abschnitt des Hauptteils, der als Kernstück des »Kurzen Berichts« anzusehen ist, führt Tersteegen die Mystik, wie er sie versteht, auf ihre biblische, so gut wie ausschließlich neutestamentliche, »evangelische« Grundlage zurück. Im weiteren Sinn des Wortes (*lato sensu*) definiert, ist mystische Theologie dasselbe wie *»praktische Theologie, oder Ausübung der Gottseligkeit«*– d.i. *praxis pietatis* –, »insofern sie Gnade und Herzensveränderung zum Grunde hat.« Im engeren – einem zugleich anspruchsvolleren, elitären – Sinn (*stricto sensu*) zielt sie jedoch auf einen höheren Grad der *praxis pietatis*. In diesem Sinn unterscheidet Tersteegen z.B. [1] zwischen der *anfänglichen* Erleuchtung, die zunächst nur die Änderung der Blickrichtung von der Finsternis weg auf das Licht hin zur Folge gehabt hat (*aperire oculos*, Act 26,18), und einer *höheren* Erleuchtung (*illuminare oculos*, Eph 1,18–20), die – »weit unterschieden von der anfänglichen Erleuchtung« – erst im Fortgang des inneren, mystischen Lebens zu erwarten und zu erbitten ist und die bis zur Erkenntnis der Hoffnung ihrer Berufung und des Reich-

---

[45] *Briefe* 2 (s. Anm. 7), Nr. 739, 562.

tums ihres Erbes führen wird. [2] Entsprechend unterscheidet Tersteegen zwischen der *anfänglichen* Reinigung von den toten Werken (Hebr 6,1) und der *(höheren)* wirksamen [aktiven] und leidentlichen [passiven] Reinigung von allen (!) Befleckungen des Fleisches und des Geistes (2Kor 7,1). Desgleichen wird schließlich [3] die Offenbarung oder Einwohnung Gottes, die ihrerseits bereits einem fortgeschrittenen Stadium angehört, insofern sie einst sogar den gläubigen Korinthern erst verheißen, aber noch nicht geschenkt war (2Kor 6,16; 7,1), von einem noch *höheren* Grad der Gottinnigkeit übertroffen: vom »Leben Gottes, da der Mensch oder das Ich nicht mehr lebet, sondern Christus in ihm (Gal 2,20).« Im Sinne Tersteegens ließe sich [4] auch noch der (*von Anfang an* gebotene) Wandel in der Gegenwart Gottes (*ita ambulet*, 1Kor 7,17) dem *höheren* Wandel im Himmel (*conversatio in caelis*, Phil 3,20) gegenüberstellen. Die übrigen Kennzeichen des inneren, mystischen Lebens [5–10] – auch sie sind dem Neuen Testament entnommen – finden sich jedoch ohne weitere Unterscheidung gleichsam konkurrenzlos nebeneinandergestellt: [5] das Bleiben in Jesu (Joh 15,4), [6] das Anbeten im Geist und in der Wahrheit (Joh 4,23), [7] die Ausgießung der Liebe Gottes ins Herz (Röm 5,5), die endlich (!) alle Furcht austreibt (1Joh 4,18), [8] die Salbung mit dem Geist Gottes (1Joh 2,20), [9] das Beschauen der Herrlichkeit Gottes (2Kor 3,18) und [10] der Friede Gottes, der höher ist als alle unsere Vernunft (Phil 4,7).

Auf diese Weise nimmt Tersteegen unter den zahlreichen einzelnen Begriffen, mit denen das Neue Testament die Elemente des inneren, mystischen Lebens beschreibt, unterschiedliche Grade und Stufen wahr – »Stände« und »Staffeln«, wie er sie sonst gelegentlich nennt –, jedoch ohne dass er sie zu einer zwingenden Abfolge wie Glieder einer Kette aneinandergekettet oder wie die Sprossen einer aufsteigenden Leiter miteinander verfügt hätte. Sie werden im allgemeinen, trotz ihrer unterschiedlichen Grade, nebeneinander aufgeführt, so als seien sie, je nach dem Fortschreiten der einzelnen Seele auf ihrem individuellen inneren Weg, auch untereinander austauschbar. Selbst Rückschritte, Stillstand oder Abkehr vom Wege erscheinen denkbar. Ein gestufter Aufstieg im Sinne einer *scala mystica* findet sich nicht. Alle diese von ihm ausdrücklich genannten neutestamentlichen, »evangelischen« Elemente des inneren Lebens »und unzählig anderes, welches wir wörtlich in der Schrift ausgedrückt finden, *das heißt und ist mystische Theologie*, wovon sich die Leute so fürchterliche Vorstellungen machen.«[46]

Dass sich Tersteegen davor hütet, die verschiedenen Eigenschaften der Mystiker, die das innere, mystische Leben verwirklichen, wertend gegeneinander auszuspielen, ist im übrigen auch auf seine Erkenntnis der un-

[46] Zitat: *Briefe* 2 (s. Anm. 7), Nr. 739, 563 unten.

terschiedlichen geistlichen Fassungskraft der einzelnen Persönlichkeiten, ihres Naturells und ihrer Gnadengaben zurückzuführen: »Nicht [...] bei allen, (auch geförderten) Frommen finden sich diese Sachen so auf einmal, auf einerlei Weise, in einerlei Maße und Völligkeit, sondern (je) nach der Ausleerung, Stärke und Fähigkeit eines Gefäßes gießet Gott das Übernatürliche hinein[47] – übernatürlich und mystisch ist ein und eben dasselbe,« fügt er hier, beiläufig erklärend, noch hinzu.

(3) Die Blüte der Mystik reichte von den Patriarchen des Alten Testaments bis auf die ersten Christen – sie alle waren »*wahre Mystici*«. Dann setzte der Verfall ein. Zwar gab es auch danach noch fromme Menschen, denen sich Gott nicht entzog. Aber deren »Ausleerung«, d.i. die Abkehr von der Welt und ihre Zukehr zu Gott, waren mangelhaft: Sie blieben beim bloßen Gebrauch der sogenannten Gnadenmittel stehen, beim buchstäblichen Wissen, bei gutgemeinten Andachtsübungen und bei flüchtigen, vergänglichen Rührungen ihrer Sinne. Bis in die Tiefe des geistlichen Lebens führte das nicht. Unterdessen wurde »*das innere Leben oder die Mystik*« rar, unbekannt, verdächtig, ja verketzert und als enthusiastisch verpönt: »Und so stehts noch in der Christenheit bis auf den heutigen Tag.«

Am Schluss gibt Tersteegen Antwort auf die Frage: Warum Mystik und wozu mystische Theologie? Die mystische Theologie gründet sich prinzipiell auf alle Wahrheiten der Heiligen Schrift, insbesondere auf die Versöhnung durch Christus, so wiederholte Tersteegen hier noch einmal. Mit dem bloßen Bestaunen und Rühmen dieses Fundaments ist es aber nicht getan! Nach dem Wort des Apostels Paulus soll auf diesem Fundament »was Schönes, Gold, Perlen und Edelsteine gebaut werden!« (1Kor 3,11 f).[48] Eben dazu ist der Mystiker berufen, und eben davon wird er in Bewegung versetzt. Er ist ein Christ des *plus ultra*, könnte man sagen, und gleichzeitig ist er ein Christ des *plus intus*, des immer weiter und in immer tiefere Tiefen führenden inneren, mystischen Lebens. Doch selbst bei fortwährender Verinnerlichung und Steigerung der Erfahrungserkenntnis in der Liebesgemeinschaft mit Gott wird der Mystiker der einfachen Anfangsgründe der Heilswahrheiten der Heiligen Schrift zu keiner Zeit überdrüssig; er überholt sie nicht, und niemals lässt er sie hinter sich zurück. Sie halten ihn fest, und er hält sich an ihnen fest. »Das Große, so er in Gott und in allem Göttlichen siehet, macht ihm nur das Sichtbare klein.« Er selbst wird darüber ebenfalls klein, und demütig dazu, aber nicht kleinmütig. Einen hochmütigen Mystiker kann es nämlich gar nicht geben; das wäre ein Widerspruch in sich selbst, ein Ding der Unmöglichkeit, ein Unding.

---

[47] Die Zitate finden sich *Briefe* 2, Nr. 739, 564. – Zu den unterschiedlichen Eigenschaften der Mystiker vgl. Winfried Zeller: Der Blumengarten des Herrn. In: Ders.: Theologie und Frömmigkeit. Gesammelte Aufsätze. Bd. 2. (MThSt 15) Marburg 1978, 161–184.

[48] Dieses und das folgende Zitat ebenfalls in *Briefe* 2, Nr. 739.

In seinen Predigten und Briefen, vor allem in seinen beiden thematischen Sendbriefen, dem »Handbrieflein von der wahren Mystik« und dem »Kurzen Bericht von der Mystik«, hat sich Tersteegen über seinen Begriff der Mystik und der mystischen Theologie klar und einhellig erklärt: Mystik ist »das innere, inwendige Leben« der Seele auf ihrem Weg zum Heil; diesem Weg liegen die schriftgemäßen christlichen Heilswahrheiten zugrunde. Und mystische Theologie ist die gepredigte Anregung und Anleitung zu diesem Leben der Seele.

4.

Zumal in diesem seinem späten, geradezu vermächtnisartigen »Kurzen Bericht von der Mystik« charakterisierte Tersteegen das Bild und Vorbild eines echten, wahren Mystikers, wie es ihm vor Augen stand. Auf der Grundlage der Versöhnung und Erlösung durch Christus wird er, der sich zur Selbst- und Ganzhingabe berufen ließ, auf den Weg des inneren, mystischen Lebens geleitet und in die »Wahrheit im Verborgenen«, in »die heimliche Weisheit« (Ps 51,8) und in »das verborgene Leben mit Christo in Gott« (Kol 3,3) hineingeführt, das er lebt – ohne Aufsehen erregende Mirakel nach außen und ohne jene »theosophische« Erforschung »der Tiefen der Gottheit« (1Kor 2,10), wie sie den Aposteln vorbehalten war, wohl aber, an die Heilige Schrift gebunden, in der Geistesgemeinschaft mit der gleichgesinnten Schar der Frommen, die sich ebenfalls dem »inneren, inwendigen Leben« verschrieben haben und die unter den verschiedenen Konfessionen der Christenheit zerstreut zu finden sind.

Eine solche Beschreibung spiegelt das Verhältnis des Beschreibenden zu seiner von ihm beschriebenen Sache. Das Ideal, das er vorstellt, verrät etwas von ihm selbst, von seinen eigenen Erfahrungen auf dem inneren, mystischen Lebensweg und von seinem Verhalten unter seinen Mitmenschen. Hat Tersteegen hier nicht, ohne sich darstellen zu wollen, etwas über sich selbst ausgesagt? Dies angenommen, dürfte man doch wohl die Frage an ihn richten, ob er nicht selbst ein Mystiker sei? Zur Beantwortung sind wir auf seine von ihm schriftlich hinterlassenen Worte angewiesen. Im »Handbrieflein von der wahren Mystik« hatte er, seine Beschreibung des inneren, mystischen Lebens damit abschließend, erklärt: »*Ich bin gewiß, daß Gott durch diesen Weg will gesuchet und also im Geist und Wahrheit will bedienet werden.*«[49] Und im »Kurzen Bericht« betonte er, indem er sich mit seinen Glaubensfreunden

[49] Vgl. oben Anm. 15 und 19.

zusammenschloss: »*Dieses und unzählig anderes, welches wir wörtlich in der Schrift ausgedrückt finden, das heißt und ist mystische Theologie.*«[50] Man kann nicht zweifeln: Die Sache der Mystik und der mystischen Theologie – des eingekehrten, geheiligten eigenen Lebens und der Anleitung und seelsorgerlichen Begleitung anderer auf dem inneren Weg zum Heil – das war Tersteegens Sache. Ja, er gehörte selbst jener Diaspora der Mystiker an, von der er sprach. Er war einer der ihren. Aber er ragt unter ihnen hervor. Wie kein anderer hat er sich klar und eindeutig zum Glauben an die Heilswahrheiten des Evangeliums als dem Fundament und der Voraussetzung des inneren, inwendigen Lebens bekannt, und die Fülle der Entfaltung und der Erfahrung dieses »mystischen« Lebens hat er ausschließlich mit den neutestamentlichen Worten der Evangelisten und der Apostel beschrieben.

Erinnert sei an das treffende Urteil des in mancher Hinsicht kritischen Tersteegenianers Jung-Stilling über Tersteegens Begriff der Mystik:

»Der [...] seelige Gerhard Ter Steegen kann als ein wahrer Reformator der Mystick angesehen werden; die Alten unterstellten zwar auch das Evangelium und den wahren Glauben an das Erlösungswerk Christi, aber sie redeten zu wenig davon, sie bezogen sich gleichsam nur im Vorbeygehen darauf, und setzten das Wesen der Heiligung zu sehr in practisch-beschauliche Uebungen, Tersteegen aber verband beydes gehörig miteinander, und schrieb auch deutlicher als alle seine Vorgänger, mithin auch erbaulicher, in allen seinen Werken herrscht Einfalt und Lauterkeit, Bibelsinn und Christus-Religion ohne Schwärmerey und Bildersprache; er bedient sich zwar noch gewisser mystischer Ausdrücke und Redensarten, aber doch so, daß sie leicht verstanden werden können.«[51]

Neuerdings hat man Tersteegen mehrfach als »evangelischen Mystiker« bezeichnet[52] – womit aber in seinem Fall die Gefahr des Missverständnisses der Worte »Mystik« und »Mystiker« im Sinn der Zugehörigkeit zu einer der aus der Theologie- und Philosophiegeschichte bekannten Schulen der Mystik noch nicht ohne weiteres gebannt ist. Wer diesem naheliegenden Missverständnis entkommen will, wird nicht fehlgehen, wenn er den frommen,

---

[50] Vgl. oben Anm. 41 und 44.

[51] Johann Heinrich Jung-Stilling: Vorrede. Berichtigung der gewöhnlichen Begriffe von der Mystik. In: [Johann Christian Stahlschmidt:] Die Pilgerreise zu Wasser und zu Lande. Nürnberg 1799, XV. – Über die Beziehung Tersteegens zu diesem seinem Schüler und Schützling vgl. Winfried Zeller: Johann Christian Stahlschmidt und Gerhard Tersteegen. In: PuN 1 (1974), 114–124.

[52] Gottfried Wolff: *Solus Christus. Wurzeln der Christusmystik bei Gerhard Tersteegen*. Gießen, Basel 1989: »Einordnung in die evangelische Lehre«: 6; »Übereinstimmung der Mystik mit der lutherischen Rechtfertigungslehre«: 155–167 (»evangelisch« hier wohl mehr im engeren konfessionellen Sinn gemeint als in dem weiteren des evangelischen Schriftprinzips der biblischen, vor allem im Neuen Testament enthaltenen christlichen Heilswahrheiten). – Ludewig: *Tersteegen als evangelischer Mystiker* (s. Anm. 16), bes. 276–281: »Das Evangelische an Tersteegens Mystik«.

über den Konfessionalismus erhabenen »Lebemeister« des »inneren, inwendigen Christenlebens« näherhin als erwecklichen evangelischen (d. i. dem Evangelium entsprechenden) Prediger und quietistischen Seelsorger beschreibt. Dass er zu seinen Lebzeiten der einflussreichste Vertreter des reformierten Pietismus in Deutschland gewesen ist, wird wohl niemand bestreiten.

Ruth Albrecht

Zum Briefwechsel Johann Georg Gichtels mit Johanna Eleonora Petersen

Die hier im Fokus stehenden zwei Personen werden in der Regel zum radikalen Pietismus und seinem Umfeld dazugezählt, wenn auch in ganz unterschiedlicher Weise: Johanna Eleonora Petersen gilt als die Frau, die wesentlich zur Ausformung radikalpietistischer Theologumena beigetragen hat. Johann Georg Gichtel hingegen kann nicht direkt der pietistischen Bewegung zugerechnet werden, war aber mit vielen Pietisten verbunden und vermittelte wichtige Anstöße an den Pietismus. Während J. E. Petersens Leben und Werk nur im Rahmen des frühen Pietismus zu verstehen sind, gehört das Wirken Gichtels eher in den Kontext des mystischen Spiritualismus und der Theosophie.[1] Beide bewegten sich jahrelang in dem gleichen europaweiten Kontaktnetz, sie hatten – unabhängig voneinander – mit denselben Personen zu tun. Gichtel und J. E. Petersen rezipierten die gleiche Literatur und teilten phasenweise ähnliche theologische Auffassungen. Ihre Lebensmuster zeigen einige strukturelle Parallelen, aber auch bezeichnende Unterschiede. Beide verließen die vorgezeichneten Bahnen, um ihren Lebensidealen folgen zu können: Gichtel (1638–1710) gab seine Berufskarriere als Jurist auf, um in Amsterdam wie ein Einsiedler mit literarischen Ambitionen zu leben; J. E. Petersen (1644–1724) verließ ihre Stellung an einem herzoglichen Hof, lebte einige Jahre in Frankfurt am Main im Zentrum des frühen Pietismus, um dann einen Gleichgesinnten zu heiraten. Die wichtigste Erkenntnis, die sich aus der im Folgenden analysierten Korrespondenz ergibt, liegt darin, dass das Verhältnis von Gichtel und J. E. Petersen zu der englischen Schriftstellerin und Visionärin Jane Leade (1624–1704) eine ganz wesentliche Rolle spielte.

Als der Briefwechsel Gichtels mit J. E. Petersen begann, lebte der gebürtige Nürnberger seit mehreren Jahren in Amsterdam in einer kleinen Hausge-

---

[1] In einigen Hinsichten gibt es Ähnlichkeiten zwischen Gichtel und Friedrich Breckling, der mit vielen Pietisten verkehrte, ohne direkt dieser Bewegung zugerechnet werden zu können. Gichtel und Breckling kannten sich, entzweiten sich jedoch. Vgl. Paul Estié: Die Auseinandersetzung von Charias, Breckling, Jungius und Gichtel in der lutherischen Gemeinde zu Kampen 1661–1668. In: PuN 16 (1990), 31–52; Brigitte Klosterberg: Provenienz und Autorschaft. Die Quellen von, zu und über Friedrich Breckling in Bibliothek und Archiv der Franckeschen Stiftungen. In: PuN 33 (2007), 54–70; Magdolna Veres: Johann Amos Comenius und Friedrich Breckling als »Rufende Stimme aus Mitternacht«. In: PuN 33 (2007), 71–83.

meinschaft mit Anhängern.[2] Diese bezeichneten sich als »Engels-Brüder«.[3] Zu den wichtigsten Schülern Gichtels gehörte der aus Frankfurt a. M. stammende Johann Wilhelm Überfeld, der 1684 nach Holland übersiedelte.[4] Trotz Gichtels massiver Kritik an der Ehe und seinen Vorbehalten Frauen gegenüber gehörten auch weibliche Mitglieder zu der Hausgemeinschaft, die als Haushälterinnen mithalfen.[5] Bis zu seinem Tod wohnte Gichtel in Amsterdam. Die für ihn wichtigsten Themen finden sich auch im Briefwechsel mit der deutschen Pietistin wieder. Er hatte als erster für eine systematische Drucklegung der Schriften Jakob Böhmes in deutscher Sprache gesorgt; vielen seiner Korrespondenzpartner empfahl er die Lektüre Böhmes bzw. berichtete von seinen Leseerfahrungen.[6] Im Gefolge Böhmes entwickelte er eine eigene Sophia-Mystik, die nach seiner Auffassung nur von asketisch lebenden Männern und Frauen nachvollzogen werden konnte. Gelegentlich berichtete er jedoch auch Verheirateten von diesen Erfahrungen. Gichtels Biographie und Werk fanden in der wissenschaftlichen Forschung zwar gelegentlich Beachtung, aber keine befriedigende monografische Behandlung. Die 2006 – bisher nur in litauischer Sprache vollständig – veröffentlichte Studie von Aira Võsa stellt die Gichtel-Forschung auf eine neue Basis.[7]

Johanna Eleonora Petersen stand in den letzten Jahren relativ oft im Fokus wissenschaftlicher Publikationen.[8] Wenn auch immer noch viele Einzelfra-

---

[2] Johann Georg Gichtel: *THEOSOPHIA PRACTICA// Halten und Kämpfen// ob dem H. Glauben// bis ans Ende/ // ... Auf Veranlassung in Briefen gestellet von dem Gottseligen GOttes=// Freund und Mann SOPHIAE,// JOHANN GEORG GICHTEL.//* Dritte Edition, vermehret und verbessert.// Gedruckt in Leyden, Anno 1722. Diese Ausgabe der Briefe Gichtels enthält in Bd. 7 eine Biografie, auf die sich diese Ausführungen stützen. Zu dieser Biografie s. auch Gertraud Zaepernick: Art. »Gichtel, Johann Georg«. In: RGG^4 3, 2000, 924. Ein Abriss seines Lebens findet sich auch in der bedeutendsten pietistischen Sammlung von Biografien: Johann Henrich Reitz: *Historie der Wiedergebohrnen* [...], hg. v. Hans-Jürgen Schrader. Bd. 1, Teile I–III (1698–1701). Nachdruck Tübingen 1982, hier III, 192–215.

[3] Johann Otto Glüsing aus Altona war einer dieser Engels-Brüder, vgl. hierzu Hermann Patsch: Arnoldiana in der Biblia Pentapla. Ein Beitrag zur Rezeption von Gottfried Arnolds Weisheits- und Väter-Übersetzung im radikalen Pietismus. In: PuN 26 (2000), 94–116; Hans-Jürgen Schrader: Sulamiths verheißene Wiederkehr. Hinweise zu Programm und Praxis der pietistischen Begegnung mit dem Judentum. In: Hans Otto Horch/Horst Denkler (Hg.): Conditio Judaica. Antisemitismus und deutschsprachige Literatur vom 18. Jahrhundert bis zum Ersten Weltkrieg. Tübingen 1988, 71–107.

[4] Im Rahmen der Biografie Gichtels sind etliche Briefe an ihn abgedruckt, Gichtel: *Theosophia Practica.* Bd. 7, 198–216, 367–468.

[5] Gichtel: *Theosophia Practica.* Bd. 7, 130–138.

[6] Gichtel: *Theosophia Practica.* Bd. 1, 100. Zur Rezeption Böhmes in England s. Brian J. Gibbons: *Gender in mystical and occult thought. Behmenism and its development in England.* Cambridge 1996.

[7] Ich danke Aira Võsa für kritische und sehr hilfreiche Anmerkungen zu diesem Artikel. Aira Võsa: *Johann Georg Gichtel – Teosoofilise idee kandja varauusaegses.* (Dissertationes Theologiae Universitatis Tartuensis, 10) Tartu 2006, mit einer deutschen Zusammenfassung auf S. 298–305.

[8] Barbara Becker-Cantarino: *The Life of Lady Johanna Eleonora Petersen, written by herself. Pie-*

gen offen sind, so lassen sich doch die biografische und die theologische Entwicklung relativ gut rekonstruieren. Als der Kontakt mit Gichtel begann, wohnte Johanna Eleonora von Merlau mit einer verwitweten Patrizierin im Zentrum Frankfurts; sie hatte ihre Laufbahn im Dienst einer herzoglichen Familie aufgegeben und war vom sächsischen Erzgebirge wieder in ihre Heimatstadt zurückgekehrt.[9] 1680 heiratete sie Johann Wilhelm Petersen und zog mit ihm zunächst nach Eutin, 1688 dann nach Lüneburg. Nach der Amtsenthebung J. W. Petersens lebte das Ehepaar seit 1693 auf einem eigenen Gut in der Nähe von Magdeburg.[10] Das literarische Werk J. E. Petersens umfasst etwa 20 Bücher; das erste, 1689 veröffentlicht, beruht vermutlich auf Vorarbeiten, die bereits in den Frankfurter Jahren entstanden sein könnten. Die von ihr favorisierten theologischen Themen führten zu vielen Auseinandersetzungen innerhalb und außerhalb des Pietismus.

Das schriftliche Werk Gichtels besteht vor allem aus Briefen, in denen er seine Lehren entfaltete. Bernard Gorceix sieht in dieser umfangreichen Korrespondenz das Signum der missionarischen Aufgabe, der sich Gichtel verpflichtet sah: »les lettres sont l'expression d'un plan ambitieux de catéchèse.«[11] Die gedruckt vorliegenden Briefausgaben[12] des Amsterdamer Sophia-Theologen enthalten aus den Jahren 1677 bis 1695 etwas mehr als 40 Briefe, die

---

tism and women's autobiography in seventeenth-century Germany. Chicago, London 2005; Ruth Albrecht: *Johanna Eleonora Petersen. Theologische Schriftstellerin des frühen Pietismus*. (AGP, 45) Göttingen 2005. Beide Werke enthalten Bibliografien mit weiterer einschlägiger Literatur.

9 Zur Zeit in Wiesenburg Albrecht: *Petersen*, 42–57; Claudia Tietz: *Johann Winckler (1642–1705). Anfänge eines lutherischen Pietisten*. (AGP, 50) Göttingen 2008, 68–77. Die folgende Studie ergibt keine wesentlichen neuen Einsichten für die Eschatologie J. E. Petersens, Heike Krauter-Dierolf: *Die Eschatologie Philipp Jakob Speners. Der Streit mit der lutherischen Orthodoxie um die »Hoffnung besserer Zeiten«*. (BHTh 131) Tübingen 2005.

10 Für beide Petersen nach wie vor sehr wichtig: Markus Matthias: *Johann Wilhelm und Johanna Eleonora Petersen. Eine Biographie bis zur Amtsenthebung Petersens im Jahre 1692*. (AGP, 30) Göttingen 1993. Zur Theologie J. W. Petersens fehlt eine neuere umfassende Studie, einige Aspekte beleuchtet Marcus Meier: Der bekräfftigte Origenes. Origenesrezeption im radikalen Pietismus. In: PuN 31 (2005), 137–151; ders.: Horch und Petersen. Die Hintergründe des Streits um die Apokatastasis im radikalen Pietismus. In: PuN 32 (2006), 157–174.

11 Bernard Gorceix: *Johann Georg Gichtel. Théosophe d'Amsterdam*. Lausanne 1975, 37; den Briefwechsel mit dem Ehepaar Petersen erwähnt er nur am Rande, 36. Vgl. auch ders.: *Flambée et Agonie. Mystiques du XVIIe siècle allemand*. (Le soleil dans le coeur, 10) Sisteron 1977, 277–293.

12 Ich verwende hier die folgenden zwei Ausgaben: Johann Georg Gichtel: *Erbauliche// THEOSOPHIsche// Send=Schreiben// Eines in GOTT getreuen// Mitgliedes// An der// Gemeinschafft// JEsu CHRISTI/ // unsers// HERRN/ // Ehemahls an seine vertraute// Freunde geschrieben/ //Und nun zum gemeinen Nutz das ande=//re mahl mit noch drey Theilen vermehret// in Druck gegeben// Von// Einigen Unparteyischen.// Gedruckt zu Bethulia im Jahr 1710.//* 5 Bände; Gichtel: *Theosophia Practica*. Bd. 1–7. Die ersten Briefausgaben erschienen bereits 1700, 1701 und 1708. Der Schlüssel zu Gichtels Briefen stimmt nicht in allen Angaben mit der Ausgabe von 1710 überein, s. Gertraud Zaepernick: Johann Georg Gichtels und seiner Nachfolger Briefwechsel mit den hallischen Pietisten, besonders mit A. M. Francke. In: PuN (1982), 74–118, hier 114–118.

an Johanna Eleonora Petersen adressiert sind. Einige dieser Schreiben gelten dem Ehepaar Petersen, einige sind ausdrücklich an Johann Wilhelm Petersen gerichtet. Diese Briefe stellen jedoch keine eigenständige Korrespondenz dar, da sie einen Bestandteil des umfassenden und intensiven Austausches zwischen Gichtel und J.E. Petersen bilden. Nach Ausweis des erhaltenen Materials muss zumindest zeitweise ein recht intensives schriftliches Gespräch bestanden haben, allerdings ist von den Briefen J.E. Petersens bisher kein einziger nachweisbar. In ihrem Werk findet sich kein Hinweis auf diesen Gesprächspartner, weder in den gedruckten Schriften noch im handschriftlich überlieferten Briefkorpus taucht Gichtels Name auf. Insgesamt geht diese pietistische Autorin sehr sparsam mit dem Namhaftmachen von Freunden und Feinden um; ihre Autobiografie z.B. gibt zwar an manchen Punkten Andeutungen zur Identifizierung wichtiger Personen, erwähnt aber an bezeichnenden Stellen keine Namen.[13]

Aus der nächsten Umgebung Gichtels wurde für die historiografische Weitervermittlung ein negatives Bild von J.E. und J.W. Petersen gezeichnet. In der sozusagen autoritativen Biografie findet sich eine Bemerkung, die J.W. Petersen in das denkbar schlechteste Licht rückt, indem sie ihm Käuflichkeit vorwirft. In diesem Zusammenhang wird J.E. Petersen nicht ausdrücklich erwähnt, die Abrechnung trifft in erster Linie ihren Ehemann. Wie auch andere sei J.W. Petersen den Ideen Jane Leades in Bezug auf die Apokatastasis nur aus dem Grunde gefolgt, weil damit materielle Vergütungen verbunden waren. Gichtel und seinem Mitbewohner Johann Wilhelm Überfeld sei durch Loth Fischer folgendes Angebot gemacht worden: »Wan sie es mit der Leaden auch hielten, würde ihnen der Herr Baron von Kn. auch Geld, wie Herrn D.P. übermachen«.[14] Diese Bemerkung reflektiert den historisch zutreffenden Umstand, dass Baron Dodo von Inn- und Knyphausen Personen finanziell unterstützte, die in schwierige Lebensumstände geraten waren und deren Ideen er für förderungswürdig hielt.[15] Er interessierte sich für christliches Gedankengut von Außenseitern, deren Schriften er durch eigene Aktivitäten verbreitete.[16] Allerdings ist nicht nachweisbar,

---

[13] Johanna Eleonora Petersen, geb. von und zu Merlau; *Leben, von ihr selbst mit eigener Hand aufgesetzet. Autobiographie*, hg. v. Prisca Guglielmetti. (KTP, 8) Leipzig 2003. Dies fällt besonders auf bei den Passagen, wo es um Philipp Jakob Spener und Johann Jakob Schütz geht, vgl. hierzu auch Andreas Deppermann: *Johann Jakob Schütz und die Anfänge des Pietismus.* (BHTh, 119) Tübingen 2002, 108–111. Vgl. ferner Eva Kormann: *Ich, Welt und Gott. Autobiographik im 17. Jahrhundert.* (Selbstzeugnisse der Neuzeit, 13) Köln 2004, 110–147.

[14] Gichtel: *Theosophia Practica*. Bd. 7, 328.

[15] Johann Wilhelm Petersen: *Lebens=Beschreibung// JOHANNIS WILHELMI// PETERSEN* [...], O.O. 1719, 219: Das Ehepaar erhielt nach der Ausweisung aus Lüneburg finanzielle Hilfe des Barons. Zu dieser Autobiografie s. auch Kormann: *Autobiographik* (s. Anm. 13), 147–158.

[16] J.W. Petersen: *Lebens=Beschreibung*, 219: Knyphausen kannte den Bericht J.W. Petersens

dass er seine Zuwendungen mit solchen Forderungen nach geistiger Gefolgschaft verknüpfte, wie die Gichtel-Biografie annimmt.

Während J. E. Petersen zu dem Zerwürfnis mit Gichtel gegenüber der Öffentlichkeit anscheinend schwieg, äußerte sich ihr Ehegatte dezidiert dazu. In seiner Autobiografie setzte er der Darstellung aus dem Freundeskreis Gichtels seine Sichtweise entgegen, die in umgekehrter Richtung mit Anschuldigungen aufwartete. Zu denen, die die von ihm vertretene Idee der Wiederbringung aller Dinge ablehnen, zählt er Gichtel und dessen Anhänger. Er versucht, ein negatives Licht auf diesen zu werfen, indem er einen Brief abdruckt, der seiner Meinung nach stichhaltig beweist, dass er zunächst der Apokatastasis zustimmte.

»Mich wundert aber sehr, warum doch die Gichtelianer, die dem Jacob Böhm platterdings folgen, und sich nun weit und breit einen Anhang gemacht, sich wider dieses Principium der ewigen Liebe GOttes in Christo so dürftiglich gesetzet, da doch Gichtel im Anfange solches selbst geglaubet, wie ich solches aus einem Briefe an den Hrn. Krausemarck 1696. den 8. Febr. aus Amsterdam geschrieben, beweisen kan«.[17]

Dieser Brief, der mit dem in der Gichtel-Korrespondenz gedruckten Text weitgehend übereinstimmt,[18] wägt bei einzelnen Bibelstellen ab, ob diese für oder gegen die Hoffnung auf eine Allversöhnung sprechen. Gichtel tendiert demnach dazu, eine unbegrenzte Frist für das Heilswirken Christi anzunehmen und insofern für die Apokatastasis zu plädieren. Dieses Schreiben stellt jedoch kein direktes oder umfassendes Bekenntnis zur Annahme der Wiederbringungs-Lehre dar. Christoph Krausemarck, der in Halle Theologie studierte, gehört nicht zu den regelmäßigen Korrespondenten Gichtels.[19] Nach dem Abdruck des Krausemarck-Briefes fährt J. W. Petersen dann fort:

»Daß aber der Hr. Gichtel davon wieder abgefallen und wetterwendisch worden, das lassen wir ihn verantworten. Vielleicht kan es seyn, daß GOtt der HErr ihm solche heilige Erkäntniß genommen, weil er zu weit gegangen, und im Gebet den Teuffel seinen Bruder genannt, wie er solches hieher geschrieben«.[20]

Dass er aus diesem Grund Geld von Knyphausen erhalten habe, weist J. W. Petersen zurück und fährt fort: »Nun glaube ich nimmermehr, daß Loth

---

über die Offenbarungen Rosamunde Juliane von Asseburgs. Zur Vermittlung eines Textes von Leade an J. E. und J. W. Petersen durch ihn, vgl. ebd. 354.

[17] J. W. Petersen: *Lebens=Beschreibung*, 335.

[18] Gichtel: *Theosophische Sendschreiben*. Bd. 3, 30 f, 1710, ep. 6.

[19] Nach dem bei Zaepernick: Briefwechsel (s. Anm. 12), 116, abgedruckten Personenschlüssel gibt es nur dieses eine Schreiben.

[20] J. W. Petersen: *Lebens=Beschreibung*, 336 f. Ein Brief dieses Inhalts findet sich in den gedruckten Schreiben der Gichtel-Korrespondenz nicht. Dieser Umstand spricht auch dafür, dass es etliche weitere Briefe gab, die jedoch nicht in die veröffentlichte Briefausgabe aufgenommen wurden.

Fischer solches geschrieben.«[21] Seinerseits macht der Autobiograf den Gichtelianern den Vorwurf, dass sie Böhmes Schriften auf die gleiche Stufe wie die Bibel stellten und unredlich mit Geldern ihrer Anhänger umgingen.[22] Am Schluss dieses Passus unterstreicht J. W. Petersen den Dissens zwischen Gichtel und den seiner Meinung nach wahren Christen: »Ich kenne hergegen viele, die von Gichteln nie nichts gehöret, noch gelesen haben, aber doch des HErrn seyn, und zu seiner Braut gehören«.[23] Gichtel und sein Werk zu kennen, ist in den Augen J. W. Petersens nicht heilsnotwendig; die Wiederbringungsidee jedoch zählt für ihn zu den für das Heil notwendigen Überzeugungen. Diese für die Um- und Nachwelt lancierten Darstellungen haben eine Vorgeschichte, die anhand der gedruckten brieflichen Korrespondenz Gichtels ein wenig aufgehellt werden kann.

Die erste Phase des Briefwechsels: 1677 bis 1679

Wie der Briefwechsel zwischen Johanna Eleonora Petersen und Gichtel zustande kam, lässt sich bisher nicht rekonstruieren. Die Frankfurter Pietisten pflegten ein umfangreiches Kontaktnetz mit schriftlichem und persönlichem Austausch in ganz Deutschland und darüber hinaus. Johann Jakob Schütz, der z. B. die Korrespondenz zwischen Petersen und Anna Maria van Schurman vermittelte,[24] könnte auch hier im Hintergrund gestanden haben. Allerdings hatte er selber anscheinend keine direkte Verbindung mit Gichtel, obwohl er Personen aus dessen näherem Umfeld kannte.[25] Philipp Jakob Spener unterhielt nach dem Ausweis seiner Korrespondenz kaum Kontakt mit Gichtel, obwohl er vermutlich über dessen weiteren Lebensweg und Werk gut informiert war; beide kannten sich aus Straßburger Studienzeiten.[26] Ein Verbindungsglied zwischen Frankfurt und Amsterdam stellt der

[21] Petersen: *Lebens=Beschreibung*, 337.

[22] Petersen: *Lebens=Beschreibung*, 338.

[23] Petersen: *Lebens=Beschreibung*, 339. In der seiner Autobiografie angefügten Liste von druckfertigen Manuskripten erwähnt er als Nr. 53: »Ein Wort an die heutigen Böhmisten und Gichtelianer wegen der Lehre von der Wiederbringung aller Dinge [...]«, 386.

[24] Deppermann: *Schütz* (s. Anm. 13), 288–298.

[25] Schütz beschäftigte sich mit Baron Ernst Justinian von Welz; er las Schriften von Alhardus de Raadt, Deppermann: *Schütz*, 78 f, 243, 139, 313. Der Name von Schütz erscheint nicht unter den nachgewiesenen Korrespondenten Gichtels, s. Zaepernick: Briefwechsel (s. Anm. 12), 114–118.

[26] Ein Brief ist nachweisbar: Philipp Jakob Spener: *Theologische Bedenken und andere Brieffliche Antworten*. 1702, Nachdruck hg. v. Erich Beyreuther: Philipp Jakob Spener. Schriften. Bd. XIII.1. Hildesheim u. a. 1999, 495–499, 15. 12. 1687. 1683 äußert er sich vorsichtig kritisch über Gichtel und Böhme: *Letzte Theologische Bedencken und andere Brieffliche Antworten*. 1711, Nachdruck hg. v. Erich Beyreuther: Philipp Jakob Spener. Schriften. Bd. XV.2. Hildesheim u. a.

Kaufmann Johann Wilhelm Überfeld dar, der sich mit anderen Frankfurter Pietisten am Landkauf in Pennsylvanien beteiligte.[27] Eventuell etablierte sich bei dem Freundeskreis der Frankfurter Saalhof-Pietisten[28] eine Art von Arbeitsteilung, wobei J. E. Petersen die Zuständigkeit für den Briefverkehr mit Gichtel zufiel.

Der erste erhaltene Brief Gichtels stammt vom Dezember 1677.[29] Er informiert hierin über den Tod seines Mitbewohners Erasmus Hoffmann († 12. 12. 1677).[30] Gichtels Formulierungen lassen darauf schließen, dass es zwischen J. E. Petersen und Hoffmann eine Korrespondenz gegeben hat, die er nun fortführt. Er apostrophiert die Briefpartnerin als Freundin und »Mitglied« und bezeichnet sich selber als ihren Mitbruder.[31] Die Informationen, die Gichtel vorlagen, müssen J. E. Petersen als Gleichgesinnte dargestellt haben, so dass er ihr gegenüber von vornherein diesen freundschaftlichen Ton anschlug. Sein Gruß »an alle Mitglieder Christi« könnte bedeuten, dass sie ihm als Exponentin einer Gruppierung der Frankfurter Pietisten gegenüber trat. Ein Passus dieses Briefes unterstreicht die Vermutung, dass J. E. Petersen und Hoffmann miteinander über ein konkretes Problem verhandelten. Gichtel schreibt:

»In übrigen/ weil mich der liebe GOtt inner= und äußerlich in Armuth gesetzet/ weiß und kan ich nichts hinzu thun/ GOtt ist nahe denen/ die ihn fürchten und wird jedwedes Glied/ dem sein innerer Beruff ernstlich angelegen/ selbst im Hertzen lehren/ was er thun und lassen soll.«[32]

Der Rest dieses ersten Schreibens spricht Themen an, die charakteristisch für die Frankfurter Jahre J. E. Petersens sind.[33] Demut, Seelenruhe und die Vermählung der Seele mit Gott weisen auf mystische Tendenzen hin; in die

---

1987, 123. Vgl. Johannes Wallmann: *Philipp Jakob Spener und die Anfänge des Pietismus*. (BHTh, 42) Tübingen ²1986, 71. Bei Philipp Jakob Spener: *Briefe aus der Frankfurter Zeit 1666–1686*. Bd. 1, hg. v. Johannes Wallmann. Tübingen 1992, 413, ep. 101, wird Baron J. E. von Welz erwähnt, der für Gichtel von entscheidender Bedeutung war.

27 Deppermann: *Schütz* (s. Anm. 13), 330.

28 Vgl. hierzu Martin Friedrich: Frankfurt als Zentrum des frühen Pietismus. In: Roman Fischer (Hg.): Von der Barfüßerkirche zur Paulskirche. Beiträge zur Frankfurter Stadt- und Kirchengeschichte. (Studien zur Frankfurter Geschichte, 44) Frankfurt/Main 2000, 187–201.

29 Gichtel: *Theosophische Sendschreiben*. Bd. 2, 184–186, ep. 90, 22. 12. 1677; *Theosophia Practica*. Bd. 1, 87–89, ep. 23.

30 Vgl. Zaepernick: Briefwechsel (s. Anm. 12), 83: Er stammte aus Eisenach, war Theologiestudent und ging 1660 in die Niederlande. Zunächst hielt er sich bei Breckling auf. Kritisch über ihn auch Gichtel: *Theosophia Practica*. Bd. 7, 131.

31 Das hier als Illustration der Gemeinsamkeit verwendete Bild des Baumes mit seinen Ästen benutzt Gichtel gerne, Gichtel: *Theosophische Sendschreiben*. Bd. 2, 113, 120, 128; 3, 128.

32 Gichtel: *Theosophische Sendschreiben*. Bd. 2, 185.

33 Einen Einblick in ihr frühes Denken geben die Briefe an die Herzogin von Sachsen-Zeitz und ihr erstes Werk: Johanna Eleonora Petersen: *Gespräche des Hertzens mit Gott* [...]. Ploen 1689. Markus Matthias: Mutua Consolatio Sororum. Die Briefe Johanna Eleonora von Merlaus

gleiche Richtung deuten die sentenzartigen Empfehlungen, sich auf das Wichtigste und Nötigste zu konzentrieren. Daneben werden das Gebet, das Befolgen des Willens Gottes sowie Erfahrungen mit dem Kreuz angesprochen. In den letzten Passagen präsentiert sich Gichtel im Stil eines spirituellen Lehrmeisters, der seine eigenen Erfahrungen weitergibt, um damit bei anderen ähnliche Prozesse auszulösen. Hatte J. E. Petersen gerade das bei Hoffmann und Gichtel gesucht?

Der zweite Brief Gichtels folgt relativ schnell auf den ersten; bereits nach vier Wochen wendet sich der Amsterdamer Böhme-Schüler wieder an das Frankfurter »Mitglied am Haupt JEsu«.[34] In diesem Schreiben folgen weitere Informationen über den Tod Hoffmanns sowie Gichtels kritische Einschätzung seines Mitbewohners und Begleiters.[35] In nur einem kurzen Satz greift der Briefschreiber ein Anliegen auf, das J. E. Petersen bewegte: »Ihr schreibet sehr wohl/ wehrtes Mitglied/ daß die Hertzens=Demuth wahre Gelassenheit gebähre.«[36] In der gedruckten Version des Gichtel-Briefes folgen Reflexionen über das Wirken des Teufels, das mit Bildern der neutestamentlichen Apokalypse beschrieben wird – ein Lieblingsthema Gichtels, der den Satan überall am Werk sah. Gleichzeitig betont er, dass der Kampf sowohl in den äußeren Elementen als auch in der Seele des Menschen stattfindet – auch das ist einer der zentralen Gesichtspunkte in Gichtels Denksystem. Er beschreibt seine eigenen Erfahrungen[37] im spirituellen Kampf und sieht sich in gewisser Weise als Vorreiter, der bereits erlebt hat, was anderen noch bevorsteht.[38] Auf der einen Seite unterstreicht er seinen aktiven Anteil am Kampf gegen die vom Teufel ausgehenden Bedrohungen; auf der anderen Seite beharrt er auf seinem Unvermögen, seiner Schwachheit und Demut. Er zeigt sich überzeugt von Gottes Parteinahme für die Armen und Schwachen. Der Empfängerin dieses Briefes wünscht der Absender, sozusagen als Auszeichnung, ebenfalls solche geistlichen Kampf-Erfahrungen, wie Gichtel sie aus eigenem Erleben dargelegt hat:

---

an die Herzogin Sophie Elisabeth von Sachsen-Zeitz. In: PuN 22 (1996), 69–102; Albrecht: *Petersen* (s. Anm. 8), 208–226.

[34] Gichtel: *Theosophische Sendschreiben*. Bd. 3, 32–35, ep. 7, 25. 1. 1678; *Theosophia Practica*. Bd. 1, 89–92, ep. 24.

[35] Vgl. Zaepernick: Briefwechsel (s. Anm. 12), 84.

[36] Gichtel: *Theosophische Sendschreiben*. Bd. 3, 32.

[37] In Gichtel: *Theosophia Practica*. Bd. 7, 182, wird der Erfahrung ein ganz hoher Stellenwert zugemessen. Es heißt hier über Gichtel und seine Lebensgefährten: »Sie predigten nicht, legten auch nicht die Schrift aus, sondern was eines jeden Erfahrung gewesen; dadurch wuchs ein jeder in der Erkenntniß, und befand sich wohl.«

[38] »Ja/ wir haben offt mit Geistern gerungen/ als Mann mit Mann/ auff daß GOttes Krafft in der Schwachheit erkandt werde. Und dürffen fast nicht ausreden/ was Ernst gebrauchet worden/ weil der Streit Michaelis zur Zeit noch verborgen und wenigen durch Erfahrung bekandt.« Gichtel: *Theosophische Sendschreiben*. Bd. 3, 34.

»GOtt führe eure Seele aus Gnaden auch in den Streit/ und lasse sie siegen/ damit sie ewig mit Christo in seinem Reich herrschen möge! Denn das ist der Stein/ welchen die Bauleute verworffen/ der nun ohne Hände vom Berg Zion herab fällt/ und in unserer Seelen das monstrosische Bild der Eigenheit zermalmet. GOtt gebe/ daß er auch in euer Hertz falle/ so werdet ihr Wunder erfahren/ wie die Rechte GOttes in der Seelen sich erhöhet/ und des Teuffels Grimm zerbricht.«[39]

In den letzten Sätzen seines Briefes deutet Gichtel an, dass er sich als eine Art geistlicher Mentor und Lehrer für J. E. Petersen sah, der er soweit Anteil gab an seinem Erfahrungsschatz, wie dieser für sie zuträglich war. »Der HErr sey mit eurem Geist! Ich muß schliessen/ und meine Lectiones noch weiter sparen/ biß die Zeit kömmt/ da es nöthig wird seyn/ selbige zu eröffnen.«[40] Vielleicht kann die Reserve in Bezug auf tiefer gehende Mitteilungen auch so zu lesen sein, dass Gichtel mit dem Herannahen eschatologischer Ereignisse rechnete, die ein ganz anderes Verhalten nötig machen könnten.

Der dritte Brief aus dieser ersten Korrespondenzphase beschäftigt sich hauptsächlich mit der Fragestellung, wie der Rückzug in die Stille und tätiges Wirken nach außen zu bewerten seien.[41] Denkbar ist, dass die Briefpartner sich über diesen Themenkomplex bereits in vorherigen Schreiben ausgetauscht haben. Möglich wäre auch, dass J. E. Petersen hierzu ihre Ansichten und Fragen unterbreitete. Die im Frankfurter Freundeskreis verbreitete mystische Literatur könnte Tendenzen zu einem zurückgezogenen Leben forciert haben, das sich jedoch in der Main-Metropole nur sehr schwer realisieren ließ.[42] Ihren Hofdienst in Wiesenburg hatte Petersen ja bewusst aufgegeben, um nicht ständig mit den Erfordernissen des höfischen Lebens wie Geselligkeit, Tanz und anderen Vergnügungen konfrontiert zu werden.[43] Eventuell hatte Gichtel seine Frankfurter Schwester und Freundin in den vergangenen zwei Jahren soweit kennen und schätzen gelernt, dass er ihr nun diese Lektionen zutraute. Denn trotz aller Bemühungen, auch andere Lebensweisen zu würdigen, macht Gichtel keinen Hehl daraus, dass er seinen Lebensstil für den einzig richtigen hält:

»ich bete aber ohne Unterlaß/ und halte mich gantz still/ gehe auch wenig aus/ habe wenig Gesellschafft/ ohne die mich selbst ansprechen/ und deren kaum drey. Man heisset diese Wege müßige faullentzende Wege/ da man sein Pfund vergrabe/ GOtt nicht wuchere/ seinem Nechsten nicht diene/ nur Wollust und sanffte Tage suche &.

39 Gichtel: *Theosophische Sendschreiben*. Bd. 3, 34.

40 Gichtel: *Theosophische Sendschreiben*. Bd. 3, 34.

41 Gichtel: *Theosophische Sendschreiben*. Bd. 3, 35 f, ep. 8, 10. 1. 1679; *Theosophia Practica*. Bd. 1, 92–94, ep. 25.

42 Die Studie von Deppermann (s. Anm. 13) gibt einen guten Einblick in dieses frühe pietistische Milieu in Frankfurt, in dem Johann Jakob Schütz und J. E. Petersen wichtige Rollen einnahmen.

43 J. E. Petersen: *Leben*, 23–27.

Aber ich sehe manchen thun/ was er will; lauffen/ wohin er will/ predigen und bekehren und seinen Nechsten suchen/ wenn er will; Alles ohne Frucht in Eigenheit: Da mir das eigene Wollen frembd worden/ und ich lieber sterben wollte/ als in eigenen Willen gehen.«[44]

Auch in diesem Zusammenhang klingt der Briefempfängerin gegenüber ein pädagogischer Impetus an: Gichtel empfiehlt das stille, zurückgezogene Leben als das eindeutig Bessere. Sah er J. E. Petersen auf dem Weg dorthin?

Am 7.2.1679 schreibt Gichtel wieder,[45] diesmal berichtet er von seinen spirituellen Erfahrungen, die er vor allem als Kämpfe darstellt.[46] Die Briefempfängerin lässt er teilnehmen an dem, was ihn beschäftigt und wünscht ihr, dass sie Ähnliches erleben möge. Seine Erfahrungen stilisiert er in gewisser Weise zu einem paradigmatischen Glaubensprozess, den diejenigen nachvollziehen können, die seinen Hinweisen und Ratschlägen folgen. Stärker als in den vorigen Schreiben tritt in diesem Text die Eigenart der Gichtelschen Sprache deutlicher hervor.[47] Der Brief schließt mit folgenden Ausführungen:

»Es hat ja schmertzlich gebrennet; ich verfluchete die Stunde meiner Gebuhrt: aber GOtt sey Dank, es ist endlich auch in der Seelen ein ander Licht angebrochen; aus welchem ihr, liebe Schwester, Christi Gestalt auch werdet sehen, und daneben tiefer penetriren, warum ich die eigne Wirklichkeit als einen heftigen schädlichen Gift der Seelen hasse.«[48]

Hinweise auf weitere nicht erhaltene Briefe an J.E. Petersen finden sich in der Gichtel-Biografie. Zu den Haushälterinnen Gichtels, die alle von ihm und seinen Mitbewohnern rückblickend negativ beurteilt werden, gehörte die verwitwete Anna Catharina Löwenstein.[49] Bei den Bemühungen, eine andere Betätigung und Unterkunft für sie zu finden, wurde die Frankfurter Korrespondenzpartnerin eingeschaltet.[50] Löwenstein zog »dahero hinauf nach Frankfurt am Mayn, dahin Herr Gichtel auch vorhin für sie geschrie-

---

[44] Gichtel: *Theosophische Sendschreiben*. Bd. 3, 35.

[45] Gichtel: *Theosophia Practica*. Bd. 2, 1310f, ep. 131, 7.2.1679.

[46] Darauf deuten die letzten Sätze hin: »Bin aber mit einem kranken Thier umgeben, darin der Teufel gewaltig lauret, ob er die Seel erhaschen, oder sicher finden und überfallen möge, und bin stets im Streit«, Gichtel: *Theosophia Practica*. Bd. 2, 1311. Dieses Thema begegnet in fast allen seinen Briefen, z.B. *Theosophische Sendschreiben*. Bd. 1, 22.

[47] Es handelt sich um Ausdrücke wie: Feuer der Eigenheit, sich in den Tod Christi wenden, sich in Gottes Willen einsenken.

[48] Gichtel: *Theosophia Practica*. Bd. 2, 1311.

[49] Gichtel: *Theosophia Practica*. Bd. 7, 132–134.

[50] Auch andere Briefe bestätigen, dass Gichtel materiell für Freunde sorgte, er gab Bitten um Unterstützung weiter und leitete auch Geld zu den seiner Meinung nach Bedürftigen, Gichtel: *Theosophische Sendschreiben*. Bd. 1, 10, ep. 4 und 5; *Theosophia Practica*. Bd. 7, 255. Andererseits beschwerte er sich über Gerüchte, dass er viel Geld zur Verfügung habe und dieses verteile, *Theosophische Sendschreiben*. Bd. 2, 103.

ben, und sie der damaligen Edlen Fräulein von Merlau recommendirte; durch welcher Geschäfte sie, als sie dahin kam, auch eine freye Wohnung fand, nebst Hausraht und anderer Notdurft. [...] Ist ihr von Ehren=bemeldter Fräulein des Herrn Gichtels Brief zu lesen gegeben worden«.[51] In den Texten J.E. Petersens wird dieser Name nicht erwähnt; anscheinend hatte A. C. Löwenstein in Frankfurt keine Kontakte mit der dortigen pietistischen Szenerie. Im Mai 1680 teilte Gichtel einem seiner Briefpartner mit, dass seine ehemalige Haushälterin verstorben sei.[52]

Die aus den Jahren 1677 bis 1679 erhaltenen Schriftstücke zeichnen das Bild einer freundschaftlichen Verbindung, bei der beide Seiten die für sie wesentlichen Themen anzusprechen scheinen. Gichtel und Petersen konnten sich verbunden fühlen in dem Bemühen um eine ernsthafte Christus-Nachfolge, die zu vielen Erscheinungen der Welt und des kirchlichen Christentums in Distanz trat. Motive der mystischen Tradition beschäftigten beide gleichermaßen. Gichtel verband das Ringen um Demut und Gelassenheit mit einem zurückgezogenen Lebensstil, der gleichwohl in missionarischer Absicht andere beeinflussen wollte. Er benutzt Bildelemente aus der Böhme-Tradition, die er sich weitgehend angeeignet hat, so dass sie als Versatzstücke seines eigenen Denkens erscheinen. Zwei Sphären stehen sich dualistisch gegenüber: der »Thron=Fürst JEsus« und der »Welt= Fürst«, der Satan.[53] Der Kampf beider Sphären findet sowohl im Inneren des Menschen statt als auch im äußeren Weltgeschehen. Gichtel verwendet diese metaphorische Sprache, die alle seine Briefe kennzeichnet, auch gegenüber Petersen, ohne die einzelnen Motive eigens zu erläutern. In diesen ersten Briefen finden sich jedoch keinerlei Hinweise auf die Sophia-Theologie. Behandelte Gichtel diesen für ihn so wichtigen Komplex als Arkandisziplin? Hielt er die Frankfurter Pietistin nicht für fähig, die Verehrung der göttlichen Weisheit zu verstehen? Oder ging er mit diesem Themenkomplex Frauen gegenüber vorsichtiger um als gegenüber Männern? Da es vermutlich mehr Briefe gab als nur diese vier im Druck erhaltenen, können hier nur Hypothesen formuliert und keine Ergebnisse präsentiert werden. Dass der Briefwechsel Lücken und Einbußen erlebte, könnte auch damit zu tun haben, dass J. E. Petersen sich während des Jahres 1679 an vielen unterschiedlichen Orten aufhielt. Dieser Umstand zeitigte z. B. auch Einschränkungen in ihrem sonst sehr dichten Briefverkehr mit Herzogin Sophie Elisabeth von Sachsen-Zeitz.[54]

J.E. und J.W. Petersen brachen im Herbst 1680 nach ihrer Trauung durch Spener von Frankfurt zu einer Reise nach Holland auf. Sie besuchten

---

[51] Gichtel: *Theosophia Practica*. Bd. 7, 134.
[52] Gichtel: *Theosophia Practica*. Bd. 1, 110; sie war anscheinend in Frankfurt geblieben.
[53] Gichtel: *Theosophische Sendschreiben*. Bd. 3, 33.
[54] Matthias: Mutua Consolatio (s. Anm. 33), 88, ep. 8.

u. a. Amsterdam und J. W. Petersen nennt etliche Personen, mit denen sie dort zusammentrafen;[55] Gichtel ist nicht dabei. Aufgrund des Briefkontaktes mit J. E. Petersen hätte ein persönliches Kennenlernen nahegelegen; wenn es stattfand, dann verfiel es der Damnatio memoriae wegen des späteren Zerwürfnisses. J. E. Petersen verbindet in ihren autobiografischen Aufzeichnungen mit dem Aufenthalt in Amsterdam lediglich die Erinnerung, dass ihr Mann dort schwer erkrankte.[56] In Gichtels Briefen findet sich jedoch ein Hinweis darauf, dass die drei sich bei dieser Reise tatsächlich begegneten. Im Januar 1693, als der Briefkontakt eine große Dichte erreicht hat, erinnert Gichtel an den Besuch des Ehepaares bei ihm. Er beschreibt seine eigenen Erfahrungen mit visionären Erlebnissen, bei denen er u. a. in die Hölle geführt wurde: »welches mich aber so erschrecklich angegriffen/ daß ich darüber drey Monathen an Händ und Füßen Lahm/ und ein gantzes Jahr bettlägerig gewesen/ in welchem Stand Ew.L. und Mann mich hier gesprochen.«[57] Aus dieser Bemerkung geht eindeutig hervor, dass die beiden Petersen Gichtel einen Besuch abstatteten. Zu fragen ist, warum der Kontakt für mehr als zehn Jahre abbrach. Vielleicht waren die von Gichtel angedeuteten Umstände seiner Erkrankung und Schwäche für beide Seiten eher unangenehm. Vielleicht machte die persönliche Begegnung die Unterschiede der Lebenskonzepte und der theologischen Auffassungen sehr viel deutlicher. Gichtel stritt für ein eheloses Leben, abseits jeder kirchlichen oder öffentlichen Betätigung. Seine Vorbehalte gegenüber der Ehe und gegenüber der Institution Kirche mit ihren Amtsträgern brachte er massiv zum Ausdruck.[58] J. E. und J. W. Petersen waren dabei, beides zu realisieren; sie befanden sich als Ehepaar auf dem Weg nach Eutin, wo er als Pastor und Superintendent tätig war. Da der Briefkontakt nach der langen Pause wieder aufgegriffen wurde und eine Intensität erreichte, die er vorher nicht hatte, kann der beiderseitige Eindruck jedoch nicht völlig negativ gewesen sein. In Betracht zu ziehen ist ferner, dass die Unterbrechung eventuell nichts mit den deutschen Pietisten zu tun hatte, sondern allein in Gichtels Biografie begründet lag. Seine Korrespondenz sowie Aussagen der Freunde weisen da-

---

[55] »Ich reisete endlich unter dem Geleite GOttes und vieler frommer Seegen in einem eigenen gedungenen Schiffe den Rhein hinunter nach Holland, weil ich meine Liebste nicht gern über die beschwerliche hohe Berge, die in dem Casselischen Lande sind, führen, und ich auch gerne Holland sehen, und in demselbigen die gelehrten Leute sprechen wollte.« J. W. Petersen: *Lebens=Beschreibung*, 52, erwähnt dabei die Städte Leiden, Rotterdam, Utrecht, Amsterdam, Groningen und Franecker.

[56] J. E. Petersen: *Leben*, 31.

[57] Gichtel: *Theosophische Sendschreiben*. Bd. 3, 64, ep. 13, 17. 1. 1693; weitere Krankheitsphasen werden erwähnt in *Theosophia Practica*. Bd. 7, 269.

[58] Gegenüber beiden Petersen äußert er später auch Kritik an der Theologie als intellektueller Betätigung, Gichtel: *Theosophische Sendschreiben*. Bd. 3, 46, 59 f, 104; vgl. auch *Theosophische Sendschreiben*. Bd. 2, 196; 7, 382.

rauf hin, dass es mehrere Phasen völligen Rückzugs gab, in denen er keine Kontakte pflegte, die über seinen unmittelbaren Lebenskreis hinausgingen.[59]

Die zweite Phase des Briefwechsels: 1691 bis 1695

1691 war es Gichtel, der sich brieflich an J. W. Petersen wandte.[60] In den pluralen Anredeformen wird J. E. Petersen als Empfängerin mit einbezogen, der Ansprechpartner nach dieser langen Unterbrechung ist jedoch der Ehemann. Unter Bezugnahme auf das Motiv aus Gen 2,21 f, dass die Frau aus der Rippe (lat. costa) des Mannes geschaffen wurde, wendet sich Gichtel an »Ew.L. und Costa«.[61] Gichtel entschuldigt sich für sein langes Schweigen und führt seine eigenen Schwierigkeiten als Grund dafür an. Gleichzeitig beteuert er, dass er die beiden in guter Erinnerung habe.[62] Wie das Schreiben zu erkennen gibt, bewog ihn u. a. Neugier dazu, den abgerissenen Faden wieder aufzugreifen. Ihn hatten Gerüchte über Rosamunde Juliane von Asseburg erreicht und er wollte nun genau wissen, was es damit auf sich habe. Vielleicht hatten die Nachrichten über das Ehepaar Petersen, die junge Visionärin und deren Eintreten für den Chiliasmus[63] in ihm die Hoffnung aufkeimen lassen, dass ihn doch genug gemeinsame Interessen mit den beiden alten Freunden verbanden. Gichtel beschäftigte sich nach Aussagen seiner Briefe – und in der Tradition Böhmes stehend – mit Visionen und Offenbarungen, wobei er jedoch immer wieder zur Vorsicht mahnte, diese nicht zu überschätzen.[64] Die Schilderung eigener visionärer Erlebnisse kommt in vielen seiner Schreiben vor. Er schreibt an beide Petersen:

»Das Gerüchte welches alldorten von euch und der N. adelichen Tochter herum schwermet/ ist auch zu uns herüber gekommen/ und zwar durch meist gutmeynende Hertzen/ also daß wir nicht wenig verlanget haben/ der Sache und Verlauffs=Grund zu vernehmen.«[65]

---

[59] Die Jahre um 1688 werden mit den Stichworten »Armut und Noht« charakterisiert, Gichtel: *Theosophia Practica*. Bd. 7, 253.

[60] Gichtel: *Theosophische Sendschreiben*. Bd. 3, 37–40, ep. 9, 11. 1. 1691; *Theosophia Practica*. Bd. 3, 1899–1902, ep. 9.

[61] Gichtel: *Theosophische Sendschreiben*. Bd. 3, 38; vgl. 112, ep. 30, 12. 2. 1694, ebenfalls an J. W. Petersen.

[62] Gichtel: *Theosophische Sendschreiben*. Bd. 3, 37: »ICh bin ja noch dessen und seiner Liebsten Schuldener/ sind auch von mir nie in Vergeß gestellet worden.«

[63] Vgl. hierzu Matthias: *Petersen* (s. Anm. 10), 254–301.

[64] Gichtel: *Theosophische Sendschreiben*. Bd. 1, 2, ep. 1.

[65] Gichtel: *Theosophia Practica*. Bd. 3, 37.

Gichtel unterstreicht die gemeinsamen Ziele, die sowohl er als auch J. E. und J. W. Petersen verfolgen, wenn er sich davon überzeugt zeigt, »daß ihr Christi geistl. Reich in unserer Seele suchet fort zu pflantzen/ und zu Offenbahrung in allen Menschen arbeitet.«[66] Der aus den ihm zugetragenen Informationen gewonnene Eindruck geht soweit, dass er die Angesprochenen als Auserwählte betrachtet, die die gleichen Erfahrungen wie er machen werden. »Gedencket meines Leydens/ wann ihr am Creutz hangen werdet.«[67] Gichtel interpretiert seinen Lebensweg als Leidensgeschichte in der Nachfolge Christi und bezieht dabei auch die Kreuzesmetaphorik in diese Deutung mit ein. Für ihn bildeten Missverständnisse und Ablehnungen gewissermaßen den Ausweis der wahren Kreuzesnachfolge.[68]

J.E und J. W. Petersen müssen umgehend reagiert haben, denn noch am 21. Januar 1691 schreibt Gichtel erneut.[69] Das in Lüneburg wohnende Ehepaar hatte sich anscheinend von dem alten Amsterdamer Freund zutiefst verstanden gefühlt, denn dieser führt nun weiter aus: »Der Höchste wird euch trösten/ und auffrichten/ denn er ist ein treuer Vorgänger seiner nachwandelnden Seelen [...] Und wenn wir an das Creutz gar müssen/ kennen uns auch kaum die Frommen/ wie Ew. L. an ihrem Ort selbst erfahren«. Der Brief enthält weiterhin Bemerkungen zur Interpretation der Johannes-Apokalypse[70] und zur Beurteilung von gegenwärtigen Offenbarungs-Phänomenen. Am Schluss bittet der Briefschreiber darum, »eure R.« zu grüßen. Die neugewonnenen alten Freunde bezieht er in seine Weltsicht mit ein, die von einem Kampf der kosmischen Mächte ausgeht, bei denen der Teufel für jeden Einzelnen eine ernsthafte Drohung darstellt. So warnt er im letzten Satz: »Denn der Teuffel lauret auff uns als eine Katze auff die Mauß.«[71]

Aus dem Jahr 1692 sind vier Schreiben überliefert.[72] Der Amsterdamer Briefschreiber reagiert auf Ausführungen, Fragen und Einwände seiner Korrespondenzpartnerin;[73] daraus lässt sich schließen, dass beide mit ähnlichen Themen beschäftigt waren. Gichtel erkundigt sich weiter nach R. J. von As-

---

66 Gichtel: *Theosophia Practica*. Bd. 3, 38.

67 Gichtel: *Theosophia Practica*. Bd. 3, 39.

68 Ähnlich formuliert J. E. Petersen in ihrer autobiografischen Skizze, die 1689 zum ersten Mal gedruckt wurde, J. E. Petersen: *Leben*, 5–7.

69 Gichtel: *Theosophische Sendschreiben*. Bd. 3, 40–42, ep. 10, 21. 1. 1691.

70 »Die Apocalypsis Johannis ist ein tiefes magisches Buch/ darinnen sich manches tapfferes Gemüth geübt/ und geforschet nach der Zeit der Offenbahrung Christi und seines herrlichen Reichs«, Gichtel: *Theosophische Sendschreiben*. Bd. 3, 41.

71 Gichtel: *Theosophia Practica*. Bd. 3, 42.

72 Zwei Briefe sind genau datiert: Gichtel: *Theosophische Sendschreiben*. Bd. 3, 43–49, ep. 11, 12. 8. 1692; 49–50, ep. 12, 17. 11. 1692; *Theosophia Practica*. Bd. 3, 1905–1917, ep. 11–12; die anderen beiden enthalten als Datumsangabe nur die Jahreszahl: *Theosophische Sendschreiben*. Bd. 4, 586–594, ep. 118, 1692; 594–600, ep. 119, 1692.

73 Gichtel: *Theosophische Sendschreiben*. Bd. 3, 43: »davon E. L. in ihrem Brieffe melden«; 4, 586: »wie E. L. schreibet«; 4, 593: »wie E. L. meldet«.

seburg und ließ ihr Ratschläge mitteilen.[74] Thematisch kreisen Gichtels Ausführungen um die beiden Themenkomplexe Auslegung der Johannes-Apokalypse und Deutung neuer Offenbarungen. Nach der Aufzählung einzelner Bildmotive der neutestamentlichen Apokalypse wie Löwe, Engel, Reiter resümiert er:

»Wie aber dieses in der grossen Welt zu appliciren aufff gewisse Regenten/ Land und Leute/ Zeit und Orth/ laß ich denjenigen/ welchen GOtt es anvertrauet/ heimgestellet bleiben; Denn Apocalypsis siehet in Anfang und End/ und weiset/ wie in 7. Tagen die Welt gemachet/ und in 7. Zeiten welche mystisch/ und verlanget mich/ was GOtt Ew.L. wird beliebet haben im Begriff mitzutheilen/ freundlich ersuchend/ Ew.L. wollen mein Schreiben in Liebe deuten/ und sich ja nicht durch Gesichte oder Geschichte ausser ihr bewegen oder verleiten lassen.«[75]

Gichtel entfaltet im Gespräch mit J. E. Petersen die hermeneutischen Grundlagen seines Denkansatzes. Die in der neutestamentlichen Offenbarung beschriebenen eschatologischen Abläufe spiegeln sich nach seiner Sicht auch in den einzelnen Menschen wider. Die antagonistischen Kräfte, Gott und Teufel, bekämpfen sich in den äußeren Elementen, gleichzeitig jedoch auch im Inneren der Gläubigen.[76] Dieser im Jahr 1692 begonnene intensive Austausch zwischen Gichtel und J. E. Petersen, der sich über vier Jahre hinzog, gibt zu der Schlussfolgerung Anlass, dass die pietistische Schriftstellerin Leitlinien ihres 1696 veröffentlichten Kommentars zur Johannes-Apokalypse, die *Anleitung zu gründlicher Verständnis*, in diesen Briefen entfaltete.[77] Es ist zu erwägen, ob der Einfluss Gichtels und damit auch Böhmes auf J. E. Petersen viel stärker war, als dies bisher in der Forschung angenommen wird. Sie wurde allerdings nicht zu einer getreuen Schülerin Gichtels, indem sie all seine Denkkategorien rezipierte; so spielt die Sophiologie bei ihr nur eine untergeordnete Rolle.[78] Auch im Hinblick auf die Interpretation der Johannes-Apokalypse verfolgt J. E. Petersen andere Deutungsmuster als Gichtel, der zwar auf den Anbruch des tausendjährigen Reiches wartete, letztlich aber viel stärker mit dem aktuell stattfindenden Kampf der kosmischen Kräfte beschäftigt war. Die *Anleitung* J. E. Petersens zielt auf eine Übertra-

[74] Gichtel: *Theosophia Practica*. Bd. 3, 49 f, ep. 12.

[75] Gichtel: *Theosophia Practica*. Bd. 3, 47.

[76] Gichtel: *Theosophia Practica*. Bd. 3, Bd. 4, 488 f.

[77] J. E. Petersen: *Anleitung// zu gründlicher Verständniß// der// Heiligen// Offenbahrung// Jesu Christi/ // welche Er seinem Knecht und Apostel// Johanni// Durch seinen Engel gesandt und gedeutet hat* [...], Franckfurt und Leipzig [...] 1696. Vgl. hierzu Albrecht: *Petersen* (s. Anm. 8), 245–264.

[78] In ihrem Traktat *Das Geheimniß// Des// Erst=Gebornen// Der von Anfang ist/ und da ist// GOTT das Wort* [...]. Frankfurt 1711, weisen einige Randbemerkungen darauf hin, dass ihr dieser Ideenkomplex geläufig war; vgl. hierzu auch Albrecht: *Petersen* (s. Anm. 8), 307–311. Ferner enthält die erweiterte Fassung ihrer Autobiografie eine Bemerkung über die Weiblichkeit des Heiligen Geistes, J. E. Petersen: *Leben*, 48. In diesem Zusammenhang kommen metaphorische Sprachbilder vor, die bei Gichtel mit der Sophia verknüpft sind.

gung der in der Offenbarung beschriebenen apokalyptischen Ereignisse auf kirchen- und zeitgeschichtliche Dimensionen. Der Autorin dieser Auslegung ging es um eindeutige Identifizierungen, gegenüber denen Gichtel Abstand wahrte. Gleichzeitig berücksichtigte J.E. Petersen in ihrem theologischen Hauptwerk jedoch auch die Anwendung der eschatologischen Bildmotive auf individuelle Prozesse. Hierin könnte eine unmittelbare Auswirkung des Gesprächs mit Gichtel liegen.[79]

Im zweiten Jahr der neubelebten Freundschaft behandelt der Amsterdamer Böhme-Schüler J.E. und J.W. Petersen als Insider, denen er relativ offen seine Gedanken anvertraut: »Ich rede mit euch/ meinen lieben Mitgliedern/ denen ihre Seeligkeit und GOttes Reich angelegen ist; was gehen uns die draussen an?«[80] In dieses Bild passt auch, dass er gelegentlich Aspekte der Sophia-Mystik anspricht.[81] Er scheint J.E. Petersen nicht als Aspirantin auf diesem Weg zu betrachten und gibt ihr keine Anweisungen, wie sie ebenfalls zu der himmlischen Weisheit finden könnte. Aber er teilt ihr Bruchstücke seiner umfassenden Sophiologie mit. So legt er z.B. dar, in welch unterschiedlicher Weise die göttliche Weisheit sich gegenüber Männern und Frauen offenbart:

> »weil des Mannes Seel feurig und der Weiber wässericht oder Licht ist/ so ist Christus Iesus den Männern eine Jungfrau/ und den Weibern ein Bräutigam oder Mann; es ist aber nur ein Geist/ der in beyden Geschlechtern außgebohren wird/ doch ist die männliche Tinctur stärcker und die weibliche blöde«.[82]

1692 taucht zum erstenmal der Name Böhmes in diesem Briefwechsel auf, Gichtel weist auf dessen Aussagen zur Deutung der Johannes-Apokalypse hin.[83] Ohne weiteren direkten Bezug zu Böhme fährt Gichtel dann fort und spricht seine Hoffnung auf Gottes Eingreifen aus: »GOtt soll mit seinem Lichte durchbrechen in den Läyen/ und der gelehrten Weißheit zu schanden machen«.[84] Auch an anderen Stellen, an denen Gichtel auf Böhme aufmerksam macht, betont er dessen Status des Laien.[85] Hierin lag eine Verbindung zwischen dem Schuster Böhme, dem Juristen Gichtel und J.E.

---

[79] Gichtel schreibt: »und von diesem grossen und ernsten Kampff der Wiedergebornen habe [ich] mit E.L. durch Brieffe gehandelt«, *Theosophische Sendschreiben*. Bd. 4, 592. Eventuell ist ein manifester Einfluss von Gichtels Denken in einem Anhang zur *Anleitung* zu sehen, der den Titel trägt: »Von dem geistlichen Kampff// der beruffenen auserwehlten und gläubigen// Uberwinder/ // durch welchen Sie die Krone der Erstgebuhrt// erstreiten müssen [...]«; vgl. hierzu auch Albrecht: *Petersen* (s. Anm. 8), 254–256.

[80] Gichtel: *Theosophische Sendschreiben*. Bd. 3, 47 f.

[81] Gichtel: *Theosophische Sendschreiben*. Bd. 4, 590, 599.

[82] Gichtel: *Theosophische Sendschreiben*. Bd. 4, 600; vgl. auch Bd. 3, 85.

[83] Böhme wird von nun an öfter erwähnt, Gichtel: *Theosophische Sendschreiben*. Bd. 3, 66.

[84] Gichtel: *Theosophische Sendschreiben*. Bd. 4, 587.

[85] Gichtel: *Theosophische Sendschreiben*. Bd. 3, 71, 77; Bd. 2, 122.

Petersen; alle drei waren unter theologischen Gesichtspunkten Laien, da sie, aus unterschiedlichen Gründen, kein geistliches Amt ausübten bzw. ausüben konnten.

An den Briefen des Jahres 1692 ist abzulesen, dass Gichtel seine Briefpartnerin als kompetente theologische Gesprächspartnerin einschätzte. Dies wird z. B. dadurch unterstrichen, dass er ihr gegenüber von einem »Entwurff« sprach, den er erarbeitet habe.[86] Es könnte sich dabei um Vorarbeiten zu Gichtels Werk *Kurze Eröffnung und Anweisung der dreyen Principien* handeln, das 1696 publiziert wurde. Diese Schrift enthält mehrere zeichnerische Darstellungen, die jeweils Dreier-Elemente im Menschen zeigen.

Das Jahr 1693 weist die größte Dichte im schriftlichen Austausch mit J. E. Petersen auf; es sind 16 Briefe erhalten,[87] unter denen sich einige an J. W. Petersen richten. Bei einigen Schreiben ist keine Empfängerangabe vorhanden, so dass offen bleiben muss, wen von beiden Gichtel in erster Linie ansprechen wollte. Die bekannten Themen bestimmen den Diskurs: Es geht um Einzelheiten zur Interpretation der Johannes-Apokalypse und um den Austausch über Offenbarungsphänomene. Der Dank für »beygesandte Copey« im ersten Brief dieses Jahres[88] könnte sich auf einen Entwurf J. E. Petersens im Zuge der Vorarbeiten zur *Anleitung* beziehen; allerdings wird dazu nichts weiter gesagt.[89] Gichtel lebt in einer Endzeit-Stimmung und sieht Anzeichen für das Hereinbrechen des göttlichen Gerichts. Er erwartet die Veränderungen vor allem als Geschehnisse im Inneren des Menschen, die gleichwohl das Äußere widerspiegeln. »Der Allmächtige wird von innen mit seiner Pfingst=Schul/ dem H. Geist heraus=brechen/ und seine Verheissungen Jöel 2. erfüllen/ daß in der gantzen Welt das Evangelium von seinem Reich in dem Menschen verkündiget werde«.[90] Gichtels Denkansatz weist in unterschiedlichen Hinsichten zyklische Elemente auf, indem er die Vereinigung von Mann und Frau zu einem androgynen Wesen erwartet, das es auch zu Beginn der Schöpfung gegeben habe.[91] Wie bereits im Kontext mit Böhme streift Gichtel auch hier kurz das Thema der Laien: »Es ist zu bejam-

---

86 Gichtel: *Theosophische Sendschreiben*. Bd. 3, 53, ep. 12, 17. 11. 1692. Dieser Entwurf zeige, »wie das gantze Gebäude des Edlen Bildes Gottes in seiner Dreyheit stehe/ darinn man sehen kann/ wie der Mensch ein wahres Bild des dreyeinigen Gottes sey/ so er nemlich wiedergebohren ist/ und wie in ihm Himmel/ Hölle/ Licht und Finsternüß/ Engel/ Teuffel und Gott sey/ und wohne/ wo jedes seinen Sitz hat/ wie im Menschen die Sinnen/ und denn die rechten Gedancken entstehen/ wie Er so bald bey Gott im Himmel/ als in der Hölle beym Teuffel seyn kan«.

87 Gichtel: *Theosophische Sendschreiben*. Bd. 3, 54–109, ep. 13–28; *Theosophia Practica*. Bd. 3, 1917–1974, ep. 13–28.

88 Gichtel: *Theosophische Sendschreiben*. Bd. 3, 54–65, ep. 13, 17. 1. 1693; *Theosophia Practica*. Bd. 3, 1917–1929, das Datum ist hier als 27. 1. 1693 angegeben.

89 Gichtel: *Theosophische Sendschreiben*. Bd. 3, 59.

90 Gichtel: *Theosophische Sendschreiben*. Bd. 3, 55.

91 Gichtel: *Theosophische Sendschreiben*. Bd. 3, 58: »finde ich/ daß das Ende wie der Anfang

mern/ daß unsere Schrifftgelehrten Priester den einfältigen Layen so blind gemacht«.[92] In diesem Schreiben vom Januar 1693 schneidet Gichtel einen Fragenkomplex an, der das Grundaxiom für J. E. Petersens spektakuläre Veröffentlichung von 1698 bildet. Obzwar anonym erschienen, wurde das *Ewige Evangelium der Allgemeinen Wiederbringung aller Creaturen* in der zeitgenössischen Debatte einem der beiden Petersen zugeordnet.[93] Den Ausgangspunkt der Argumentation dieses Werkes bildet die Überzeugung, dass die ohne den Glauben an Christus Verstorbenen nicht der ewigen Verdammnis verfallen, sondern gerettet werden können, so dass es am Ende aller Zeiten keine Hölle mehr gibt. Aus Gichtels Formulierungen geht nicht hervor, wer den Anstoß zu diesem Gedankenaustausch gab. Der Sprachgebrauch des Amsterdamer Theosophen unterscheidet sich in charakteristischer Weise von dem, den beide Petersen im Verlauf ihrer Beschäftigung mit der Apokatastasis ausbildeten. Gichtel verwendet zwar den Begriff der Wiederbringung, füllt ihn jedoch nicht in systematischer Weise.[94] Er vertritt die Meinung, dass »die Fürbitte für die abgestorbene ausgemustert« worden sei, d. h. dass sie bekannt und verbreitet war. Für ihn steht fest, »daß ein gläubiges Gebeht viel vermag/ auch wohl in die Hölle eindringen kann/ nicht zwar in eigener Macht/ sondern in der Glaubens=Krafft JEsu!«[95] Die unwiedergeborenen Seelen können nach Gichtels Meinung durch hartnäckige Fürbitte gerettet werden. Er beruft sich dabei auf seine eigene Erfahrung, die ihn dieses gelehrt habe, und bedauert: »aber solches ist bey uns Lutherischen stumm und unerkannt«.[96] Am Schluss bittet der Absender darum, »mit diesem Brieff fürsichtiglich zu handeln/ den Kindern gehöret Brodt/ den Saüen aber Träber«.[97] Er war sich bewusst, dass er heikle Themen ansprach; gleichzeitig lässt er damit seiner Brieffreundin die Ehre zuteil werden, zum innersten Kreis seiner Austauschpartner zu gehören, denen er relativ rückhaltlos seine Überlegungen mitteilte.

---

wird seyn/ da GOtt nur einen Adam schuff mit beyden Tincturen eine männl. Jungfrau oder Jungfrl. Mann«. Vgl. auch 82f.

92 Gichtel: *Theosophische Sendschreiben*. Bd. 3, 59f.

93 (anonym) *Das Ewige Evangelium// Der// Allgemeinen Wiederbringung// Aller Creaturen/ // Wie solche unter andern// In rechter Erkäntnüß// Des// Mittlern Zustandes// der Seelen nach dem Tode* [...]. Gedruckt im Jahr Christi 1698. Vgl. hierzu auch Albrecht: *Petersen* (s. Anm. 8), 274–287.

94 Im selben Jahr spricht er von der »Wiederbringung und Erneuerung Himmels und Erden«, Gichtel: *Theosophische Sendschreiben*. Bd. 3, 90, ep. 19, 3. 4. 1693.

95 Gichtel: *Theosophische Sendschreiben*. Bd. 3, 60.

96 Gichtel: *Theosophische Sendschreiben*. Bd. 3, 61; vgl. auch 74. In Gichtels Biografie wird berichtet, dass er für die Seele eines Selbstmörders gebetet habe, *Theosophia Practica*. Bd. 7, 109–112. Dabei stellt sich durch die Erfahrung die Gewissheit einer möglichen Erlösung auch nach dem Tod aus der ewigen Verdammnis ein, 112: es sei Gichtel »endlich gelungen, dass die Liebe den Zorn überwunden, und er die Seele aus dem höllischen Feuer, und aus der schweren Gefängniß heraus gekriegt [...] Daraus nun erlernete er, daß die Lehre von der Gnaden=Wahl eitel ist; und konte der Seelen=Erlösung mit der Erfahrung bezeugen und bekräfftigen.«

97 Gichtel: *Theosophische Sendschreiben*. Bd. 3, 65.

Die folgenden Briefe dieses Jahres wirken teilweise wie Material-Sammlungen zur Auslegung der Johannes-Apokalypse.[98] Gichtel betont die Übereinstimmung mit seiner Korrespondenzpartnerin,[99] weist jedoch auch auf Unterschiede bei der Interpretation biblischer Texte hin:

»Ich weiß wohl/ was der Buchstab saget/ den Ew. L. folget/ und ich nicht dagegen bin: Allein weil der Buchstab auch einen geistl. Sinn hat/ und der Tempel/ Zion/ Jerusalem Gelobtland/ Israel selbst vom H. Geist offt geistlich genommen wird/ so wird die Zeit uns mehr Verstand eröffnen/ ob die figur wieder in ihren ersten Stand herstellet/ und die Jüden in ihren ersten Gottes Dienst eingesetzet sollen werden.«[100]

Zwei Monate später heißt es: »jedoch ist der Schwester Auffschliessung mir sehr angenehm/ indem sie dem Buchstaben nach guten Grund hat/ und dem Liechte der Natur welches ist das ausgeschaffene Liecht/ Gen. 1. nicht zu wieder läuffet«.[101] Anders als J.E. Petersen, die nach eindeutigen Auslegungsmerkmalen sucht, reagiert Gichtel zurückhaltend hinsichtlich genauer Festlegungen in Bezug auf die in Apk 20 erwähnten 1000 Jahre oder die Frage einer leiblichen Auferstehung.[102] Er weist in Fällen, die ihm als offen erscheinen, auf Jakob Böhme hin und empfiehlt detaillierte Textabschnitte zur Lektüre.[103] J.W. Petersen scheint sich an dem Gespräch zur Auslegung einzelner Motive der Apokalypse beteiligt zu haben; Gichtels Antworten wirken so, als ob dieser bei einzelnen Punkten nachhakte.[104] Gichtel blieb jedoch auch gegenüber dem Freund bei seiner Zurückhaltung. Die weiteren eindeutig an J.W. Petersen adressierten Briefe dieses Jahrgangs dienen hauptsächlich dem Austausch von Nachrichten über Freunde und Feinde.[105]

---

98 So führt der Briefschreiber aus, wo die Zahlen 7 und 3, die in den Spekulationen der Offenbarung eine tragende Rolle spielen, außerdem noch vorkommen, Gichtel: *Theosophische Sendschreiben*. Bd. 3, 66, ep. 14. In ep. 23, 98–100, vom 18. 5. 1693 geht es um die Deutung von Apk 12; in diesem biblischen Text liegt der Anknüpfungspunkt für eines der Lieblingsthemen Gichtels, nämlich den Kampf Michaels mit dem Drachen, vgl. dazu auch Bd. 3, 114, 122; Bd. 2, 105. J.E. Petersen begründet in ihrem Apokalypse-Kommentar, dass sie nicht alle »Geheimnisse der Zahlen [...] das Geheimniß der sieben Geister Gottes/ das Geheimniß der vier Thiere« ausführlich erläutert habe: »Denn dieses dienet theils meinem Zwecke nicht [...] theils ist es auch so eigentlich meine Gabe nicht/ dieses alles so völlig/ wie das andere/ was die Prophetie betrifft/ einzusehen«, J.E. Petersen: *Anleitung*, 30f.

99 Gichtel: *Theosophische Sendschreiben*. Bd. 3, 94, ep. 22: hier spricht Gichtel von der guten Harmonie zwischen beiden.

100 Gichtel: *Theosophische Sendschreiben*. Bd. 3, 70, ep. 15, 19. 2. 1693.

101 Gichtel: *Theosophische Sendschreiben*. Bd. 3, 87, ep. 19, 3. 4. 1693.

102 Gichtel: *Theosophische Sendschreiben*. Bd. 3, 71, 76, 78.

103 Gichtel: *Theosophische Sendschreiben*. Bd. 3, 76, 78, 88.

104 Gichtel: *Theosophische Sendschreiben*. Bd. 3, 78f, ep. 17; es geht vor allem um die Zahl Sieben.

105 Gichtel: *Theosophische Sendschreiben*. Bd. 3, 91f, ep. 20, 3. 4. 1693; 92–94, ep. 21, 20. 4. 1693; 108f, ep. 28, 30. 10. 1693.

In einem kurzen Schreiben vom Juli 1693[106] reflektiert Gichtel die Frage der Auswanderung nach Pennsylvanien. J. W. Petersen muss sich sehr positiv über ein solches Vorhaben geäußert haben. Erwogen die beiden Petersen im Sommer 1693 ernsthaft, sich den Auswanderern anzuschließen? Sie hatten in Frankfurt Anteile am Erwerb von Land in Pennsylvanien gezeichnet.[107] War J. W. Petersen dabei, Freunde für eine gemeinsame Ausreise anzusprechen, zu denen auch Gichtel gehörte? Oder war J. W. Petersen aufgefordert worden, die mit den Landanteilen erworbene Option zu realisieren? Gichtel antwortete ablehnend, entsprechend seines Denksystems galt dem spirituellen Kampf der Vorrang. Dieses Thema wird im weiteren Briefwechsel nicht wieder aufgenommen. »WEnn ich wüste/ daß seinem vorgeben nach man aus Babel AEgypten und Sodom ginge/ wenn man nach Pensylvanien reisete/ ich solte die Reise mit annehmen: ich fürchte aber Babel ist/ wo ich bin«.[108]

Am 4.7.1693 klingt in den Zeilen an J.E. Petersen ein Thema an, bei dem beide langfristig konträre Anliegen verfolgten. Für Gichtel ist es bezeichnend, dass er Zurückhaltung mit der Publizierung aller seiner Überzeugungen übte. Zu diesem Zeitpunkt scheint noch Einmütigkeit zu bestehen, denn der Briefschreiber fährt nach dem Dank für das erhaltene Schreiben fort: »und es ist höchst nöhtig/ wie Ew. L. meldet/ die Göttlichen Mysterien bey dieser verblendeten Welt/ zu verbergen«.[109] Im Blick auf das tatsächliche Verhalten beider Petersen muss konstatiert werden, dass sie seit dem Beginn der 1690er Jahre ihre theologischen Ansichten einer breiten Öffentlichkeit mitteilten. Diese Linie setzten sie weiter fort, so dass ihr Verhalten durchaus als in sich kongruent gelten kann. Beurteilte Gichtel die Propagierung des Chiliasmus, die ihn ja wieder auf die alten Freunde aufmerksam gemacht hatte, als unterstützenswert, das öffentliche Eintreten für die Apokatastasis hingegen als verwerflich? Die Korrespondenzpartner haben allem Anschein nach keinen weiteren Dialog darüber geführt, welche Inhalte sie jeweils zu den göttlichen Mysterien rechneten.

Für das Jahr 1694 sind neun Briefe überliefert,[110] von denen einer an J. W. Petersen adressiert ist. Drei Schreiben in dieser Brieffolge enthalten in der

---

[106] Gichtel: *Theosophische Sendschreiben*. Bd. 3, 103f, ep. 25, 18.7.1693.

[107] Friedrich Nieper: *Die ersten deutschen Auswanderer von Krefeld nach Pennsylvanien. Ein Bild aus der religiösen Ideengeschichte des 17. und 18. Jahrhunderts*. Neukirchen 1940, 80–82. Vgl. ferner Deppermann: *Schütz* (s. Anm. 13), 329f.

[108] Gichtel: *Theosophische Sendschreiben*. Bd. 3, 103f, ep. 25, 18.7.1693. 1709 äußerte sich Gichtel gegenüber Überfeld noch einmal zu diesem Thema: »Des W. Penns Lands=Beschreibung hat manchem Leser den Mund wässerig gemachet, daß man sich ein Schlauraffen=Land eingebildet«, *Theosophia Practica*. Bd. 7, 454.

[109] Gichtel: *Theosophische Sendschreiben*. Bd. 3, 100f, ep. 24, 4.7.1693.

[110] Gichtel: *Theosophische Sendschreiben*. Bd. 3, 109–133, ep. 29–37; *Theosophia Practica*. Bd. 3, 1974–1998, ep. 29–37.

gedruckten Version keine Empfängerangabe; nach dem Duktus zu schließen, passen sie jedoch in die Korrespondenz Gichtels mit J. E. Petersen. Das Jahr beginnt mit Neujahrsgrüßen an J. E. Petersen und einem Informationsaustausch über Freunde.[111] Außer den Briefen wandern auch Freunde hin und her, die mündlich den Austausch fortsetzen, jedoch nicht identifiziert werden können.[112] Im August 1694 taucht ein neues Thema auf, das vorher noch nicht ausdrücklich vorkam. Und zwar verknüpft Gichtel die Erlösung aller Menschen mit der Wirksamkeit des geistlichen Priestertums. Seine Konzeption beruht, anders als die Speners,[113] nicht auf einer Einbeziehung möglichst aller Getauften in dieses Amt, sondern auf einer Beschränkung für besonders Erwählte. Diesen schreibt er die Funktion von Mit-Erlösern im endzeitlichen Geschehen zu. In diesem Zusammenhang spricht sich Gichtel eindeutig für die Apokatastasis aus. Er greift alle »Lehrer und Hörer« des Wortes Gottes an und wirft ihnen vor:

»könten sie aus der Bibel kratzen/ daß Christus im Geiste hingegangen sey/ und den Geistern in der Gefängniß [im Meer/ in der Höllen/ im Tod der finstern Welt] geprediget habe das Evangelium/ von der Herwiederbringung aller Menschen/ sie soltens thun. Was ist denn das Königl. Priesterthum nütz/ und was soll es im himml. Jerusalem? Ist es nur um die Ehre und Nahmen zu thun? [...] GOtt hat alle unter den Unglauben beschlossen/ Juden und Heyden/ daß er sich aller erbarme. Sollen denn die Todten alle in GOtt leben? Ja. I. Pet. 4, was ist denn der Streit? die 1000. Jahre in welchen Christus mit seinen gläubigen Nachfolgern herrschen/ und die hier nicht gegläubet haben/ daß GOtt warhafftig und gerecht/ leiden sollen und durchs Feuer GOttes Zorns gesetzet und gereiniget werden. Hier wird erst das Kön. Priester=Ammt/ und der Streit Michael mit dem Drachen/ als der Liebe mit dem Zorn [...] offenbahr werden. [...] Also werden auch die Heiligen richten die Gottlosen/ über Teuffel/ Tod und Hölle herrschen/ und Macht haben die Pein zu mindern oder zu mehren/ in Gnaden anzunehmen oder länger im Probier=Feuer stecken zu lassen.«[114]

Der letzte Brief dieses Jahres, bei dem es sich vielleicht nur um einen Teil des gesamten ursprünglichen Brieftextes handelt, soll hier vollständig wiedergegeben werden.[115] Zum einen gibt er einen guten Einblick in den Denk- und Schreibstil Gichtels; zum anderen handelt es sich um das erste

---

[111] Gichtel: *Theosophische Sendschreiben*. Bd. 3, 109–112, ep. 29, 5. 1. 1694. Der erste Brief dieses Jahres an J. W. Petersen folgt im Februar: *Theosophische Sendschreiben*. Bd. 3, 112–114, ep. 30, 12. 2. 1694.

[112] Gichtel. *Theosophische Sendschreiben*. Bd. 3, 126, ep. 35, 29. 6. 1694.

[113] Philipp Jakob Spener: *Das Geistliche// Priesterthum// Auß// Göttlichem Wort// Kürtzlich beschrieben* [...]. Franckfurt [...] 1677. Nachdruck: Philipp Jakob Spener. Schriften, hg. v. Erich Beyreuther, Erste Abteilung. Bd. 1. Hildesheim, New York 1979.

[114] Gichtel: *Theosophische Sendschreiben*. Bd. 3, 129 f, ep. 36, 23. 8. 1694. Vgl. auch *Theosophia Practica*. Bd. 1, 278 f, 387; Bd. 4, 2956, 2959.

[115] Gichtel: *Theosophische Sendschreiben*. Bd. 3, 132 f, ep. 37, 24. 9. 1694, ohne Empfängerzuweisung; *Theosophia Practica*. Bd. 3, 1997 f, ep. 37.

Dokument dieser Korrespondenz, das den Dialog der beiden über die Schriften Jane Leades einleitet.[116] Zwar wird ihr Name hier nicht explizit genannt, aber es wird deutlich von einer weiblichen Autorin gesprochen. Die weiteren Briefe des Jahres 1695 führen diesen Gesprächsstrang fort, indem der Amsterdamer Briefschreiber nach und nach das mitteilt, was er über Leade weiß. Außerdem werden in den folgenden Schreiben einzelne Titel von Leades Werken genannt. 1694 erschien in Amsterdam der erste deutschsprachige Traktat Leades, und zwar *Die nun brechende und sich zertheilende himmlische Wolcke*, eine Übersetzung der 1681 in London gedruckten Schrift *The Heavenly Cloud now Breaking*.[117] Gichtel schickte also unmittelbar nach Fertigstellung ein Buch Leades an seine Brieffreundin, damit diese sich mit den Gedanken der englischen Böhme-Anhängerin und Mystikerin vertraut machen konnte. Auf der Suche nach Gleichgesinnten hielt Gichtel die Londoner Schriftstellerin für eine Ebenbürtige, deren Aussagen es wert waren, weiterverbreitet zu werden. Gichtels Worten sind keine Vorbehalte zu entnehmen, vielmehr muss er das Gelesene sehr positiv aufgenommen haben. Bei allen Bemerkungen, die in diesem Kontext bis zum Ende des Jahres 1695 fallen, spielt die von Leade propagierte Idee der Apokatastasis nur eine untergeordnete Rolle, sie wird anscheinend weder von Gichtel noch von J.E. Petersen als das entscheidende Moment in den Schriften dieser Autorin wahrgenommen.

»EUer Liebe sollen schon mit einem Exemplar, versehen werden/ weilen noch mehr von gemeldten Authore folgen sollen/ deren Innhalt El. nicht unangenehm seyn wird. Aus dem Schmack wird die Frucht erkannt/ ob der Baum guter Arth ist; Und giebt einen guten Unterricht von dem Reich Christi und der Seeligkeit/ sonderlich in denen noch mehr unter handen seyenden Tractätlein: Allein sie stellet den Weg sehr nau/ und bezeugt kräfftig/ daß niemand in Christi Reich kommen könne/ der nicht mit Christo hier darnach gerungen/ und seinem Bild ähnlich sey worden/ ob er schon seelig werde; dieweil er hier die Zeit der Trübsal und der Reinigung der Seelen nicht wargenommen/ sondern in die Ewigkeit gesparet/ da hergegen die Kinder des Reichs in dieser Zeit durch viele Anfechtung/ Kummer/ Verfolgung und Widerwärtigkeit gehen müssen; Welches auch dem Evangelio JEsu Christo gar ähnlich und gleich ist/ wie bekannt Luc. 16. Du hast Gutes empfangen in jenem Leben/ Lazarus Böses &. Darum ist in dieser Zeit grosse Fürsichtigkeit nöthig/ daß wir unser Hertz nicht mit Sorge der Nahrung beschweren/ uns viel zu schaffen machen und das nöthige versaumen: Denn es werden nicht alle die zu mir sagen HERR/ HErr/ ins Himmelreich kommen &.«

---

[116] Aufgrund dieses Befundes ist die Aussage von Nils Thune: *The Behmenists and the Philadelphians. A Contribution to the Study of English Mysticism in the 17th and 18th Centuries*. Uppsala 1948, 110f, zu korrigieren, dass der Name Leades seit 1695 in den Briefen Gichtels auftauche.

[117] Zu Person und Werk Leades s. Donald F. Durnbaugh: Jane Ward Leade (1624–1704) and the Philadelphians. In: Carter Lindberg (Hg.): *The Pietist Theologians*. Oxford 2005, 128–146; Julie Hirst: *Jane Leade. Biography of a seventeenth-century mystic*. Aldershot 2006.

Anders als beide Petersen es in ihren Autobiografien darstellen, wurden ihnen die Schriften Leades nicht durch die Vermittlung Knyphausens zugänglich gemacht, sondern durch Gichtels Initiative. Allerdings schließt der Befund, den diese Briefe ergeben, nicht aus, dass Knyphausen es war, der ein Manuskript Leades an das Ehepaar weiterleitete, um dazu Stellungnahmen einzuholen. Gichtels Briefe erhellen, dass J.E. Petersen sich seit 1694 mit Texten Leades beschäftigte, so dass ihr deren Gedankenwelt bereits einigermaßen vertraut war, als sie und ihr Ehemann um Kommentare zu einem weiteren Manuskript gebeten wurden. Ferner gibt dieser Briefwechsel eindeutig darüber Auskunft, dass die deutsche Pietistin bereits seit 1693 mit den Grundaxiomen zur Lehre der Apokatastasis befasst war.[118] Insofern verschleiern sowohl ihre späteren Aussagen als auch die ihres Ehemannes den Einfluss, der von dem Dialog mit dem Amsterdamer Freund ausging. In ihrer Autobiografie gibt die Autorin folgenden Bericht dazu.

»Das andere Geheimniß, so mir in meinem Ehestande eröffnet ward, ist die Wiederbringung aller Dinge, welches folgender Weise geschahe. Es wurde uns von einem vornehmen Herrn eine geschriebene Schrifft, so er aus Engeland empfangen, die acht Welten genannt, zugeschicket, mit dem Begehren, wir möchten doch unsere Gedancken darüber ihm kund machen, und zwar ein jedes besonders, ich allein, und mein lieber Mann auch alleine.«[119]

J.W. Petersen hingegen benennt in seiner Autobiografie eindeutig sowohl Leade als auch von Knyphausen.[120] Ferner lässt sich aus seinen Worten entnehmen, dass vermutlich bereits längst ein Kontakt mit Leade bestand, als die Bitte um Stellungnahme zu einem Manuskript das Ehepaar erreichte.

»Als aber jetzt=gedachte Schrifft=Oerter uns lebendig wurden, und wir ein Wort GOttes von der Sache funden, da waren wir über alle massen froh, daß wir der so geliebten Freundin, und ihrer sehr probablen Meynung nicht wiedersprechen durfften, und pflichteten also dieser in uns aufgehenden Warheit bey, der wir nicht darum glaubeten, weil es die erleuchtete Leade, davon wir viel hielten, in einer Vision von GOtt bekommen zu haben, geschrieben hatte, sondern weil wir sie in der H. Schrifft gegründet funden.«[121]

Das Jahr 1695 weist nach der gedruckten Gichtel-Korrespondenz neun Briefe an J.E. Petersen auf, die auf einen intensiven Dialog schließen lassen.

---

[118] Zur Ausformung dieser Idee bei ihr und Leade vgl. Ruth Albrecht: Die Apokatastasis-Konzeption bei Johanna Eleonora Petersen. In: Ruth Heß/Martin Leiner (Hg.): Alles in allem. Eschatologische Anstöße. FS J. Christine Janowski. Neukirchen-Vluyn 2005, 199–214; dies.: Ein radikales Plädoyer für die Aufhebung des Bösen. Die Apokatastasis-Idee bei Jane Leade. In: Béatrice Acklin Zimmermann/Barbara Schmitz (Hg.): An der Grenze. Theologische Erkundungen zum Bösen. Frankfurt/Main 2007, 69–81.

[119] J.E. Petersen: *Leben*, 41.

[120] J.W. Petersen: *Lebens=Beschreibung*, 297.

[121] J.W. Petersen: *Lebens=Beschreibung*, 299.

Dazu kommt ein weiterer Brief an J. W. Petersen. Das letzte Schreiben Gichtels stammt vom November dieses Jahres; nichts deutet in diesen Zeilen auf einen Konflikt hin. Die Auseinandersetzung, die zum Abbruch des Kontaktes führte, muss erst später stattgefunden haben. Der erste Brief dieses Jahres vom Januar 1695 gilt J. W. Petersen,[122] denn dieser hatte am 24. 12. des Vorjahres nach Amsterdam vermeldet, dass seine Ehegattin erkrankt sei. Gichtels Brief an ihn weist charakteristische Themen auf wie die Beschreibung seiner eigenen mystischen Erfahrungen, die für ihn leidvoll sind, sowie das Klagen über Brüder und deren Fehlverhalten. J. W. Petersen muss das Thema der Ehe angeschnitten haben, denn Gichtel antwortet: »Die himmlische Ehe/ als die Gemeinschafft unserer Seelen mit dem Vater und Sohn ist der einige Punct/ wohin wir billich zielen solten/ wie Ew. L. gar gründlich schreibet«.[123] Vielleicht hatte sich J. W. Petersen bemüht, die Gemeinsamkeit mit Gichtel zu unterstreichen, die trotz unterschiedlicher Lebensformen das gleiche Ziel verfolgte. Vielleicht gab die rigoristische Auffassung Gichtels über eheliche Gemeinschaft und Sexualität[124] den Anstoß, seine eigene Ehe als himmlische und keusche von den nur fleischlichen Verbindungen zwischen Mann und Frau abzugrenzen.[125] Bei J. E. Petersen lässt sich feststellen, dass sie den Aspekt der Keuschheit in und trotz der Ehe betont.[126]

---

122 Gichtel: *Theosophische Sendschreiben*. Bd. 2, 94–97, ep. 22, Januar 1695.

123 Gichtel: *Theosophische Sendschreiben*. Bd. 2, 94.

124 Im autobiografischen Bericht von 1701 schreibt Gichtel: »Einmahl ist gewiß/ daß wer mit Gott kämpfet/ und sieget/ und die himmlische Jungfrau haben will/ sich auch in der Fleisches Lust beschneiden müsse. Wer von dem heiligen Brodt essen/ und ins Heiligste eintringen will/ muß keusch seyn/ und sich casteyen. Dann die irrdische Fleischeslust ist eben die Decke und Vorhang Mosis/ so abgeschnitten werden muß/ wann wir Gottes Angesicht schauen wollen. Zu frey im Ehstand leben/ und des Weibs nach Lust gebrauchen/ ist eine verborgene Hurerey die fast niemand mehr will anmercken/ die aber Gott mit leiblichen Schmertzen und Kranckheiten züchtiget.« Reitz: *Historie* (s. Anm. 2), 213. Bereits in seinem ersten Brief an J. E. Petersen hatte Gichtel das Thema der geistlichen Ehe berührt; er spricht davon, dass es für Herz und Seele Ruhe bedeute, »mit GOtt in Christo verehlichet« zu leben, *Theosophische Sendschreiben*. Bd. 2, 185.

125 In diesem Brief spricht Gichtel über einen anonymisierten Freund und dessen »viehischer Fleisches=Lust«, Gichtel: *Theosophische Sendschreiben*. Bd. 2, 97.

126 J. E. Petersen: *Leben*, 32: die Autorin formuliert als Grund zur Dankbarkeit Gott gegenüber, »daß er mir von Jugend auff ein keusches Hertz gegeben/ daß ich in Demuth meines Hertzens wohl sagen kan, daß ich nicht allein meinen ledigen Stand in Jungfreulicher Keuschheit zugebracht, sondern auch durch GOttes Gnade meinen Ehestand mit keuschem Hertzen führe«, vgl. 10, 27. Das Thema des pietistischen Eheverständnisses bedarf neuerer Untersuchungen, die das Verständnis von Körperlichkeit und Sexualität auf der einen Seite sowie die asketischen Tendenzen auf der anderen Seite berücksichtigen, vgl. hierzu Willi Temme: *Krise der Leiblichkeit. Die Sozietät der Mutter Eva (Buttlarsche Rotte) und der radikale Pietismus um 1700.* (AGP, 35) Göttingen 1998; Ulrike Gleixner: Zwischen göttlicher und weltlicher Ordnung. Die Ehe im lutherischen Pietismus. In: PuN 28 (2000), 147–184.

Am 25.2.1695 bedankt sich Gichtel für einen Brief J.E. Petersens vom 9.1. desselben Jahres.[127] Seine Anteilnahme an den Zahnschmerzen der Briefschreiberin unterstreicht den vertrauten Umgang. Aus eigener Erfahrung wisse er, dass Krankheit und Schmerz auch einschränkende Auswirkungen auf die Seele haben.[128] Letztlich hält er den Teufel für den Verursacher von Erkrankungen.[129] Das Gespräch über die Johannes-Apokalypse wird weiter fortgeführt. Immer wieder weist Gichtel auf seinen Ansatz hin, der auf die Übertragung der neutestamentlichen Metaphorik auf individuelle Abläufe abzielt: »Man will wohl die Hure samt dem Drachen auff den Pabst zu Rom zueignen: Ich fürchte aber sehr/ wir haben den Drachen mit der Huren in uns«.[130] Aus seiner Sicht waren J.E. und J.W. Petersen Weggefährten, denen auch das Thema der geistlichen Ehe mit Christus, ein wichtiger Aspekt der Sophiologie, vertraut war. Der Brief schließt mit Überlegungen zum Thema Glauben:

»Denen aber/ die ihn empfangen/ ein vestes Siegel im Hertzen/ dass sie mit Christo wesentlich geehlichet: Welches ich hertzlich von Gott wünsche/ Ew.L. und Mann möge vertrauet/ und neben ihnen vielen andern ins Hertz gedrücket werden/ nicht zweiffelnd/ die Welt werde fallen müssen; Denn der Glaubigen ernstes Gebet vermag viel/ und ich achte/ dass Hanna und Simeon dergleichen Hoffer vor Christi Menschwerdung gewesen sind/ denn der Geist des HErrn würcket fort und fort in seinen Außerwehlten.«[131]

Diese Formulierungen klingen so, als ob Gichtel eine Analogie herstellt zwischen dem neutestamentlichen Prophetenpaar Hanna und Simeon und dem Ehepaar Petersen.[132] Im Mai 1695 schickte er weitere Traktate Leades nach Niederndodeleben.[133] In diesem Brief finden sich weitere Ausführungen zum geistlichen Priestertum, das Gichtel auf die Gestalt Melchisedeks (Gen 14,18–20) zurückführt. Dieses Thema war J.E. Petersen nicht fremd; bereits in ihrem ersten Buch von 1689 begegnen Überlegungen zu diesem

127 Gichtel: *Theosophische Sendschreiben*. Bd. 2, 97–104; *Theosophia Practica*. Bd. 2, 1071–1079, ep. 88.

128 Gichtel: *Theosophische Sendschreiben*. Bd. 2, 97.

129 Gichtel: *Theosophische Sendschreiben*. Bd. 2, 98.

130 Gichtel: *Theosophische Sendschreiben*. Bd. 2, 100.

131 Gichtel: *Theosophische Sendschreiben*. Bd. 2, 104.

132 Vgl. Lk 2, 25 38.

133 »WIewohl ich auff meine letztere noch keine Vergnügung empfangen/ so habe ich doch nicht unterlassen können mit Bringern 3. Tractätlein zu senden/ hoffe/ daß das erste auch werde zurechte kommen seyn. Ihre Praxis, welche nun soll unter Händen genommen werden/ und in die 80. Bogen bestehet/ wird den ersten Streit und Sieg der Glaubigen wider das Reich der Finsternüß ausdrucken/ wie sie solchen selbst in der Seelen geführet/ und was sie daraus durch Erfahrung gelernet.« Gichtel: *Theosophische Sendschreiben*. Bd. 2, 111, ep. 25, 30.5.1695. Um welche Schrift es sich bei der genannten *Praxis* handelt, konnte nicht nachgewiesen werden.

Ideenkomplex.[134] In der *Anleitung* von 1696 führt sie ihre Reflexionen dazu weiter aus.[135] Obwohl Gichtel in anderen Texten zum Ausdruck brachte, dass dieses Priestertum Ehelosigkeit bzw. sexuelle Enthaltsamkeit zur Voraussetzung habe, scheint er hier seine Briefpartnerin in dieses Modell einzubeziehen.

»Das Königliche Priester=Amt ist gar ein tieffes Mysterium und bey nahe so frembd unter den Christen/ als Christus selbst; [...] Diese geheime Freunde und Rähte GOttes wandeln im Himmel in innerer Gemeinschafft und Ansprache GOTtes [...] Diese Priester haben Jesum angezogen/ und wandeln im Mysterio, die andern alle stehen nur im Vorhofe [...] Und ich seuffze ohne Unterlaß zu GOtt/ dass er uns viel solche geistliche Priester schencken wolle [...] Dieses ist der tieffste Grund eines wahren Melchisedechischen Priesters Gottes/ dahin wir alle gelangen müssen/ und gar wol können.«[136]

Wie sehr Gichtel mittlerweile J.E. Petersen schätzte, kommt in der Wendung eines anderen Briefes zum Ausdruck, in dem er hervorhebt, dass »Ew. L. mir schon bey 16. Jahren her als eine inwendige Christin bekant ist«.[137] Aus dem Schreiben Gichtels vom 21.6.1695[138] geht hervor, dass J.E. Petersen und er sich über ein Buch Jane Leades austauschen, das er ihr zugänglich gemacht hat.[139] Bei dem Buch handelt es sich um Leades Traktat *Offenbahrung der Offenbahrungen*, zu dem Gichtel weitere Lesehinweise gibt.[140] Eventuell bemühte er sich darum, eine gewisse Kritik an J.E. Petersens Auslegungsmethoden zu üben, indem er darauf aufmerksam macht, dass Leade »discret« mit der »Buchstäbl. Auslegung« umgehe.[141] Nach den erhaltenen Texten Gichtels zu urteilen, lag ihm nicht sehr viel an einer möglichst wortgetreuen Interpretation der Bibel. J.E. Petersen hingegen bemühte sich durchaus darum, gängige exegetische Methoden ihrer Zeit einzubeziehen und den Wortsinn einzelner Worte möglichst exakt zu erschließen.

Gichtels Ausführungen vom Juli 1695 wirken wie eine Art Vorlage für Teile des Vorwortes von J.E. Petersens *Anleitung*. Er unterscheidet hier zwischen wörtlicher und mystischer Schriftauslegung, die Letztere ziele »auf die kleine Welt/ nemlich den Menschen«, während Erstere »die grosse

---

[134] J.E. Petersen: *Gespräche des Hertzens*, 185f; vgl. hierzu auch Albrecht: *Petersen* (s. Anm. 8), 169–180, 208–222.

[135] J.E. Petersen: *Anleitung*, 146f.

[136] Gichtel: *Theosophische Sendschreiben*. Bd. 2, 115–120, ep. 25, 30. 5. 1695; vgl. 129, 132.

[137] Gichtel: *Theosophische Sendschreiben*. Bd. 2, 122, ep. 26, 1695.

[138] Gichtel: *Theosophische Sendschreiben*. Bd. 2, 126–133, ep. 27.

[139] »Ew. Angenehmes vom 27. May habe zu recht erhalten/ und daraus ersehen/ dass Ew. L. der N. Büchlein endlich empfangen. Hoffe/ dass auch das andere werde eingelieffert werden/ welches ohne zweiffel Ew. L. gleichfalls nicht unschmäcklich seyn wird«, Gichtel: *Theosophische Sendschreiben*. Bd. 2, 126, ep. 27.

[140] Gichtel: *Theosophische Sendschreiben*. Bd. 2, 133.

[141] Gichtel: *Theosophische Sendschreiben*. Bd. 2, 133.

Welt« im Blick habe.[142] Diese Gedankengänge mit der Topologie von Mikro- und Makrokosmos begegnen in J. E. Petersens 1696 gedrucktem Kommentar zur Johannes-Apokalypse.[143] Im August zeigte sich Gichtel erfreut darüber, dass J. E. Petersen ein Buch Leades gelesen hat. Er teilt Einzelheiten zu ihrer Biographie mit und schließt diese Informationen mit dem Satz ab: »Es ist GOttes sonderbahre Schickung/ dass Leade Schrifften sind in unsere Sprache ans Licht kommen«.[144]

Die beiden Briefe vom September und November enthalten keine Anzeichen dafür, dass J. E. Petersen und Gichtel sich weiter über Leade unterhielten.[145] Im September bringt Gichtel sein Bedauern darüber zum Ausdruck, dass er nicht »öffters liebe Hertzen besuchen« könne, »mich mit ihnen im Herrn zu erquicken, und in Christlichen Gesprächen erbauen, damit die Erkenntnisß GOttes und unser=selbst wachsen und unter einander zunehmen möchte.«[146] Stattdessen müssten als Hilfsmittel das Gebet sowie »Dinten und Papir« dienen, »bis GOtt belieben wird uns in einen verklärten Stand zu bringen, da wir in Göttlichen Kräften schweben und auf eine andere Art einander begegnen sollen.«[147]

Der letzte Brief Gichtels vermittelt den Eindruck einer lebhaften und innigen Freundschaft.[148] J.E. Petersen muss in ihrem vorhergehenden Brief, auf den der Amsterdamer Freund nun antwortet, von einem Traum berichtet haben. Von ihren Träumen, die persönliche Angelegenheiten betrafen, sprach sie auch in den Briefen an die Herzogin von Sachsen-Zeitz.[149] In ihren autobiografischen Aufzeichnungen spielen Träume ebenfalls eine wichtige Rolle.[150] Gichtel schreibt:

»Um die Zeit Ew.L. gehabten Traums war ein Rigischer Kauffmann bey mir, der Ew. Lbd. zu besuchen Vorhabens ist, mit welchem von Ew. Lbd. in der Liebe gesprochen, unterdessen ob ich schon nach dem Leib nicht dort bin, so bin ich doch nach dem Geiste bey ihnen, und gedenke ihrer allezeit in meinen Gebäten, auf das das Evange-

---

142 Gichtel: *Theosophische Sendschreiben*. Bd. 2, 135, 22. 7. 1695; vgl. 138.

143 J.E. Petersen: *Anleitung*, Vorrede, sowie den als Anhang gedruckten Traktat »Von der Harmonie der grossen und// der kleinen Welt/ // nach der Einführung des Reiches GOttes// in dieselbigen«.

144 Gichtel: *Theosophische Sendschreiben*. Bd. 2, 142.

145 Gichtel: *Theosophia Practica*. Bd. 2, 1311 f, ep. 132, 13. 9. 1695. Dieser Brief ist als Extrakt gekennzeichnet.

146 Gichtel: *Theosophische Sendschreiben*. Bd. 2, 1312.

147 Gichtel: *Theosophische Sendschreiben*. Bd. 2, 1312.

148 Wenn er »Beygelegtes« des Schreibens von J. E. Petersen an B. weiterschickte, dann könnte es sich dabei um Breckling handeln, zu dem Gichtel zwar ein konfliktreiches Verhältnis hatte, den Kontakt jedoch nicht abbrach, Gichtel: *Theosophia Practica*. Bd. 2, 1151, ep. 102, 11. 11. 1695.

149 Matthias: Mutua Consolatio (s. Anm. 33), 90, ep. 9; 102, ep. 13.

150 J.E. Petersen: *Leben*, 17, 28, 47.

lium vom Reich GOttes in vielen geglaubet und angenommen möge werden, so wol innerlich im Geiste in der Empfindung, als auch auch äußerlich in der Erkenntnis.«[151]

Von Gichtels Seite aus gab es zu diesem Zeitpunkt keine Trübung des Verhältnisses, er empfahl Freunde weiter nach Niederndodeleben. Mit dem Ehepaar Petersen fühlte er sich einig im Blick auf die Aufgabe, dass das »Evangelium vom Reich GOttes«[152] verbreitet werden müsse. Seine Brieffreundin in Deutschland hielt er für eine Verfechterin desselben Anliegens, das seinen Lebensinhalt ausmachte.[153]

Das Ende des Briefwechsels

Die in der gedruckten Gichtel-Korrespondenz mitgeteilten Briefe an J. E. Petersen lassen vermuten, dass der Kontakt noch über das Jahr 1695 hinaus weiterging. Vermutlich hielten die Freunde und Nachlassverwalter spätere Briefe vor der Öffentlichkeit zurück, um Gichtel nicht mit einer zu langen Freundschaft mit der deutschen Pietistin zu kompromittieren. Was führte den Bruch herbei? Als Ergebnis der Analyse dieser Briefe kann festgehalten werden, dass bis Ende 1695 zwischen den Hauptgesprächspartnern Gichtel und J. E. Petersen in weiten Zügen Übereinstimmung bei den angesprochenen Themen bestand. Die vorhandenen Differenzen wurden benannt, behinderten aber nicht das intensive theologische und persönliche Gespräch. Denkansätze, die bei J. E. Petersen in ihre Reflexionen zur Apokatastasis einflossen, wurden seit 1692 in dieser Korrespondenz besprochen. Die Schriften Leades machte Gichtel ihr zugänglich. Genau wie seine Ideen fußten auch die Schriften der englischen Mystikerin auf Jakob Böhme, beide entwickelten sein System jeweils weiter. Ob es einen direkten Briefwechsel zwischen beiden gab, lässt sich nicht mehr nachweisen. In dem von Gichtel selbst zum Druck gebrachten autobiografischen Bericht von 1701 greift er das Thema Wiederbringung zustimmend auf, wobei allerdings die weitere Ausdeutung dieses Theologumenons offen bleibt. Er verbindet die Annäherung an die Idee der Wiederbringung mit seiner Erfahrung einer Vermählung mit der göttlichen Weisheit und datiert diese Geschehnisse in die Zeit nach 1687. »Da wurden mir erst die verborgene Geheimnüsse unsers Falls in Adam/ und die Wiederbringung des Verlohrnen durch Christi Menschwer-

---

151 Gichtel: *Theosophische Sendschreiben*. Bd. 2, 1151 f.

152 Gichtel: *Theosophia Practica*. Bd. 2, 1152.

153 Die weiteren Ausführungen weichen in keiner Weise von dem etablierten Gesprächsduktus ab. Gichtel teilt Nachrichten und Urteile über Freunde mit und hebt Gottes Wirken an seiner eigenen Person hervor. Seine erste mystische Erfahrung aus dem Jahr 1664 wird erwähnt sowie seine Interpretation, dass Gott ihn vor der Ehe bewahrt habe.

dung/ und durch unsere Wiedergeburt in ihm/ auffgeschlossen«.[154] Eine ebenso eindeutig positive Würdigung erfährt zu diesem Zeitpunkt Jane Leade; Gichtel zählt sich zu denjenigen, die an der Verbreitung der Schriften dieser Autorin partizipieren. »Und seiter der Fr. Leade Schrifften außkommen/ fangen die Frommen wieder an uns zu suchen/ und uns freundlich zu seyn/ weil sie sehen/ daß auch an andern Orten dergleichen Leute seynd/ die von Gott die Warheit/ die wir getrieben/ gelernet haben.«[155] Diese Äußerungen Gichtels lassen die Vermutung aufkommen, dass eventuell der Kontakt zu J.E. Petersen zumindest noch bis Ende der 1690er Jahre fortgesetzt wurde. In genau diesen Jahren finden sich in Briefen an andere Korrespondenzpartner Aussagen über Leade, die auf eine kritische Auseinandersetzung hindeuten, jedoch noch keine Ablehnung signalisieren.[156] Gichtels Sinneswandel muss sich in den Jahren zwischen 1701 und 1710 vollzogen haben, denn erst zu diesem Zeitpunkt wird die Distanzierung gegenüber den beiden Petersen und gegenüber Leade in aller Schroffheit publik gemacht.

In Briefen des Jahres 1705 begegnen erste kritische Töne in Bezug auf Leade. Gichtel schreibt: »der Leade Schrifften seyn auch schwach«.[157] 1707 hat sich die Kritik dann deutlich verschärft: »Der L. Schrifften sind eben nicht für alle Mägen/ Ihr fundament stehet auff Gesichten/ wie aus denen Diariis zu sehen. Die Gesichter aber können leicht betrügen/ wo sonderlich Eigenlieb darzu kömmt. Origens auffgewärmete Meynung von des Teuffels Bekehrung hat Böhm gründlich refutiert«.[158] Mit der Distanzierung gegenüber der Person Leades und ihren Schriften erfolgt jetzt auch eine kritische Position gegenüber der Apokatastasis, die auch eine Erlösung des Teufels beinhaltet, wenn sie konsequent zu Ende gedacht wird, wie dies bei Leade und den Petersens geschah. Ein Jahr später gibt Gichtel zu erkennen, dass er Leade zur Abfassung eines Traktates veranlasste, mit dessen Inhalt aber nicht einverstanden war. Diese Aussagen werfen ein Licht auf den sehr engen Kontakt zwischen den beiden Tradenten der Böhme-Schule in Amsterdam und London.

---

[154] Reitz: *Historie* (s. Anm. 2), 206f.

[155] Reitz: *Historie*, 211. In einem Brief vom Januar 1697 schreibt Gichtel noch ähnlich positiv, *Theosophische Sendschreiben*. Bd. 2, 183f: »Ich muß bekennen/ daß der Leade Schrifften mich sehr erfreuet/ in dem sie das rechte Königliche Priester=Amt samt den geistlichen Ehestand der himmlischen Sophiae, oder JEsu mit der Seelen sehr klar ans Licht gestellet [...] Weßhalben wir beschlossen/ solche in unserer Sprache ans Licht zu bringen/ ob wir vielen/ die bißhero uns sehr widersprochen/ die Augen öffnen möchten.«

[156] Gichtel: *Theosophia Practica*. Bd. 2, 1269.

[157] Gichtel: *Theosophische Sendschreiben*. Bd. 3, 560, 3. 11. 1705.

[158] Gichtel: *Theosophische Sendschreiben*. Bd. 3, 563, 7. 1. 1707; vgl. 567, 8. 2. 1707.

»Die gefallenen Geister haben ihren Englischen Leib verlohren/ und keinen Regress an Jesu, wie der gefallene Adam, ein Geist kann nicht sterben und neu gebohren werden wie Adam. Ob schon die Fr. L. solches statuiren wollen/ so hat Sie ihre Meynung nicht behaupten können/ wie aus dem Tractätl. Von 3 Bogen/ Ewiges Evangelium genandt/ welches Sie auff meine Exceptiones geschrieben/ zu sehen«.[159]

Gichtel beschließt diese Ausführungen mit dem Hinweis auf Jakob Böhme, der »die Unmöglichkeit der Teuffeln Herstellung dargeleget«.[160] Gichtel scheint zu einer strengen Auslegung der Böhme-Tradition zurückzukehren, Leade und J. E. Petersen hingegen wurden für einige Jahre wichtige Gesprächspartnerinnen und Weggefährtinnen. Aufgrund der erhaltenen Gichtel-Korrespondenz muss es nach wie vor als eine ungelöste Frage gelten, wodurch der Abbruch dieser Beziehungen zustande kam. Zeitlich und inhaltlich scheinen beide Kontaktebenen miteinander verknüpft zu sein. Vielleicht konnte Gichtel auf die Länge der Zeit gesehen die Ausdehnung der Wiederbringungs-Idee zu einem eigenständigen System nicht teilen, da sie für ihn nur einen Teilaspekt seines gedanklichen Gebäudes bildete. Der Hauptdissens liegt m. E. allerdings darin, dass der Amsterdamer Mystiker und Sophiologe grundlegend andere Strategien zur Ausbreitung seiner Botschaft verfolgte als J. E. und J. W. Petersen. Die auch in den Briefen an J. E. Petersen zum Ausdruck kommende Bemühung um Geheimhaltung bzw. Eingrenzung des Personenkreises, dem das Wichtigste mitgeteilt wurde, steht in deutlichem Gegensatz zum Vorgehen beider Petersen. In der Gichtel-Biografie wird dessen Zustimmung zur Apokatastasis mehrfach genannt, allerdings mit der Einschränkung, dass er darüber kaum gesprochen habe. »FErner wurden ihm damals erst die verborgenen Geheimnisse unsers Falles in Adam, und die Herwiederbringung des Verlornen durch die Menschheit Christi und unsere Wiedergeburt in Ihme auffgeschlossen; darzu er eine Engels=Zunge von nöhten gehabt haben müste, so er's hätte sollen aussprechen.«[161]

Entweder gab es noch Briefe zwischen Amsterdam und Niederndodeleben, die die Differenzen allmählich deutlich werden ließen; oder aber der Kontakt wurde von einer der beiden Seiten abrupt beendet. Wie der Brief J. E. Petersens an Johann Peter Späth belegt, war sie durchaus zu sehr polemischen Stellungnahmen in der Lage,[162] auch wenn sie anscheinend sehr viel

[159] Gichtel: *Theosophische Sendschreiben*. Bd. 3, 574, 3. 1. 1708. Bei diesem Text handelt es sich um folgendes Buch: Jane Leade: *Eine// Offenbahrung der Bottschafft// des// EWIGEN EVANGELII* [...]. Amsterdam 1697.

[160] Gichtel: *Theosophische Sendschreiben*. Bd. 3, 574.

[161] Gichtel: *Theosophia Practica*. Bd. 7, 148.

[162] Dieses Schreiben ist als handschriftliche Kopie überliefert in der Staats- und Universitätsbibliothek Hamburg, Sup.ep. 4. 26, 121–131. Datiert werden kann es in einen Zeitraum zwischen 1697 und 1699.

seltener als ihr Ehemann zu diesem Mittel der Abgrenzung griff. Denkbar ist ebenso, dass Gichtel massiv auf die eigene Annäherung J. E. Petersens an Leade und deren Ideen reagierte, sobald sie seinen Fährten nicht mehr folgte. In diesem Zusammenhang müsste die Rolle Loth Fischers ebenfalls einer erneuten Revision unterzogen werden.[163] Der aus Nürnberg stammende Notar unterhielt vielfältige Kontakte, so korrespondierte er regelmäßig mit J. J. Schütz und war diesem bei der Beschaffung von Büchern behilflich. Mit dem Frankfurter Christian Fende traf er zusammen, als er nach Amsterdam auswanderte, um sich dort Gichtel anzuschließen.[164] Hier war er zunächst der Vermittler zwischen Amsterdam und London, er übersetzte die meisten Schriften Leades ins Deutsche.[165] Nachdem er eine Zeitlang zum engsten Umkreis Gichtels gehörte, orientierte er sich zunehmend auf Leade und die Philadelphische Gesellschaft in London hin. Loth Fischer blieb dauerhaft im Umfeld der Londoner Philadelphier,[166] J. E. und J. W. Petersen hingegen wehrten sich gegen eine Vereinnahmung durch das von Leade gegründete Netzwerk. Sie übernahmen lediglich einige der von Leade entwickelten Ideen; die partielle Übereinstimmung mit der englischen Visionärin führte bei ihnen nicht zu einer grundlegenden Umorientierung. Gichtel überzog Fischer ähnlich wie beide Petersen, Gottfried Arnold und andere ehemalige Freunde mit beißender Kritik.[167] Im Oktober 1708 schrieb er an seinen treuen Freund Überfeld:

»Ich übersende hierbey eine Copey wegen der Philadelphischen Societät in Londen, darinnen man siehet, dass keine rechte gewurtzelte Liebe zur Sophia in den Gliedern gewesen, sondern nur eine Buhlerey. [...] Welche L. F. imitiret: Und wie er gleich nach seiner Ankunft in Utrecht einen Ekel und hurische Stirn bezeuget, so hat er mit den übersetzten Leadischen Schriften nichts anders indentiret, als eine Fladderey und hurische Secte in Teutschland aufzurichten, welche in der Liebe über die Thronen fliegen und der Teufeln Bekehrung auf der Stirn führen sol. ... Vertraue aber unserm lieben GOtt und Vater in JEsu Christo, Er werde L. F. mit allen denen Schriften ebenfals abschneiden und zerstäuben.«[168]

---

163 Zu seiner Person vgl. Zaepernick: Briefwechsel (s. Anm. 12), 115; Briefe an diesen sind erhalten aus den Jahren 1683 bis 1697; vgl. auch Thune: *Behmenists* (s. Anm. 116), 111.

164 Vgl. Deppermann: *Schütz* (s. Anm. 13), 243f, 343, 349; Hans Schneider: Der radikale Pietismus im 17. Jahrhundert. In: Martin Brecht (Hg.): Geschichte des Pietismus. Bd. 1: Der Pietismus vom siebzehnten bis zum frühen achtzehnten Jahrhundert. Göttingen 1993, 391–437, hier 405.

165 Nach Thune: *Behmenists* (s. Anm. 116), 81, vermittelte von Knyphausen zwischen Fischer und Leade und sorgte für die Autorisierung der deutschen Texte.

166 Noch weiter geklärt werden muss die Rolle der finanziellen Unterstützung für Übersetzung und Druck von Leades Büchern, die u. a. auch aus der Schweiz kam, s. Deppermann: *Schütz* (s. Anm. 13), 320.

167 Vgl. Zaepernick: Briefwechsel (s. Anm. 12), 86f, 94, 114; Gichtel: *Theosophia Practica*. Bd. 7, 326–328; vgl. 152–198, 314, 382; Bd. 1, 100; Reitz: *Historie* (s. Anm. 2), 207.

168 Gichtel: *Theosophia Practica*. Bd. 7, 390f. In der Biografie heißt es über Fischer (Gichtel:

Gichtel gelang es, an vielen Orten Männer und Frauen an sich und seine Ideen zu binden, wie sein Korrespondenznetz zeigt. Die Orientierung an ihm als Leitfigur hielt auch über seinen Tod hinaus an. Zur Wirkungsgeschichte Gichtels gehört aber auch, dass er etlichen Personen gegenüber abrupte Abgrenzungen vornahm und diese ehemaligen Freunde fortan als Feinde betrachtete. In Gichtels Entwicklung gab es mehrere Umbrüche, wie Aira Võsa herausgearbeitet hat; seine Lehre jedoch weist eine relativ große Geschlossenheit auf.[169] Die im Zentrum stehenden Ideen wie die Verehrung der Sophia, die Wahrnehmung der Welt und des Kosmos als dualistisches System sowie das Rechnen mit unmittelbaren göttlichen Offenbarungen erfuhren zwar Präzisierungen, aber keine grundlegenden Veränderungen. J. E. Petersen hingegen verfolgte auch lebenslang eine programmatische Fragestellung, bei ihr sind jedoch deutlichere Akzentverlagerungen zu erkennen. Sie rezipierte im Lauf ihrer theologischen Entwicklung verschiedenartige Denkansätze und verschmolz diese jeweils mit dem bereits vorhandenen Grundansatz. Obgleich das Interesse an der eschatologischen Perspektive bei allen Veränderungen im Vordergrund stand, so zeigen die von ihr favorisierten Themen eine größere Variabilität als dies bei Gichtel der Fall war.

In dem Netzwerk, in dem beide Petersen und Gichtel sich bewegten, mögen ihre Differenzen eine Rolle gespielt haben – für die Rezeptionsgeschichte jedoch kaum. Bereits die zeitgenössischen Gegner sahen Gichtel, das Ehepaar Petersen und Leade als Vertreter ein und derselben Richtung; die spätere Geschichtsschreibung folgte ihnen darin zumeist. Die Zeitschrift *Unschuldige Nachrichten* reagierte auf das Erscheinen der Gichtel-Briefausgabe von 1710 umgehend mit einer Rezension.[170] Das dem Pietismus gegenüber kritisch eingestellte Periodikum hingegen wies mit einer gewissen Schadenfreude auf die Auseinandersetzungen im Lager der aus seiner Sicht Zusammengehörenden hin. Der Briefkontakt mit J. E. und J. W. Petersen wird hervorgehoben, jedoch auch die spätere Distanzierung notiert.[171] Über Gichtels

---

Theosophia Practica. Bd. 7, 329): »L. F. muß auch nun erfahren, was es ist, mit Geistern spielen; da er sich nun selber zum Satan gemachet, und das an sich unschuldige Weib Leade mit seinem Gifft angezündet, und mit=lästern gemachet, davon sie nichts gewusst. Daher auch ihre Lampe ausgegangen, weil ihr Geist nur bis in Tincturam Solis gereichet, und im Feuer nicht bestanden; deswegen sie auch am Ende ihres Lebens durchs Feuer gehen müssen. Ihre Gesellschaft in Engelland ist seithero zerstreuet worden.« Ferner wird nun auch diesem vorgehalten, dass er zunächst von Gichtel finanziell unterstützt worden sei, dann wegen des Geldes sich zu Leade gehalten habe, 327 f. Außerdem sei ihm der negative Einfluss auf de Raadt anzulasten.

[169] Võsa: *Gichtel* (s. Anm. 7), 298–302.

[170] *Unschuldige// Nachrichten// Von Alten und Neuen// Theologischen Sachen* [...]. Leipzig 1710, 569–574, 641–650.

[171] *Unschuldige// Nachrichten*, 574, 647: »Wider Hrn. D. Petersen und dessen Ehegattin ziehet er loß«. Auch auf Gichtels Abwendung von Arnold wird aufmerksam gemacht sowie auf seine Ehekritik: 571, 573, 647.

Verhältnis zu Leade heißt es: »Der Leade Schrifften hat er zwar übersetzet/ aber hernach hat er nicht sonderlichen Geschmack mehr daran finden wollen«.[172] Bis in die Gegenwart sind das Ehepaar Petersen, Gichtel und Leade dann vereint, wenn es um die Darstellung des radikalen Pietismus und die verwandten Bewegungen im europäischen Horizont geht.

172 *Unschuldige// Nachrichten*, 574.

Aira Võsa

Johann Georg Gichtels Verhältnis zum anderen Geschlecht in Leben und Lehre

Einführung: Fragestellung und Gichtels Positionierung

Die Bekanntheit des »Amsterdamer Theosophen« Johann Georg Gichtel (1638–1710) beruht größtenteils auf seiner frauen- und ehefeindlichen Spiritualität. Gichtels Charakterisierung durch ein solches Merkmal bedarf jedoch einer kritischen Überprüfung und Präzisierung. Es wäre vor allem zu klären, welche Rolle die Geschlechtlichkeit in Gichtels Leben und Lehre gespielt hat: Welchen Stellenwert hat Gichtel überhaupt diesem Thema beigemessen und aus welchen Gründen hat er sich für das zölibatäre Leben entschieden?

Zuerst aber eine Vorbemerkung zu Gichtels kirchengeschichtlicher Stellung. Gichtel kann nicht ohne weiteres zu den Radikalpietisten gerechnet werden. Er ist nicht aus dem Frankfurter Pietismus sozusagen herausgewachsen, er hat sich vielmehr schon vor dem Beginn der pietistischen Bewegung von der konfessionellen Theologie distanziert.

Hinsichtlich der historischen Herkunft seiner Lehre ist Gichtel als Böhmescher (d. h. von Jakob Böhme beeinflusster) Spiritualist zu bezeichnen. Weil Gichtel aber mit den Pietisten und Radikalpietisten rege Kontakte pflegte, liegt die Vermutung nahe, dass er mit ihnen in seinen theologischen Vorstellungen viel gemeinsam hatte. Gichtel gründete seine Lehre auf der mystisch-spiritualistischen Überlieferung. Er legte großen Wert auf die Erfahrung, betonte die Selbstverleugnung und war den Konfessionskirchen gegenüber kritisch eingestellt. Gichtel hat keinerlei institutionelle Kirche anerkannt und hielt an dieser Haltung hartnäckig fest.[1]

---

[1] Zu Gichtels Biographie siehe: Bernard Gorceix: *Johann Georg Gichtel, Theosophe d'Amsterdam*. Lausanne 1975; Aira Võsa: *Johann Georg Gichtel – teosoofilise idee kandja varauusaegses Euroopas*. Tartu 2006 – mit einer deutschen Zusammenfassung: Johann Georg Gichtel – ein Träger der theosophischen Idee im frühneuzeitlichen Europa, 298–305 (http://dspace.utlib.ee/dspace/bitstream/10062/130/1/vosaaira.pdf).

Erschreckende Erfahrungen und markante Vorbilder

Gichtels strenge Keuchheitsvorstellungen sind im Zusammenhang mit seinen persönlichen Kontakten zu Frauen zu sehen. Gichtel erinnert in seinen Briefen des Öfteren an die Heiratsanträge von wohlhabenden Damen, die er allesamt zurückgewiesen hat. Seit seiner juristischen Tätigkeit beim Reichskammergericht in Speyer 1663, wo seine Stiefeltern ihm eine Tochter »an den Hals werfen« wollten,[2] habe er mehrmals vor den Frauen fliehen müssen. Auch in Regensburg, Gernsbach, Wien, Amsterdam und Den Haag – fast überall, wo er während seiner abenteuerlichen Jugendzeit verweilte – wurde er von dieser »Plage« verfolgt. Die Nähe von Frauen und ihre Liebeserklärungen lösten bei ihm gegensätzliche Gefühle aus und versetzten ihn in Panik.

So lange Gichtel keine mystische Lehre über die himmlische Jungfrau *Sophia* und den Ehestand kannte, löste die Anwesenheit von Frauen bei ihm heftige und unkontrollierte Gemütsbewegungen aus. Erst 1673, nach einer erlösenden Vision und seiner Vermählung mit der *Sophia*, kam er von seinem seelischen und körperlichen Verhängnis frei.[3]

Wenn man eine spiritualistische Erklärung beiseite lässt, ist zu vermuten, dass Gichtel zu seiner prinzipiellen Ablehnung der Ehe auf Grund vielfältiger Autoritäten und Tatbestände gelangte. Nach seinem eigenen Bekenntnis wurde ihm schon 1664 während des ersten gegen ihn gerichteten Prozesses in seiner Geburtsstadt Regensburg unter anderem die Verachtung des ehelichen Standes vorgeworfen.[4] Eine verneinende Meinung zu der Ehe äußerte er auch im Jahr 1667, als sein Freund Friedrich Breckling heiratete.

Zum ersten Vorbilde in dieser Frage wurde Gichtel möglicherweise sein einstiger Mitstreiter Justinian von Welz (1621–1668)[5]. Der missionswillige Baron zog nämlich der Heirat den Ledigenstand vor und riet allgemein ab, sich mit der Verehelichung zu beeilen.[6] Jedoch hat von Welz die Ehe prinzipiell nicht bestritten. Für mündige Männer hat er es sogar empfohlen zu heiraten.[7]

---

[2] [Jakob Michelmann]: Der Wundervolle und heiliggeführte Lebens-Lauf des Auserwehlten Rüstzeugs und Hochseligen Mannes Gottes Johann Georg Gichtels. In: [Johann Georg Gichtel], Theosophia practica [...], Bd. I.–VII. (Im Folgenden: Th. pr.). Leyden 1722, VII., 20.

[3] Th. pr. VII., 142f.

[4] Th. pr. III., 1974.

[5] Fritz Laubach: *Justinian von Welz und sein Plan einer Missionsgesellschaft innerhalb der deutschen und englischen Sozietäts- und Missionsbestrebungen des 17. Jahrhunderts*. Diss. Theol. Tübingen 1955; Wolfgang Grössel: *Justinianus von Welz, der Vorkämpfer der lutherischen Mission*. Leipzig 1891.

[6] [Justinian von Welz]: *Iustiniani/ Verläugnung/ sein selbst* [...]. Amsterdam 1664, 18: »Ich überlasse andern das Freyen und das Sorgen, wie sie ihren Weibern gefallen mögen: Ich wil lediger sorgen, was den Herrn Jesum angehet und wie ich Ihm gefalle. Den durftigen Brüdern lasse ich ihre Zechen und unnütze Gespräche.«

[7] [Justinian von Welz]: *Eine/* Christliche *und treuherzige/ Vermahnung* [...]. [Nürnberg 1664], 44.

Antoinette Bourignon, eine weitere Autorität für Gichtel, hat sich viel stärker für die Tugend der Ehelosigkeit eingesetzt. In einem Brief bekundet Gichtel, dass er während seiner ersten Amsterdamer Jahre zu den Anhängern der flämischen Prophetin gehört habe.[8] Jedoch habe er dieser separatistischen Gruppierung, so wie manch anderen Gruppierungen, bald den Rücken gekehrt.[9] Allerdings kannte Gichtel Bourignons theologische Ansichten und ließ sich von ihnen auch in seinem späteren Leben inspirieren.[10]

Es ist schwierig festzustellen, wie und zu welchem Zeitpunkt genau sich Gichtels ablehnende Haltung zur Ehe herausgebildet hat. Es ist aber zu vermuten, dass seine bereits vorhandene Abscheu vor den Frauen anhand der genannten Autoritäten und Vorbilder vertieft wurde und seine persönlichen Erfahrungen theologisch deutete. Hinzu traten Jakob Böhmes Werke, in denen die entsprechende Haltung ansatzweise vertreten wird.

Adams Androgynie und der Sündenfall

Gichtels theoretische Überlegungen zur Ehe sind also unmittelbar mit seiner – stark von Böhme inspirierten – Lehre vom androgynen Adam, seiner göttlichen Partnerin *Sophia* und dem Sündenfall verbunden. Gichtel hat schon in den ersten Jahren in Amsterdam – seinem Zufluchtsort nach der Ausweisung aus Regensburg und aus dem niederländischen Zwolle – eine besondere Nähe der himmlischen *Sophia* gespürt. Jedoch begann er die sophiologische Lehre relativ spät in seinen Briefen konsequent zu verkündigen, nachdem er sämtliche Werke von Jakob Böhme herausgegeben hatte. Der größte Teil seiner mystischen Überlegungen stammt aus der zweiten Hälfte der neunziger Jahre des 17. Jahrhunderts, also aus der Zeit, als die Böhmeschen Ideen in den spiritualistischen Kreisen schon breitere Resonanz gefunden hatten.

Nachfolgend werde ich Gichtels Vorstellung von Erschaffung und Fall Adams als Teil seiner theosophischen Gesamtkonzeption vorstellen. Dem-

[8] Bourignon hat sich in den Jahren 1667–1671 in Amsterdam aufgehalten, Gichtel zog 1668 nach Amsterdam.

[9] Th. pr. V., 3767: »Anthoinetten habe ich lange frequentiret, so lang sie hier gewesen; ich kunte meine Vernunft aber nicht gefangen nehmen, sehende, daß sie, wie alle Klöster, von der bloßen Armut und Verleugnung gesprochen, und großen Reichtum besessen, welches ich einst in Einfalt ausgesprochen, und die Kindschaft bey ihr verloren hab.«

[10] Zu Bourignon siehe: Phyllis Mack: Die Prophetin als Mutter: Antoinette Bourignon. In: Hartmut Lehmann/Anne-Charlott Trepp (Hg.): Im Zeichen der Krise. Religiosität im Europa des 17. Jahrhunderts. (VMPIG, 152) Göttingen 1999, 79–100; Klaus vom Orde: Antoinette Bourignon in der Beurteilung Philipp Jakob Speners und ihre Rezeption in der pietistischen Tradition. In: PuN 26 (2000), 50–80.

nach ist der erste Mensch aus zwei gemischten und einander ergänzenden Substanzen oder Tinkturen entstanden.[11] Adam enthielt in sich sowohl einen Keim der Männlichkeit als auch der Weiblichkeit, ohne dass er einen irdischen Körper gehabt hätte. Er war weder Mann noch Frau in dem üblichen, biologischen Sinn dieser Wörter.[12] Am besten entspricht solcher »geschlechtslosen Androgynie« der Böhmesche Ausdruck »männliche Jungfrau«.[13]

Der erste Mensch Adam war nach Gichtel mit der Weisheit Gottes, d.h. mit *Sophia* vermählt. Die aus der biblischen und apokryphen Weisheitsliteratur bekannte *Sophia* verkörperte Adams himmlische Braut und Gehilfin in ihm selbst.

Die schöpfungsgemäße »Innen-Beziehung« Adams konnte aber nicht auf Dauer bestehen bleiben. Gichtel schreibt, dass Adam seine Gehilfin, die *Sophia*, verlassen und eine irdische Frau nehmen wollte.[14] Der erste Fall bestand in diesem sündhaften Gedanken, in dessen Folge Adam der göttlichen *Sophia* verlustig ging. In der Folge des ersten Sündenfalls verlor Adam seine Göttlichkeit und bekam statt dessen einen fleischlichen Körper und zu seiner Fortpflanzung die fleischliche Eva an seine Seite.

Geschlechtslose Androgynie vs. Gleichheit der Geschlechter

Eine mögliche Schlussfolgerung, die der Leser aus Gichtels Paradies-Geschichte ziehen kann, betrifft das Verhältnis von Sünde und Frau. Es stellt sich nämlich heraus, dass die Schöpfung der Frau eine Folge der Ursünde war. Nachdem nämlich Adam angefangen hatte, eine Frau an seiner Seite zu begehren, hat die »emanzipierte« *Sophia* Adam verlassen. Gott ist dem Wunsch des Menschen entgegengekommen und hat aus ihm selbst, d.h. aus dem sündigen Adam, Eva geschaffen. Das heißt, die Sünde ist älter als die Frau. Die Frau ist als Konsequenz aus dem sündigen Gedanken des Mannes entstanden. Sie ist schon ihrer Idee nach eine Frucht des Bösen.

Nach Gichtels Vorstellung hat Adam bei Eva das gesucht, was er bisher in sich selbst geliebt hatte, und was der Mann bei der Frau immer lieben wird. Die Liebe des Mannes zur Frau ist ihrem Inhalt nach seine Liebe zu sich selbst, d.h. ein zum Scheitern verurteilter Versuch, die ursprüngliche Einheit des Menschen wiederherzustellen.

---

[11] Th. pr. V., 3645.
[12] Th. pr. I., 299.
[13] Th. pr. VI., 1800.
[14] Th. pr. III., 2142.

Gichtel folgte hier Böhmes Gedankengang, nach dem die Liebe zwischen Mann und Frau eine Sehnsucht nach der verlorenen Einheit ist, die aber zur Fortpflanzung der Vielheit bzw. zur Multiplikation führt.[15]

Die Vorstellung von der Androgynie des ersten Menschen erscheint auf den ersten Blick als Zeugnis eines frauenfreundlichen und progressiven Denkens. Diese Annahme findet bei näherer Betrachtung keine Bestätigung. Die Androgynie Adams ist nicht allegorisch zu verstehen. Damit ist nicht etwa seine zweifache Natur gemeint, sondern seine geistliche Körperlichkeit – Adam war eben »männliche Jungfrau«. Adam bestand nicht aus zwei gleichen Polen – männlichem und weiblichem, sondern in dem männlichen Adam versteckte sich auch ein weiblicher Keim. Trotz des androgynen Wesens wurde der erste Mensch von der Männlichkeit konstituiert. Gichtel schrieb zum Beispiel: »GOtt hat im Anfang nur Einen Mann mit beyden Tincturen geschaffen, und ihm Macht gegeben sich zu multiplizieren [...].«[16]

Gichtel hat somit dem zweiten Kapitel der Genesis vor dem ersten den Vorrang gegeben. Er ist von der paulinisch-hellenistischen Bibelinterpretation ausgegangen, nach der die Frau für den Mann zur Gehilfin geschaffen wurde und ihm untergeordnet ist (vgl. 1Kor 11). Mann und Frau stehen zueinander in einer hierarchischen Position und nicht als gleichgesetzt.

Die Geschichte vom androgynen Adam erweist sich als Schöpfungs- und Verfallsgeschichte eines »Supermannes«, in der die Frau in einer Nebenrolle oder als eine boshafte Verführerin auftritt. Adam war für Gichtel ein Übermensch, durch dessen Schuld die Dialektik der Geschlechter zu einer Feindschaft wurde.

Über das schwächere Geschlecht

Von seinen scharfen Behauptungen ausgehend ist Gichtel Frauenverachtung oder gar Frauenhass vorgeworfen worden.[17] Tatsächlich hat Gichtel die Frauen, entsprechend der Mentalität seiner Zeit, aus einer patriarchalischen Sicht gesehen. Er hat sie als von dämonischen Mächten gesteuerte Objekte

[15] Ernst Benz: *Der vollkommene Mensch nach Jacob Boehme*. Stuttgart 1937, 69.

[16] Th. pr. V., 3645.

[17] Vgl. Willi Temme: *Krise der Leiblichkeit. Die Sozietät der Mutter Eva (Buttlarsche Rotte) und der radikale Pietismus um 1700*. (AGP, 35) Göttingen 1998, 369f; Gertraud Zaepernick: Johann Georg Gichtels und seiner Nachfolger Briefwechsel mit den Hallischen Pietisten, besonders mit A.M. Francke. In: PuN 8 (1982), 74–118, hier 91.

beschrieben[18] und die Männer vor dem Umgang mit Frauen gewarnt.[19] Der spiritualistischen Tradition gemäß hat Gichtel bei der Entstehung der Sexualität der Frau die größere Schuld gegeben.[20]

Das alles bezeugt aber nicht zwingend seine Frauenfeindlichkeit. Gichtel war vielmehr um die Willensschwachheit der Frauen besorgt. Sie könnten dem Teufel leichter als Beute anheimfallen, und durch sie seien auch die Männer gefährdet.[21] Gichtels eigene Erfahrungen mit Frauen haben ihn davon überzeugt, dass sie ein schwächeres Geschlecht sind.

Eine Ausnahme bildeten lediglich wiedergeborene Frauen, die auf ihren eigenen Willen verzichteten und sich Gott, und im Fall der Ehefrauen, auch ihrem Mann unterwarfen.[22]

Somit blieb das Prinzip der geschlechtlichen Gleichheit in eschatologischer Perspektive für Gichtel geltend. Er schrieb, dass das zweischneidige Schwert weder Mann noch Weib in das Paradies lasse, sondern lediglich Jungfrauen.[23] Männer haben also keinen kürzeren Weg zur Seligkeit als Frauen.

Konsequenzen für die Ehe

Aus der oben beschriebenen Paradiesgeschichte hat Gichtel für seine Eheauffassung weitgehende Konsequenzen gezogen. Demnach wird die göttliche *Sophia*, die der androgyne Adam bei dem Fall verloren hat, mit dem gläubigen Christen wieder vereint, und sie vervollkommnet den Menschen, ohne dass er eine Partnerin des anderen Geschlechts an seiner Seite benötigte. Die wahren wiedergeborenen Christen lebten in der Gemeinschaft mit der *Sophia*, wobei die himmlische Weisheit für die Männer eine Frau und für die Frauen einen Mann »verkörpere«.[24] Die Partnerschaft mit der *Sophia* bedeutet somit Jungfrauenschaft im geistlichen Sinn, die Relativierung jeder angeborenen Geschlechtlichkeit. Diese geistliche Liebe und Hilfe lasse jede irdisch-eheliche Beziehung überflüssig werden. Gichtel

---

18 Vgl. Claudia Ulbrich: Unartige Weiber. Präsenz und Renitenz von Frauen im frühneuzeitlichen Deutschland. In: Richard van Dülmen (Hg.): Arbeit, Frömmigkeit und Eigensinn. Studien zur historischen Kulturforschung. Frankfurt/Main 1990, 13–43; zur Stellung der Frauen im Pietismus vgl. Ruth Albrecht: Frauen. In: Hartmut Lehmann (Hg.): Geschichte des Pietismus. Bd. 4: Glaubenswelt und Lebenswelten. Göttingen 2004, 522–555.

19 Th. pr. I., 586f.

20 Th. pr. VI., 1474.

21 Th. pr. II., 636f.

22 Th. pr. VI., 1664.

23 Th. pr. I., 577.

24 Th. pr. I., 552.

sah die Eheleute als Gefangene an, die zwar die himmlische *Sophia* begehrten, aber ihre irdischen Evas nicht verlassen könnten.[25]

Das Zusammenleben von Mann und Frau hat Gichtel immerhin nicht kategorisch abgelehnt. Er pflegte sich in dieser Frage auf Paulus zu berufen, wenn er schrieb: »Und verbieten wir keines weges die Ehe, aber das sagen wir mit Paulo: wer ein Weib wil nehmen und die Welt besitzen, sich aber selbst darinnen nicht verläugnen kan, der besitzet nur seine Verdamnis«.[26] Die Gemeinschaft mit der *Sophia* wird aber für schwächere Menschen nicht als Ersatz für die fleischliche Partnerschaft verstanden, auf den diese nicht verzichten können. Für sie sei es nämlich besser, ihre tierischen Begierden in der Ehe zu befriedigen als außerhalb derselben.[27]

Als besonders stark schätzt Gichtel diejenigen ein, die den Willen haben, ihre Familien zu verleugnen und ihr eigenes Leben zu hassen.[28] Jedoch ruft Gichtel nicht unbedingt zu einer Trennung der Ehen auf, sondern vielmehr zur Keuschheit in der Ehe.[29] Zur Bestätigung seiner Theorie verweist er auf seine Bekannten, die ihre Heirat bedauerten, weil ihre Kraft zur Verwirklichung geistlicher Ideale deswegen stark abgenommen habe.[30]

Zusammenfassung: Ehelosigkeit als die Wahl der Starken

Über den Schöpfungsmythos vom androgynen Adam ist Gichtel zu einer abwertenden Haltung der Körperlichkeit gelangt. Seine pejorative Sicht irdischer Leiblichkeit hat eine Tabuisierung der Sexualität veranlasst, so dass er Keuschheit als eine Bedingung des wahren Christseins angesehen hat.

Unter der Prämisse der eschatologischen Gleichheit der Geschlechter hat Gichtel eine besondere Soteriologie ausgearbeitet, nach der die Rettung des gefallenen Menschen in der Wiederherstellung des Urzustandes von Adam bestand, d. h. in der Wiedergewinnung der verlorenen *Sophia*. Das Besondere an Gichtels Eheauffassung ist der zu erwartende Zeitpunkt der Wiederherstellung des Ur-Adams.[31] Im Unterschied z. B. zu Jakob Böhme, der die vollkommene Einigung mit der *Sophia* in die endzeitliche Auferstehung versetzt hat,[32] war Gichtel fest davon überzeugt, dass die ideale Partnerschaft mit

[25] Th. pr I., 996.
[26] Th. pr. I., 502.
[27] Th. pr. III., 2213.
[28] Th. pr. II., 1048.
[29] Th. pr. II., 1063.
[30] Th. pr. II., 639f.
[31] Vgl. Fritz Tanner: *Die Ehe im Pietismus*. Zürich 1952, 18.
[32] Vgl. Ruth Albrecht: ›Der einzige Weg zur Erkenntnis Gottes‹ – Die Sophia-Theologie Gottfried Arnolds und Jakob Böhmes. In: Verena Wodtke (Hg.): Auf den Spuren der Weisheit.

der himmlischen Braut schon im Diesseits, in diesem Leben erreichbar ist. Als Garant dieser Überzeugung hat er auf seine eigene Erfahrung als »neue Kreatur« hingewiesen. Um diesem geistlichen Ziel gerecht zu werden, hat er die Ehe und Sexualität als Untreue gegenüber der *Sophia* verurteilt.

Obwohl Gichtel systematisch und prinzipiell gegen die Ehe votiert hat, sollte sein Eintreten für die Schwächeren nicht unbeachtet bleiben. Um der Lebens- und Glaubenspraxis willen hat Gichtel davon abgeraten, dass ein Mann sich mit einer Frau verehelicht. Er sah in dem zölibatären Leben aber kein universelles Ultimatum, keine allgemein gültige Bedingung für das Heil.

Gichtels kompromisslose Natur, seine persönlichen Erfahrungen mit dem anderen Geschlecht und sein ausgeprägter Individualismus haben ihn dazu gebracht, dass er die sexuelle Enthaltsamkeit als eine Bedingung für die Zugehörigkeit zu einer wahren christlichen Gemeinde stellte. Er sah sich und seine Glaubensgenossen als Auserwählte an und meinte, dass die Wahl von jedem Menschen selbst zu treffen sei. Monastischem Ideal folgend deutete Gichtel das Zölibat als einen Weg, der durch die Beherrschung seiner Gedanken und Begierden zu einer ungestörten Gottesbeziehung hinausläuft.

Gichtel hat für die Frauen keine spezielle Frömmigkeit entwickelt. Offensichtlich sah er dafür keinen Bedarf, weil er die Geschlechtlichkeit nicht sozial definiert hat. Er hat die Frauen nicht zwangsläufig in eine von den gesellschaftlichen Normen vorgegebene Rolle versetzt. Als seine Korrespondentinnen hat er sie ohne Einschränkung akzeptiert und die wiedergeborenen Männer und Frauen ohne Unterschied geachtet. Die Differenzen zwischen Männern und Frauen wurden nur soweit beachtet, als sie eine verschiedene Startposition zur Wiedergeburt markierten. Dementsprechend war Gichtels Frömmigkeitsideal geschlechtsneutral.

Die in der Tradition der evangelischen Theologie bekannte Vernachlässigung der Körperlichkeit wurde in Gichtels Überlegungen durch die Forderung nach der Selbstkasteiung zu einer Negation der Körperlichkeit gesteigert und gleichsam zu einem zentralen Thema seiner Frömmigkeit erhoben.

Sophia – Wegweiserin für ein weibliches Gottesbild. (Reihe Frauenforum) Freiburg u. a. 1991, 102–117, hier 108, 116.

Ryoko Mori

Ich-Entdeckung unter Zwang

Die Suche nach dem Selbst im radikalen Pietismus

1. Einleitung

Der Pietismus ist eine sozial-religiöse Bewegung, die auf individuelle Frömmigkeit abzielt. Vor allem innerhalb des radikalpietistischen Flügels entstand ein ausgeprägtes Konzept des freien, selbständigen Individuums. Dieser Aufsatz ist eine Fallstudie: Am Beispiel der »Zweiten Welle des Pietismus« wird den Fragen nachgegangen, wie eine individuelle Frömmigkeitslehre zur Wahrnehmung des Selbst führte, wie sich das Bewusstsein des Individuums entwickelte und infolge welcher Prozesse das »Selbst« der Pietisten entdeckt wurde.

Die zweite Welle des Pietismus[1] bildete eine radikale Phase des Pietismus zwischen dem Spenerschen und dem hallischen Pietismus. Diese Bewegung begann 1689, nach dem Ende des von Spener geprägten Pietismus, der als Anfang des deutschen Pietismus betrachtet wird, und endete mit der Entstehung des hallischen Pietismus Mitte der 1690er Jahren. Sie war eine überregionale Konventikel-Bewegung, die sich über viele Städte Mittel- und Norddeutschlands ausbreitete. Diese zweite Welle des Pietismus war in zweierlei Hinsicht ein epochemachendes Phänomen in der Geschichte des Pietismus. Zuerst wurde »der Pietismus« zum ersten Mal in dieser Phase eine Sozialbewegung.[2] Bei dem Spenerschen Pietismus wurde das Wort »Pietisten« als die Bezeichnung der Anhänger von Spener nur vereinzelt benutzt. Erst in der zweiten Welle des Pietismus entstand die Gruppenbezeichnung »Pietisterey«. Die pietistische Bewegung hatte nun einen Namen. Für die Fragestellung des vorliegenden Aufsatzes ist zweitens noch bemerkenswert,

---

[1] Diese Entwicklungsphase wurde in der Pietismusforschung bisher nicht wahrgenommen und nicht weiter gekennzeichnet. Ich bezeichne diese Bewegung als »zweite Welle des Pietismus«. Vgl. Ryoko Mori. *Begeisterung und Ernüchterung in christlicher Vollkommenheit. Pietistische Selbst- und Weltwahrnehmungen im ausgehenden 17. Jahrhundert.* (Hallesche Forschungen, 14) Tübingen 2004.

[2] Johannes Wallmann: *Der Pietismus*. (KIG, 4) Göttingen 1990, 8; Hans Leube: Die Geschichte der pietistischen Bewegung in Leipzig (1921). In: Hans Leube: *Orthodoxie und Pietismus*, Bielefeld 1975, 190f; Hans Leube: Die Entscheidungsjahre der Reformbestrebungen Ph. J. Speners. In: NKZ 36 (1925), 155–174, hier 161, Paul Grünberg: *Philipp Jakob Spener*. Göttingen 1893. Bd. 1, 276–314.

dass sich das pietistische Individuum als eigenständige Person vor Gott in der zweiten Welle des Pietismus radikal entfaltete. Das pietistische Selbstbewusstsein, eine persönliche Gemeinschaft mit Gott zu besitzen, entwickelte sich zur Wahrnehmung des Selbst, das nun nicht mehr auf einer übernatürlichen himmlischen Erleuchtung fußte.

2. Erwachen des Interesses am Selbst

Die Anfänge der Bewegung

Die zweite Welle des Pietismus wurde im Frühjahr 1689 in Leipzig durch das »Collegium Philobilicum« ausgelöst. In diesem Collegium hatte sich eine kleine Gruppe von Theologiestudenten zur regelmäßigen Lektüre der Bibel zusammengefunden. Als die Mitglieder des »Collegium Philobiblicum« begannen, selbständig eigene Privatkollegien abzuhalten, zogen sie immer mehr interessierte Besucher an. Diese Veranstaltungen fanden unter den Studenten nicht nur in der theologischen, sondern auch in anderen Fakultäten rege Resonanz. Auch Bürger der Stadt Leipzig, unter ihnen einige Frauen, traten in diese Kollegien an der Universität ein. Bald fingen die Besucher der Kollegien an, sich selbständig in ihren Wohnungen zu treffen. Auf diese Weise bildeten sich zahlreiche Gruppen von Bürgern und Studenten in der Stadt.[3] Diese Praxis, sich für die gemeinsame Bibellektüre in Privatwohnungen zu versammeln, verbreitete sich ab Frühjahr 1690 rasch über Leipzig hinaus. In zahlreichen Städten Mittel- und Norddeutschlands entstanden pietistische Gruppen, deren Teilnehmer danach strebten, zu frommen Individuen zu werden. Die Mitglieder dieser Gruppen waren eng miteinander verbunden, sie standen in einem regen Briefaustausch und besuchten sich gegenseitig. So entstand ein überregionales »Netzwerk der Frommen«, das viele Städte und Dörfer Mittel- und Norddeutschlands einbezog.[4]

Interesse am Subjekt des eigenen Lebens

Nun liegt es nahe zu fragen, welche Idee dieser sich rasch verbreitenden Konventikel-Bewegung zugrunde lag. Aus den in den Quellen überlieferten

---

[3] Zur pietistischen Bewegung in Leipzig Leube: pietistische Bewegung, 153–267; ders.: Die Entscheidungsjahre, 155–174; Christian Peters: ›Daraus der Lärm des Pietismi entstanden‹. Die Leipziger Unruhen von 1689/90 und ihre Deutung durch Spener und die hallischen Pietisten. In: PuN 23 (1997), 103–151.

[4] Mori: *Begeisterung*, 286–296.

Aussagen der Pietisten lässt sich eine gemeinsame Denkweise rekonstruieren: Bei einer Bibellektüre gehe es nicht um die wissenschaftliche Auslegung der Texte, sondern um die praktische Umsetzung der biblischen Lehre. Man müsse das eigene Leben dem Wort Gottes gemäß einrichten. Daran sei zu erkennen, ob ein Leser die Bibel richtig verstanden habe. Diese wahre Erkenntnis der Bibel werde nicht durch Professoren oder Prediger vermittelt, sondern unmittelbar durch den Heiligen Geist dem einzelnen Bußfertigen eingegeben. Nur wenn er sich einen wahren, lebendigen Glauben ernsthaft wünscht, kann ein Mensch eine Erleuchtung unmittelbar von Gott bekommen. Diese erlaubte es ihm, unmittelbaren Zugang zum Sinn der Bibel zu erlangen. Auf dieser Grundlage stellten die Teilnehmer der Übungen ihre eigene Erklärung für die gelesenen Texte vor und diskutierten miteinander über deren praktische Anwendung im Alltagsleben.[5] Die Neuheit und zugleich Anziehungskraft dieser Bibellektüreübungen bestand darin, dass die Lebensführung, die durch den eigenen Willen gestaltet werden konnte, mit einer persönlichen Eingebung Gottes verbunden war.

Das pietistische Selbst begann mit dem Interesse am Subjekt, welches das eigene Leben selbst gestalten kann. Die Pietisten rühmten sich ihres frommen Lebenswandels als Beweis dafür, dass sie eine persönliche Beziehung zu Gott besaßen. Sie ließen es nicht damit bewenden, dass sie selbst ein frommes Leben führten, sondern sie drängten ihre Mitbürger, oft auch ihre Ortspfarrer, zur strengen Einhaltung ihrer moralischen Vorstellungen.[6] Aufgrund ihrer Überzeugung, eine Gemeinschaft mit Gott zu besitzen, tendierten die Pietisten dazu, die überlieferte soziale Ordnung zu relativieren.[7] Sie erklärten, dass jene, die kein frommes Leben im Sinne des Pietismus führten, unabhängig von ihrem Sozialstatus, die Bibel nicht richtig verstanden haben, geschweige denn eine persönliche Gemeinschaft mit Gott besaßen. So entstanden in praktisch allen Orten, in denen sich Konventikel gebildet hatten, Konflikte aufgrund des ausgeprägten Selbstwertgefühls der Pietisten.[8]

---

[5] Forschungs- und Landesbibliothek Gotha A.299, Johann Franz Buddeus: »Historia Pietismi«, Bl. 313–354, hier Bl. 322; Gerichtliches Leipziger Protokoll [...], 1692. In: Erhard Peschke (Hg.): *August Hermann Francke. Streitschriften.* (TGP II,1) Berlin, New York 1981, 1–111, hier 31.

[6] In Tennstedt behaupteten die Pietisten beispielsweise, dass ein Kegelspieler nicht als ein Wiedergeborener gelten könne, dass ein wahrer Gläubiger nicht mit gutem Gewissen spielen könne, dass ein Christ auf Trinken und Tanzen verzichten müsse usw. Hauptarchiv der Franckeschen Stiftungen Halle (AFSt/H) D 77a, Ein Bericht aus Tennstedt, 1.12.1691, 312f, 327.

[7] Beispielsweise forderte der von seiner »frommen« Lebensführung überzeugte Leipziger Schuster Hanisch den Diakon der Stadt auf, dessen »Kränzchen« einzustellen, weil es seiner moralischen Vorstellung zufolge verschwenderisch war. Vgl. Mori: *Begeisterung*, 21.

[8] Mori: *Begeisterung*, 56–83.

Bekehrung: Interesse am Subjekt des eigenen Gefühls

Das Streben der Pietisten nach einer frommen Lebensführung steigerte sich bis zu einem Punkt, an dem sie glaubten, dass sie die »Kraft Gottes«, die ihr Leben regiert, unmittelbar spürten. In seinem Brief an Spener vom August 1691 meldete Francke mehrere »schöne Exempel und Zeugnisse der Gnade und Krafft Gottes« unter seinen Glaubensfreunden. Diese Bekehrung trat zunächst unter der Anhängerschaft Franckes in Erfurt auf und verbreitete sich anschließend in den pietistischen Kreisen anderer Orte.[9] Als Merkmal dieser Bekehrung galt, wenn eine Gläubige bzw. ein Gläubiger einen unerwarteten Gemütsumschwung verspürte und die Lebenseinstellung sich in diesem Augenblick verwandelte, so dass eine fromme Lebensführung möglich wurde.[10]

Die Bekehrten waren stolz auf die Kraft Gottes in sich. Sie begannen, ihren inneren Zustand bei der Bekehrung als das Werk Gottes präzise zu beschreiben. Beispielsweise beschrieb Johann Arnold, ein Korrespondenzpartner und Freund Franckes, seine Gemütslage wie folgt:

»Im übrigen befinde ich oftermals bey mir große Traurigkeit, ja eine rechte Angst, daß mich deucht es lege eine Schwere Angst auf meinen Stücken, welche mir anfangs mancherley schwere Gedancken verursacht, und wenn ich denn [wieder; Anm. d. Vf.] in mich kehre, so werde ich gern [unleserlich], daß mich solche Gedencken ziemlich in die Welt führet und einen Fuß schon gehoben in ihre Grentzen zu treten, wo von mir aber die Gnade Gottes bald durch Traurigkeit bald auch Fröligkeit wird zurück zeicht, in welchen Zustande ich mich fast diesen ganzen Tag befunden.«[11]

An dieser Schilderung ist das neue Interesse der Pietisten an der eigenen psychischen Befindlichkeit festzustellen. Das eigene Gefühlsleben wird nun als erforschenswert geachtet. Die Pietisten strebten nicht nur nach einem gottgefälligen äußeren Lebenswandel, sondern beschäftigten sich auch mit der »Kraft Gottes«, die sie in sich verspürten. So verstanden sie unter einem wahren Christen nicht nur einen Handelnden, sondern auch einen Empfindenden. Hier kann man von einem sich steigernden Interesse an den Gefühlen des eigenen Selbst sprechen.

Über seine Bekehrung schreibt Francke, dass er sich »mit einem Strom der Freuden überschüttet« fühlte,[12] und Georg Heinrich Brückner berichtet, dass er »dergestalt bewegt wurde, dass ich meynte, ich wollte gen Himmel

---

[9] Francke an Spener, Erfurt 7.8.1691. In: Gustav Kramer: *Beiträge zur Geschichte August Hermann Francke's enthaltend den Briefwechsel Francke's und Spener's*. Halle 1861, 203.

[10] Die überlieferten Beschreibungen von Bekehrungen haben ihr Vorbild im Bekehrungsbericht August Hermann Franckes. Vgl. Markus Matthias (Hg.): *Lebensläufe August Hermann Franckes*. (Kleine Texte des Pietismus, 2) Leipzig 1999, 5–32.

[11] Arnold an Francke, Gotha 22.1.1692. AFSt/H, F10 (358).

[12] Franckes Lebenslauf. In: Matthias: *Lebensläufe*, 29.

fahren«.[13] Die derart beschriebenen Gemütslagen erschienen aus der Perspektive Dritter wie ein Rauschzustand. Es war keine Überraschung, dass vor dem Hintergrund sich ausbreitender Bekehrungserlebnisse »mit überschwänglicher Freude« weitere Personen auftraten, die wegen ihrer Gotteserfahrungen in Ekstase gerieten und Visionen und Auditionen hatten.

3. Radikalisierung der Selbstbehauptung

»Drei begeisterte Mägde«

Im Advent 1691 traten in Halberstadt, Quedlinburg und Erfurt, drei Städten, in denen die pietistische Bewegung sehr verbreitet war, fast gleichzeitig die sogenannten »begeisterte Mägde« auf. Diese Mägde, die in den Haushalten zentraler Persönlichkeiten des pietistischen Netzwerks dienten, versetzten sich nach ihrem Bekehrungserlebnis immer wieder in Ekstase. Sie hörten die Stimme Gottes und sahen seine Gestalt.[14] Pietisten, die diese außergewöhnlichen Erscheinungen miterlebten bzw. von diesen erfuhren, hielten ihre Visionen und Auditionen für eine besondere Offenbarung Gottes. Dass einem wahren Gläubigen eine Erleuchtung unmittelbar von Gott gewährt werden könne, um die Bibel richtig zu verstehen, war eine zentrale Idee der Leipziger Bewegung. Es ist daher nicht erstaunlich, dass die Pietisten die Visionen und Auditionen als eine Erleuchtung durch Gott interpretierten. Sie glaubten, dass nun endlich der Tag gekommen sei, an dem die Weissagung Joels aus dem Alten Testament erfüllt werde, und dass der göttliche Geist sie durch die Mägde anspreche.[15] Seit Neujahr 1692 traten weitere »Extraordinäre« auf. In diesem Jahr löste das aufsehenerregende Phänomen sinnlicher Gotteserfahrung in pietistischen Kreisen eine Kettenreaktion aus. Von Weihnachten 1691 bis Pfingsten 1693 stieg die Zahl derjenigen, die eine übernatürliche Gemeinschaft mit Gott erlebten, auf etwa

---

[13] Georg Heinrich Brückner, o.D. In: Wolfgang Breithaupt: Quellen zur Wirksamkeit A.H. Francke in Erfurt 1690/91 aus dem Archiv der Franckeschen Stiftungen zu Halle, 1991, 17; AFSt/H D84, Bl. 17f.

[14] Katharina Reinecke in Halberstadt, Magdalena Erlich in Quedlinburg und Anna Maria Schuchart in Erfurt. Zu diesen Frauen vgl. *Eigentliche Nachricht von Dreyen begeisterten Mägden / Der Hallberstädtischen Catharinen / Qvedlinburgischen Magdalenen / und Erffurtischen Liesen / Aus Zehen unterschiedenen eingelauffenen Schreiben zusammen getragen von M. August Herman Francken / der Zeit Pastore Zu Glauche vor Halle.* o.O. 1692. Publiziert wurde dieses Büchlein von Gegnern des Pietismus unter dem Namen Franckes. Die Berichte waren Francke gestohlen worden.

[15] Vgl. Joel 2, 28f: »Und nach diesem wird es geschehen, dass ich meinen Geist ausgieße über alles Fleisch, und eure Söhne und Töchter werden weissagen [...]. Auch über die Knechte und über Mägde will ich in jenen Tagen meinen Geist ausgießen«.

40 Personen an.[16] Anspannung und Erregung unter den Pietisten, die sich von Gott persönlich angesprochen glaubten, wuchsen immer weiter.

Interessant ist hieran nicht nur, dass sich diese »extraordinären Erscheinungen« geographisch ausbreiteten und dass sich die Zahl der ekstatischen Gotteserfahrungen vergrößerte, sondern auch, dass sich die Inhalte der Visionen und Auditionen während der Entwicklung des Phänomens schnell radikalisierten. Die Visionen bzw. Auditionen wurden immer kritischer gegenüber der überkommenen sozialen Ordnung. Im Folgenden werden die Entwicklungen des pietistischen Selbstbewusstseins, das sich in den »Offenbarungen« spiegelte, an drei Beispielen veranschaulicht.

Anna Maria Schuchart, eine der »drei begeisterten Mägde«, diente seit Neujahr 1691 beim pietistischen Juristen Schmaltz in Erfurt.[17] Sie erlebte Ende November/Anfang Dezember eine Bekehrung im Traum, geriet seitdem immer wieder in Ekstase und hatte verschiedene Visionen. Nach dem Bericht von Georg Heinrich Brückner kam eines Tages Anna Maria Schuchart zu ihm und schilderte folgende Vision: Gott lud sie in das Paradies ein, um es ihr persönlich zu zeigen. Im himmlischen Weinberg sah sie Brückner, der eine zentrale Figur der pietistischen Gruppe und hoch angesehener Jurist in der Stadt war. Im göttlichen Weinberg trug Brückner keine Perücke und musste vor Gott mit der Magd zusammen Holz hacken.[18]

In dieser Vision drückt sich zweifelsohne das Selbstbewusstsein von Anna Maria Schuchart aus, dass sie von Gott auserwählt und im Paradies mit Brückner gleichwertig sei. Da Brückner im Paradies keine Perücke trägt, ist in der Vision auch ihr kritischer Blick auf das Symbol seines sozialen Status zu erkennen. Sie äußerte allerdings nicht explizit, dass sie vor Gott mit Brückner ebenbürtig sei. Die Magd schilderte lediglich eine Szene, die sie gesehen zu haben glaubte. Die naheliegende logische Konsequenz aus ihrer Vision zog sie allerdings nicht, vermutlich war ihr nicht bewusst, welche soziale Bedeutung ihre Vision haben konnte. Für Georg Heinrich Brückner, der sie sonst nur als das Objekt der Erziehung betrachtet hatte, stellte es eine

16 Mori: *Begeisterung*, 133–135.

17 AFSt/H D 92, Bericht von Johann Baptist Crophius, Halle 24.11.1692, Bl. 239–251; Justus Vesti, Bericht vom Zustand der Erfurtischen Magd, Erfurt 16.1.1692. In: Ernst Tenzel: *Monatliche Unterredungen einiger Guten Freunde Von Allerhand Büchern und andern annemlichen Geschichten* [...]. o. O. 1692, 631–642; Georg Heinrich Brückner an Joachim Justus Breithaupt, Erfurt 7.12.1691. In: Eigentliche Nachricht (wie Anm. 14), Nr. 4. Zu Anna Maria Schuchart vgl. Friedrich de Boor: Anna Maria Schuchart als Endzeit-Prophetin in Erfurt 1691/92. In: PuN 21 (1995), 148–183; Ulrike Witt: *Bildung und Biographie. Frauen im Umkreis des Halleschen Pietismus*. (Hallesche Forschungen, 2) Tübingen 1996, 33–39; Mori: *Begeisterung*, 122–126, 140–142.

18 Georg Heinrich Brückner an Joachim Justus Breithaupt, Erfurt 7.12.1691. In: *Eigentliche Nachricht* (s. Anm. 14), Nr. 4, Bl. 3. Zu Schuchart vgl. Justus Vesti, Bericht vom Zustand der Erfurtischen Magd, Erfurt 16.1.1692. In: Tenzel: *Monatliche Unterredungen*, 631–642.

Herausforderung dar, dass Anna Maria Schuchart ihn besuchte, um ihm ihre Vision mit ihren Implikationen zu schildern.

Eskalation der Visionen bzw. Auditionen

Im Gegensatz zu Anna Maria Schucharts Vision waren die Worte Gottes, die Adelheid Sybille Schwartz am 26. Februar 1692 August Pfeiffer zukommen ließ, weitaus aggressiver. Adelheid Sybille Schwartz, eine Kunstmalersfrau in Lübeck, war eine zentrale Figur in der städtischen pietistischen Gruppe;[19] August Pfeiffer, Superintendent in Lübeck, hatte kurz zuvor eine polemische Schrift gegen die Pietisten veröffentlicht. In der Audition der Adelheid Sybille Schwartz verdammte Gott das kirchliche Oberhaupt der Stadt und drängte ihn zur Buße.

»Du, an welchen meine Seele einen Eckel hat, siehe ich werffe dich in ein Bette, daß mit Pech und Schweffel brennet, so du nicht umbkehrest, und wahre Buße thust, [...] die Zeit ist kurtz, sage Ich Jehova der HERR, der über todte und lebendige ein HERR ist, Ich komme bald, und mein Lohn mit mir.«[20]

Dieses Beispiel verdeutlicht, dass sich die Themen der Visionen und Auditionen von der zurückhaltenden Andeutung der Gleichwertigkeit zur Bedrohung des Gegners mit einer bevorstehenden Höllenstrafe wandelten. Sogar das Oberhaupt der Stadtkirche wurde zum Gegenstand des göttlichen Zorns. Es ist die Projektion ihres Selbstwertgefühls, dass Adelheid Sybille Schwartz die »Stimme Gottes« hörte, die den Superintendenten verdammte. Darüber hinaus hat sie diese obrigkeitskritische »Offenbarung« nicht nur innerhalb ihrer pietistischen Gruppe verbreitet, sondern sie auch aufgeschrieben und direkt an den betreffenden Superintendenten geschickt. Das starke Bewusstsein, als Werkzeug Gottes der Obrigkeit gegenüberzutreten und sie zu provozieren, war bei der Vision von Anna Maria Schuchart noch nicht vorhanden gewesen. Bei diesem gewagten Handeln von Adelheid Sybille Schwartz ist zu erkennen, dass die »extraordinären« Erscheinungen die Entfaltung des pietistischen Inidividuums förderten.

Bald danach verschärften sich die Inhalte der pietistischen Visionen immer weiter. In Lübeck und Lauenburg hörte ein Pietist Stimmen Gottes, die das

---

[19] Zur pietistischen Bewegung in Lübeck vgl. Theodor Woschke: August Hermann Franckes Debora. In: NKZ 20 (1929), 264–283, 292–303; Theodor Schulze: Die Anfänge des Pietismus in Lübeck. In: Mitteilungen des Vereins für Lübecker Kirchengeschichte 1902, 68–96, 99–113. Zu Adelheid Sybille Schwartz, vgl. Witt: *Bildung*, 24–33; Mori: *Begeisterung*, 144f.

[20] Adelheid Sybille Schwartz an August Pfeiffer, Lübeck 26.2.1692. In: Niedersächsische Staats- und Universitätsbibliothek Göttingen, 8°Cod. Ms. Theol 268, Briefe und Aufzeichnungen der Auditionen von Adelheid Sybille Schwartz, Julius Franz Pfeiffer und Johann Hubert Royens, 3.

ganze Ministerium der Städte verdammten. Die Visionen der Pietisten radikalisierten sich so weit, dass die Stadt Lübeck durch die Strafe Gottes verbrannt werden und die Endzeit anbrechen würde.[21] Seit dem Herbst 1692 steigerte sich die Anspannung der Pietisten in höchstem Maße. Mehrere Pietisten, die sich gleichzeitig in außergewöhnliche Erregung versetzt hatten, hatten eine gemeinsame Vision. In Gotha erlebte eine Frau während einer Erbauungsstunde die Erscheinung Jesu. Angeregt von ihrer Ekstase hatten die anderen Teilnehmer die Empfindung, dass das Zimmer bebte. In Halle erlebten Pietisten, die sich um die bewusstlose Anna Maria Schuchart versammelt hatten, gemeinsam, dass die Magd Blut geschwitzt hatte. Als die Nachricht von diesem »Wunder« aus Halle angekommen war, hatten auch die Pietisten in Quedlinburg eine kollektive Vision von Bluttränen und Blutschwitzen.[22]

Das dritte Beispiel markiert den Höhepunkt pietistischer Selbstbehauptung in Form der »extraordinären« Erscheinungen. Anna Margaretha Jahn, die Tochter eines Halberstädtischen Krämers, hörte am 22. Dezember die Stimme Gottes, die eine schwere Strafe für ihren unlängst verstorbenen Beichtvater Johann Christoph Wurtzler androhte. Wurtzler hatte zu seinen Lebzeiten Anna Margaretha Jahns Äußerungen nicht als Offenbarung Gottes anerkennen wollen, mit Jahn im Beichtstuhl gestritten und ihr keine Absolution erteilt. Die Stimme sprach:

»Schreibet / Schreibet / Schreibet die Worte / Er / Er / Er / Er / Er / Er / Er / Er / kommet wieder / jetzt ist er da / die Glücke schläget. [...] Ich /Ich der HErr /ich der HErr /Ich der HErr /den du verlästert hast [...]. Du Antichristliches Thier /Worinn hast du gestochen? Ich zermalme dich /ich der HErr zermalme dich [...] Mein Zorn soll dich/ dich/ dich/ dich/ dich wohl klein/ klein machen.«[23]

Auf den ersten Blick ähnelt diese Audition dem »Wort Gottes«, das Adelheid Sybille Schwartz an August Pfeiffer sandte. Bei genauem Hinsehen merkt man jedoch eine interessante Weiterentwicklung hinsichtlich des Selbstbewusstseins. Während die Stelle »Ich der Herr« die Stimme »Gottes« wiedergibt, stellen die Worte »Er kommet wieder« keine Vermittlung der göttlichen Offenbarung, sondern die Aussage von Anna Margaretha Jahn selbst, dar. In ihrer schriftlich überlieferten »Bezeugung« mischen sich unter die Stimme Gottes immer wieder ihre eigenen Aussagen. So sprach sie weiterhin:

---

[21] Julius Franz Pfeiffer und Johann Hubertus Royens. Vgl. Mori: *Begeisterung*, 147–151.

[22] Mori: *Begeisterung*, 152–154.

[23] Anonym: *Ausführliche Beschreibung des Unfugs / welchen die Pietisten zu Halberstadt im Monat Decembri 1692 ümb die heilige Weynachts=Zeit gestiftet. Dabei zugleich von den pietistischen Wesen ingemein etwas gründlicher gehandelt wird.* Halle 1693, 126f.

»Du bist gantz klein /aber die Höhen / die sich hie wider mich erheben / ja alle Höhen / die wil ich zuscheitern / zuscheitern / zermalmen / zertreten [...] Der HErr zürnet über die gantze Welt.«[24]

Diese Aussage ist in zweierlei Hinsicht aufschlussreich, nämlich die Entwicklung des Gegenstandes des Zornes und die Änderung seines Subjekts. Erstens zürnte Gott nicht nur dem Pfarrer, mit dem die Krämerstochter persönlich gestritten hatte, sondern seine Wut richtet sich über Wurtzler weit hinaus gegen alle hochgestellten Menschen, die Gott zermalmen wolle. Der Zorn Gottes erweitert sich folglich auf die ganze Welt. Zweitens ist bemerkenswert, dass Anna Margaretha Jahn verkündet »Der Herr zürnet über die ganze Welt«, statt zu sagen »Ich zürne über die ganze Welt«. Hier handelt es sich nicht um eine Vermittlung der Worte Gottes, sondern sie spricht ihre eigenen Gedanken aus. An dieser Stelle ist ein Selbstbewusstsein festzustellen, das die Rolle als Vermittler der Offenbarung Gottes überschreitet. Und dieses Selbst setzt sich der gesamten Welt entgegen.

In den »extraordinären« Erscheinungen entwickelte sich das pietistische Selbstbewusstsein, das auf der Erfahrung fußte, die Stimme Gottes gehört zu haben. Die »Extraordinären« verurteilten die Obrigkeit und verneinten die ganze Welt. Das Subjekt dieser Obrigkeitskritik wurde aber als »Gott« bezeichnet und nicht als das eigene »Ich« erkannt. Um dieses »Ichs« gewahr werden zu können, war ein Wechsel der Perspektive erforderlich – vom Selbst als Vertreter Gottes zum Selbst des eigenen Denkens und Handelns. Es war die obrigkeitliche Unterdrückung, die zu diesem Paradigmenwechsel unter den Pietisten führte, wie nachfolgend gezeigt werden soll.

4. Beginnende Wende in der Bewegung und Selbstwahrnehmung

Kurfürstliches Edikt

Angesichts der Radikalisierung der pietistischen Visionen begann die Obrigkeit an verschiedenen Orten mit Unterdrückungsmaßnahmen. Beispielsweise wurden in Halberstadt Anna Margaretha Jahn und ihr Dokumentator Gebhard Levin Semler in Haft genommen, Pfarrer Andreas Achilles, der ihre Auditionen als göttliche Offenbarung gepredigt hatte, wurde zum Verhör vorgeladen.[25] Die Kontrolle über die radikalen Pietisten wurde auch in Halle, wo sich seit Januar 1692 viele engagierte Anhänger sammelten und das zum Zentrum der zweiten Welle des Pietismus wurde, verschärft.[26] Die

[24] *Ausführliche Beschreibung*, 133f.
[25] Mori: *Begeisterung*, 157.
[26] Joachim Justus Breithaupt und August Hermann Francke, die beiden führenden Theolo-

Geschehnisse in Halle übten eine Signalwirkung auf die gesamte Bewegung aus.

Im Oktober 1692 wurde in Halle auf Anordnung des brandenburgischen Kurfürsten eine systematische und gründliche Untersuchung der Bewegung durchgeführt: Das kurfürstliche Edikt wurde am 18. Dezember von allen Kanzeln aus der Bevölkerung verkündet.[27] Das Edikt verfolgte zwei Ziele: Einerseits wollte der Kurfürst die pietistische Lehre der Alltagsmoral in seine Kirchenpolitik integrieren, indem er die neue Frömmigkeitsbewegung formell anerkannte. Das Edikt bestätigte die Frömmigkeitstheologie von Joachim Justus Breithaupt und August Hermann Francke, den Hauptfiguren der Bewegung, als rechtgläubig und erklärte, dass die beiden Theologen keineswegs vorhätten, die weltliche Ordnung zu verachten. Die Notwendigkeit eines tätigen Christentums wurde der Bevölkerung eingeschärft.[28] Zugleich wollte der Kurfürst die Tätigkeit der radikalen Anhänger, welche die Autorität der Obrigkeit störte, stärker kontrollieren. So wurde es beispielsweise den beteiligten Laien verwehrt, die pietistischen Ideen gemäß ihrer selbständigen Interpretationen in die Tat umzusetzen. Die soziale Ordnung dürfe durch das allgemeine Priestertum der Gläubigen nicht in Frage gestellt werden. Er kündigte an, dass jede Missachtung der gesellschaftlichen Hierarchie bestraft werden solle.[29]

Der zentrale Punkt der Unterdrückungsmaßnahme gegen die radikalen Pietisten war jedoch die Missbilligung des Glaubens an eine besondere persönliche Offenbarung: Niemand dürfe in Zukunft solche »extraordinären« Erscheinungen verehren, noch sie als Grundlage für Glauben und Leben ansehen.[30] Bislang war eine unmittelbare Ansprache Gottes durch eine Einge-

---

gen in Erfurt, wurden im Herbst 1691 und zum Neujahr 1692 durch den Kurfürsten zu Professoren der neu gegründeten Universität Halle berufen. Viele Pietisten folgten ihnen dorthin. Halle wurde das neue Zentrum der zweiten Welle des Pietismus. Mori: *Begeisterung*, 185 f, 205.

[27] Der Rezess vom 27. 11. 1692, Thüringisches Hauptstaatsarchiv Weimar, Außenstelle Altenburg Seckendorffisches Archiv Nr. 1067. Ein Abdruck des Rezesses, in: Recess Zwischen einem Hoch=Ehrwürdigen Ministerio und denen so genannten Pietisten in Halle. [Halle 1692].

[28] Recess (wie Anm. 27), A3 f, B3 f. Mori: *Begeisterung*, 210–212. Die Hohenzollerschen Kurfürsten gehörten seit 1613 der reformierten Kirche an und versuchten spätestens seit den 1660er Jahren die Stellung der lutherischen Kirche zu schwächen. Die lutherische Landeskirche war mit den Landständen als Kirchenpatronen eng verbunden. Diese standen den Kurfürsten beim Aufbau des absolutistischen Staates als Gegner gegenüber. Der neue Pietismus, der sich von der lutherischen Landeskirche distanzierte und eine praxisbezogene Alltagsmoral (Fleiß, Verzicht auf die Vergnügungen usw.) lehrte, war für die Kurfürsten sowohl in kirchen- als auch in wirtschaftspolitischer Hinsicht hilfreich. Zur Kirchenpolitik Brandenburg-Preußens und seiner politischen und wirtschaftlichen Hintergründe vgl. Klaus Deppermann: *Der Hallesche Pietismus und der preußische Staat unter Friedrich III. (I.)*. Göttingen 1961, 7–33.

[29] Recess (wie Anm. 27), B2 f; Mori: *Begeisterung*, 212–214.

[30] »Weil zu jetziger Zeit / sich allerley extraordinair-Dinge mit Entzückungen und Offenbarungen regen / niemand in Lehrpuncten und Glaubens=Articulen dahin / sondern allein auf Gottes Wort weisen / auch andere Dinge / wenn sie gleich grossen Schein haben / mit Lob und

bung in übernatürlicher Weise die Grundlage des pietistischen Selbstwertgefühls gewesen. In der Gewissheit, unmittelbar von Gott erleuchtet worden zu sein, attackierten die Pietisten die kirchliche Obrigkeit und äußerten ihren Ärger über den Status quo. Allerdings durften sie sich zu dieser Grundlage ihres Selbstbewusstseins in der Öffentlichkeit nicht mehr bekennen. Der kurfürstlichen Kontrollpolitik entsprechend distanzierten sich die führenden Pietisten vom radikalen Flügel der Bewegung, der an eine »extraordinäre« Inspiration glaubte. Spener, die Zentralfigur der Bewegung, verurteilte in einem Büchlein, dass die Stimme, die der Quedlinburger »Prophet« Heinrich Kratzenstein hörte, ungöttlich und irrtümlich sei.[31] Francke wollte sich nicht mehr mit Adelheid Sybille Schwartz treffen.[32] Auch Breithaupt versuchte nun, die ekstatische Erregung des Studenten Johann Christian Ernst Machenhauer zu dämpfen.[33] Die pietistische Selbstäußerung in Form der Visionen bzw. Auditionen scheiterte. Das pietistische Selbstbewusstsein, das auf einer besonderen persönlichen Eingebung Gottes fußte, wurde unter Druck gesetzt.

Ekstatische Zwischenfälle im Ringhammerschen Haus

Die verstärkte Kontrolle durch die Obrigkeit und die Umorientierung der führenden Theologen erschwerten die Situation für die Anhänger der Bewegung. In dieser schwierigen Lage hatten die radikalen Pietisten, die sich im Haus der Frau Ringhammer in Halle sammelten, ekstatische Erfahrungen.[34] Anfang März 1693, drei Monate nach dem kurfürstlichen Edikt, versetzte sich ein pietistischer Student, Ernst Christoph Hochmann von Hochenau, während einer Erbauungsstunde im Ringhammerschen Haus in einen Trancezustand. Der Halleschen Stadtchronik zufolge sprang er mit ausgespreizten Armen auf die Straße, rief »Kom Du schöne Freuden Krone bleib nicht lange, Deiner warte ich mit verlangen« und predigte laut vor allen Vorbeigehenden.[35] Ende März kam es zu einem ähnlichen Ereignis im Ringhammerschen Haus. Hochmann versetzte sich wieder in einen Zustand

applausu, nicht unbedachtsam erheben oder hingegen alsofort für Teuffelswerck ausschreyen / sondern ein jeder mit seinem Judicio sich dergestalt zurück halten und in acht nehmen / daß durch schnelles Vorertheil nicht Aegerniß und Irrungen entstehen«. Recess (wie Anm. 27), B1v.

[31] Philipp Jakob Spener: *Herrn D. Philip Jacob Speners Theologisches Bedencken / Heinrich Kratzensteins [...] vermeinte Offenbarung und andere Grobe Irrthümer betreffend*, o. O. 1693.

[32] Mori: *Begeisterung*, 219–221, 223f.

[33] Breithaupt an J.H. May, Halle 20.10.1694, UB Hamburg Sup.13, Bl. 109–111. Außerdem stellten Francke und Breithaupt die »Collegia pietatis« in ihren Wohnungen ein. Vgl. Mori: *Begeisterung*, 214–216.

[34] Geheimes Staatsarchiv Preußischer Kulturbesitz, Berlin (künftig GStA), Fantasterey inter Studiosus Theologiae, Halle 1693, Rep.52 Nr. 159n7.

[35] Marienbibliothek Halle, Ms.176b, Hallische allgemeine Chronike, Bl. 232.

der Ekstase; dabei rannte ein anderer Student aus dem Haus heraus und rief auf offener Straße zur Buße auf.[36] Dieser Student, Johann Christian Ernst Machenhauer, war seit 1687 Famulus von Breithaupt.

Die kurfürstliche Regierung nahm sofort eine Untersuchung der Beteiligten an den beiden »extraordinären Erscheinungen« in Angriff. Bei der Analyse des Vernehmungsprotokolls ist beachtenswert, wie die Ringhammerschen Pietisten diese ekstatischen Geschehnisse erklären wollten. Denn die Begründung mit einer unmittelbaren Erleuchtung hätte gegen das kurfürstliche Edikt verstoßen.

Dem überlieferten Vernehmungsprotokoll zufolge scheint Machenhauer etwas ratlos gewesen zu sein. Noch ein halbes Jahr zuvor hätte er wohl gesagt, dass Gott selbst durch ihn die Menschen zur Buße ermahnt hätte. Nun aber sagte er zurückhaltend, er könne nicht sagen, »woher aber solches gekommen« sei, und wisse auch nicht »warum er solches getan«[37] habe. Und als ein Vernehmungsbeamter fragte, ob er sagen wolle, dass das von Gott komme, wandte sich Machenhauer an den anwesenden August Hermann Francke und erwiderte, dass er Francke die Antwort hierauf überlassen möchte.[38] Ob Machenhauer hier einfach die Meinung des sich umorientierenden Führers der Bewegung annehmen wollte, oder ob dies eine Provokation gegenüber Francke war, kann aufgrund der Überlieferung nicht entschieden werden. Francke sagte aus, dass er sich einer Bewertung dieses ekstatischen Ereignisses enthalten wolle.[39]

Gewissen als innere Triebfeder

Im Gegensatz zu Machenhauer machte Hochmann von Hochenau in dieser Situation einen weiteren, entscheidenden Schritt. Hochmann sagte bei der Befragung durch die Untersuchungskommission aus, dass sein Handeln auf dem Willen Gottes beruhe, und dass er eher Gott als den Menschen folgen müsse. Er erklärte jedoch nicht, dass er den Willen Gottes durch eine unmittelbare Eingebung erfahren hätte. Statt »Stimme Gottes« benutzte Hochmann in seiner Aussage den Begriff »Trieb«. Hochmann verspürte in sich etwas, das ihn bewegte. Er spüre nämlich in sich einen »Trieb«, eine innere verpflichtende Kraft, die ihn bewege und er müsse diesem »Trieb« folgen. Weiter sagte er aus, wenn die Regierung ihm befehle, zu Hause zu bleiben,

---

[36] Breithaupt an J. H. May, Halle 20. 10. 1694, UB Hamburg Sup. 13, Bl. 109–111. Abdruck: Theodor Wotschke: Vom Pietismus in Thüringen. In: BThKG 1 (1929/1931), 294–311, 356–397, hier 299–301.

[37] GStA, Fantasterey, Bericht von Stryk, von Jena, Olearius an den Kurfürsten, 29. 4. 1693, Bl. 707^{v}.

[38] GstA Fantasterey (wie Anm. 34), Bl. 707^{v} f.

[39] GStA Fantasterey, Bl. 707^{v} f.

sei er bereit, den obrigkeitlichen Befehl zu befolgen. Wenn er aber einen innerlichen Trieb bekäme, müsse er das Haus verlassen, weil er eher diesem Trieb als Menschen gehorchen müsse.[40] Hochmann von Hochenau behauptete anschließend, dass dies der göttlichen Wahrheit entspreche.

Es liegt nahe zu fragen, auf welcher Grundlage Hochmann von Hochenau begründen wollte, dass das Handeln nach dem »Trieb« dem Willen Gottes getreu sei. Dabei bezog er sich auf sein eigenes Gewissen. Hochmann äußerte sich folgendermaßen: Gemäß seinem inneren Trieb zu handeln bedeute nichts anderes, als dem Willen Gottes nachzufolgen. Doch könne er nur mit seinem Gewissen beweisen, dass sein innerlicher Trieb der göttlichen Wahrheit entspreche. Allein diesem Gewissen, der höchsten Instanz seines Denkens und Handelns, fühle er sich verpflichtet. Sein Gewissen, ein freies, selbständiges Subjekt, wolle er von niemandem regieren lassen. Dem Protokoll zufolge erklärte Hochmann von Hochenau:

»Er wäre da, wolten Sie ihn ins Carcer werffen, oder durch den Hencker den Kopf abschlagen laßen, er wäre da, er ließe sich Niemand ein imperium conscientiae machen.«[41]

Hier ist festzustellen, dass anstelle einer besonderen persönlichen Offenbarung das eigene Gewissen als die höchste Autorität, die über das Handeln herrscht, wahrgenommen wurde. Hochmann von Hochenau behauptet, dass weder die Kirche noch die Regierung sein Gewissen beherrschen können. Ein halbes Jahr zuvor hätte er möglicherweise gesagt, dass er die Stimme Gottes gehört hätte. Nun wurde er durch das Edikt daran gehindert, sein Handeln durch ›extraordinär‹ übermittelte Worte Gottes zu legitimieren. Er benötigte eine neue Begründung. In diesem Moment griff Hochmann von Hochenau auf sein Gewissen zurück, das ein Ersatzbegriff für göttliche Offenbarung sein dürfte.

Hier ist eine bedeutende Entwicklung im Hinblick auf seine Selbstwahrnehmung zu erkennen. Religiöse ekstatische Zustände werden in der Tat von verschiedenen äußeren Faktoren, wie körperlicher Erschöpfung oder sozialer Belastung, ausgelöst.[42] Den sinnbildlichen Inhalten einer Vision bzw.

---

[40] GStA Fantasterey, Aussage von Hochmann von Hochenau, Bl. 711–717.

[41] GStA Fantasterey, Aussage von Hochmann von Hochenau, Bl. 711[v]. Hochmanns Worte »Er wäre da« erinnern an die legendäre Aussage Luthers auf dem Wormser Reichstag 1521, in der er sich auf sein Gewissen bezog. Während das Gewissen Luthers »in Gottes Wort gefangen« blieb, empfindet Hochmann dagegen sein Gewissen als rechtfertigende Grundlage seiner politischen Autonomie. Kittsteiner stellt eine Veränderung des Begriffes ›Gewissen‹ zwischen Reformation und Aufklärung von einem Verpflichtungsgefühl auf göttliche Gebote zu einer Antriebskraft zur konstanten Selbstkontrolle fest. Heinz. D. Kittsteiner: *Die Entstehung des modernen Gewissens*, Frankfurt/Main, Leipzig 1991. Vgl. S. 19, 21, 86, 156, 219, 355.

[42] Zu den psychologischen und theologischen Deutungen vgl. Isabelle Noth: *Ekstatischer*

Audition liegen jedoch m. E. die Gefühle und Gedanken der Betreffenden und ihrer Glaubensfreunde zugrunde. Die Behauptung, dass Visionen und Auditionen göttliche Herkunft haben, bedeutete daher ein Autorisieren der eigenen Ideen und somit eine kompromisslose Selbstbehauptung. Deshalb missbilligte der Kurfürst den Glauben an besondere Offenbarungen. Hier muss in Betracht gezogen werden, dass das Subjekt der Gefühle und Gedanken noch nicht als das eigene »Ich« wahrgenommen wurde, solange es als Stimme bzw. Gestalt Gottes erlebt wurde. Es fehlte ein entscheidender Schritt, um sagen zu können, »das ist Ich«. Er erfolgte gerade aus Anlass des kurfürstlichen Verbotes der Verehrung einer individuell erfahrenen Offenbarung. Als eine Rechtfertigung durch die ›extraordinären‹ Willensäußerungen Gottes nicht mehr möglich war, bekannte sich Hochmann von Hochenau zu seinem Gewissen als seiner inneren Triebfeder. In diesem Sinne wurde Hochmann unter dem kurfürstlichen Druck sozusagen dazu gezwungen, sein Selbst zu entdecken.

5. Schluss

Am Anfang der Entwicklung der individuellen Frömmigkeit in der »zweiten Welle des Pietismus« stand das Interesse am pietistischen Handeln, das sich im Alltagsleben selbst disziplinieren sollte. Die Mitglieder der pietistischen Konventikel behaupteten, dass ihre »fromme« Lebensführung der Beweis für das wahre Verständnis der Bibel aufgrund einer unmittelbaren Erleuchtung durch den Heiligen Geist war. Während der schnellen Ausbreitung der pietistischen Netzwerke erweiterte sich das Interesse an der eigenen Lebensführung um die Beobachtung der eigenen Gefühle. Im Phänomen »Bekehrung« nahmen die Pietisten ihre Gefühlswelt als erwähnenswert wahr, und begannen ihre individuellen Gedanken als Werk Gottes ausführlich zu beschreiben. Das pietistische Streben nach gottgefälliger Lebensführung bedeutete anfänglich die Einhaltung einer Alltagsmoral, die per se apolitisch war. Aber das Selbstbewusstsein, eine persönliche Beziehung zu Gott zu besitzen, verstieß gegen die überkommene gesellschaftliche Rangordnung. Dadurch entstanden allseits Konflikte aufgrund des pietistischen Selbstwertgefühls, und die Spannungen zwischen ihrer Umwelt und den Pietisten steigerten sich. In dieser Situation traten »Extrarordinäre« auf, die eine besondere Offenbarung Gottes zu erhalten glaubten.

Pietismus. Die Inspirationsgemeinden und ihre Prophetin Ursula Meyer (1682–1743), Göttingen 2005, S. 134 ff. Ich bedanke mich bei Herrn Professor Dr. Wolfgang Breul für den Literaturhinweis.

Mit den »extraordinären« Erscheinungen radikalisierte sich die Selbstbehauptung der Pietisten in Auditionen und Visionen. Die Pietisten vermittelten die Worte Gottes, die Höllenstrafen für die ungläubige Obrigkeit ankündigten und die soziale Ordnung in Zweifel zogen. Dieses Selbstbewusstsein wurde von der Regierung als gefährlich angesehen. Der brandenburgische Kurfürst missbilligte die Verehrung einer besonderen persönlichen Offenbarung, um die Radikalisierung des pietistischen Selbstwertgefühls zu bekämpfen. Gerade diese Unterdrückungsmaßnahme führte aber dazu, das pietistische Selbstbewusstsein qualitativ zu verändern. Denn in den »extraordinären« Erscheinungen nahmen die Pietisten ihr eigenes Selbst – noch – nicht wahr. Sie empfanden sich als Vermittler der göttlichen Worte, und das Subjekt ihrer Gefühle und Gedanken war Gott, nicht das »Ich«. Erst unter dem Zwang des kurfürstlichen Ediktes wechselte der Subjektbezug der Pietisten von Gott zum Ich. Als das öffentliche Bekenntnis zu einer unmittelbaren Erleuchtung durch Gott, die die Grundlage der Selbstbehauptung der radikalen Pietisten war, untersagt wurde, mussten sie einen anderen Weg einschlagen. Der Fall Hochmann von Hochenau zeigt sich als ein interessantes Beispiel für die Entwicklung der pietistischen Selbstwahrnehmung. Er nahm nämlich einen erhabenen Beweggrund in sich selbst wahr, als er eine unmittelbare Eingebung Gottes als Ursache seines Handelns und Denkens nicht mehr öffentlich anführen konnte. Es war nicht mehr eine extraordinäre Offenbarung, sondern sein Gewissen, das diese innere Kraft legitimierte. Zusammengefasst kann man sagen, dass die wichtige Wende zur Wahrnehmung des Selbst nicht infolge der Entfaltung der pietistischen Bewegung, sondern unter obrigkeitlichem Zwang vollzogen wurde: Das pietistische Selbstwertgefühl entwickelte sich mit der Radikalisierung der »Zweiten Welle des Pietismus«. Das pietistische »Ich« wurde jedoch nicht auf dem Höhepunkt der Welle, sondern erst als die sich radikalisierende Bewegung unter Druck gesetzt wurde, wahrgenommen.

Das pietistische »Ich« entfaltete sich nicht weiter. Nach der kurfürstlichen Untersuchung wurden die führenden Mitglieder der Ringhammerschen Gruppe aus der Stadt ausgewiesen, sodass die Pietisten, die in der Stadt geblieben waren, gezwungen waren, ihre Tätigkeiten zur Verbreitung ihrer Ideen, zu ändern. Statt privater Versammlungen stand künftig die Erziehung im Mittelpunkt der pietistischen Tätigkeit. Die kleine Schule, die August Hermann Francke im Frühjahr 1695 gegründet hatte, vergrößerte sich rapide und die Franckeschen Stiftungen entstanden als großer Unternehmenskomplex aus vielen pädagogischen und sozialen Anstalten.[43] Infolgedessen

[43] Zur Gründung und Entwicklung der Armenschule gibt es einen Bericht August Hermann Franckes: *Segensvolle Fußstapfen des noch lebenden, waltenden, liebreichen und getreuen Gottes.* Halle 1701, §1–9; Deppermann: *Der hallesche Pietismus*, 88–90, Mori: *Begeisterung*, 253–258.

wurde die »zweite Welle des Pietismus« in der zweiten Hälfte 1690er Jahren in den patriarchalischen halleschen Pietismus integriert und dann institutionalisiert. Auch im halleschen Pietismus wurde nach der Ausbildung eines selbständigen Individuums gestrebt. Das pietistische Selbst wollte und konnte jedoch nur noch in einer schematischen Form verwirklicht werden. Der hallesche Pietismus zielte auf ein Individuum ab, das in dem Sinne eigenständig war, dass es sein eigenes Selbst unter Disziplin halten konnte. Die Obrigkeitskritik des pietistischen Selbstbewusstseins, die in der zweiten Welle des Pietismus verbreitet gewesen war, war verloren gegangen. In den Halleschen Anstalten wurde gelehrt, dass sich der Wille Gottes im Willen der Eltern und Lehrer spiegelte und daher Gehorsam gegenüber der Obrigkeit dem Willen Gottes gemäß sei. Das pietistische Frömmigkeitsideal war wieder mit der Einhaltung einer apolitischen Alltagsmoral verbunden.

Lucinda Martin

Öffentlichkeit und Anonymität von Frauen im (Radikalen) Pietismus – Die Spendentätigkeit adliger Patroninnen

Einleitung

In der britischen Moralzeitschrift »Tatler« vom 11. November 1710 wurde eine kleine Parabel abgedruckt, die bestimmte Ähnlichkeiten zwischen den religiösen Reformbewegungen Englands mit denen in Deutschland verdeutlicht. Der Autor, Joseph Addison (1672–1719), schreibt nach einem geselligen Abend: Das Gespräch hat mich so bewegt, dass ich später im Bett in einen Traum fiel. Ich träumte, der Schilling auf dem Tisch stände auf seiner Kante und wendete mir sein Gesicht zu. Die Münze öffnete den Mund und erzählte mir von ihrem Leben: Ich wurde auf einem Berg in Peru geboren und kam nach England in einem Schiff mit Sir Francis Drake. Bald wurde ich eingebürgert, mit dem Gesicht von Königin Elizabeth auf einer Seite und die Waffen des Landes auf der anderen. So ausgestattet konnte ich überall wandern. Die Leute mochten mich und schickten mich in alle Ecken des Landes. Einmal wurde ich leider 5 Jahre lang von einem Geizhals in einer eisernen Kassette festgehalten. Nach 5 Jahren hat der Erbe des alten Mannes mich befreit und am gleichen Tag schickte er mich in die Apotheke. Der Apotheker gab mich gleich einer Kräutersammlerin, die mich dann einem Fleischer gab. Der Fleischer gab mich einem Brauer und der Brauer gab mich seiner Frau, die mich an einen nonkonformistischen Prediger gab.[1] Wie diese Geschichte zeigt, nahm man auch im England des 18. Jahrhunderts zur Kenntnis, dass Frauen eine Dissidenten-Religion unterstützten. Sie weist aber bereits auf ein Problem hin: Geld kann nicht sprechen. Nur die Frau und der Prediger wissen, dass die Frau das Geld gespendet hat.

Uns ist wenig über die Finanzen des frühen Pietismus bekannt. Wer spendete, gab sein Geld aus Überzeugung – wie die Frau des Brauers aus der oben zitierten Parabel. Die Patrone des Pietismus suchten keinen Ruhm, es wäre ihnen nicht in den Sinn gekommen, um eine Quittung oder Spendenbescheinigung zu bitten. Ganz im Gegenteil wollten sie meist anonym blei-

[1] »The Spektator Projekt«, ein vollständiges Faksimile des »Tatlers« mit Links zu relevanter Forschung, ist im Internet verfügbar unter: http://meta.montclair.edu/spectator/. Diese Anekdote befindet sich in No. 249, Thursday, Nov. 9 – Saturday, Nov. 11, 1710, 265–270. Ich habe den englischen Text ins Deutsche übersetzt.

ben. Einer der Hauptgründe war für sie sicherlich die Vermeidung des Vorwurfs, eine kontroverse, in manchen Regionen sogar illegale Bewegung zu fördern. Aber auch die Führer des Pietismus hatten Interesse daran, die Identität ihrer Gönner geheim zu halten. Zum einen wollten sie ihre Unterstützer schützen; zum anderen aber scheinen sie auch in manchen Fällen die überwiegende Unterstützung von Frauen für ihre Vorhaben nicht preisgeben zu wollen, da vor allem die Beteiligung von Frauen von Gegnern dazu benutzt wurde, den Pietismus zu diskreditieren.

Diese Tendenz, anonym zu wirken bzw. wirken zu lassen, führte dazu, dass heute noch immer erstaunlich wenig über die ökonomische Basis des frühen Pietismus bekannt ist. Es bleibt also eine der Hauptaufgaben der historischen Pietismusforschung, die finanzielle und strukturelle Basis der Bewegung zu untersuchen, die ja auch eng mit der Sozialgeschichte des Pietismus verbunden ist. Wer waren die Gönner und Spender, die pietistische Prediger unterstützten? Wer stellte pietistische Hofprediger oder Lehrer ein? Welche einflussreichen Personen schützten Pietisten gegen ihre Feinde, boten ihnen Asyl an oder halfen ihnen finanziell, wenn sie in Schwierigkeiten mit Orthodoxen gerieten? Und vor allem: Wer baute die Institutionen des Pietismus auf – d. h. wer kaufte die Baumaterialien, bezahlte die Gehälter des Personals und besorgte Unterkunft und Verpflegung für Waisenkinder oder Studenten?

Im Folgenden möchte ich das Problem der Anonymität im Pietismus etwas näher untersuchen. Dabei werde ich mein besonderes Augenmerk auf die Patroninnen des Pietismus richten – vor allem im Umkreis von Philipp Jakob Spener und August Hermann Francke. Dies ist vor allem von Interesse, weil das Problem der Anonymität bei Frauen besonders ausgeprägt ist und weil meine bisherigen Forschungen erkennen lassen, dass Frauen ›nonkonformistischen Predigern‹ bedeutende Summen zukommen ließen.

Der Streit um Frauen im Pietismus

In den ersten Jahren des Pietismus hoben führende Pietisten die Rolle der Frau in der Erneuerungsbewegung hervor. Pietistische Autoren waren bemüht zu betonen, dass Frauen ebenso wie Männer aktive, vorbildliche Christen sein konnten. In seiner Sammlung pietistischer Biographien zeigte Graf Henckel bereits in seinem Titel, in dem er ankündigt, die »letzten Stunden« von Personen »von unterschiedenem Stande, Geschlecht und Alter« zu beschreiben, dass er Frauen ausdrücklich einschließt.[2] Dabei wollte Henckel

[2] Erdmann Heinrich Graf Henckel: *Die letzten Stunden einiger Der Evangelischen Lehre zuge-*

den Pietismus als eine breit angelegte, nicht-elitäre Bewegung darstellen. Auch Johann Henrich Reitz betont, dass seine Sammlung pietistischer Biographien »Christen Männlichen und Weiblichen Geschlechts« behandelt.[3]

Männliche Führer des Pietismus vertraten die Ansicht, dass die breite soziale Basis der Bewegung bereits in der Schrift vorausgesagt wurde. Besonders in dem Engagement der Frauen sahen sie die Erfüllung biblischer Stellen wie dem 3. Kapitel Joel: »eure Söhne und Töchter sollen weissagen. [...] Auch will ich zur selben Zeit über Knechte und Mägde meinen Geist ausgießen«.

Aber auch von den Gegnern des Pietismus wurde auf die Bibel verwiesen, um Aktivitäten von Frauen im Bereich des Religiösen zu verurteilen, wie z.B. das paulinische Schweigegebot für Frauen (1Kor 14,34f). Unter Anwendung geeigneter biblischer Zitate benutzten Feinde der pietistischen Bewegung die hohe Beteiligung von Frauen im Pietismus, um ihn zu verurteilen.

Insbesondere unterstellten sie den männlichen Führern der Bewegung immer wieder, sie würden sich der Frauen bedienen. In seinem skandalumwitterten Buch »Gynaeceum Haeretico Fanaticum« schreibt Johann Feustking den Frauen sogar zu, den Pietismus erfunden und verbreitet zu haben:

»Wodurch ist der unselige Pietismus in unserer Kirchen entstanden/ als durch die Bezeugungen/ Raptus und Enthusiasmos der Weiblinnen/ der von Asseburgin und Merlauin? Wodurch hat er seinen Fortgang gewonnen/ als durch die begeisterten Jungfrauen zu Erfurt/ Quedlinburg und Halberstadt? Und wodurch wird er noch anietzo unterhalten/ denn eben durch allerhand verdächtige Bücher der Weiber/ als der Catharina Genevensis, der Guioniae?«[4]

---

thanen und in diesem und nechst verflossenen Jahren selig in dem HERRN Verstorbenen Personen/ Von unterschiedenem Stande, Geschlecht und Alter, Zum Lobe Gottes und zu allgemeiner Erweckung, Erbau ung und Staerckung. Bd. 3. Halle 1720–1733.

[3] Johann Henrich Reitz: *Historie der Wiedergeborenen/ Oder Exempel gottseliger/ so bekannt- und benannt- als unbekannt- und unbenannter Christen/ Männlichen und Weiblichen Geschlechts In Allerley Ständen/ Wie Dieselbe erst von Gott gezogen und bekehret/ und nach vielem Kämpfen und Aengsten/ durch Gottes Geist und Wort/ zum Glauben und Ruh ihrer Gewissens gebracht seynd*. Bd. 1. Offenbach 1698–1701.

[4] Zu Johanna Eleonora Petersen, geboren von und zu Merlau: Ruth Albrecht: *Johanna Eleonora Petersen: Theologische Schriftstellerin des frühen Pietismus*. Göttingen 2005; und Lucinda Martin: *Women's Speech and Activism in German Pietism*. Diss. Phil. Ann Arbor, 2002, 157–225. Zu Rosamunde Juliane von der Asseburg: Markus Matthias: *Johann Wilhelm und Johanna Eleonora Petersen: eine Biographie bis zur Amtsenthebung Petersens im Jahre 1692*. Göttingen 1993, 251–301; sowie Ryoko Mori: *Begeisterung und Ernüchterung in christlicher Vollkommenheit. Pietistische Selbst- und Weltwahrnehmungen im ausgehenden 17. Jahrhundert*. Tübingen 2004, 104–118. Mit »Catharina Genevensis« meinte der Autor vielleicht die mittelalterliche Heilige Katharina von Genua. Die andere Frau ist Jeanne-Marie de Guyon (1648–1717), Schriftstellerin und wichtige Persönlichkeit des französischen Quietismus. Johann Heinrich Feustking: *Ioannes Henricus Feustkingius Gynaeceum Haeretico Fanaticum, Oder Historie und Beschreibung Der Falschen Prophetinnen, Quäkerinnen, Schwärmerinnen, und anderen sectirischen und begeisterten Weibes-Personen Durch welche die Kirche*

Sowohl Förderer wie auch Gegner des Pietismus meinten eine außergewöhnlich hohe Beteiligung von Frauen in der Erneuerungsbewegung erkennen zu können – für die Förderer war dies Beweis der göttlichen Herkunft der Bewegung, für die Gegner war es die Bestätigung eines eher teuflischen Ursprungs.

Aus der Tatsache, dass die öffentliche Aktivität von Frauen überhaupt einen Gegenstand kontroverser Diskussion darstellte, könnte man schließen, dass die Bedeutung von Frauen im Pietismus von Gegnern wie Befürwortern möglicherweise übertrieben worden ist. Diese Annahme wäre allerdings voreilig. Trotz polemischer Übertreibungen auf beiden Seiten ist es erwiesen, dass viele Frauen anonym hinter den Kulissen agiert haben, sei es auf ihren eigenen Wunsch hin oder den der männlichen Führer. Manch eine Gönnerin des Pietismus geriet später in Vergessenheit, da sich die kirchengeschichtliche Forschung gewöhnlich auf Amtsinhaber und nicht auf Laien konzentriert. Auch dies ist eine Art (geschichtlicher) Anonymität.

Das anonyme Wirken von Frauen im Pietismus

An dieser Stelle möchte ich betonen, dass Anonymität keineswegs nur ein Problem der Frauenforschung ist – oft versuchten auch männliche Patrone der Bewegung, ihre Unterstützung geheim zu halten. Viele Freunde des Pietismus wollten ihren Namen nicht in Verbindung mit dieser berüchtigten Bewegung bringen. In einigen Orten musste man sich auch hüten, nicht gegen Pietisten-Edikte zu verstoßen. Dies war z.B. im Hannoverschen der Fall, wo Gerlach Adolph von Munchhausen und seine Frau Wilhelmine Sophie von Wangenheim, wohnten. Die Familie Munchhausen und besonders Wilhelmine Sophie waren Befürworter des hallischen Pietismus. Das Paar beteiligte sich an einem – letztendlich gescheiterten – Plan, die Universität Göttingen nach dem Vorbild der Franckeschen Stiftungen aufzubauen. Wilhelmine Sophie unterstützte auch großzügig die hallische Juden- und Franckes Dänisch-Hallesche Indienmission, verbarg allerdings ihr Engagement für den Pietismus vor der Öffentlichkeit.[5] Die Familie wollte nicht mit dem im Hannoverschen verbotenen Pietismus in Verbindung gebracht werden.

GOttes verunruhiget worden; sambt einem Vorbericht und Anhang, entgegen gesetzet denen Adeptis Godofredi Arnoldi. Frankfurt, Leipzig 1704, 117.

[5] Elisabeth Quast: Das fromme Annexum der Göttinger Universität. Armenschule und Waisenhaus der theologischen Fakultät. In: Udo Sträter und Josef N. Neumann (Hg.): Waisenhäuser in der Frühen Neuzeit. (Hallesche Forschungen, 10) Halle/Saale 2003, 95–120.

Ihrerseits haben Spener und Francke immer wieder auf das anonyme Wirken von Gönnern hingewiesen, um den göttlichen Ursprung ihrer Pläne zu betonen. Die Tatsache, dass man anonym wirkt, zeige, so Spener und Francke, dass man nicht an weltlichem Ruhm hänge. In der Tat waren die Förderer des Pietismus wenig an öffentlicher Anerkennung interessiert, und ihre Bescheidenheit hat wesentlich dazu beigetragen, dass ihre Namen der Geschichtsschreibung verlorengegangen sind. Dies ist vor allem bei den Patroninnen des Pietismus der Fall. Die meisten von ihnen hielten sich an die Verhaltensvorschriften ihrer Zeit, nach denen sich Frauen bescheiden aus der öffentlichen Sphäre herauszuhalten hatten, sei es aus Selbstzensur oder um sich vor dem Vorwurf zu schützen, sie würden durch ihre Einmischung in öffentliche, religiöse Fragen ihre von Gott bestimmte häusliche Sphäre überschreiten.

Sicher wollten auch Francke und Spener ihre Gönnerinnen vor solcher Kritik schützen; immerhin hofften sie auf ihre weitere Unterstützung. Gleichzeitig mussten sie sich immer wieder gegen Feinde verteidigen, die von der Kanzel herab oder in Streitschriften versuchten, ihre Vorhaben als von Frauen dominierte Aberrationen in Verruf zu bringen.

Die Bemühungen des achtzehnten Jahrhundert, die Identitäten von Gönnerinnen des Pietismus zu verschleiern, ist schon schwierig genug für die Geschichtsforschung, aber Kirchenbehörden und Kirchenhistoriker der nachfolgenden Jahrhunderte verschärften das Problem noch erheblich. In sehr vielen Fällen wurden Akten, welche die Rolle der Frauen dokumentierten, vernichtet; in manchen Fällen, weil man Akten, die mit Frauen zu tun hatten, nicht als wichtig eingestuft hatte, in anderen, weil man die kontroverse Beteiligung der Frau im Pietismus aus der eigenen Kirchengeschichte auslöschen wollte.[6] Auch in diesem Sinne kann man von der schon oben erwähnten »historischen« oder »geschichtlichen« Anonymität der Frau im Pietismus reden.

Für die kirchlichen und städtischen Behörden des achtzehnten Jahrhunderts war das öffentliche Wirken von Frauen von vornherein unsittlich und »radikal«. Sie sahen darin den Untergang der traditionellen Kirche und einen unheiligen Verstoß gegen die göttliche Ordnung der Welt. Pietisten-Edikte weisen deshalb oft auf die Rolle der Frau hin. Unter der Rubrik »Pietistischer Unfug« verbieten solche Gesetze jegliche Herausforderung herkömmlicher Hierarchien, seien es Standesgrenzen, die Staatskirche oder das Patriarchat im Allgemeinen. Für Zeitgenossen waren diese Hierarchien so eng miteinander verbunden, dass die eine ohne die anderen undenkbar war. Die Verletzung konfessioneller Grenzen oder herkömmlicher Geschlechter-

---

[6] Lucinda Martin: *Women's Speech* (s. Anm. 4), 269–277. Paul Peucker: ›In Staub und Asche‹: Bewertung und Kassation im Unitätsarchiv, 1760–1810. In: Rudolf Mohr (Hg.): Alles ist euer, ihr aber seid Christi. (SVRKG, 147) Köln 2000, 127–158.

rollen kam für Zeitgenossen einem Angriff auf die staatliche Ordnung gleich. Deshalb untersagten viele Edikte ausdrücklich das Prophezeien, das öffentliche Reden von Frauen, biblische Interpretationen von Frauen und Laien sowie religiöse Führung durch Frauen. Das »Leipziger Edikt« von 1690 erwähnt schon auf der ersten Seite:

»Nachdem Wir in gewisse Erfahrung gebracht/ dass zu Leipzig nicht allein von Studios, sondern auch von Bürgers-Leuten/ ja allerdings Weibs-Personen/ sonderlich Sonntags/ bedenkliche Conventicula und Privat-Zusammenkünften/ [. . .]/ angestellt wurden/ darinnen man die Heilige Schrift nach eigenem Gutachten auslegte [. . .]«[7]

Als die Leipziger Pietisten über ihre Aktivitäten verhört wurden, fragte man unter anderem »Ob nicht selbst zu Hause den Mägden und anderm Gesinde biß in die Nacht vorpredige?«[8]

Auch ein Bericht von 1710 für den Wittgensteiner Hof bemerkte, dass die Schwarzenauer Neutäufer sowohl Männern wie auch Frauen erlaubten zu lehren, »was der Geist, sie dazu bewege.«[9] Der Bericht kritisierte die Gruppe stark für ihr Abrücken von Standesgrenzen: Weder brauchten Frauen ihren Ehemännern zu gehorchen noch Kinder ihren Eltern noch Untertanen ihren Herrschern.[10] In der Tat diente eine gewisse »Frau Schneider« als Älteste unter den Neutäufern – eine Position, die ihr nach Auffassung der offiziellen Kirchen der Zeit als Frau nicht zukam.[11] Pietisten, seien es neue Gruppierungen wie die Neutäufer oder einige lutherisch geprägte Konventikel, in welchen Frauen auch Ansichten über die Bibel äußern durften, schienen den Gegnern des Pietismus nicht nur eine Gefahr für die Lutherischen und Reformierten Kirchen darzustellen. Wenn Frauen über ihre traditionellen Rollen hinausgingen, sahen viele Zeitgenossen darin den Anfang eines Dominoeffekts, der die ganze Gesellschaft zu zerstören drohte.

---

[7] Abdruck von dem *Hoch-Loblichen Chur-Sächsischen Befehl/ [. . .] Von Dresden auß nach Leipzig an die Universität/ Item an den Amptmann und Rath allda/ wider derer so genandten Pietisten Conventicula oder Privat-Zusammenkünfften ergangen/ . . ./ jedermänniglich zur Nachricht/ offentlich angeschlagen/ und durch den Druck publiciret worden.* 1690, o. Ort [Anon.], 1.

[8] ›Gerichtliches Leipziger/ PROTOCOLL/ In Sachen die so genannten/ PIETISTEN/ Betreffend/ Sammt/ Hn. CHRISTIAN THOMASII,/ berühmten *JC.*/ Rechtlichem Bedencken/ Darüber;/ Und zu Ende beygefügter/ APOLOGIA/ Oder/ DEFENSIONS-Schrifft/ Hn. *M. Augusti Hermanni* Franckens/ An/ Ihro Chur-Fürstl. Durchl. zu Sachsen/ Wie solches zusammen von einem vornehmen Freund ist *communicirt/* Und hiemit getreulich/ zu *Complirung* der bißhero herauß gegebenen *Actorum/ Pietisticorum;* zum Truck befördert worden.‹ o. O. [Anon.]; o. Verlag. 1692.

[9] Ich zitiere nach Donald F. Durnbaugh: *European Origins of the Brethren*, Elgin/Illinois 1958, 140–143, hier 141.

[10] Durnbaugh: *European Origins*, 142.

[11] Donald Durnbaugh: *The Brethren in Colonial America, A Source Book on the Transplantation and Development of the Church of the Brethren in the Eighteenth Century*. Elgin/Illinois 1967, 597.

Daher kann man das öffentliche Wirken von Frauen zur damaligen Zeit als »radikal« bezeichnen. In der Tat, je größer die Rolle von Frauen in einem pietistischen Kreis war, desto »radikaler« wurde er verurteilt. Solche Verurteilungen traten nach der frühesten, prophetischen Phase des Pietismus häufiger auf, als mehrere Kontroversen die Beteiligung von Frauen diskreditierten. Ulrike Witt spricht von einer »Wasserscheide im Pietismus«, als sich ein mehr »kirchlicher« Flügel und ein mehr »radikaler« Flügel herauszubilden begannen.[12] Witt bringt diese Wasserscheide in Verbindung mit mehreren Skandalen, in denen Frauen zentrale Rollen gespielt haben und konzentriert sich dabei auf die sogenannten »enthusiastischen Mägde« im Harz. Aber auch die Inspiriertengemeinde mit ihren ekstatischen Prophezeiungen, die Labadisten mit ihrem radikalen Abbau der herkömmlichen Standes- und Geschlechtshierarchien sowie die Sozietät der Eva von Buttlar mit ihren aufsehenerregenden religiös-sexuellen Ritualen trugen dazu bei, die Idee von einer erweiterten Beteiligung von Frauen in religiösen Dingen in Misskredit zu bringen.

Nach diesen Skandalen sahen sich männliche Führer des Pietismus genötigt, diese Ereignisse zu verurteilen. Nach solchen erschütternden Vorfällen fühlten sie sich verpflichtet, sich überhaupt von heterodoxen, »radikalen« Positionen zu distanzieren. Dies galt besonders in der Frage der Rollenverteilung zwischen Männern und Frauen in religiösen Angelegenheiten. Wollte man zuvor das aktive Christentum so weit wie möglich erweitern, um auch Frauen und andere Laien mit einzubeziehen, begann man jetzt, um das Überleben der Bewegung zu gewährleisten, die Rolle der Frauen und Laien wieder einzuschränken. Angegriffen von allen Seiten begannen männliche Führer des Pietismus, die Rolle der Frau abzuschwächen.

Anonyme Frauen und unbenannte Taten

Trotzdem haben Frauen weiter im Pietismus gewirkt. Auf der einen Seite hat die Beteiligung von Frauen den Pietismus in Misskredit gebracht, auf der anderen Seite wäre das Überleben der Bewegung ohne die Beiträge pietistischer Frauen nicht möglich gewesen. Oft haben Frauen anonym als Organisatorinnen und politische »Lobbyistinnen«, als Schriftstellerinnen (auch pseudonym), als Spenderinnen und als wichtige Mittelspersonen agiert.

Sogar eine der bekanntesten Schriften der Epoche über Frauen im Pietismus musste anonym veröffentlicht werden. Die Autorin von »Die Pietiste-

---

[12] Ulrike Witt: *Bekehrung, Bildung und Biographie: Frauen im Umkreis des Halleschen Pietismus.* (Hallesche Forschungen, 2) Tübingen 1996, 21–24, 53–64, 67–71.

rey im Fischbein-Rocke«, Luise Gottsched, behauptet paradoxerweise, dass öffentliche Erörterung von Religionsfragen Frauen gar nichts angehen.[13] In dem Vorwort zu dem Theaterstück lobt ein anonymer »Herausgeber« die Leistungen des Schriftstellers, den »er« als »Hoch-Ehrwürdigen Hochgelehrten Herrn« bezeichnet. Gottsched stilisierte sich oft als eine gelehrte Frau der Aufklärung, die aber weiß, ihre Gelehrsamkeit auf den privaten Bereich zu beschränken.

Auch viele der innerpietistischen Debatten drehten sich um einen solchen Unterschied zwischen »öffentlich« und »privat«, zwischen Predigen und Lehren, zwischen Interpretation und Kontemplation. Pietisten behaupteten immer wieder, sie würden sich privat treffen, um untereinander zu lehren und zu lernen, um einander als Christen zu unterstützen. Ihre Gegner sahen in den manchmal recht großen Versammlungen pietistischer Konventikel eine Konkurrenz zur legitimen Kirche. Viele männliche Pietisten, welche die Grenzen überschritten, konnten sich später mit der offiziellen Kirche versöhnen, indem sie kirchliche Stellen annahmen – eine Möglichkeit, die es für die Frauen des Pietismus nicht gab.

Im Laufe der Entwicklung des Pietismus wurde die Beteiligung von Frauen immer strittiger. Manchmal wurde die Anonymität nicht von ihnen selbst, sondern von anderen gewählt. In vielen Briefen schreiben Spener und Francke über Henriette Catharine von Gersdorf, die deren Vorhaben immer wieder großzügig finanziell unterstützt hat. In einigen Briefen nennen sie Gersdorf namentlich, aber meist wird sie als »die noble Person« in Dresden, oder manchmal nur »die Fundatrix« chiffriert.[14] Wahrscheinlich befürchtete man, die Briefe könnten in falsche Hände fallen und wollte entweder die jeweiligen Vorhaben oder Gersdorf selbst vor öffentlicher Kritik schützen.

In manchen Fällen kennt man zwar die Namen der Frauen, weiß aber nicht genau, welche Beiträge sie geleistet haben. Dies bezeugen die vielen Bücherwidmungen von Spener und Francke an (meist adlige) Frauen. Bei Spener dominieren drei Hauptthemen in diesen Widmungen für Frauen:

Trost und Freundschaft ihnen gegenüber. Ein Beispiel ist die Widmung seines Werks »Erste Geistliche Schrifften« von 1699 an Anna Elisabeth Kißner.[15] Er bedankt sich für ihre Loyalität und geistige Unterstützung über viele Jahre hinweg.

---

[13] [Luise Adelgunde Victorie Gottsched]: *Die Pietisterey im Fischbein-Rocke; oder die Doctormäßige Frau In einem Lust-Spiele vorgestellet.* Rostock, 1736, [1] (im unpaginierten Vorwort).

[14] Vgl. Gustav Kramer: *August Hermann Francke: Ein Lebensbild.* Band 2. Hildesheim, 2004 (1882), 21.

[15] Philipp Jakob Spener: *Erste Geistliche Schrifften, Die vor dem in kleinem Format einßeln heraus gegeben worden, und nun zusammen gedruckt vor Augen gelegt werden. Sampt dessen zu unterschiedlich andern Schrifften und Wercken Auffgeseßten Vorreden, Welche von unterschiedenen Materien handlen.* Frankfurt 1699. Widmung vom 8. 3. 1699 an Anna Elisabeth Kißner.

Das richtige Verhalten von Adligen. Ein Beispiel für dieses von Spener sehr oft thematisierte Motiv ist seine Schrift von 1677 »Des thätigen Christenthums Nothwendigkeit und Möglichkeit«.[16] Er widmet das Buch Elisabetha Dorothea, Landgräfin zu Hessen. In der Widmung behauptet Spener, es sei Teil eines göttlichen Planes, dass Adlige ihren Reichtum und ihre Position nutzten, um das Gute – wie z. B. Schulen und Kirchen – zu fördern. Ein ähnliches Beispiel bietet die Widmung an Christine, Gräfin zu Stolberg in seinem Werk »Die Den Kindern Gottes verleidete Liebe der Welt«, wo es heißt, die »pflicht deß wahren Christenthums [. . .] besteht darin, Geld für Gutes und nicht für Pracht auszugeben«.[17] Es ist unverkennbar, dass Spener auf finanzielle Unterstützung für pietistische Vorhaben hoffte.

Dankbarkeit für Wohltaten. Das dritte Thema ist für die Forschung das interessanteste, denn es impliziert, dass sich Frauen für pietistische Projekte engagiert haben. Leider äußert sich Spener meistens sehr vage, so dass der Leser nicht genau weiß, was der genaue Beitrag der jeweiligen Gönnerin war. Obwohl die Themen Loyalität und die Spendentätigkeit von Adligen öffentlich akzeptabel waren und daher offen angesprochen werden konnten, gab es augenscheinlich Grenzen solcher Tätigkeit, da bestimmte »Wohltaten« adliger Damen nicht genannt wurden.

Ein typisches Beispiel findet man in Speners 1695 entstandenem Werk »Der Evangelische Glaubens-Trost«.[18] Die Widmung des Buches gilt der verwitweten Kurfürstin und Pfalzgräfin bei Rhein Wilhelmine Ernestine.[19] Seit dem Tod ihres Mannes lebte sie auf Schloss Lichtenburg bei Torgau in Sachsen zusammen mit ihrer Schwester, der Kurfürstin Anna Sophia von

[16] Philipp Jakob Spener: *Des thätigen Christenthums Nothwendigkeit und Möglichkeit/ in einem Jahr-gang über die Sontägliche Evangelia in Franckfurt am Mayn im Jahr 1677. gehaltener Predigten gezeiget; zusamt einfältiger Erklärung Der drey vortrefflichen Episteln deß hocherleuchten Apostels Pauli an die Römer und Corinthier/ so in den Eingängen der Predigten abgehandelt worden.* Frankfurt 1680 (2. Aufl. 1687, 3. Aufl. 1721).

[17] Philipp Jakob Spener: *Die Von dem H. Johanne I. Epist. II/ 15.16.17. Den Kindern Gottes verleidete Liebe der Welt/ Nochmahl Zu Herßlichen derselben ablegung in dreyen predigten vorgestellet von Philipp Jacob Spenern/ D. Samt der beantwortung einer frage: Ob die einmahl warhafftig wiedergebohrene/ wo sie sich wieder in die Welt und sünden vertieffen/ noch-malen mögen wahrhafftig bekehret werden.* Frankfurt/Main 1690. Das Buch enthält drei Predigten über 1Joh 2,15–17, gehalten am 21. und 28. Juni und 5. Juli 1682, sowie eine Widmung an Christine, Gräfin zu Stolberg, geb. Herzogin zu Mecklenburg, vom 11. 3. 1690.

[18] Philipp Jakob Spener: *Der Evangelische Glaubens-Trost/ aus den Göttlichen wolthaten und schätßen der seligkeit in Christo/ in einem jahr-gang der predigten über die ordentliche Sonn- und Fest-tägliche Evangelica/ in der furcht des Herrn gezeiget und vorgetragen/ auch auf mehrer gottseliger heßen verlangen zum truck überlasen.* Franckfurt 1711 (1727). Widmung an Wilhelmine Ernestine, verwitwete Kurfürstin und Pfalzgräfin bei Rhein vom 25. 8. 1694

[19] Wilhelmine Ernestine, verwitwete Kurfürstin von der Pfalz (20. 6. 1650–22. 4. 1706), Tochter des dänischen Königs Friedrich III. und Schwester der sächsischen Kurfürstin Anna Sophia; sie wohnte seit 1686 auf Schloss Lichtenburg bei Torgau/Sachsen.

Sachsen.[20] Spener besuchte Anna Sophia jedes Jahr auf ihrem Witwensitz in Schloss Lichtenburg, um ihr eine Predigt zu halten und das Abendmahl zu reichen. Seine letzte Predigt hielt er dort.

In der Widmung an Wilhelmine Ernestine will Spener seinen

»schuldigsten gehorsamen und devotion [. . .] offentlich [. . .] bezeugen/ und die unverdiente gnade/ welcher E[ure] Hoheit auß gelegenheit/ da ich zu Dresden nach Gottes willen die Ober-Hoffprediger-stelle bekleidete/ so wol als dero wehrtesten Frau Schwester der Durchleuchtigsten verwittbiten Churfürstin und Frauen Hoheit/ mich zu allen zeiten gewürdiget.«[21]

Diese Anspielung zielt auf Anna Sophias Versuch, in einem Streit zu vermitteln, der 1689 zwischen ihrem Gatten, dem Kurfürst Johann Georg III., und Spener entbrannte. Sie versuchte weiterhin, Speners Weggang von Dresden durch eine mögliche Versetzung an eine dortige Stadtkirche zu verhindern. Sie blieb auch mit Spener verbunden, als dieser in Berlin wirkte.[22]

Dass sich Spener bei Anna Sophia bedankte, kann man gut nachvollziehen. Warum aber wollte er Wilhelmine Ernestine danken? In oben genannter Widmung zum »Glaubens-Trost« bekundete er seinen Dank für mehrere »Wohltaten«, ohne diese genauer zu spezifizieren.[23]

Auch Francke verfasste Widmungen an Gönnerinnen. Seine »Sonn- Fest- und Apostel-Tags-Predigten« von 1704 wurden beiden Kurfürstinnen gewidmet,[24] sein Werk »Das Abendmahl des Lammes« von 1697 nur Wilhelmine.[25]

In der Widmung zum »Abendmahl« schreibt Francke – ebenso wie Spener – über das richtige Verhalten von Adligen. Nur ist Franckes Versuch, die Gunst der adligen Frau zu gewinnen, noch offensichtlicher als derjenige Speners:

»Der grosse Herr sol wissen/ daß all sein Uberfluß ist seines Nächsten Erb-theil [. . .] Dieses Beruffes hat E[ure] Hoheiten Gott gewürdiget. Sollten sie dann nicht alles vergessen/ was dahinten ist/ und sich strecken nach dem/ das dafornen ist/ das Kleinod/

[20] Kurfürstin Anna Sophia von Sachsen (1.9.1647–1.7.1717), Tochter König Friedrichs III. von Dänemark, Schwester von Wilhelmine Ernestine von der Pfalz und Christian V. von Dänemark. Anna Sophie war auch die Mutter Augusts des Starken. Sie erzog ihren Sohn auf Schloss Lichtenburg.

[21] Spener: *Der Evangelische Glaubens-Trost*, [1] (in der unpaginierten Widmung).

[22] Paul Grünberg: *Philipp Jakob Spener: Die Zeit Speners; Das Leben Speners; Die Theologie Speners*, hg. v. Erich Beyreuther. Sonderreihe I, Band 1, Teilband 1. Hildesheim 1988 (1893): 254f.

[23] Spener: *Der Evangelische Glaubens-Trost*, [5f] (in der unpaginierten Widmung).

[24] August Hermann Franckes S.S. Theol. Prof. Ord. und Past zu Glaucha an Halle/ *Sonn- Fest- und Apostel-Tags-Predigten*. Halle 1704.

[25] August Hermann Francke: *Das Abendmahl des Lammes/ In einer Predigte über das evangelium Luc. XIV. Vers 16–24 Am zweiten Sonntage nach dem Feste der H. Drey-Einigkeit anno 1697 In der Chur-Fürstlichen Schloß-Kirchen zu Lichtenburg in Sachsen vorgestellet*. Halle 1697.

welches ihnen dieser hohe Beruff vorhält/ zu erjagen: Dies ist die rechte Königliche Großmüthigkeit [. . .] Was sollte dann E[ure] Hoheiten ferner auffhalten durch alle äusserliche und innerliche Hindernisse mit unerschrockenem Heldenmuth hindurch zubrechen/ und in unvergänglichem Wesen unverrücket dem Herrn zu dienen? Allertheureste Fürstin! Christus selbst reicht ihnen den Scepter seiner Gnade [. . .] Diß alles bietet Ihnen der Herßog des Lebens an.«[26]

Francke bittet die Dame eindringlich, ihre Pflicht als Christin und Adlige zu erfüllen. Wilhelmine Ernestine soll ihre »innerliche[n] Hindernisse« überwinden, den »Scepter« aus Christi Hand nehmen und ihren »Beruff« ausüben. Was aber genau wollte Francke von der Kurfürstin? Und was haben diese beiden adligen Schwestern wirklich beigetragen?

Eine Suche nach weiteren Spuren bleibt zunächst erfolglos: Lediglich ein Spenerbrief an Wilhelmine Ernestine ist erhalten geblieben. Der Brief wurde in Speners »Letzten Theologischen Gedanken« gedruckt, aber die Adressatin bleibt anonym.[27] In dem Brief tröstet Spener die Kurfürstin und verspricht, weiter für sie und ihr adliges Haus zu beten. Von Wilhelmine Ernestine selbst gibt es keinen erhaltenen Brief, weder an Spener noch an Francke.

Von ihrer Schwester, Anna Sophia, existiert ein einziger Brief an Spener, an Francke sind keine Briefe erhalten. Sie bittet Spener in diesem Brief, weiter für sie zu beten.[28] Spener hat in einem Brief an Anna Elisabeth Kißner den Tod von Anna Sophia tief beklagt und bemerkt, dass er »nicht wenig Hoffnung« auf sie gesetzt habe.[29] Aber Hoffnung worauf?

Das Engagement der Kurfürstinnen

Der Kontakt zwischen Francke und Spener und den adligen Schwestern scheint auf den ersten Blick sehr schlecht dokumentiert zu sein, vor allem, wenn man Speners jährliche Besuche in Schloss Lichtenburg berücksichtigt. Dieses Rätsel lässt sich nur mit Hilfe von anderen Briefquellen lösen: Nur wenn es um den eigenen spirituellen Zustand ging, schrieben die adligen Damen selbst. Wenn es um Praktisches ging, schrieben andere – männliches Personal – für sie. Dieses Verfahren enthüllt noch eine weitere Art von »Anonymität« im Pietismus.

---

[26] Francke: *Abendmahl* 73–79.

[27] Die Adressatin wurde durch Johannes Wallmann identifiziert. Philipp Jakob Spener: *Briefe aus der Dresdner Zeit, 1686–1691*, Band 1: 1686–1687, hg. v. Johannes Wallmann. Tübingen, 2003, 335–336. Der Brief ist überliefert in Speners *Letzte Theologische Bedencken 2*. Halle 1711 (2. Aufl. 1721): 315–316.

[28] Archiv der Franckeschen Stiftungen Halle, Hauptarchiv (künftig: AFSt/H) C 145, 5.

[29] Spener: *Briefe aus der Dresdner Zeit*, Band 1, 9–14, hier 10.

In diesem Fall war es der Hofprediger auf Schloss Lichtenburg, Johann Adolph Rhein, der im Auftrag der Kurfürstinnen mit Spener und Francke korrespondierte.[30] Spener hatte Rhein 1687 für den Posten vorgeschlagen.[31] Die beiden blieben zeitlebens eng verbunden. Wegen seines Eintretens für Speners und Franckes pietistische Projekte und seiner eigenen chiliastischen Neigungen geriet Rhein immer wieder in Konflikt mit den Behörden.

In Halle und Berlin befinden sich 74 Briefe von Rhein an August Hermann Francke. Ungefähr die Hälfte davon sind eher persönlicher Natur und handeln vom Katholizismus in Sachsen, von Rheins Sohn, der in Halle studierte, von theologischen Schriften und Kontroversen, von der Besetzung von Ämtern und vom drohenden Krieg. Die andere Hälfte ist im Auftrag der Kurfürstinnen geschrieben.

Rhein vermittelte in allen sie betreffenden Angelegenheiten zwischen den adligen Schwestern und Francke. Er teilte Francke mit, wenn die Damen bestimmte Schriften wünschten, wenn sie sich dazu bereit erklärten, Kollekte für seine Vorhaben sammeln zu lassen, wenn sie sächsische Kinder an Franckes Anstalten in Halle schickten oder Geld für deren Unterstützung sandten, und – am wichtigsten – wenn die Kurfürstinnen ihm Geld spenden wollten. Rhein war auch derjenige, der beauftragt wurde, das Geld auszuhändigen.

Spätestens seit 1697 spendeten die Schwester immer größere Summen nach Halle, entweder für das Waisenhaus oder für den Unterhalt armer Studenten: 1697 waren es 100 Taler von Anna Sophia, 1698 200 Taler von Wilhelmine Ernestine, und 1698 320 Taler (wohl von beiden Schwestern), die Francke für seine Vorhaben erhielt.[32] Aber 1699 mussten die beiden Schwestern um einiges tiefer in die Tasche greifen, um Franckes Hallesches Projekt zu unterstützen. Am 7. Juli schrieb Rhein in einem Brief an Francke, die Kurfürstinnen seien bereit, Francke beim Kauf eines Freigutes für sein Waisenhaus zu unterstützen. Schon am 13. Juli konnte Rhein über genauere Einzelheiten berichten. Er meldete Francke, die beiden Kurfürstinnen seien:

»nun gantzl[ich] resolvirt und beschlossen, solches Gutes. 7000 rdl. [= Reichstaler] vor [. . .] Ihr Wäysen Hauße zubezahlen, anbey auch mir gott befohlen, solche ihr gewisse resolution, nebenst deren . . . Begrußung, mit dießen Expressen an meinen ge-

[30] Johann Adolph Rhein (24. 10. 1646–2. 3. 1709), geb. in Frankfurt a. M., Studium in Jena und Straßburg. 1677/78 Aufenthalt bei Gottlieb Spizel in Augsburg, 1679 Vesperprediger in Windsheim, 1682 Prediger der lutherischen Gemeinden von Köln und Mülheim. Rhein war der heimliche Prediger der lutherischen Gemeinde in Köln. Seit 1687 war er Hofprediger bei Schloss Lichtenburg in Sachsen, wo er seine Antrittspredigt am 1. Advent 1687 hielt. Ab 1707 bekleidete er das Amt eines Pastors und Inspektors in Neuruppin. Vgl. Johannes Wallmann in: Spener: *Briefe aus der Dresdener Zeit*, Band 1, 164, 634.

[31] Spener: *Briefe aus der Dresdner Zeit*, Band 1, 648–653, hier 648.

[32] Staatsbibliothek zu Berlin-Preußischer Kulturbesitz (künftig: Stab) F: 17,2/14:5 (21. 12. 1698), Stab/ F: 17,2/14:6 (03. 01. 1698) Stab/ F: 17,2/14:7 (9. 01. 1698).

l[iebten] Bruder eyligst zuberichten, und von Kauff darauff Zubewerkstellen; die Gelder à rdl. [= Reichstaler] 7.000. sollen alßdann richtig ubermachet worden.«[33]

Am 1. August berichtete Rhein, die 7.000 Reichstaler – ein wahres Vermögen zu jener Zeit – seien schon überwiesen worden. Zum Vergleich können die Kosten für die ersten zwei Häuser dienen, die Francke für seine Anstalten kaufte: sie kosteten 365 Taler bzw. 300 Thaler. Später erwarb er ein großes Gasthaus für sein Waisenhaus (der »güldene Adler vor dem Ranischen Thor«) für 1950 Thaler.[34]

Aus einem Brief vom 8. August erfährt man aber, dass der Kauf des Freigutes für 7.000 Thaler fehlgeschlagen ist.[35] Der nächste Brief handelt von 1.000 Reichstalern, ebenfalls eine beachtliche Summe, für sächsische Kinder in Halle.[36] Erst in einem Brief vom 14. August erwähnt Rhein die 7.000 Taler wieder. Er schreibt, die adligen Schwestern seien einverstanden, dass Francke das Geld für ein Rittergut ausgibt; Francke solle sich aber schnell entscheiden oder andernfalls das Geld zurückschicken (!).[37] Weder die 7.000 Taler noch der Kauf des Eigentums werden in den späteren Briefen nochmals erwähnt.

Im September meldete Rhein in Namen der Kurfürstinnen, sie hätten vor, für den Kauf eines Waisenhauses eine Kollekte zu sammeln. Der nächste erhaltene Brief, der Geld betrifft, datiert erst zwei Jahre später. In ihm berichtete Rhein, die beiden adligen Damen hätten bei einer Kollekte 1.000 Taler für Franckes Vorhaben gesammelt. Im nächsten Jahr (1703) erfährt man lediglich aus einem Brief von Rhein, dass Francke und Spener neulich zu Besuch gewesen waren.[38] Der letzte Brief Rheins, der über die Kurfürstinnen handelt, wurde am 12. Juli 1706 geschrieben. Rhein berichtete über den Tod von Wilhelmine Ernestine, Kurfürstin von der Pfalz. Er sah mit ihrem Tod »alles Gute abgestorben«.[39]

---

33 Stab/ F: 17,2/14:36 (13.07.1699).

34 August Hermann Francke: *Segens-volle Fußstapfen des noch lebenden und waltenden liebreichen und getreuen Gottes, Zur Beschämung des Unglaubens und Stärckung des Glaubens, entdecket durch eine wahrhafte und umständliche Nachricht von dem Waysen Hause und übrigen Anstalten zu Glaucha vor Halle*. Halle 1701, 16, 19, 24.

35 Stab/ F: 17,2/14:41 (08.08.1699).

36 Das Datum ist nicht klar zu lesen, der Brief kann aber von Inhalt her zwischen den 08.08 und den 14.08.1699 datiert werden.

37 Stab/ F: 17,2/14:43 (14.08.1699).

38 Stab/ F: 17,2/14:70 (04.07.1703).

39 Stab/ F: 17,2/14:73 (12.07.1706).

Segensvolle, anonyme Fußstapfen

War es bereits schwierig genug, den Spendenaktivitäten der beiden Kurfürstinnen aus ihren eigenen hinterbliebenen Akten nachzugehen – letztendlich konnten sie nur in Briefen dritter Personen nachgewiesen werden – stellt es sich als noch mühsamer heraus, in den Akten Franckes konkrete Hinweise zu finden. Oft hat Francke Spenden in sein Tagebuch notiert. Es liegt also nahe, dass Francke solche große Summen, wie sie die Kurfürstinnen gespendet haben, dort verzeichnet hat. Rheins Brief an Francke vom 1. August 1699 kündigte an, dass die Kurfürstinnen acht sächsische Kinder nach Halle schicken würden. Es handelt sich um den gleichen Brief, der die 7.000 Reichstaler versprach. In seinem Tagebuch notierte Francke, die acht Kinder seien angekommen, von dem Geld aber ist keine Rede.[40] Ist das Geld vielleicht über einen anderen Weg nach Halle gekommen? Musste Francke das Geld bereits zurückgeben? Am 21. August reiste Francke mit Baron von Canstein nach Berlin.[41] Man könnte vermuten, er sei schon verreist gewesen, als das Geld ankam. Jedoch wird das Geld in Franckes Tagebuch auch die nächsten drei Monate hindurch nicht erwähnt.

In dem Archiv der Franckeschen Stiftungen zu Halle befindet sich eine kleine Mappe, die Aufzeichnungen über die Spenden der Anna Sophia und der Wilhelmine Ernestine enthält. Die Mappe trägt den Titel »Churfürstinnen Allergnädigste Donationes«, aber sie listet auf einem Blatt lediglich folgende Spenden auf:

50 Taler	in Anno 1698
50 Taler	in Anno 1699
1.000 Taler	in Anno 1701
50 Taler	in Anno 1701[42]

Zu den tausenden Taler aus den Briefen von Rhein an Francke gibt es in diesen Akten keine Bestätigung. Im Gegenteil, die Mappe »Churfürstinnen Allergnädigste Donationes« verwirrt nur, denn die Summen, die aus den Briefen hervorgehen, stimmen damit nicht überein. Aus Rheins Briefen an Francke ergibt sich folgende Zusammenfassung:

100 Taler	im Jahr 1697
520 Taler	im Jahr 1698
8000 Taler	im Jahr 1699
1000 Taler	im Jahr 1702

[40] Vgl. Archiv der Franckenschen Stiftungen Halle, Wirtschafts- und Verwaltungsarchiv (künftig: AFSt/W) II/-/3a-h. Der Eintrag befindet sich auf einer leeren Seite am Anfang des Monats August. Da die Spalte für den 01.08 vollgeschrieben ist, sieht es so aus, als ob Francke auf der gegenüber liegenden leeren Seite geschrieben hätte. Es ist zu vermuten, dass die Kinder am 01.08.1699 angekommen sind.

[41] Vgl. AFSt/W II/-/3 a-h.

[42] Vgl. AFSt/ X/I/109.

Diese Ungereimtheit zwischen den verschiedenen Quellen ergibt sich wohl teilweise daraus, dass solche Daten in den ersten Jahren von Franckes Anstalten nicht immer ordentlich archiviert wurden. Es scheint auch zuzutreffen, dass Francke bestimmte Spenden in seinem Tagebuch bzw. in den Unterlagen verschwieg. Die Kriterien dafür sind noch unbekannt, aber es könnte sein, dass Francke, wie in den oben angesprochenen Briefen über adlige Gönnerinnen wie Henriette Catharine von Gersdorf, die beteiligten Personen wie auch seine Pläne vor Gegnern schützen wollte, sollten die Dokumente in falsche Hände geraten.

Auch in Franckes »Segensvolle Fußstapfen«, wo er die Entstehung seiner Anstalten beschreibt, ist der Autor bemüht, sein Programm und seine Unterstützer zu verteidigen. Zu diesem Zweck hält er die Identität seiner Patrone anonym und erwähnt meistens nur kleine, bescheidene Summen. Francke berichtet stattdessen immer wieder, wie er 20 oder 30 Taler in einem anonymen Brief bekam. Akten in Halle belegen, dass Henriette Catharine von Gersdorf Tausende von Talern gespendet hat, aber von solchen Beträgen ist bei Francke keine Rede.[43] Die großen Spenden von Anna Sophia von Sachsen und Wilhelmine Ernestine von der Pfalz für den Kauf von Gründstücken oder für den Unterhalt von Kindern werden ebenfalls nicht erwähnt, ebenso wenig wie der bloße Name einer dieser Frauen.

Francke verschweigt nicht nur die Namen seiner Spender, er versucht auch ihr Geschlecht geheim zu halten. So gab 1695 Christina Sophia Knorr Francke eine unerwartet große Summe – der Anfang seiner Armen-Schule und der darauffolgenden Anstalten. In den »Fußstapfen« weist Francke nur auf »eine gewisse Person« hin, die das Geld gespendet hat.[44] Die anderen Unterstützer seines Vorhabens sind vornehmlich »eine Christliche nicht unbekannte Standes-Person«, »ein Christliches Gemüth«, »einige Christlich-gesinnte Freunde«, »eine erweckte Person«, »Wohltäter« oder gar »der getreue Gott« selbst, der das Geld immer im letzten Moment geschickt habe, um das ganze Vorhaben zu retten.

Francke erklärt selbst, warum die Spender anonym bleiben:

»sonnen-klar ist, daß wenn eine grosse Menge der Menschen ungebeten, u. viele ohne Benennung ihrer Namen, auch manch zuvor ganß unbekannte solche Leibthätigkeit erweisen; und zwar nicht nur im Anfang eines Wercks, und weils etwa was neues ist, sondern beständig u[nd] so viel Jahr nach einander: man solches mit allem Recht eine sonderbahre Göttl[iche] Providenß nennet.«[45]

---

[43] Darüber schrieb Ulrike Witt ausführlich in *Bekehrung, Bildung und Biographie*, 101–114, 127–135, 143–149, 165–167.

[44] Francke: *Segensvolle Fußstapfen*, 8. Dazu auch Witt, 87–91.

[45] Francke: *Segensvolle Fußstapfen*, 28.

Wie in den Bücherwidmungen von Spener und Francke heißt es, die Anonymität der Gönner beweise, dass ihre Absichten rein seien, nicht motiviert aus einem Verlangen nach Ruhm. Meiner Meinung nach wollte Francke vielmehr vermeiden, seine Unterstützer in Verlegenheit, vielleicht sogar in Gefahr zu bringen; ein ebenso wichtiger Grund könnte gewesen sein, dass er sein Vorhaben vor einer zu starken Assoziation mit Frauen schützen wollte, denn dies hätte alles unterminieren können, was er aufgebaut hatte.

Deshalb wählte er – sehr unzeitgemäß – immer wieder geschlechtsneutrale Bezeichnungen. Er hätte »ein christlicher Mann« oder »eine erweckte Frau« sagen können, aber immer wieder war es »eine gewisse Person« oder die praktischen Pluralformen »Freunde« oder »Wohltäter«.

Einige Aufgaben für die Pietismusforschung

Uns ist noch nicht bekannt, wie viele Frauen aktiv an der pietistischen Bewegung teilgenommen haben oder wie hoch ihr Anteil gegenüber den Männern war. Allerdings gibt es deutliche Hinweise, dass es viel mehr waren, als bisher vermutet wurde. Die Widmungen und Dankesworte männlicher Pietisten zeugen davon. In offiziellen Quellen wie Franckes »Fußstapfen« oder auch den Unterlagen des Franckeschen Archivs werden die Frauen, die den Pietismus förderten, selten namentlich erwähnt. Einige interessante Ausnahmen weisen darauf hin, dass die Rolle der Frau im Pietismus viel bedeutender war als bisher angenommen. In seiner Biographie z. B. dankt Johann Wilhelm Petersen den vielen Menschen, die ihn nach seiner Amtsenthebung unterstützt haben. Er nennt drei Männer und fünfzehn Frauen.[46]

Neben den Widmungen und Dankesworten muss die Forschung weitere neue Quellen erschließen, um die Anonymität von Pietistinnen aufzuheben, unter anderem die vielen Vermächtnisse und Testamente im Franckeschen Archiv und die Briefe von adligen Frauen in Berlin und Halle. Dort befinden sich mehr als 300 Briefe von adligen Frauen an Spener und Francke, die noch ausgewertet werden müssen. Weiterhin sind auch, wie ich zu zeigen versucht habe, die Briefe von anscheinend weniger zentralen Personen, wie

---

[46] *Lebens-Beschreibung Johannis Wilhelmi Petersen, Der Heiligen Schrifft Doctoris, vormahls Professoris zu Rostock,* (. . .). 2te Ausgabe, o. O., 1719. Petersen dankt »der seel. Hr. Hof-Rath Schreiber, und sein Liebste . . . die Frau Stiffts-Hauptmannin in Quedlinburg . . . Fr. von Stammerin . . . Hr. Sprögel und seine Liebste . . . Frau Hof-Räthin Schaarschmied, sammt ihrem Herrn . . . absonderlich aber unter der friesischen Familie, die Gräfin von Reichenbach . . . sammt der Fr. Gräfin von Reuß . . . die Gräfin von Schellendorff, . . . die Gräfin von Calenberg . . . Fräulein von Bühlau . . . Frau Linckin . . . Fr. D. Beckerin . . . Fr. geh. Räthin Hazelin . . . und Fr. von Burckersrodin, der geheimen Raths Directorin, Frau von Gersdorffin, unserer so grossen Gutthäterin« (235 f).

dem Hofprediger Johann Adolph Rhein, zu untersuchen, um an Informationen über die großen Patrone bzw. Patroninnen des Pietismus zu kommen.

Solche beschwerliche Vorgehensweisen sind nur deshalb notwendig, weil das Agieren von Frauen im Pietismus als »radikal«, und die Radikalen selbst (was auch immer das »Radikale« sei) als nicht gesellschaftsfähig angesehen wurden. Nicht nur von der Orthodoxie, sondern auch zunehmend von sogenannten »kirchlichen« Pietisten, wurde alles, was »radikal« zu sein schien, zurückgewiesen. Das Paradoxe dabei ist, dass viele der Gönnerinnen des Pietismus, theologisch gesehen, eher konservativ waren. Aber auch in anderen Zweigen oder Strömungen der pietistischen Bewegung wurden im Laufe der Zeit Frauen zunehmend zurück in eine domestische Sphäre gedrängt oder gezwungen, hinter den Kulissen zu wirken. Auch die Herrnhuter, die Brethren und die Inspirierten haben alle ihre fortschrittlichen – oder darf ich sagen, ihre »radikalen« – Haltungen zur Geschlechterrolle rückgängig gemacht. All dies hat zu einer Pietismusgeschichte geführt, die um einige männliche Führer aufgebaut wurde. Denn auch wo Frauen großes geleistet haben, wurde es verschwiegen. Hier haben wir es mit einem »Väterkult« zu tun, wie Ulrike Gleixner für den württembergischen Pietismus beschreibt.[47]

Der schlechte Ruf der »Radikalen« hat fatale Konsequenzen für die Rolle der Frau, nicht nur im Pietismus, sondern in der Geschichtsschreibung des Pietismus gehabt. Denn Frauen zu untersuchen hat immer bedeutet, das »Radikale« zu untersuchen.

---

[47] Ulrike Gleixner: *Pietismus und Bürgertum: Eine historische Anthropologie der Frömmigkeit.* (Bürgertum NF, 2) Göttingen 2005, 179–194.

Wolfgang Breul

Ehe und Sexualität im radikalen Pietismus

Wer sich mit dem Thema Ehe und Sexualität im Pietismus und insbesondere im radikalen Pietismus beschäftigen will, muss von der Arbeit Willi Temmes über die Sozietät der Eva von Buttlar ausgehen.[1] Zwar gilt diese ausgezeichnete Studie einer auch innerhalb des radikalen Spektrums des Pietismus recht extremen und nicht nur für die Zeitgenossen anstößigen Gruppe. Temme konnte jedoch aufzeigen, wie sehr die religiöse Ideenwelt und Praxis der Evischen Sozietät mit anderen radikalpietistischen Strömungen und Gruppen zusammenhängen. Dabei spielten die Auffassungen von Ehe und Sexualität eine besondere Rolle.

Willi Temme konstatiert abschließend, »daß es im Pietismus um 1700 eine Krise der Leiblichkeit gab, das kollektive Erleben einer Not im Umgang mit dem eigenen Körper und seinen Empfindungen. An den Punkten Körperlichkeit und Sexualität gab sich ein bedrängendes Problem zu erkennen, das im Pietismus sehr unterschiedliche Lösungsversuche zeitigte, deren radikalster und fragwürdigster aber in den Gestaltungen der Buttlarschen Rotte zu sehen ist«.[2]

Nachfolgend sollen zwei Positionen vorgestellt werden, welche Temme in seiner Studie nicht näher referiert. In den Eheauffassungen Gottfried Arnolds und Nikolaus Ludwig von Zinzendorfs zeigen sich zwei zeitlich, vor allem aber inhaltlich recht weit auseinanderliegende Versuche, mit der offenkundig zum Problem gewordenen Leiblichkeit im Pietismus umzugehen. Gemeinsam ist beiden jedoch die Erschütterung der herkömmlichen lutherischen Sicht von Ehe und Sexualität. Daher soll abschließend nach einer Erklärung der »Krise der Leiblichkeit« gefragt werden.

1. Gottfried Arnold

Im Jahr 1700 veröffentlichte Gottfried Arnold seine Schrift »Das Geheimnis der göttlichen Sophia«.[3] Arnolds Sophienlehre steht in der theosophischen

[1] Willi Temme: *Krise der Leiblichkeit. Die Sozietät der Mutter Eva (Buttlarsche Rotte) und der radikale Pietismus um 1700.* (AGP, 35) Göttingen 1998.

[2] Temme, 452f.

[3] Das | Geheimniß | Der | Göttlichen | SOPHIA | oder | Weißheit/ | Beschrieben und Besungen | von | Gottfried Arnold [...] Leipzig: Thomas Fritsch 1700, Faksimileneudruck

Tradition Jakob Böhmes – teilweise vermittelt durch die englischen Philadelphier um Jane Leade und den Amsterdamer Böhmeschüler Johann Georg Gichtel.[4] Bereits in der Einleitung betont Arnold jedoch die Priorität seiner geistlichen Erfahrung, die er erst im Anschluss an der Schrift und der Lehre der Alten Kirche überprüft habe.

»Auch hat mich nicht wenig bestärcket und angemuthiget, dieses zeugniß öffentlich darzulegen, weil die himl. weißheit bey solcher arbeit sich selbst gar nahe und geschäfftig im gemüthe bezeigete [...] und ihr wohlgefallen und beystimmung kräfftig zu erkennen gab [...] Dahero mir gar wohl vergönnet gewesen, dasjenige öffentlich darzulegen, was nicht ohne wirckliche erfahrung«[5] ist.

Seine geistliche Erfahrung stand einer selbständigen Aufnahme nicht nur der biblischen und altkirchlichen, sondern auch der *böhmistischen* Tradition nicht im Wege.

Arnold teilt Gichtels Auffassung vom androgynen Urmenschen, der durch seine Sehnsucht nach der Verbindung mit einer irdischen Frau seine weiblichen Eigenschaften verlor.[6] Um die anfängliche androgyne Vollkommenheit

---

Stuttgart-Bad Cannstatt 1963; vgl. Gerhard Dünnhaupt: *Personalbibliographien zu den Drucken des Barock*. 2., überarb. u. erw. Aufl. Bd. 1. (Hiersemanns bibliographische Handbücher, 9) Stuttgart 1990, 329 (Nr. 20). Da Arnolds Sophienschrift ein eigener Beitrag in diesem Band gewidmet ist, wird nachfolgend nur die darin vertretene Ehekritik und ihre Begründung summarisch skizziert; vgl. im Übrigen den Beitrag von Lothar Vogel.

[4] Zur Erforschung von Arnolds Sophienschrift vgl. Erich Seeberg: *Gottfried Arnold, die Wissenschaft und die Mystik seiner Zeit. Studien zur Historiographie und zur Mystik*. Meerane 1923, 22–29; Ernst Benz: Gottfried Arnolds »Geheimnis der göttlichen Sophia« und seine Stellung zur christlichen Sophienlehre. In: JHKGV 18 (1967), 51–82, hier 51–60; Jürgen Büchsel: *Gottfried Arnold. Sein Verständnis von Kirche und Wiedergeburt*. (AGP, 8) Witten 1970, 149–153, 156–160; Ruth Albrecht: »Der einzige Weg zur Erkenntnis Gottes« – Die Sophia-Theologie Gottfried Arnolds und Jakob Böhmes. In: Verena Wodtke (Hg.): Auf den Spuren der Weisheit. Sophia – Wegweiserin für ein neues Gottesbild. Freiburg i.B. u. a. 1991, 102–117, hier: 103–111; Barbara Hoffmann: Libertäre Sophienmystik und keusche Ehe. Wandel und Kontinuität weiblicher spiritueller Vorbilder im radikalen Pietismus (17. und 18. Jahrhundert). In: Claudia Opitz u. a. (Hg.): Maria in der Welt. Marienverehrung im Kontext der Sozialgeschichte. 10.-18. Jahrhundert. (Clio Lucernensis, 2). Zürich 1993, 191–209, hier 200f; Temme (s. Anm. 1), 321–323; Burkhard Dohm: *Poetische Alchimie. Öffnung zur Sinnlichkeit in der Hohelied- und Bibeldichtung von der protestantischen Barockmystik bis zum Pietismus*. (Studien zur deutschen Literatur, 154) Tübingen 2000, 187–280.

[5] Gottfried Arnold: Sophia, Vorrede, f. 6r. Zum Erfahrungsbegriff Arnolds vgl. Volker Keding: *Theologia experimentalis. Die Erfahrungstheologie beim späten Gottfried Arnold*. Münster i.W. u. a. 2001, bes. 45–53; Dietrich Meyer: Cognitio Dei experimentalis oder »Erfahrungstheologie« bei Gottfried Arnold, Gerhard Tersteegen und Nikolaus Ludwig von Zinzendorf. In: Ders./ Udo Sträter (Hg.), Zur Rezeption mystischer Traditionen im Protestantismus des 16. bis 19. Jahrhunderts. Beiträge eines Symposiums zum Tersteegen-Jubiläum 1997. (SVRKG, 52) Köln 2002, 223–240. Zur Einordnung dieser Erfahrung in Arnolds Sophientheologie vgl. Vogel, 283–290.

[6] »Als Adam sich in seiner begierde von Gott ausgekehret, und ausser sich und seiner in ihm wohnenden heiligen jungfrau, der weißheit, etwas zu lieben suchte: verlohr er diese seine gehei-

wieder zu erreichen, musste der Erlöser in mann-fraulicher Ganzheit in der Jungfrau Maria wiedergeboren werden.[7] Die Vereinigung von jungfräulichem Messias und jungfräulicher Maria schuf nach Arnolds Überzeugung die Voraussetzung dafür, »daß die männliche und weibliche krafft wiederum ein einig bild und wesen werden könten, und die neue creatur als eine männliche jungfrau nach der wiedergeburt vor GOtt vollkommen darstehen könnte«.[8] In dieser Wiedergeburt, der Vereinigung des Menschen mit der göttlichen Sophia, wird schließlich der Urzustand im Anfang der Schöpfung wiederhergestellt.[9]

An diesem Geschehen erhält der Gläubige Anteil durch seine Bindung an die himmlische Sophia.[10] Sie ist die ewige Verkörperung der Liebe Gottes, die nichts an sich hat, was dieser Liebe widerspricht. Daher kann sie sich unter den Menschen nur mit geheiligten, reinen Seelen vereinigen.[11] Der von der Sophia berührte Mensch antwortet angemessen, wenn er mit einem reinen Herzen um ihre Zuneigung wirbt.[12] Dazu gehört insbesondere der Verzicht auf alle irdischen Nebenbuhlerinnen. Wer sich auf Sophia einlässt, kann nicht zugleich mit einer irdischen Frau leiblich verbunden sein, das ist für Arnold 1700 »eine gantz Göttliche und unlaugbare warheit«[13]. Die göttliche Weisheit klopfe zwar bei jedem an, aber »mit einer Seele verbindet sie sich vertraulich und ergibt sich ein, als die von aller befleckung nicht allein des fleisches, sondern auch des geistes sich würcklich immerdar enthält«.[14]

---

me braut, wovon anderswo auch nach dem ausdruck der alten ein mehrers kan gezeiget und augenscheinlich bewiesen werden«, Arnold: Sophia, 43. »Hier ward nun im fall die himmlische Sophia von ihm geschieden, und (weil er irdisch gesinnet ward, und ein weib nöthig hatte) ward ihm das weib aus seiner rippen gebauet, besage der Schrifft, daß er also die weibliche eigenschafft verlohr«, Arnold: Sophia, 43. Zu den ähnlichen Vorstellungen Gichtels vgl. den Beitrag von Aira Võsa in diesem Band, 363–365. Allerdings fehlt Arnold die bei Gichtel erkennbare misogyne Tendenz; vgl. Võsa, 365–367; Temme (s. Anm. 1), 322.

[7] »Zu dem ende ward nun Messisas in dem weiblichen geschlechte in Maria zwar ein mensch und mann, und führete das männliche Theil wieder in den leib des jungfräulichen weibes ein. [...] So muste ihn der gebenedeyte weibes-saamen [die gesegnete Leibesfrucht (Marias); Anm. W.B.] auch dieses theil derselben [den weiblichen Teil der androgynen Ganzheit; Anm. W.B.] wiederbringen, und das weib in des mannes bund selig machen«, Arnold: Sophia, 43.

[8] Arnold: Sophia, 43.

[9] Zum Gesamtkonzept der Wiederherstellung der Gemeinschaft von Mensch und Sophia vgl. Vogel (s. Anm. 3), 281-287.

[10] Arnold versteht sie als leibliche Erscheinung des göttlichen Geistes: »Dahero läst sie auch sich allein von dem ewigen Geist Gottes bewegen, dessen leib sie (im reinen verstand zu reden) ist«, Sophia, 45. Sophia zeigt sich dem Menschen als »inwendige geistliche erscheinung«, die Gehorsam von ihm fordert.

[11] Vgl. Arnold: Sophia, 46; vgl. 53–55. Zur Einordnung der Sophia in die göttliche Trinität vgl. Vogel, 279 f.

[12] Vgl. Arnold: Sophia, 59.

[13] Arnold: Sophia, 80.

[14] Arnold: Sophia, 80.

Dies sei jedoch keine wirkliche Herausforderung, denn wer einmal die Herzlichkeit der himmlischen Sophia genossen habe, »dem wird das andere alles zu eckel und koth«.[15] So treten für Arnold Sophia und Eva in einen strikten Gegensatz. Die weltliche Ehe gilt ihm als das Gegenbild zu der den Gläubigen offenstehenden himmlischen Bindung.

Ein halbes Jahr nach seiner Heirat mit Anna Maria Sprögel veröffentlichte Gottfried Arnold die Schrift »Das Eheliche und Unverehelichte Leben der ersten Christen«.[16] Die Ehe ist darin kein prinzipielles Hindernis mehr für ein geistliches Leben. In einer wahrhaft christlichen Ehe ist nun sogar der Beischlaf geheiligt, sofern er der Zeugung von Kindern dient. Die schroffe Antithese von Sophia und Eva ist damit weggefallen. Es sei aber, betont Arnold, persönliche geistliche Erfahrung, dass er trotz seiner Bindung an eine irdische Eva weiterhin redlicher Schüler der Sophia sein dürfe.[17] Im Übrigen aber hält er an der Bedeutung der göttlichen Sophia für die christliche Existenz und an der mystisch geprägten Spekulation vom androgynen Urmenschen und damit auch am Ideal der Ehelosigkeit fest.

2. Nikolaus Ludwig von Zinzendorf

Die »Ehereligion« Nikolaus Ludwig von Zinzendorfs hat bereits wiederholt die Aufmerksamkeit der älteren und jüngeren Forschung gefunden. Doch haben diese Arbeiten entweder summarischen Charakter[18] oder leiden unter spezifischen Schwächen.[19] Fritz Tanners ausführliche Darstellung leidet an fehlender Präzision und Modernismen in Fragestellung und Erörterung;[20]

---

[15] Arnold: Sophia, 80.

[16] Das | Eheliche | und | Unverehelichte | Leben | der ersten Christen/ | nach ihren eigenen zeugnissen | und exempeln | beschrieben | von | Gottfried Arnold. | Frankfurt: Thomas Fritsch 1702; vgl. Dünnhaupt, Bd. I, 333 (Nr. 32).

[17] Vgl. Arnold: Das Eheliche und Unverehelichte Leben, 283; vgl. Wolfgang Breul: Gottfried Arnold und das eheliche und unverehelichte Leben. In: Udo Sträter u. a. (Hg.): Alter Adam und Neue Kreatur. Pietismus und Anthropologie. Beiträge zum II. Internationalen Kongress für Pietismusforschung 2005 (Hallesche Forschungen 28), Tübingen 2009, S. 357–369.

[18] Vgl. Craig D. Atwood: Sleeping in the Arms of Christ: Sanctifying Sexuality in the Eighteenth-Century Moravian Church. In: Journal of the history of sexuality 8 (1997), 25–51; Peter Vogt: ›Ehereligion‹: The Moravian Theory and Practice of Marriage as Point of Contention in the conflict between Ephrata and Bethlehem. In: Communal Societies 21 (2001), 37–48.

[19] Oskar Pfisters psychoanalytische Deutung der Ehereligion Zinzendorfs fand kaum überraschend Widerspruch in der herkömmlichen Forschung. In der zweiten Auflage seines Werks ging Pfister auf die Einwände Gerhard Reichels ein; vgl. Pfister: *Die Frömmigkeit des Grafen Zinzendorfs. Ein psychoanalytischer Beitrag.* Leipzig 1910; zweite Aufl. Leipzig 1925; Gerhard Reichel: *Zinzendorfs Frömmigkeit im Lichte der Psychoanalyse.* Tübingen 1911.

[20] Vgl. Fritz Tanner: *Die Ehe im Pietismus.* Zürich 1952, 90–179. Tanners angesichts der äu-

Erich Beyreuther kann trotz seiner exzellenten Quellenkenntnis apologetische Tendenzen nicht verleugnen.[21] Eine eingehendere Untersuchung der Eheanschauungen Zinzendorfs auf dem Hintergrund philadelphischer Vorstellungen und der mittelalterlichen Brautmystik im Kontext seiner Christologie, Ekklesiologie und Eschatologie[22] ist daher noch immer ein Desiderat der Forschung.[23]

Zinzendorfs Ehetheologie hat vor allem in der sog. »Sichtungszeit« ihre Ausgestaltung erfahren.[24] Die nachfolgenden Ausführungen basieren im Wesentlichen auf den Ehechorreden, die Peter Zimmerling in der Reprintausgabe der Zinzendorfwerke veröffentlicht hat. Wiewohl der zeitgenössische Druck der Reden von einem Gegner der Herrnhuter besorgt wurde, kann die Ausgabe gleichwohl als zuverlässig gelten.[25]

ßeren Umstände bemerkenswerte Dissertation – der Verfasser war blind – leidet aus heutiger Sicht durchweg unter fehlender analytischer Schärfe, leichtfertigen Urteilen und Modernismen. Im Zinzendorfkapitel, das etwa die Hälfte der Studie umfasst, fehlen trotz des Referats von Jakob Böhme, Johann Georg Gichtel und Ernst Hochmann von Hochenau in den übrigen Kapiteln der Arbeit traditionsgeschichtliche Bezüge fast ganz. Dieses Urteil gilt in moderaterer Form auch für die in den Materialbänden der Zinzendorfausgabe gedruckte Dissertation von Gottfried Beyreuther: *Sexualtheorien im Pietismus*. München 1963, in: Nikolaus Ludwig von Zinzendorf: Materialien und Dokumente. Bd. 2, hg. v. Erich Beyreuther u. Gerhard Meyer. Hildesheim, New York 1975, 509–596.

21 Vgl. Erich Beyreuther: Ehe-Religion und Eschaton. In: ders. (Hg.): Studien zur Theologie Zinzendorfs. Gesammelte Aufsätze. Neukirchen-Vluyn 1962, 35–73, hier 57–61, 66–73.

22 Vgl. Hans Schneider: »Philadelphische Brüder mit einem lutherischen Maul und mährischen Rock«. Zu Zinzendorfs Kirchenverständnis. In: Martin Brecht/Paul Peucker (Hg.): Neue Aspekte der Zinzendorf-Forschung. (AGP, 47) Göttingen 2006, 11–36; Sigurd Nielsen: *Der Toleranzgedanke bei Zinzendorf. Ursprung, Entwicklung und Eigenart seiner Toleranz*. Bd. 1. Hamburg [1952]; Bd. 2 u. 3 unter dem Titel: *Intoleranz und Toleranz bei Zinzendorf*. Hamburg [1956], 1960; Dietrich Meyer: *Der Christozentrismus des späten Zinzendorf. Eine Studie zu dem Begriff »täglicher Umgang mit dem Heiland«*. (EHS.T, 25) Bern, Frankfurt/Main 1973.

23 Ich beabsichtige die Eheauffassung Zinzendorfs im Rahmen meines von der Deutschen Forschungsgemeinschaft geförderten Projekts »Das Eheverständnis des Pietismus im Alten Reich ca. 1680–1750« eingehender zu untersuchen.

24 Von der Forschung werden »Sichtungszeit« und die nachfolgende Phase der Herrnhuter Brüdergemeine nicht mehr streng voneinander abgegrenzt; vgl. zuletzt Craig D. Atwood: Interpreting and Misinterpreting the Sichtungszeit, in: Brecht/Peucker (s. Anm. 22), 174–187. Freilich hat sich Zinzendorf später von einzelnen Aussagen seiner Ehetheologie distanziert; Meyer: Christozentrismus (s. Anm. 22), 97.

25 [Johann Gottlob Seidel:] Haupt=Schlüssel | zum | Herrnhutischen | Ehe=Sacrament, | Das ist: | des Hrn. Grafen von Zinzendorf | an das Ehe=Chor | gehaltenen Reden; | Mit einigen | Anmerckungen und kurtzem Vorbericht, | von denen Herrnhutischen immer beträcht=| licher werdenden Anstalten, | Herausgegeben | von einem Oberlaußitzschen Dorf=Pfarr, | Dessen Symbolum: | Mein JESU Gieb Seegen. Frankfurt, Leipzig: [ohne Verlagsangabe] 1755, wiederabgedruckt in: Herrnhut im 18. und 19. Jahrhundert: drei Schriften von Christian David, Nikolaus Ludwig von Zinzendorf und Heinrich Friedrich von Bruiningk. (NLZ.L, 24,1) Hildesheim u. a. 2000. In seinem Vorwort erklärt Johann Gottlob Seidel, Pfarrer im nur wenige Kilometer von Herrnhut entfernt gelegenen Rennersdorf, ironisch: Die Reden »sind mir auf eine besondere Art in die Hände gerathen, und bin sowohl von vornehmen Personen, geistlichen

Der Schlüssel zu Zinzendorfs Eheverständnis ist der Gedanke der Repräsentation. Der Reichsgraf versteht die eheliche Vereinigung als Abbild der himmlischen Vereinigung der gläubigen Seele mit Christus. Diese transzendente unio ist die wahre ewige Ehe, auf die sich der irdische Bund von Mann und Frau stets beziehen muss: »also ist nicht des Heylands seine Ehe mit der Seele ein Gleichniß von unserer Ehe, sondern unsere Ehe ist ein Gleichniß von der Ehe JEsu Christi mit der menschlichen Seele, das Geheimniß ist groß, ich rede von Christo und der Gemeine«.[26] Die Erwählung der menschlichen Seele durch den Schöpfer versteht Zinzendorf als die eigentliche Ursache der Schöpfung von Mann und Frau. Die irdische Ehe ist in diesem Sinne nur eine »Repræsentation, ein Modellgen von derselben grossen ewigen Ehe Christi und der Gemeine«.[27] In diesem Sinne ist die Eheschließung von Mann und Frau nur eine Prokuratortrauung, ein vorläufiger Akt, bei dem der Ehemann seiner Frau gegenüber die Stelle Christi in der wahren himmlischen Ehe repräsentiert,[28] er ist ihr Vize-Christus[29]. Auf ihm liegt die Hauptverantwortung der Repräsentation. Der Mann gilt in dieser Verbindung stets als Stellvertreter Christi, von der Frau spricht Zinzendorf sehr viel seltener als Vertreterin der Gemeinde[30]. Den Frauen kommt in dieser symbolischen Repräsentation eine eher passive Aufgabe zu – nicht zuerst wegen ihrer Belastung durch Schwangerschaft, Geburt und Erziehung der Kinder,[31] sondern vor allem, weil sie die Hauptpersonen der Ehe sind. Sie wurden als Frauen geschaffen, damit sie durch den Mann in das Bild Christi verherrlicht werden.[32]

---

und weltlichen Standes, ersucht worden, den Graf Zinzendorf das [!] Drucker-Lohn zu ersparen« (22). Nach der Recherche von Peter Zimmerling war das unkorrigierte Manuskript von einem Mitglied der Brüdergemeine verloren und von einem Bauern aufgefunden und an Seidel ausgehändigt worden. Für die Authentizität von Seidels Druck spricht, dass die Brüdergemeine 1756 eine eigene Veröffentlichung der Reden plante, der ein von Zinzendorf korrigiertes Exemplar von Seidels Druck zugrunde lag. Es ist im Unitätsarchiv erhalten; vgl. NB II 344b; Peter Zimmerling: Einführung. In: Zinzendorf: Haupt=Schlüssel, 48*. Zinzendorfs Änderungen sind »nur formaler Natur: Sie umfassen im wesentlichen Druckfehler und stilistische Veränderungen. Der Graf erkannte also die von Seidel herausgegebenen Reden als authentisch an«, ebd. Der Druck unterblieb allerdings.

[26] Zinzendorf: Haupt=Schlüssel, 103. Der Schluss des Zitats bezieht sich auf Eph 5,32, einem locus classicus der Brautmystik. Vgl. auch 30–32, 119f.

[27] Zinzendorf: Haupt=Schlüssel, 103; vgl. 102–104.

[28] Vgl. Zinzendorf: Haupt=Schlüssel, 79, 83, 120, 130 u. ö.

[29] Vgl. Zinzendorf: Haupt=Schlüssel, 38, 74, 76, 86f, 100, 134, 182, 213 u. ö.

[30] Vgl. Zinzendorf: Haupt=Schlüssel, 130 u. ö.

[31] Zinzendorf zollt dem leiblichen Dienst der Frauen in der Ehe in Sexualität, Schwangerschaft, Geburt und Kindererziehung großen Respekt; vgl. Zinzendorf: Haupt=Schlüssel, 135f, 188f. Diese Wertschätzung dürfte auch ein wesentlicher Grund dafür sein, dass in der Ehe die Initiative zum Geschlechtsverkehr von der Frau ausgehen soll; vgl. Zinzendorf: Haupt=Schlüssel, 178.

[32] »Der Heyland [...] hat gewolt, daß die Schwestern würcklich was geniessen sollen, einer

Zinzendorf verbindet damit eine bewusste Umkehr der Rollen von Mann und Frau:

»Es ist in der Welt sehr umgekehrt: Denn man hat die Weibs=Leute in der Welt obligirt zu solchen Diensten, zu solchen Regarden, Beschäftigungen und Plagen mit ihren Männern, daß sie an manchen Orten fast an nichts dencken können, als wie sie dem Mann gefallen und ihn bedienen mögen; und das heißt man eine gute Frau. Aber das ist nicht der Stylus des Heiligen Geistes: sondern da sinds die Männer, die den Seelen der Schwestern zu Liturgis gegeben sind«.[33]

So führt der Gedanke der christologischen Repräsentation in der Ehe zu einer Änderung und Aufwertung der Rolle der Frau,[34] die freilich weder emanzipatorisch noch egalitär missverstanden werden darf.[35] Doch auch so war sie für die Zeitgenossen bereits provokant genug, wie eine spöttische Bemerkung des Herausgebers Jakob Seidel zu diesem Votum Zinzendorfs zeigt: »Solte das nicht allen Weibs=Personen das Maul wässerig machen, daß sie sich wünschten Herrnhutische Schwestern zu seyn, fistula dulce canit etc.«[36]

Neben dieser von der Brautmystik beeinflussten[37] christologischen Deutung hat die eheliche Vereinigung für Zinzendorf auch weitere Aspekte.

---

würcklichen Huth, einer würcklichen Crone auf ihrem Haupte, eine würckliche Verklärung und Verherrlichung ins Bild des Heylandes durch den Mann«, Zinzendorf: Haupt=Schlüssel, 135.

[33] Zinzendorf: Haupt=Schlüssel, 33; vgl. 36f, 121f. Zinzendorf relativiert damit auch den lutherischen Gedanken wechselseitiger Gehilfenschaft in der Ehe. »Die Gehülfenschaft ist also nur ein accidens, hingegen die Haupt=Sache, daß sie [die Frau; Anm. W.B.] soll gehütet, gewartet und gepflegt werden wie die Hühngen, bis sie in des Heylands Amen liegt. Alle die Lasten und Beschwerlichkeiten des Ehestandes, liegen auf dem Manne«, Zinzendorf: Haupt=Schlüssel, 201.

[34] Auch Zinzendorf ist sich dieses Unterschieds bewusst, wenn er den Unterschied zwischen einer natürlichen und einer Herrnhuter Ehe aufzeigt: »Da geht's bey Natürlichen ordinair so zu: die Frau ist die vornehmste Magd im Hause, das älteste Kind ist nach ihr; aber Kinder GOttes haben würcklich, wenn sie mit ihren Weibern umgehen und die Weiber mit ihren Männern, eine grosse und continuirliche Ursache einander zu ehren, einander zu lieben, wenn sie einander nahe kommen, einen gewissen Respect vor einander zu haben, [...] und wenn ein Mann seine Frau ansieht, zu dencken: du bist meiner theuresten Gemeine Bild, und eine Schwester vor ihren Mann: du bist meines theuren Oberh=Haupts Bild«, Zinzendorf: Haupt=Schlüssel, 121f. Seine besondere Wertschätzung der Frau in spiritueller Hinsicht lässt Zinzendorf wiederholt erkennen; vgl. Haupt=Schlüssel, 57–62, 64f u.ö.

[35] Vgl. Atwood: Sexuality (s. Anm. 18), 31f. Zinzendorf hält bei aller Wertschätzung der Frauen durchaus an den tradierten Rollenmustern fest; vgl. exemplarisch Haupt=Schlüssel, 70f, 72–74.

[36] Zinzendorf: Haupt=Schlüssel, 33 Anm. r. Seidels Bemerkung dürfte historische Realität spiegeln. Der Herrnhaag hatte in der »Sichtungszeit« erheblichen Zulauf; vgl. Atwood: Sichtungszeit (s. Anm. 24), 185f; David Cranz: *Alte und neue Brüder-Historie oder kurz gefaßte Geschichte der evangelischen Brüder-Unität*, Barby ²1772, ND Hildesheim 1973 (NLZ.L 11), 292f.

[37] Vgl. Beyreuther (s. Anm. 21), 67–73.

Ekklesiologisch versteht er sie als Abbild der ganzen – mit Christus verbundenen – Gemeinde. Der Ehechor wird von Zinzendorf entsprechend als aus vielen »Gemeinlein« bestehender Körper[38] angesprochen. Der Ehemann leistet seiner Frau in der symbolischen Repräsentation Christi entsprechend einen priesterlichen Dienst.[39] Zinzendorf wird nicht müde, die Verantwortung und die Schwierigkeiten dieser Aufgabe insbesondere den Ehemännern ans Herz zu legen.[40]

In eschatologischer Hinsicht verleiht das Verständnis der Ehe als Repräsentation der himmlischen Vereinigung mit Christus einen vorläufigen Charakter. Die Eheschließung ist eine interimistische Prokuratortrauung,[41] die der Vorbereitung auf die eigentliche Ehe dient.

»Unsere Ehe soll von Rechts wegen nichts als eine Antrauung der Schwester seyn vor [für; Anm. W.B.] den Heyland, so, daß von der Stunde an, wir unsre Schwestern nicht mehr anderst anzusehen haben, als eine würckliche Frau des Heylands, [...] unsre Frauen sind Lammes=Weiber, und durch die Trauung dazu solenniter declarirt. [...] Die wahre Vereinigung und Innigkeit, das wahre Eingehen des Mannes in sein Weib, haben sie noch zu gewarten, sie sind jetzo nur eines Gliedes JEsu Christi theilhaftig.«[42]

Zinzendorf kann daher die Ehe auch als Brautreise beschreiben, der Mann fungiert als Kurier und meldet die Ankunft der Braut, die Frau kommt am Ende in die Hände ihres wahren Bräutigams, Christus.[43]

Die prokuratorische Ehe hat so vorbereitenden Charakter; sie ist eine Schule, die auf das himmlische Geschehen hinführen soll.[44] Der Gedanke

[38] »So wie 2 Eheleute ein Gemeinlein JEsu sind, versammlet in seinen [!] Nahmen, da er mitten drunter ist, so ist hingegen das gantze Ehe=Chor nichts anders, als ein aus vielen Gemeinlein bestehender Cörper, und ist also vor alle die übrigen in der Gemeine, ein Exempel, ein Bild, ein Tempel des Heil. Geistes, darauf alles angesehen ist«, Zinzendorf: Haupt=Schlüssel, 67.

[39] »Und darum machen wir so viel Umstände, daß wir unsere Leute in die heilige Ehe einsegnen, den Bruder ins Amt eines Priesters und die Schwester zum Bilde, zur Vorstellung der Gemeine, und alles das mit dem Kirchen=Genuß anzunehmen, was in der gantzen Ehe von ihren [!] Vice-Christen auf sie zufließt an Guten [!], an Gnade, und an allem, was der Heyland darinn geschenckt hat«, Zinzendorf: Haupt=Schlüssel, 140; vgl. 36–39, 87f.

[40] Vgl. Zinzendorf: Haupt=Schlüssel, 67f, 125–127, 129f, 133f, 135, 201 u.ö.

[41] Vgl. Zinzendorf: Haupt=Schlüssel, 79, 104, 215–217, 221 u.ö.

[42] Zinzendorf: Haupt=Schlüssel, 216. Die Frauen haben auf diese Weise einen spirituellen Vorzug, weil sie für die Schrift und Christus empfänglicher sind; vgl. Zinzendorf: Haupt=Schlüssel, 56–61.

[43] »Unsere gantze Ehe ist dieselbe Reise, der Braut zum Mann, es sey nun, daß wir als Courier voraus gehen, und ihre Ankunft melden, oder daß wir sie würcklich in seine Hände liefern und zurück bleiben«, Zinzendorf: Haupt=Schlüssel, 217; vgl. Zinzendorf: Haupt=Schlüssel, 215–217.

[44] In Betrachtung der geistlichen Ehe habe sich gezeigt, »daß die Ehe eine Zwischen=Handlung, eine Schule, eine solche Zeit ist, da Leute zubereitet und aufgehoben werden zur noch zu frühen Lammes=Eh«, Zinzendorf: Haupt=Schlüssel, 150. »Das Ehe=Chor selbst ist die eingerichtete Familie des Heylandes, da sich eine Schwester vor eine Person anzusehen hat, die

der eschatologischen Repräsentation verpflichtet die Eheleute einerseits zu besonderer wechselseitiger Ehrerbietung und zu gegenseitigem Respekt,[45] steht der Ehepartner doch nicht nur für sich selbst und seinen Glauben, sondern repräsentiert zugleich Christus bzw. die an Christus gebundene Gemeinde. Andererseits soll dieser Horizont die Eheleute entlasten, ihnen wechselseitig ein kindliches Vertrauen zueinander ermöglichen.[46] Der Ehemann trägt auf diesem Weg zur himmlischen unio die Hauptverantwortung. Zinzendorf erinnert in den Ehechorreden die Männer wiederholt an ihre Aufgabe und ihre Defizite, spricht von der Geduld der Frauen mit manchen Männern, die keine Spur des Heilands erkennen lassen und ermahnt zum Gebet um die Inspiration des Heiligen Geistes, die das Amt des Vize-Christus benötigt.[47]

Zinzendorf versteht die Repräsentation in der irdischen Ehe jedoch nicht nur symbolisch. Das wird deutlich, wenn er den Begriff des Sakraments ins Spiel bringt.[48] Nicht die Ehe, wohl aber die eheliche Vereinigung gilt ihm als Sakrament. Bei der ehelichen Sexualität werde der unsichtbare Mann, Christus, »seiner Christin auf eine unsichtbare aber gantz unfehlbare wesentliche und wahrhafte Art einverleibt«. Wie bei einer Medizin werde dabei Leib, Seele und Geist »durchdünstet« und »durchdrungen [...] mit seinem blutigen Todtes-Schweiß im Buß-Kampf«.[49] Damit sieht Zinzendorf den ehelichen Akt in großer Nähe zu dem, was sich seiner Auffassung nach im Abendmahl ereignet: Der Leib des Gekreuzigten wird vom Gläubigen in sich aufgenommen. So repräsentiert die Ehe nach seiner Auffassung das »Abendmahl des Lammes mit seinem Weib in kleinen [!]«[50] und verweist

---

alleine nicht fortkommen kann, den Grad nicht erreichen, den Nutzen nicht in der Welt schaffen kann, und das nicht ausrichten kann, wenn sie allein ist, daher wird sie jemanden [!] gegeben, in dessen Hand sie das wird was sie seyn soll, und die ihm hingegen wieder das Theil abnimmt, ohne welches er sie nicht versorgen, warten und pflegen könte«, Zinzendorf: Haupt=Schlüssel, 200f. In Abgrenzung vom lutherischen Eheverständnis bestimmt Zinzendorf die wechselseitige »Gehilfenschaft« nur als ein »accidens« der Ehe, ihr Kern sei die Pflege der Braut für den himmlischen Bräutigam, vgl. Zinzendorf: Haupt=Schlüssel, 200f.

45 Vgl. Zinzendorf: Haupt=Schlüssel, 39f, 74–76.

46 Vgl. Zinzendorf: Haupt=Schlüssel, 113f, 76f.

47 Die Frauen haben es nach Zinzendorfs Auffassung in der Ehe »nicht so bequem« wie ihre Männer, die in ihrer Repräsentation Christi »des Heylands Seelen sind«, denn »sie sollen manchmal jemand vor ihren Vice-Christ halten und erkennen, an dem sie keine Spur von Heyland sehen«. Daher sei für eine Frau, die »eine gantze Magd« Christi sei, aber einen Mann an ihrer Seite habe, der »kein Knecht JEsu Christi ist«, »eine gantz besondere Inspiration des Heil. Geistes, ein gantzer Glaube nöthig, einen solchen Ehestand gleichwohl göttlich zu machen«, Zinzendorf: Haupt=Schlüssel, 128. Zinzendorf kann diese Aufgabe den Männern unter Verweis auf ihre Christus-Ähnlichkeit ans Herz legen; vgl. Zinzendorf: Haupt=Schlüssel, 52–55, 85f, 87–91.

48 Zinzendorf bestimmt das Sakrament in Anknüpfung an augustinische Tradition als sichtbare Handlung, welche die unsichtbare Gnade mitteilt; vgl. Zinzendorf: Haupt=Schlüssel, 79.

49 Zinzendorf: Haupt=Schlüssel, 202.

50 Zinzendorf: Haupt=Schlüssel, 202.

damit auf die schlussendliche Vereinigung des Schöpfers mit seinem Geschöpf.[51] Für den Moment des Akts entsteht nach Auffassung des Grafen eine Ehe-Trinität von Vater, Mutter und dem Kind, das aus dem Zeugungsakt hervorgehen kann.[52]

Ähnliche Vorstellungen von einer leibhaften Durchdringung von Göttlichem und Menschlichem finden sich auch bei Jane Leade, wenn sie vom Abendmahl spricht als »Einer innig-gemeinschafftlichen Einwohnung oder Circum-incession und incession, da Christus in die Seele / und die Seele in Christum / eingehet / und eines das andre wircklich besitzet. [...] Eine gemeinschafftliche Vereinigung oder [...] Mittheilung der Eigenschafften«.[53] Allerdings sind diese Vorstellungen einer leibhaften Durchdringung bei Leade nicht eng mit der von ihr häufiger verwendeten Braut- und Ehemetaphorik verknüpft. Leade spricht zwar in Bildern und drängenden Worten von der Sehnsucht der Braut nach der Vereinigung mit ihrem (himmlischen) Bräutigam und klagt über dessen Abwesenheit. Eine explizite sexuelle Vereinigungsmetaphorik wie bei Zinzendorf wird von ihr jedoch nicht verwandt.

Offensichtlich ist der Reichsgraf in seiner ›Ehe-Religion‹ von philadelphischen Gedanken beeinflusst, hat diese aber selbständig weiterentwickelt. Dabei könnten die Vorstellungen Gottfried Arnolds und Johann Wilhelm Petersens von einer leibhaften Einwohnung des Gottmenschen im Gläubigen[54] Einfluss gehabt haben. Bei Petersen wird diese Vorstellung ähnlich wie bei Zinzendorf im Rahmen einer Ehe-Theologie entfaltet und wird auch mit dem sakramentalen Genuss von Fleisch und Blut Christi verbunden, wie Willi Temme dargestellt hat.[55] Doch auch hier gibt es Differenzen zu Zin-

[51] Dieser eschatologischen Begründung des ehelichen Akts mit der unio von Schöpfer und Geschöpf steht eine protologische zur Seite, die aus der anfänglichen Einheit von Mann und Frau hergeleitet wird: »Wie die Frau vom ersten Mann ist geschieden worden [indem sie aus dessen Rippe geschaffen wurde; Anm. W.B.], so muß ein jeder Mann seine Frau erst in sich hineinnehmen, und eine jede Frau ihren Mann, damit sie erst gantz von neuen wieder zusammen gelötet werden, und werden wieder das, was in Adam war, da Er und Eva noch beysammen gewesen, und dieses Geheimniß celebriren sie zu Zeiten und die übrige Zeit sind sie nicht anders als aus einander genommene Stücke«, Zinzendorf: Haupt=Schlüssel, 93.

[52] Zinzendorf: Haupt=Schlüssel, 203. Diese Sakralisierung ehelicher Sexualität ist deutlich unterschieden vom Kinder-Segen, den Zinzendorf nicht als Hauptzweck der Ehe ansieht. Es gebe Ehen ohne Kinder und umgekehrt viele Kinder, die außerhalb der Ehe geboren werden; vgl. Zinzendorf: Haupt=Schlüssel, 27–29, 41 f.

[53] [Jane Leade]: Ursachen und Gründe Welche hauptsächlich Anlaß gegeben/ Die Philadelphische Societät aufzurichten und zu beförderen; [...] Nunmehro Aus dem Englischen übergesetzt und zum Drucke befördert, Amsterdam 1698, 48; vgl. Nielsen: Toleranz I (s. Anm. 22), 77 Anm. 357.

[54] Vgl. Temme (s. Anm. 1), 408–414.

[55] Vgl. Temme, 411–417. Temme bezieht sicht auf Petersens Schrift »Das Geheimniß Deß Erst-Gebohrnen aller Creaturen Von CHRISTO JESU Dem GOtt-Menschen«, Frankfurt 1711.

zendorf. Die Vorstellung vom himmlischen Fleisch Christi und damit verbunden von einer Vergottung des irdischen Leibs, wie sie die Anschauungen Johann Wilhelm Petersens beeinflusst hat, lässt sich bei Zinzendorf nicht finden.[56] Der Gedanke der irdischen Repräsentation des Himmlischen setzt der Deifizierung irdischer Körperlichkeit mittels der Vorstellung vom himmlischen Fleisch Christi eine Schranke. Der Graf spricht auch in den Ehechorreden häufig und betont von der Vergänglichkeit des menschlichen Leibs, vom Verfall der »irdischen Hütte«.[57]

So lässt sich abschließend konstatieren: Angesichts der fundamentalen Bedeutung der Ehe[58] für die Theologie Zinzendorfs und die Frömmigkeit der Brüdergemeine erscheint der in der Forschung eingebürgerte Begriff der ›Ehe-Religion‹ als durchaus angemessen, denn die Verbindung von Mann und Frau ist leibhaftiges Symbol der Christusbindung in ihrer ekklesiologischen Dimension ebenso wie hinsichtlich ihrer eschatologischen Vollendung. Zugespitzt könnte man das Verständnis der ehelichen Vereinigung bei Zinzendorf als – freilich nur momenthafte – Inkarnation der himmlischen unio zwischen Christus und der gläubigen Seele bezeichnen. Zinzendorf betont, dass diese leibliche Vereinigung mit Christus nicht »nur so eine Handlung« ist, sondern einen »reellen Effect«[59] hat, nämlich die Zeugung von Kindern. Dementsprechend werden Ehe und insbesondere eheliche Sexualität nicht nur entschieden bejaht, vielmehr erhält der eheliche Geschlechtsakt bei Zinzendorf auch dezidiert sakramentalen Charakter. Freilich ist dies trotz aller erotischen Metaphern und Diminutiva der sog. ›Sichtungszeit‹ keine offene Tür zum sexuellen Libertinismus. Die Eheleute sind fest aneinander gebunden[60] und bekanntermaßen unterlag das Leben der Chöre gerade in sexueller Hinsicht einer strengen Aufsicht.[61]

---

[56] Dieses vom linken Flügel der Reformation (Melchior Hofmann, Caspar von Schwenckfeld) herrührende und im 17. Jahrhundert vor allem von Valentin Weigel weiterentwickelte Theologumenon hatte auf die Soteriologie des radikalen Pietismus durchaus Einfluss, neben Petersen auch auf Gottfried Arnold und Eva von Buttlar. Zur älteren Geschichte dieser Vorstellung vgl. Hans-Joachim Schoeps: *Vom himmlischen Fleisch Christi. Eine dogmengeschichtliche Untersuchung*. (SGV, 195/196) Tübingen 1951.

[57] Vgl. Zinzendorf: Haupt=Schlüssel, 144f, 167 u.ö.

[58] Die schon bei Spener greifbare besondere Wertschätzung des religiös motivierten Ledigendaseins teilt auch Zinzendorf, sie bleibt jedoch unbetont; vgl. Zinzendorf: Haupt=Schlüssel, 97. Zu Speners Eheauffassung vgl. künftig Wolfgang Breul: Marriage and Marriage-Ciriticism in Pietism: Philipp Jacob Spener, Gottfried Arnold and Nikolaus Ludwig von Zinzendorf, Tagungsband ›Pietism and Community in Europe and North America: 1650–1850‹ (Jonathan Strom, Fred van Lieburg, Daniel Lindmark, Atlanta 2.-4. Nov. 2006).

[59] Zinzendorf: Haupt=Schlüssel, 203.

[60] So war für Witwen die Wiederheirat ausgeschlossen, weil sie vom Zeitpunkt der Eheschließung an als Ehefrauen Christi galten; vgl. Zinzendorf: Haupt=Schlüssel, 222f.

[61] Vgl. Atwood: Sexuality (s. Anm. 18), 25, 28, 43–50.

Trotz ähnlicher traditionsgeschichtlicher Einflüsse scheinen Zinzendorfs und Arnolds Auffassungen von Ehe und Sexualität auf den ersten Blick – bezogen auf Arnolds Sophienschrift eine schroffe, bezogen auf Arnolds Eheschrift eine abgemilderte – Alternative zu bilden. Was jedoch hinsichtlich der Heirats- und Ehepraxis evident erscheint, relativiert sich beim Blick auf deren theologische Begründung. Denn auch bei Zinzendorf ist die Ehe kein ›weltlich Ding‹ mehr, sondern geprägt von der Vorstellung der Vereinigung der gläubigen Seele mit Christus, welche die irdische Ehe von Mann und Frau ekklesiologisch wie eschatologisch orientiert. Arnolds Priorität der Sophienbindung und Zinzendorfs Gedanke der himmlischen Repräsentation sorgen für eine Ehelehre, die sich weit von den reformatorischen Vorstellungen entfernt hat.[62]

Dass Arnold und Zinzendorf gleichwohl in ihren Aussagen zur Ehepraxis derart voneinander differieren, bedarf weiterer Erklärung. Zwei Beobachtungen können zur Aufhellung dieser Frage beitragen: Zum einen schloss Zinzendorfs konsequent inkarnatorische Theologie in ihrer Betonung der Körperlichkeit Christi eine dezidierte Bejahung der Geschlechterdifferenz ein. Auch wenn sich durchaus androgyne Züge in der Theologie des Reichsgrafen ausmachen lassen,[63] gibt es doch keine protologische Spekulation von

[62] Zur reformatorischen Eheauffassung vgl. (in Auswahl) Maurice E. Schild: Art. »Ehe/Eherecht/Ehescheidung VII. Reformationszeit«. In: TRE 9, 1982, 336–346 (Lit.); zu Luther vgl. in Auswahl Waldemar Kawerau: *Die Reformation und die Ehe.* (SVRG, 39) Halle 1892; Reinhold Seeberg: Luthers Anschauung von dem Geschlechtsleben und der Ehe und ihre geschichtliche Stellung. In: LuJ 7 (1925), 77–122; Klaus Suppan: *Die Ehelehre Martin Luthers.* Salzburg 1971; Werner Elert: *Morphologie des Luthertums.* Bd. 2: Soziallehren und Sozialwirkungen des Luthertums. München 1932, 80–124; Paul Althaus: *Die Ethik Martin Luthers.* Gütersloh 1965, 88–104; Walther Köhler: *Zürcher Ehegericht und Genfer Konsistorium.* 2 Bde. (Quellen und Abhandlungen zur schweizerischen Reformationsgeschichte, 7 u. 10) Leipzig 1932, 1942; Michael Parsons: *Reformation marriage. The husband and wife relationship in the theology of Luther and Calvin.* (Rutherford studies in historical theology) Edinburgh 2005.

[63] Auch Zinzendorf spricht in eheparänetischer Absicht von der ursprünglichen Einheit von Mann und Frau, bezieht sich dabei jedoch auf den zweiten Schöpfungsbericht (Gen 2,21): »Die Ehe aber ist ein Geheimniß, ein geheimer Bund, ein Testament des Schöpfers aller Dinge, das in einem Stück fortgeht, da wenn man einander ansieht, mit einander umgeht, wenig oder viel miteinander handelt, so hat man nicht mit einer gleichgültigen Person zu thun, mit einem Bruder oder Schwester, mit einer Frau nur überhaupt, sondern man hat mit seinem Fleisch und Gebein zu thun. Wie die Frau vom ersten Mann ist geschieden worden, so muß ein jeder Mann seine Frau erst in sich hineinnehmen, und eine jede Frau ihren Mann, damit sie erst gantz von neuen [!] wieder zusammen gelötet werden, und werden wieder das, was in Adam war, da Er und Eva noch beysammen gewesen, und dieses Geheimniß celebriren sie zu Zeiten, und die übrige Zeit sind sie nicht anders als aus einander genommene Stücke, als Leute anzusehen, die zwar zusammen gehöret, die eine Person seyn solten, die aber darum auseinander genommen worden, daß sie dis und das in der Welt ausrichten können«, Haupt=Schlüssel, 93. Doch betont Zinzendorf, dass die geschlechtliche Differenz und die repräsentative Vereinigung von Mann und Frau Gottes Wille sind: Die Ehe ist »eine Sache von der äussersten Wichtigkeit [...], daß es der grosse Zweck der Schöpfung ist, daß er, der im Anfang den Menschen gemacht hat, machte,

der Androgynität des Urmenschen wie bei Gichtel und Arnold, welche die Unterscheidung von Mann und Frau als Folge von dessen Fehlverhalten deutet. Die explizite Betonung der Körperlichkeit Christi einschließlich seiner Männlichkeit bildet die Grundlage für Zinzendorfs religiöse Deutung von Ehe und Sexualität.[64] Zum anderen wahrt Zinzendorf auch in den Ehechorreden der ›Sichtungszeit‹ letztlich die Differenz zwischen Irdischem und Himmlischem, obwohl er die Vorstellung einer Repräsentation der himmlischen unio von menschlicher Seele-Braut und Christus-Bräutigam – wie ausgeführt[65] – bis hin zu einer leibhaften Durchdringung treibt. Es gibt eine unübersehbare eschatologische Unterscheidung zwischen dieser vergänglichen irdischen ›Hütte‹ und dem zukünftigen Stand in inniger Verbundenheit mit Christus.[66]

3. Eine offene Frage zum Schluss

Die Beispiele Arnolds und Zinzendorfs bestätigen die eingangs zitierte Aussage Willi Temmes, dass die Fragen von Körperlichkeit und Sexualität im Radikalpietismus sehr unterschiedliche Antworten gefunden haben. Kaum beantwortet aber ist die Frage, warum Leiblichkeit, Sexualität und Ehe in eine Krise gerieten und »ein bedrängendes Problem«[67] wurden. Wie ist es zu erklären, dass die seit Luther moderat bejahende Sicht ehelicher Sexualität im Protestantismus[68] bei manchen pietistischen Gruppierungen asketischen oder libertinistischen Auffassungen wich – in deutlicher Abschattung auch im sogenannten kirchlichen Pietismus? Für eine umfassende Beantwortung dieser Fragen wird man über die Grenzen von Theologie- und Traditionsgeschichte hinausgehen und auch sozial- und kulturgeschichtliche Deutungsmuster einbeziehen müssen.

---

daß ein Mann und Frau seyn solten, so wie wir machen, daß Mann und Frau zusammen kommen, daß sein unsichtbarer Leib durch solche sichtbare Glieder vorgestellt und seine eigene heilige Person durch gewisse arme Sünder vorgestellt werde, deren ihre Seele er in eine männliche Hütte einquartiret hat«, Haupt=Schlüssel, 42. Von Eheverständnis der Gichtelianer grenzt sich Zinzendorf explizit ab; vgl. Haupt=Schlüssel, 113.

[64] So konnte beispielsweise beim jährlichen Fest der Beschneidung Christi recht offen über den Penis Christi gesprochen werden; Atwood: Sexuality (s. Anm. 18), 26. In den Ehechorreden benennt Zinzendorf die leiblichen Merkmale der Männlichkeit als Zeichen der Übereinstimmung mit Christus und als »tägliche Erinnerung und Anzeige, daß wir eine Destination haben«, Haupt=Schlüssel, 52.

[65] S. o. S. 408, 410–412.

[66] S. o. S. 413 mit Anm. 57.

[67] Vgl. Temme (s. Anm. 1), 452 f.

[68] S. o. Anm. 62.

Wenn eine »Krise der Leiblichkeit« konstatiert wird,[69] erscheint es nicht unbegründet, nach dem Zusammenhang dieser Phänomene mit möglichen grundlegenden Veränderungen in der Körperwahrnehmung in der frühen Neuzeit zu suchen. Mit diesem Fragehorizont befasst sich seit etwa drei Jahrzehnten ein Zweig der historischen Anthropologie. Die »body history« respektive »Körpergeschichte« untersucht, wie Empfindung und Wahrnehmung der Leiblichkeit – ebenso wie andere Phänomene der menschlichen Lebenswelt – sozial und kulturell geprägt und damit auch geschichtlichen Wandlungen unterworfen sind.[70] Im Rahmen dieses Beitrags kann allerdings lediglich auf einige Zusammenhänge hingewiesen und eine Fragerichtung angedeutet werden. Der hier vorgetragene Untersuchungshorizont beansprucht dabei keineswegs Exklusivität, sondern verträgt sich gut mit anderen Zugängen wie sozialgeschichtlichen oder traditionsgeschichtlichen Fragestellungen.

Die wissenschaftliche Wahrnehmung des Körpers hat sich im Europa der Frühneuzeit unter dem Eindruck wissenschaftlicher Entdeckungen insbesondere im 17. Jahrhundert verändert. Die seit dem 16. Jahrhundert verbreitet aufkommenden Sektionen von Leichen[71] eröffneten nicht nur neue anatomische Einsichten, sie löste die Medizin von den traditionellen Vorstellungen des Galenus und veränderte auch den Blick auf den menschlichen Körper insgesamt. Die schon lange vor der »Geburt der Klinik« beginnende »Freisetzung des anatomischen Blicks« (Michel Foucault)[72] führte nicht nur zur Entdeckung der Wirkungsweise von Nerven und Muskeln und des Blutkreislaufs. Gerade diese letzte Beobachtung, die William Harvey 1628 erstmals annäherungsweise zutreffend beschrieb,[73] förderte die Abkehr vom traditio-

---

69 S. o. S. 403.

70 Vgl. einführend Barbara Duden: *Body History - Körpergeschichte. A Repertory. Ein Repertorium.* Wolfenbüttel 1990; Maren Lorenz: *Leibhaftige Vergangenheit. Einführung in die Körpergeschichte.* (Historische Einführungen, 4) Tübingen 2000; Richard van Dülmen (Hg.): *Körper-Geschichten.* Frankfurt 1996; Sarah Coakley (Hg.): *Religion and the Body.* Cambridge/Mass. 1997; Barbara Duden: *Geschichte unter der Haut. Ein Eisenacher Arzt und seine Patientinnen um 1730.* Stuttgart 1987; Klaus Schreiner/Norbert Schnitzler (Hg.): *Gepeinigt, begehrt, vergessen. Symbolik und Sozialbezug des Körpers im späten Mittelalter und der frühen Neuzeit.* München 1992; Robert Jütte: Entdeckung des »Inneren« Menschen, 1500–1800. In: Richard van Dülmen (Hg.), Erfindung des Menschen. Schöpfungsträume und Körperbilder 1500–2000. Wien u. a. 1998, 241–258.

71 Vgl. Jütte: Entdeckung (s. Anm. 70); Jürgen Helm/Karin Stukenbrock (Hg.): *Anatomie. Sektionen einer medizinischen Wissenschaft im 18. Jahrhundert.* Wiesbaden 2003; Albert Schirrmeister/Matthias Pozsgai (Hg.): *Zergliederungen. Anatomie und Wahrnehmung in der Frühen Neuzeit.* (Zeitsprünge, 9) Frankfurt 2005; sowie Karin Stukenbrock: *»Der zerstückte Cörper«. Zur Sozialgeschichte der anatomischen Sektionen in der frühen Neuzeit (1650–1800).* Stuttgart 2001; Folker Fichtel: *Die anatomische Illustration in der frühen Neuzeit.* Frankfurt/Main 2006, bes. 194–308 (über die »Fabrica« des Andreas Vesalius).

72 Vgl. Michel Foucault: *Die Geburt der Klinik. Eine Archäologie des ärztlichen Blicks,* hg. v. Wolf Lepenies. Frankfurt/Main 1981.

73 Vgl. William Harvey: *Exercitatio Anatomica de Motu Cordis et Sanguinis in Animalibus.*

nellen Konzept des Körpers als Ort eines Säftegleichgewichts hin zu einem neuem, physikalisch, genauer mechanistisch bestimmten Körperbild. Dies kann hier nur in groben Zügen angedeutet werden: Der menschliche Leib wurde nun als Maschine gedeutet, angetrieben durch eine Pumpe und mechanisch bewegt durch Sehnen und Muskeln.[74] René Descartes hat dies in seinem postum veröffentlichen Traktat »De homine« zugespitzt formuliert:

»Ich stelle mir einmal vor, daß der Körper nichts anderes sei als eine Statue oder Maschine aus Erde, die Gott gänzlich in der Absicht formt, sie uns so ähnlich wie möglich zu machen und zwar derart, daß er ihr nicht nur äußerlich die Farbe und die Gestalt aller unserer Glieder gibt, sondern auch in ihr Inneres alle jene Teile legt, die notwendig sind, um sie laufen, essen, atmen, kurz all unsere Funktionen nachahmen zu lassen, von denen man sich vorstellen könnte, daß sie aus der Materie ihren Ursprung nehmen und lediglich von der Disposition der Organe abhängen«.[75]

Descartes Perspektive ist nicht nur ein Gedankenspiel, sondern gründet auf den neuen Einsichten von Anatomie und Physiologie, an denen der Verfasser partizipierte.[76] Descartes vertrat eine strikte Trennung körperlicher (»res extensa«) und gedanklicher (»res cogitans«) Vorgänge.[77] Diese von der Physik

---

Frankfurt: Wilhelm Fitzer 1628; Thomas Fuchs: *The mechanization of the heart. Harvey and Descartes.* (Rochester studies in medical history, 1) Rochester 2001.

[74] Der Iatromechaniker Giovanni A. Borelli (1608–1679) versuchte entsprechend die Bewegungen der Tiere einschließlich der inneren Vorgänge wie Muskelkontraktion, Blutkreislauf, Verdauung und Nervenfunktion als mechanische Vorgänge aufzufassen; vgl. Giovanni A. Borelli: *De Motu Animalium* [...], 2 Teile. Rom: Bernabò 1680/81; ders.: *Die Bewegung der Tiere.* Übersetzt und kommentiert v. Max Mengeringhausen. Leipzig 1927.

[75] René Descartes: »Über den Menschen« (1632) sowie »Beschreibung des menschlichen Körpers« (1648). Hrsg. u. übersetzt v. Karl E. Rothschuh. Heidelberg 1969, 44; vgl. allgemein Geneviève Rodis-Lewis: René Descartes. In: Jean-Pierre Schobinger (Hg.): Die Philosophie des 17. Jahrhunderts. (Grundriss der Geschichte der Philosophie). Bd. 2: Frankreich und Niederlande, Halbbd. 1. Basel 1993, 273–348.

[76] Descartes technomorphe »Vorstellung« des Menschen ist keine bloße Phantasie, sondern basiert auf der überlieferten Anatomie und Physik sowie auf eigenen anatomisch-physiologischen Beobachtungen, die im Zuge der Schrift entfaltet werden; vgl. Descartes: Über den Menschen (K. Rothschuh), 12. Descartes geht es in seiner Vorstellung vom Menschen darum, »die Möglichkeit eines mechanischen, selbsttätigen Ablaufs aller Körperfunktionen aufzuzeigen. Die Darstellung knüpft aber an der damaligen Anatomie und Physiologie an, die Descartes aus der Literatur gut kennt«, Descartes: Über den Menschen (K. Rothschuh), 43 Anm. 2.

[77] In seinem unvollendeten Versuch »Principia Philosophia« suchte er auf Basis der zeitgenössischen Physik eine Einheitswissenschaft zu entwerfen. Die »Principia Philosophia« liefen im fünften und sechsten Band auf die Physiologie der Pflanzen und Tiere sowie des Menschen zu, die aber von Descartes nicht ausgeführt wurden; vgl. Descartes: Über den Menschen (K. Rothschuh), 12f. Gegenüber der aristotelischen Physik und der galenischen Medizin entkleidete Descartes die Materie aller Qualitäten und Kräfte und reduzierte sie auf ihre Ausdehnung im Raum. Als solche unterlag sie den von Gott geschaffenen, unveränderlichen physikalischen, genauer: mechanischen Gesetzmäßigkeiten. Dies führte ihn zur strikten Trennung von res extensa und res cogitans. Die Lehre vom Organismus, wo sich beide ineinander vorliegen, stellte daher die größte Herausforderung für Descartes' Einheitswissenschaft dar. In seiner »Beschreibung des

und insbesondere der Mechanik geleitete Wahrnehmung des Menschen warf die Frage nach dem Zusammenspiel von Leibesmechanik und inneren Vorgängen, nach dem Zusammenwirken von Körper und »Seele« auf.[78]

Dieser hier nur grob skizzierte Umbruch in der Körperwahrnehmung der Frühneuzeit begründet die Frage nach dem Zusammenhang zur »Krise der Leiblichkeit« im Pietismus. Könnte es sein, dass gerade für eine erfahrungsbezogene religiöse Bewegung wie dem Pietismus mit dieser Reduktion des menschlichen Leibes auf räumliche Aspekte und mechanistisch zu deutende Bewegung der Körperbezug der Religiosität fraglich wurde? Musste nicht die vom cartesianischen Denken vertretene strikte Trennung von »res extensa« und »res cogitans« neben anderen Fragen auch die nach der Bedeutung des Leibes für die theologische Ethik und die christliche Frömmigkeit aufwerfen? Wenn die religiöse Rolle und Dignität des Leibes fraglich wurde, dann konnte dies auch Folgen für die theologische Deutung von Ehe und Sexualität haben.

Möglicherweise lassen sich außerordentliche körperliche »Offenbarungen« im (radikalen) Pietismus,[79] die religiös begründete Praxis extravaganter Sexualität[80] und auch noch Zinzendorfs religiöse Erhöhung ehelicher Sexualität im Lichte dieser Veränderungen der Körperwahrnehmungen sinnvoll interpretieren. Eine Klärung des Zusammenhangs wird danach zu fragen haben, wie weit das neue Bild des Körpers in Medizin und Philosophie um 1700 bereits popularisiert war und ob es den betreffenden pietistischen Theologen bekannt war. Dabei könnte möglicherweise die pietistische Medizin und ihre Auseinandersetzung mit der mechanistischen Medizin[81] wichtige Hinweise geben, ob und inwiefern die »Krise der Leiblichkeit« mit dem »Verlust« der Leib-Seele-Einheit in der frühneuzeitlichen Körperwahrnehmung zusammenhängt.

---

menschlichen Körpers« hält Descartes an der Trennung des Körperlichen vom Denken fest. Alle Bewegungen des Menschen lassen sich körperlich erklären, während man der Seele lediglich Denkvorgänge zuschreiben muss; vgl. Über den Menschen (K. Rothschuh), 139–141.

78 Die Occasionalisten schrieben das Zusammenspiel von »seelischen« und körperlichen Vorgängen dem Eingreifen Gottes zu, so insbesondere Arnold Geulincx (1624–1669); vgl. Jean-François Battail: Arnold Geulincx. In: Schobinger: Philosophie des 17. Jahrhunderts (s. Anm. 75), 375–398. Zum übrigen Occasionalismus vgl. Geneviève Rodis-Lewis: René Descartes. In: Schobinger: Philosophie des 17. Jahrhunderts, 405–423.

79 Vgl. insbesondere Ryoko Mori: *Begeisterung und Ernüchterung in christlicher Vollkommenheit. Pietistische Selbst- und Weltwahrnehmung im ausgehenden 17. Jahrhundert.* (Hallesche Forschungen, 14) Tübingen 2004, 103–160, und den Beitrag Moris in diesem Band.

80 Zur sexuellen Praxis der Sozietät der Eva von Buttlar vgl. Temme (s. Anm. 1), 177–184, 351–362, 382–394.

81 Vgl. z. B. die Auseinandersetzung zwischen Georg Ernst Stahl (1659–1734) und Friedrich Hoffmann (1660–1742) in Halle; vgl. einführend Richard Toellner: Medizin und Pharmazie. In: Hartmut Lehmann (Hg.): Geschichte des Pietismus. Bd. 4: Glaubenswelt und Lebenswelten. Göttingen 2004, 334–356, hier 336, 340–345.

Hans-Jürgen Schrader

»Werd ein Kind!« im »Wunderhorn«

Pietistische Mitgiften an die Romantik

Wenn jemand, der sich ein bisschen auskennt in der literarischen Erbschaft des Pietismus, zur Erholung hier und da herumblättert in dem seltsamen Sammelhort für »Alte deutsche Lieder«, die uns die Romantikerfreunde Achim von Arnim und Clemens Brentano seit 1805 (auf dem Titelblatt des Ersten Teils vordatiert auf 1806) unter dem merkwürdigen Titel *Des Knaben Wunderhorn* zum ewigen Hausschatz einer lebensnah-situationsgeborenen, ursprungsechten Volkspoesie zusammengestellt haben,[1] dann wird er im letzten Drittel des ersten Teils elektrisiert auffahren: da nämlich stößt er auf eine dem Gedicht vorangestellte wohlbekannte Quellenangabe, die in solchem Konvolut bei all seiner Buntheit doch kaum zu erwarten war.

Mehr noch als die Gedichtüberschrift selbst, die heutige unbefangene Leser sicher einigermaßen surreal anmuten wird, die gleichsam Naturgesetze umkehrende Aufforderung nämlich »Werd ein Kind.«, springt den so Däumelnden der Herkunftsnachweis an: »Historie der Wiedergebornen. 1742. S. 18.«

Wie passt, so fragt man sich, ein Textzitat aus der frühesten und zugleich in ihren vielen Auflagen wirkungsstärksten pietistischen Sammlung erwecklich-frommer Musterbiographien unter das, was seit der Romantik als Sammelbecken und Inbegriff des deutschen »Volkslieds« gilt? Ein Irrtum nämlich ist ausgeschlossen: das erweist schon der Kommentar von Heinz Rölleke's kritischer Gesamtausgabe von *Des Knaben Wunderhorn*, der zu Arnim/Brentanos Belegangabe erläutert:

---

[1] *Des Knaben Wunderhorn. Alte deutsche Lieder* gesammelt von L. A. v. Arnim und Clemens Brentano. Erster Band. Heidelberg, bey Mohr u. Zimmer. Frankfurt bey J.C.B. Mohr 1806 [recte: 1805]. Zitatgrundlage (bei bloßen Zitatnachweisen mit Liednummer und Seitenangabe im Text) ist im folgenden die vollständige und kommentierte Edition (beruhend auf seiner Editionsleistung in der »FBA«, Clemens Brentano: *Sämtliche Werke und Briefe*, Bd. 6: *Des Knaben Wunderhorn*, Teil 1. Hg. v. Heinz Rölleke und Bd. 9/1: Lesarten und Erläuterungen. Hg. v. Heinz Rölleke, Frankfurt 1975): *Des Knaben Wunderhorn. Alte deutsche Lieder*, gesammelt von Achim von Arnim und Clemens Brentano, Kritische Ausgabe. Hg. und kommentiert von Heinz Rölleke. 3 Bde. (Reclam Universal-Bibliothek, 1250–1252), Stuttgart 1987 [hier: Bd. 1]. Zum Titel der Sammlung und zugleich des Eingangsgedichts nach einem ursprünglich anglonormannischen Lied, das Arnim und Brentano in einer der ihrem romantischen Impetus richtungweisenden Sammlungen aus dem Geist des Sturm und Drang vorgefunden hatten (Anselm Elwert: *Ungedruckte Reste alten Gesangs nebst Stücken neurer Dichtkunst*, Gießen – Marburg 1784, 13f), ebd., Bd. 1, 420f, Bd. 3, 503.

»Vorlage war ein vierstrophiges Gedicht ohne Titel (vgl. aber V. 19) aus der von Johann Heinrich Reitz zusammengestellten Sammlung erbaulicher Lebensläufe *Historie der Wiedergebornen* (1742; S. 18), das den Weg der wahren, d. h. naiven ›Gottesgelehrtheit‹ weisen will.«[2]

Nicht die gleichsam wissenschaftliche Quellenangabe an sich ist das Erstaunlichste in dieser doch volkstümlich gewollten, programmatisch ja nicht für Gelehrte, sondern für jeden Hausstand bestimmten Sammlung sogenannter »Volkslieder«: Fast bei jedem Gedicht nämlich haben die Sammler einen solchen Nachweis unter den Titel gesetzt, sei es auch nur mit den häufig wiederkehrenden Formeln »Mündlich.« wie im Lied »So treiben wir den Winter aus« (I, 161a, S. 144) oder »Fliegendes Blat.« wie im bekannten »Der Schweizer.« -Lied »Zu Straßburg auf der Schanz« (I, 145, S. 130), in zwischen Unbestimmtheit und Präzision schwebend gehaltenen Angaben wie »Fliegendes Blat vom Kloster Einsiedeln.« (I, 79, S. 73) bzw. »Aus einem Gesangbuche der Wiedertäufer v. J. 1583. S. 53« (I, 146, S. 131). Andere Belege geben unter all den Namenlosen und Anonymen ohne nähere Fundortbezeichnung den Namen bekannter Dichter wie »Martin Opitz.« (z. B. beim Gedicht »Aurora.«, I, 291a, S. 264), bisweilen aber sind diese Angaben pedantischer noch spezifiziert als im hier erwogenen Falle, so etwa bei den »Nachtmusikanten« (I, 29, S. 30): »Narren-Nest von Abraham a St. Clara. Wien 1751. III. T. S. 89.« oder in der Heinrich Heine zu seiner ironischen Transformation anregenden Angabe zur Ballade »Der Tannhäuser.« (I, 86, S. 79): »Venus-Berg von Kornmann, dann in Prätorii Bloksberg-Verrichtung. Leipzig, 1668. S. 19–25.«

Wir wissen, dass diese Angaben der Suggestion einer überlieferungsgetreuen Echtheit und zugleich des zumeist ehrwürdigen Alters der zusammengetragenen Texte dienen sollten: in Wirklichkeit waren die Lieder ja von Brentano – und bisweilen willkürlicher noch von Arnim – durchgreifend bearbeitet und mit schroffen Kürzungen zurechtgestutzt, so dass sie zugleich dem intendierten Bild einer überreichen, nur bisweilen noch in entlegenen Drucken aufzustöbernden und so vor dem Vergessen zu bewahrenden prae- und paraliterarischen Dichtungstradition des deutschen Volkes entsprachen, grob-kernig und alogisch-sprunghaft, oft schwer nachvollziehbar zersungen. Damit erst kamen sie dem in der »Nachschrift an den Leser« alludierten Konzept kollektiv entstandener oder doch wenigstens vom Volksgeist variantenreich adaptierter »Volkslieder« entgegen – insofern der so spielerisch assimilationsbegabte Brentano seine »Volkslieder« nicht überhaupt gleich selbst gedichtet hatte und unter Formeln verborgen wie »Mündlich.«

---

[2] Heinz Rölleke: Kommentar. In : *Des Knaben Wunderhorn* (s. Anm. 1), Bd. 3 (1987), 510.

oder »Aus mündlicher Ueberlieferung in Maria's Godwi. Bremen 1802. II. B. S. 113. abgedruckt.« (I, 19, S. 21.)[3]

Des Knaben Wunderhorn wurde ja, zusammen mit Ludwig Tiecks etwa gleichzeitig angelegter (schon 1803 erscheinender) Sammlung des hochmittelalterlichen Minnesangs, *Minnelieder aus dem schwäbischen Zeitalter* das früheste Beispiel jener durchweg zugleich Sammlungs- und stilisierenden Redaktionstätigkeit, mit dem ein kleiner romantischer Studenten-Freundes- und bald durch interne Eheliaisonen mehr und mehr auch Verwandtenkreis der sogen. »Heidelberger« oder auch »mittleren« Romantik halb gelehrt und halb fiktional die ganze ungemein wirkmächtige Serie an vermeintlich altdeutsch-ursprungkräftiger Volksdichtungen versammelte und auf den Markt warf, mit denen angesichts der Erschütterungen der Napoleonischen und der Befreiungskriege deutscher Traditionsreichtum und deutsche Volkskraft, Gefühlstiefe, Treuherzigkeit und Biedersinn ausgestellt werden sollten: seit 1807 erschienen, vom Freund der *Wunderhorn*-Sammler Joseph Görres, *Die deutschen Volksbücher*, seit 1812, von Brentano mit angeregt, die *Kinder- und Hausmärchen* der Brüder Grimm, dann die ganze Serie der Sammlungen Jacob Grimms: seit 1816 *Deutsche Sagen*, schließlich noch 1828 *Deutsche Rechtsaltertümer* und 1838 *Deutsche Mythologie*. Wie wirksam und im geschickten Auffangen und Nachahmen begabter Dichter und dann auch Kunstlied-Komponisten produktiv dieses Amalgam aus Sammlungs- und Schöpfergeist war, zeigen etwa die Belobigungen des begabtesten unter den Nachgestaltern, Heinrich Heines, der in seinem Essay *Die romantische Schule* gerade das im *Wunderhorn* tiefgreifend umgestaltete »rührende Lied ›Zu Straßburg auf der Schanz‹« zum Muster des ganz ursprünglichen, durch keinen sentimentalischen Dichtergeist imitierbaren Volkslieds erhebt: »Welch ein schönes Gedicht! Es liegt in diesen Volksliedern ein sonderbarer Zauber [...], die unersetzbare sympathetische Naturkraft. In diesen Liedern fühlt man den Herzschlag des deutschen Volks«. Die konkreten Beispiele aber, die Heine für diese naturhafte Ursprungsnähe aufführt, entstammen, wie Rölleke Zug für Zug nachgewiesen hat, zur Gänze Brentanos eigener Feder und eben nicht der langatmig-hölzernen Quelle, die er erst zum »Volkslied« umgeschaffen hat.[4]

---

[3] Eine exzellente Kennzeichnung des im *Wunderhorn* zusammengetragenen »mixtum compositum« höchst unterschiedlicher Textbestände, die durch den Verzicht auf klare Auswahlkriterien in extenso gelesen »enttäuschend langweilig« werden könnten, gibt Heinz Rölleke: »Des Knaben Wunderhorn« – eine romantische Liedersammlung: Produktion – Distribution – Rezeption. In: Walter Pape (Hg.): Das »Wunderhorn« und die Heidelberger Romantik: Mündlichkeit, Schriftlichkeit, Performanz. Kolloquium der Internationalen Arnim-Gesellschaft (Schriften der Internationalen Arnim-Gesellschaft, 5), Tübingen 2005, 3–19, hier 3, 5 f, 10: »Wirklich direkt aus lebendiger Volksüberlieferung sind von Brentano neben einigen Kinderliedern nur verschwindend wenige Texte gewonnen, jedoch so gut wie nichts von Arnim.« (8).

[4] Heinz Rölleke: Nachwort in seiner neuen, um die Nachweise und Kommentare der An-

Erstaunlicher wie gesagt als der Belegnachweis selbst muss im *Wunderhorn* die Quelle für das Volksliedmuster in der pietistischen Sammelbiographie erscheinen, dieses am Ende auf sieben Bände angewachsenen alten Trösters, der nicht allein bald nach seiner sechsten und letzten Auflage von 1740 bis 1745 vom Buchmarkt verschwunden war, sondern auch vorher nie über seine reiche Wirkung in pietistischen Zirkeln hinaus in die Sphären schöngeistiger Aufmerksamkeit gelangt war – schon infolge der schroff antifiktionalen Tendenz der Pietisten und ihrer Verdammung einer nicht zu Gottesdienst und Seeleneinkehr dienenden Ästhetik. Freilich hatten Arnim und Brentano außer Kalendern, Flug- und Jahrmarktsschriften, Chronik-, Lieder-, Schwank- und Kuriositätenbüchern auch einiges Geistliche und Gesangbücher mit durchgesehen, eher selten aber aus der ihnen recht fernliegenden protestantischen Tradition (und wenn, dann aus dem Reformationsjahrhundert und dem Dreißigjährigen Krieg), nie jedoch aus pietistischer, noch dazu biographisch-autobiographischer Erbauungsliteratur. Allerdings ist für ein grundsätzlich weiterhin aktuales Interesse noch der Romantiker zu bedenken, dass die Reitz'sche *Historie Der Wiedergebohrnen* in den zur Erweckungsbewegung hin tendierenden protestantischen Literatenkreisen bald darauf als Bezugs- Exempel- und Quellenwerk wiederentdeckt, argumentativ – etwa zur Stützung naturwissenschaftlich-psychologischer oder magnetischer Spekulationen – genützt und in neuen erbaulichen Viten-Sammlungen passagenweise ausgezogen und nachgedruckt wurde, namentlich in Gotthilf Heinrich Schuberts berühmter *Symbolik des Traumes* (erstmals 1814) und in seiner späten Sammelbiographie *Altes und Neues aus dem Gebiet der innren Seelenkunde* (seit 1817) oder im Umkreis Jean Pauls in Johann Arnold Kannes *Sammlung wahrer und erwecklicher Geschichten aus dem Reich Christi und für dasselbe* (zuerst 1815) mit ihren Filiationen *Leben und aus dem Leben merkwürdiger und erweckter Christen aus der protestantischen Kirche* (zuerst 1816) und schließlich *Fortsetzung der zwei Sammlungen* (1824), auch schon 1810 in einem wohl ebenfalls auf Kanne zurückgehenden ano-

---

merkungen verkürzten einbändigen Insel-Ausgabe: *Des Knaben Wunderhorn. Alte deutsche Lieder.* Gesammelt von Achim von Arnim und Clemens Brentano. Hg. v. Heinz Rölleke, Frankfurt – Leipzig 2003, 1193–1211, hier 1203–1206, vgl. seine Charakterisierung der Sammel- und Bearbeitungstendenzen des Gesamtwerks im Katalog *Clemens Brentano 1778–1842.* Ausstellung Freies Deutsches Hochstift – Frankfurter Goethe-Museum, Frankfurt 1978, 146–150. Im Aufsatz »Des Knaben Wunderhorn« (s. Anm. 3) kennzeichnet Rölleke das »Straßburg auf der Schanz«-Lied als die »berühmteste Fälschung« in der so viel an Brentano-Eigentexten einmischenden Sammlung (11, vgl. die Detailuntersuchung 9–13). – Gut und knapp charakterisiert die Brentanosche »Restaurierungs«-Tätigkeit an den zumeist aus gedruckten Quellen kompilierten Gedichten sowie allgemeiner den biographischen Kontext der *Wunderhorn*-Sammeltätigkeit auch Hartwig Schultz: *Clemens Brentano* (Reclam Universal-Bibliothek, 17614), Stuttgart 1999, 16f, 42–44.

nym publizierten Traktat *Lebensgeschichte des Hemme Hayen, eines niederländischen Bauern und wahrhaften Clairvoyanten.*[5]

Was es nun mit der Aufnahme von »Werd ein Kind.« ins *Wunderhorn* auf sich hat, kann man dank der seit 1982 allenthalben ja bequem zugänglichen Neuedition der *Historie Der Wiedergebohrnen* (übrigens auch diese ein historisches Langzeitprodukt, insofern der Reprint aller Teile in ihren Erstausgaben nach nunmehr 25 Jahren noch nicht ausverkauft und weiterhin lieferbar ist)[6] mühelos nachschlagen. Da kann man sehen, dass das fragliche Lied dem erst zur vierten Auflage der seit ihrem Erstdruck ständig vermehrten Sammlung hinzugefügten V. Teil entstammt, der erstmals 1717 in Idstein im Taunus im Verlag des Johann Jacob Haug erschienen war. Es war dies der letzte Band, den noch der Gründer der Sammlung Johann Henrich Reitz zusammengestellt hatte, nachdem er 42jährig durch seine Entlassung aus dem reformierten Pfarrdienst (weil er für religiöse Ekstatiker Partei ergriffen hatte), vollends in außerkirchlich-philadelphische Bahnen gedrängt worden war (die Teile VI und VII sind dann ja von theologisch noch umstritteneren Radikalen, dem zeitweiligen Inspirierten Johann Samuel Carl und dem Berleburger Dippel-Gefolgsmann und Editor Johann Conrad Kanz kompiliert worden).[7]

Dieser fünfte Band ist dann bei den Folgeauflagen des Gesamtwerks in den Jahren 1726 und 1742 wieder nachgedruckt worden. Arnim und Brentano beziehen sich also auf die Ausgabe der in der philadelphischen Verlagsbuchhandlung Haugs in Berleburg erschienenen 6. und letzten Auflage der *Historie*, die dort zeitgleich mit dem achten und letzten Band des berühmten Berleburger Bibelwerks und mit der großen Serie an quietistisch-mystischer Erbauungsliteratur erschienen war, dem grundlegenden Lektüreschatz etwa für Karl-Philipp Moritz, aber auch noch für Jean Paul.[8] Wie die beiden Ro-

---

[5] Genaue Nachweise und deren knappe Interpretation in meiner (die *Wunderhorn*-Reminiszenz noch nicht erfassenden) Rekonstruktion der Wirkungsgeschichte der *Historie Der Wiedergebohrnen* in Hans-Jürgen Schrader: *Literaturproduktion und Büchermarkt des radikalen Pietismus. Johann Henrich Reitz' »Historie Der Wiedergebohrnen« und ihr geschichtlicher Kontext* (Palaestra, 283), Göttingen 1989, 305, 510 und 534f.

[6] Johann Henrich Reitz: *Historie Der Wiedergebohrnen.* Vollständige Ausgabe der Erstdrucke aller sieben Teile der pietistischen Sammelbiographie (1698–1745) mit einem werkgeschichtlichen Anhang der Varianten und Ergänzungen aus den späteren Auflagen. Hg. v. Hans-Jürgen Schrader. 4 Bde. (Deutsche Neudrucke. Reihe Barock, Bd. 29–32), Tübingen 1982.

[7] Schrader: *Literaturproduktion* (s. Anm. 5), 89–107, 401–418, auch Reitz: *Historie*, Reprint (Anm. 6), Bd. 4, 157*-163*, 185*-192*.

[8] Vgl. dazu Schrader: *Literaturproduktion* (s. Anm. 5), 93f, 98f, 107, 183, 197f, 207–210, 214–219, zum Kontext an parallel in derselben Berleburger Offizin gedruckter und auch über Haugs Buchhandlung vertriebener quietistischer Literatur zudem Hans-Jürgen Schrader: Madame Guyon, Pietismus und deutschsprachige Literatur. In: Hartmut Lehmann / Hans-Jürgen Schrader / Heinz Schilling (Hg.): Jansenismus, Quietismus, Pietismus (AGP, 42), Göttingen 2002, 189–225, hier 192–196, 213–217 und 222.

mantiker an den in dieser späten Ausgabe ziemlich raren Band oder eine Abschrift des Liedes mit der Quellenangabe gekommen sind, ist kaum auszumachen, auch nicht, wer von beiden das Lied beigesteuert hat. Dass Brentano selbst das Buch in seiner mit Trüffelsuchbegier nach dem Entlegenen und Kuriosen zusammengetragenen Bibliothek besaß, die den Grundfundus für den Ersten *Wunderhorn*-Band hergegeben hat, ist denkbar, aber wenig wahrscheinlich: eher könnte das Exemplar in der Königlichen Bibliothek in Arnims Heimatstadt Berlin zugrunde gelegen haben, in der er sich 1804 und 1805/06 wiederholt aufgehalten und systematische Quellenrecherchen für das »Wunderhorn« angestellt hat.[9]

Das Gedicht war in diesem Band angehängt (S. 18) an die »Zweyte Historie / Von Johanne Jessenio, berühmtem Doctore Medicinae, und von Georg Balthasar, einem einfältigen Baursmann in Böhmen.« Während die Jessenius-Geschichte (vermittelt durch Theodor Kampfs *Der wunderbare Todes-Bote*) noch in Wilhelm Raabes Roman *Das Odfeld* späten literarischen Niederschlag gefunden hat,[10] ist von der Geschichte des wegen seiner Visionen und Verkündigungen hingerichteten böhmischen Bauern dieses beschließende Gedicht durch die *Wunderhorn*-Wiedergabe zu weltliterarischen Ehren gelangt. Solche Gedichte, die die zentralen Botschaften und Glaubensanleitungen der vorangehenden Lebensgeschichte noch einmal in konzentrierter und gebundener Form zur Meditation brachten, hatte Reitz seit dem IV. Teil seiner Sammlung (vorher nur seltener) den Einzelhistorien regelmäßig nachgestellt, sicher auch im Sinne einer vereindringlichenden Be-

---

[9] Vgl. zu seinen Aufenthalten seit 1804 in Berlin, wo er überdies einen potentiell hilfreich zuarbeitenden Bekanntenkreis hatte, den Katalog von Jürgen Behrens [u.a.]: *Clemens Brentano.* Ausstellung Freies Deutsches Hochstift – Frankfurter Goethemuseum, Bad Homburg – Berlin – Zürich 1970, 40f, vgl. 49–52; speziell zur Sammeltätigkeit für das *Wunderhorn* im Dezember 1805 / Januar 1806 (als allerdings der 1. Band bereits erschienen war), Hinweise im von Renate Moering und Hartwig Schultz bearbeiteten Katalog: *Achim von Arnim 1781–1831.* Ausstellung Freies Deutsches Hochstift – Frankfurter Goethe-Museum, Frankfurt 1981, 37f, 43–45. Dazu Nachweis der erhaltenen Exemplare (u.a. in der Staatsbibliothek Berlin) Schrader: *Literaturproduktion* (s. Anm. 5), 406, 527. Denkbar wäre, dass Arnim auf Reitz, der ja von 1711 bis zu seinem Tod 1720 im niederrheinischen Wesel gewohnt und gewirkt hatte, zunächst bei historischen Vorstudien für sein Drama *Die Vertreibung der Spanier aus Wesel im Jahr 1629* gestoßen ist, in das er jedenfalls ein nach Oktober 1804 in Berlin geschriebenes Gedicht integriert hat: Katalog: *Achim von Arnim*, 37.

[10] Intertextuelles Spiel mit der in eine Sammlung abergläubischer Prodigien gefallenen Erbschaft der pietistischen Sammelbiographie (Theodor Kampf: *Der wunderbare Todesbote, oder Schrift= und vernunftmäßige Untersuchung, was von Leichenerscheinungen* [...] *und andern Anzeigungen des Todes zu halten*, Lemgo 1728) in Wilhelm Raabes Erzählung *Das Odfeld* (1886/87): Werke in Einzelausgaben, hg. v. Hans-Jürgen Schrader, Bd. 6 (Insel-tb, 886), Frankfurt 1985, 63: »Johann Jessenius, ein Böhme«, vgl. 46f. Nachweis aller Bezüge bei Fritz Jensch: *Wilhelm Raabes Zitatenschatz*, Wolfenbüttel 1925, 44, bester Aufschluss bei Helmuth Mojem: *Der zitierte Held. Studien zur Intertextualität in Wilhelm Raabes Roman »Das Odfeld«* (Untersuchungen zur deutschen Literaturgeschichte, 72), Tübingen 1994, 43–48.

sinnungspause vor der Lektüre des nächsten Exempels. Die *Wunderhorn*-Sammler hätten also, wären ihnen Adhortationen zu christlicher Frömmigkeit als solche aufhebenswert erschienen, auch hier eine ganze Fülle an außerkanonischer und paraliterarischer Lyrik aus dem Buch gewinnen können. Aber nur dies eine Stück haben sie sich angeeignet. Wie für die meisten der Gedichte, sofern sie nicht direkt der für das Lebensexempel verwendeten bzw. nachgedruckten Quelle entstammten (etwa aus einem Leichenpredigten-Druck), hat Reitz auch in diesem Fall keine Herkunftsangabe und auch keinen Verfassernamen benannt – seine vermutlich in irgendeinem Traktat bereits gedruckte Quelle habe auch ich nicht gefunden.

Das somit nur anonym überlieferte Gedicht blieb in der *Historie* noch titellos. Zur Zusammenfassung seiner Paränese, die die zugleich antiakademischen wie antiliterarischen Botschaften der vorangehenden Bauerngeschichte wieder aufnahm (auch einer lyrischen »Kinder=Lection«, die er im IV. Teil zum Abschluss der Biographie des Jodocus van Lodenstijn aus dessen *Uitspanningen* übersetzt hatte,[11] hatte Reitz dem Gedicht allerdings eine Gebrauchsanleitung vorangesetzt:

»Zum Beschluß und Wiederholung / daß die von Menschen und aus Büchern gefassete Gottgelehrtheit / die nur eine Welt=Weißheit und Philosophie ist / auffblähe und an der wahren Gottgelehrtheit hindere / so setzen wir hieher:

1.
Klein und arm an Hertz und Munde
  Mußt du seyn / wann Christus soll
Gehen auff in deinem Grunde:
  Denn die Rose und Viol
Wächst im Thal der nidern Seelen /
Die nichts Hohes hier erwählen!

2.
Mögtst du nur so seyn demüthig
  Wie die nidre Sarons=Blum /
Und demnach stehn ehrerbietig
  Und vor GOtt gebücket=krumm:
So soltst du gar bald die Gaben
Seines Geistes in dir haben.

3
Wann dich aber hoch beflecket
  Deiner Weißheit stoltze Witz;
Sich alsdenn vor dir verstecket
  Wahrer Wahrheit klarer Blitz:

11 Reitz: *Historie Der Wiedergebohrnen*, Teil IV, Idstein 1716 (in Reprint-Ausg., Bd. 2), 41.

Wann der Buchstab dich gefangen /
Kanst du nicht zum Geist gelangen.

4.
Werd ein Kind / werd arm und kleine /
Sey nicht hoch noch weiß bey dir;
Setze dich in Staub / und weyne /
Biß dich GOtt zur Schule führ /
Da sein Geist die Arm= und Blöden
Weißlich lehret von ihm reden.«[12]

Eine pietistisch-quietistische Demutslehre also wird da geboten: neben allem Eigenwirken wird alle stolze Gelehrsamkeit denunziert. Um zur zündenden und allein wesentlichen Einsicht und Weisheit zu gelangen (»Wahrer Wahrheit klarer Blitz«), so wird hier gesagt, muss man sich der eigenen Verstandeserkenntnis ganz entschlagen und wieder zu jener tabula rasa werden, in die Gott als einzig rechter Lehrmeister seine Inschrift setzen kann, wann immer er einen solchen Grund-Schulunterricht für richtig hält. Gesagt wird das nicht nur in rhythmisch-adhortativen vierhebigen Trochäusversen, die nach einer kreuzgereimten Reflexion in jeder Strophe die einzuprägende Pointe paarreimig vereindringlicht, sondern vor allem in den vom Lesenden mitzuerschließenden biblischen Bildern: Das Ausgangsbild der zwei ersten Strophen aus dem Hohelied (Cant 2,1 und 2,2: »Ich bin eine Blume in Saron und eine Lilie im Tal. Wie eine Lilie unter den Dornen, so ist meine Freundin unter den Mädchen.«) macht mit einem brautmystisch-erotischen Bezug das dem Eigenwillen entsagende Demutsverhältnis zu Jesus verlockend, gleich ihm arm und klein zu sein an »Herz und Munde« (Doppelformel nach Sir 39,41). Die »Gaben des Geistes« (Act 2,38, oder »Gaben der Weisheit« nach Sap 7,15), so lehrt das Lied weiter, werden nicht aus selbsteigenem Studieren gewonnen, nicht aus dem tötenden Buchstaben, sondern nur aus dem lebendigmachenden Geist (2Kor 3,6) der unmittelbaren göttlichen Zusprache. Die aber muss in kindlicher Demutsgesinnung lauschend im Staub zu Jesu Füßen erwartet werden – ein deutlicher Reflex jenes »unum necessarium«, mit dem Lk 10,42 Maria, die Schwester der geschäftigen Martha, »das gute Teil erwählt« hat.[13] Denn zu den Armen im Geiste muss man sich

---

[12] Reitz: *Historie Der Wiedergebohrnen*, Teil V, Idstein 1717 (in Reprint-Ausg., Bd. 2), 18.

[13] Für das Argument der gegenüber der bewundertsten Welt-Gelehrsamkeit höherwertigen Selbstbescheidung in demütiger Herzenseinfalt war diese Mustererzählung der »melioris partis electio« in der Annahme des »Marien-Teils« seit der Beispielerzählung der ihrem Gelehrsamkeitsruhm entsagenden Labadistin Anna Maria van Schuurman topisch geworden, die allem Ruhm der für Frauen unerhörten Bildung, namentlich in den alten Sprachen, zugunsten einer weltabgewandten praxis pietatis entsagt hatte: A. M. à Schurman: ***EYKΛHPIA*** *seu Melioris Partis Electio*. Tractatus Brevem Vitæ ejus Delineationem exhibens, 2 Teile, Altona: Cornelius van der Meulen 1673 / 1685. Vgl. die erst goethezeitlich-späte deutsche Ausgabe aus philanthropischen

in Jesu Schule gesellen, so schärft die Schlussstrophe mit der Bergpredigt Mt 5,3 als Quintessenz ein, wenn man recht von ihm reden und durch ihn das Himmelreich erlangen will.[14]

Für das *Wunderhorn* nun ist dieses Gedicht von den Romantiker-Herzensfreunden integraliter und mit vergleichsweise nur recht geringen redaktionellen Änderungen übernommen worden. Indem allerdings der Auftakt zur letzten Strophe, »Werd ein Kind« nun dem Gesamtlied als Überschrift vorangesetzt wird, wird die Beleuchtung verschoben, vom im »Historie«-Gedicht dominanten Auftrag, sich der Gelehrsamkeit zu entschlagen und sich in der Schule Gottes für das jenseitige Himmelreich zuzurüsten, hin zu einem in diesem Leben voluntaristischen Wiedergewinnen des Kindersinns vor aller ratio. Bei Arnim / Brentano lautet das Gedicht nun so:

»Werd ein Kind.
Historie der Wiedergebornen. 1742. S. 18.

Klein und arm an Hertz und Munde
Mußt du seyn, wenn Christus soll
Gehen auf in deinem Grunde:
Denn die Rose und Viol
Wächst im Thal der niedern Seelen /
Die nichts hohes hier erwählen!

Mögst du nur so seyn demüthig,
Wie die niedre Sarons Blum,
Dennoch stehen ehrerbietig
Und vor GOtt gebücket krumm:
Also mögst du bald die Gaben
Seines Geistes in dir haben.

Kontexten: Der Anna Maria von Schurman *ΕΥΚΛΗΡΙΑ oder Erwählung des besten Theils*. – Eine Schrift, die zugleich einen kurzen Abriß ihres Lebens enthalt. – Luc. X, 41. 42. Eins ist Noth. Maria hat das beste Theil erwählt. – Aus dem Lateinischen übersetzt. Dessau und Leipzig 1783. – In der *Historie Der Wiedergebohrnen*, Teil VI, Berleburg 1730 [hg. v. Johann Samuel Carl] (Reprint, Bd. 3), 67–77 beschließt sich die »Sechste Historie von Anna Maria von Schurmann / einer welt=berühmten / gelehrten und gott=seligen Dame«, die »sich als eine andere Maria aufführen und das beste Theil erwählen wollen« (74), mit einem Lied, in dem es (76) heißt:

»Ich dichte nicht von eitler Waar,
Wie der gelehrten Heyden Schaar:
Mein Musen=Lied ist Engel=Thon;
Mein Lorbeer=Kranz die Dornen=Kron /
Und Golgatha mein Helicon.«

[14] Einige dieser Bibelallusionen hat Heinz Rölleke bereits im Kommentar zur FBA vermerkt: Brentano: *Werke*, Bd. 9/1 (s. Anm. 1), I, 292. Dort auch die Auflistung der nachfolgend interpretierten »Lesarten« (meint hier: Divergenzen zwischen der *Historie*-Quelle und der *Wunderhorn*-Bearbeitung).

Wenn dich aber hoch beflecket
Deiner Weisheit stolzer Witz,
Sich alsdann vor dir verstecket
Wahrer Wahrheit klarer Blitz:
Wenn der Buchstab dich gefangen,
Kanst du nicht zum Geist gelangen.

Werd ein Kind, werd arm und kleine,
Sey nicht hoch noch weis' bei dir,
Setze dich in Staub und weyne,
Bis dich GOtt zur Schule führt,
Da sein Geist die Arm' und Blöden
Weislich lehret von ihm reden.«

Die meisten Eingriffe nehmen bloß lautlich, orthographisch, interpunktionell und in Tilgung der gesangbuchartigen Einzüge allzu fremdartig Gewordenes zurück, ohne doch das archaische Klangbild aufzuheben. Wenn dabei im Auftrag des Demütigwerdens aus dem »Mögtst du nur« ein »Mögst du nur«, also aus dem dringlicheren Verlangen »möchtest du doch!« im Sinne des lateinischen »utinam« eine bloße Wahlentscheidung »wenn du nur willst« wird, scheint das in der Aussage beabsichtigt, denn anstelle des imperativen »So soltst du gar bald« des Annehmens von Gottes Geistesgaben wird ja dieselbe Formel der Konsequenz des Wählens, »Also mögst du bald«, eingesetzt. Gegen die Logik volksliedhaft aufgerauht, gleichsam künstlich zersungen, wird der Text durch das adversative »Dennoch« der zweiten Strophe, mit dem das Gebückt-vor-Gott-Stehen sinnwidrig zum Demütigsein in Widerspruch gerät, oder in der letzten Strophe durch das Einführen eines doppelt unreinen Reims (»dir« auf »führt«), indem der ja durchaus verständlich bleibende Konjunktiv »führ« der *Historie*-Version (im Sinne von »führen mag«) in den »populäreren« Indikativ umgesetzt wird. Wirklich tiefgreifend form- oder sinnverändernd aber ist dies alles nicht. Die Reverenz der Quellenangabe bleibt vollkommen berechtigt.

Bekanntlich haben Arnim und Brentano *Des Knaben Wunderhorn* im Eingangsbogen zum Ersten Teil »Sr. Excellenz des Herrn Geheimerath von Göthe.« dediziert,[15] und Arnim selbst ist mit einem druckfrischen Exemplar sogleich nach Weimar gereist, um es dem Angewidmeten persönlich in die Hand zu geben.[16] Das war zwar auch, aber sicher nicht nur, wie die den ehrgeizigen jungen Dichtern Übelwollenden argwöhnten, ein Wurf mit der Wurst nach der Speckseite, um ihr Vorhaben gleichsam dem Patronat des gefeiertsten Poeten der Epoche zu unterstellen. Schließlich hatten sich die beiden Herzensfreunde ja während ihres Studiums in Göttingen 1801 auf ei-

---

15 *Des Knaben Wunderhorn* (s. Anm. 1), 9.
16 Katalog: *Achim von Arnim* (s. Anm. 9), 44.

ner studentischen Ehrenfeier kennengelernt, die dem hier zu wissenschaftlichen Studien an Akademie und Bibliothek weilenden Dichterfürsten dargebracht wurde. Und Brentano, der sicher gehört hatte von Goethes einstigem Umwerben seiner Mutter Maximiliane von La Roche, fühlte sich noch mehr zu ihm hingezogen durch den aufmunternden Begleitbrief, mit dem er das für ein Weimarer Preisausschreiben geschriebene Lustspiel *Ponce de Leon* zurückgesandt hatte, nachdem man eine Siegerentscheidung wegen der Unspielbarkeit aller eingesandten Stücke ausgesetzt hatte. Vor allem aber wussten Arnim und er natürlich ebenso wie die Öffentlichkeit, der der so gewidmete Band nun übergeben wurde, dass Goethe selbst in seiner Straßburger Studienzeit Volkslieder sammelnd und musterstiftend hinzudichtend den regsten Anteil gehabt hatte an der für die eigene Sammlung vorbildlichen Sturm-und-Drang-Emphase zur Bewahrung und sichernden Überlieferung der »Volkspoesie«.[17] Gemeinsam mit Goethe hatten ihnen da ja Herder, Bürger und Elwert auch schon die fertige Theorie für ihr eigenes Unternehmen vorentworfen (zugleich den konservatorischen Aspekt eines Bewahrens dieses urkräftigen, nicht intellektuell und regelhaft ersonnenen Schatzes deutscher Volksüberlieferung vor dem Verklingen, zum andern auch jenen, der sich zur Erfrischung und Erneuerung der Kunstproduktion an den Mustern solcher »Naturpoesie« an Gegenwart und Zukunft richtete).

Über die Besuchstage in Weimar anlässlich der Überreichung des *Wunderhorn*-Widmungsexemplars und die unerwartet enthusiastische Aufnahme durch den Minister und machtvollsten Dichter hat Arnim seinem Mitherausgeber in Heidelberg am 16. Dezember 1805 in heller Wonne berichtet:

»Göthe, der viel, sehr viel Güte für mich hat [...] grüßt Dich, dankt für unsre Sammlung, findet sie sehr angenehm, hat sie gegen viele in Weimar gelobt und wird vielleicht selbst einige Worte in der Jenaischen Literaturzeitung sagen. Er hat mich auf alle Tage eingeladen zum Mittagessen, fast über jedes Lied gesprochen [...].«[18]

Jetzt, wenige Monate nach Schillers Tod begann für Goethe gerade der Prozess einer schrittweisen Loslösung von den »verteufelt humanen« Abstraktionen des klassischen Bemühens, die Wirrnis der Zeit bannend auf Abstand zu halten. Zum einen knüpfte er da wieder an die (»altdeutschen« und »natur«-analogischen) Interessen der eigenen Jugendjahre an, zum andern öffnete er

---

[17] Zu dieser Tradition und zu den auch dichtungsprogrammatischen Intentionen Goethes in seiner *Wunderhorn*-Rezension vgl. jetzt Walter Pape: »keineswegs unmittelbar und augenblicklich aus dem Boden entsprungen«. Goethes »Wunderhorn«-Rezension und sein Konzept des Naturpoeten und der Improvisation. In: Pape (Hg.): *Das »Wunderhorn«* (s. Anm. 3), 225–237. Pape zitiert hier (232) auch Goethes wohlgefällige Notiz in den »Tag- und Jahresheften« vom 2. 6. 1806 über den Abschluss seiner Arbeit (FA I,17, 189): »Das ›Wunderhorn‹, altertümlich und phantastisch, ward seinem Verdienste gemäß geschätzt und eine Rezension derselbsten mit freundlicher Behaglichkeit ausgefertigt.«

[18] Katalog: *Achim von Arnim* (s. Anm. 9), 44.

sich gegenüber den romantischen Kunstorientierungen der jetzigen Jugend. Von beiden Seiten her mussten ihm die neuen Bemühungen um die Volkspoesie umso anregender erscheinen, als sie nun so prononciert als Verwirklichung seiner eigenen frühen Wünsche präsentiert wurden. So hat denn Goethe bekanntlich sein halbes Versprechen Arnim gegenüber wahr gemacht, in seinem Hausorgan, der *Jenaer Literaturzeitung*, die Liedersammlung freundlich zu besprechen. Diese Rezension dürfte, in ihren knappen und höchst subjektiven, stempelartig aufgeprägten Eindruck-Umrissen einzelner Lieder, die Mittagessen-Konversation mit dem jungen Sammler spiegeln. Uns aber führt sie zu unserem pietistischen Gedicht zurück.

Eröffnet wird Goethes Anzeige des Bandes – die seiner in den ersten hundert Jahren nur zähen Verkäuflichkeit übrigens keineswegs aufgeholfen hat[19] – durch eine lobende Gesamtwürdigung, in der die eigenen frühen Ideen über die kulturstiftende Kraft solcher aufgelesenen oder mit gehöriger Sensibilität für das ihr Eigentümliche selbsterzeugten Gebrauchspoesie wieder aufgenommen sind. Der Klassiker entwirft da ein geradezu romantisches Programm:

»Von Rechtswegen sollte dieses Büchlein in jedem Hause, wo frische Menschen wohnen, am Fenster, unterm Spiegel, oder wo sonst Gesang- und Kochbücher zu liegen pflegen, zu finden sein, um aufgeschlagen zu werden in jedem Augenblick der Stimmung oder Unstimmung, wo man denn immer etwas Gleichtönendes oder Anregendes fände, wenn man auch allenfalls das Blatt ein paarmal umschlagen müßte. [...]

Würden dann diese Lieder [...] von Mund zu Mund getragen, kehrten sie, allmählich, belebt und verherrlicht, zum Volke zurück, von dem sie zum Teil gewissermaßen ausgegangen: so könnte man sagen, das Büchlein habe seine Bestimmung erfüllt, und könne nun wieder, als geschrieben und gedruckt, verloren gehen, weil es in Leben und Bildung der Nation übergegangen ist.«[20]

Abgesehen aber vom Programm einer gleichsam der Produktion einer dichtenden Volksseele analogen Nutzung und Wirkung solcher Literatur in allen Schichten und Bildungsstufen der Bevölkerung finden wir hier einen Nachklang der pietistischen Jugendprägung des Rezensenten. Wie die Gesangbücher, aber auch wie die Bibel und die Alten Tröster will er solche Liedersammlungen von einer aufgeschlossenen Leserschaft aufs Geratewohl aufgeschlagen sehen. Ihr Gemüt werde so aus Zerstreuung in Sammlung geführt: »Gleichtönendes und Anregendes« zu ihrer aktuellen Seelenlage

---

[19] Nach Rölleke: »Des Knaben Wunderhorn« (s. Anm. 3), ist das bis 1900 in der Erstauflage trotz wiederholter Verbilligungsaktionen immer noch nicht ausverkaufte Buch ein »verlegerischer Mißerfolg ersten Ranges« gewesen (8, vgl. 4).

[20] Goethes *Wunderhorn*-Rezension in der *Jenaer Allgemeinen Literatur-Zeitung* 18 (12. 1. 1806) und 19 (22. 1. 1806), zitiert nach der FA, Johann Wolfgang Goethe: Ästhetische Schriften 1806–1815. Hg. von Friedrich Apel (Sämtliche Werke, I/19). (Bibliothek deutscher Klassiker, 152), Frankfurt 1998, 253–267, Komm. 810–814, hier 253f.

könne damit wohltuend und wegweisend werden für den gegenwärtigen Augenblick. Ganz in diesem Sinne hat Goethe ja auch den *West-östlichen Divan*, mit dem er ein knappes Jahrzehnt später nach dem klassisch-antikischen Anregungspotential auch das mittelalterlich-romantische verlässt, um zum orientalischen weiterzuschreiten, als ein »Manuscript für Freunde«[21] den Geneigten zu einer däumelnden oder bibelstechenden Nutzung übergeben:

»Solcher Art ist die überall herkömmliche Orakelfrage an irgendein bedeutendes Buch, zwischen dessen Blätter man eine Nadel versenkt, und die dadurch bezeichnete Stelle beym Aufschlagen gläubig beachtet. Wir waren früher mit Personen genau verbunden, welche sich auf diese Weise bey der Bibel, dem Schatzkästlein und ähnlichen Erbauungswerken zutraulich Raths erholten und mehrmals in den größten Nöthen Trost, ja Bestärkung fürs ganze Leben gewannen.

Im Orient finden wir diese Sitte gleichfalls in Uebung [...]. Der westliche Dichter spielt ebenfalls auf diese Gewohnheit an und wünscht daß seinem Büchlein gleiche Ehre wiederfahren möge.«[22]

Oder, um dasselbe mit den Versen des »westlichen Dichter[s]« im zu däumelnder Aneignung übergebenen *Divan*-Büchlein selbst zu sagen:

»Talismane werd' ich in dem Buch zerstreuen,
Das bewirkt ein Gleichgewicht.
Wer mit gläubiger Nadel sticht
Ueberall soll gutes Wort ihn freuen.«[23]

Für einen solchen zugleich vertrauten und heiligenden Gebrauch, in Rücksicht auf die »höhere innere Form« der einzelnen Gedichte, ist dem *Wunderhorn*-Rezensenten dagegen der sehr wohl wahrgenommene markant überformende, in Struktur und Klang einheitstiftende Revisionsprozess gegenüber den disparaten Quellen, ja selbst das Unterschieben von Selbstgedichtetem in vergleichbaren Tönen nicht tadelnswert, sondern (schließlich war er früher selbst so verfahren) eine geradezu gattungsgebotene Notwendigkeit. So resümiert er nach dem kursorischen Durchgang durch die Einzeltexte:

»Diese Art Gedichte, die wir seit Jahren Volkslieder zu nennen pflegen, ob sie gleich eigentlich weder vom Volk, noch fürs Volk gedichtet sind, [...] sind so wahre Poesie, als sie irgend nur sein kann [...]. Hier ist die Kunst mit der Natur im Konflikt [...]: so finden wir [...] Ursache, eine sondernde Untersuchung, in wiefern das alles, was uns hier gebracht ist, völlig echt, oder mehr oder weniger restauriert sei, [...] abzulehnen [...], und das hie und da seltsam Restaurierte, aus fremdartigen Teilen verbundene, ja

[21] Goethe: Besserem Verständnis (»Noten und Abhandlungen«), Abschnitt »Künftiger Divan«. In: *West-östlicher Divan*, Teil I, hg. v. Hendrik Birus (*Sämtliche Werke* I,3/1). (Bibliothek deutscher Klassiker, Bd. 113), Frankfurt 1994, 214.

[22] Ebd., Abschnitt »Buch-Orakel«, 208 f.

[23] Eingangsepigramm zum »Buch der Sprüche«, ebd., 62.

das Untergeschobene, ist mit Dank anzunehmen. Wer weiß nicht, was ein Lied auszustehen hat, wenn es durch den Mund des Volkes, und nicht etwa nur des ungebildeten, eine Weile durchgeht! Warum soll der, der es in letzter Instanz aufzeichnet, nicht auch ein gewisses Recht daran haben?«[24]

In der Auswahl der Einzelgedichte, denen er im Zentrum der Rezension eine stichwortartig-bündige »Charakterisierung aus dem Stegreife« gibt, ohne sympathetischeren Zugängen vorgreifen zu wollen, »die durch wahrhaft lyrischen Genuß und echte Teilnahme einer sich ausdehnenden Brust viel mehr von diesen Gedichten fassen werden«,[25] treten kritische, ja ablehnende Geschmacksäußerungen eher zutage als in der Gesamtwürdigung des Unternehmens. Und ein expliziter Unmut Goethes gegen die Ausführung eines ihm an sich schätzenswerten Sujets trifft auch das pietistische Gedicht. Kurz und unwirsch dekretiert er dazu: »*Werd' ein Kind*, (291.) Ein schönes Motiv, pfaffenhaft verschoben.«[26]

»Pfaffenhaft«, das meint hier nicht wie bei der Kennzeichnung des Gedichts I,193 von den Elftausend Kölner Märtyrer-Jungfrauen (»Nicht zu schelten; doch spürt man zu sehr das Pfaffenhafte.«)[27] ein Dokument aus der Tradition kirchlich-katholischer Frömmigkeit. In beiden Fällen vielmehr geht die Kritik offenbar auf das Übergewicht einer ihm widrigen dogmatischen Lehrhaftigkeit vor der ästhetischen Schlüssigkeit. Dass nämlich dominant dies die Kategorie seines Wertens ist und nicht der jeweils vorherrschende Konfessionsstandpunkt, erkennt man leicht aus den Stichwortbewertungen der anderen, immer dann durchaus belobigten religiösen Gedichte, wenn sie nicht durch eine mit dem Holzhammer forcierte Lehrabsicht oder aber durch formlose Redundanz und banale Unstimmigkeiten des Tonfalls missraten. Ich belege dies im bloßen Zusammenstellen jener in Rücksicht auf ihre ästhetische Plausibilität höchst unterschiedlichen Rezensenten-Charakterisierungen, in denen das »Christliche« oder spezifisch Konfessionsgebundene ausdrücklich angesprochen ist: »*Des Sultans Töchterlein*, (15.) Christlich zart, anmutig.«, dagegen »*Die hohe Magd*, (40.) Christlich pedantisch.«, »*Die Eile der Zeit in Gott*, (64.) Christlich, etwas zu historisch; aber dem Gegenstande gemäß und recht gut.«, »*Ritter St. Georg*, (151.) Ritterlich, christlich, nicht ungeschickt dargestellt, aber nicht erfreulich.«, »*Des Herrn Weingarten*, (165.) Liebliche Versinnlichung christlicher Mysterien.« Gleichartige Deutungshinsicht herrscht offenbar vor, wo Goethe, ziemlich unbekümmert um political correctness, das typisch Konfessionsgebundene stichwortartig anspricht, wobei er wie zu »*Ernte-Lied.* (55.) Katholisches Kirchen-Todeslied. Verdiente protestantisch zu sein.« den

---

24 *Wunderhorn*-Rezension (s. Anm. 20), 265–267.
25 Ebd., 265.
26 Ebd., 261.
27 Ebd., 258.

eigenen Standpunkt nicht verschweigt, ohne ihn jedoch zum Kriterium des Wertens zu machen. So steht neben Beurteilungen wie »*Antwort Mariä auf den Gruß der Engel*, (406.) Das liebenswürdigste von allen christ-katholischen Gedichten in diesem Bande.« abstufend »*David*, (79) Katholisch hergebracht, aber noch ganz gut und zweckmäßig« »*Der Tannhäuser*, (86.) Großes christlich-katholisches Motiv.« (so trotz des massiv papst- und institutionenkritischen Schlusses!) oder »*Der englische Gruß*, (140.) Die anmutige, bloß katholische Art, christliche Mysterien ans menschliche, besonders deutsche, Gefühl herüber zu führen.« und »*Maria auf der Reise*. (375.) Hübsch und zart, wie die Katholiken mit ihren mythologischen Figuren das gläubige Publikum gar zweckmäßig zu beschäftigen und zu belehren wissen.«, schließlich aber, zugleich den verwirrenden Klingklang und die dem Rezensenten widrige Einschärfung der Lehre von der Unendlichkeit der Höllenstrafe bezeichnend, »*Ewigkeit*. (263 b.) Katholischer Kirchengesang. Wenn man die Menschen konfus machen will, so ist dies ganz der rechte Weg.« Die Unlust, nicht an den unterschiedlichen Standpunkten selbst, sondern an einer penetranten Art ihrer Lehrhaftigkeit äußert sich im Kontrapunkt des Urteils übers »*Kriegslied gegen Karl V*, (97.) Protestantisch, höchst tüchtig.« gegenüber dem grobianisch-parodistischen »*Petrus*, (382.) Scheint uns gezwungen freigeistisch.« oder gleichartig, ohne dass ein spezifisch religiöser Standpunkt benannt wäre, »*Überdruß der Gelahrtheit*, (57.) Sehr wacker. Aber der Pedant kann die Gelahrtheit nicht loswerden.«

Eine solch wackere Abfertigung der Gelahrtheit unternimmt ja auch das »Werd' ein Kind«-Gedicht, an dem Goethe auch ausdrücklich »ein schönes Motiv« anerkennt, das er aber offenbar ebenfalls als zu pedantisch dogmatisch und dadurch »pfaffenhaft verschoben« empfindet. Bloß dadurch erscheint es ihm wohl in dieser Sammlung naturnah erwünschter Volkspoesie fehl am Ort. Seine Schlussempfehlung an die Sammler, für geplante Folgebände doch sorgfältiger auf das Ausschalten von dem Ton nach Nichthergehörigem zu achten und das Poetische als einziges Wahlkriterium zu wahren, scheint so auch das pietistische Lied zu betreffen,

»wobei wir denn freilich wünschen, daß sie sich vor dem Singsang der Minnesänger, vor der bänkelsängerischen Gemeinheit und vor der Plattheit der Meistersänger, so wie vor allem Pfäffischen und Pedantischen höchlich hüten mögen [...], so legen wir den Herausgebern desto ernstlicher ans Herz, ihr poetisches Archiv rein, streng und ordentlich zu halten.«[28]

Anders als für Arnim oder Brentano haben wir für Goethe keinerlei Indiz, dass er die *Historie Der Wiedergebohrnen* je selbst in der Hand gehabt hätte. In ihrem philadelphischen Standpunkt oberhalb der dogmatischen Konfessionsunterschiede, in ihrer grundsätzlichen Institutionenkritik und vorbildhaften

[28] Ebd., 267.

Präsentation unterschiedlichster Sonderlehren, gerade auch der von den Amtskirchen verfolgten, kam ihre Tendenz zwar all den Dokumenten und Haltungen nahe, die ihn an Gottfried Arnolds *Kirchen= und Ketzer=Historie* so angesprochen haben. Goethes Interessen und Vorlieben am Pietismus waren außer auf herrnhutische Innigkeit und mystische Erfahrungen ganz entschieden auf das Dogmensprengende und besonders auf die von Reglementierungen freigesetzte Empfindungs- und Sprachkraft der geistlichen Genies konzentriert. Diesen radikaleren Außenseitern des radikalen Pietismus der unterschiedlichsten Couleurs, den sprachgewaltig-prophetischen, visionären und revelatorischen Erscheinungen vor allem, hat er auf seinen jugendlichen Geniereisen bekanntlich mit lebhaftestem Interesse nachgespürt; in *Dichtung und Wahrheit*, seiner das Anstößige vorsichtig auf Abstand rückenden Rückschau der späten Jahre, aber hat er nur wenige seiner persönlichen Berührungspunkte wie auch Lektüren offenbar gemacht, so dass man hinsichtlich einschlägiger Lektüren über das Genannte hinaus kaum Anhaltspunkte findet. Was ihn auch am Mainstream des Pietismus störte, war jedenfalls ein gesetzlicher Muckergeist. Und für den fand er offenbar im grundsätzlich schönen Motiv des Gedichts, das ihm hier »pfaffenhaft verschoben« schien, ärgerliche Spuren, die ihn wünschen ließen, die »Wunderhorn-Sammler« hätten sich davor »höchlich hüten« sollen. Der Begriff der Wiedergeburt im Quellenbeleg hatte sich ihm ja längst von einem auf Joh 3,3 gegründeten Theologem, dem Durchbruch zum Leben in der Gnade womöglich nach bußkämpferischer Selbstquälerei, zu einem höchst individuellen Konzept der Entelechie und Palingenesie namentlich für jene verschoben, die aus eigener Energie im aktuellen Leben Höchstes leisten. Widrig und pfäffisch erschien ihm so zweifellos die so wiederholungsreiche Einschärfung demütigen Untertanengeists (in »Demut« klingt noch der etymologische Ursprung »die-muot«, »Gesinnung einer Magd«, nach): Den preist das Gedicht in der Tat massiv: »klein und arm«, »niedern Seelen«, »nichts hohes hier erwählen«; »demüthig«, »nieder«, »ehrerbietig«, ja sogar »gebücket krumm«, »nicht hoch noch weis' bei dir«, Weinen im Staube.

Für die Romantiker wird aber gerade in diesen für sie deutlich zusammengehörigen Motivschichten der Reiz des alten Gedichts gelegen haben. Und namentlich in der neuen Akzentuierung, die sie ihm gegenüber der bloßen (ihnen theoretisch nicht minder geläufigen) Gelehrsamkeitskritik durch das programmatische Heraufziehen des Imperativs »Werd ein Kind.« in den Titel gaben, konnten sie sich dem pietistischen Streben durchaus verwandt empfinden.

Der romantische Kult der Kindheit gründet sich vor allem darauf, dass die irdische Geburt selbst schon als eine Art Wiedergeburt gesehen wird, ein Hinübergesetztwerden aus einer Sphäre der Präexistenz in eine andere Existenzform. Mit ihrem Hineinversetztwerden ins scharfe Licht des Tages, in die auf Kausalität und Rationalität gegründete Werkeltagswelt, verlieren die

Menschen den bergenden Bezug zum Unendlichen, in dem sie beim Eintritt in diese Welt wissend noch an allem Geheimnis teilhatten. Kleine Kinder aber, im Stande der Unschuld und vor dem Hineinerzogenwerden ins Reich der Ratio, haben noch Zugang zu jener Sphäre der Bedeutungen und bildhafte Rückerinnerungen, an die später nur mehr selten die träumende oder ahnende Seele in Momenten der Entgrenzung heranreichen kann.

Brentano selbst hat in Gedichten (»Szene aus meinen Kinderjahren«, »Rückblick in die Jahre der Kindheit« wie im Roman *Chronika eines fahrenden Schülers*) dieser Verklärung der Kindheit Bilder gegeben,[29] ich zitiere nur aus der Klarinettenstimme des frühen Symphonie-Gedichts »Phantasie«:

»Die ganze Welt
Umwölbt ein Zelt,
Über jeglicher Pforte
Stehn goldene Worte.
Das Aug der Sonne glühet
Zur Blume [...]
Und wer mit beiden
Nicht kindlich spricht,
Dem leuchtet kein Licht,
Der findet den Ein- und den Ausgang nicht,
Der kann nicht kommen, nicht scheiden.«[30]

In Friedrich von Hardenbergs, also Novalis', 1802 aus dem Nachlass fragmentarisch publiziertem Roman *Heinrich von Ofterdingen* wird dieses in der Romantik unendlich oft abgewandelte Motiv im Blick auf den metaphysischen Mehrwert des Kindes explizit. Im Gespräch zwischen Heinrich und

---

[29] Vgl. die Hinweise bei August Langen: Clemens Brentano, Schwanenlied. In: Langen: *Gesammelte Studien zur neueren deutschen Sprache und Literatur*, Berlin 1978, 372–382, hier 374.

[30] Clemens Brentano: *Werke*, hg. v. Geno Hartlaub, Hamburg o.J., 11. Vgl. ebd., 31: »Aus der Kindheit«: »Gesegnet seid, ihr ernsten nächtgen Scheine, | | Die ihr mir in die junge Seele fielet!« – Der romantische Regressionswunsch »Werd ein Kind!« aus der Erkenntnis zurück in ahnungsvolle Kinderunschuld klingt gelegentlich noch in der jüngsten Dichtung auf, so in der Erzählung »Ich habe einen Traum« des Zürcher Altachtundsechzigers Dieter Meier: *Hermes Baby. Geschichten und Essays* (Meridiane, 93), Zürich 2006, 152–155:

»Ins Paradies will ich zurück
Zu Werden wie ein Kind
Nichts zu wollen großes Glück
Wenn ich das Kind nur find' [...].

Der Leibhaftige kichert, die Sinnfalle schnappt zu [...] als ich das Paradies des Nichts-Seins und Nichts-Wollens besuchen durfte, erscheinen als verschwommenes Glück, aus dem der Kratzfüßige schon mit dem Nennen meines Namens mich herausriß ins gesegnete und verfluchte Land der Erkenntnis, in dem das Menschenkind herumirrt, seit es eines ist.

Den Apfel möcht' ich kosten, Erkenntnis heißt der Baum
Ins Paradies zurück darf ich jetzt nicht mehr schaun
Der Traum des Nichts-mehr-Wollens, er küßt mich selten wach
Und dann holt mich der Teufel unter sein Sinnendach.« (154f)

Sylvester, aus dem ich hier die Kernaussagen zusammenziehe, werden wir angeleitet,

»eine stille Ehrfurcht und Gottesfurcht vor allen unbegreiflichen und höhern Erscheinungen zu haben, und daher das Aufblühen eines Kindes mit demüthiger Selbstverleugnung zu betrachten. Ein Geist ist hier geschäftig, der frisch aus der unendlichen Quelle kommt und dieses Gefühl der Überlegenheit eines Kindes in den allerhöchsten Dingen[,] der unwiderstehliche Gedanke einer nähern Führung dieses unschuldigen Wesens, das jetzt im Begriff steht eine so bedenkliche Laufbahn [ins irdische Leben hinein] anzutreten, bey seinen nähern Schritten, das Gepräge einer wunderbaren Welt, was noch keine irrdische Flut [d. h. keine Überflutung durch Ratio und gelehrtes Wissen] unkenntlich gemacht hat, und endlich die Sympathie der SelbstErinnerung jener fabelhaften Zeiten [vor dem Geborenwerden], wo die Welt uns heller, freundlicher und seltsamer dünkte und der Geist der Weisssagung fast sichtbar uns begleitete, alles dies hat [...] gewiß zu der andächtigsten und bescheidensten Behandlung vermocht. [...]

Wir Alten hören am liebsten von den Kinderjahren reden [...] als [...] den Duft einer Blume einziehn [...], da Blumen die Ebenbilder der Kinder sind. Den vollen Reichthum des unendlichen Lebens, die gewaltigen Mächte der spätern Zeit, die Herrlichkeit des Weltendes und die goldne Zukunft aller Dinge sehn wir hier noch innig ineinander geschlungen [...]. So ist die Kindheit in der Tiefe zunächst an der Erde, da hingegen die Wolken vielleicht die Erscheinungen der zweyten, höhern Kindheit, des wiedergefundnen Paradieses sind, und darum so wohlthätig auf die Erstere herunterthauen.«[31]

Das ins Wachbewusstsein heraufschlagende Entsinnen der Präexistenz, »eine sonderbare Erinnerung aus frohen Zeiten« und »klare bilderreiche Sehnsucht [...] wie ein Wetterleuchten«,[32] gewährt wie ein Dichtertraum Einblick in die das Leben umlagernde Sphäre der Transzendenz:

»Ist nicht jeder, auch der verworrenste Traum, eine sonderliche Erscheinung, die auch ohne noch an göttliche Schickung dabey zu denken, ein bedeutsamer Riß in den geheimnißvollen Vorhang ist, der mit tausend Falten in unser Inneres hereinfällt?«[33]

Ein aus der Kindheit verbliebenes Wissen um die transzendente Heimat im Jenseits (Jung-Stillings Roman *Das Heimweh* von 1794 zählte zu Novalis' Lieblingslektüren) prägt auch das geheimnisvolle Gespräch der ersten Begegnung Ofterdingens mit Zyane, deren Antlitz ihm im Dichtertraum der blauen Blume schon früh gestalthaft erschienen war (Centaurea cyana ist der botanische Name der blauen Kornblume):

---

[31] Novalis: *Heinrich von Ofterdingen. Ein nachgelassener Roman.* In: Novalis: Werke, Tagebücher und Briefe. Hg. von Hans Joachim Mähl und Richard Samuel, Bd. 1: Das dichterische Werk, München – Wien 1978 / Darmstadt 1999, 375 und 378 (meine interlinearen Erläuterungen im Zitat sind als nicht zum Text gehörig in eckige Klammern gesetzt).

[32] Ebd., 282 und 280, vgl. ausführlicher 255 f.

[33] Ebd., 244.

»Seit wann bist du hier? Seitdem ich aus dem Grabe gekommen bin? Warst du schon einmal gestorben? Wie könnt' ich denn leben? [...] Woher kennst du mich? O! von alten Zeiten [...]. Wo gehn wir denn hin? Immer nach Hause.«[34]

Geradeso zu des »Vaters Wohnung« sieht sich das vom Wechsel in die versehrende Lichtwelt des Tages verschreckte Kind auch in Novalis' Gedicht »An Tieck« (1802) von einem Greis mit ihm »so kindlich und so wunderbar« bekannten Zügen heimgeführt:

»Ein Kind voll Wehmuth und voll Treue,
Verstoßen in ein fremdes Land,
Ließ gern das Glänzende und Neue,
Und blieb dem Alten zugewandt.«[35]

Dieses Konzept vom Mehrwert der Kindheit und ihrer noch unverlorenen Einheit mit dem Göttlichen und mit allen Geheimnissen des Kosmos bleibt für die ganze Romantik bestimmend, leitmotivisch etwa noch in Justinus Kerners Erzählung *Die Heimatlosen* (ursprünglich unter dem Titel *Der Wanderer zum Morgenrot*, 1816):

»Die Natur, die gar liebreiche Mutter [...] legt uns so gern an ihre Brust, daß wir die Harmonie ihres Herzens vernehmen, wenn wir uns nur nicht so fremd und großgezogen gebärdeten [...], denken wir uns nur nicht so gar großgewachsen, denn dann tritt die sittsame scheue Mutter zurück und verhüllt vor uns Großen ihre Geheimnisse.«[36]

Noch in Heinrich Heines *Harzreise* von 1824 wird es – ironisiert zwar, aber dadurch doch nicht um seine poetische Geltung gebracht – aufgerufen, und zwar just nachdem der Erzähler da über Volkslieder, Echtes und Unechtes im *Wunderhorn* und über Goethe räsonniert hatte:

»Die Kinder, dacht' ich, sind jünger als wir, können sich noch erinnern, wie sie ebenfalls Bäume oder Vögel waren, und sind also noch imstande, dieselben zu verstehen; unsereins aber ist schon alt und hat viel Sorgen, Jurisprudenz und schlechte Verse im Kopf.«[37]

Der Anruf »Werd ein Kind.« des pietistischen Liedes, sein Hinweis auf die besondere, aber von raschem Verfall bedrohte Begnadung des frühen Kindheitsstandes, in dem Christus selbst aufgehen kann im demütigen Seelen-

---

[34] Ebd., 373, vgl. 251.

[35] Friedrich Leopold Freiherr von Hardenberg: An Tieck [Erstdruck]. In: Novalis: Werke (s. Anm. 31) 1, 137 (die ursprüngliche Handschriftfassung, ebd. 135, zeigt in dieser Eingangsstrophe nur Schreibvarianten).

[36] Justinus Kerner: *Die Heimatlosen*. In: Kerners *sämtliche poetische Werke*, Bd. 3, Leipzig o.J., 282.

[37] Heinrich Heine: *Reisebilder*. Erster Theil. *Die Harzreise*. In: Historisch-kritische Gesamtausg. (DHA), Bd. 6, hg. v. Jost Hermand, Hamburg 1973, 91. Der *Wunderhorn*-Exkurs kam erst in der 2. Aufl. von 1830 hinzu. Vgl. ebd., 568.

grunde, Gott selbst die Ausbildung übernimmt und sich zu wissender Zeugenschaft offenbart, zeigt das romantische Konzept zumindest vorgeprägt. Freilich redeten die Romantiker in halbsäkularisierender Verschiebung des Heiligen schon eher vom Unendlichen, außerdogmatisch von der Gottheit, von der ewigen Weisheit und wunderbaren jenseitigen Heimat, oder meinten doch dies, auch wenn sie Gott oder Christus sagten. Und die bezaubernd poetischen Bilder von den arm-aber-ehrlichen Blümlein im lieben Seelental, vom Röschen und Veilchen und von der geheimnisvollen Saronsblume[38] als sympathetischen Verkleidungen der liebeharrenden Anima hätten ebenso Brentanos eigener Palette entsprungen sein können. Auch das Bild einer tabula rasa, in die allein jenseitige Erkenntnis sich einschreibt, formt romantisches Denken vor. Angenommen freilich wird auch hier nur jener Teil der überkommenen Erbschaft, der hineinpasst in den eigenen geistig-seelischen Haushalt – geradeso wie auch bei dem aus dem (zumeist radikalen) Pietismus kommenden oder durch ihn weitergegebenen Großmobiliar an Psychologie, Naturspekulation, mystisch-arkanen und alchemistischen Traditionen oder medizinisch-magnetisch-kabbalistisch-magischen Vorstellungen, deren weitergereichte Substanzen wie auch Vermittlungsstränge noch ganz entschieden detaillierterer Erforschung harren. Die angedeuteten Verbindungen, auch jene der persönlichen Kontakte und Lektüren, zeigen deutlich, ein wie fruchtbares Forschungsfeld bezüglich des Fortwirkens und der Transformationen pietistischer Konzepte und Axiome, Argumente und Sprachmittel der Romantik einerseits, zum andern aber auch umgekehrt aus romantischen Horizonten in das Denken und die Ausdrucksformen der Erweckungsbewegung und des Neupietismus hinein noch fast brach liegt und zu bestellen bleibt. Während die Interaktionen zwischen dem Pietismus und der Empfindsamkeit sowie dem Sturm und Drang von vielen Seiten her häufig erwogen worden sind, gibt es zur Romantik hin nur punktuelle Ansätze zu biographischen Berührungen (etwa für Novalis, beide Schlegel, Luise Hensel, Johann Arnold Kanne) und namentlich sympathetisch-naturspekulative Geisteserbschaft (so wiederum für Novalis, Jean Paul, Gotthilf Heinrich Schubert, Justinus Kerner, für Schelling und Baader oder die romantischen Züge in den Werken Kleists und des nachklassischen Goethe).[39]

---

[38] Gleichartig poetisch kommentiert die »Berleburger Bibel« Saron, Cant 2,1, in heilsgeschichtlicher Dimension: »ein Bild der fruchtbaren Ebene der neuen Erde.« *Der Heiligen Schrifft / und zwar Alten Testaments / Dritter Theil*, Berleburg 1730, 750.

[39] Als Beispiele für vereinzelte Toröffnungen in dieses Feld hinein nenne ich nur Aufsatzsammelbände wie Heinz Schott (Hg.): *Medizin und Romantik. Justinus Kerner als Arzt und Seelenforscher* [Teil 2 in:] *Justinus Kerner. Jubiläumsband zum 200. Geburtstag*, Weinsberg [1990], 193–483; Eveline Goodman-Thau / Gerd Mattenklott / Christoph Schulte (Hg.): *Kabbala und Romantik* (Conditio Judaica, 7), Tübingen 1994; Ernst Leonardy / Marie-France Renard / Christian Drösch / Stéphanie Vanasten (Hg.): *Traces du mesmérisme dans les littératures européennes du XIXe siècle – Einflüsse des Mesmerismus auf die europäische Literatur des 19. Jahrhunderts* (Travaux et

Auch im pietistischen Konzept des Kindes ist die Vorstellung vom Mehrwert gegenüber dem Erwachsenenalter verbreitet – wenngleich eher gegründet auf eine noch nicht weltverdorbene Ursprungs-Unschuld als auf noch nachwirkende Reminiszenzen aus der Jenseitssphäre der vorgeburtlichen Präexistenz. Die leitende Referenz freilich ist – wie im »Werd ein Kind«-Gedicht – die exklusive Heilsverheißung des Bergpredigt-Spruchs Mt 18, 3/4, im Übersetzungswortlaut der Berleburger Bibel: »Wahrlich, ich sage euch, wann ihr nicht umgekehrt werdet, und werdet wie die Kindlein, so werdet ihr mitnichten in das Königreich der Himmeln einkommen! Wer nun sich selbst erniedrigen wird wie dies Kindlein, derselbe ist der Gröseste in dem Königreich der Himmeln.«[40] Schaut man sich die stattliche Reihe der Exempelbiographien oder sammelbiographischen Vorbildbücher für Kinder an, stößt man immer wieder auf den Topos der Beschämung der in Lebenskompromisse geratenen Erwachsenen durch die Unbedingtheit des frommen Kindes.

Beispielhaft nenne ich nur das wohl verbreitetste Kinder-Leben des zehnjährig verstorbenen Christian Lebrecht von Exter, das, von seinem Lehrer aufgezeichnet und von August Hermann Francke in Druck gebracht, in die *Historie Der Wiedergebohrnen* aufgenommen und von da in zahllose Sammelbiographien und Kinder-Exempelbücher übernommen wurde.[41] Der pietis-

---

recherches, 45), Brüssel 2001 oder das »Ausblick«-Kapitel in Burkhard Dohm: *Poetische Alchemie. Öffnung zur Sinnlichkeit in der Hohelied- und Bibeldichtung von der protestantischen Barockmystik bis zum Pietismus* (Studien zur deutschen Literatur, 154), Tübingen 2000, 359–368. Sprachgeschichtliche Anknüpfungspunkte sind auch schon hervorgehoben bei August Langen: *Der Wortschatz des deutschen Pietismus*, 2. erg. Aufl., Tübingen 1968.

[40] *Der Heiligen Schrifft Fünffter Theil / oder des Neuen Testaments Erster Theil*, Berleburg 1735, 180. Der Kommentar, überwiegend eher predigtartig auf die Metanoia bezogen, bestimmt das »wie die Kindlein«: »am Aeussern, auch mit ihnen wieder in die Schule gehet, aber des H. Geistes.«

[41] Schon in fünf Auflagen erschien die von dem Präzeptor und Pastor des Knaben, Wilhelm Erasmus Arends, verfasste, aber von Francke im Waisenhaus-Verlag publizierte und dem Fürsten Anton Günther zu Anhalt dedizierte Exempelerzählung (zwei Auflagen bereits 1708, 4. und 5. noch 1718 und 1757) als Einzeltraktat: August Hermann Francke: *Eines zehen=jährigen Knabens Christlieb Leberecht von Exter / aus Zerbst / Christlich geführter Lebens=Lauff*, 3. Aufl., Halle 1709 (darin 135–154 »Etliche Briefe Des sel. Christlieb Leberechts von Exter« mit autopsychographischen Bekundungen). Vgl. Paul Raabe / Almut Pfeiffer (Hg.): *August Hermann Francke. Bibliographie seiner Schriften* (Hallesche Quellenpublikationen und Repertorien, 5), Tübingen – Halle 2001, 594–596. Wieder aufgenommen wurde sie in Reitz: *Historie Der Wiedergebohrnen* (s. Anm. 6), IV. Teil, Idstein 1716, »Vierzehnte Historie«, 207–216. Geradezu kanonisch wird sie in die Sammelbiographien bis in die Ära der Spätromantik hinein übernommen, z. B. Christian Gerber: *Anhang zu der Historie der Wiedergebohrnen in Sachsen*, Dresden 1730 (Nr. 9), 234–259; *Des Geistlichen Exempel=Buchs Für Kinder / Dritter Theil* [...] Nach der Art Jacob Janneway, Nürnberg 1738 (Nr. 19), 68–93; Conrad Daniel Kleinknecht: *Gute Exempel für die zarte Jugend*, Augsburg 1743, 14, 25, 40, 47, 55, 92 (systematisch zugeordnet im Katalog vorbildlicher Qualitäten), Johann Arnold Kanne: *Fortsetzung der zwei Schriften: Leben und aus dem Leben merkwürdiger und erweckter Christen* [...] *und Sammlung wahrer und erwecklicher Geschichten*, Frankfurt a. M. 1824

tische Muster-Knabe ist als ein Ausbund an Frömmigkeit, Demut und erbaulichem Redefluss präsentiert, der die ganze Familie ebenso wie »die Dienst=Boten durch GOttes Wort und Vermahnung zu recht führete«. »Und also leuchtete er in seines Vaters Haus wie der Mond unter den Sternen«.[42] Aber das kann er nicht aus kindlicher Unverbildetheit und ahnendem Erinnern, sondern weil er mit seinem wachen Kopf schon in früher Kindheit ein Übermaß an Belehrung und Erziehung eingeschluckt hat, bereits mit drei Jahren zur Schriftlesung angeleitet war, bald darauf gar zum Lateinverstehen: »Unermüdet war er im Lesen / Beten / Studiren und Meditiren.«[43] Das präfigurative Modell seiner als bescheidentlich gepriesenen »Vermahnungen« ist also eher der lehrende Jesusknabe im Tempel als eine noch nicht aus der Gnade gefallene unverbildete Gotteskindschaft. Exters Erwähltheit zur Gotteskindschaft ist verbunden mit einem erziehlich geweckten Wiedergeburtseifer.[44] Und im Reproduzieren, ja offenbar bisweilen im papageienhaften Nachplappern von ihnen frühkindlich eingeprägten Sprachformeln pietistischer Kernanforderungen machen einige der gesammelt publizierten exemplarischen Kinderviten heute den Eindruck peinvoller, durch Eltern- oder Präzeptoreneitelkeit inszenierter Dressurgeschichten. Ganz ohne Sensorium für das Gewalthafte solcher Verbiegungen feiert etwa der Leipheimer Pfarrer Conrad Daniel Kleinknecht als Herausgeber der Sammlung *Gute Exempel für die zarte Jugend; Das ist: Eine gantz neue Sammlung Auserlesener*

(Nr. 22), 204f. Vgl. zur Tradition der Sammelbiographien und ihrer Kanonisierung von Glaubensmustern neuer Heiliger Hans-Jürgen Schrader: Die neue Gattung. Die »Historie Der Wiedergebohrnen« als Vorbild der pietistischen Sammelbiographien. Nachwort in Reitz: *Historie* (s. Anm. 6), Bd. 4, 127*-203*, zu Exter 172*. Ausführlich behandelt das Exter-Exempel und die darüber geführten Debatten Cornelia Niekus Moore: »Gottseliges Bezeugen und frommer Lebenswandel«. Das Exempelbuch als pietistische Exempellektüre. In: Josef N. Neumann / Udo Sträter (Hg.): Das Kind in Pietismus und Aufklärung. Beiträge des Internationalen Symposions vom 12.-15. November 1997 in den Franckeschen Stiftungen zu Halle (Hallesche Forschungen, 5), Tübingen 2000, 131–142, hier 137–139.

42 Reitz: *Historie Der Wiedergebohrnen* (s. Anm. 6), IV. Teil, Idstein 1716, 208.

43 Ebd., 209. Charakteristisch in ihrem Schwanken zwischen dem die Sehnsucht nach ursprünglicher Unverbildetheit wachhaltenden Heimweh-Status der Kindheit und einem Konzept der Kindheit als günstigstem Moment für normative habituelle und intellektuelle, aber auch Glaubens-Einprägungen ist Franckes Pädagogik (und sein *Kurzer und einfältiger Unterricht Wie die Kinder zur wahren Gottseligkeit und Christlichen Klugheit anzuführen sind*, 1702) gekennzeichnet in zwei Beiträgen des Symposienbandes von Neumann/Sträter: Das Kind (s. Anm. 41), 143–182 (Werner Loch: Die Darstellung des Kindes in pietistischen Autobiographien) und 349–362 (Friedrich Schweitzer: Die Entdeckung der Religion des Kindes zwischen Pietismus, Aufklärung und Romantik).

44 Abriss der Ideen und praktischen Maßnahmen einer pietistischen Pädagogik bei August Hermann Francke (»Francke war durch und durch Erzieher«, 82) bei Martin Schmidt: *Pietismus* (Urban-Tb, 145), Stuttgart [u. a.] 1972, 68–82, vgl. jetzt Werner Loch: Pädagogik am Beispiel August Hermann Franckes. In: Hartmut Lehmann (Hg.): *Glaubenswelt und Lebenswelten* (*Geschichte des Pietismus*, 4), Göttingen 2004, 264–308 (sowie ebd. 49–79 Markus Matthias: Bekehrung und Wiedergeburt).

Exempel frommer Kinder; So wohl von ihrem Gottseeligen Bezeugen und frommen Lebens=Wandel / als auch frölich= und seeligen Sterben, Augsburg 1743, die Modellierbarkeit der frühen Jahre:

»die Jugend ist gleich den jungen zarten Bäum= und Sträuchlein / die sich ziehen, biegen, wenden und binden lassen, wie man will, und so wachsen sie alsdenn: Jung gewohnt, alt gethan.«[45]

Die jüngst intensivierte Forschung zur pietistischen Erziehungslehre erweist, dass der von Francke und den Seinen vollzogene »entscheidende religionspädagogische Schritt« die »Ausrichtung des Lehrens und Erziehens an der subjektiven Aneignung der religiösen Überlieferung durch das Kind« und damit »eine Hinwendung zur religiösen Subjektivität im Sinne einer Herzensfrömmigkeit« ist.[46] Das ist schon sehr viel, grenzt man es ab gegen die weiterhin auf die Erbsünde-Lehre[47] fundierten Erzieh-Ideale zwischen Orthodoxie und Aufklärung, auf die das Kirchenlied des Braunschweiger Generalsuperintendenten Elieser Gottlieb Küster (nach der Melodie »Alle Menschen müssen sterben«!) die scharfe Zucht zu Gottesfurcht, Tugend und gesellschaftlicher Nützlichkeit gründet:

»1. Kinder gut und fromm erziehen,
Dies ist für die Menschlichkeit
Stets das wichtigste Bemühen.
Glücklich sie hier in der Zeit,
Nützlich sie der Welt zu machen,
Sie des Himmels fähig machen,
Diese Pflicht ist teu'r und groß.
Nichts spricht von ihr Eltern los.

45 Kleinknecht: *Gute Exempel* (s. Anm. 41), Vorrede,)(4r.

46 Friedrich Schweitzer: Die Entdeckung der Religion des Kindes zwischen Pietismus, Aufklärung und Romantik. In: Neumann / Sträter: Das Kind *in Pietismus und Aufklärung* (s. Anm. 41), 349–362, hier 351. Im selben Sammelband auch Werner Loch: Die Darstellung des Kindes in pietistischen Autobiographien, ebd. 143 182. Ausführlichere neue Quellenstudien von Peter Menck: *Die Erziehung der Jugend zur Ehre Gottes und zum Nutzen des Nächsten. Die Pädagogik August Hermann Franckes* (Hallesche Forschungen, 7), Tübingen 2001 und von Axel Oberschelp: *Das Hallesche Waisenhaus und seine Lehrer im 18. Jahrhundert. Lernen und Lehren im Kontext einer frühneuzeitlichen Bildungskonzeption* (Hallesche Forschungen, 19), Tübingen 2006.

47 Die tritt im Pietismus stärker zurück, ist aber keineswegs theologisch relativiert. Auch in der in die Reitzsche Sammlung übernommenen Exter-Historie (s. Anm. 41), 221 wird sie noch im angehängten Gedicht aufgerufen:

»Geh hin / mein Kind / zu JEsu Freuden ein!
Der Sünden=Rock ist dir nun abgenommen;
Du magst im güldnen Schmuck vor GOtt jetzt kommen. [...]«

2. Wächst der Mensch in seiner Jugend
Ungebildet roh heran,
Ohn' Erkenntnis, ohne Tugend,
Kann er dann des Lebens Bahn
Würdig mit Vernunft betreten?
Würdig seinen Gott anbeten?
Seinem Nächsten brauchbar sein?
Einst den Himmel erben? Nein!

3. O ihr, denen Gott hier Kinder,
Himmelspfänder, anvertraut,
Ach, bedenket, sie sind Sünder.
Denkt, wie ihr ihr Glück hier baut.
Lehrt sie früh den Schöpfer lieben,
Jede Tugend auszuüben [...]

[6.] Führ sie selbst die Tugendbahn,
Daß ihr Fuß nicht gleiten kann.«[48]

Dominant für die Erziehungslehre auch noch des Pietismus bleibt die Konzeption des Kindes als Objekt einer erziehlichen Einwirkung, kraft deren es vom »Kinderglauben« weg und zum Mehrwert des Erwachsenen-Vorbilds erst hingeführt werden muss. Vernehmlich gibt es daneben aber doch schon jene Tendenz zur Heiligung und zum Kult des Kindheitsstandes, die im *Wunderhorn*-Lied zumindest einen Teil der Botschaft ausmacht und die sich also die Romantiker vollgültig vom Pietismus zu eigen machen konnten (auch hier wiederum gegründet auf eine im Radikalen wurzelnde Nebentradition). Der Grundgedanke ist die unverlorene Gottesnähe des von der Welt noch nicht bemächtigten Gotteskinds. Schon die »Berleburger Bibel« gibt im vornehmlich auf die Metanoia zur Wiedergeburt zielenden Kommentar zur »Werd ein Kind«-Aufforderung der Bergpredigt einen versteckten Hinweis auf die mit der ersten Geburt in diese Welt herübergebrachte flüchtige Mitgift dieser Gottesnähe:

»Der HErr ruft uns zurück zu unserm Stand der Kindheit, nachdem wir von unserer anfänglich gehabten Natur gantz ausgeartet.

O daß dieser Spiegel der rechten kindlichen Einfalt und Lauterkeit uns allen stäts tief ins Hertz leuchtete!«[49]

Aufgenommen ist da die später auch durch Lavaters *Physiognomische Fragmente*[50] verbreitete Auffassung beispielsweise Hochmanns von Hochenau,

[48] Elieser Gottlieb Küster (1732–1799): Für die Erziehung der Jugend. In: Neues Braunschweigisches Gesangbuch nebst einem kurzen Gebetbuche zum öffentlichen und häuslichen Gottesdienste, Braunschweig 1887, Nr. 392, S. 210f, vgl. zum Verf. ebd., [XIX].

[49] Beide Zitate: *Der Heiligen Schrifft Fünffter Theil / oder des Neuen Testaments Erster Theil*, Berleburg 1735, 180.

nur bei den Kindern finde man das noch unverlorene Ebenbild Gottes.[51] Am eindringlichsten und zugleich poetischsten aber haben dieser nun wahrhaft vorromantischen Konzeption zwei der entschieden vom spekulativen Denken des radikalen Pietismus geprägte Liederdichter Ausdruck gegeben, von denen ich einige exemplarische Verse zu Abschluss und Ausblick präsentiere. Der eine ist Graf Zinzendorf, der uns das schöne Bild von den kleinen Majestäten geschenkt hat, die die Welt der Erwachsenen beschämen. Darum ja hat er den Kindlichkeitskult und das Nachspielen kindhafter Sprach- und Lebensäußerungen zeitweise zur Gemeindemaxime erhoben:

---

[50] Lavaters Grundauffassung des Kindes in der Exegese der noch kaum die Anlagen des künftigen Charakters spiegelnden Kindergesichter ist noch die einer tabula rasa, die erst vom künftigen Leben zu beschreiben bleibt. Mitgebrachte Unschuld steht gleichermaßen offen für böse oder gute Formung: Johann Caspar Lavater: *Physiognomische Fragmente zur Beförderung der Menschenkenntnis und Menschenliebe*, Bd. 2, Leipzig – Winterthur 1776, Reprintausgabe Leipzig 1968, 66: »*Schlimme* Anlagen hat eigentlich kein Mensch; *moralisch gute*, genau zu reden, auch keiner. Keiner kommt *lasterhaft*, keiner *tugendhaft* auf die Welt. Alle Menschen sind anfangs Kinder, und alle neugeborne Kinder sind, – *nicht Bösewichter*, und *nicht Tugendhelden* – sind *unschuldig*. Wenige Menschen werden sehr tugendhaft; wenige werden sehr lasterhaft; *alle* aber *sündigen*, so wie *alle sterben*.« Ebd., Bd. 3, 1777, Repr. 1969, 137: »Doch wie Verfall auf Unschuld folgt; so Tugend auf Verfall – und ewige Güte auf Tugend der Erde!« (vgl. die entsprechenden Analysen des Fragments »Ueber jugendliche Physiognomien«, ebd. 135–162). Dass für ihn ausschließlich das Kindergesicht (wie sonst nur das Christusantlitz als das höchste und nachstrebend immer nur stufenweise zu erreichende Ideal aller Menschenphysiognomien) den unverbildeten Stempel des Ebenbilds Gottes und den Widerschein seines Geistes trägt, wird aber ganz deutlich in seiner emphatischen Beschreibung von Benjamin Wests von der Bergpredigt inspiriertem Gemälde Jesu mit einem über seinen Schoß gebeugten Kind, *Solcher ist das Reich Gottes!*, ebd., Bd. 4, 1778, Repr. 1969, 450 f (mit zwischen beide Seiten gefügtem Nachstich des West-Gemäldes durch Johann Heinrich Lips): »*Stille Ruhe und ungezierte Einfalt* verbreitet sich über alles. Es ist nirgends eine Spur von Verworrenheit und Geziertheit – nichts lästiges, studiertes, hineingeflicktes « Expliziter noch ebd., 451, als »Beylage« Lavaters Brief an den Maler West vom 19. Sept. 1777: »Kindereinfalt. Das Kind, wie ist's so ganz Kind! [...] Der Mann Christus – wie ist er Kind! Sein Gesicht sagt dem Auge, was sein offner Mund dem Ohre sagen würde, wenn er lebte! Welche Einfalt im Auge! welche Kindheit und Leidenschaftlosigkeit in der Nase... und in der Stirne! [...] die Hände, wie herrlich gezeichnet! wie edel! wie physiognomisch!« (vgl. 65:) »*Der Geist ists, der da lebendig macht.* [...] Ebenbilder Gottes – werden geschaffen – *geboren* – und nicht aus *dem Willen des Fleisches, noch aus dem Willen des Mannes – sondern aus Gott.*«

[51] Den Gedanken, dass der Fall ins Fleisch die Ebenbildlichkeit zerstöre, die aber in Rückwendung und Wiedergeburt zum ursprünglichen Stand der Sündlosigkeit schon auf Erden wiedergewinnbar sei, führt Hochmann häufiger aus: Vgl. Ernst Christoph Hochmanns von Hochenau *Glaubens=Bekänntnüs / Geschrieben aus seinem ARREST*, o. O. 1702, 2. Aufl. 1709, 5: »Von der *Vollkommenheit* glaube ich / daß / ob ich schon in sündlichen Saamen gezeuget und geboren bin / ich dennoch durch Christum nicht allein gerecht / sondern auch vollkommen geheiligt werden kan; so daß gar keine Sünde in mir bleiben darff [...]. Daß man aber vollkommen werden könne / ist aus der gantzen Schrift [...] zu beweisen.«. Es muss »diese Erlösung von Sünd / Tod / Teufel und Hölle / inwendig in meine Seel [...] gewircket werden [...] biß zu Erlangung des vollkommenen Ebenbildes GOttes« (6). Vgl. auch SUB Göttingen: 8° Sva III, 2575: III, S. 152.

»1187. Aufs kleine Wiegen=Kinderchor.

Stille sie, du kinder=amme!
mach' sie warm, du geistes flamme!
vater! laß dis wahre lallen
deinem herzen wohlgefallen.
[...] grosse! komt, nun zu erröten
vor den kleinen Majestäten.

1187. Aufs Knaben=chor.
(Kleiner knabe mit dem Stabe)

[...] laß sie weiden in den freuden,
deiner kindheit, JEsu Christ!
lehr sie stündlich,
treu und kindlich
seyn, wie du gewesen bist!«[52]

Der andere aber, der bewusst und wirklich ein Leben in kindlicher Niedrigkeit führende kraftvolle Dichter Gerhard Tersteegen, hat die Schar seiner Anhänger als »Der Kindheit Jesu Genossen« geformt.[53] Sein *Geistliches Blumen=Gärtlein Inniger Seelen* (1729)[54] weist immer neu auf die Gottes-

---

[52] *Herrnhuter Gesangbuch: Christliches Gesang-Buch der Evangelischen Brüdergemeinen von 1735* (Zinzendorf Materialien und Dokumente, Reihe 4/III/2), Hildesheim – New York 1981, 6. Anhang, Nrn. 1187 und 1188, S. 1074; vgl. Gudrun Meyer-Hickel: Verfasserverzeichnis [in: 4/III/3: Zugabe], 73 und 153. – Zu Zinzendorfs Ideal eines bewahrten Kindersinns vgl. beispielhaft Loch: Die Darstellung des Kindes (s. Anm. 46), 153–158, ferner Pia Schmid: Die Kindererweckung in Herrnhut am 17. August 1727. In: Martin Brecht / Martin Peucker (Hg.): Neue Aspekte der Zinzendorf-Forschung (AGP, 47), Göttingen 2006, 115–133 sowie (dort anschließend) für die Bedeutung von Kindersinn und Spiel auch in Zinzendorfs und der Herrnhuter Dichtung Hans-Jürgen Schrader: Zinzendorf als Poet, ebd., 134–162.

[53] Zu dieser Selbstbezeichnung vgl. beispielhaft unten Anm. 63. Dazu jetzt als grundlegende Quellenerschließung zum Kreis der Guyonisten und Tersteegenianer Michael Knieriem / Johannes Burkardt (Hg.): Die Gesellschaft der Kindheit Jesu-Genossen auf Schloß Hayn. Aus dem Nachlaß des von Fleischbein und Korrespondenzen von de Marsay, Prueschenk von Lindenhofen und Tersteegen 1734 bis 1742. Ein Beitrag zur Geschichte des Radikalpietismus im Siegerund Wittgensteiner Land, Hannover 2002, dazu auch die kenntnisreiche Besprechung (»Das historische Buch«) von Christof Wingertszahn: Uns gehört nichts als das Elend. Eine neue Edition zum europäischen Radikalpietismus. In: *Neue Zürcher Zeitung* Nr. 204 (4. Sept. 2002), 54. Zum Kreis der Tersteegenianer vgl. auch Horst Neeb: *Gerhard Tersteegen und die Pilgerhütte Otterbeck in Heiligenhaus 1709–1969*. Geschichte und Tersteegen-Briefe an die Bewohner (Schriften des Archivs der Evangelischen Kirche im Rheinland, 15), Düsseldorf 1998.

[54] Ich zitiere im folgenden alle bereits in dieser noch namenlos (nur mit dem Kryptonym »G. T. St.« unter dem »Vorbericht« von »M[ülheim] den 24. Aug. 1727.«) publizierten Erstausgabe enthaltenen Gedichte nach dem Original: *Geistliches Blumen=Gärtlein Inniger Seelen; Oder Kurtze Schluß=Reimen* [...] Nebst einigen Geistlichen Liedern. Frankfurt und Leipzig 1729 (234 S.). Die erst in den späteren Ausgaben hinzugekommenen Texte dagegen belege ich nach der Stuttgarter Stereotypausgabe von 1910 (s. u.).

kindschaft des Jesuskinds als Vorbild für eine wundervoll bewahrte Gotteskindschaft der Christen:

»Tugend=Spiegel in der Kindheit JEsu.

Matth. 18: 3.4. Warlich / ich sage euch: Es sey denn / daß ihr euch umkehret / und werdet wie die Kinder / so werdet ihr nicht in das Himmelreich kommen. Wer sich nun selbst erniedriget / wie diß Kind / der ist der Grösseste im Himmelreich.

[O JEsu / göttlich Wunder=Kind!]
Melod. Wie schön leucht uns der [etc.]

[3.] Die Einfalt leucht dir im Gesicht,
Du bist gantz Wahrheit / Recht und Licht /
Nichts Falsches kan sich regen [...].
[4.] JEsu / Wie du
Laß mich werden noch auf Erden /
Daß ich gerne
Von dir deine Demuth lerne.
[14.] Mein Kindgen [JESU] ich umarme dich /
Komm drück dein Kinder=Bild in mich /
Laß mich dir ähnlich werden /
Ein klein / unschuldig Kindelein [...].«[55]

In einem die Jesus-Geburt reflektierenden Brief vom Vorabend des Heiligen Abends 1736, auf den Gustav Adolf Benrath bei Untersuchung einiger Facetten des Kindheitsmotivs in Tersteegens Lyrik hingewiesen hat, geht die Meditation des Auftrags, wieder ein Kind zu werden, in kindliches Reimen über:

»Kindlein, ja arme kleine Kindlein sollen wir werden in Ihm, der ein Kindlein für uns worden ist, und in uns werden will. [...] Ich bücke mich zur Krippen hin, dieses Gott=Kind anzubäten, und mich [...] zu verlieren in dessen Kleinheit, Unschuld und völligen Kinder=Gestalt.

JEsulein
nimm uns ein
daß wir dein
und wie du
Kinder seyn! Amen.«[56]

---

[55] *Blumen=Gärtlein*; Erstausgabe 1729, IV (»Geistliche Lieder und Andachten«), Nr. 6, S. 183–188. Vgl. Gerhard Tersteegen's *geistliches Blumengärtlein inniger Seelen*, nebst der Frommen Lotterie. Stereotypausgabe, Stuttgart 1910, Drittes Büchlein: Geistliche Lieder und Andachten, Nr. 6, 223–227.

[56] Brief an unbekannte Anhängerin vom 23. Dezember 1736, vgl. Gustav Adolf Benrath: Jauchzet, ihr Himmel. In: Ansgar Franz (Hg.): Kirchenlied im Kirchenjahr (Mainzer Hymnolo-

Freilich weiß der sentimentalische Dichter, dass diese Umkehr zur Naivität der Ursprünge nicht wirklich gelingen kann, so dass er sie ehrlich in Optative, wenn nicht in den Irrealis kleidet:

»Bild der christlichen Kindheit.

1. O Liebe Seele! könnt'st du werden,
Ein kleines Kindgen / noch auf Erden;
Ich weiß gewiß / es käm noch hier
GOtt / und sein Paradies in dir.

6. Der Menschen Ansehn gilt ihm wenig /
Es fürchtet weder Fürst noch König:
O Wunder! und ein Kind ist doch
So arm / so schwach / so kleine noch.

7. Es kennet kein verstelltes Wesen /
Man kan's aus seinen Augen lesen:
Es thut einfältig was es thut /
Und denckt von andern nichts als gut.

8. Mit Forschen und mit vielem Dencken
Kann sich ein Kind das Haupt nicht kräncken,
Es lebt in süsser Einfalt so,
Im Gegenwärtigen gantz froh.

16. O Süsse Unschuld! Kinder=Wesen!
Die Weißheit hab ich mir erlesen;
Wer dich besitzt, ist hoch=gelehrt /
Und in des Höchsten Augen werth.

17. ›O Kindheit, die GOtt selber liebet;
›Die JEsu Geist alleine giebet /
›Wie sehnet sich mein Hertz nach dir!
›O JEsu bilde dich in mir!

18. ›O JEsu: laß mich noch auf Erden /
›Ein solch unschuldigs Kindlein werden:
Ich weiß gewiß / so kommt noch hier
GOtt / und sein Paradies in mir.«[57]

---

gische Studien, 8), Tübingen 2002, 115–121, hier 121. Vgl. zur Bedeutung des Kindheitsmotivs im *Blumengärtlein* bereits Hans-Jürgen Schrader: Hortulus mystico-poeticus. Erbschaft der Formeln und Zauber der Form in Tersteegens ›Blumengärtlein‹. In: Manfred Kock (Hg.): Gerhard Tersteegen – Evangelische Mystik inmitten der Aufklärung, Köln – Bonn 1997, 47–76, hier 68–70.

[57] *Blumen=Gärtlein* (1729), IV, Nr. 7, 188–190, vgl. *Blumengärtlein* (1910), III/7, 227–229.

Ähnlich,

»Der schwachen Kinder Trost.

Nun, ich lieb die Kleinheit;
Hätt ich nur die Reinheit,
Die den Kindern ziemt!
Könnt ich so ergeben
Grund=einfältig leben,
Wie man Kinder rühmt! [...]
Nimm mich ein, Und mach mich rein
Daß ichs mög in allen Sachen
Wie dein Schooskind machen.«[58]

Oder

»Wär ich so!

Klein / und rein / und abgeschieden /
Sanft / einfältig / still im Frieden /
Willenloß / und innig froh;
Ach / wär mein Gemüte so!«[59]

Fast irreale, beschwörende Optative bestimmen auch das Sehnsuchtsziel der Umkehr in die Einfalt in Tersteegens Exempelerzählung über Margaretha von Beaune (»von der Kindheit JEsu«) im dritten Band seiner Sammelbiographie *Auserlesene Lebensbeschreibungen Heiliger Seelen*:[60] »*Kinder werden*: das klingt seltsam.« schreibt er da und führt als Bedingung der Möglichkeit unserer Wiedervereinigung mit Gott (einer Regression also bis an die Schranke des Mutterleibs) aus, dass wir

»nicht müßten große und selbstkluge Leute bleiben, sondern umkehren und werden wie die Kindlein. Dies aber nicht allein, sondern es ist uns auch in der Geburt und Kindheit Jesu dieses Kinderwesen, das ist: die in Adam verlorene Unschuld wieder geschenkt; das Kind Jesus ist uns ein Quellbrunn der vollkommensten Unschuld, Einfalt, Reinigkeit, Kleinheit und Abhänglichkeit. Der Glaube kanns da sehen und nehmen.«[61]

---

58 *Blumengärtlein* (1910), Drittes Büchlein: Geistliche Lieder und Andachten Nr. 61, S. 327 (fehlt noch in der Erstausgabe).

59 *Blumen=Gärtlein* (1729), I, Nr. 20, S. 16.

60 Tersteegen: *Auserlesene Lebensbeschreibungen*, 3. Bd, 3. Aufl., Essen 1786, Lebenslauf 13, S. 8–52.

61 In der Tersteegen-Blütenlese von Dietrich Meyer (Hg.) : Gerhard Tersteegen. Ich bete an die Macht der Liebe. Eine Auswahl aus seinen Werken, Gießen – Basel 1997, 185–187 unter die Überschrift gestellt »Vom Kinderwerden« und da abgedruckt aus Tersteegen: *Weg der Wahrheit Die da ist nach der Gottseligkeit*, 4. Aufl., Solingen 1768, 135–138. Zitat: 186 f.

»Ein willenloses Kind | | In Einem alles findt«. So steht es in plotinischer Mystik-Formel in dem Tersteegen-Lied, das der Aufforderung der pietistischen Verse im *Wunderhorn* am nächsten kommt.

»Aufmunterung zum Kinderleben.

1. Kommt, laßt uns Kinder werden,
Einfältig, klein und rein,
Von allem Trost der Erden
In Gott gekehret sein;
Des Vaters Wink und Zügen
Aufmerken und vergnügen,
Und wie die Kindlein thun,
In seinem Schoose ruhn.

7. Kommt, laßt uns Kinder werden,
Die ganz des Vaters sein.
Und, liebn wir nichts auf Erden,
Einander lieben rein:
Vernunft und Welt mag lachen,
Natur und Abgrund krachen,
Wir trösten uns der Pein
Und wollen Kinder sein.«[62]

Nicht nur aber die mystische Motivintention der romantischen *Wunderhorn*-Sammler prägt sich vor, wenn Tersteegen den frommen, innerweltlich aber nur im Wunder zu erfüllenden Auftrag in die epigrammatisch-lakonische Konzentration der Schlussreime seiner däumelnd oder bibelstechend zu nutzenden »Frommen Lotterie« zusammenfasst. Wir können vielmehr sicher sein, dass auch Goethe an dem »schönen Motiv« nichts »pfaffenhaft Verschobenes« mehr zu beklagen gefunden hätte:

»Jesus spricht:
370. Werde mit ein Kind –

Gott nahm die Menschheit an auf Erden,
Doch wollt er nur ein Kindlein werden:
Im Punct der Kindheit kann allein
Ein Mensch mit Gott vereinigt sein.

---

[62] *Blumengärtlein* (1910), Drittes Büchlein: Geistliche Lieder und Andachten Nr. 60, S. 325 f (fehlt noch in der Erstausgabe).

372. Arm und blos –

Schau, ich verlaß des Vaters Schos,
Und werd ein Kind, so arm und blos:
Nur solch ein arm und bloses Kind
Den Schos des Vaters wieder findt.

374. Unschuldig und einfältig –

Die Unschuld wird im Stall geboren,
Die in dem Paradies verloren:
Soll sie in dir geboren sein,
Werd auch einfältig, arm und klein.«[63]

[63] *Blumengärtlein* (1910): Der Frommen Lotterie Drittes Büchlein, Zugabe einiger Lose vom Kindlein Jesu empfangen, und der Kindheit Jesu Genossen mitgetheilt, 469 (fehlt noch in der Erstausgabe). Vgl. auch Benrath: Jauchzet, ihr Himmel (s. Anm. 56), 120.

Hans Schneider

Rückblick und Ausblick

Gestatten Sie mir, mit autobiographischen Bemerkungen zu beginnen. Ich bin oft gefragt worden – besonders in den USA, wo man vor allem den »roots« der eigenen Denomination nachspürt – wie denn ein Lutheraner dazu komme, sich intensiver mit den radikalen Pietisten zu befassen. In der Tat ist es ja überhaupt für einen deutschen Kirchenhistoriker nicht gerade naheliegend, diese teilweise bizarren Gestalten und skurril wirkenden Gruppen und ihre vermeintlichen oder auch tatsächlichen Narreteien zu einem Gegenstand seiner Forschung zu machen. Die Beschäftigung mit ihnen entsprang auch keiner wohlüberlegten Strategie, sondern ist mir durch besondere Umstände zugewachsen. Als ich nämlich bei Forschungen über die Herrnhuter in der Wetterau Mitte der 1970er Jahre zum ersten Mal das Archiv der Brüderunität besuchte, erklärte mir die damaligen Archivleiterin, Frau Ingeborg Baldauf, dass das Archiv demnächst für drei Monate geschlossen werden müsse, da sie die Genehmigung für einige Renovierungsarbeiten erhalten habe. Aus diesen geplanten drei Monaten sind dann aber unter den ökonomischen Bedingungen der DDR mehr als drei Jahre geworden, in denen das Archiv praktisch unzugänglich blieb. Ich versuchte diese Zeit zu nutzen, indem ich mich jenen Gruppierungen zuwandte, mit denen die Herrnhuter in ihrer Wetterauer Zeit in überaus wechselvolle Beziehungen getreten waren – vor allem den sog. Inspirierten und anderen radikalen Pietisten, die dort unter einer toleranten pietistischen Obrigkeit schon seit längerer Zeit Zuflucht gefunden hatten. So konnte ich mich infolge der längeren Schließung des Herrnhuter Archivs nolens volens diesem Personenkreis intensiver widmen, als ich es ursprünglich geplant hatte. Die Beschäftigung mit ihnen weitete sich mehr und mehr aus, zumal ich auch in anderem Zusammenhang, nämlich bei der wichtigen Frage nach der Begründung der großzügigen Toleranzgewährung durch die Ysenburger Grafen, auf einflussreiche radikale Vertreter an den gräflichen Höfen stieß – wie etwa den aus der Schweiz vertriebenen, nach unsteten Wanderjahren zum Hofprediger in Büdingen arrivierten Samuel König oder den gräflichen Leibarzt Johann Samuel Carl oder den Büdinger Verleger und Drucker Johann Friderich Regelein und dessen Schwiegersohn Johann Christoph Stöhr, der die Offizin fortführte und noch zu Zinzendorfs Zeiten klandestine Literatur druckte.

Bei meinen Studien machte ich drei Bekanntschaften, aus denen sich ein äußerst fruchtbarer wissenschaftlicher Austausch und persönliche Freundschaften entwickelten: Meinen damaligen Göttinger germanistischen Assistentenkollegen Hans-Jürgen Schrader lernte ich eines Tages an einem Fotokopiergerät in der Staats- und Universitätsbibliothek kennen und wusste nun endlich, wer ständig die gleichen Bücher wie ich benutzte oder über die Fernleihe bestellte, und Rudolf Dellsperger wurde, wie er selbst berichtet hat[1], durch meine Nachforschungen zu »seinen« Quellen in der Berner Burgerbibliothek aufgeschreckt und nahm dann die Verbindung zu mir auf. Und schließlich wurde ein von mir neu entdeckter Brief Hochmanns von Hochenau[2] zum Anlass für den ersten Kontakt mit Donald F. Durnbaugh († 2005), dem ebenso kenntnisreichen wie liebenswürdigen Historiker der Church of the Brethren. Ihm verdanke ich viel, auch die Kenntnis eines Teils der Neuen Welt.

Aus der Beschäftigung mit dem Spektrum des radikalen Pietismus und dem Bemühen, zunächst mir selbst einen Durchblick und Klarheit über grundsätzliche Fragen zu verschaffen, erwuchs dann der Forschungsbericht, der in »Pietismus und Neuzeit« gedruckt wurde.[3] Ich bot das Manuskript dem damaligen geschäftsführenden Herausgeber des Jahrbuchs, Martin Brecht, an, den ich ansprach – um noch eine letzte autobiographische Reminiszenz einzuflechten –, als er von Münster zur Konfirmation eines Patenkindes in die Göttinger Stephanuskirche kam, deren Gemeindeglieder wir waren. Sein ermunterndes Lob hat mich als jungen Nachwuchswissenschaftler weiter angespornt.

In dem Forschungsbericht ging ich so vor, dass ich mit einigen begriffsgeschichtlichen Beobachtungen begann (I) und mich dann der Analyse von drei Gesamtkonzeptionen (Emanuel Hirsch, Martin Schmidt, F. Ernest Stoeffler) mit unterschiedlichen Modellen der Zuordnung von kirchlichem und radikalem Pietismus zuwandte (II). In dem Mittelteil stellte ich knapp eine Reihe von Einzeluntersuchungen (Monographien sowie einige Aufsätze) vor (III). Danach kehrte ich noch einmal zu grundsätzlichen Aspekten zurück und erörterte vor allem das Hauptproblem von Einheit und Differenzen der beiden pietistischen Flügel (IV): Inwiefern sind die so bezeichneten Personen und Gruppen dem Pietismus zuzurechnen? Nach welchen Kriterien lassen sie sich als radikal klassifizieren? Gehören kirchlicher und radikaler Pietismus zusammen oder sind ihre Vertreter doch Angehörige verschiedener traditionsgeschichtlicher Genealogien? In einem letzten Abschnitt (V) benannte ich eine Reihe von Forschungsdesideraten.

---

[1] S. o. S. 169.

[2] Vgl. Hans Schneider: Hochmann von Hochenau and Inspirationism. A Newly Discovered Letter. In: BLT 25 (1980), 199–222.

[3] Der radikale Pietismus in der neueren Forschung. In: PuN 8 (1982), 15–42; PuN 9 (1983), 117–151. Die grundsätzlichen Abschnitte sind in englischer Übersetzung abgedruckt in: Hans Schneider: *German Radical Pietism*, transl. by Gerald T. MacDonald, Lanham, Maryland / Toronto / Plymouth 2007 (Pietist and Wesleyan Studies 22), 167–213.

Für das Handbuch »Geschichte des Pietismus« habe ich zehn Jahre später den damaligen Forschungsstand in den Beiträgen »Der radikale Pietismus im 17. Jahrhundert« und »Der radikale Pietismus im 18. Jahrhundert« dargestellt.[4] Die Aufteilung des Stoffs auf die beiden Jahrhunderte entsprach nicht einer (noch bei Gottfried Arnold befolgten) schematischen Gliederung nach Zenturien, sondern hatte inhaltliche Gründe; bildete doch die mit apokalyptischen Erwartungen verknüpfte Wende vom 17. zum 18. Jahrhundert eine Etappe in der Geschichte des radikalen Pietismus[5]. Die Darstellung ging von dem engeren Pietismusbegriff aus und setzte mit den radikalen Pietismus im Umkreis Undereycks und Speners ein. Dass nicht Jean de Labadie und seine Gemeinde an den Anfang gestellt wurden,[6] hatte keine konzeptionellen Gründe, sondern war der Anlage des I. Bandes mit der Überschneidung von inhaltlichen und geographischen Gliederungsprinzipien geschuldet. Johannes van den Berg hatte seinen Beitrag über »Die Frömmigkeitsbestrebungen in den Niederlanden« mit einem längeren Abschnitt über Labadie und die Labadisten abgeschlossen,[7] so dass eine Wiederaufnahme in dem Kapitel über den radikalen Pietismus überflüssig schien. (Zur nachträglichen Begründung könnte man noch als sachliches Argument anführen, dass der Begriff »Pietismus« erst im Umfeld der von Spener ausgelösten Bewegung aufkam.) Wie bei Labadie und den Labadisten habe ich aus ähnlichen Gründen im II. Band nicht Gerhard Tersteegen behandelt, der nach meinem Urteil unter die radikalen Pietisten zu zählen ist, und die Ronsdorfer Zionsgemeinde nur kurz erwähnt.[8] Denn in dem Kapitel über den reformierten Pietismus hatte J. F. Gerhard Goeters als weitaus besserer Kenner sowohl Tersteegen als auch die Ronsdorfer ausführlich dargestellt.[9] Auch die Geschicke der nach Amerika emigrierten radikalen Pietisten habe ich nicht weiter verfolgt und die Geschichte der Schwarzenauer Neutäufer, der Inspirierten, der Ephrata-Gemeinschaft u. a. in der Neuen Welt nicht geschildert, da dies dem Beitrag von A. Gregg Roeber über den Pietismus in Nordamerika vorbehalten sein sollte.[10]

---

[4] In: Martin Brecht (Hg.): Geschichte des Pietismus. Bd. 1: Der Pietismus vom siebzehnten bis frühen achtzehnten Jahrhundert. Göttingen 1993, 391–437; Bd. 2: Der Pietismus im achtzehnten Jahrhundert. Göttingen 1995, 107–197; engl. Übers. s. o. Anm. 2.

[5] Vgl. dazu auch Hans Schneider: Die unerfüllte Zukunft. Apokalyptische Erwartungen im radikalen Pietismus um 1700. In: Manfred Jakubowski-Tiessen u. a. (Hg.): Jahrhundertwenden. Endzeit- und Zukunftsvorstellungen vom 15. bis zum 20. Jahrhundert, Göttingen 1999, 187–212.

[6] Vgl. die Anfragen Wallmanns in seinem Beitrag in diesem Band, dort S. 22.

[7] In: Brecht (Hg.), Geschichte des Pietismus, Bd. 1 (s. Anm. 4), 99–107. Vom »Fehlen eines Kapitels über Jean de Labadie und die Labadisten« (Wallmann, a. a. O., 22) kann man daher eigentlich nicht sprechen.

[8] In: Brecht (Hg.): Geschichte des Pietismus, Bd. 2 (s. Anm. 4), 152.

[9] Ebd., 390–410 und 411–419.

[10] Ebd., 676–682.

Hatte ich als ein Resümee meines Forschungsberichtes zu Beginn der 1980er Jahre noch formuliert: »Der radikale Pietismus erweist sich bei einer Betrachtung der neueren Forschungsgeschichte noch weithin als terra incognita et inexplorata«,[11] so hat sich im Laufe der zurückliegenden Jahrzehnte die Forschungslage erfreulich verändert. Inzwischen wurden viele wertvolle und verdienstliche Entdeckungs- und Erschließungsarbeiten geleistet; eine stattliche Zahl von monographischen Untersuchungen und eine große Fülle von Aufsätzen sind erschienen, die dazu beigetragen haben, die terra incognita zu erforschen.[12] Ich will und kann hier keinen neuen Forschungsbericht liefern, sondern nur stellvertretend und in Auswahl auf einige der seither erschienenen größeren Abhandlungen hinweisen, auf die Monographien über Arnold[13], Beissel[14], Bröske[15], die Buttlarsche Sozietät[16], Dippel[17], Gichtel[18], die Inspirierten[19], Johann Christian Lang[20], Marsay und seinen Kreis[21], das Ehepaar Petersen[22], Reitz[23], die Schwarzenauer Neutäufer[24],

---

[11] Der radikale Pietismus in der neueren Forschung, PuN 9 (s. Anm. 3), 150.

[12] Vgl. die fortlaufende Bibliographie in PuN unter der Rubrik »Der radikale Pietismus«.

[13] Volker Keding: *Theologia experimentalis. Die Erfahrungstheologie beim späten Gottfried Arnold*, Münster / Hamburg etc. 2001 (Theologie, 37). Vgl. auch den Sammelband Dietrich Blaufuß / Friedrich Niewöhner (Hg.): Gottfried Arnold (1666–1714). Mit einer Bibliographie der Arnold-Literatur ab 1714, Wiesbaden 1995 (Wolfenbütteler Forschungen, 61).

[14] Jeff Bach: *Voices of the turtledoves. The sacred world of Ephrata*, Univ. Park, Pa. / Göttingen 2003 (Publications of the Pennsylvania German Society, 36 / AGP, Sonderbd.).

[15] Douglas H. Shantz: *Between Sardis and Philadelphia. The Life and World of Pietist Court Preacher Conrad Bröske*, Leiden 2008 (SMRT 133).

[16] Willi Temme: *Krise der Leiblichkeit. Die Sozietät der Mutter Eva (Buttlarsche Rotte) und der radikale Pietismus um 1700*, Göttingen 1998 (AGP, 35)

[17] Stephan Goldschmidt: *Johann Konrad Dippel (1673–1734). Seine radikalpietistische Theologie und ihre Entstehung*, Göttingen 2001 (AGP, 39).

[18] Aira Võsa: *Johann Georg Gichtel, teosoofilise idee kandja varauusaegses Euroopas*, Tartu 2006 (Dissertationes theologiae universitatis Tartuensis, 10). Die Arbeit enthält nur eine knappe deutsche Zusammenfassung; eine Übersetzung des ganzen Buches wäre wünschenswert.

[19] Ulf-Michael Schneider: *Propheten der Goethezeit. Sprache, Literatur und Wirkung der Inspirierten*, Göttingen 1995 (Palaestra, 297); Peter Hoehnle: *The Amana People. The History of a Religious Community*, Iowa City, Iowa 2003; Isabelle Noth: *Ekstatischer Pietismus. Die Inspirationsgemeinden und ihre Prophetin Ursula Meyer (1682–1743)*, Göttingen 2005 (AGP, 46).

[20] Karlfried Goebel: *Johann Christian Lange (1669–1756). Seine Stellung zwischen Pietismus und Aufklärung*, Darmstadt / Kassel 2004 (Quellen und Studien zur hessischen Kirchengeschichte, 9).

[21] Michael Knieriem / Johannes Burkardt (Hg.): *Die Gesellschaft der Kindheit Jesu-Genossen auf Schloß Hayn. Aus dem Nachlaß des von Fleischbein und Korrespondenzen von de Marsay, Prueschenk von Lindenhofen und Tersteegen 1734 bis 1742. Ein Beitrag zur Geschichte des Radikalpietismus im Sieger- und Wittgensteiner Land*, Hannover 2002.

[22] Markus Matthias: *Johann Wilhelm und Johanna Eleonora Petersen. Eine Biographie bis zur Amtsenthebung Petersens im Jahre 1692*, Göttingen 1993 (AGP, 30); Ruth Albrecht: *Johanna Eleonora Petersen – theologische Schriftstellerin des frühen Pietismus*, Göttingen 2005 (AGP, 45).

[23] Hans-Jürgen Schrader: *Literaturproduktion und Büchermarkt des radikalen Pietismus. Johann*

Christoph Schütz[25], Johann Jakob Schütz[26], die Württemberger[27] und die Zürcher Radikalen[28].

Was die Grundsatzfragen angeht (Pietismusbegriff, Zugehörigkeit der Radikalen zum Pietismus, übergreifende Einheit von kirchlichem und radikalem Pietismus, Kriterien für die Radikalität), so halte ich weiterhin die im Forschungsbericht dargelegten und begründeten Positionen aufrecht. In einigen Fragen sehe ich aber Grund zu neuem Nachdenken und bin mit den Antworten zögerlicher geworden, weiß aber bisher keine besseren Vorschläge zu machen.

Ich greife hier nur wenige Aspekte auf.

Im Forschungsbericht erschienen mir die Definitionskriterien, die Johannes Wallmann für den engen Pietismusbegriff vorgeschlagen hat, als relevant und auch für die Betrachtung des radikalen Pietismus plausibel: Einrichtung von Konventikeln zur Sammlung der Frommen und Ausbildung einer neuen Eschatologie (»Hoffnung besserer Zeiten«), die beide auf labadistische Wurzeln bzw. Vermittlung zurückzugehen schienen. Hinzu trat als drittes Kennzeichen die pietistische Überbietung des reformatorischen sola scriptura durch die Forderung nach der tota scriptura.

Inzwischen erscheint mir zweifelhaft, ob man damit alle pietistischen Gruppierungen erfassen kann. Die Praxis der Herrnhuter Losungen entspricht wohl kaum Speners Verständnis von tota scriptura. Den spiritualistisch ausgerichteten radikalen Pietisten ging es überhaupt nicht um das äußere Schriftwort, sondern die Erfahrung des inneren Wortes,[29] und in den Inspirationsgemeinden war nicht die ganze Schrift ein zentrales Anliegen, sondern das die Schrift durch seine Unmittelbarkeit und Aktualität überholende Prophetenwort. Einem konsequenten Spiritualismus war auch jede

---

Henrich Reitz' »Historie der Wiedergebohrnen« und ihr geschichtlicher Kontext, Göttingen 1989 (Palaestra, 283).

[24] Marcus Meier: *Die Schwarzenauer Neutäufer. Genese einer Gemeindebildung zwischen Pietismus und Täufertum*, Göttingen 2008 (AGP, 53); engl. Übersetzung: *The Origin of the Schwarzenau Brethren*, Philadelphia, Pa. 2008 (BrEnc. Monograph series, 7).

[25] Konstanze Grutschnig-Kieser: *Der »geistliche Würtz= Kräuter= und Blumen=Garten« des Christoph Schütz. Ein radikalpietistisches »Universal-Gesang=Buch«*, Göttingen 2006 (AGP, 49).

[26] Andreas Deppermann: *Johann Jakob Schütz und die Anfänge des Pietismus*, Tübingen 2002 (BHTh, 119).

[27] Eberhard Fritz: *Radikaler Pietismus in Württemberg. Religiöse Ideale im Konflikt mit gesellschaftlichen Realitäten*, Epfendorf am Neckar 2003 (QFWKG, 18).

[28] Kaspar Bütikofer: *Der frühe Zürcher Pietismus (1689–1721). Der soziale Hintergrund und die Denk- und Lebenswelten im Spiegel der Bibliothek Johann Heinrich Lochers (1648–1718)*, Göttingen 2009 (AGP, 54).

[29] Vgl. etwa die programmatischen Schriften von [Eberhard Ludwig Gruber:] *Kurtze doch gründliche Unterweisung von dem inneren Wort GOttes* [...], o. O. 1712, und [Andreas Groß:] *Schrifftmäßiges Zeugnuß/ Vom Innern und Aussern Worte GOttes/ Wie nemlich Alles nach der Natur und Gnade/ Krafft des Wesentlichen/ Innern und Ewigen Worts des Vatters/ von Innen herauß komme* [...], o. O. 1713.

äußere Form der Vergemeinschaftung, selbst das fromme Konventikel, das nur die Gefahr neuer Sektenbildung heraufbeschwöre, suspekt.[30] Und eine »Hoffnung besserer Zeiten« hat quietistisch geprägte Radikale wie Marsay kaum bewegt. Ist also jene Definitionstrias nur zur Bestimmung der Anfänge des Pietismus ein geeignetes Instrumentarium?

Folgenschwere Beobachtungen und kräftige Impulse, bisherige Sichtweisen kritisch zu überdenken und möglicherweise zu revidieren, enthält Andreas Deppermanns Arbeit über Johann Jakob Schütz, die m. E. für die Vor- und Frühgeschichte des Pietismus belangreichste Untersuchung der letzten Jahre. Ihre Bedeutung ist eine mehrfache: Deppermann hat sich eingehend mit der religiösen Situation in Frankfurt am Main vor dem Wirken Speners beschäftigt und schon für die ersten beiden Drittel des 17. Jahrhunderts das Vorhandensein von spiritualistischen, kirchenkritischen Personen und Gruppen aufgezeigt, die zwar äußerlich meist in der reformierten Gemeinde beheimatet waren, jedoch ein die Konfessionskirchen transzendierendes und gegenüber deren Lehren indifferentes Christentum propagierten und Gemeinschaft mit Gleichgesinnten suchten. Deppermann konnte weiter beobachten, wie Schütz an diese Traditionen anknüpfte. Ferner weist er nach, wie die von Wallmann bei Spener festgestellten Neuerungen (jene drei Definitionskriterien für die Anfänge des Pietismus im engeren Sinn) zuerst von Schütz vertreten und erst mit einer zeitlichen Phasenverschiebung durch Spener übernommen wurden. So stellt sich die Frage nach den Anfängen des Pietismus in seiner kirchlichen und radikalen Gestalt, deren Verhältnis und Priorität noch einmal neu.[31] Auch an anderen Orten und in anderen Regionen lässt sich nicht nur schon in den Anfängen ein Miteinander radikaler und kirchlicher pietistischer Bestrebungen beobachten,[32] sondern dort, wo genauere Untersuchungen über die religiösen Verhältnisse im 17. Jahrhundert angestellt werden, kommt oft eine erstaunliche Kontinuität zu spiritualistischen Zirkeln[33] oder sogar täuferischen Gruppierungen[34] zutage. Es zeigt sich an diesen Beispielen erneut, welche empfindlichen Lücken in unserer Kenntnis des 17. Jahrhunderts noch klaffen, nicht nur aber auch hin-

---

30 Vgl. [Eberhard Ludwig Gruber:] *Gespräch und Unterredung Von der Wahren und Falschen Absonderung* [...], o. O. 1714. Hier wird ein strikter spiritualistischer Individualismus propagiert.

31 Deppermann: *Schütz* (s. Anm. 26). Vgl. hierzu die Bemerkungen von Deppermanns Doktorvater Wallmann in diesem Band, 36–38.

32 Vgl. neuestens die Untersuchung von Bütikofer über Zürich (s. Anm. 28); die Kontinuität spiritualistischer Ideen und Personen in der Stadt wird beleuchtet durch Urs Leu: Johann Jakob Ammann (1586–1658), Arzt und Theosoph. Der Aufsatz erscheint mit dem aufschlussreichen Überblick von Rudolf Dellsperger: Die Frühzeit des Radikalpietismus in der Schweiz (bis ca. 1750), in dem Sammelband von J. Jürgen Seidel (Hg.): Der Radikalpietismus im schweizerischen und internationalen Beziehungsfeld, Zürich 2010 (im Druck).

33 Vgl. hierzu die Bemerkungen von Wallmann in diesem Band, 36–38.

34 Vgl. für die Pfalz und andere Gebiete die Dissertation von Marcus Meier (s. Anm. 24).

sichtlich der wenig beachteten religiös nonkonformistischen Personengruppen. Erst dann, wenn auch diese Lücken wenigstens teilweise geschlossen sind, wird es möglich sein, den Pietismus insgesamt in die größeren Zusammenhänge der Frömmigkeitsgeschichte der Frühen Neuzeit einzuordnen.

Deppermann resümiert: »Schütz war also Initiator und Motor der jungen Erneuerungsbewegung, ohne ihn hätte es den Pietismus (so) nicht gegeben. Es war allerdings Spener, der dafür sorgte, daß der Pietismus einen dauerhaften Ort *in* der Kirche fand und seine erneuernde Kraft dort fruchtbar werden konnte.«[35] Es stellt sich dann die Frage, ob wir nicht in gewisser Weise und natürlich *mutatis mutandis* zu der Pietismuskonzeption Martin Schmidts zurückkehren, der im mystischen Spiritualismus den eigentlichen Wurzelboden des Pietismus sah.[36] Speners theologische Leistung habe darin bestanden, dass er die Anliegen, die in der Reformation keinen Raum in der evangelischen Kirche gefunden und neben der Kirche fortbestanden hätten, verkirchlicht, d.h. kirchlich integriert und in das reformatorische Erbe eingebunden und mit ihm verschmolzen habe. Dagegen handele es sich bei dem radikalen Flügel (den man eigentlich nach Schmidts Konzeption nicht dem Pietismus zurechnen kann) um den nicht im (*per definitionem* kirchlichen) Pietismus aufgegangenen, sondern an seiner Seite als Protestbewegung fortlebenden mystischen Spiritualismus. Wie auch immer sich die weitere Erforschung der Kontinuität von Gruppierungen und Ideen entwickeln mag, erscheint mir doch weiterhin der Gebrauch der Bezeichnung »radikaler Pietismus« deshalb sinnvoll, weil mit der durch Spener (und Undereyck) ausgelösten *Bewegung* eine neue Phase in der Geschichte der kirchenkritischen oder kirchenreformerischen Frommen des 17. Jahrhunderts begann.

Im Forschungsbericht habe ich das Auftauchen des Begriffs »radikaler« Pietismus im 19. Jahrhundert[37] und seine durch Ritschl geförderte Verwendung dargelegt, die sich in der neueren Forschung fast allgemein durchgesetzt hat, wenn er auch immer wieder einmal problematisiert wird[38]. Es ist freilich allen auf diesem Feld Forschenden klar, dass es sich um einen »unscharfen« oder, wie ich seinerzeit formulierte, »multivalenten« Begriff handelt. Auch der in gewisser Hinsicht analog verwendete Begriff »radikale Reformation« birgt ähnliche Probleme, hat sich aber in den USA (nicht nur bei den Nachfahren der radikalen Reformation) durchgesetzt und auch in Deutschland Verbreitung gefunden; der Alternativbegriff des »linken Flü-

---

[35] Deppermann: *Schütz* (s. Anm. 26), 354.

[36] Vgl. dazu mit Belegen Schneider: Der radikale Pietismus in der neueren Forschung, PuN 8 (s. Anm. 3), 25–28.

[37] Für die Verwendung des Begriffs »Ende des 17. Jh. und durch das 18. Jh. hindurch« (so Martin Brecht, Art. »Pietismus«. In: TRE 26, 1996, 606–631, hier 616, kenne ich keine Belege.

[38] S. o. den Beitrag von Martin Brecht.

gels« ist ja keineswegs eindeutiger.[39] Das Schicksal der begrifflichen Unschärfe oder Multivalenz teilt der Begriff »radikal« allerdings mit einer großen Zahl historischer und politischer Begriffe. Ich brauche nur an Epochenbegriffe wie »Mittelalter«, »Neuzeit« oder »Moderne« oder Adjektive wie »konservativ« oder »liberal« zu erinnern. Es bedarf keines Universalienstreites, um festzustellen, dass die Bildung und Verwendung von Begriffen auf konventionellen Übereinkünften zur (vorläufigen) Verständigung beruhen. Wenngleich die Wirklichkeit nicht in den Begriffen subsistiert, sollte man doch bei der Begriffsbildung und -verwendung darauf achten, welche Konnotationen damit verbunden werden. Es ist naheliegend, dass Ritschl mit dem Begriff »radikal« eine andere Wertung assoziierte als etwa ein Forscher aus der Church of the Brethren. Und doch meinen sie beide den gleichen Personenkreis. So lange keine wirklich überzeugende Alternativbenennung vorgeschlagen wird, sollten wir getrost – im Wissen um die Probleme – weiter vom »radikalen« Pietismus sprechen.

Zur Bestimmung dessen, was »radikal« ist, haben sich Heterodoxie und / oder Separatismus[40] als Kriterien bewährt. Beide sind, wie ich dargelegt und an Beispielen aufgezeigt habe, nicht leicht zu handhaben.[41] »Bei der Reflexion der Kriterien Heterodoxie und Separation zeigt sich, daß man neben den von außen angelegten Maßstäben vor allem die Eigeninterpretation der Betroffenen berücksichtigen muß. Letztlich kann man nur von ihrem Selbstverständnis ausgehend den Begriff ›radikal‹ adäquat bestimmen.«[42] Erhob ein Pietist selbst den Anspruch auf Übereinstimmung mit dem Bekenntnis seiner (Konfessions-) Kirche oder konnte er beteuern, »wie lange mir bereits alle falsch-gerühmten Orthodoxien zu wider gewesen seynd / und ich dieselbigen würcklich bestritten habe«.[43] Auch bei dem scheinbar augenfälligen Kriterium der Separation ist nicht das äußere Verhalten entscheidend, sondern – und hier gehen Separatismus und Heterodoxie doch oft Hand in Hand – die devianten, vom reformatorischen Kirchenverständnis abweichenden ekklesiologischen Konzepte.[44]

---

[39] Kurt-Victor Selge hat zu der terminologischen Diskussion bemerkt: »›Links‹ ist freilich ein irreführendes parlamentarisches Bild, ›radikal‹ ein undeutliches Etikett. In der Kritik der mittelalterlichen Kirche war Luther ohne Zweifel der am meisten ins Herz treffende, also ›radikalste‹ Theologe. Ohne *seine* Radikalität wäre keiner der anderen ›linken‹ und ›radikalen‹ Reformatoren zur entsprechenden Wirkung gekommen, ja die meisten hätten ihre ›Radikalität‹ gar nicht erst entdeckt.« (*Einführung in das Studium der Kirchengeschichte*, Darmstadt 1982, 120, Anm. 135).

[40] Zum Separatismus in der frühen Neuzeit vgl. inzwischen Hans Schneider: Art. »Separatisten/Separatismus«. In: TRE 31, 1999, 153–160.

[41] Schneider: Der radikale Pietismus in der neueren Forschung, PuN 9 (s. Anm. 3), 134–138.

[42] Ebd., 138.

[43] [Conrad Bröske:] *Ein Send-Schreiben an den im Urtheile verrückten Democritum* [...], o. O. [Offenbach] 1700, 17.

[44] Vgl. Hans Schneider: Understanding the Church – Issues of Pietist Ecclesiology. In: Jona-

Als drittes, für sich genommen freilich auch nicht eindeutiges Kriterium ließe sich noch der gesellschaftliche Nonkonformismus benennen, der bei radikalen Pietisten häufiger zu beobachten ist und in Protestverhalten, Verweigerungsritualen (z.B. Ablehnung der Teilnahme an Gottesdienst und Abendmahl) oder sogar Angriffsgebaren (etwa prophetische Drohgebärden und Drohreden) zum Ausdruck kam. Daneben gab es allerdings auch nicht wenige radikale Pietisten, die als Regierungsbeamte, Ärzte oder gar Pfarrer gesellschaftlich – wenigstens bis zu einem gewissen Grad – angepasst lebten.

Ich komme zu den Desideraten der Forschung. Alle grundsätzlichen und besonderen Aufgaben, die ich in dem einstigen Forschungsbericht genannt habe, bleiben nach wie vor wichtige Anliegen.[45] Ich will sie hier nicht alle wiederholen. Die neuesten Forschungen, auch die Referate auf dieser Tagung, haben zu etlichen der genannten Themen und Themenaspekte bedeutsame und weiterführende Beiträge erbracht. Ich möchte jetzt nur einige spezielle *pia et necessaria desideria* noch einmal aufgreifen und ergänzen und beginne mit den Quellen.

Über die radikalpietistische Literaturproduktion besitzen wir noch keine annähernd vollständige Übersicht. Diese Feststellung gilt trotz der seit 1989 vorliegenden bewundernswerten Leistung von Hans-Jürgen Schrader, der die Druckerzeugnisse der Verlage an drei Zentren radikalpietistischer Produktion (Offenbach, Idstein, Berleburg) zusammengestellt und darüber hinaus noch eine Fülle anderer radikalpietistischer Publikationen nachgewiesen hat[46] (Von der zeitraubenden Mühe dieser aufwändigen bibliographischen Recherchen mit zahllosen, wiederholten und oft ergebnislosen Fernleihbestellungen, die durch die Zentralkataloge der Bundesrepublik und der DDR kursierten, können sich jüngere Forscher im Zeitalter von OPACs und KVK und anderer wunderbarer elektronischer Hilfsmittel, die gewünschte Informationen in Sekundenschnelle auf den heimischen Bildschirm liefern, wohl kaum noch eine adäquate Vorstellung machen.). Von anderen Verlagen und Druckorten radikalpietistischer Literatur (z.B. der oben genannten Offizin von Regelein und Stöhr in Büdingen, von Walther in Leipzig[47], von den Druckereien in Homburg vor der Höhe[48]) besitzen wir noch keine vergleichbaren Listen. Fortschritte kann auch ein VD 18 bringen. Allerdings schleppen die Bibliothekskataloge und ihre Überführung in elektronische

than Strom / Fred van Lieburg / Daniel Lindmark (ed.): Pietism and Community in Europe and North America: 1650–1850 (Atlanta 2.–4. Nov. 2006), erscheint: Leiden 2010.

45 Der radikale Pietismus in der neueren Forschung, PuN 9 (s. Anm. 3), 140.

46 Schrader, Literaturproduktion (wie Anm. 23).

47 Zu Walther vgl. die Hinweise bei Rainer Lächele: *Die »Sammlung auserlesener Materien zum Bau des Reichs Gottes« zwischen 1730 und 1760. Erbauungszeitschriften als Kommunikationsmedium des Pietismus*, Tübingen 2006 (Hallesche Forschungen, 18), 49–68.

48 Vgl. dazu jetzt Grutschnig-Kieser: *Der »geistliche Würtz= Kräuter= und Blumen=Garten«* (s. Anm. 25), 230–249.

Datenbanken auch zahlreiche Irrtümer weiter. Das betrifft vor allem anonyme, pseudonyme oder kryptonyme Veröffentlichungen, die nicht selten falschen Verfassern zugewiesen sind. Überdies kann kein Katalog die Autopsie ersetzen. Es begegnen z. B. immer wieder einmal verschiedene Drucke einer Schrift aus demselben Jahr, deren Titelblätter sich nur durch abweichenden Zeilenfall unterscheiden, also bei der Auflistung in Katalogen gar nicht als unterschiedliche Drucke registriert werden. Vorbildlich sind manche Quellenverzeichnisse, die einigen neueren Untersuchungen beigegeben wurden. Ich nenne als ein Beispiel für andere Ulf-Michael Schneiders Zusammenstellung der Druckwerke der Inspirierten[49] (Konstanze Grutschnig-Kieser ist es jetzt sogar gelungen, Homburg vor der Höhe als zeitweiligen Druckort der »Extracta« zu ermitteln[50]).

Noch wichtiger erscheint mir allerdings die Erschließung weiteren handschriftlichen Materials, vor allem von Korrespondenzen, aber auch von Manuskripten, die zunächst handschriftlich in Umlauf waren, bevor sie gedruckt wurden, oder aber ungedruckt blieben. Die bedeutendsten Fortschritte der neueren und neuesten Forschung sind durch die Auswertung handschriftlicher Quellen erzielt worden. In dem Archiv der Frankeschen Stiftungen in Halle, dem Archiv der Evangelischen Brüderunität in Herrnhut, der Universitäts- und Forschungsbibliothek Erfurt-Gotha, dem Senckenberg-Archiv Frankfurt/Main, der Herzog-August-Bibliothek Wolfenbüttel und an zahlreichen anderen Orten lagern noch sehr viele ungehobene Schätze! Nach wie vor schwer zugänglich und oft schlecht erschlossen sind Handschriftenbestände in adeligen Privatarchiven und -bibliotheken, was besonders im Blick auf die wissenschaftliche Erforschung der »frommen Grafenhöfe« ein bedauerliches Hindernis darstellt.

Die Erforschung des radikalen wie die des Pietismus insgesamt wird künftig von den zunehmenden Angeboten der Kataloge, Quellen und Literatur in digitalisierter Form profitieren. Schon jetzt bieten die elektronischen Ressourcen der meisten Bibliotheken und einer wachsenden Zahl von Archiven höchst nützliche Instrumente für die Forschung. Ein brauchbares Hilfsmittel stellt auch das an der Staatsbibliothek Berlin angesiedelte Verbundinformationssystem für Nachlässe und Autographen »Kalliope« dar, das freilich nur einen kleinen Bruchteil des handschriftlichen Materials erfasst und ebensowenig wie andere elektronische Kataloge und Datenbanken von Fehlern frei ist.[51] Mit dem Projekt eines Informationssystems »Pietismusforschung on-

---

[49] U.-M. Schneider: *Propheten* (s. Anm. 19), 207–229.

[50] Grutschnig-Kieser: *Der »geistliche Würtz= Kräuter= und Blumen=Garten«* (s. Anm. 25), 260–263.

[51] So hat sich etwa die Angabe, dass sich zahlreiche Briefe des Grafen Zinzendorf und andere Dokumente aus seinem Umfeld im Brüderhaus Tabor in Marburg befänden, als Fehlmeldung erwiesen. Leider sind die Meldungen und Vorlagen, aus denen die digitalisierten Angaben stam-

line«, das von dem Studienzentrum August Hermann Francke in Halle in Abstimmung mit dem Interdisziplinären Pietismuszentrum Halle und der Historischen Kommision zur Erforschung des Pietismus aufgebaut wird.[52] werden sich neue Recherchemöglichkeiten zu archivalischen Quellen und zur Forschungsliteratur eröffnen. Für die unerlässlichen prosopographischen Recherchen wird das jetzt schon zugängliche bio-bibliographische Register zum Hauptarchiv der Franckeschen Stiftungen[53] den Grundstock einer künftigen Datenbank bieten. Auf die 42 »Extracta« bzw. »Sammlungen aus dem Diario der wahren Inspirationsgemeinden« als ein Hilfsmittel für die pietistische Prosopographie – gerade auch mit Blick auf literarisch nicht in Erscheinung tretende Personenkreise – habe ich bereits früher hingewiesen.[54] Da dort in den redaktionellen Rahmungen der inspirierten »Aussprachen« jeweils pietistische Gesinnungsfreunde, bei denen die reisenden Propheten und ihre Schreiber einkehrten, und einige Teilnehmer an den Versammlungen namentlich genannt, aber etwa auch Wertungen über Behördenvertreter und Ortspfarrer abgegeben werden, sind diese Notizen eine ergiebige Fundgrube.

Wissenschaftliche Editionen aus dem Bereich des radikalen Pietismus liegen bisher nur in kleiner Zahl vor. In der Reihe »Texte zur Geschichte des Pietismus« sind immerhin einige Bände der Abteilung 5: Tersteegen herausgekommen, darunter die besonders aufschlussreichen Ausgaben der niederländischen und deutschen Briefe.[55] Ebenfalls ist eine sorgfältig kommentierte Auswahl von Briefen Fleischbeins und Marsays erschienen.[56] Auf die mehrbändige Ausgabe von Reitz ' Historie der Wiedergebohrnen mit ihrem ausführlichen wissenschaftlichen Nachwort habe ich schon im Forschungsbericht hingewiesen.[57] Eine geplante Faksimileausgabe der Hauptschriften Arnolds in Einzelausgaben im Verlag Frommann-Holzboog wurde schon Ende der 1960er Jahre nach dem Erscheinen von nur zwei Bänden eingestellt[58]; die *Unparteiische Kirchen- und Ketzerhistorie* (in der Ausgabe von 1729) wurde als Faksimile in einem andern Verlag (Olms) nachgedruckt.[59] Eine

men, nicht aufbewahrt worden, so dass sich nicht rekonstruieren lässt, wie die Fehler zustande kamen.

52 Vgl. http://www.francke-halle.de/main/index2.php?cf=3_5.

53 Siehe http://www.francke-halle.de/francke.htm/archiv/gk/.

54 Schneider: Der radikale Pietismus in der neueren Forschung, PuN 9 (s. Anm. 3), 146.

55 *Briefe in niederländischer Sprache*, hg. v. Cornelis Pieter van Andel, Göttingen 1982 (TGP, V,8); *Briefe 1–2*, hg. v. Gustav Adolf Benrath, Gießen / Göttingen 2008 (TGP, V,7/1–2).

56 Knieriem / Burkardt: *Gesellschaft* (wie Anm. 21).

57 Vgl. dazu Schneider: Der radikale Pietismus in der neueren Forschung, PuN 9 (s. Anm. 3), 126.

58 Gottfried Arnold: *Hauptschriften in Einzelausgaben:* [Bd. 1] *Das Geheimnis der göttlichen Sophia, Faks.-Neudr. d. Ausg. Leipzig 1700. Mit einer Einführung von Walter Nigg*, Stuttgart-Bad Cannstatt 1963, *Bd. 2: Historie und Beschreibung der mystischen Theologie* [oder geheimen Gottes-Gelehrtheit], *Faks.-Neudr. d. Ausg. Frankfurt, Fritschen, 1703*, Stuttgart-Bad Cannstatt 1969.

59 Gottfried Arnold: *Unparteiische Kirchen- und Ketzerhistorie vom Anfang des Neuen Testaments*

Auswahlausgabe der Ersten Liebe habe ich in den Kleinen Texten vorgelegt.[60] Editionen von Arnolds Gießener Antrittsvorlesung und seinem *Offenherzigen Bekenntnis* sind in Vorbereitung. In den Kleinen Texten sind auch autobiographische Texte des Inspiriertenpropheten Rock erschienen.[61] Nur von einem radikalen Pietisten liegt eine vollständige Werkausgabe vor: von dem Gründer und Wortführer der Schwarzenauer Neutäufer, Alexander Mack sen. – leider nur in z. T. fehlerhafter englischer Übersetzung und ganz unzureichender Kommentierung.[62]

Auf dem Feld der Editionen, das freilich mit viel mühe- und entsagungsvoller Arbeit bestellt werden muss und deren Früchte erst nach längerer Reifezeit geerntet werden können, ist noch viel zu tun.[63] Oft scheitern die Projekte leider an fehlenden finanziellen und personellen Ressourcen.

Der überwiegende Teil der neueren monographischen Arbeiten sind biographisch ausgerichtet, einzelnen Personen oder Gemeinschaften gewidmet. Diese thematische Orientierung an Einzelgestalten oder Gruppen eignet sich nach meiner Erfahrung recht gut für Dissertationen, um die es sich zumeist handelt. Die Ergebnisse solcher Studien können gleichsam Brückenköpfe zur Erschließung übergreifender thematischer Zusammenhänge sein.[64]

---

bis auf das Jahr Christi 1688. Reprograf. Nachdr. d. Ausg. Frankfurt a. M., Fritsch, 1729, Hildesheim 1967; *3. Nachdr. der Ausg. Frankfurt, M., Fritsch, 1729*, Hildesheim u. a. 2008.

[60] Gottfried Arnold: *Die erste Liebe*, hg. v. Hans Schneider, Leipzig 2002 (KTP, 5).

[61] Johann Friedrich Rock: *Wie ihn Gott geführet und auf die Wege der Inspiration gebracht habe. Autobiographische Schriften*, hg. v. Ulf-Michael Schneider, Leipzig 1999 (KTP, 1).

[62] *The Complete Writing of Alexander Mack*, ed. by William R. Eberly, Winona Lake, Ind. 1991. – Beispiele für Fehlübersetzungen oder den Sinn entstellende Druckfehler: »Christ is the sum of grace« (10) anstatt »Christ is the sun of grace« (»Gnadensonne«; aus dem – nicht identifizierten – Lied »Freuet euch, ihr Christen alle« von Christian Keimann, 1646, EG 34); »to lie [!] together« anstatt »to live together« (62), »(live in Christ) as a fruitful wine« (66) anstatt »vine« (Rebe), »he will bear« anstatt »he will hear« (84). Die Kommentierung umfasst nur fünf Anmerkungen des Übersetzers für 115 Seiten und einige in Klammern in den Text eingefügte Erläuterungen. Der Apologet und Märtyrer Justin wird mit Kaiser Justinian (57 zweimal) verwechselt, Ludwig der Fromme mit dem byzantinischen Kaiser Leo V. (59). Die zitierten antiken und mittelalterlichen Autoren werden nicht identifiziert und die Herkunft der Zitate (z. T. aus Gottfried Arnolds »Erste Liebe« sowie seiner Kirchen- und Ketzerhistorie) nicht nachgewiesen. Zu den handschriftlichen Marginalien Macks vgl. Hans Schneider: Alexander Mack's Notes about Immersion Baptism in His Personal Bible. In: BLT (2003), 18–28.

[63] Zu den fehlenden historisch-kritischen Werkausgaben im Allgemeinen als Defizit der bisherigen Pietismusforschung vgl. Hartmut Lehmann: Aufgaben der Pietismusforschung im 21. Jahrhundert. In: Udo Sträter u. a. (Hg.): Interdisziplinäre Pietismusforschungen. Beiträge zum Ersten Intenationalen Kongress für Pietismusforschung 2001, Halle / Tübingen 2005, 3–18, hier 8.

[64] Ich nenne als Beispiele die Arbeiten von Willi Temme über die Buttlarsche Sozietät (s. Anm. 16), in der die »Krise der Leiblichkeit« in den Mittelpunkt rückt, und von Marcus Meier über die Anfänge der Schwarzenauer Täufer (s. Anm. 24), die in die Zusammenhänge von Täufertum und Pietismus einführt.

Eine Reihe von Wortführern der radikalen »Szene« sind durch diese Arbeiten in ein helleres Licht gestellt worden, während andere Personen und Gruppen noch der besseren Beleuchtung harren. Auf das Desiderat einer Untersuchung über Andreas Groß, den Ritschl den »Mittelpunkt aller Separatisten in Westdeutschland«[65] nannte, habe ich schon im Forschungsbericht hingewiesen[66]. Der von Gertraud Zaepernick († 2005) geplante größere Aufsatz über Groß ist leider nicht zustande gekommen. Noch recht wenig wissen wir bisher über eine andere Schlüsselfigur unter den Frankfurtern, Christian Fende,[67] der mit Johann Jakob Schütz und Johanna Eleonore von Merlau zu der ersten Generation der radikalen Pietisten gehörte. Fende zählt mit dem aus Thüringen stammenden Christoph Seebach, der eine Zuflucht im Wittgensteiner Land fand, zu den »Arianern«, die wegen ihrer antitrinitarischen Anschauungen mit ihren radikalpietistischen Gesinnungsfreunden in heftige Konflikte gerieten.[68] Die Herkunft ihrer antitrinitarischen, »arianischen« Anschauungen ist noch völlig ungeklärt. Sie sind eine weitere Illustration für das breite traditionsgeschichtliche Spektrum der Einflüsse, die bei den verschiedenen Personen und Gruppen des radikalen Lagers unterschiedlich wirksam wurden.

Ein wichtiges Desiderat, zumal für die Betrachtung der fließenden Übergänge von kirchlichem und radikalem Pietismus, sind Studien zu den »frommen Grafenhöfen«. Nach der Studie von Friedrich Wilhelm Barthold[69] Mitte des 19. Jahrhunderts hat Hans Walter Erbe vor acht Jahrzehnten die Erforschung des frommen hohen Adels durch seine Dissertation weiter vorangetrieben, jedoch gerade die besonders aufschlussreichen Wetterauer und Wittgensteiner Grafen ausgenommen, da sie besser in anderem Zusammenhang behandelt werden könnten.[70] Obwohl diese Höfe in den Arbeiten von Renkewitz und anderen berührt werden, fehlen doch neue eingehendere Untersuchungen.[71]

---

65 Albrecht Ritschl: *Geschichte des Pietismus*, II, Bonn 1884 (Ndr. Berlin 1966), 364.

66 Der radikale Pietismus in der neueren Forschung, PuN 9 (s. Anm. 3), 145f, Anm. 301. Vgl. auch meine Bemerkungen in: Der radikale Pietismus im 18. Jahrhundert (s. Anm. 4), 159 u. ö.

67 Eine Dissertation von Thomas Habegger ist in Vorbereitung.

68 Vgl. Schneider: Der radikale Pietismus im 18. Jahrhundert (s. Anm. 4), 158 und 165.

69 Friedrich Wilhelm Barthold: Die Erweckten im protestantischen Deutschland während des 17. und der ersten Hälfte des 18. Jahrhunderts, besonders die Frommen Grafenhöfe. In: Historisches Taschenbuch, 3. Folge, 3 (1852), 129–320; 4 (1853), 169–390 [Reprint: Darmstadt 1968]. Keine wesentlich neuen Aspekte bot R. Kayser: Von pietistischen Fürstenhofen. In: PrBl 60 (1927), 106–108. 124–125. 148–149. 174–178. 193–194. 210–211.

70 Hans-Walter Erbe: *Zinzendorf und der fromme hohe Adel seiner Zeit*, Diss. phil. Leipzig 1928 [Reprint in: *Zinzendorf, Materialien und Dokumente*, Reihe 2, XII, Hildesheim 1975].

71 Zu Laubach vgl. Rüdiger Mack: Christlich-toleranter Absolutismus. Veit Ludwig von Seckendorff und sein Schüler Graf Friedrich Ernst zu Solms-Laubach. In: Mitteilungen des Oberhessischen Geschichtsvereins Giessen 82 (1997), 3–135; Jutta Taege-Bizer: Pietistische

Wenig sichere Angaben besitzen wir bisher über die soziale Herkunft und Struktur der radikalpietistischen Gruppierungen. Meine vorläufigen Beobachtungen[72] müssen nach den Untersuchungen Deppermanns und Bütikofers[73] mit Blick auf die größeren Städte ergänzt und modifiziert werden.

Hartmut Lehmann hat in seinem Vortrag über die Aufgaben der Pietismusforschung im 21. Jahrhundert auf dem Ersten Internationalen Pietismuskongress in Halle beklagt, dass »innovative Fragestellungen der neueren [historischen] Forschung zu selten und wenn, dann nur zögernd auf die verschiedenen Aspekte der pietistischen Bewegung angewandt« werden. Aus den Sektionen des Historikertages in Oslo 2000 nennt er folgende Themen: »Die Bedeutung der Erinnerung und die Konstruktion kollektiver Identität; die Instrumentalisierung der Geschichte; die Bilanz der Geschichtsschreibung des 20. Jahrhunderts; millennarische Bewegungen und deren Geschichtsverständnis; die Auseinandersetzung mit neuen wissenschaftlichen Erkenntnissen; Formen der Kommunikation.« Ferner führt er als Beispiele Familienstrukturen, Rolle der Frauen, Bedeutung von Arbeit und Beruf und anderes an. »Alle diese Fragestellungen ließen sich unschwer auch auf den Pietismus anwenden.«[74]

Einige dieser interessanten Fragestellungen sind durchaus schon in der älteren Forschung in den Blick genommen – wenngleich nicht mit dem heutigen methodischen Instrumentarium – und in einigen neueren Untersuchungen aufgegriffen worden, so dass mindestens einige wichtige Vorarbeiten zur Verfügung stehen. Ich denke an die zahlreichen Untersuchungen zu Arnolds Geschichtsverständnis[75] (Instrumentalisierung der Geschichte), zum pietistischen Chiliasmus (millenarische Bewegungen), zu Ehe, Familie und Sexualität[76], zu Produktion und Vertrieb radikalpietistischer Literatur[77], zum

---

Herrscherkritik und dynastische Herrschaftssicherung. Die »mütterlichen Vermahnungen« der Gräfin Benigna von Solms-Laubach. In: Heide Wunder (Hg.): Dynastie und Herrschaftssicherung in der Frühen Neuzeit. Geschlechter und Geschlecht, Berlin 2002 (ZHF, 28. Beiheft), 93–112. Zu den Wittgensteiner Grafen ist eine Arbeit von Ulf Lückel in Vorbereitung.

[72] Schneider: Der radikale Pietismus im 17. Jahrhundert (s. Anm. 4), 397 f.

[73] S. oben Anm. 25 und 27.

[74] Lehmann: Aufgaben (s. Anm. 63), 9 f.

[75] Vgl. Hans Schneider: Arnold-Literatur 1714–1993. In: Blaufuß / Niewöhner (Hg.), Gottfried Arnold (s. Anm. 12), 415–424.

[76] Nach der alten Darstellung von Fritz Tanner: *Die Ehe im Pietismus*, Zürich 1952, vgl. zum radikalen Pietismus bes. die thematisch einschlägige Dissertation von Willi Temme (s. Anm. 15) sowie die Aufsätze von Wolfgang Breul: Gottfried Arnold und das eheliche und unverehelichte Leben. In: Udo Sträter u. a. (Hg.): Alter Adam und neue Kreatur. Pietismus und Anthropologie. Beiträge zum II. Internationalen Kongress für Pietismusforschung 2005, Tübingen 2009 (Hallesche Forschungen, 28,1), 357–369, und Marriage and Marriage-Ciriticism in Pietism: Philipp Jacob Spener, Gottfried Arnold and Nikolaus Ludwig von Zinzendorf. In: Strom etc. (ed.), Pietism and Community (s. Anm. 44) (im Druck).

[77] Vgl. Schrader, *Literaturproduktion* (s. Anm. 23).

Zeitschriftenwesen[78] (Formen der Kommunikation) u.s.w. Hieran können künftige Projekte anschließen[79], die freilich eine breitere Erschließung der Quellen – und teilweise anderer Quellengattungen als gemeinhin herangezogen worden sind – verlangen.

Mehr Aufmerksamkeit als bisher verlangt die Vernetzung der radikalen Pietisten in Deutschland mit solchen in anderen Ländern. Die Verbindungen zwischen der Schweiz und Deutschland sind schon immer beachtet worden,[80] aber es lohnt sich, auch die Beziehungen der deutschen Radikalen zu den Gesinnungsfreunden in anderen Gebieten in den Blick zu nehmen[81]. Das Geschick der nach Nordamerika emigrierten radikalen Pietisten hat sowohl die deutsche wie amerikanische Forschung interessiert und ihre Beziehungen zur alten Heimat haben Beachtung gefunden. Für die aus den Schwarzenauer Neutäufern erwachsene Church of the Brethren hat Donald Durnbaugh viele Recherche- und Erschließungsarbeiten geleistet.[82] Neben den schon bekannten Quellen, die eine intensive fortbestehende Kommunikation zwischen Emigranten und Zurückgebliebenen belegen,[83] gibt es noch solche, die der Auswertung harren. Als Beispiel nenne ich die Briefe, die August Gottlieb Spangenberg 1734–1759 aus Pennsylvania, Georgia und North Carolina nach Herrnhut schrieb; darin finden sich wertvolle Angaben über Schwenkfelder und radikale Pietisten.[84] Auch in dem Archiv der Amana Church Society in Amana, Iowa werden noch Zeugnisse über die Kontakte zu den deutschen Inspirationsgemeinden aufbewahrt.

---

[78] Vgl. Lächele, *Sammlung* (s. Anm. 47), zur »Kommunikation zwischen Pietisten«: 149–164, zur Geistlichen Fama als radikalpietistischem Organ: 141–146.

[79] Ich nenne hier exemplarisch das von Wolfgang Breul geleitete DFG-Projekt »Die Ehe im Pietismus des Alten Reichs (ca. 1680–1750)« sowie die von ihm und Jan Carsten Schnurr für 2011 geplante Tagung »Geschichtsbewußtsein und Zukunftserwartung in Pietismus und Erweckungsbewegung«.

[80] Vgl. den in Anm. 32 genannten Aufsatz von Rudolf Dellsperger und seinen Beitrag in diesem Band.

[81] Vgl. Hans Schneider: Beziehungen deutscher radikaler Pietisten zu Skandinavien. In: Esko Laine (Hg.): Der Pietismus in seiner europäischen und außereuropäischen Ausstrahlung (Veröffentlichungen der finnischen Gesellschaft für Kirchengeschichte, 157), Helsinki 1992, 101–128. Vgl. insgesamt die Beiträge zu den einzelnen Ländern in Brecht (Hg.): Geschichte des Pietismus, Bd. 1 und 2 (s. Anm. 4), in denen meist auch die radikalen Erscheinungen dargestellt werden.

[82] Genannt seien die Quellensammlungen in englischer Übersetzung: *European Origins of the Brethren. A source book on the beginnings of the Church of the Brethren in the early 18. century*, Elgin, Ill. 1958 [Ndr. 1986]; *The Brethren in Colonial America. A source book on the transplantation and development of the church of the Brethren in the eighteenth century*, Elgin 1967; die Gesamtdarstellung: *The Fruit of the Vine. A History of the Church of the Brethren, 1708–1995*, Elgin, Ill. 1997.

[83] Eine Publikation Durnbaughs aus seinen letzten Lebensjahren war: Advice to prospective immigrants. Two communications to Germany from Pennsylvania in the 1730s. In: Yearbook of German American Studies 35 (2000), 57–72.

[84] Archiv der Evangelischen Brüderunität Herrnhut, Signaturen: R.14.A und R.14.B.

Unter Vernetzung kann aber nicht nur die gleichzeitige Kommunikation verstanden werden, sondern auch die wechselseitigen Einflüsse in der Vergangenheit. Während die traditionsgeschichtlichen Linien, die vom radikalen Pietismus zurück zum mystischen Spiritualismus (und Täufertum) führen, schon in der Polemik der zeitgenössischen Gegner Aufmerksamkeit erregten und bis in die neueste Forschung rege diskutiert werden, war es in der Forschung um die Einwirkungen des Quietismus[85] auf radikale Pietisten zeitweise stiller geworden. Die Referate der Tagung »Jansenismus, Quietismus, Pietismus«[86] zeigen aber ein neues Interesse am Thema und dokumentieren die Fruchtbarkeit eines Austausches zwischen deutscher und französischer Forschung (wünschenswert wäre auch die Einbeziehung der italienischen). Die schon mehrfach genannte Auswahledition des Briefwechsels von Fleischbein und Marsay sowie die Edition der Tersteegen-Briefe bieten eine solide Quellenbasis für weitere Studien. Ein besonders wichtiges Desiderat ist eine sorgfältig kommentierte Ausgabe der Autobiographie Marsays, die allerdings vor erhebliche editorische Probleme stellt[87].

Es gäbe noch zahllose sinnvolle Forschungsprojekte, vor allem wenn man andere Fächer wie die Literaturgeschichte[88], die Musikgeschichte, die Medizingeschichte u.s.w. in die Desideratenliste einbezöge. Doch es drängt sich die Frage auf: Wer soll das alles bewerkstelligen? Die Erfahrungen der Kongresse und Tagungen zur Pietismusforschung in Deutschland, Europa und Nordamerika, die Begegnung mit vielen Nachwuchsforscherinnen und -forschern lassen mich aber optimistisch sein, dass künftig viele der anstehen-

---

[85] Zum Quietismus vgl. den Überblick bei Hans Schneider: Art. »Quietismus«. In: RGG^4 6 (2003), 1865–1868. Für den Einfluss des Quietismus auf den radikalen Pietismus ist immer noch sehr belehrend und anregend Heinrich Heppe: *Geschichte der quietistischen Mystik in der katholischen Kirche*, Berlin 1875 [Ndr. Hildesheim 1978], 490–521 (»Die quietistische Mystik in der evangelischen Kirche«).

[86] Hartmut Lehmann / Heinz Schilling / Hans-Jürgen Schrader (Hg.), Jansenismus, Quietismus, Pietismus, Göttingen 2002 (AGP, 42). Für das Verhältnis von Quietismus und radikalem Pietismus besonders relevant sind die Beiträge von Hanspeter Marti: Der Seelenfrieden der Stillen im Lande. Quietistische Mystik und radikaler Pietismus – das Beispiel Gottfried Arnolds, 92–105, sowie Hans-Jürgen Schrader: Madame Guyon, Pietismus und deutschsprachige Literatur, 189–225.

[87] Das französisch geschriebene Original oder Kopien davon sind bislang nicht aufgefunden worden. Von der deutschen Übersetzung existieren zwei Versionen, die auch in der Gliederung der Abschnitte voneinander abweichen: die eine ist als Abschrift des Tersteegen-Schülers Wilhelm Weck im Archiv der Evang. Kirche des Rheinlands (Signatur: BM 4/1), die andere ist abgedruckt bei Ernst Joseph Gustav de Valenti: *System der höheren Heilkunde für Aerzte, und Seelsorger*, II, Elberfeld 1827, 153–462. Die Auszüge in französischer Sprache bei Eugène Ritter: Magny et le Piétisme romand. In: Mémoires de la société d'histoire de la Suisse romande, 2e sér., t. 3, Lausanne 1891, 255–324, hier: 289ff., bieten nicht den Originaltext, sondern sind Rückübersetzungen aus dem Deutschen.

[88] Ein Beispiel dafür, welche neuen Perspektiven sich hier eröffnen können, zeigt eindrücklich der Beitrag von Hans-Jürgen Schrader in diesem Band.

den Forschungsaufgaben Bearbeiter und Bearbeiterinnen finden werden – diesseits und jenseits des Atlantik.

Ich möchte aber nicht schließen, ohne am Ende dieser Tagung einen ganz herzlichen mehrfachen Dank zu sagen. Dank dem Triumvirat, das dieses Forschungssymposion – ganz ohne Mitarbeiterstab – über viele Monate hin geplant und organisiert hat. Mein Dank gilt ebenso allen Referentinnen und Referenten, die der Einladung gefolgt sind und damit über das fachliche Interesse am Thema hinaus mir kollegiale Verbundenheit und Freundschaft bekundet haben. Die größte Freude für einen Forscher ist es, wenn die Forschung weitergeht und neue Erträge bringt. Mit Blick auf die Erforschung des radikalen Pietismus gilt auch weiterhin: »Die Aufgabe einer gründlichen Erkundung ist mehr als nur ein Hobby für Liebhaber kirchengeschichtlicher Exotik und Sammler theologischer Kuriositäten; eine genauere Kenntnis des radikalen Pietismus ist nicht allein unerlässlich, um ein zutreffendes Bild der Gesamterscheinung des Pietismus zu gewinnen, sondern kann auch für das kirchengeschichtliche Verständnis des 17. und 18. Jahrhunderts nicht entbehrt werden.«[89]

---

[89] Schneider: Der radikale Pietismus in der neueren Forschung, PuN 9 (s. Anm. 3), 150f.

Personenregister

Ortsregister